V&R

Silke Wiegand-Grefe / Fritz Mattejat /
Albert Lenz (Hg.)

Kinder mit psychisch kranken Eltern

Klinik und Forschung

Mit 34 Abbildungen und 55 Tabellen

Vandenhoeck & Ruprecht

Umschlagabbildung: René Magritte, L'esprit de géométrie / Der Geist der Geometrie
(1936/37) © VG Bild-Kunst, Bonn 2010

Bibliografische Information der Deutschen Nationalbibliothek
Die Deutsche Nationalbibliothek verzeichnet diese Publikation in der
Deutschen Nationalbibliografie; detaillierte bibliografische Daten sind
im Internet über http://dnb.d-nb.de abrufbar.

ISBN 978-3-525-40210-8

© 2011, Vandenhoeck & Ruprecht GmbH & Co. KG, Göttingen/
Vandenhoeck & Ruprecht LLC, Oakville, CT, U.S.A.
www.v-r.de
Alle Rechte vorbehalten. Das Werk und seine Teile sind urheberrechtlich geschützt.
Jede Verwertung in anderen als den gesetzlich zugelassenen Fällen bedarf der
vorherigen schriftlichen Einwilligung des Verlages. Hinweis zu § 52a UrhG:
Weder das Werk noch seine Teile dürfen ohne vorherige schriftliche Einwilligung des
Verlages öffentlich zugänglich gemacht werden. Dies gilt auch bei einer
entsprechenden Nutzung für Lehr- und Unterrichtszwecke.
Printed in Germany.
Satz: KCS GmbH, Buchholz/Hamburg
Druck und Bindung: ⊕ Hubert & Co, Göttingen

Gedruckt auf alterungsbeständigem Papier.

Inhalt

Einführung

Vorbemerkung   11

Kinder psychisch kranker Eltern – Eine Einführung in die Thematik   13
Fritz Mattejat, Albert Lenz, Silke Wiegand-Grefe

Klinik

»Wenn Eltern zerstörbar werden ...« – Kinder kranker Eltern
als Zielgruppe seelischer Gesundheitsvorsorge: Eine Zukunftsherausforderung für die Medizin   27
Georg Romer, Birgit Möller, Silke Wiegand-Grefe

Die Problematik von Kindern psychisch kranker Eltern anhand
von Biographien berühmter Persönlichkeiten   44
Susanne Schlüter-Müller

Präventionsangebote und -projekte für Kinder psychisch
kranker Eltern in Deutschland – ein Überblick   62
Anke Reinisch, Dieter Heitmann, Julia Griepenstroh

Überblick über die Entwicklungen und Projekte in Hamburg –
SeelenNot, Auryn-Gruppen und Eltern-Baby-Arbeit   84
Christiane Deneke

Die Leistungen der Jugendhilfe für Familien mit einem
psychisch erkrankten Elternteil   96
Andreas Schrappe

Auryn in Leipzig – vom Projekt zur Beratungsstelle   122
Melanie Gorspott

KIPKEL – Präventionsprojekt für Kinder psychisch kranker Eltern   133
Susanna Staets

Aktuelle Forschung

Elterliche Erkrankung als Risikofaktor und psychische Gesundheit der Kinder

Entwicklungsrisiken von Kindern psychisch kranker Eltern – ein Überblick   145
Silke Wiegand-Grefe, Peggy Geers, Franz Petermann

Frühkindliche Bindung im Kontext einer depressiven Erkrankung der Mutter   171
Brigitte Ramsauer

Die psychosoziale Versorgung von Kindern stationär behandelter psychiatrischer Patienten – Realität und Wünsche   180
Marc Schmid, Jasmin Grieb, Michael Kölch

Elterliche Erkrankung und Gesundheit der Kinder   206
Silke Wiegand-Grefe, Peggy Geers, Franz Petermann, Angela Plass

Die Genderperspektive: Psychische Auffälligkeiten von Jungen und Mädchen   235
Angela Plass, Janna M. Ohntrup, Silke Wiegand-Grefe

Kinder psychisch kranker Eltern im Vorschulalter – Zusammenhänge zwischen psychischer Gesunheit und Familienfunktionalität im Vergleich verschiedener Altersgruppen   254
Philip Kaiser, Claudia Bockting, Silke Wiegand-Grefe, Angela Plass

Resilienz- und Bewältigungsforschung

Was stärkt Kinder psychisch kranker Eltern und fördert ihre Entwicklung? Überblick über Ergebnisse der Resilienz- und Copingforschung   269
Albert Lenz, Juliane Kuhn

Stressbewältigung bei Kindern schizophren erkrankter Eltern   299
Juliane Kuhn, Albert Lenz, Johannes Jungbauer

Krankheitsbewältigung in Familien mit psychisch kranken Eltern und Gesundheit der Kinder   315
Silke Wiegand-Grefe, Susanne Halverscheid, Peggy Geers, Franz Petermann, Angela Plass

Familienforschung

Familienforschung in der Prävention belasteter Kinder – ein Überblick 333
Rüdiger Retzlaff, Andreas Eickhorst, Manfred Cierpka

Psychisch kranke Eltern und ihre Kinder – die Familienperspektive 357
Eva Pollak, Monika Bullinger, Silke Wiegand-Grefe

Parentifizierung – Elternbefragung zur destruktiven Parentifizierung von Kindern psychisch erkrankter Eltern 375
Janna M. Ohntrup, Eva Pollak, Angela Plass, Silke Wiegand-Grefe

Lebensqualität von Kindern psychisch kranker Eltern

Lebensqualität von Kindern und Jugendlichen im Kontext der Gesundheit ihrer Eltern 401
Monika Bullinger

Gesundheitsbezogene Lebensqualität von Kindern psychisch kranker Eltern – empirische Befunde 416
Jana Jeske, Eva Pollak, Monika Bullinger, Silke Wiegand-Grefe

Wirksamkeitsbefunde von Interventionen in Familien psychisch kranker Eltern

Grundlagen, Anforderungen und Design von Evaluationen am Beispiel des Präventionsprojekts CHIMPs (Children of mentally ill parents) 439
Silke Wiegand-Grefe, Janna M. Ohntrup, Angela Plass

Wirksamkeitsbefunde von Interventionen bei Kindern und Familien psychisch kranker Eltern – ein metaanalytisch fundierter Überblick 458
Hanna Christiansen, Fritz Mattejat, Bernd Röhrle

Die Autorinnen und Autoren 482

Sachregister 486

Einführung

Vorbemerkung

Im letzten Jahrzehnt hat die problematische Situation der Kinder von psychisch kranken Eltern ein stärkeres öffentliches Interesse erfahren, es sind eine ganze Reihe klinischer Projekte und Initiativen zur Unterstützung betroffener Familien entstanden. Vergleichsweise ist jedoch die Forschung auf diesem Gebiet noch immer sehr vereinzelt, lückenhaft und überschaubar. In den meisten Forschungsfragen kann nicht von einem gesicherten empirischen Wissen, sondern allenfalls von vereinzelten Befunden ausgegangen werden, denen manchmal andere Befunde widersprechen. In unserem Symposium »Kinder psychisch kranker Eltern – aktuelle Forschungsergebnisse« auf dem Jahreskongress der Deutschen Gesellschaft für Kinder- und Jugendpsychiatrie (DGKJP) im März 2009 luden wir (Silke Wiegand-Grefe und Fritz Mattejat) daher einige der bundesweit aktivsten Forschergruppen ein, um gemeinsam mit ihnen aktuelle Forschungsergebnisse zusammenzutragen. Im Nachklang dieses überfüllten, außerordentlich gut besuchten Symposiums und angesichts der zahlreichen, überaus interessierten Zuhörerschaft an unseren einzelnen Forschungsbefunden entstand die Idee, die Beiträge des Symposiums um weitere aktuelle Forschungsarbeiten zu ergänzen und nach einleitenden wegweisenden klinischen Arbeiten und Konzepten in einem Sammelband herauszugeben. Auch Albert Lenz, mit dem ein ähnliches gemeinsames Forschungssymposium wenige Monate später auf dem Kongress der Deutschen Gesellschaft für Psychiatrie, Psychotherapie und Nervenheilkunde (DGPPN) geplant war, konnten wir für dieses Buchprojekt gewinnen.

Wir freuen uns sehr darüber, gemeinsam diesen Sammelband vorlegen zu können. Interessierten Praktikern und Klinikern, aber auch Wissenschaftlern, die in der Alltagsroutine nicht immer die Zeit und Ressourcen zur Verfügung haben, internationale Zeitschriften auf Einzelbefunde zum Thema durchzusehen, möchten wir mit diesem Buch die Möglichkeit geben, den heutigen Wissenstand auf dem Gebiet »Kinder psychisch kranker Eltern« in einer gut aufbereiteten, anschaulichen und leserfreundlichen Art und Weise zusammenfassend zu überblicken. Wenn darüber hinaus auch zukünftigen Forschungen Impulse und Anregungen aus diesem Buch erwachsen, freuen wir uns. Inhaltlich sind nach wegweisenden klinischen Arbeiten wissenschaftliche Beiträge aus aktuellen Forschungsthemen vertreten, für deren Auswahl und Strukturierung in relevante Bereiche uns das Modell von Fritz Mattejat und Kollegen diente, das (explizit oder implizit) für viele klinische Arbeiten als Wegweiser fungierte. In den Kernaussagen dieses Modells heißt es, dass bei dem Risikofaktor einer elterlichen Erkrankung deren Krankheitsbewältigung sowie den inner- und außerfamiliären Beziehungen als wichtige Ressourcen zentrale Rollen bei der Bewältigung der Erkrankung in der Familie zukommen. In einer Erweiterung des Modells von Silke Wiegand-Grefe und Mitarbeitern ist auch die Familienfunktionalität und -dynamik für eine gesunde Entwicklung der Kinder bedeutsam. Letztlich sind für die Kinder langfristig vor allem ihre psychische Gesundheit und ihre Lebensqualität maßgeblich. Schließlich gewinnt in den letzten Jahren im Zuge von Qualitätssicherung und nachhaltiger Finanzierung vieler klinischer Projekte die Wirksamkeit der klinischen Interventionen an Bedeutung, Beiträge zur Evaluationsforschung auf diesem Gebiet runden unser Buch ab.

Wir danken sehr herzlich allen, die uns bei der Entstehung dieses Bandes unterstützt haben, allen voran unseren Autoren, dem Verlag (besonders Herrn Günter Presting und Frau Ulrike Kamp) und Herrn Florian Fey, die zum Gelingen des Buches ganz wesentlich beigetragen haben.

Die Herausgeber

Kinder psychisch kranker Eltern – Eine Einführung in die Thematik[1]

Fritz Mattejat, Albert Lenz, Silke Wiegand-Grefe

Kinder psychisch kranker Eltern sind häufig mit besonderen Belastungen und Beeinträchtigungen konfrontiert; dadurch ist bei diesen Kindern das Risiko, selbst eine psychische Störung zu entwickeln, deutlich erhöht. Obwohl dies schon längst bekannt ist, war im wissenschaftlichen Bereich das Interesse für Kinder psychisch kranker Eltern lange Zeit gering. Auch in der klinisch-praktischen Versorgung haben Kinder psychisch kranker Eltern kaum Aufmerksamkeit erfahren, da sich niemand für sie zuständig fühlte. Das Versorgungssystem konzentriert sich auf die psychisch erkrankten Eltern und die bereits auffälligen Kinder. Präventionen, z. B. für die noch nicht auffälligen Kinder als Hochrisiko-Gruppe, sind in unserem Gesundheitssystem weniger üblich. Es ist sehr erfreulich, dass sich diese Situation grundlegend geändert hat: Die Anzahl der wissenschaftlichen Studien, die sich mit Kindern psychisch kranker Eltern beschäftigen, ist in den letzten beiden Jahrzehnten sehr stark angewachsen; dies hat auch dazu beigetragen, dass in Deutschland viele Präventionsansätze für Kinder mit psychisch kranken Eltern entstanden sind. Im vorliegenden einführenden Beitrag soll diese positive historische Entwicklung vergegenwärtigt werden, um einige Perspektiven und Aufgaben für die Zukunft aufzuzeigen.

Das Thema »Kinder psychisch kranker Eltern« lässt sich in der Fachliteratur bis mindestens in die 1930er Jahre zurückverfolgen: Preston und Antin hielten im Jahr 1932 auf einem Kongress der American Orthopsychiatric Association einen Vortrag zu diesem Thema, in dem sie über eine empirische Erhebung bei 49 Kindern von psychotischen Patienten des Maryland State Hospitals berichteten[2] (Preston u. Antin, 1933). Das Thema wurde in der Folgezeit mehr-

---

1 Wir danken ganz herzlich all den Kindern und Familien, mit denen wir in den letzten Jahrzehnten zusammenarbeiteten; viele freudige, beglückende und traurige Erfahrungen verbinden uns mit ihnen. Außerdem danke ich (F. M.) ganz besonders Herrn Prof. Dr. Dr. Helmut Remschmidt, der mich vor 30 Jahren überhaupt erst an das Thema »Kinder psychisch kranker Eltern« gebracht und die Weiterführung dieser Arbeit in vielfältiger Weise gefördert hat.

2 Dies ist die erste uns bekannte empirische Arbeit zu diesem Thema. Die Arbeit war methodisch recht einfach strukturiert und es konnten bei den Kindern psychisch Kranker

fach von hervorragenden Fachvertretern aufgegriffen.³ Der Nestor der europäischen Kinder- und Jugendpsychiatrie, Sir Michael Rutter (der die heutige europäische Kinder- und Jugendpsychiatrie wie kaum ein anderer geprägt hat), hat sich in seiner Dissertationsarbeit mit dem Thema »Kinder von kranken Eltern« beschäftigt. Grundgesamtheit seiner Untersuchung waren alle Kinder, die im Jahr 1955 und im Jahr 1959 (461 Kinder) im »Maudsley Hospital Children's Department« vorgestellt wurden. Die Kinder wurden danach in Untergruppen eingeteilt, ob eine körperliche oder eine psychische Erkrankung bei den Eltern vorlag. Darüber hinaus wurden diese Kinder und ihre Eltern mit Kontrollgruppen verglichen. Die wichtigsten Ergebnisse seiner Arbeit wurden in einer Monographie mit dem Titel »Children of sick parents« (Rutter, 1966) publiziert.

Angeregt durch die Arbeiten von Rutter hat in Deutschland Helmut Remschmidt gemeinsam mit Peter Strunk im Jahr 1971 ein Forschungsprojekt initiiert, in dem Kinder von schizophrenen und depressiven Patienten, die in der Marburger Psychiatrischen Universitätsklinik stationär behandelt worden waren, untersucht wurden. Die ersten Ergebnisse aus diesem Projekt wurden im Jahr 1973 publiziert (Remschmidt, Strunk, Methner u. Tegeler, 1973); darüber hinaus sind aus dem Projekt drei Dissertationsarbeiten (Methner, 1974; Tegeler, 1975; Schuchhardt, 1979) hervorgegangen.⁴ Das Thema »Kinder psychisch kranker Eltern« stand auch im Mittelpunkt des von Remschmidt organisierten Eröffnungssymposiums der kinder- und jugendpsychiatrischen Klinik an der Freien Universität Berlin, das im Jahre 1978 stattfand (siehe hierzu Remschmidt, 1980a; vgl. insbes. die Beiträge von Anthony, 1980; Mednick u. Schulsinger, 1980; Remschmidt, 1980b). In der Folgezeit wurden die Daten aus den von Remschmidt betreuten Dissertationen reanalysiert und zusammen mit anderen empirischen Ergebnissen in der ersten deutschsprachigen Monographie über Kinder psychisch kranker Eltern der Öffentlichkeit zugänglich gemacht (Remschmidt u. Mattejat, 1994a).

Vermutlich ebenfalls mitangeregt durch M. Rutter⁵ hat K. Ernst im Jahr

---

keine besonderen Probleme festgestellt werden. Dies mag ein Grund dafür sein, warum keine deutlich erkennbaren Impulse von dieser Arbeit ausgegangen sind.

3 Vgl. hierzu unter anderem die Arbeiten von Elsässer (1952), Fabian u. Donohue (1956), Corboz (1959), Cowie (1961), Brock (1962), Grunebaum u. Weiss (1963), Biermann (1966).

4 Im Rahmen dieses Forschungsprojekts wurde von Hoehner (1974) in seiner Diplomarbeit eine Literaturübersicht erstellt, in der die bis zu diesem Zeitpunkt vorhandenen Arbeiten über Kinder schizophrener Eltern referiert wurden.

5 Ernst bezieht sich auf die Arbeiten von Rutter und von Anthony; er verweist darüber hinaus auf einen Vortrag, den R. Corboz zum Thema »Reaktive Störungen bei Kindern schizophrener Eltern« auf einem internationalen Psychiatriekongress in Zürich im Jahr 1957 gehalten hat (s. Corboz, 1959).

1976 in Zürich eine Erhebung⁶ zur Frage durchgeführt, wie viele der in der psychiatrischen Universitätsklinik aufgenommenen Patienten Kinder haben und ob diese Kinder (im Urteil der behandelnden Ärzte) durch die elterliche Erkrankung belastet sind (Ernst, 1978). In der Folgezeit ist das Thema in den psychiatrischen Kliniken von Zürich wieder aufgegriffen worden: In Anknüpfung an eine Studie über Patienten mit schizophrenen, schizoaffektiven und affektiven Psychosen wurden unter Leitung von C. Scharfetter in den 1980er und frühen 1990er Jahren die Kinder von diesen Patienten nachuntersucht. Die Ergebnisse der Kinderuntersuchungen wurden in zwei Lizentiatsarbeiten dargestellt (Hegi u. Schmid, 1994; Roy u. Harbauer, 1994⁷). Aus Zürich kam darüber hinaus ein wichtiger Impuls für die Weiterentwicklung von praktischen Hilfsangeboten: R. Gundelfinger hat präventive Initiativen, die in den 1980er Jahren in Holland entwickelt worden waren (Kok, Konijn u. Geelen, 1994), aufgegriffen⁸, Interviews mit »ehemaligen« Kindern von psychisch kranken Eltern durchgeführt⁹ und eine Serie von Informationsheften für Kinder, Jugendliche und Eltern aus dem Holländischen übersetzt und an Schweizer Verhältnisse angepasst. Diese Hefte wiederum wurden von F. Mattejat an deutsche Verhältnisse adaptiert und vom Dachverband Psychosozialer Hilfsvereinigungen e. V. (1997) herausgebracht¹⁰.

Aus Abbildung 1 ist ersichtlich, dass die Anzahl der wissenschaftlichen Veröffentlichungen zum Thema seit den 1960er Jahren deutlich und kontinuierlich zugenommen hat. In der Tabelle 1 werden dieselben Daten etwas differenzierter dargestellt. Wie zu erkennen ist, hat es in der internationalen wissenschaftlichen Literatur über Kinder psychisch kranker Eltern schon in den späten 1980er Jahren einen quantitativen Sprung gegeben: Im Vergleich zu den frühen 1980er Jahren hat sich die absolute Anzahl der Veröffentlichungen nahezu ver-

---

6 Zu einer ähnlichen Erhebung in Deutschland, in der das Problembewusstsein der behandelnden Psychiater betrachtet wurde, siehe Bohus et al. (1998).
7 Der von Roy und Harbauer verwendete qualitative Untersuchungsansatz wurde auch an anderer Stelle verwendet (vgl. z. B. Voigt, 1996).
8 Ganz offensichtlich waren uns die Niederländer bei der Entwicklung von präventiven Angeboten weit voraus.
9 Die Videoaufnahme eines dieser Interviews ist mittlerweile sehr vielen Menschen bekannt, weil es auf vielen Fortbildungsveranstaltungen gezeigt wurde. Dem jungen Mann, der auf diesem Video rückblickend seine Lebenssituation als Kind schildert, sei herzlich dafür gedankt. Er hat dazu beigetragen, dass Kinder von psychisch Kranken heute den Mut finden, über ihre Situation zu sprechen.
10 Die Hefte haben in Deutschland eine sehr positive Resonanz gefunden. Leider waren sie lange Zeit nur schwer erhältlich. Erfreulicherweise wurden sie vom Bundesverband der Angehörigen psychisch Kranker e. V. im Jahr 2009 in völlig neuer Bearbeitung herausgebracht und im Internet kostenfrei zugänglich gemacht (http://www.kipsy.net/8.0.html); hierfür herzlichen Dank.

doppelt (von 116 auf 192). In der zweiten Hälfte der 1990er Jahre hat es noch einmal einen deutlichen Anstieg geben, so dass der relative Anteil an allen Veröffentlichungen auf 0,86 Promille angestiegen ist. Von 2005 bis 2009 war noch einmal ein absoluter Anstieg zu verzeichnen, allerdings ist der relative Anteil an der Gesamtzahl aller in der Datenbank eingetragenen Veröffentlichungen etwas abgesunken, da die Gesamtzahl der Einträge in der Datenbank sehr stark angestiegen ist.

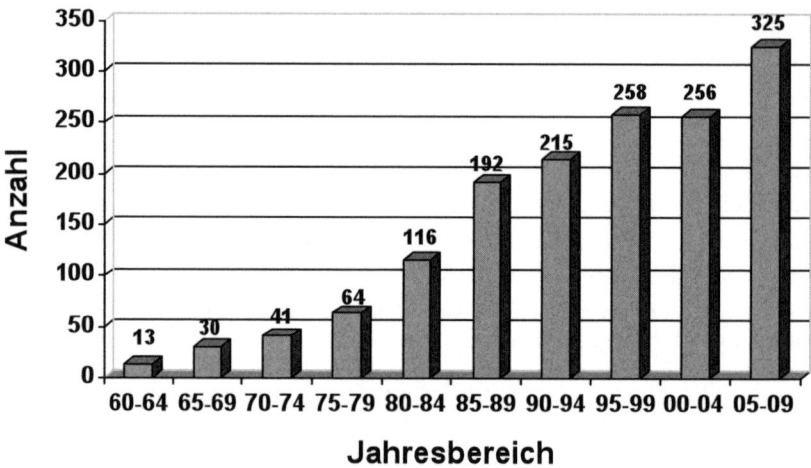

Abbildung 1: Absolute Anzahl der Veröffentlichungen über Kinder psychisch kranker Eltern in der Literaturdatenbank »PSYCHINFO«, aufgeschlüsselt nach 5-Jahres-Zeiträumen 1960–2009 [Recherche am 8. 2. 2010]

Die Forschungsergebnisse lassen sich in zehn Kernaussagen zum Thema »Kinder psychisch kranker Eltern« zusammenfassen:
1) Psychische Störungen gehören zu den häufigsten Erkrankungen insgesamt. Bei vorsichtiger Schätzung kommen wir in Deutschland auf eine Zahl von rund viereinhalb Millionen Erwachsener, die pro Jahr wegen einer psychischen Erkrankung fachliche Hilfe benötigen und wünschen (vgl. Berger, 2004).
2) Viele Menschen, die eine psychiatrische oder psychotherapeutische Beratung oder Behandlung benötigen, nehmen diese nicht in Anspruch. Der wichtigste Grund hierfür liegt darin, dass sie sich für ihre Krankheit schämen. »Stigmatisierung« bedeutet, dass Menschen mit psychischen Krankheiten in abwertender Weise betrachtet oder wegen ihrer Krankheit diskriminiert werden. Die Stigmatisierung ist ein Grund dafür, warum

psychische Erkrankungen häufig tabuisiert werden, d. h., die Betroffenen haben das Gefühl, dass sie ihre Erkrankung verheimlichen müssen.

Tabelle 1: Anzahl der Veröffentlichungen über Kinder psychisch kranker Eltern in der Literaturdatenbank »PSYCHINFO« aufgeschlüsselt nach 5-Jahres-Zeiträumen 1960–2009 [Recherche am 8. 2. 2010*]

Anteil der Arbeiten über Kinder psychisch kranker Eltern bezogen auf alle in der Datenbank eingetragenen Veröffentlichungen in Promille	0,30	0,34	0,33	0,44	0,63	0,74	0,73	0,86	0,61	0,52
Absolute Anzahl der Einträge über Kinder psychisch kranker Eltern	13	30	41	64	116	192	215	258	256	325
Zeitraum	1960-1964	1965-1969	1970-1974	1975-1979	1980-1984	1985-1989	1990-1994	1995-1999	2000-2004	2005-2009

* Suchstrategie: (depressed mother* OR schizophrenic mother* OR mentally ill mother* OR affectively ill mother* OR mother* with mental disorder*) OR (depressed father* OR schizophrenic father* OR mentally ill father* OR affectively ill father* OR father* with mental disorder*) OR (depressed parent* OR schizophrenic parent OR mentally ill parent* OR affectively ill parent* OR parent* with mental disorder*)

3) Psychisch kranke Menschen haben im Durchschnitt etwa genau so häufig Kinder, wie psychisch Gesunde. Etwa 10 bis 20 % der stationär behandelten psychiatrischen Patienten haben minderjährige Kinder, für deren Versorgung sie zuständig sind. In Deutschland erleben etwa drei Millionen Kinder im Verlaufe eines Jahres einen Elternteil mit einer psychischen Störung und etwa 175.000 Kinder machen pro Jahr die Erfahrung, dass ein Elternteil wegen einer psychischen Erkrankung stationär psychiatrisch behandelt wird.
4) Die hohe Zahl von Kindern mit psychisch kranken Eltern steht in einem starken Kontrast zur Vorstellung vieler Kinder von psychisch kranken Eltern, die oft glauben, dass nur sie alleine in einer extrem ungewöhnlichen Situation leben, über die sie mit niemandem sprechen können. Auch hier kann es schon helfen, wenn man weiß, dass sehr viele Menschen psychisch kranke Eltern haben und dass wir wissen, wie man mit einer solchen Situation zurechtkommen kann.
5) Bei Kindern psychisch kranker Eltern ist die Gefahr, dass sie selbst eine psychische Störung entwickeln im Vergleich zur Gesamtbevölkerung um das 2- bis 10-Fache erhöht (je nach Krankheit unterschiedlich). In diesem

Sinne sind Kinder psychisch kranker Eltern eine Risikogruppe, die unsere besondere Aufmerksamkeit erfordert.
6) Bei den meisten psychischen Erkrankungen spielt der Erbfaktor eine wichtige Rolle. Dabei wird aber in der Regel nicht die Krankheit als solche vererbt, sondern die Verletzlichkeit für eine Erkrankung.
7) Ob eine erblich bedingte Verletzlichkeit zu einer Erkrankung führt, hängt sehr stark von den Umfeldbedingungen ab. Bei Menschen, bei denen eine erbliche Verletzlichkeit vorliegt, ist es besonders wichtig, negative Umweltfaktoren möglichst zu reduzieren und positive Umweltfaktoren zu stärken.
8) Die Forschung hat eine große Zahl von Risikofaktoren identifiziert, durch die die Wahrscheinlichkeit für die Entstehung psychischer und psychosomatischer Erkrankungen erhöht wird; zu diesen Faktoren zählen z. B. Armut, Arbeitslosigkeit in der Familie, sexueller Missbrauch, Misshandlungen, Disharmonie zwischen den Eltern, Trennung der Eltern, Verlust von wichtigen Bezugspersonen.
9) Auf der anderen Seite konnten auch die Schutzfaktoren herausgearbeitet werden, die für eine positive Entwicklung der Kinder von psychisch kranken Eltern förderlich sind: Die Kinder sollten wissen, dass ihre Eltern krank sind und dass sie nicht an der Erkrankung schuld sind. Weitere spezielle Schutzfaktoren sind eine sichere und stabile häusliche Umgebung trotz der Erkrankung des Elternteils, das Gefühl, auch von dem kranken Elternteil geliebt zu werden, eine gefestigte Beziehung zu einem gesunden Erwachsenen, Freunde, Interesse an und Erfolg in der Schule und andere Interessensgebiete des Kindes außerhalb der Familie.
10) Durch Präventionsmaßnahmen können Risikofaktoren reduziert und Schutzfaktoren gestärkt werden. Auf diese Weise kann erreicht werden, dass Kinder von psychisch kranken Eltern nicht benachteiligt sind: Kinder von psychisch kranken Eltern haben dann gute Entwicklungschancen, wenn Eltern, Angehörige und Fachleute lernen, in sinnvoller und angemessener Weise mit der Erkrankung umzugehen, und wenn sich die erkrankten Eltern und ihre Kinder auf tragfähige menschliche Beziehungen stützen können.

Trotz des Anstiegs der wissenschaftlichen Veröffentlichung in den späten 1980er Jahren blieb das Thema »Kinder psychisch kranker Eltern« noch am Rande und es gab nur sehr vereinzelt Versuche, aus den gewonnenen wissenschaftlichen Erkenntnissen Schlussfolgerungen für die Prävention zu ziehen. Im Jahr 1994 wiesen Remschmidt und Mattejat in einem Artikel in der »Praxis der Kinderpsychologie und Kinderpsychiatrie« darauf hin, dass Kinder von psychisch kranken Eltern in der Fachöffentlichkeit noch zu wenig Aufmerksamkeit erfahren und dass die dringend notwendigen präventiven Möglichkeiten weitgehend fehlen (Remschmidt u. Mattejat, 1994b). Peter Riedesser brachte das Thema »Kinder kranker Eltern« Anfang der 1990er Jahre von Freiburg nach Hamburg. In den 1990er Jahren sind die ersten neuartigen Präventionsprojekte in Deutschland in Gang gekommen (z. B. Auryn in Freiburg; KIPKEL in Hilden) und die Fachöffentlichkeit ist zunehmend auf die Kinder psychisch Kranker aufmerksam geworden; dies zeigt sich unter anderem daran, dass mehrere Fachtagungen und Symposien zum Thema stattgefunden haben, die wiederum in praktisch orientierte Veröffentlichungen eingemündet sind (z. B. Tagungen des Bundesverbandes der Angehörigen psychisch Kranker e. V., vgl. Mattejat u. Lisofsky, 1998, 2008).

Seit der Jahrtausendwende hat sich die Gesamtsituation grundlegend verändert: Wir können heute auf mehrere wissenschaftlich fundierte Monographien und Sammelwerke zur Thematik zurückgreifen, in denen auch Präventionsansätze ausführlich dargestellt wurden. International sind hier der Sammelband von Göpfert, Webster und Seeman (2004) zu nennen und insbesondere die im Jahr 2002 publizierte Arbeit von W. Beardslee »Out of the darkened room. When a parent is depressed. Protecting the children and strengthening the family«. Für den deutschen Sprachraum war das im Jahr 2002 veröffentliche Buch von Reinhold Schone und Sabine Wagenblass »Wenn Eltern psychisch krank sind ...« bedeutsam. Im weiteren Verlauf hat das im Jahr 2005 von Albert Lenz veröffentlichte Buch »Kinder psychisch kranker Eltern« dazu beigetragen, dass die Thematik einem breiten Fachpublikum bekannt wurde. Von diesem Buch ebenso wie von seiner im Jahr 2008 erschienenen Arbeit »Interventionen bei Kindern psychisch kranker Eltern. Grundlagen, Diagnostik und therapeutische Maßnahmen« sind wichtige Impulse für die Planung, Konzipierung und Realisierung von Präventionsprojekten ausgegangen. In dem von Lenz und Jungbauer im Jahr 2008 herausgegebenen Sammelband »Kinder und Partner psychisch kranker Menschen« werden ebenso wie in der von Mattejat und Lisofsky im selben Jahr (2008) herausgebrachten Neuausgabe des Buches »Nicht von schlechten Eltern« die Erfahrungen aus vielen verschiedenen Projekten mit Kindern und Familien dargestellt, in denen ein Elternteil erkrankt ist. 2009 haben Röhrle, Mattejat und Christiansen das von Beardslee (2009) entwickelte Behandlungsmanual für die präventive Arbeit mit Familien depressiver Eltern in die deutsche Sprache übersetzt. Das von Wiegand-Grefe und Mitarbeitern auf der Grundlage dieser Arbeiten von Beardslee sowie einer Bedarfsanalyse und einem Theoriemodell entwickelte Behandlungsmanual erscheint im Herbst 2010. In diesem Manual werden die Arbeiten von Beardslee an den deutschen Sprachraum adaptiert, psychodynamisch erweitert und störungsübergreifend auf alle elterlichen Erkrankungen sowie breite Altersgruppen der Kinder übertragen. Das Manual basiert auf der klinischen Arbeit vieler Jahre mit betroffenen Familien und ist durch den Praxisbezug und breite Anwendungsmöglichkeiten besonders benutzerfreundlich. Damit Prävention gelingen kann, ist es von zentraler Bedeutung, dass Kinder als Angehörige in der Behandlung des erkrankten Elternteils wahrgenommen werden und die verschiedenen Einrichtungen des Gesundheitswesens sowie der Kinder- und Jugendhilfe eng miteinander kooperieren. Der Aufbau funktionaler Vernetzungsstrukturen zwischen den Hilfesystemen ist integraler Bestandteil in dem multimodalen Präventionsprogramm »Ressourcen fördern« (Lenz, 2010), das auf der Grundlage der Ergebnisse aus Resilienz- und Copingforschung entwickelt wurde. Diese Arbeiten werden ergänzt durch sehr schöne und hilfreiche Kinderbücher zum Thema (z. B. Homeier, 2006; von Mosch, 2008) und durch viele weitere Arbeiten, die sich auf Teilaspekte oder verwandte Gebiete beziehen (Ziegenhain u. Fegert, 2008; Deegener u. Körner, 2006; Kindler, Lillig, Blüml, Meysen u. Werner, 2006; Wortmann-Fleischer, Downing u. Hornstein, 2006; Häßler, Schepker u. Schläfke, 2008; Klein, 2005, 2006; Zobel, 2006; Jordan, 2008; Romer u. Haagen, 2007; Bengel, Meinders-Lücking u. Rottmann, 2009).

In der großen Zahl der angeführten Veröffentlichungen[11] dokumentiert sich eine sehr erfreuliche und rasante Entwicklung: Seit der Jahrtausendwende sind in der Bundesrepublik Deutschland annähernd 100 Initiativen entstanden, die mit den Familien, in denen der Vater und/oder die Mutter psychisch erkrankt sind, zusammenarbeiten. Allen geht es darum, den Kindern möglichst gute Entwicklungschancen zu öffnen. Hierüber informiert die von Andreas Schrappe organisierte Internetseite der Bundesarbeitsgemeinschaft Kinder psychisch kranker Eltern (www.bag-kipe.de); sehr informativ ist auch die einschlägige Internetseite des Bundesverbandes der Angehörigen psychisch Kranker (www.kipsy.net). Auf dieser Website findet man auch die im Jahr 2009 neu erstellten schönen Informationshefte für Eltern (www.kipsy.net/10.0.html), für Jugendliche (www.kipsy.net/11.0.html) und für Kinder (www.kipsy.net/12.0.html), die frei aus dem Netz heruntergeladen werden können. Eindrucksvoll ist auch die von Katja Beeck erarbeitete Website (www.netz-und-boden.de/), von der ebenfalls mehrere Broschüren herunterladbar sind. In den Internetpräsenzen wird deutlich, dass sich die Initiativen für und mit Kindern psychisch kranker Eltern mittlerweile sehr gut vernetzt und sich konsolidiert haben. Dadurch können Kinder psychisch kranker Eltern und deren Familien in vielen Regionen Deutschlands Ansprechpartner finden, die mit ihren Anliegen vertraut sind, und die in der Lage sind, sie zu beraten und ihnen Präventionsangebote zu vermitteln. Diese Entwicklung wird getragen von einem außerordentlich

---

11 Die Liste der hier exemplarisch angeführten Veröffentlichungen ist sicherlich sehr unvollständig und ergänzungswürdig; wir bitten hierfür um Nachsicht.

hohen und bewunderungswürdigen Engagement von vielen Menschen, die sich als Privatpersonen oder aus ihrer Berufstätigkeit heraus für Kinder psychisch kranker Eltern einsetzen und mit ihnen und ihren Familien zusammenarbeiten. Viele von den Menschen, die sich engagieren, sind selbst als Kind mit einem psychisch kranken Elternteil aufgewachsen und wissen deshalb ganz unmittelbar, wo die präventiven Aufgaben liegen.

Parallel zur Entwicklung von Präventionskonzepten und zur Implementierung und Vernetzung dieser Modelle hat die Präventionsforschung in den letzten zehn Jahren erhebliche Fortschritte gemacht. In manchen Bereichen – wie z. B. im Hinblick auf die Prävention von depressiven Störungen – verfügen wir über eine relativ große Zahl von kontrollierten empirischen Studien, in denen die Wirksamkeit von Präventionsprogrammen nachgewiesen wurde (vgl. hierzu die entsprechenden Übersichtsarbeiten: Horowitz u. Garber, 2006; Merry, McDowell, Hetrick, Bir, Muller, 2006; Gladstone u. Beardslee, 2009). Es ist zu hoffen und zu erwarten, dass die Botschaft aus diesen Studien im Gesundheitswesen und in der Politik ankommt. Ein positiver Hinweis darauf ist im Jahr 2009 herausgekommene umfangreiche und über 500 Seiten umfassende Veröffentlichung des National Research Council and Institute of Medicine aus dem Jahr (2009). Auch in Deutschland gibt es in den letzten Jahren Hinweise darauf, dass die Anliegen der Kinder psychisch kranker Eltern im öffentlichen Raum – insbesondere auch in der Gesundheitspolitik – Gehör finden:

1) Es ist in erster Linie eine ethische Forderung, Kinder von psychisch kranken Eltern und ihre Familien nicht alleine zu lassen, sondern ihnen präventive Hilfen anzubieten, um eventuelle Benachteiligungen auszugleichen.

2) Diese Forderung ist umso nachdrücklicher zu vertreten, weil wir aufgrund der empirischen Forschung wissen, dass es langfristig sinnvoll und effektiv ist, nicht erst dann aktiv zu werden, wenn bereits massive Beeinträchtigungen eingetreten sind, sondern bevor sich eine klinische Störung manifestiert und verfestigt. Wir verfügen über Präventionsansätze, deren Wirksamkeit empirisch überprüft wurde. Die bisherigen Ergebnisse sind ermutigend, speziell im Hinblick auf gezielte Präventionskonzepte, die sich an spezifische Risikogruppen wie z. B. Kinder psychisch kranker Eltern richten.

3) Da Präventionsangebote für Kinder psychisch kranker Eltern in Deutschland weder im Rahmen des Gesundheitsversorgungssystems noch im Rahmen der Jugend- oder Sozialhilfe regelhaft, sondern über zeitlich begrenzte Sondermittel finanziert werden, leben die deutschen Präventionsinitiativen heute primär vom persönlichen Engagement der in ihnen tätigen Personen und sind in ihrem längerfristigen Bestand gefährdet. Mehrere erfolgreiche Projekte mussten wegen auslaufender Finanzierung eingestellt werden; es ist deshalb dringend erforderlich, dass möglichst bald klare gesetzliche

Rahmenbedingungen geschaffen werden (z. B. Präventionsgesetz), die eine Finanzierung von Präventionsangeboten dieser Art ermöglichen. Es ist zu wünschen und zu hoffen, dass dabei die Interessen und Anliegen von Kindern psychisch kranker Eltern angemessene Berücksichtigung finden.

Literatur

Anthony, E. J. (1980): Kinder manisch-depressiver Eltern. In H. Remschmidt (Hrsg.), Psychopathologie der Familie und kinderpsychiatrische Erkrankungen (S. 12–34). Bern: Huber Verlag

Beardslee, W. R. (2002). Out of the darkened room. When a parent is depressed. Protecting the children and strengthening the family. Boston u. a.: Little, Brown and Co.

Beardslee, W. R. (Hrsg.) (2009). Hoffnung, Sinn und Kontinuität. Ein Programm für Familien depressiv erkrankter Eltern. Tübingen: Dgvt-Verlag.

Bengel, J., Meinders-Lücking, F., Rottmann, N. (2009). Schutzfaktoren bei Kindern und Jugendlichen – Stand der Forschung zu psychosozialen Schutzfaktoren für Gesundheit. Köln: Bundeszentrale für gesundheitliche Aufklärung.

Berger, M. (2004). Die Versorgung psychisch Erkrankter in Deutschland. Nervenarzt, 75, 195–204.

Biermann, G. (1966). Die seelische Entwicklung des Kindes im Familienmilieu Schizophrener. Schweizer Archiv für Neurologie, Neurochirurgie u. Psychiatrie, 97, 88 u. 329.

Bohus, M., Schehr, K., Berger-Sallawitz, F., Novelli-Fischer, U., Stieglitz, R.-D., Berger, M. (1998). Kinder psychisch kranker Eltern. Eine Untersuchung zum Problembewusstsein im klinischen Alltag. Psychiatrische Praxis, 3, 134–138.

Brock, H. (1962). Untersuchungen über die Entwicklung der Kinder nervenkranker Mütter. Acta Paedopsychiatrica, 29, 116–123.

Corboz, J. R. (1959). Reaktive Störungen bei Kindern schizophrener Eltern. II. Internationaler Kongress für Psychiatrie. Zürich 1957. Kongressbericht, Bd. III (S. 457–462). Zürich: Orell Füssli.

Cowie, V. (1961). The incidence of neurosis in the children of psychotics. Acta Pychiatrica Scandinavica, 37, 37–87.

Dachverband Psychosozialer Hilfsvereinigungen e.V. (Hrsg.) [Bearbeitung für die Bundesrepublik Deutschland: F. Mattejat] (1997). Informationshefte zum Thema Kinder psychisch kranker Eltern – Wenn deine Mutter oder dein Vater in psychiatrische Behandlung muss... Mit wem kannst Du dann eigentlich reden? (Informationsheft für Kinder) / Wenn deine Mutter oder dein Vater psychische Probleme hat ... Informationen für Jugendliche zwischen 12 und 18 Jahren / Wenn eine Mutter oder ein Vater psychische Probleme hat ... Wie geht es dann den Kindern? (Informationsheft für Eltern). Bonn: Dachverband Psychosozialer Hilfsvereinigungen e. V.

Deegener, G., Körner, W. (2006). Risikoerfassung bei Kindesmisshandlung und Vernachlässigung. Theorie, Praxis, Materialien. Lengerich: Pabst.

Elsässer, G. (1952). Die Nachkommen geisteskranker Elternpaare. Stuttgart: Thieme Verlag.

Ernst, K. (1978). Die Belastung der Kinder hospitalisierungsbedürftiger psychisch Kranker. Eine vorwissenschaftliche Schätzung. Nervenarzt, 49, 427–431.

Fabian, A., Donohue, J. (1956). Maternal depression: A challenging child guidance problem. The American Journal of Orthopsychiatry, 26, 400–405.

Gladstone, T. R. G., Beardslee, W. R. (2009). The prevention of depression in children. Canadian Journal of Psychiatry, 54 (4), 212–221.

Göpfert, M., Webster, J., Seeman, M. V. (2004). Parental psychiatric disorder. distressed parents and their families. Cambridge: Cambridge University Press.
Grunebaum, H. U., Weiss, J. L. (1963). Psychotic mothers and their children: Joint admission to an adult psychiatric hospital. American Journal of Psychiatry, 119, 927.
Häßler, F., Schepker, R., Schläfke, D. (Hrsg.) (2008). Kindstod und Kindstörung. Berlin: Medizinisch Wissenschaftliche Verlagsgesellschaft.
Hegi, C., Schmid, L. (1994). Auswirkungen einer parentalen Psychose auf die Nachkommen. Lizentiatsarbeit, Phil. Fak. I der Univ. Zürich.
Hoehner, G. (1974). Kinder schizophrener Eltern. Eine Literaturübersicht mit besonderer Betonung der neueren Forschung. Diplomarbeit, Univ. Marburg.
Homeier, S. (2006). Sonnige Traurigtage. Illustriertes Kinderfachbuch für Kinder psychisch kranker Eltern und deren Bezugspersonen. Frankfurt a. M.: Mabuse Verlag.
Horowitz, J. L., Garber, J. (2006). The prevention of depressive Symptoms in children and adolescents: A meta-analytic review. Journal of Consulting and Clinical Psychology, 74, 401–415.
Jordan, E. (Hrsg.) (2008). Kindeswohlgefährdung. Rechtliche Neuregelungen und Konsequenzen für den Schutzauftrag der Kinder- und Jugendhilfe (3. Aufl.). Weinheim u. München: Juventa.
Kindler, H., Lillig, S., Blüml, H., Meysen, T., Werner, A. (2006). Handbuch Kindeswohlgefährdung nach § 1666 BGB und Allgemeiner Sozialer Dienst (ASD). Deutsches Jugendinstitut. DJI, Abteilung Familie. München: Deutsches Jugendinstitut. Als Download: http://db.dji.de/asd/ASD_Handbuch_Gesamt.pdf
Klein, M. (2005). Kinder und Jugendliche aus alkoholbelasteten Familien. Stand der Forschung, Situations- und Merkmalsanalyse, Konsequenzen. Regensburg: Roderer Verlag.
Klein, M. (2006). Kinder drogenabhängiger Mütter. Risiken, Fakten, Hilfen. Regensburg: Roderer Verlag.
Kok, I., Konijn, C., Geelen, K. (1994). Evaluatie van preventieve interventies bij kinderen van ouders met psychiatrische problemen. Unterecht: Nederlands centrum Geestelijke volksgesondheid.
Lenz, A. (2005). Kinder psychisch kranker Eltern. Göttingen: Hogrefe.
Lenz, A. (2008). Interventionen bei Kindern psychisch kranker Eltern. Göttingen: Hogrefe.
Lenz, A. (2010). Resoourcen fördern – Materialien für die Arbeit mit Kindern und ihren psychisch kranken Eltern. Göttingen: Hogrefe.
Lenz, A., Jungbauer, J. (Hrsg.) (2008). Kinder und Partner psychisch kranker Menschen. Belastungen, Hilfebedarf, Interventionskonzepte. Tübingen: Dgvt-Verlag.
Mattejat, F., Lisofsky, B. (Hrsg.) (1998). Nicht von schlechten Eltern. Kinder psychisch Kranker (1. Aufl.). Bonn: Psychiatrie-Verlag.
Mattejat, F., Lisofsky, B. (Hrsg.) (2008). Nicht von schlechten Eltern. Kinder psychisch Kranker (Neuausgabe). Balance Ratgeber. Bonn: Balance Buch und Medien Verlag.
Mednick, S. A., Schulsinger, F., (1980). Kinder schizophrener Eltern. In H. Remschmidt (Hrsg.), Psychopathologie der Familie und kinderpsychiatrische Erkrankungen (S. 34–49). Bern: Verlag Hans Huber.
Merry, S. N., McDowell, H., Hetrick, S., Bir, J., Muller, N. (2006). Psychological and/or educational interventions for teh prevention in children and adolescents. The Cochran Database of Systematic Reviews, 3, 1–107.
Methner, T. (1974). Untersuchungen zur Persönlichkeitsstruktur und zur familiären Situation von Kindern endogen-depressiver Eltern. Med. Dissertation, Fachbereich Humanmedizin, Universität Marburg.
Mosch, E. von (2008). Mamas Monster. Bonn: Balance Buch und Medien Verlag.

National Research Council and Institute of Medicine (2009). Preventing mental, emotional, and behavioral disorders among young people: Progress and possibilities. Washington D.C.: National Academies Press.

Preston, G. H., Antin, R. (1933). A study of children of psychotic parents. American Journal of Orthopsychiatry, 2, 231–241.

Remschmidt, H. (Hrsg.) (1980a). Psychopathologie der Familie und kinderpsychiatrische Erkrankungen. Bern: Verlag Hans Huber.

Remschmidt, H. (1980b). Kinder von Eltern mit endogen-phasischen Psychosen. In H. Remschmidt (Hrsg.), Psychopathologie der Familie und kinderpsychiatrische Erkrankungen (S. 50–70). Bern: Verlag Hans Huber.

Remschmidt H., Mattejat F. (1994a). Kinder psychotischer Eltern. Göttingen: Hogrefe.

Remschmidt H., Mattejat F. (1994b). Kinder psychotischer Eltern – Eine vernachlässigte Risikogruppe. Praxis der Kinderpsychologie und Kinderpsychiatrie, 43, 295–299.

Remschmidt, H., Strunk, P., Methner, Ch., Tegeler, E. (1973). Kinder endogen-depressiver Eltern – Untersuchungen zur Häufigkeit von Verhaltensstörungen und zur Persönlichkeitsstruktur. Fortschritte der Neurologie und Psychiatrie, 41, 328–340.

Röhrle, R., Mattejat, F., Christiansen H. (Hrsg.) (2009). Hoffnung, Sinn und Kontinuität. Ein Programm für Familien depressiv erkrankter Eltern. Tübingen: Dgvt-Verlag.

Romer, G., Haagen, M. (2007). Kinder körperlich kranker Eltern. Göttingen: Hogrefe.

Roy, S., Harbauer, G. (1994). Wie gehen Nachkommen mit der psychischen Erkrankung ihres Elternteils um? Eine Qualitative Befragung unter Betonung des salutogenetischen Aspekts. Lizentiatsarbeit, Philosphische Fakultät. I, Universität Zürich.

Rutter, M. (1966). Children of sick parents. An environmental and psychiatric study. London: Oxford University Press.

Schone, R., Wagenblass, S. (2002). Wenn Eltern psychisch krank sind. Weinheim: Juventa Verlag.

Schuchardt I. (1979). Untersuchung zur Persönlichkeitsentwicklung von Kindern schizophrener Eltern. Med. Diss., Universität Marburg.

Tegeler, E.-B. (1975). Untersuchung über Art und Häufigkeit von Verhaltensstörungen bei Kindern endogen-depressiver und manisch-depressiver Eltern. Med. Diss., Universität Marburg.

Voigt, K. (1996). Kinder schizophrener Eltern. Eine qualitative Untersuchung zum Erleben und zur Bewältigung des Aufwachsens in einer Familie mit schizophren erkranktem Elternteil. Diplomarbeit, Inst. f. Psychologie der FU Berlin.

Wiegand-Grefe, S., Halverscheid, S., Plass-Christl, A. (2010). Kinder und ihre psychisch kranken Eltern. Familienorientierte Prävention – Der CHIMPs – Beratungsansatz. Göttingen: Hogrefe.

Wortmann-Fleischer, S., Downing, G., Hornstein, C. (2006). Postpartale psychische Störungen. Ein interaktionszentrierter Therapieleitfaden. Stuttgart: Kohlhammer.

Ziegenhain, U., Fegert, J. M. (2008). Kindeswohlgefährdung und Vernachlässigung (2. Aufl.). München u. Basel: Ernst Reinhardt.

Zobel, M. (2006). Kinder aus alkoholbelasteten Familien. (2. überarb. Aufl.). Göttingen: Hogrefe.

Klinik

»Wenn Eltern zerstörbar werden ...« – Kinder kranker Eltern als
Zielgruppe seelischer Gesundheitsvorsorge: Eine Zukunftsherausforderung für die Medizin   27
Georg Romer, Birgit Möller, Silke Wiegand-Grefe

Die Problematik von Kindern psychisch kranker Eltern anhand von
Biographien berühmter Persönlichkeiten   44
Susanne Schlüter-Müller

Präventionsangebote und -projekte für Kinder psychisch kranker
Eltern in Deutschland – ein Überblick   62
Anke Reinisch, Dieter Heitmann, Julia Griepenstroh

Überblick über die Entwicklungen und Projekte in Hamburg –
SeelenNot, Auryn-Gruppen und Eltern-Baby-Arbeit   84
Christiane Deneke

Die Leistungen der Jugendhilfe für Familien mit einem psychisch
erkrankten Elternteil   96
Andreas Schrappe

Auryn in Leipzig – vom Projekt zur Beratungsstelle   122
Melanie Gorspott

KIPKEL – Präventionsprojekt für Kinder psychisch kranker Eltern   133
Susanna Staets

»Wenn Eltern zerstörbar werden ...«[1] – Kinder kranker Eltern als Zielgruppe seelischer Gesundheitsvorsorge: Eine Zukunftsherausforderung für die Medizin

Georg Romer, Birgit Möller, Silke Wiegand-Grefe

Seit den 1960er Jahren gilt als empirisch belegt, dass Kinder körperlich oder psychisch kranker Eltern zu den Risikogruppen für psychische Erkrankungen zählen (Rutter, 1996). Hierbei handelt es sich keineswegs nur um akademisches Wissen. In der kinder- und jugendpsychiatrischen Versorgungspraxis ist uns die Bedeutung des Risikofaktors *elterliche Erkrankung* aus Biographien psychisch erkrankter Kinder und Jugendlicher und ihrer Familien sehr vertraut. Folgende zwei Fallbeispiele sollen dies kurz illustrieren.

Fallbeispiele

Fall 1 – Mutter mit Krebs

Die Mutter des 13-jährigen Thomas ist seit seiner Kindergartenzeit an Brustkrebs erkrankt. Es kommt nach einer Erstbehandlung mit operativer Brustentfernung und adjuvanter Chemotherapie im Verlauf über mehrere Jahre zu Metastasierungen, die sich durch chemotherapeutische Behandlung zurückbilden, im weiteren Verlauf jedoch erneut rezidivieren. Der Junge ist sehr in die Krankheit der Mutter involviert. Er begleitet sie mehrmals zu medizinischen Untersuchungen und chemotherapeutischen Behandlungen. Wiederholt erlebt er körperliche Zusammenbrüche und heftige Schwindelattacken hautnah mit, die durch Gehirnmetastasen ausgelöst werden. Rezidive der mütterlichen Krebserkrankung fallen zudem wiederholt mit Autonomieschritten seiner Entwicklung (z. B. Einschulung) zusammen. Der fortschreitende Krankheitsver-

---

1 Das Leitmotto dieses Kapitels wurde wesentlich inspiriert von den in vielen kasuistischen und wissenschaftlichen Diskussionen vermittelten Gedanken unseres langjährigen Klinikdirektors und Lehrers, Prof. Dr. med. Peter Riedesser (†2008), zur Psychotraumatologie der Eltern-Kind-Beziehung (vgl. Riedesser, 2005).

lauf der Mutter kann immer wieder gestoppt werden, was der Mutter bis heute ein Leben mit hinreichender Alltagsfähigkeit und Lebensqualität ermöglicht. In einer Phase weitgehender Stabilität des medizinischen Verlaufs bricht Thomas' Autonomieentwicklung dramatisch ein. Er entwickelt eine Schulphobie mit massiven Trennungsängsten sowie eine somatoforme Störung mit psychogenen Schwindelattacken und multiplen hypochondrische Beschwerden. Eine achtmonatige tagesklinische Behandlung in der Kinder- und Jugendpsychiatrie wird nötig. Erst im Laufe seiner Psychotherapie erkennt Thomas, dass seine körperlichen Beschwerden ein Spiegelbild seiner jahrelang bestehenden verdrängten Ängste um die lebensbedrohlich erkrankte Mutter sind.

Fall 2 – Mutter mit Depression

Die Mutter des heute achtjährigen Moritz hatte nach seiner Geburt – er war ihr erstes Kind – unter einer postpartalen Depression gelitten, aus der sich eine chronifizierte mittelgradige Depression entwickelte. Moritz' Vater war als kompensierende Bindungsperson zwar verlässlich im Alltag präsent, jedoch emotional sehr zurückgezogen und wenig erreichbar. Als Moritz zwei Jahre alt war, erfolgte die Geburt des zweiten Kindes. Im ersten Lebensjahr des nachgeborenen Bruders drängte Moritz sich noch häufig, während die Mutter diesen stillte, ebenfalls anklammernd an sie. Nach seiner Eingliederung in den Kindergarten im Alter von drei Jahren, bei der er vorübergehend Trennungsängste zeigte, fiel er durch häufige Aggressionen gegen andere Kinder auf. Immer wieder forderte er die ausschließliche Einzelzuwendung der Erzieherinnen ein. Nach seiner Einschulung in eine Regelgrundschule entwickelte er von Anbeginn an das symptomatische Bild einer hyperkinetischen Störung des Sozialverhaltens. Er störte fortlaufend den Unterricht, sprang über Tische, reagierte aggressiv gegen Mitschüler, konnte sich lediglich bei ihm ausschließlich zuteil werdender Einzelzuwendung durch die Lehrerin auf Lerninhalte konzentrieren. Eine psychologische Testung ergab Normwerte für Intelligenz und Aufmerksamkeitsspanne ohne Hinweise auf Teilleistungsstörungen. Eine projektive Testung offenbarte Objektrepräsentanzen, die von einem verinnerlichten Gefühl der völligen Haltlosigkeit geprägt waren. Im Kontakt mit dem Untersucher imponierten ferner ein traurig-leerer Blick und ein immenser Kontakthunger. Die ausgeschlossene Verdachtsdiagnose eines ADHS bewahrheitete sich allenfalls im übertragenen Sinne als ein massives Defizit an ihm zuteil werdender Aufmerksamkeit im Kontext der mütterlichen Depression. Er entwickelte eine kindliche Depression mit unerträglichen Gefühlen von Haltlosigkeit und innerer Leere, die durch die beschriebene aggressiv-hyperkinetische Symptomatik abgewehrt wurde. Eine sechsmonatige stationäre kinderpsychiatrische Behandlung mit intensiver begleitender Elternarbeit war notwendig, bevor Moritz wieder in einer Regelschule beschulbar war.

Die Fallbeispiele machen deutlich, welchen besonderen Belastungen und Herausforderungen Kinder kranker Eltern gegenüberstehen können. In beiden Fällen hätte man sich rückblickend eine parallel zur jeweils mütterlichen Erkrankung einsetzende präventive Unterstützung der Familie gewünscht, die sowohl die Stützung der Elternfunktion als auch die kindlichen Entwicklungsbedürfnisse angemessen im Blick gehabt hätte.

Wo steht Prävention für Kinder kranker Eltern heute?

Bis heute bleibt die Entwicklung und Implementierung systematischer und qualitätsgesicherter präventiver Konzepte für diese Zielgruppe eine Herausforderung der Zukunft, sowohl für die somatische als auch die psychosoziale Medizin. Eine wichtige Ursache für das immense Defizit an Forschung und präventiven Versorgungsangeboten in diesem Bereich liegt wohl darin begründet, dass minderjährige Kinder als Angehörige kranker Erwachsener weder im Krankenhaus noch in der niedergelassenen Praxis als direkte Gesprächspartner der Behandler vorgesehen sind. Im umgekehrten Fall, d. h., wenn ein Kind behandlungsbedürftig krank ist, treten die Eltern als Ansprech- und Bündnispartner immer mit den Behandlern in Beziehung, was zur Folge hat, dass Stressbelastungen und Bedürfnisse von Eltern, wenn beispielsweise ein Kind an Krebs oder an einer Psychose erkrankt, zwangsläufig innerhalb der Arzt-Patient-Beziehung präsent sind und angemessen aufgegriffen werden können. Professionelle psychologische Begleitung von Eltern ist demzufolge längst ein integraler Bestandteil der Versorgungskonzepte pädiatrisch-onkologischer Stationen, ebenso wie die begleitende Eltern- bzw. Familienarbeit fester Bestandteil jedes kinder- und jugendpsychiatrischen Behandlungssettings ist. Bis die seelischen Belastungen von Kindern kranker Eltern mit der gleichen selbstverständlichen Sorgfalt in den Blick genommen werden und die sich daraus ergebenden Bedarfe nach psychosozialen Hilfsangeboten routinemäßig in den Versorgungskonzepten von Psychiatrie, Psychosomatik und somatischer Medizin verankert sind, ist noch ein langer Weg zurückzulegen. Neben Sensibilisierung und Aufklärung geht es hierbei um die Entwicklung qualitätsgesicherter zielgruppenorientierter Hilfsangebote, deren Implementierung und wissenschaftliche Evaluation. Hierbei müssen neben Akzeptanz und Wirksamkeit der Hilfsangebote (effectiveness) auch deren gesundheitsökonomische Effizienz (efficacy) nachgewiesen werden.

Elterliche Krankheit – eine Sollbruchstelle hinreichend guter Elternfunktion?

Von Winnicott stammt das Paradigma der »good enough mother« als Begriff für eine der Entwicklung des Kindes förderliche Elternfunktion. Bemerkenswerterweise hatte Winnicott selbst eine depressive Mutter. Ein autobiographisches Gedicht, das er im Alter von 67 Jahren schrieb, gibt einen eindrucksvollen Einblick in die subjektive Erlebniswelt eines Kindes mit einem psychisch kranken Elternteil und die vom Kind zu leistende seelische Schwerstarbeit bei der Bewältigung dieser Situation:

Der Baum[2]
Mutter unten weint
 weint
 weint
So kannte ich sie.

Einst ausgestreckt in ihrem Schoß,
Wie jetzt auf totem Baum
Lernte ich, sie zum Lachen zu bringen,
Ihren Tränen Einhalt zu gebieten,
Ihre Schuld ungeschehen zu machen
Den Tod in ihr drinnen zu heilen
Mein Leben war, sie zu beleben.

Um die spezifischen Auswirkungen einer elterlichen Erkrankung – sei sie nun körperlich oder psychisch – auf die Elternfunktion deutlich zu machen, wollen wir uns zunächst den Kontext der typischen allgemeinen Entwicklungsaufgaben des mittleren Erwachsenenalters in Erinnerung rufen. Es handelt sich dabei um die Phase des Lebenszyklus, in der üblicherweise die meiste Zeit aktiver Elternschaft mit minderjährigen Kindern unter einem Dach gelebt wird. Erikson (1973) betrachtete folgende Entwicklungsaufgaben für diesen Lebensabschnitt als zentral:
– verantwortliches Führen eines eigenen Haushaltes,
– Verantwortung für die Versorgung und Erziehung eigener Kinder,
– stabile und zufriedenstellende berufliche Etablierung,
– Wahrnehmen erwachsener sozialer Verantwortlichkeit,
– Einstellen auf eigene alternde Eltern.

---

2 D. W. Winnicott 1963, zit. nach Phillips (2009, S. 48).

In dem Maße, in dem eine körperliche oder psychische Erkrankung einen Elternteil in seiner Vitalität, Alltagstüchtigkeit, emotionalen Verfügbarkeit und seinem eigenen Kompetenzerleben beeinträchtigt, ist die Bewältigung dieser Entwicklungsaufgaben und damit auch die elterliche Kompetenz mit betroffen. Hierbei lassen sich zunächst einige unspezifische Risikofaktoren nennen, die mit schwerer oder chronischer Krankheit gehäuft assoziiert sind und im Zusammenwirken eine akkumulierende Risikobelastung für eine hinreichend gute Elternkompetenz ergeben können (Tab. 1). Hierbei sind einige Risikofaktoren für körperliche und psychische Erkrankungen gleichermaßen relevant (kkE = pkE), andere wiederum treten bei Familien mit einem psychisch kranken Elternteil deutlich häufiger in Erscheinung (kkE < pkE).

Tabelle 1: Mit elterlicher Erkrankung assoziierte unspezifische Risikofaktoren

pkE = kkE:	*pkE > kkE:*
– soziale Isolation	– Familienkonflikte
– Trennungen durch Klinikaufenthalte	– unzureichende Alltagsstruktur
	– Alleinerziehendenstatus
	– Familienzerrüttung, Trennung, Scheidung
	– finanzielle Probleme, Arbeitslosigkeit
	– familiäre Beziehungsstörungen

pkE = psychisch kranke Eltern; kkE = körperlich kranke Eltern

Zu diesen unspezifischen Faktoren kommen spezifisch in der Krankheit begründete Risikofaktoren hinzu. Beispielsweise wirken sich die Verunsicherung des kranken Elternteils in seiner Elternrolle oder seine beeinträchtigte emotionale Verfügbarkeit auf die Eltern-Kind-Beziehung und Bindungsqualität aus, was bei körperlichen und psychischen elterlichen Erkrankungen gleichermaßen relevant sein kann. Welche potenziellen Beeinträchtigungen der Elternfunktion (parenting function) kennen wir und welche Mechanismen in der Psychodynamik der Eltern-Kind-Beziehung können daraus entstehen, die zu dysfunktionalen Entwicklungshemmnissen für Kinder werden können? Tabelle 2 stellt spezifische Auswirkungen von Krankheit auf die Elternfunktion und daraus resultierende beziehungsdynamische Mechanismen im Überblick zusammen.

In einem nächsten Schritt wollen wir die oben theoretisch ausgeführten Sollbruchstellen der Elternfunktion aus der Entwicklungsperspektive des Kindes betrachten. Hierzu gilt es zunächst, die »hinreichend gute« Situation bei der

Entwicklung der Eltern-Kind-Beziehung zu beleuchten, aus der sich spezifische Anpassungsleistungen im Fall krankheitsbedingter Beeinträchtigungen ableiten lassen. Hierbei wollen wir einen besonderen Aspekt der Eltern-Kind-Beziehung in den Mittelpunkt der Betrachtung rücken, nämlich den, dass Eltern im Erleben eines Kindes im Grunde »unverwüstliche Wesen« sein sollten. Im Kern einer gesunden Entwicklung von Urvertrauen und Selbstwert wird das Kind wesentlich von der magisch-illusionären Vorstellung getragen, dass Eltern als Vertreter und Organisatoren der Welt nicht zerstörbar sind. Wir begegnen dieser zum naiven kindlichen Weltbild gehörenden Vorstellung auch noch bei Erwachsenen, wenn erstmals ein eigener Elternteil im Alter ernsthaft erkrankt oder an einer Krankheit verstirbt (vgl. Romer u. Haagen, 2007; s. a. den Beitrag von Ohntrup, Pollak, Plass und Wiegand-Grefe in diesem Band).

Tabelle 2: Auswirkungen elterlicher Krankheit auf die Elternfunktion und daraus resultierende beziehungsdynamische Mechanismen

Auswirkungen auf Elternfunktion	Beziehungsdynamik
– Ausfall der Modellfunktion für Vitalität, Kompetenz und Lebenstüchtigkeit	– narzisstische Projektionen (Richter, 1963)
– Defizite in emotionaler Verfügbarkeit und Responsivität	– verstärkte Loyalitätsbindung des Kindes (Boszormenyi-Nagy u. Spark, 1981)
– verstärkte eigene emotionale Bedürftigkeit des kranken Elternteils	– Parentifizierung des Kindes (Boszormenyi-Nagy u. Spark, 1981)
– emotionale Instabilität (Stimmungsschwankungen)	– als Partnerersatz
– akzelerierte Autonomieanforderungen an das Kind	– in elterlicher Versorgungsfunktion (Rollenumkehr)
– Bei pkE: ggf. Einbindung des Kindes in Angst-, Zwangs- oder Wahnsysteme	– Delegationen unerledigter Lebensthemen an das Kind (Boszormenyi-Nagy u. Spark, 1981)

Obwohl dies zu den gängigen Erwartungen eines normalen Lebenszyklus gehört, ist nicht selten zu beobachten, dass Erwachsene, die sich erstmalig mit der Zerstörbarkeit des biologischen Lebens ihrer eigenen Eltern greifbar auseinandersetzen müssen, dies subjektiv als eine existentielle Erschütterung ihres inneren Weltbildes erleben. Aus psychoanalytischer Sicht kann die internalisierte Robustheit bzw. Nicht-Zerstörbarkeit des elterlichen Objekts im Laufe der kindlichen Entwicklung über sich verändernde Beziehungsthemen bzw. phasenspezifischen Anforderungen an die Eltern als *Entwicklungslinie* konzipiert werden (Tab. 3).

– In der *Säuglingszeit* ist das hinreichend gute Elternobjekt als sichere Basis kontinuierlich verfügbar. Es fungiert als Hilfs-Ich bei der Regulation affektiver und vegetativer Spannungszustände, bietet dem Säugling Halt und Anlehnung (holding function) und ist selbstverständlich durch aggressive Regungen des Säuglings, die sich in Schreiattacken oder Beißimpulsen äußern können, grundsätzlich nicht lädierbar oder erschütterbar.

Tabelle 3: Die Robustheit des Elternobjekts als Entwicklungslinie

	»Hinreichend gutes« Elternobjekt
Säuglingszeit (oral)	Immer verfügbar »on demand«, Hilfs-Ich bei affektiver und vegetativer Regulation, Halten, unverwüstlich gegenüber Schreiattacken und Beißimpulsen
Kleinkindalter (anal)	Beim Laufenlernen emotionale Auftankbasis »on demand«, nicht gekränkt durch kindliche Autonomieimpulse (Weglaufen), setzt Grenzen, hält Wut- und Trotzanfällen stand
Vorschulalter (ödipal)	hilft Größenselbst (Welteroberungsdrang) zu symbolisieren, greift Rivalität und Aggression spielerisch auf, ist durch Kampfspiele und magische Fantasien nicht lädierbar
Schulalter (Latenz)	Rollenmodell von Kompetenz und Lebenstüchtigkeit, Lotse durch außerfamiliäre Umwelt, Klarheit und Verlässlichkeit von Rollen und Regeln
Pubertät und Jugend	Reibungsfreundlicher Vertreter der Erwachsenenwelt, hält Entwertungen und Provokationen aus, Klarheit von Haltungen und Positonen

- Im *Kleinkindalter* steht das hinreichend gute Elternobjekt dem Kind, das seine durch den aufrechten Gang neu eroberte motorische Autonomie genießt und den dadurch erweiterten Aktionsradius exploriert, ebenfalls »on demand« als sichere Basis zum Auftanken zur Verfügung. Durch die prompt darauf rasch wieder einsetzenden Autonomieimpulse, die sich typischerweise in erneutem Weglaufen und Wiederaufnehmen eigenständiger Exploration äußern, reagiert die Elternfigur nicht gekränkt oder ängstlich festhaltend. Stattdessen steht es flexibel zur Verfügung, wenn es darum geht, Grenzen zu setzen, und hält unerschrocken den kindlichen Wut- und Trotzanfällen stand, ohne sich durch sie irritieren zu lassen.
- Im *Vorschulalter* (ödipale Phase) benötigt das Kind im Elternobjekt einen Beziehungs- und Spielpartner, der es versteht, seine Größenphantasien (literarisch treffend im Pippi-Langstrumpf-Lied ausgedrückt: »Ich mach mir die Welt widiwidi-wie sie mir gefällt ...«) und Rivalitätsphantasien spielerisch aufzugreifen (z. B. in Jungen-Kampfspielen als Pirat oder Ritter) und in einer die Phantasietätigkeit des Kindes anregenden Weise zu symbolisieren. Das Kind muss dabei die sicher wiederkehrende Erfahrung machen, dass eigene aggressive Phantasien, die sich gegen den robusten Elternteil richten, niemals dessen reale Beschädigung zur Folge haben. Der Ausbruch oder Schub einer elterlichen Krankheit kann demnach in dieser Altersstufe aufgrund des entwicklungsgemäß vorherrschenden magischen Denkens zu ausgeprägten Schuldphantasien und -gefühlen führen (Romer u. Haagen, 2007).

- Im *Grundschulalter* (Latenzphase), in dem sich u. a. die Identifikation mit der sozialen Geschlechtsrolle (gender) konsolidiert, ist das Elternobjekt als Rollenmodell für erwachsene Lebenstüchtigkeit von besonderer Bedeutung. Kinder benötigen in dieser Altersstufe für ihre sich stetig erweiternden außerfamiliären Aktionsradien verlässliche Lotsen durch die soziale Außenwelt sowie Klarheit und Verlässlichkeit bei den von den Eltern vertretenen Rollen und Regeln.
- *Jugendliche* brauchen in ihren Eltern stabile und reibungsfreundliche Vertreter der Erwachsenenwelt, von denen sie nicht befürchten müssten, dass sie Entwertungen und Provokationen, mit denen sie sie zur Reibung herausfordern, etwa nicht unbeschadet standhalten könnten. Im Erleben Jugendlicher sind Eltern gefordert, ihre Positionen und Haltungen klar und eindeutig zu vertreten, damit die Reibung, die für das Finden einer eigenständigen Position typischerweise notwendig ist, möglich wird.

Typische seelische Belastungen von Kindern kranker Eltern und ihre Bewältigung

Kinder, die der Erfahrung einer durch Krankheit beeinträchtigten Elternfunktion ausgesetzt sind, reagieren mit typischen Ängsten und Sorgen sowie im Fall unzureichender Aufklärung über die Krankheit mit typischer kognitiver Desorientierung und daraus entstehender emotionaler Irritation. Psychischen und körperlichen elterlichen Erkrankungen gemeinsam ist das Erleben der Kinder, dass die vitale Robustheit der Eltern Brüche bekommen hat. Kinder realisieren, dass ihre Eltern auch schwach und zerstörbar sein können. In gewissem Maß benötigen die Eltern selbst fürsorgliche Unterstützung durch ihre Kinder, sei es emotional im Sinne von Halt und Trost oder konkret durch tatkräftige Unterstützung im Alltag bis hin zu Beteiligung von Kindern an pflegerischer Versorgung. Jede ernsthafte oder chronische elterliche Erkrankung hat demnach ein gewisses Maß an *Parentifizierung* der Kinder zur Folge. Diese muss per se keinesfalls als seelische Belastung pathogen wirken. Im Gegenteil, eine dem Entwicklungsstand des Kindes angemessene Einbeziehung des Kindes in die fürsorgliche Verantwortung der Familie für den kranken Elternteil kann durchaus geeignet sein, beim Kind eine aktive Bewältigung der Situation zu fördern und Gefühle hilfloser Ohnmacht gegenüber einer ängstigenden Realität überwinden zu helfen (Romer u. Haagen, 2007). Voraussetzung hierfür ist jedoch, dass

1. die vom Kind übernommenen Verantwortlichkeiten altersgerecht und in der Familie klar umschrieben sind,

2. es von der elterlichen Erkrankung nicht überschattete Alltagsbereiche kind- bzw. jugendgerechter Freizeitaktivitäten gibt,
3. im Erleben der Kinder die Hauptverantwortung für die zu leistende Fürsorge eindeutig bei anderen Erwachsenen (gesunder Elternteil, erwachsene Familienangehörige, Freunde, Pflegedienst etc.) liegt und von diesen zuverlässig wahrgenommen wird (Romer u. Haagen, 2007).

Erst das Gefühl emotionaler Dauerüberforderung, das dann entsteht, wenn Kinder sich in ihrer Fürsorgefunktion für einen erkrankten Elternteil allein- oder hauptverantwortlich fühlen, macht eine Parentifizierung des Kindes zu einem die eigene seelische Entwicklung gefährdenden Stressor. Es gibt in diesem Zusammenhang einige Aspekte, bei denen zwischen körperlichen und psychischen elterlichen Erkrankungen zu unterscheiden ist:

1. *Zentrale Ängste:* Bei Kindern psychisch kranker Eltern kennen wir je nach Art der psychischen Erkrankung typischerweise Ängste davor, selbst eines Tages »verrückt zu werden« (v. a. bei psychotischen Störungen), die wiederkehrende Angst vor bodenloser Haltlosigkeit (v. a. bei depressiven Störungen) sowie die Angst vor unberechenbaren impulsiven Reaktionen der Eltern (v. a. bei Borderline-Persönlichkeitsstörungen). Bei Kindern körperlich kranker Eltern steht hingegen nach unserer Erfahrung die existentielle Verlustangst, d. h. die Angst davor, die Bindungsperson zu verlieren, ganz im Vordergrund.
2. *Kognitive Desorientierung:* Unzureichend aufgeklärte Kinder von psychisch kranken Eltern sind nach unseren Erfahrungen typischerweise über das Wesen des erkrankten Elternteils desorientiert und verwirrt. Sie können oftmals krankheitsbedingte Stimmungsschwankungen und Wesensveränderungen des kranken Elternteils nicht einordnen und laufen Gefahr, diese schuldhaft auf sich selbst zu beziehen. Unzureichend informierte Kinder körperlich kranker Eltern sind hingegen typischerweise über das Wesen und den Verlauf der elterlichen Erkrankung desorientiert und ziehen bei ihren Anstrengungen, sich kognitiv zur bedrohlich erlebten Situation zu orientieren, nicht selten falsche medizinische Schlüsse aus ihren lückenhaften Informationen und Beobachtungen. Diese Schlussfolgerungen können mitunter ängstigender sein, als es der realen Situation entspräche.
3. *Rolle des gesunden Elternteils:* Sowohl bei psychischen als auch bei körperlichen Erkrankungen eines Elternteils kommt dem gesunden Elternteil, sofern dieser präsent ist, eine essentielle Bedeutung als kompensierender Bindungsperson zu. Ist ein kranker Elternteil alleinerziehend oder steht ein gesunder Elternteil aus anderen Gründen nicht zur Verfügung, stellt dies einen bedeutsamen akkumulativen Risikofaktor dar. Bei Kindern psy-

chisch kranker Eltern kommt dem gesunden Elternteil vorrangig die Bedeutung zu, dysfunktionale Interaktions- und Beziehungsmuster, die das Beziehungsangebot des kranken Elternteils durch dessen Psychopathologie prägen, auszugleichen. Bei Kindern körperlich kranker Eltern hingegen geht es vorrangig darum, dass der gesunde Elternteil einen Ausgleich für die durch Verlustangst (s. o.) bedrohte Bindungssicherheit schafft, indem er im Erleben des Kindes einen haltgebenden *sicheren Hafen* und eine *sichere Basis* (Bowlby, 1988) verkörpert.

Viele Kinder reagieren auf die krankheitsbedingten Belastungen der Eltern, indem sie sich von ihrer stärksten Seite zeigen und eigene Ängste und Sorgen von ihren Eltern fernzuhalten versuchen. Dies kann dazu führen, dass ihre seelische Not hinter einer vermeintlichen Unauffälligkeit und Angepasstheit übersehen wird. Präventive Beratungsangebote sollten daher betroffene Familien frühzeitig unterstützen, aus der individuellen Krankheitsverarbeitung der Eltern eine von offener Kommunikation getragene familiäre Stressbewältigung zu entwickeln, die wiederum den von familiären Stressoren mitbetroffenen Kindern als Modell für ihre eigene individuelle Verarbeitung dienen kann. Präventive Beratungsangebote sollten daher mindestens zwei Anforderungen erfüllen: Sie müssen

1. die Eltern in ihren Kompetenzen und Ressourcen stärken, um ihnen eine aktive und offen kommunizierbare Krankheitsbewältigung (coping) zu erleichtern, und
2. an der kindlichen Erlebnisperspektive im Kontext alterstypischer Entwicklungsaufgaben und Bewältigungsmöglichkeiten ausgerichtet sein.

Assoziierte Risikofaktoren für Kinder kranker Eltern

Bei Kindern *körperlich* kranker Eltern konnte in mehreren Studien gezeigt werden, dass medizinische Faktoren, wie Dauer, Stadium und Prognose der elterlichen Erkrankung, nur einen geringen bis einen nicht nachweisbaren Einfluss auf die psychische Situation der betroffenen Kinder haben (Lewis, Hammond u. Woods, 1993; Visser et al., 2005; Compas et al., 1994; Compas, Worsham, Ey u. Howell, 1996; Welch, Wadsworth u. Compas, 1996; Watson et al., 2006). Hingegen konnten bislang folgende psychosoziale Begleitumstände als assoziierte Risikofaktoren identifiziert werden:
- längere Trennungen von einem oder beiden Elternteilen,
- Isolation der Familie gegenüber der sozialen Umwelt,
- elterliche Depression (Sigal, Perry, Robbins, Gagne u. Nassif, 2003; Lewis u. Darby, 2003),

- geringer familiärer Zusammenhalt, geringe affektive Responsivität innerhalb der Familie und affektive Verstrickung (Watson et al., 2006),

- chaotische oder wenig strukturierte familiäre Anpassung (Huizinga, Visser, Van der Graaf, Hoekstra u. Hoekstra-Weebers, 2005),
- wenig offene Kommunikation zwischen Eltern und Kindern (Huizinga et al., 2005).

Darüber hinaus wurden individuelle Risikofaktoren im Kind beschrieben, die sich auf die Bewältigung der körperlichen Erkrankung des Elternteils ungünstig auswirken, wie unsicheres Bindungsverhalten nach dem 12./18. Lebensmonat, häufig wechselnde Bezugspersonen in der frühen Kindheit, bestimmte Persönlichkeitsmerkmale (z. B. emotionale Instabilität) oder frühere Traumatisierungen (Breunig, 2003; Egle, Hoffmann u. Steffens, 1997; Fischer u. Riedesser, 1999).

Bei Kindern *psychisch* kranker Eltern unterscheiden Olin und Mednick (1996) in ihrer Metaanalyse von acht High-Risk-Studien zwei Gruppen von mehrfach belegten Risiko-Markern: 1. ätiologische Bedingungen in der frühesten Kindheit und 2. später auftretende Präkursoren. Zur ersten Gruppe zählen eine Familiengeschichte psychischer Erkrankungen, prä- und perinatale Komplikationen, neuropsychologische Abweichungen, frühe Trennungserlebnisse sowie mangelnde Kommunikation und konflikthaftes emotionales Klima in der Familie. In der späten Kindheit und Adoleszenz auftretende Risikofaktoren umfassen emotionale Instabilität, Aggressivität und antisoziales Verhalten, aber auch Rückzugstendenzen, Passivität und soziale Ängste, wobei diese Faktoren bei entsprechendem Ausmaß bereits Anzeichen und Symptome einer psychischen Störung sein können (Olin u. Mednick, 1996). Zu den häufig genannten spezifischen Risiko- und Belastungsfaktoren bei Kindern psychisch kranker Eltern gehören die direkten Auswirkungen der elterlichen Erkrankung, z. B. der Mangel an affektiver Involviertheit und Responsivität, sowie damit einhergehende Folgen, z. B. familiäre Konflikte, Trennung der Eltern oder Fremdbetreuung des Kindes während elterlicher Krankenhausaufenthalte (Keitner u. Miller, 1990). Mattejat (2008) weist darauf hin, dass sich die Auswirkungen der Erkrankung durch Häufung psychosozialer Belastungsfaktoren oftmals in ihren ungünstigen Effekten verstärken und gleichsam multiplizieren. Zudem beschreiben mehrere Autoren, dass die seelischen Folgen für die Kinder umso schwerwiegender sind,
- je stärker sie in die Symptomatik des kranken Elternteils einbezogen sind;
- je jünger sie sind, wenn die elterliche Erkrankung auftritt;
- wenn gravierende, ungelöste elterliche Konflikte bestehen;
- wenn die Familie isoliert ist;

– wenn die Erkrankung zum Auseinanderbrechen der Familie führt (vgl. Kühnel u. Bilke, 2004).[3]

Schutzfaktoren für eine gelingende Bewältigung

Präventive Beratungsangebote, die sich zum Ziel setzen, Kinder in ihrer Bewältigung der durch eine elterliche Erkrankung entstehenden Belastungen zu unterstützen, sollten das verfügbare empirische Wissen über protektive Faktoren nutzen. In Bezug auf einen günstigen familiären Umgang mit durch eine körperliche elterliche Krankheit bedingten familiären Krisen hat Herriger (1993) fünf wichtige Aspekte ausgearbeitet:
1. die Fähigkeit einer Familie, eine gemeinsame familiäre Problemsicht und Problemdefinition zu entwickeln;
2. starke und tragfähige emotionale Bindungen innerhalb der Familie;
3. ein grundsätzlich optimistisches Selbstbild der Familie, welches ein von Zuversicht geprägtes familiäres Arbeitsmodell von Bewältigungskompetenz impliziert (»wir schaffen das schon ...«);
4. in der Familie bewährte Prinzipien und Grundüberzeugungen für den Umgang mit Stressbelastungen;
5. die Bereitschaft, die Krankheit gegenüber der sozialen Umgebung offen zu legen und damit eine offene Auseinandersetzung auch außerhalb der Familie explizit für alle Familienmitglieder zu legitimieren (vgl. auch Wiegand-Grefe, Romer u. Möller, 2008).

Bewusst durchlebte Trauerprozesse und funktionale Bewältigungsstrategien der Eltern haben ebenfalls einen nachgewiesenen positiven Einfluss auf das Coping der Kinder (Steck, Kappos u. Bürgin, 1998; Steck, 2002).

Im Modell der psychosozialen Vermittlungsprozesse von Mattejat und Kollegen (Mattejat, Wüthrich u. Remschmidt, 2000) und unseren Erweiterungen (Wiegand-Grefe, 2007) für Kinder psychisch kranker Eltern werden zwei zentrale Faktoren für die kindliche Bewältigung hervorgehoben:
1. die *Beziehungsqualität*, d. h. das Maß, inwieweit sich Eltern und Kinder auf stabile, tragfähige und Sicherheit vermittelnde innerfamiliäre oder außerfamiliäre Beziehungen stützen können;
2. die *familiäre Krankheitsbewältigung*, zu der neben der inneren Einstellung

---

3 Vgl. die Beiträge von Wiegand-Grefe, Geers und Petermann über die Entwicklungsrisiken sowie von Lenz und Kuhn über die Resilienz- und Copingforschung in diesem Band. Eine ausführliche Zusammenfassung aller Risikofaktoren findet sich außerdem im Manual von Wiegand-Grefe, Halverscheid und Plass (2010).

zur Erkrankung vorrangig die für Kinder konkret wahrnehmbare familiäre Lebensgestaltung und Alltagskompetenz gehören.

Die Einführung eines dritten Faktors, der gleichsam in beide Komponenten einfließt, erwies sich als sinnvoll: die Paar- und Familiendynamik (vgl. Wiegand-Grefe, 2007).

Mattejat resümiert den bisherigen Forschungsstand: »Kinder von psychisch kranken Eltern haben dann gute Entwicklungschancen, wenn Eltern, Angehörige und Fachleute lernen, in sinnvoller und angemessener Weise mit der Erkrankung umzugehen, und wenn sich die Patienten und ihre Kinder auf tragfähige Beziehungen stützen können« (2008, S. 87).

Darüber hinaus gibt es auf Seiten des Kindes ebenfalls individuelle Schutzfaktoren für eine gelingende Bewältigung. Für Kinder *körperlich* kranker Eltern wurden herausgearbeitet (Bettge, 2004; Werner u. Smith, 1989, 1992):
- ein überwiegend positives Selbstwertgefühl,
- bestimmte Temperamentsmerkmale, wie Ausgeglichenheit, Flexibilität, offenes Zugehen auf andere, Anpassungsfähigkeit, Kontaktfreudigkeit, Optimismus,
- Kohärenzgefühl (u. a. Verstehbarkeit, Sinnhaftigkeit, Handhabbarkeit der äußeren Welt),
- Selbstwirksamkeit (Überzeugung, dass es Handlungen gibt, die zum gewünschten Ergebnis führen),
- interne Kontrollüberzeugung (eintretende Ereignisse werden vorwiegend als Resultat des eigenen Handelns wahrgenommen),
- soziale Kompetenz.

Bei Kindern *psychisch* kranker Eltern unterscheiden Kühnel und Bilke (2004) individuelle und interaktionelle protektive Schutzfaktoren. Als individuelle protektive Faktoren gelten in ähnlicher Weise:
- ein Temperament, das positive Aufmerksamkeit seitens des Umfeldes hervorruft,
- zumindest durchschnittliche Intelligenz,
- Kommunikationsfähigkeit,
- Leistungsorientierung,
- Fähigkeit zur Verantwortungsübernahme,
- Ein überwiegend positives Selbstwertgefühl.

Für Kinder *körperlich* und *psychisch* kranker Eltern ist es demnach in gleicher Weise wichtig, dass sie vertraute Bezugspersonen um sich haben, die Sicherheit und Orientierung vermitteln und eine haltgebende Alltagsroutine aufrechterhalten. Ein offenes Gesprächsklima innerhalb der Familie, das Raum gibt für Fragen, Befürchtungen und Ängste, ermöglicht dem Kind, sich kognitiv zu orientieren und das Gefühl zu haben, mit den eigenen Gefühlen und Bedürfnissen wahrgenommen zu werden. Phantasien hinsichtlich der Erkrankung des Elternteils (z. B. »Verschuldungsfrage«) können auf diesem Weg mit der Realität abgeglichen werden, was das Kind entlastet. Fortlaufende altersangemessene Informationen sind für das Kind Grundvoraussetzung zur Bewältigung einer potenziell traumatischen Situation (Fischer u. Riedesser, 1999). Die Einbeziehung des Kindes in das Wissen der Familie um die elterliche Erkrankung unterstreicht zudem den Glauben an seine Fähigkeit, schwierige Situationen bewältigen zu können, was wiederum sein Selbstvertrauen und seine Selbstwirksamkeit unterstützt.

Fazit und Ausblick

Kinder körperlich oder psychisch kranker Eltern sind eine Risikopopulation für psychische Erkrankungen. Die krankheitsbedingten Beeinträchtigungen einer hinreichend guten Elternfunktion lassen sich als Sollbruchstellen verstehen, die spezifische Anpassungsleistungen innerhalb der Eltern-Kind-Beziehung verlangen. Zur Bewältigung der Erkrankung ihrer Eltern brauchen die Kinder u. a. kognitive Orientierung durch altersgerechte Informationen zur familiären Situation und Erkrankung des Elternteils sowie ein offenes familiäres Klima, das Raum gibt für Fragen, Ängste und kindliche Phantasien.

Wenngleich der Bedarf familienbasierter präventiver Hilfsangebote für Kinder körperlich und psychisch kranker Eltern unbestritten ist, sind diese im Gesundheitswesen bislang nur vereinzelt als Modellprojekte implementiert. Der Sozialpsychiater Asmus Finzen bezeichnete beispielsweise Kinder psychisch kranker Eltern einmal als »vergessene Risikogruppe«. Zur Verbesserung der psychosozialen Versorgung von Kindern körperlich und psychisch kranker Eltern müssen Konzepte entwickelt und implementiert werden, die sicherstellen, dass kranke Eltern sowohl in ihren elterlichen Kompetenzen als auch in ihrer diesbezüglichen Verunsicherung wahrgenommen werden. Zugleich müssen präventive Hilfsangebote einem entwicklungspsychologischen Verständnis spezifischer Anpassungsleistungen der Eltern-Kind-Beziehung sowie kindlicher Bewältigungsmöglichkeiten angemessen Rechnung tragen.

In den letzten Jahren sind eine Reihe klinischer Präventionsinitiativen und Forschungsprojekte entstanden, die Anlass zu berechtigter Hoffnung geben, dass die Kinder körperlich oder psychisch kranker Eltern nicht länger die »vergessenen Kinder« unseres Gesundheitswesens sind. Ein mittelfristiges Ziel könnte sein, dass eine qualitätsgesicherte psychosoziale Versorgung von Kindern als Angehörigen erwachsener Patienten zu den empirisch belegten Leitlinienstandards aller relevanten Fachgesellschaften gehört. Historisch können wir hier beispielsweise von der Entwicklung der Psychoonkologie lernen. Über die Verankerung von Leitlinienstandards psychoonkologischer Versorgung war es letztlich nicht nur möglich, sondern auch zwingend notwendig, dass Planstellen für psychoonkologische Betreuung heute in jedem Krebszentrum ausgewiesen sein müssen. Als längerfristiges Ziel wäre vorstellbar, dass eines Tages etwa ein Qualitätslabel »Kinder als Angehörige willkommen« – gekoppelt an entsprechend auszuweisende fachliche Standards familien- und kindgerechter Angehörigenarbeit – für psychiatrische und somatische Krankenhäuser zu den wettbewerbsrelevanten Service-Merkmalen wird. Auch hier können wir von einem historischen Beispiel lernen: Die Stillbewegung – noch vor 20 Jahren in unseren Geburtskliniken außen vor – hat über das zertifizierte UNICEF-Gütesiegel »Stillfreundliches Krankenhaus« nachhaltigen Einzug in die heutige Versorgungspraxis der Geburtshilfe gehalten und die über dieses Gütesiegel eingeführten Standards sind nicht mehr wegzudenken. Die in diesem Buch beschriebenen Projekte und Forschungsaktivitäten markieren wichtige Meilensteine auf einem noch vor uns liegenden Weg.

Literatur

Bettge, S. (2004). Schutzfaktoren für die psychische Gesundheit von Kindern und Jugendlichen. Charakterisierung, Klassifizierung und Operationalisierung. Dissertation, Technischen Universtität Berlin.

Boszormenyi-Nagy I., Sparke G. (1981). Unsichtbare Bindungen. Die Dynamik familiärer Systeme. Stuttgart: Klett-Cotta.

Bowlby, J. A. (1988). Secure Base: Clinical Applications of Attachment Theory London: Tavistock/Routledge.

Breunig, D. (2003). Trauma, Dissoziation und Affekte. Mimisch affektiver Ausdruck bei traumatisierten Patienten. Diplomarbeit, Universität des Saarlandes.

Compas, B. E., Worsham, N. L., Epping-Jordan, J. E., Grant, K. E., Mireault, G., Howell, D. C., Malcarne, V. L. (1994). When mom or dad has cancer: I. Markers of psychological distress in cancer patients, spouses and children. Health Psychology, 13 (6), 507–515.

Compas, B. E., Worsham, N. L., Ey, S., Howell, D. C. (1996). When mom or dad has cancer: II. Coping, cognitive appraisals and psychological distress in children of cancer patients. Health Psychology, 15 (3), 167–175.

Egle, U. T., Hoffmann, S. O., Steffens, M. (1997). Psychosoziale Risiko- und Schutzfaktoren in Kindheit und Jugend als Prädisposition für psychische Störungen im Erwachsenenalter. Gegenwärtiger Stand der Forschung. Nervenarzt, 68 (9), 683–695.

Erikson, E. H. (1973). Identität und Lebeszyklus. Frankfurt a. M.: Suhrkamp.

Fischer, G., Riedesser, P. (1999). Lehrbuch der Psychotraumatologie. München: Ernst Reinhardt.

Herriger, N. (1993). Die »unverwundbare« Familie. Belastende Lebensumstände und psychosoziale Immunität. Soziale Arbeit, 42 (5), 146–152.

Huizinga, G., Visser, A., Van der Graaf, W., Hoekstra, H., Hoekstra-Weebers, J. (2005). The

quality of communication between parents and adolescent children in the case of parental cancer. Annals of Oncology, 16, 1956–1961.
Keitner, G. I., Miller, I. W. (1990). Family functioning and major depression: An Overview. American Journal of Psychiatry, 147, 1128–1137.
Kühnel, S., Bilke, O. (2004). Kinder psychisch kranker Eltern. Ein interdisziplinäres Präventionsprojekt in der Ostschweiz. Forum der Kinder- und Jugendpsychiatrie und Psychotherapie, 14 (2), 60–74.
Lewis, F. M., Darby, E. L. (2003). Adolescent adjustment and maternal breast cancer: a test of the ›faucet hypothesis‹. Journal of Psychosocial Oncology, 21, 81–104.
Lewis, F. M., Hammond, M. A., Woods, N. F. (1993). The family's functioning with newly diagnosed breast cancer in the mother: the development of an explanatory model. Journal of Behavioral Medicine, 16 (4), 351–370.
Mattejat, F. (2008). Kinder mit psychisch kranken Eltern. In F. Mattejat, B. Lisofsky (Hrsg.), Nicht von schlechten Eltern. Kinder psychisch Kranker (Neuausgabe 2008. Bonn: Psychiatrie Verlag.
Mattejat, F., Wüthrich, C., Remschmidt, H. (2000). Kinder psychisch kranker Eltern. Forschungsperspektiven am Beispiel von Kindern depressiver Eltern. Nervenarzt, 71, 164–172.
Olin, S. S., Mednick, S. A. (1996). Risk factors of psychosis: Identifying vulnerable populations premorbidly. Schizophrenia Bulletin, 22 (2), 234–240.
Phillips, A. (2009). Winnicott. Göttingen: Vandenhoeck & Ruprecht. (Original: Winnicott. Cambridge u. Massachusetts: Harvard University Press, 1988)
Richter, H.-E. (1963). Eltern, Kind, Neurose. Stuttgart: Klett-Cotta.
Riedesser, P. (2005). Wenn Eltern zerstörbar werden … Traumatische Belastungen eines Elternteils in der Erlebensperspektive des Kindes. Forum der Kinder- und Jugendpsychiatrie und Psychotherapie, 15 (3), 8–18.
Romer, G., Haagen, M. (2007). Kinder körperlich kranker Eltern. Göttingen: Hogrefe.
Rutter, M. (1966). Children of sick parents. An environmental and psychiatric study. London: Maudsley Monographs.
Sigal, J. J., Perry, C., Robbins, J. M., Gagne, M., Nassif, E. (2003). Maternal preoccupation and parenting as predictors of emotional and behavioral in children of women with breast cancer. Journal of Clinical Oncology, 21, 1155–1160.
Steck, B. (2002). Multiple Sklerose und Familie: Psychosoziale Situation und Krankheitsverarbeitung. Basel: Karger Verlag.
Steck, B., Kappos, L., Bürgin, D. (1998). Psychosoziale Auswirkungen Multipler Sklerose auf Familie und Kinder. Schweizer Archiv für Neurologie und Psychiatrie, 150 (4), 161–168.
Visser, A., Huizinga, G., Hoekstra, H., Van der Graaf, W., Klip, E., Pras, E., Hoekstra-Weebers, J. (2005). Emotional and behavioural functioning of children of a parent with cancer: A cross informant perspective. Psycho-Oncology, 14, 746–758.
Watson, M., St. James-Roberts, I., Ashley, S., Tilney, C., Brougham, B., Edwards, L., Baldus, C., Romer, G. (2006). Factors associated with emotional and behavioural problems among school age children of breast cancer patients. British Journal of Cancer, 94, 43–50.
Welch, A. S., Wadsworth, M. E., Compas, B. E. (1996). Adjustment of children and adolescents to parental cancer: Parents' and children's perspectives. Cancer, 77 (7), 1409–1418.
Werner, E., Smith, R. (1989). Vulnerable but invincible: A longitudinal study of resilient children and youth. New York: Adams, Bannister and Cox.
Werner, E., Smith, R. (1992). Overcoming the odds: High-risk children from birth to adulthood. New York: Cornell University.
Wiegand-Grefe, S. (2007). Kinder psychisch kranker Eltern. Eine psychoanalytisch-familienorientierte Prävention für Familien mit psychisch kranken Eltern. In A. Springer, K.

Münch, D. Munz, (Hrsg.), Psychoanalyse heute?! (S. 439–459). Gießen: Psychosozial-Verlag.

Wiegand-Grefe, S., Romer, G., Möller, B. (2008). Kinder psychisch oder körperlich kranker Eltern. Forschungsstand und Perspektiven indizierter Prävention bei einer kinder- und jugendpsychiatrischen Risikobelastung. Kinder- und Jugendmedizin, 8, 38–44.

Wiegand-Grefe, S., Halverscheid, S., Plass, A. (2010). Kinder und ihre psychisch kranken Eltern. Familienorientierte Prävention – Der CHIMPs-Beratungsansatz. Göttingen: Hogrefe.

Die Problematik von Kindern psychisch kranker Eltern anhand von Biographien berühmter Persönlichkeiten

Susanne Schlüter-Müller

Kinder psychisch kranker Eltern haben in den letzten Jahren ein großes Interesse gefunden, nicht nur weil sie eine Hochrisiko-Gruppe unter unseren Patienten darstellen, sondern auch weil man sich immer mehr der Früherkennung und somit Vorbeugung von psychischen Erkrankungen widmet.

Auch erweiterte sich der Forschungsaspekt von der reinen Sicht auf die krankmachenden Risikofaktoren und die Vulnerabilität der einzelnen Kinder hin zu den Ressourcen und gesunderhaltenden Faktoren, der sogenannten Resilienzforschung.

Anhand von Biographien berühmter Persönlichkeiten, die mit einem psychisch kranken Elternteil aufwuchsen, soll aufgezeigt werden, auf welch unterschiedliche Weise eine Bewältigung dieser Lebensbelastung stattfinden kann, wie schwierig es früher war und leider auch heute noch ist, über diesen schmerzlichen Teil der eigenen Biographie zu sprechen, oder auch, wie sich diese Lebensbelastung auf unbewusste Weise künstlerisch einen Weg bahnen kann.

Im Folgenden werden die Biographien der amerikanischen Schauspielerin Jane Fonda, der amerikanischen Romanautorin Paula Fox und des belgischen surrealistischen Malers René Magritte vorgestellt, die alle mit psychisch kranken Eltern bzw. Elternteilen aufwuchsen. Es sollen Teile ihrer Werke gezeigt oder zitiert werden, um daran aufzuzeigen, wie schwerwiegend und tiefgreifend sich dieser Teil der eigenen Biographie in das Leben der Betroffenen eingegraben hat und wie mehr oder weniger gelungen sie damit leben können oder konnten.

Die Zahl der Kinder und Jugendlichen unter 18 Jahren, die in Deutschland mit einem oder zwei psychisch kranken Eltern leben, beträgt nach Schätzungen und Hochrechnungen ungefähr 500.000 bis 600.000, davon leiden ca. 300.000 der Eltern an einer Psychose und ca. 300.000 an einer Depression (Remschmidt u. Mattejat, 1994). Nicht enthalten in diesen Schätzungen ist die unglaubliche Zahl von ca. einer Million Kindern, die mit einem bzw. zwei alkoholkranken Eltern leben.

Nicht erfasst sind Kinder von Eltern, die an einer Persönlichkeitsstörung leiden, obwohl heute davon ausgegangen wird, dass diese Kinder besonders schwer belastet sind. Aufgrund ihrer Störung und dem oberflächlichen Erhalt der sozialen Funktionen kommen diese Eltern, falls keine komorbiden Störungen vorliegen, seltener in psychotherapeutische oder psychiatrische Behandlung, brechen diese, falls sie erfolgt, öfter ab und sind seltener in psychiatrischen Kliniken zu finden.

Paula Fox

Paula Fox, die große amerikanische Romanautorin, hat im Alter von 80 Jahren und 10 Jahre nach ihrem letzten Roman erstmals in ihrem Buch »In fremden Kleidern« über ihre Kindheit und Jugend mit einer Borderline-Mutter und einem alkoholkranken Vater geschrieben. Sie zeigte während ihres Lebens keine behandlungsrelevante psychische Störung, berichtet aber über frühe Beziehungsschwierigkeiten, was zu einer frühen Schwangerschaft führte. Das Kind gab sie damals zur Adoption frei, fand aber nach Jahren Kontakt zu dieser Tochter und konnte diesen, wie sie später fand, schweren frühen Fehler wiedergutmachen. Durch eine glückliche Ehe mit drei Kindern und ihre große Begabung zu schreiben wurde sie eine bekannte Romanautorin, was ihr offensichtlich dabei half, gesund zu bleiben.

Paula Fox hatte das Glück, sich vor der schwer aggressiven und sie mit Hass und Neid verfolgenden Mutter immer wieder in Sicherheit bringen zu können und über lange Zeiträume bei einem Pfarrer zu leben, der sich ihrer annahm und sich liebevoll um sie kümmerte. Diese liebevolle Beziehung hat sie sicher vor noch Schlimmerem bewahrt, andererseits aber die Zeiten, in denen sie mit der Mutter leben musste, umso unerträglicher gemacht. Sie beschreibt in ihrem Buch die Unvorhersehbarkeit der aggressiven Durchbrüche und die Demütigungen der Mutter sowie den mangelnden Schutz durch den Vater: »Mein Vater war ein Teil der Zeit ein Verbündeter, den anderen ein Verräter. Ich hatte keine Angst vor ihm, nur davor, was er tun könnte.«

Im Folgenden wird aus Paula Fox Buch eine Szene mit der Mutter beschrieben, als sie diese in ihrer New Yorker Wohnung besuchte. Sie war ungefähr sieben Jahre alt, als die Mutter wieder einmal unvermittelt verlangte, die Tochter bei sich haben zu wollen. Sie wurde daraufhin von dem Pfarrer in die New Yorker Wohnung gebracht und dort nicht freudig erwartet, sondern sie hatte den Eindruck, dass die Mutter sie nur sehen wollte, um ihren Hass an ihr auszulassen: »Unvermittelt tauchte sie in der Türöffnung auf, hinter der sich ein zweites Zimmer öffnete. Ich sah ein ungemachtes Bett hinter ihr. Sie drückte eine Hand gegen den Türrahmen, in der anderen hielt sie einen Drink. Der Tonfall meines Vaters änderte sich, seine Stimme war kaum lauter als ein Flüstern. ›Kleines … Kleines … Kleines‹, rief er ihr leise zu, als ob er fürchtete, aber auch hoffte, sie aufzuwecken. Sie starrte mich an, mit Augen wie glühende Kohlen. Urplötzlich schleuderte sie das Glas samt seinem Inhalt in meine Richtung. Wasser und Eisstücke glitten an meinen Armen entlang und über mein Kleid. Der Hund zu meinen Füßen duckte sich. Mein Vater war an der Tür und hielt meine Mutter fest in den Armen. Dann führte er mich aus der Wohnung hinaus.«

An einer anderen Stelle beschreibt sie: »Einige Wochen zuvor hatte ich Daddy zugemurmelt, dass ich Zahnweh hätte. In diesem Moment betrat meine Mutter das Zimmer. In neutralem Ton sagte sie: ›Ich werde dir zeigen, was man da macht.‹ Sie wandte sich lächelnd an meinen Vater: ›Setzt du sie bitte auf den Notsitz?‹ Vielleicht hatte er den Eindruck, dass sie nichts anderes vorhatte als eine kurze Spazierfahrt an der frischen Luft, doch ich hörte Donnergrollen. Sie fuhr auf einer steilen, kurvenreichen Strecke in den Bergen, die auf der anderen Seite von Malibu aufragten. Durch die Heckscheibe sah ich, wie steif sie ihren Rücken hielt, wie steif ihr Nacken war, während sie dahinbrauste und ich durchgerüttelt wurde bis auf die Knochen.

Die Fahrt dauerte ungefähr 20 Minuten – die Fahrt dauerte ewig. Als wir zum Strandhaus zurückkehrten, stieg sie aus dem Auto und stand einen Augenblick da wie eine Statue, während sie mich auf dem Notsitz mit ihren großen dunklen Augen und mit steinernem Gesicht anstarrte. ›Hast du immer noch Zahnweh?‹, erkundigte sie sich kalt. Mit mir auf den Bergstraßen entlangzufahren, hatte ihre Wut nicht vermindert, sondern nur noch stärker gemacht.«

An anderer Stelle schreibt Paula Fox: »Jahrelang fühlte ich mich für alles, was in meinem Leben geschah, verantwortlich, sogar für Ereignisse, über die ich keinerlei Gewalt hatte. Ich tat das nicht aus geistigem oder seelischem Großmut. Es war der hoffnungslose Wunsch zu entdecken, warum meine Geburt und meine Existenz für meine Mutter ein solches Verhängnis waren.«

Beim Lesen des Buches ist man als Psychiater überrascht, wie ein Kind eine solche Kindheit und Jugend so gesund überleben kann bzw. welche Ressourcen offensichtlich bestanden haben müssen, die ein geglücktes und erfolgreiches Leben ermöglichten. Dies ist auch der Grund, warum sich Forscher wie auch Kliniker zunehmend dafür interessieren, welche Resilienzfaktoren dazu beitragen, dass Kinder trotz schwieriger psychosozialer Bedingungen und genetischer Belastung nicht erkranken.

Resilienz meint eine psychische Widerstandsfähigkeit von Kindern gegenüber biologischen, psychologischen und psychosozialen Entwicklungsrisiken und umfasst somit ein hochkomplexes Zusammenspiel aus Merkmalen des Kindes und seiner Lebensumwelt. Die Wurzeln für die Entwicklung von Resilienz liegen in risikomindernden Faktoren innerhalb und außerhalb des Kindes. Aufgrund dieser Ressourcen unterscheiden sich Menschen in ihrer Fähigkeit zur Belastungsregulation (Wustmann, 2004).

Lenz beschreibt besondere Schutzfaktoren, über welche diese Kinder verfügen und die sie nicht so stressanfällig wie andere machen. So verfügen sie über ein aktives, kontaktfreudiges Temperament, was impliziert, dass sich diese Kinder etwas zutrauen, auf andere zugehen, um sich Hilfe zu holen, flexibel und anpassungsfähig sind und ein immanentes Gefühl von Zuversicht haben (Lenz, 2005).

René Magritte

Im Folgenden wird anhand der Biographie und einigen Werken des surrealistischen Malers René Magritte ein Künstler dargestellt, der nie in seinem Leben selbst erkrankte und über den durchgehend als einen psychisch stabilen und glücklichen Menschen berichtet wird, obwohl er mit einer psychiatrisch kranken Mutter aufwuchs.

Im Vorwort des Ausstellungskatalog der Fondation Beyeler in Basel, die umfangreiche Werke des Künstlers 2005 in der Ausstellung mit dem Titel »Der Schlüssel der Träume« zeigte, beschreiben die Kuratoren: »Der Reigen der Bilder reiht Rätsel an Rätsel [...] Die irritierende Wirkung, die Magrittes Bilder hinterlassen, ist mit den phantasievollen Motivzusammensetzungen, mit den dauernden Verrückungen von Perspektive, Größenverhältnissen und Inhalt allein nicht zu erklären [...] Magrittes Bilder, einmal gesehen, gehen einem nicht mehr aus dem Kopf« (BA-CA Kunstforum Wien u. Fondation Beyeler, 2005, S. 10).

Magritte wurde am 21. November 1898 in Hennegau/Belgien als erstes Kind seiner Eltern geboren, nach ihm folgten noch zwei Brüder. Von seiner Kindheit ist wenig bekannt, lediglich von unzähligen Umzügen wird berichtet. Suzi Gablik, die den Künstler persönlich kannte, schreibt in ihrem Buch »Magritte«: »Magritte verfügte über nur wenige frühe Kindheitserinnerungen, aber alle waren bizarr. Was er z. B. speziell erinnerte, wie in einer Art Vision, war ein großer hölzerner Oberkörper, der rätselhaft neben seiner Wiege stand« (Gablik, 1985, S. 18).

Die psychische Erkrankung von Magrittes Mutter wird in keiner Ausstellungsbeschreibung auch nur erwähnt und auch er selbst sprach nie darüber. Lediglich aus der Biographie von David Sylvester erfahren wir, dass Magrittes Mutter Regine an einer chronischen Depression, wahrscheinlich aber an einer schizophrenen Erkrankung litt (Sylvester, 1992). Es ist Spekulation, ob und wie sehr sich die verrückte Welt der Mutter, die Unvorhersehbarkeit ihrer psychischen Zustände, das Unverstehbare ihres Handelns in seinen Bildern widerspiegelt, und wird auch, soweit bekannt, von keinem Kunsthistoriker bis heute so gesehen. Für psychologisch und psychiatrisch geschulte Betrachter ist es jedoch eindrucksvoll, dass sich Zusammenhänge, die sich uns nahezu auf-

Abbildung 1: René Magritte, Entdeckung (Découverte), 1927 © VG Bild-Kunst, Bonn 2010

drängen, in keine der Biographien, Ausstellungsbeschreibungen oder Bildinterpretationen einfließen, obwohl über die Verwirrung sehr wohl immer wieder berichtet wird. Außer in der Biographie von David Sylvester wird in keinem Bericht über Magritte weiter auf die Erkrankung der Mutter und den späteren Suizid eingegangen, meist wird von einer »glücklichen Kindheit« des Künstlers gesprochen und nur in wenigen Sätzen der Suizid der Mutter erwähnt. Es soll nicht als Anmaßung verstanden werden, wenn hier seine Bilder auf diesem Wissen basierend gedeutet oder interpretiert werden, sondern als ein Versuch,

Abbildung 2: René Magritte, Luce polare, 1927 © VG Bild-Kunst, Bonn 2010

auch diesen Teil seiner Biographie in die Betrachtungen mit einzubeziehen. Es scheint erstaunlich, dass im oben erwähnten Ausstellungskatalog der Fondation Beyeler Folgendes zu lesen ist, ohne dass ein Bezug zu seiner Biographie hergestellt würde: »In Magrittes Bildern wird die logische Welt brüchig. Magritte stellt den passiven Zuständen, die der klassische Surrealismus bevorzugt, die Vortäuschung der Paranoia entgegen, ein in sich geschlossenes Bild von Trugbildern und Irrealitäten. An die Stelle der Halluzination und der damit verbundenen stilistischen Verschlüsselung tritt [...] eine in Teile und Stücke

Abbildung 3: René Magritte, Die gigantischen Tage (Les jours gigantesques), 1928 © VG Bild-Kunst, Bonn 2010

zerschnittene und fremde, gleichsam außerirdisch zusammengesetzte Welt« (BA-CA Kunstforum Wien u. Fondation Beyeler, 2005, S. 10).

Abbildung 4: René Magritte, Die Liebenden (Les amants), 1928 © VG Bild-Kunst, Bonn 2010

Im Jahre 1912, als Magritte 13 Jahre alt war, ertränkte sich seine Mutter in der Sambre, einem Fluss, der durch seine Heimatstadt floss. Er beschrieb das Ereignis laut Suzi Gablik wie folgt: Seine Mutter habe ihr Zimmer mit ihrem jüngsten Sohn geteilt, der, als er sich nachts allein im Bett fand, den Rest der Familie weckte. Sie suchten sie erst im Haus und folgten dann, als sie draußen vor der Haustür und auf dem Gehweg Fußspuren sahen, diesen und kamen zu der Brücke, die über die Sambre führte. Die Mutter von Magritte hatte sich in den Fluss geworfen, und als sie ihren Körper fanden, hatte sie das Nachthemd über dem Kopf. Es war nicht klar, ob sie sich das Nachhemd selbst über das Gesicht gezogen hatte oder die Strömung es tat (Gablik, 1985).

In Sylvesters Magritte-Biographie wird beschrieben, dass Magritte sich daran erinnerte, wie die Mutter nach Tagen aus dem Fluss geborgen wurde, das Nachhemd hatte sich um ihren Kopf gewickelt. Magritte erinnert sich in einer autobiographischen Notiz, den Leichnam der Mutter mit dem Nachthemd um den Kopf gesehen zu haben, an die Gefühle die er dabei gehabt habe, könne er sich nicht erinnern (Fischer, 2005, S. 111).

In vielen seiner frühen Bilder taucht dieses Erlebnis immer wieder auf und man kann als psychodynamisch denkender Psychiater oder Psychotherapeut nicht umhin, eine Verbindung zu Magrittes Unbewusstem herzustellen, denn bewusst hat auch er selbst nie irgendeine Verbindung zwischen diesem traumatischen Erlebnis und seinen Bildern hergestellt.

Abbildung 5: René Magritte, Die Erfindung des Lebens (L'invention de la vie), 1928 © VG Bild-Kunst, Bonn 2010

David Sylvester nimmt an, dass der Körper der Mutter durch den regen Schiffsverkehr auf der Sambre durch Schiffsschrauben entstellt und in einem grauenvollen Zustand und die Leiche zum Teil verstümmelt war (Sylvester, 1992, S. 13 ff.). Auch zwischen diesem Wissen und Magrittes immer wiederkehrenden Bildern von fragmentierten Körpern wurde kunsthistorisch nach meinem Wissen nie ein Bezug hergestellt.

Ein späteres und besonders eindrucksvolles Bild von Magritte, das er »Der Geist der Geometrie« nannte und das aus dem Jahr 1936 oder 1937 stammt, zeigt auf beeindruckende Weise und in erschütternder Klarheit den Hauptkonflikt der Kinder psychisch kranker Eltern (Abb. 9).

Der Begriff der Parentifizierung ist erst in den 1950er Jahren von Familienforschern entwickelt worden. Beim Betrachten dieses Bildes drängt sich dem psychologisch geschulten Betrachter jedoch auf, dass Magritte die Bedeutung davon schon damals kannte und eine unbewusste Quelle bei ihm angenommen werden kann (s. a. Fischer, 2005).

Aus Magrittes Biographie geht hervor, dass er ein ruhiges und ausgeglichenes Leben führte mit keinerlei psychischen Auffälligkeiten und einer langen und sehr glücklichen Ehe. Wie schon oben erwähnt sollen seine Bilder nicht ausschließlich auf sein Kindheitstrauma und dessen unbewusste Bewältigung zurückgeführt werden, da er selbst den Zusammenhang zwischen seinen Bildern und diesem Teil seiner Biographie nie gesehen hat, dennoch könnte ihm seine große Begabung und sein großes surrealistisches Werk geholfen haben,

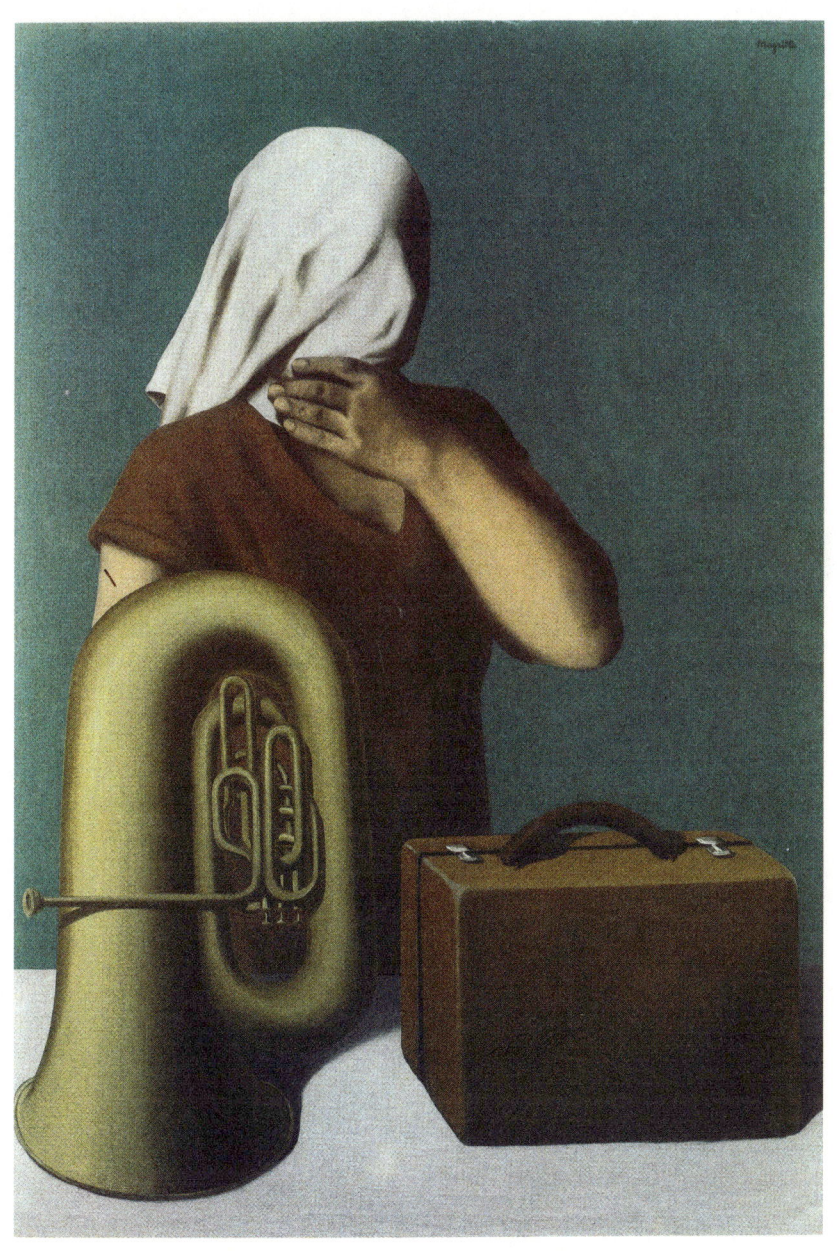

Abbildung 6: René Magritte, Das Herz der Angelegenheit, 1928 © VG Bild-Kunst, Bonn 2010

Abbildung 7: René Magritte, Die symmetrische List (La ruse symétrique), 1928 © VG Bild-Kunst, Bonn 2010

seine Traumatisierung zu verarbeiten und in Kreativität umzuwandeln. Dafür spräche auch, dass Magritte vom 12. Lebensjahr an eine Zeichenschule besuchte, so dass ihm dieses Medium in der Zeit der Verarbeitung aktiv zur Verfügung stand.

Von Kindern mit psychisch kranken Eltern werden in hohem Maße Anpassungsleistungen verlangt wie frühe Autonomieanforderung und frühes Erwachsenwerden und die Übernahme elterlicher Aufgaben. Mit viel Anstrengung versuchen sie, nach außen den Schein zu wahren, und übersehen dabei oft eigene Bedürfnisse.

Die hauptsächlichen Konflikte der Kinder und Jugendlichen beschreibt Lenz (2005) wie folgt:
– Schuldgefühle,
– Scham,
– Hilflosigkeit,
– Angst vor Gewalt oder Selbstmord des Elternteils,
– Verunsicherung und Desorientierung,
– vermindertes Selbstwertgefühl,
– soziale Isolation,
– Stigmatisierung,
– Regression,

- Angst vor Vererbung/Ansteckung,
- Wut auf den erkrankten Elternteil,
- Mitgefühl und Traurigkeit,
- Verantwortungsgefühl für die Familie,
- Gefühl des Verlusts eines Identifikationsobjekts.

Abbildung 8: René Magritte, Der Sinn der Nacht (Le sens de la nuit), 1927 © VG Bild-Kunst, Bonn 2010

Abbildung 9: René Magritte, Der Geist der Geometrie (L'esprit de géométrie), 1936/37

Jane Fonda

Genau diese von Lenz beschriebenen Konflikte werden im Beispiel Jane Fondas deutlich, die Tochter einer psychisch kranken Mutter war. Jane Fonda hat in über 60 Filmen mitgespielt, sie hat zahlreiche internationale Preise entgegengenommen, war eine erfolgreiche Produzentin, Friedensaktivistin während des Vietnamkrieges und sie revolutionierte die Fitness-Industrie in den 1980er Jahren. 1992 gründete sie und unterstützt seither aktiv die Kampagne zur Vorbeugung von Adoleszenten-Schwangerschaften, ferner ist sie in zahlreichen Gesundheitsprogrammen für sozial schwache Jugendliche involviert.

Nur wenige wissen, dass sie mit einer psychisch kranken Mutter aufwuchs, die an einer bipolaren Störung litt und sich, als Fonda 12 Jahre alt war, das Leben nahm. Jane Fonda zeigte bereits als Kind Stresssymptome wie Nägelkauen, Albträume und Nachtwandeln, die jedoch außer durch Bestrafung wenig beachtet wurden. In ihrem berühmten Vater fand sie keine hilfreiche Unterstützung, sie beschreibt ihn als kontaktgestört, gefühlskalt und impulsiv. Jane Fonda erkrankte aufgrund der schweren Belastungen der Kindheit und der jahrelangen Erkrankung der Mutter, dem beständigen Schweigen über deren Krankheit und dem Nicht-trauern-Können über den Tod der Mutter an einer schweren Bulimie und einem vorrübergehenden Amphetamin-Abusus. Ihr Bruder Peter, bekannt durch den Kultfilm »Easy Rider«, hatte eine einmalige psychotisch anmutende Episode, in der er kurz hospitalisiert wurde. Anschließend machte er eine lange Psychoanalyse und blieb gesund.

Niemand aus ihrer Familie, weder ihre drei Ehemänner noch die Kinder, wussten von ihrer Bulimie, von der sie erst nach einer jahrelangen Therapie im Alter von Mitte 40 Jahren geheilt wurde. Und erst im Alter von 60 Jahren konnte sie sich diesem Teil ihrer Geschichte in ihrer Biographie »My life so far« in bewundernswerter Offenheit stellen.

Wie befreiend es für Jane Fonda war, über diesen, wie sie es nennt, besonders schweren Teil ihrer Biographie nachzudenken und sich dem Schmerz zu stellen, beschreibt sie in ihrem Vorwort: »Ich habe dieses Buch meiner Mutter gewidmet. Das ist für mich ein ziemlicher Akt, so eine Art, meine eigene Balance wiederherzustellen. Sie müssen wissen, ich habe den größten Teil meines Lebens damit verbracht, mich zu fühlen, und entsprechend zu handeln, als sei ich ein Kind der ›unbefleckten Empfängnis‹ in umgedrehter Richtung: also von einem Mann geboren, ohne Mitwirkung einer Frau. Aus Gründen, die Sie im Laufe des Buches verstehen werden, habe ich viel zu viel Energie darauf verwendet, in meinem Leben alles auszulöschen, was meine Mutter repräsentiert. Dafür habe ich einen hohen Preis bezahlt. Dieses Buch ihr zu widmen, markiert somit einen weiteren Wendepunkt in meinen Versuchen, ein volles, bewusstes Leben zu führen.«

An anderer Stelle schreibt sie: »Meine Mutter war oft weg, aber ich wusste nicht warum. [...] Es war einfach eine Tatsache unseres Lebens geworden: Mutter würde hier sein und dann auch wieder nicht.«

Wenn sie nicht da war, versorgte die Großmutter von Jane Fonda die Kinder. Es wurde nie erwähnt, was die Mutter hatte; sie war krank, war im Krankenhaus. Das Wort »Krankenhaus« hatte mit der Zeit keine Bedeutung mehr und auch nicht die Botschaft, dass man dahin ginge, um gesund zu werden und es auch zu bleiben. Sie reagierte damals mit Nägelkauen und bekam deshalb viel Ärger von ihrem despotischen Vater. Jane Fonda hatte immer große Angst vor ihrem Vater und dessen unvorhersehbaren Impulsdurchbrüchen. Auch schon sein Vater war ein gewalttätiger Mann gewesen, der seine Kinder und Frau schlug und mit schlimmsten Aggressionen quälte.

Sie hatte Albträume und nachtwandelte. »Eine meiner lebhaftesten Erinnerungen dieser Zeit war, dass wir still am Essenstisch saßen in diesem gesprächigen Haus, Peter, Großmutter, Mutter und ich. Mutter saß am Kopfende und weinte leise in ihr Essen. Es gab Spinat und Fleisch. [...] Niemand sagte irgendetwas zu der Tatsache, dass sie weinte. Vielleicht hatten wir alle Angst, dass, wenn wir aussprechen würden, was wir sahen und hörten, das Leben zu einer untragbaren Traurigkeit würde, die so schwer wäre, dass man es nicht aushalten könnte. Auch nicht, als sie den Tisch verlassen hatte, wurde irgendetwas darüber gesagt. [...] So lernte ich früh, dass man das, was man eigentlich fühlen wollte, nicht fühlen durfte.«

Fonda beschreibt in ihrem Buch, wie es war, als sie nach Hause kam und erfuhr, dass die Mutter tot sei. (Den Kindern wurde gesagt, dass die Mutter an einem Herzinfarkt gestorben sei. Sie erfuhr durch eine Klassenkameradin, die es in einer Zeitschrift gelesen hatte, dass die Mutter keinen Herzinfarkt hatte, sondern sich umgebracht hatte.) Sie konnte nichts fühlen. Ihr Bruder habe geweint, sei untröstlich gewesen und sie habe nichts gefühlt. Sie fühlte sich unnormal, weil sie nicht traurig war. »Als ich in den Vierzigern war und die Tränen über meine Mutter endlich flossen – unerwartet und ohne ersichtlichen Grund –, waren sie nicht zu stoppen. Sie kamen so tief aus mir heraus, dass ich fürchtete, ich würde es nicht überleben, dass mein Herz zerspringen würde und ich es nie wieder zusammengesetzt bekäme.«

Die Mutter von Jane Fonda litt an einer bipolaren Störung. Sie war über lange Zeit in psychiatrischer Behandlung. Das letzte halbe Jahr vor ihrem Suizid war sie in geschlossener Behandlung, was damals – Fonda suchte Einsicht in die Krankenakten der geschlossen Psychiatrie, in der die Mutter vor ihrem Suizid behandelt wurde – hieß, dass sie nackt und in Zwangsjacken in Dauerüberwachung war. Wie schwer depressiv und krank sie war, zeigte sich an der Art ihres Suizids. Sie hatte ihre Krankenschwestern und Ärzte über Wochen davon überzeugt, dass es ihr besser ginge und sie für einige Stunden in Begleitung ihrer Krankenschwester nach Hause könne. Dort hatte sie es geschafft, unter dem Vorwand, ins Zimmer der Kinder zu wollen, für einen kleinen Moment allein in das obere Stockwerk zu gelangen, und hatte sich Rasierklingen aus dem Badezimmer geholt, mit denen sie sich einen Tag später in der Klinik den Hals durchschnitt.

Das besonders Tragische dieses letzten Besuchs beschreibt Jane Fonda wie folgt:»Eines Tages kam meine Mutter nach Hause in Begleitung einer uniformierten Krankenschwester. Ich weigerte mich, sie zu sehen. Ich spielte gerade mit Peter, als der Wagen ankam. Großmuter rief uns nach unten. ›Peter‹, ich hielt seinen Ärmel fest, ›lass uns nicht runtergehen, lass uns hier oben bleiben und spielen, ich lass dich auch gewinnen.‹ ›Nein, ich gehe‹, sagte Peter und ging hinunter. Warum bin ich nicht hinunter? War ich so böse auf sie, dass sie nicht da war für uns? War es, dass ich ihr zeigen wollte, dass ich sie nicht brauchte? Ich sah sie nie mehr wieder. Sie muss gewusst haben, dass es ihr letztes Mal zu Hause war. Wahrscheinlich kam sie, um sich zu verabschieden. Und um den Rasierer mitzunehmen, was ihr in einem kurzen unbeobachteten Moment auch gelang.

Nie in den darauf folgenden Jahren haben mein Vater und ich jemals wieder meine Mutter erwähnt. Ich traute mich nicht, um ihn nicht traurig zu machen. Ich war sicher, er hatte Schuldgefühle, weil er die Scheidung eingereicht hatte. [...] Am darauf folgenden Weihnachtsfest, acht Monate nach ihrem Tod, kam mein Vater, um mit uns Weihnachtsgeschenke auszupacken. Peter hatte einen ganzen Schaukelstuhl mit Geschenken für meine Mutter gefüllt und ihr einen Brief dazu geschrieben. Wenn ich zurückblicke, ist es so schrecklich und fürchterlich, dass ein 11-Jähriger auf diese Weise seiner Mutter zeigen musste, wie sehr er sie liebte und dass er wollte, dass sie nicht vergessen würde. Aber an diesem Weihnachten war ich außer mir deswegen, weil nichts diese Weihnachten schrecklicher hätte machen können, und ich verbündete mich mit meinem Vater, der den Eindruck hatte, dass Peter sich damit nur wichtig machen wollte!«

Die Mutter hinterließ einen Abschiedsbrief für die Tochter, den die Großmutter vernichtet hat. Fonda schreibt: »Ich hätte so gerne gelesen, was sie mir geschrieben hatte. War sie sauer auf mich, weil ich sie bei ihrem letzen Besuch nicht sehen wollte? Ich hätte was wirklich Nettes zu ihr sagen können, vielleicht hätte sie dann ihr Vorhaben geändert. Vielleicht hat sie gewusst, dass ich sie nicht liebte, und deshalb hatte sie es getan. Aber: Habe ich sie geliebt oder nicht? Ich konnte es nicht beantworten, weil ein Teil meines Herzens abgestorben war.«

Ausblick

Dass auch psychische Erkrankungen der Väter einen frühen Einfluss auf die Entwicklung der Kinder haben, zeigt eine Studie, die 2005 in »The Lancet« erschienen ist und die erstmals die Auswirkung von väterlicher Depression auf 3,5-jährige Kleinkinder untersuchte (Ramchandani, Stein, Evans, O'Connor u. ASPAC Study Team, 2005).

3,5 Jahre nach der postnatalen depressiven Erkrankung des Vaters füllten die Mütter Fragebögen zur emotionalen Entwicklung und zum Verhalten der Kinder aus, wobei emotionale Probleme, Störung des Sozialverhaltens und Hyperaktivität erfasst wurden.

Das Ergebnis war, dass bei Kindern, deren Väter acht Wochen nach der Geburt depressive Symptome zeigten, ein 2,1-fach und somit signifikant erhöhtes Risiko bestand, emotionale Störungen und Verhaltensauffälligkeiten im Alter von 3,5 Jahren zu entwickeln. Für die Entwicklung von Störungen des Sozialverhaltens bestand sogar ein 2,6-fach erhöhtes Risiko. Besonders zu beachten ist, dass die Effekte väterlicher Depression bei den Söhnen stärker ausgeprägt waren als bei Töchtern!

Depressive Symptome bei Müttern acht Wochen nach der Geburt waren mit einem ca. 3-fach erhöhten Risiko von Auffälligkeiten der Kinder in allen 3 Bereichen assoziiert, wobei die Depression der Mütter die Entwicklung von Töchtern und Söhnen gleichermaßen beeinträchtigte.

Kinder und Jugendliche, die über ausreichende Resilienzfaktoren verfügen und keine psychischen Auffälligkeiten zeigen, sind im Alltag oft auffallend unauffällig, da sie flexibel und anpassungsfähig sind. Ihre Überforderung fällt unter Umständen nicht auf, da sie sich etwas zutrauen. Dadurch, dass sie nicht so stressanfällig sind wie andere, werden ihre eigenen Bedürfnisse oft übersehen.

Kinder sind sensible Beobachter ihrer erkrankten Eltern. Sie erkennen und benennen eine Reihe von Frühwarnzeichen, an denen sie die Verschlechterung des psychischen Zustands ihrer Eltern ablesen können (s. a. Mattejat u. Lisofsky, 2008).

Das Leben ist durch eine Atmosphäre der Rücksichtnahme und Schonung gekennzeichnet, da die meisten Kinder und auch Jugendlichen die Erkrankung auf psychosoziale Belastungen, Überforderung und Stress zurückführen. Es kommt zu einer Rollenumkehr, die Kinder nehmen Rücksicht, hören zu und kümmern sich; eigene Bedürfnisse werden nicht mehr wahrgenommen oder, falls doch, mit Schuldgefühlen unterdrückt. Viele fliehen in eine Phantasiewelt, neigen zu defensiv-vermeidenden Bewältigungsstrategien. Wenn man Kinder und Jugendliche befragt, was ihnen am meisten helfen würde, äußern sie als wichtigste Form der Unterstützung die ehrliche und offene Antwort auf Fragen zu der Erkrankung oder das offene Gesprächsklima, das Fragen überhaupt zulässt, ferner Kontakt- und Austauschmöglichkeiten in Gruppen, möglichst mit anderen Betroffenen sowie Aufklärung der Öffentlichkeit über psychische Erkrankungen (Lenz, 2005). Auch von ehemalig Betroffenen, die heute erwachsen sind und unter der Belastung der psychischen Erkrankung der Eltern massiv gelitten haben, wird als schwerwiegendste Belastung die Sprachlosigkeit über die Erkrankung, die Tabuisierung der Thematik, das Zurückstellenmüssen der eigenen Bedürfnisse und die Angst vor Stigmatisierung genannt.

Es ist zu hoffen, dass heute ein Kind in einer solchen Situation nicht mehr auf diese Mauern des Schweigens treffen wird. In den letzten Jahren sind viele Hilfsangebote für diese Familien entstanden und eine Vielzahl von Büchern, Broschüren und Informationsmaterial zu den Problemen von Kindern und Jugendlichen mit psychisch kranken Eltern erschienen. Diese können den betroffenen Familien helfen, über ihre Sprachlosigkeit, ihre Scham und ihre Schuldgefühle hinwegzukommen, und die durch eine gute Aufklärung auch in der Öffentlichkeit dazu beitragen können, Vorurteile über psychische Erkrankungen abzubauen und somit Stigmatisierungen vorzubeugen.

Literatur

BA-CA Kunstforum Wien, Fondation Beyeler (Hrsg.) (2005). René Magritte: Der Schlüssel der Träume. Amsterdam: Ludion Verlag.
Fischer, G. (2005). Konflikt, Paradox und Widerspruch. Für eine dialektische Psychoanalyse. Kröning: Asanger Verlag.
Fonda, J. (2005). My life so far. New York: Random House.
Fox, P. (2003). In fremden Kleidern. Geschichte einer Jugend. München: C. H. Beck Verlag.
Gablik, S. (1985). Margritte. World of Art series. London: Thames & Hudson.
Lenz, A. (2005). Kinder psychisch kranker Eltern. Göttingen: Hogrefe.
Mattejat, F., Lisofsky, B. (Hrsg.) (2008). Nicht von schlechten Eltern. Kinder psychisch Kranker. Bonn: Balance Buch und Medien Verlag.
Ramchandani, P., Stein, A., Evans, J., O'Connor, T., ASPAC study team (2005). Paternal depression in the postnatal period and child development: a prospective population study. The Lancet, 365, 2201–2205.
Remschmidt, H., Mattejat, F. (1994). Kinder psychotischer Eltern – eine vernachlässigte Risikogruppe. Praxis der Kinderpsychologie und Kinderpsychiatrie, 43, 295–299.
Sylvester, D. (1992). Magritte. Basel: Wiese Verlag.
Wustmann, C. (2004). Resilienz. Weinheim, Basel: Beltz Verlag.

Präventionsangebote und -projekte für Kinder psychisch kranker Eltern in Deutschland – ein Überblick

Anke Reinisch, Dieter Heitmann, Julia Griepenstroh

Präventionsangebote und -projekte für Kinder psychisch kranker Eltern sind hierzulande oftmals regional gewachsen und nicht selten der Initiative einzelner Personen zu verdanken, die sich der Thematik zugewandt haben. Nur die wenigsten Angebote sind wissenschaftlich motiviert entstanden. Daher verwundert es kaum, dass trotz der zahlreich vorhandenen Initiativen und Projekte nur wenige Beiträge in Fachzeitschriften zu finden sind. Unter den Publikationen zur Prävention bei Kindern psychisch kranker Eltern finden sich bislang noch keine, die einen schnellen Überblick ermöglichen würden. Daher soll in diesem Beitrag vorrangig ein Blick auf die in der Fachliteratur berichteten Angebote und Projekte geworfen werden, die bisher noch nicht hinsichtlich ihrer Wirksamkeit wissenschaftlich evaluiert wurden (für die wirksamkeitsüberprüften Interventionen vgl. den Beitrag von Christiansen, Mattejat und Röhrle in diesem Band). Ziel ist es dabei, laufende und abgeschlossene Projekte und Angebote zu systematisieren, inhaltlich zu beschreiben und damit einen Überblick zu liefern. Aufgrund der Vielzahl von Initiativen und Angeboten kann jedoch lediglich auf eine begrenzte Anzahl eingegangen werden.

In dem vorliegenden Beitrag wird auf die Ergebnisse der Literaturanalyse eines Forschungsprojekts zur Prävention von psychischen Störungen bei Kindern psychisch kranker Eltern[1] rekurriert. Die Eingrenzung erfolgte aufgrund folgender Überlegungen: Eingeschlossen wurden Projekte und Angebote, die mindestens eine Publikation in Fachzeitschriften oder als Printversion[2] in einer Internetpräsenz sowie zusätzlich gegebenenfalls weitere Informationen – ins-

---

1 Bei dem im Rahmen der Präventionsforschung geförderten Kooperationsprojekts der Universität Bielefeld, Fakultät für Gesundheitswissenschaften und der Klinik für Psychiatrie und Psychotherapie Bethel, handelt es sich um eine Implementierungs- und Evaluationsstudie mit primärpräventiver Ausrichtung. Ein Auftrag des Vorhabens bestand darin, eine nationale und internationale Literaturrecherche über Studien, Initiativen und Angebote zur Prävention von psychischen Störungen bei Kindern psychisch kranker Eltern durchzuführen. Das primäre Ziel des Literatursurveys war es, wissenschaftlich gesicherte Erkenntnisse über Art und Nutzen von Präventionsangeboten zu gewinnen und für das eigene Vorhaben nutzbar zu machen.
2 Auch PDFs wurden als Printversion gewertet und dementsprechend einbezogen.

besondere aktuelle – in einer Internetpräsenz aufweisen. Projekte und Angebote, über die ausschließlich im Internet Informationen verfügbar sind, sowie zielgruppenunspezifische Angebote wurden ausgeschlossen. Darüber hinaus wurde aus thematisch eng verbundenen Angeboten und Projekten eine exemplarische Auswahl getroffen. Ebenso werden drei reine Online-Informations- und Beratungsangebote beispielhaft dargestellt.

Methodisches Vorgehen

Die Literaturrecherche erfolgte über die Datenbanken PubMed, PsychInfo, PSYINDEXplus und Cinahl. Eingeschlossen wurden englische und deutsche Publikationen, die im März 2009 nicht älter als zehn Jahre waren. Als Suchbegriffe wurden »mentally ill / disordered / psychotic / depressive / affectively ill / affectively disordered parent*« sowie »schizophrenia« in Kombination mit »offspring«, »child« und »prevent*« verwendet. Je nach Datenbank wurden diese Begriffe ergänzt durch das entsprechende deutschsprachige Äquivalent wie »psychisch krank«, »psychische Störung« und »elter*«.

Das Literaturscreening lieferte Referenzen zu nationalen und internationalen Interventionen und präventiven Angeboten für Kinder psychisch kranker Eltern. Für den deutschsprachigen Raum stellte sich die Informationssuche als zusätzlich aufwändig dar, da nicht zu allen präventiven Projekten publiziert wurde und relevante Publikationen nicht immer in Datenbanken erfasst waren. Daher wurden zusätzlich Literaturverzeichnisse bereits identifizierter relevanter Primär- und Sekundärpublikationen durchsucht. Ergänzt wurde die Recherche durch die gezielte Anfrage bei ausgewählten Institutionen, relevanten Projektinitiatoren und Forschern, die Hinweise auf weitere Veröffentlichungen lieferten. Zusätzlich wurde über das Internet recherchiert – hier ergaben sich Hinweise auf Publikationen, die im Kontext von Modellprojekten entstanden waren.

Ergebnisse

Die ermittelten Präventionsangebote fokussieren unterschiedliche Ebenen: Sie richten sich zum einen primär an das Individuum im Sinne einer fallbezogenen Prävention, zum anderen schwerpunktmäßig an die umgebenden Bedingungen im Sinne einer fallübergreifenden, strukturell orientierten Prävention.

Fallbezogene Prävention

Im Folgenden werden die präventiven Ansätze dargestellt, die sich auf der Ebene der frühen Mutter-Kind-Interaktion, auf der Ebene der Kinder und Jugendlichen, der Ebene der Eltern und der Ebene der Familien unmittelbar an die betroffenen Einzelpersonen bzw. Familien richten.

Primärprävention im Säuglings- und Kleinkindalter

Prävention sollte möglichst frühzeitig beginnen, um wirksam sein zu können. Vor dem Hintergrund dieser Erkenntnis setzen die frühesten Präventionsstrategien bereits im Säuglingsalter ein und fokussieren die frühe Eltern-Kind-Beziehung. Im Mittelpunkt steht die Arbeit mit Schwangeren sowie mit Müttern mit Säuglingen bzw. Kleinkindern. Bundesweit bestehen einzelne Beratungs- und Behandlungsangebote für psychisch kranke Mütter und ihre Kinder im ambulanten, teilstationären und stationären Setting. Diese Angebote ermöglichen eine Behandlung der Mutter ohne eine Trennung vom Kind. Sie gehen jedoch über ein reines »Rooming-in« hinaus und zielen darauf ab, parallel zur Versorgung der Mutter die Mutter-Kind-Beziehung positiv zu beeinflussen, die elterlichen Fähigkeiten zu fördern und kindlichen Entwicklungsstörungen präventiv zu begegnen. Zentrales Therapieziel ist der Aufbau einer intakten Mutter-Kind-Beziehung. Die Angebote konzentrieren sich darauf, die mütterlichen Kompetenzen und das mütterliche Feingefühl zu fördern und die Bindungsqualität nachhaltig zu verbessern. Darüber hinaus ermöglicht die gemeinsame Behandlung von Mutter und Kind die Beobachtung der Eltern-Kind-Interaktion und eine Einschätzung der elterlichen Kompetenzen im Hinblick auf mögliche Gefährdungen des Kindes.

Heppenheimer Modell

Das »Heppenheimer Modell« ist ein Beispiel für ein solches Behandlungskonzept. In der Klinik für Psychiatrie und Psychotherapie im Zentrum für soziale Psychiatrie in Heppenheim werden seit 1997 stationäre Mutter-Kind-Behandlungen angeboten. Seit 2003 gibt es dafür elf Betten auf einer eigenständigen Mutter-Kind-Station. Die gemeinsame Behandlung von Mutter und Kind zielt darauf ab, dem Kind eine stabile Entwicklung zu ermöglichen und den Kontakt zwischen Mutter und Kind zu verbessern. Ein weiteres Ziel ist es, die Kommunikation zwischen Mutter und Kind (wieder) zu normalisieren und das Verständnis der Mutter für die inneren Zustände ihres Kindes zu erweitern. Die Mütter sollen Sicherheit und Kompetenz in ihrem Selbstverständnis als Mutter erlangen und ihr Kind sicher und eigenständig zu versorgen lernen. Das Angebot richtet sich diagnoseunabhängig an Mütter mit stationär behandlungsbedürftigen psychischen Störungen (mit Ausnahme von Suchterkrankungen), die Kinder im Alter bis zu sechs Jahren haben. Die Behandlung umfasst eine tiefenpsychologisch ausgerichtete Psychotherapie, in der das Selbstbild der Mutter, ihr Bild von ihrem Kind sowie die Interaktion zwischen Mutter und Kind im Mittelpunkt stehen. Darüber hinaus umfasst die Behandlung Gruppen-, Einzel- und Familiengespräche, medizinische Therapie, Spieltherapie, Babymassage und eine Beratung in sozialen Fragen. Die Mütter erhalten Anleitung bei der Pflege und Ernährung sowie zur altersangemessenen Anregung und Beschäftigung ihres Kindes. Eine Behandlungsdauer von sechs Monaten oder länger ist die Regel (H.-P. Hartmann, 1997a; 1997b; 2008).

Mutter-Kind-Behandlung auf einer allgemeinpsychiatrischen Station
Seit 1995 werden Mutter-Kind-Behandlungen im Krankenhaus Neukölln (Berlin) in der Abteilung für Psychiatrie und Psychotherapie auf allgemeinpsychiatrischen Stationen und der Kriseninterventionsstation durchgeführt. Die Stationen sind nicht speziell auf Mutter-Kind-Behandlungen ausgerichtet und heterogen belegt. Ziel ist die Behandlung der Mutter unter fortgesetztem Kontakt zu ihrem Kind. Das Angebot richtet sich diagnoseunabhängig an Mütter, die behandlungsmotiviert sind und über grundlegende Fähigkeiten zur eigenständigen Versorgung ihrer Kinder verfügen. Aufgenommen werden Mütter mit Kindern bis zum aktiven Krabbelalter. Das sozialpsychiatrische Behandlungskonzept umfasst die therapeutische Arbeit mit der Mutter und ihrem Kind und bezieht den Partner, weitere Familienangehörige sowie Helfersysteme und Behörden mit ein. Im Rahmen von Paar- und Familiengesprächen soll eine konstruktive Auseinandersetzung mit der krankheitsbedingten Situation gefördert werden. Die selbständige Versorgung des Kindes hat die höchste Priorität im Behandlungskonzept – entsprechend ist die Behandlung darauf ausgerichtet, die Mutter in der Versorgung ihres Kindes anzuleiten und zu unterstützen. Dies ist eine Voraussetzung für die Teilnahme der Patientinnen am multimodalen, integrativen Therapieprogramm. Die Aufenthaltsdauer auf der allgemeinpsychiatrischen Station beträgt durchschnittlich zehn Wochen. Es liegen Erfahrungsberichte vor, die die Mutter-Kind-Behandlungen auf einer allgemeinpsychiatrischen, heterogen belegten Station als Bereicherung für alle Beteiligten schildern (Kempf, Brockhaus, Helber-Böhlen u. Fähndrich, 2001).

Prävention im Kindes- und Jugendalter

Präventionsprojekte, die speziell auf der Ebene der Kinder psychisch erkrankter Eltern ansetzen, entstanden vermehrt in den 1990er Jahren. Die im Mittelpunkt stehende Einzel- oder Gruppenarbeit mit den Kindern und Jugendlichen wird häufig ergänzt durch eine flankierende Eltern- und Familienarbeit.

Projekte im ambulanten Setting

KIPKEL

Das 1998 im Kreis Mettmann, Haan/Hilden gegründete Projekt KIPKEL ist eines der ersten Präventionsprojekte für Kinder psychisch kranker Eltern und kann auf eine über zehnjährige Erfahrung und Tradition zurückblicken (Hipp u. Staets, 2006; Schone u. Wagenblass, 2006; Staets, 2008; Staets u. Hipp, 2005). Das Präventionsprojekt wird an anderer Stelle bereits ausführlich beschrieben (vgl. den Beitrag von Susanna Staets in diesem Band).

Auryn-Gruppen

In Freiburg wurden 1993 erstmals Präventionsgruppen für Kinder und Jugendliche unter dem Namen »Auryn« durchgeführt (Leidner, 1997). Benannt wurden diese nach dem Zauber- und Schutzamulett aus Michael Endes »Die unendliche Geschichte«. In den folgenden Jahren entstanden Auryn-Gruppen in mehreren Städten wie beispielsweise in Hamburg (vgl. den Beitrag von Christiane Deneke in diesem Band), Frankfurt a. M. (Buchwald, 2004) oder Leipzig (Lägel, 2008). Inhaltlich setzen die einzelnen Auryn-Angebote unterschiedliche Akzente und stellen keine homogene Angebotsform dar.

Exemplarisch sei hier das Leipziger Auryn-Projekt dargestellt. Die Kinder-, Jugend- und Familienberatungsstelle »Auryn Leipzig« in Trägerschaft des Angehörigenvereins WEGE e. V. wurde 2002 gegründet. Seitdem sind Auryn-Gruppen für Kinder und Jugendliche ein fester Bestandteil eines breiten Unterstützungsangebotes für Familien mit einem psychisch kranken Elternteil. Ziel des Angebotes ist es, betroffenen Kindern und Jugendlichen in altershomogenen Gruppen (z. B. für vier- bis fünfjährige Kinder oder für Jugendliche ab 16 Jahren) soziale Kompetenzen, Problemlösestrategien und ein gutes Stressmanagement zu vermitteln. Die vorhandenen Ressourcen und Schutzfaktoren sollen gefördert und verstärkt werden. Ergänzt wird das Angebot durch Elterngruppen, Einzel-, Paar- und Familienberatung, Krisenintervention sowie durch die Möglichkeit der Teilnahme an Freizeitgruppen, Familientagen und individuellen Angeboten wie beispielsweise einer Lernhilfe zur Unterstützung im schulischen Bereich. Ein Gruppenangebot für Mütter mit ihren Säuglingen und Kleinkindern sowie ein Gesprächskreis für erwachsene Kinder mit psychisch kranken Eltern runden das Angebot ab (Lägel, 2008).

Kleine Angehörige

Das Präventionsangebot »Kleine Angehörige« ist an den sozialpsychiatrischen Dienst in Senftenberg, Brandenburg angegliedert und wurde 1995 ins Leben gerufen. Zielgruppe des Gruppenangebotes sind Kinder und Jugendliche im Alter von acht bis 18 Jahren, bei denen ein Elternteil an einer schizophrenen Erkrankung leidet. Den Kindern und Jugendlichen werden altersadäquate Informationen über die psychische Erkrankung der Eltern vermittelt und sie werden mit Hilfe von gestalttherapeutischen und kreativen Methoden bei der Aufarbeitung von aktuell Erlebtem unterstützt. Darüber hinaus soll positives Erleben gefördert und Möglichkeiten des Umgangs mit unangenehmen Emotionen vermittelt werden. Es wird berichtet, dass die Ablösung vom Elternhaus insbesondere für Ältere ein zentrales Thema darstellt (Bürgermeister u. Jost, 2000).

Projekte im stationären Setting

Kindertagesstätte KOLIBRI

Die Kindertagesstätte KOLIBRI der Westfälischen Klinik Lengerich wurde 1997 gegründet und bietet eine pädagogische Betreuung für Kinder, deren Eltern in der Klinik in stationärer psychotherapeutischer Behandlung sind. Aufgenommen werden Kinder im Alter bis sechs – in den Sommerferien bis zwölf – Jahren. Durch das Angebot soll eine längere Trennung von Eltern und Kindern vermieden werden. Ziel des Betreuungsangebots ist es, den Kindern in einer entspannten Atmosphäre mit klarer Tagesstruktur Sicherheit, Verbindlichkeit und Verlässlichkeit zu bieten. Ferner werden gemeinsame Aktivitäten mit den Eltern (z. B. Bewegungstherapie, Babymassage) zur Förderung der Eltern-Kind-Interaktion durchgeführt. Ergänzend werden Eltern in wöchentlichen Elternrunden in Erziehungsfragen und bezüglich Entwicklungsbedingungen und -möglichkeiten beraten. Nach bisherigen Erfahrungen kommt es durch einen wechselseitigen Lernprozess zwischen den Müttern bzw. Vätern und ihren Kindern zu einer Reihe von positiven Effekten, sowohl bezogen auf die Gesundung des erkrankten Elternteils als auch auf den Entwicklungsverlauf des Kindes. Es wird berichtet, dass sich viele Eltern in stationäre Behandlung begeben, die dies ohne »KOLIBRI« nicht getan hätten (Brandes, Held, Brümmer-Hesters u. Gerdes, 2001; Brümmer-Hesters, 2008).

Sonne-und-Wolken-Gruppe
Die »Sonne-und-Wolken-Gruppe« ist ein seit 2006 bestehendes Angebot des Eylarduswerks – einer diakonischen Einrichtung der Kinder-, Jugend- und Familienhilfe in Bad Bentheim, das sich an in der Einrichtung lebende Kinder und Jugendliche mit psychisch kranken Eltern richtet. Ziel des Gruppentrainings ist es, den betroffenen Kindern eine Möglichkeit zum Austausch über die familiären Erlebnisse zu bieten, Schuldgefühle abzubauen und Informationen über die psychische Erkrankung der Eltern altersangemessen zu vermitteln. Einmal jährlich finden über einen Zeitraum von zwei Monaten wöchentliche Gruppensitzungen mit vier bis fünf Kindern statt. Es wird dabei auf eine Balance zwischen positiven und belastenden Erfahrungsberichten geachtet. Ziel ist unter anderem, die Kinder in ihrer Wertschätzung gegenüber ihren Eltern zu bestärken. Nach bisherigen Erfahrungen bietet dieses Gruppenangebot einen geeigneten Rahmen, um Themen, die im Zusammenhang mit der elterlichen Erkrankung stehen, anzusprechen und zu bearbeiten (R. Hartmann, 2008).

Patenschaften

In Deutschland sind eine Reihe von Patenschaftsprojekten entstanden, deren gemeinsames Ziel darin liegt, Kindern psychisch erkrankter Eltern eine langfristige und kontinuierliche Unterstützung durch einen gesunden erwachsenen Ansprechpartner zu bieten. Den Kindern soll Normalität und Orientierung geboten werden, die erkrankten Eltern sollen Entlastung und soziale Unterstützung erfahren und eine Fremdunterbringung der Kinder soll möglichst verhindert werden.

Patenprojekt »Pfiff«
Das Patenprojekt »Pfiff«, das 2000 in Trägerschaft des Vereins Pfiff e. V. in Hamburg als Modellprojekt gegründet und 2004 in die Regelfinanzierung überführt wurde, verfügt über die längste Historie als Patenprojekt für diese Zielgruppe. Viele der nachfolgenden Patenprojekte haben sich an der Konzeption von Pfiff orientiert. Pfiff verfolgt ein eindeutiges Präventionsanliegen: Das Ziel besteht in der Vermeidung einer dauerhaften Fremdunterbringung, dem Schutz des Kindes vor eigener psychischer Erkrankung und der Verbesserung von kindlichen Entwicklungschancen. Die Aufgabe der Paten liegt in einer kontinuierlichen Begleitung der Kinder in den Bereichen Freizeit, Alltag und Schule. Die Paten stellen mit ihrer Lebenserfahrung auch eine Entlastung und Unterstützung für die Eltern dar – ersetzen jedoch keinen professionellen Helfer. Eine Anbindung des Elterteils an ein professionelles Hilfesystem ist daher eine wichtige Voraus-

setzung für die Installation einer Patenschaft. In Krisenzeiten wie bei einem Klinikaufenthalt des Elternteils besteht die Möglichkeit einer Aufnahme der Kinder in den Haushalt der Paten im Rahmen einer über das Jugendamt finanzierten Kurzzeitpflege. Die Paten werden sorgfältig ausgewählt und durch Schulungen auf ihre Aufgabe vorbereitet. In einem »Kontrakt« werden alle Absprachen zum Umfang der Patenschaft zwischen dem Elternteil, der Patin, einer (professionellen) Begleitung des Elternteils und einer Pfiff-Mitarbeiterin festgehalten. Einmal im Quartal findet ein Austausch in dieser Runde statt, bei Problemen werden kurzfristig Gespräche geführt. Die Patenschaften werden über drei bis vier Jahre aktiv von Pfiff begleitet. Im Rahmen einer sich monatlich treffenden Patengruppe besteht die Möglichkeit zum Erfahrungsaustausch für die Paten. Bei Bedarf steht ihnen eine supervisorische Beratung zur Verfügung. Für die Eltern ist die Teilnahme an einer Elterngruppe verpflichtend, in der die Auseinandersetzung mit dem Thema »psychische Krankheit und Elternrolle« im Mittelpunkt steht. Als wichtige Voraussetzungen für das Gelingen einer Patenschaft und damit der Schaffung eines funktionierenden Arbeitsbündnisses, werden eine hohe Kooperationsbereitschaft aller Beteiligten, Transparenz, Vertrauen, Konflikt- und Reflexionsfähigkeit beim Aushandeln der unterschiedlicher Interessen sowie sozialräumliche Nähe beschrieben. Nach bisherigen Erfahrungen wird das Angebot zu 98 % von alleinerziehenden, psychisch erkrankten Müttern wahrgenommen (Beckmann u. Szylowicki, 2008; Lang, 2009).

Internetbasierte Information und Beratung

Das Internet wird zunehmend für die Vermittlung gesundheitsrelevanter Informationen genutzt. Vorteile des Mediums wie Niedrigschwelligkeit, Anonymität und eine zeitlich uneingeschränkte Zugangsmöglichkeit sprechen in besonderem Maße jüngere Altersgruppen an. Mittlerweile richten sich einzelne Informations- und Beratungsangebote gezielt an jugendliche Nutzer und stellen Informationen über psychische Erkrankungen bereit oder bieten Beratung und Austausch für Kinder und Jugendliche an.

www.kinder-kranker-eltern.de
Diese Website ist ein Angebot des Lehrstuhls für familienorientierte und gemeindenahe Pflege der Universität Witten/Herdecke. Hier werden kindgerecht aufgearbeitete Informationen zu ausgewählten psychischen (Depression, bipolare Störung, Schizophrenie) und körperlichen Erkrankungen (z. B. Fibromyalgie, Krebs, Herzinfarkt) zur Verfügung gestellt. Für Kinder und Eltern gibt

es einen Chat, der einen Austausch ermöglicht. Darüber hinaus können die Nutzer in Erfahrung bringen, ob in Wohnortnähe ein Projekt für Kinder mit einem kranken Angehörigen besteht.

www.von-mir-aus.de
Dieser Online-Beratungsdienst wurde von der Arbeitsgemeinschaft der Psychologischen Beratungsstellen in Heidelberg und im Rhein-Neckar-Kreis eingerichtet und wendet sich an junge Menschen im Alter bis zu 27 Jahren, die in der Region leben. Ein psychologisches Beraterteam beantwortet zeitnah per E-Mail gestellte Fragen zu unterschiedlichen Themen, die die psychische Erkrankung eines Elternteils ebenso wie eigene psychische Probleme, Schulschwierigkeiten oder Freundschaften betreffen können. Es werden Informationen zum Thema »Beratung und Psychotherapie« bereitgestellt und Links zu regionalen psychologischen und Erziehungsberatungsstellen vorgehalten.

www.kidkit.de
Das Gemeinschaftsprojekt von Koala e. V. (Kinder ohne schädlichen Einfluss von Alkohol und anderen Drogen) und der Drogenhilfe Köln e. V. wurde 2002 ins Leben gerufen. Ursprünglich richtete es sich vor allem an Kinder und Jugendliche mit einem suchtkranken Elternteil. Mittlerweile werden aber auch Kinder und Jugendliche angesprochen, die Gewalt und Aggression erleben oder bei denen die Eltern »einfach anders sind«. Für die Betroffenen besteht die Möglichkeit, sich in einem Forum auszutauschen oder sich online beraten zu lassen. Die Kinder und Jugendlichen können sich außerdem über die Bedeutung von Begrifflichkeiten und über rechtliche Grundlagen, die mit diesem Thema verbunden sind, informieren. Auch können sie hier eigene Gedichte oder Geschichten veröffentlichen. Daneben werden Informationen zu Sucht, Drogen sowie Gewalt bereitgestellt und es finden sich Links zu Kölner Beratungsstellen und Einrichtungen wie dem Kinderschutzbund oder dem Mädchenhaus.

Präventive Ansätze auf der Elternebene

Unterstützungsangebote für psychisch erkrankte Eltern zielen darauf ab, Eltern zu entlasten, ein Forum zum Erfahrungsaustausch zu bieten und die pädagogische Haltung und das Erziehungsverhalten günstig zu beeinflussen.

STEP Duo – Elterntraining für psychisch kranke Eltern mit Helfern
»STEP Duo« stellt eine für psychisch kranke Eltern adaptierte Variante des Elterntrainingsprogramms STEP (Systematic Training for Effective Parenting) dar, das in den 1970er Jahren in den USA entwickelt und altersdifferenziert von Kühn und Petkov (Kühn u. Petkov, 2005) ins Deutsche übersetzt wurde. Es basiert auf individualpsychologischen Grundlagen, die den Wunsch nach Zugehörigkeit als Hauptantrieb für das Verhalten des Individuums verstehen. »Fehlverhalten« von Kindern wird dementsprechend gedeutet als ein Verhalten mit dem Ziel, ein fehlendes Gemeinschaftsgefühl wiederherzustellen. Mit dem STEP-Programm soll Eltern Erziehungskompetenz vermittelt werden, die ihnen hilft, verantwortungsvolle, selbstbewusste, konfliktfähige, glückliche Kinder zu erziehen und ein kooperatives und stressfreieres Miteinander in der Familie zu schaffen. Dabei versteht sich STEP als präventives Weiterbildungskonzept für Eltern, das aber auch bei akuten Konfliktsituationen zum Einsatz gebracht werden kann. STEP soll Eltern helfen, ihren gegenwärtigen Erziehungsstil zu überdenken und eine liebevoll konsequente Haltung ihren Kindern gegenüber einzunehmen. STEP will einen demokratischen Erziehungsstil vermitteln, der gegenseitigen Respekt und die Gleichwertigkeit aller Familienglieder umfasst. Hiernach sollen Eltern ihren Kindern die Möglichkeit geben, altersangemessen und innerhalb bestimmter Grenzen Entscheidungen zu treffen sowie für ihre eigenen Entscheidungen Verantwortung zu übernehmen. An die Stelle willkürlicher Belohnung und Bestrafung tritt eine Form von Disziplin, die auf natürlichen und logischen Konsequenzen beruht. Damit sollen Kinder Selbstdisziplin lernen (Marzinzik u. Kluwe, 2007b; Kühn u. Petkov, 2005). Das STEP-Programm wurde wissenschaftlich begleitet und evaluiert (Marzinzik u. Kluwe, 2007a). Die Besonderheit von STEP Duo ist nunmehr, dass es sich gezielt an Eltern mit einer psychischen Störung richtet und neben dem erkrankten Elternteil ein nicht erkrankter »Helfer« an dem Programm teilnimmt. Hierbei muss es sich nicht um einen professionellen Helfer handeln, vielmehr um eine Person, die vom betroffenen Elternteil als unterstützend erlebt wird. Neben den Zielen des STEP-Programms soll mit STEP Duo die aktive Übernahme der elterlichen Rolle, eine Verbesserung der Beziehungs- und Kommunikationsfähigkeit, die Reduzierung von psychischen Krisen sowie die Schaffung eines Kompetenzbündnisses zwischen dem betroffenen Elternteil und dem Helfer erreicht werden (Lamers, 2009).

Präventive Ansätze auf der Familienebene

Familienorientierte Präventionsangebote richten sich gleichermaßen an Eltern, Kinder und eventuelle weitere Angehörige und tragen dem Gedanken eines Familiensystems Rechnung, in dem die Problematik des Einzelnen angesichts der engen wechselseitigen Beziehungen nicht isoliert betrachtet werden kann.

CHIMPs – Children of mentally ill parents
Bei CHIMPs handelt es sich um ein psychoanalytisch familienorientiertes Präventionsangebot, das im Hamburger Universitätsklinikum in der Klinik für Kinder- und Jugendpsychiatrie angesiedelt ist. Das Projekt unterhält eine »Sprechstunde für Familien mit psychisch kranken Eltern« in der Ambulanz der Klinik, über Konsildienste erfolgen aber auch Vorgespräche in der benachbarten Erwachsenenpsychiatrie. Das wissenschaftlich begleitete und evaluierte Vorhaben hat 2004 seine Arbeit aufgenommen und soll 2010 abgeschlossen werden. Die Beratung basiert auf dem »Modell der psychosozialen Entwicklungsbedingungen«, (Wiegand-Grefe, 2007) einer Modifikation des Modells nach Mattejat, Wüthrich und Remschmidt (2000) und orientiert sich an den Arbeiten von Beardslee, einem Pionier in der präventiven Arbeit mit Familien. Das Angebot richtet sich an Familien, in denen ein oder beide Elternteile psychisch erkrankt sind, mit dem Ziel, die Krankheitsbewältigung und die Qualität der inner- und außerfamiliären Beziehungen zu verbessern. Der präventive Bedarf wird an dem Wunsch nach verbesserter Krankheitsbewältigung oder Beziehungsklärung durch ein oder mehrere Familienmitglieder festgemacht. Das Beratungsangebot von CHIMPs gliedert sich in drei Teile: (1) zwei bis drei Eltern- bzw. Paargespräche mit dem betroffenen Elternteil und ggf. dem Partner, (2) Einzelgespräche mit den Kindern, (3) drei Familiengespräche, an denen alle Familienmitglieder teilnehmen (Wiegand-Grefe, 2008). Im Rahmen der Gespräche, die über ein halbes Jahr verteilt sind, werden beide Elternteile sowie die Kinder – altersangemessen – über die Erkrankung aufgeklärt. Dabei steht die Verknüpfung der Informationen zur Erkrankung mit lebens- und familiengeschichtlichen Erfahrungen im Zusammenhang mit der Familiendynamik im Vordergrund. Es soll ein familiäres Verständnis der Erkrankung und der Paar- und Familiendynamik aus einer psychodynamischen, mehrgenerationalen Perspektive erreicht werden sowie die Verbesserung der Kommunikation über die Erkrankung und die damit verbundenen Probleme in der Familie. Des Weiteren stehen die Stärkung der Bewältigungsmöglichkeiten im Umgang mit der Erkrankung in der Familie und im Umgang miteinander sowie die Überwindung der sozialen Isolation des erkrankten Elternteils bzw. der Familie im Mittelpunkt der Gespräche. Auch der Aufbau außerfamiliärer Beziehungen,

die dem Kind kompensierende Beziehungserfahrungen ermöglichen sollen, ist Bestandteil des Angebots. Den Eltern sollen Wissen und Verständnis im Hinblick auf Risiko- und Schutzfaktoren in der kindlichen Entwicklung vermittelt werden. Weiterhin werden familiär bedeutsame, konfliktaktualisierende Ereignisse wie Klinikaufenthalte, Stellenverluste, Wohnungswechsel oder Ähnliches bearbeitet. Darüber hinaus erfolgt im Bedarfsfall eine Aufklärung über Hilfsangebote für alle Familienmitglieder sowie ein Gespräch über Stärken und Schwächen des Kindes und über dessen Fördermöglichkeiten (Wiegand-Grefe, 2007; Wiegand-Grefe, Möller u. Romer, 2008; Wiegand-Grefe, 2008). Ein umfassendes Manual des Angebots mit Hintergrundinformationen, der Beschreibung der Inhalte und des beraterischen Vorgehens ist im Druck (Wiegand-Grefe, Halverscheid u. Plass, 2010).

FIPS – Familien in psychischer Notlage

Das Projekt wurde im März 2006 an der Klinik für Psychiatrie und Psychotherapie der Universität Ulm am Bezirkskrankenhaus Günzburg als Beratungsstelle implementiert und im Februar 2008 abgeschlossen (Kilian u. Becker, 2008; Kilian, 2007). Zielgruppe des Angebots waren psychisch kranke Klinikpatienten und deren Kinder, wobei keine Einschränkungen bei den Krankheitsbildern gemacht wurden. Das Vorhaben zielte darauf ab, ein niedrigschwelliges Beratungsangebot für Familien mit einem psychisch kranken Elternteil zur Prävention von psychischen Belastungen bei den Kindern sowie zur Unterstützung der psychisch kranken Eltern zu erproben. Die Kontaktaufnahme mit den Eltern erfolgte über die Klinik. In einem Gespräch wurden die Krankheit sowie die Behandlung, die Situation der Kinder, die berufliche und finanzielle Situation, Freizeitgestaltung, subjektive Krankheitstheorien und -kommunikation in der Familie, die Betreuungssituation der Kinder sowie die Klärung von Ressourcen und weiteren Problemen thematisiert. Im Rahmen eines Hausbesuchs wurden die Kinder selbst zum Erleben der elterlichen Situation, zu Schuld- und Verantwortungsgefühlen, zur schulischen Situation, sozialen Beziehungen, Vertrauenspersonen, Krankheitskommunikation mit den Eltern, Freizeitgestaltung, Konflikten, Ängsten sowie Aufgabenübernahme im Haushalt befragt. Auf der Grundlage dieser Informationen wurde mit sozialpädagogischen Methoden sowie mit Methoden der systemischen Familientherapie und der Psychoedukation beratende, begleitende und vermittelnde Unterstützung geleistet (Kilian u. Becker, 2008; Kilian, 2007). Im Rahmen der wissenschaftlichen Begleitung wurden leitfadengestützte Interviews eingesetzt, in denen das Angebot von den Betroffenen positiv beurteilt wurde, insbesondere die verbesserten familiären Beziehungen sowie die alltagspraktischen Unterstützungsleistungen (Krumm, Lahmeyer, Kilian u. Becker, 2008).

Balance – Beratungs- und Orientierungsangebot für Kinder psychisch kranker Eltern

Das Angebot existiert seit April 2002 und ist an der Psychiatrischen Klinik der Universitätsklinik Heidelberg angesiedelt. Die Zielgruppe von »Balance« sind belastete, aber noch nicht erkrankte Kinder von psychisch kranken Eltern, unabhängig von der Art der elterlichen Erkrankung. Das Angebot richtet sich an Kinder und Jugendliche, die Fragen zur elterlichen Erkrankung haben oder zu damit verbundenen Problemen, sowie an Eltern, die sich aufgrund ihrer Erkrankung Sorgen um die Entwicklung ihrer Kinder machen. Darüber hinaus werden Angehörige sowie weitere Kontaktpersonen von Kindern psychisch kranker Eltern beraten. »Balance« zielt darauf ab, die familiäre Fähigkeit zur Kommunikation, die Konfliktfähigkeit und das Krisenmanagement zu verbessern sowie das familiäre Zusammenleben zu stärken. Im Mittelpunkt des Angebots steht die kind- und elternbezogene familientherapeutische und sozialpädagogische Beratung. Die Arbeit mit den Familien verfolgt das Ziel, das Familienleben, die Kommunikation und die Konfliktfähigkeit zu stärken. In Einzelgesprächen mit den Kindern werden Entlastung durch altersangemessene Aufklärung über psychische Erkrankungen, der Abbau von Schuldgefühlen, Entlastung von Verantwortungsgefühl sowie das Stärken des Selbstvertrauens der Kinder angestrebt. In einer Elternsprechstunde, die auf den psychiatrischen Stationen stattfindet, werden Erziehungsberatung, entlastende Gespräche sowie die Planung und Vermittlung von weiteren Hilfen angeboten. Darüber hinaus werden Betreuungsplätze für die Kinder im Fall einer Klinikeinweisung des betroffenen Elternteils organisiert. Weiterhin gibt es Kooperationen und Vernetzungen mit anderen Institutionen, z. B. der Jugendhilfe, Schulen und Kindergärten. In Kindergruppen stehen die Enttabuisierung der psychischen Erkrankung im Vordergrund sowie gemeinsame normalisierende Aktivitäten, wie z. B. Spielen oder Kochen (Bach-Ba u. Böttcher-Herget, 2007).

Betreutes Wohnen für Familien – AWO Velbert

Das Angebot ist im Bereich der Jugendhilfe der Arbeiterwohlfahrt Velbert angesiedelt und verfolgt das Ziel, eine Heimunterbringung von Kindern psychisch kranker Eltern zu vermeiden bzw. Kinder aus der Heimunterbringung in die Herkunftsfamilien zurückzuführen. Zielgruppe des betreuten Wohnens sind Familien, bei denen psychische Probleme der Eltern angenommen werden, deren Lebenssituation aufgrund von schwerwiegenden Mehrfachbelastungen bzw. Krisen- und Konfliktsituationen angespannt ist, in denen die Kinder potenziell erheblich gefährdet oder bereits fremduntergebracht sind oder bei denen eine Fremdunterbringung vermieden werden soll. Das Angebot soll die Familien befähigen, ihre Lebenssituation eigenverantwortlich und weitgehend unabhängig von erzieherischen Hilfen zu bewältigen. Es geht insbesondere darum, die Familie als Ort der Erziehung zu erhalten, die Alltags- und Handlungskompetenz der Eltern zu erweitern, familiäre Ressourcen zu stärken, Eigenständigkeit zu fördern, die Konfliktbewältigung zu verbessern sowie die soziale Netzwerkfähigkeit der Familie weiterzuentwickeln. Das Hilfeangebot wird formal mit den Familien vereinbart, d. h., die Veränderungsbereitschaft und Mitarbeit der Familie stellen eine notwendige Voraussetzung dar. Die unterstützende und begleitende Arbeit wird von Fachkräften der Sozialen Arbeit durchgeführt (Molderings, 2006).

Mutter-Kind-Bereich der Marie-Christian-Heime

Bei den Marie-Christian-Heimen handelt es sich um ein in Kiel angesiedeltes Wohnprojekt für Mütter in sozialen Notlagen, geistig behinderte Mütter sowie Mütter mit einer psychischen Störung. Im Mittelpunkt stehen die Unterstützung und Begleitung der (werdenden) Mutter, um sie auf die kommende oder bereits vorhandene Lebenssituation mit dem Kind einzustellen. Ziel des Angebots ist es, die Mutter-Kind-Beziehung zu erhalten und eine möglichst weitgehende Eigenständigkeit der Mutter zu erreichen. Daneben erfolgt die Klärung der Mutter-Kind-Beziehung im Hinblick darauf, ob ein Zusammenleben mit dem Kind zukünftig weiter möglich ist oder eine Trennung erfolgen muss. Das Angebot umfasst mit Blick auf die Mutter die psychosoziale Beratung und Geburtsvorbereitung von Schwangeren, die Förderung und Bearbeitung von sozialen Beziehungen, insbesondere der zum Vater, die Vorbereitung der Rückkehr in den eigenen Wohnraum sowie die Entwicklung von Lebensperspektiven unter Einbeziehung des Kindes. Zu den weiteren Aufgaben gehört, die Kinder altersentsprechend zu fördern, Mutter und Kind nach einer Trennung zusammenzuführen, die Trennungsbegleitung der Kinder bei Unterbringung in einer Ersatzfamilie sowie die psychologische Beratung und Begleitung des Kindes. Bei einer langfristigen psychischen Erkrankung der Mutter oder übergangsweise nach der Entlassung aus einer klinischen Behandlung werden differenzierte Wohn- und Betreuungsformen angeboten. Das Wohnangebot umfasst verschiedene Raumkonzepte, die der Mutter einen möglichst großen persönlichen Freiraum und Schutz der Intimität einräumen und zugleich die medizinische und pädagogische Begleitung gewährleisten. Die Aufnahme erfolgt auf Wunsch der Mutter. Es wird berichtet, dass bei einem Fünftel der Mütter die Begleitung einer Trennung von ihrem Kind im Vordergrund steht, da diese eine dauerhafte Versorgung des Kindes nicht selbständig leisten können (Ghattas, 2006).

Fallübergreifende Prävention

Fallübergreifende Präventionsprojekte und Initiativen setzen nicht am Unterstützungsbedarf des Einzelnen an, sondern greifen fallübergreifende Themen der Aufklärung und Information, Vernetzung institutioneller Hilfen und Qualifizierung der beteiligten Akteure auf mit dem Ziel, die Öffentlichkeit für die Problematik von Kindern psychisch kranker Eltern zu sensibilisieren und das Wissen um die Situation der Kinder in den Helfersystemen zu erhöhen. Diese Projekte und Initiativen unterscheiden sich in ihrer Reichweite – viele sind regional begrenzt, andere sind überregional ausgerichtet und bundesweit tätig. Neben Information und Aufklärung durch verschiedene Medien nehmen strukturelle Maßnahmen der Vernetzung und Qualifizierung einen wichtigen Stellenwert ein. Ziele bestehen in einer Enttabuisierung des Themas, in der Vermeidung und dem Abbau von Stigmatisierung sowie in einer Stärkung der Interessen der Betroffenen.

Die vergessenen Kinder
Das Kooperationsprojekt der Familien-Selbsthilfe Psychiatrie (BApK e. V.) und des BKK Bundesverbandes »Die vergessenen Kinder« arbeitet von der Bundesebene aus und hält keine regionalen Angebote vor. Ziel des Projekts ist es, sowohl in der (Fach-)Öffentlichkeit als auch bei den betroffenen Familien ein Bewusstsein für die Situation der Kinder psychisch erkrankter Eltern zu schaffen und den Kindern darüber mittelbar Unterstützung und Hilfestellung zukommen zu lassen. Seit dem Projektbeginn im Jahr 2007 sind verschiedene Maßnahmen der Öffentlichkeitsarbeit umgesetzt worden. Dazu gehörte eine gezielte Kampagne, die sich an psychiatrische Kliniken und niedergelassene Fachärzte richtete, um auf die Situation von Kindern psychisch kranken Eltern aufmerksam zu machen und die Wahrnehmung für diese unterversorgte Gruppe zu schärfen. Zur Kampagne gehörten ferner die Veröffentlichung von Broschüren zur Aufklärung und Information für betroffene Kinder, Jugendliche und Eltern sowie die Erstellung einer Datenbank, in der bundesweit in diesem Bereich tätige Projekte und Selbsthilfeinitiativen zusammengetragen wurden. Die so entstandene Homepage (s. Hommelsen, o. J.) ermöglicht es sowohl interessierten Fachleuten als auch betroffenen Familien, sich zu vernetzen oder sich über regionale Unterstützungs- und Hilfsangebote zu informieren und diese in Anspruch zu nehmen.

Netz und Boden
Auch die Initiative »Netz und Boden« für Kinder psychisch kranker Eltern setzt auf überregionaler Ebene an. Das 1999 gegründete ehrenamtliche Angebot will die Situation der Kinder psychisch kranker Eltern bundesweit verbessern und versteht sich als Interessenvertretung der betroffenen Kinder. Ziel ist es, die Öffentlichkeit für die Kinder psychisch kranker Eltern zu sensibilisieren und Stigmatisierung abzubauen, über Umgangsmöglichkeiten mit der Problematik sowie über regionale Präventions- und Unterstützungsangebote zu informieren und darüber einen Zugang zur Hilfe vor Ort zu ermöglichen. Weiterhin soll eine Vernetzung aller Zielgruppen untereinander gefördert und ein Beitrag zur (Weiter-)Qualifizierung geleistet werden. Mit ihrem Internetauftritt (www.netz-und-boden.de) wendet sich die Initiative sowohl an betroffene Kinder und Menschen aus ihrem nahen Umfeld als auch an Fachpersonal aus den Bereichen Jugendhilfe, Psychiatrie und Gesundheitswesen, Familien- und Vormundschaftsgericht, Schule und Kindergarten sowie an die allgemeine Öffentlichkeit. Die Homepage informiert über verschiedene psychische Erkrankungen und bietet Literaturhinweise für unterschiedliche Zielgruppen, eine Übersicht über regionale Präventions- und Unterstützungsangebote und Zugang zu einer virtuellen Selbsthilfegruppe. Darüber hinaus können Broschüren für Betroffene, Ärzte, Therapeuten und Lehrer angefordert werden (Beek, 2008; Hanke, 2006).

Kombinierte Präventionskonzepte

Bei den folgenden Projekten sind Elemente fallbezogener und fallübergreifender Prävention eng miteinander verzahnt.

Würzburger Präventions- und Qualifizierungsprojekt
Seit 1998 engagiert sich die Evangelische Beratungsstelle Würzburg in zunehmendem Maße für die Belange von Familien mit einem psychisch erkrankten Elternteil. Diese Arbeit mündete schließlich im Würzburger Präventions- und Qualifizierungsprojekt, das 2008 mit einer geplanten Projektlaufzeit bis 2011 seine Arbeit aufnahm. Ziele des Projekts bestehen darin, sowohl für einzelne Familien präventive, unterstützende Maßnahmen anzubieten als auch die Vernetzungsstrukturen und Qualifizierungsangebote im Bezirk Unterfranken zu erweitern. Konkret setzt sich das Projekt aus vier Schwerpunkten zusammen. Ein Schwerpunkt liegt auf der familienbezogenen Prävention, in deren Rahmen Einzel- und Familienberatung stattfindet und eine Gruppe für Kinder im Alter zwischen sieben und neun Jahren (eine Gruppe für Kinder im Alter von zehn

bis zwölf sowie eine Jugendgruppe sind in Planung) angeboten wird. Ferner hat sich eine Gruppe für erwachsene Kinder psychisch erkrankter Eltern gebildet. Die Einrichtung einer Familiensprechstunde an der Würzburger Universitätsnervenklinik ist in Planung. Ein zweiter Schwerpunkt liegt auf der fallübergreifenden Prävention, welche Öffentlichkeitsarbeit, die Veröffentlichung von Kinderfachbüchern und Aufklärungsmaterialien, den Aufbau einer Website für Betroffene und deren Angehörige, Elternarbeit im Schul- und Vorschulbereich sowie Multiplikatorenarbeit mit Fachkräften aus Kindertagseinrichtungen und Schulen umfasst. Der dritte Baustein des Projekts fokussiert die Schulung und Qualifizierung von Fachkräften der Jugendhilfe und (Sozial-)Psychiatrie sowie verwandter Berufsgruppen, die Erstellung eines Fortbildungscurriculums und die Durchführung von Fachtagungen. Ein vierter Schwerpunkt umfasst die Weiterentwicklung der bestehenden Vernetzungs- und Kooperationsstrukturen zwischen den beteiligten Institutionen wie Jugendhilfe, Erwachsenen-, Kinder- und Jugendpsychiatrie und den Gesundheitsämtern (Schrappe, 2007, 2008).

Kinderprojekt Mannheim
Das »Kinderprojekt Mannheim« nahm im Juli 1999 seine Arbeit auf und wurde im Juni 2001 abgeschlossen. Es handelte sich um ein Kooperationsprojekt des Sozialpsychiatrischen Dienstes sowie der Psychologischen Beratungsstelle der Evangelischen Kirche mit den Sozialen Diensten des Jugendamtes in der Stadt Mannheim. Das Projekt zielte auf Kinder psychisch kranker Eltern, die schwerpunktmäßig an Psychosen, affektiven Störungen, Persönlichkeitsstörungen und schweren emotionalen Störungen litten. Mit dem Vorhaben sollte die Lebenssituation der Kinder psychisch kranker Eltern verbessert und damit psychischen Störungen vorgebeugt werden. Darüber hinaus sollte die Inanspruchnahme von Angeboten der Regelversorgung in Erfahrung gebracht werden. Modellcharakter hatte die regelhafte Kooperation der drei Dienste. Nach Abklärung der individuellen Situation der gesamten Familie durch die Projektmitarbeiter fanden mit den Sozialen Diensten und anderen Fachdiensten Fallbesprechungen statt, um den Hilfebedarf zu ermitteln und ein Unterstützungskonzept in Form von projektinternen Interventionen (Einzel-, Paar- und Familienberatung, Kindergruppe) und Angeboten der Regelversorgung von Gesundheitssystem und Jugendhilfe zu erarbeiten. Neben einer fallübergreifenden Vernetzung der Jugendhilfe und psychiatrischer Dienste stand die Arbeit mit Eltern und Kindern im Vordergrund. Bei den Kindern wurden Einzel- und Gruppenangebote zur Stärkung der kindlichen Fähigkeiten und des Selbstvertrauens, zur Alltagsbewältigung sowie zur Entlastung von Schuldgefühlen und Verantwortung eingesetzt. Daneben erfolgte eine altersgerechte Information

und Beratung über die elterliche Erkrankung. Mit den Eltern wurde in Einzel- oder Gruppenkontakten das Erziehungsverhalten reflektiert, das Verstehen des kindlichen Verhalten gefördert, über konkrete Hilfeangebote beraten sowie Fähigkeiten gestärkt und von Schuldgefühlen entlastet. In Familiengesprächen standen die Verbesserung der Kommunikation und Konfliktlösefähigkeit sowie die Entwicklung einer positiven familiären Identität im Mittelpunkt. Darüber hinaus leistete das Projekt Fachberatung und eine intensive Öffentlichkeitsarbeit (Ebner u. Raiss, 2006; Raiss u. Ebner, 2001).

KIP-Projekt
Das »KIP-Projekt« entstand 2004 im Stadt- und Landkreis Heilbronn und ist ein kombiniertes Präventionsprojekt, das sowohl Gruppenprojekte für Familien, Einzelgespräche mit den Kindern als auch die Vermittlung von Patenfamilien bzw. Einzelpaten für Kinder psychisch kranker Eltern anbietet. Träger des Projekts ist der Weinberger Hilfsverein für psychisch Kranke e. V. Die Zielgruppe des Projekts sind Kinder und Jugendliche im Alter zwischen drei und 18 Jahren, die in der Entwicklung einer gesunden Identität unterstützt werden sollen, um langfristig eigenen psychischen Erkrankungen vorzubeugen. Kurzfristiges Ziel des Angebots ist es, den Kindern die Möglichkeit zum »Kindsein« zu geben, sozialer Isolation entgegenzuwirken, Ansprechpartner außerhalb der Familie zu vermitteln und beim Aufbau eines sozialen Netzwerks zu unterstützen. Ein wichtiges Modul zur Umsetzung dieser Ziele ist die Vermittlung von Kindern in Patenfamilien bzw. an Einzelpaten, die nach Möglichkeit eine sozialräumliche Nähe zur Familie sowie die Einbindung in die Gemeinde bzw. in ein soziales Netzwerk aufweisen. In Krisensituationen besteht für die Patenkinder die Möglichkeit, in die Patenfamilien aufgenommen zu werden. Die Paten erhalten zur Vorbereitung auf ihre Aufgabe eine spezifische Schulung und können an monatlichen Supervisionen teilnehmen. Ein weiteres Modul des Projekts stellen die Gruppenangebote für die betroffenen Familien dar. Etwa einmal pro Monat finden Treffen statt, bei denen erlebnispädagogische Aktivitäten mit den Kindern und deren Familien im Vordergrund stehen. Auch die Paten nehmen hieran häufig teil. Als drittes Modul werden den Kindern und Jugendlichen Einzelgespräche angeboten, in denen Fragen geklärt und Informationen über die psychische Erkrankung der Eltern vermittelt werden. Nach bisherigen Erfahrungen wird das Angebot vorrangig von Familien mit Säuglingen und Vorschulkindern genutzt (Körber, 2006).

Schlussbetrachtung

Die in diesem Beitrag in den Blick genommenen Präventionsprojekte veranschaulichen, dass im Bereich der traditionell gewachsenen und (bislang) nicht wirksamkeitsüberprüften Projekte und Initiativen für Kinder psychisch kranker Eltern ein mittlerweile durchaus beeindruckendes und inhaltlich breitgefächertes Spektrum an Angeboten besteht. Die Vielfältigkeit der Angebote und Projekte ergibt sich beispielsweise aus den unterschiedlichen Zielgruppen, die angesprochen werden. Diese reichen von betroffenen Säuglingen, (Klein-) Kindern, Jugendlichen, Eltern und Familien bis zu professionellen Akteuren. Sie zeigt sich auch in den unterschiedlichen Zeitpunkten, an denen Prävention ansetzt, so z. B. bereits vor der Geburt bis ins Jugend- und Erwachsenenalter hinein. Auch die genutzten Zugangswege, Medien und Kommunikationskanäle zur Zielgruppe sind durch große Heterogenität gekennzeichnet; diese reicht von anonymen internetgestützten Informations- und Beratungsangeboten über aufklärende Printmedien bis hin zu personalintensiven Mutter-Kind-Behandlungen, Einzel- und Gruppenangeboten für Kinder oder Patenschaftsmodellen. Bemerkenswert sind auch die unterschiedlichen Ebenen, auf denen – fallbezogen bzw. fallübergreifend und strukturell orientiert – die präventiven Angebote verankert sind. Die Vielfältigkeit dieses Spektrums zeigt eindrücklich, dass die Grenzen, wo Prävention endet und Intervention beginnt, fließend sein können (vgl. den Beitrag von Wiegand-Grefe, Ohntrup und Plass über die Evaluationen in diesem Band).

Sicher ist, dass diese Präventionsprojekte sowohl einen wichtigen Beitrag dazu leisten, die bestehende Versorgungslücke zu schließen als auch die problematische Situation von Kindern psychisch kranker Eltern stärker in das Bewusstsein der (Fach-)Öffentlichkeit zu rücken und dem bestehenden Handlungsbedarf Nachdruck zu verleihen. Gleichzeitig bieten diese Projekte einen wertvollen Ausgangspunkt für die Weiterentwicklung zielgruppenspezifischer Präventionskonzepte. Zukünftige Herausforderungen stellen z. B. Fragen einer besseren Erreichbarkeit der betroffenen Familien dar. Hier können die bisherigen Erfahrungswerte der Projekte einen wertvollen Anknüpfungspunkt bieten.

Bis zu einer bedarfsdeckenden Versorgung ist es jedoch noch ein weiter Weg. Viele der Präventionsangebote haben noch Modellcharakter, die Projektlaufzeit ist häufig begrenzt, ein Transfer in die Regelversorgung ist wünschenswert, aber aufgrund mangelnder Finanzierungssicherheit häufig ungewiss. Die Nachhaltigkeit dieser Projekte lässt sich daher nicht universell beurteilen, zumal die Projekte von unterschiedlichen Kräften getragen werden – es engagieren sich sowohl ehrenamtlich motivierte Privatpersonen als auch professionelle Akteure als Angehörige etablierter Institutionen des Gesundheitswesens und der Kinder- und Jugendhilfe in diesem Feld.

Literatur

Bach-Ba, B., Böttcher-Herget, C. (2007). Balance – Beratungs- und Orientierungsangebot für Kinder psychisch kranker Eltern. Angebot des Zentrums für Psychosoziale Medizin des Universitätsklinikums Heidelberg. In Forum psychisch kranker Eltern (Hrsg.), Kinder psychisch kranker Eltern. Erfahrung – Unterstützung – Information. (3. Aufl.) (S. 16–21). Heidelberg: Forum psychisch kranker Eltern.

Beckmann, O., Szylowicki, A. (2008). Paten für die Zukunft. Patenschaften für Kinder psychisch kranker Eltern. In F. Mattejat, B. Lisofsky (Hrsg.), Nicht von schlechten Eltern. Kinder psychisch Kranker (S. 189–197). Bonn: Balance Buch und Medien Verlag.

Beek, K. (2008). Netz und Boden. Unterstützung für Kinder psychisch kranker Eltern. Berlin: Katja Beek.

Brandes, U., Held, E., Brümmer-Hesters, M., Gerdes, C. (2001). Klinik? – Aber nicht ohne mein Kind! Psychiatrische Praxis, 28 (3), 147–151.

Brümmer-Hesters, M. (2008). Konzept Kindertagesstätte KOLIBRI. Unveröffentlichtes Manuskript.

Bürgermeister, U., Jost, A. (2000). Kinder schizophrener Mütter. Sozialpsychiatrische Informationen, 2, 3–7.

Buchwald, A. (2004). Zu Haus ist was anders. Kinder psychisch und suchtkranker Eltern. proJugend, 1, 15–17.

Ebner, J., Raiss, S. (2006). Kinderprojekt Mannheim: Kinder mit psychisch kranken Eltern – Hilfen für Eltern und Kinder, Vernetzung von Ressourcen. In R. Schone, S. Wagenblass (Hrsg.), Kinder psychisch kranker Eltern zwischen Jugendhilfe und Erwachsenenpsychiatrie (S. 88–102). Weinheim und München: Juventa.

Ghattas, G. (2006). Psychisch kranke Mütter und ihre Kinder im Mutter-Kind-Bereich der Marie-Christian-Heime. In R. Schone, S. Wagenblass (Hrsg.), Kinder psychisch kranker Eltern zwischen Jugendhilfe und Erwachsenenpsychiatrie (S. 153–167). Weinheim und München: Juventa.

Hanke, M. (2006). Die vergessenen Kinder. Gehirn & Geist, 7–8, 14–19.

Hartmann, H.-P. (1997a). Mutter-Kind-Behandlung in der Psychiatrie. Teil I: Übersicht über bisherige Erfahrungen. Psychiatrische Praxis, 24, 56–60.

Hartmann, H.-P. (1997b). Mutter-Kind-Behandlungen in der Psychiatrie. Teil II: Eigene Erfahrungen – Behandlungskonzepte und besondere Probleme. Psychiatrische Praxis, 24, 172–177.

Hartmann, H.-P. (2008). Das Heppenheimer Modell der Mutter-Kind-Behandlung. In F. Mattejat, B. Lisofsky (Hrsg.), Nicht von schlechten Eltern. Kinder psychisch Kranker (S. 140–147). Bonn: Balance Buch und Medien Verlag.

Hartmann, R. (2008). Sonne und Wolken. Therapie- und Trainingsgruppe mit Kindern psychisch erkrankter Eltern. Unsere Jugend, 60, 321–326.

Hipp, M., Staets, S. (2006). Präventionsprojekt für Kinder psychisch kranker Eltern KIPKEL. Erfahrungen aus der Praxis. In R. Schone, S. Wagenblass (Hrsg.), Kinder psychisch kranker Eltern zwischen Jugendhilfe und Erwachsenenpsychiatrie (S. 77–88). Weinheim u. München: Juventa.

Hommelsen, M. (o. J.) Die vergessenen Kinder. Zugriff am 1. 10. 2009 unter http://www.ausnahmezustand-filmfest.de/fileadmin/AZ/AZ_user/2008/documents/Infomaterial/BApK_Die_vergessenen_Kinder.pdf

Kempf, M., Brockhaus, S., Helber-Böhlen, H., Fähndrich, E. (2001). Mutter-Kind-Behandlungen im Rahmen gemeindepsychiatrischer Pflichtversorgung. Psychiatrische Praxis, 28, 123–127.

Kilian, S. (2007). FIPS Projektbericht 2007. Ulm, Universität Ulm, Klinik für Psychiatrie und Psychotherapie II am Bezirkskrankenhaus Günzburg.

Kilian, S., Becker, T. (2008). FIPS – ein Beratungs- und Unterstützungsangebot für Familien mit einem psychisch erkrankten Elternteil. Nervenheilkunde 27 (6), 541–544.

Körber, J. (2006). Evaluation des KiP-Projekts. Projekt zur Unterstützung von Kindern psychisch kranker Eltern. Abschlussbericht. Zugriff am 15.10.2009 unter http://www.kinder umweltgesundheit.de/KUG/index2/pdf/themen/Psychosoziale_Faktoren_LGA_KiP.pdf.

Krumm, S., Lahmeyer, C., Kilian, R., Becker, T. (2008). Die subjektive Sicht von Klienten einer Beratungsstelle für Familien mit einem psychisch kranken Elternteil. Nervenheilkunde, 27 (6), 545–552.

Kühn, T., Petkov, R. (2005). STEP – Das Elterntraining: Erziehungskompetenz stärken – Verantwortungsbereitschaft fördern. In S. Tschöpe-Scheffler (Hrsg.), Konzepte der Elternbildung – eine kritische Übersicht (S. 67–85). Leverkusen-Oplanden: Verlag Barbara Budrich.

Lägel, I. (2008). Kinder stark machen. Die Arbeit der Beratungsstelle AURYN. In F. Mattejat, B. Lisofsky (Hrsg.), Nicht von schlechten Eltern. Kinder psychisch Kranker (S. 181–188). Bonn: Balance Buch und Medien Verlag.

Lamers, Y. (2009). STEP Duo – das Elterntraining für psychisch kranke Eltern mit Helfern. Unveröffentlichte Informationsmaterialien.

Lang, S. (2009). »aktiv präventiv«. Patenschaften für Kinder psychisch kranker Eltern bei PFIFF gGmbH. Vortrag vom 27.08.2009 in Bielefeld. Unveröffentlichtes Manuskript.

Leidner, M. (1997). Kinderprojekt Auryn – Abschlussbericht. Verein zur sozialpsychiatrischen Unterstützung psychisch Kranker e.V. Unveröffentlichtes Manuskript.

Marzinzik, K., Kluwe, S. (2007a). Stärkung der Erziehungskompetenz durch Elternkurse. Prävention, 3, 79–82.

Marzinzik, K., Kluwe, S. (2007b). Evaluation des STEP-Elterntrainings. Abschlussbericht der wissenschaftlichen Begleitforschung. Universität Bielefeld, Fakultät für Gesundheitswissenschaften. Zugriff am 07.10.2009 unter http://www.uni-bielefeld.de/gesundhw/ag4/downloads/abschlussbericht_step.pdf.

Mattejat, F., Wüthrich, C., Remschmidt, H. (2000). Kinder psychisch kranker Eltern. Forschungsperspektiven am Beispiel von Kindern depressiver Eltern. Nervenarzt, 71, 164–172.

Molderings, B. (2006). Betreutes Wohnen für Familien. Chance für Familien, in denen ein Elternteil psychisch krank ist. In R. Schone, S. Wagenblass (Hrsg.), Kinder psychisch kranker Eltern zwischen Jugendhilfe und Erwachsenenpsychiatrie (S. 118–128). Weinheim und München: Juventa.

Raiss, S., Ebner, J. (2001). Kinderprojekt Mannheim. Kinder mit psychisch kranken Eltern. Hilfen für Eltern und Kinder. Vernetzung von Ressourcen. Abschlussbericht. Diakonieverein. Im Diakonischen Werk Mannheim e. V. Zugriff am 1.10.2009 unter http://www.diakonie-baden.de/cms/externes/psychiatrie_kinderprojekt.pdf.

Schone, R., Wagenblass, S. (2006). Wenn Eltern psychisch krank sind ... Kindliche Lebenswelten und institutionelle Handlungsmuster (2. Aufl.). Weinheim u. München: Juventa.

Schrappe, A. (2007). Hilfen für Kinder psychisch kranker Eltern und ihre Familien – Projektbeschreibung Kurzfassung. Zugriff am 15.10.2009 unter http://www.wuerzburger-projekt.de/konzeption.pdf.

Schrappe, A. (2008). Verantwortung übernehmen. Die Arbeit der Evangelischen Beratungsstelle Würzburg. In F. Mattejat, B. Lisofsky, (Hrsg.), Nicht von schlechten Eltern. Kinder psychisch Kranker (S. 156 – 164). Bonn: Balance Buch und Medien Verlag.

Staets, S. (2008). Vorbeugen ist wichtig. KIPKEL – ein ambulantes Präventionsprojekt. In F.

Mattejat, B. Lisofsky (Hrsg.), Nicht von schlechten Eltern (S. 164–181). Bonn: Balance Buch und Medien Verlag.
Staets, S., Hipp, M. (2005). Hilfen für Kinder psychisch kranker Eltern. Unsere Jugend, 2, 75–82.
Wiegand-Grefe, S. (2007). Kinder psychisch kranker Eltern – Eine psychoanalytisch familienorientierte Prävention für Familien mit psychisch kranken Eltern. In A. Springer, K. Münch, D. Münz (Hrsg.), Psychoanalyse heute?! (S. 439–459). Gießen: Psychosozial-Verlag.
Wiegand-Grefe, S. (2008). Wenn Eltern psychisch krank werden ... Analytische Kinder- und Jugendlichen-Psychotherapie, 39 (1), 81–96.
Wiegand-Grefe, S., Halverscheid, S., Plass, A. (2010). Kinder und ihre psychisch kranken Eltern. Familienorientierte Prävention – Der CHIMPs-Beratungsansatz. Göttingen: Hogrefe.
Wiegand-Grefe, S., Möller, B., Romer, G. (2008). Kinder psychisch oder körperlich kranker Eltern. Kinder- und Jugendmedizin, 8 (1), 38–44.

Überblick über die Entwicklungen und Projekte in Hamburg – SeelenNot, Auryn-Gruppen und Eltern-Baby-Arbeit

Christiane Deneke

Als Prof. Peter Riedesser 1991 sein Amt als Direktor der Universitätsklinik für Kinder- und Jugendpsychiatrie in Hamburg antrat, brachte er als einen Schwerpunkt seines Interesses das Thema »Kinder psychisch kranker Eltern« mit. Dank seiner ständigen Anregung und Unterstützung konnten an der Klinik verschiedene Vorhaben verwirklicht werden. So ist die Entwicklung in Hamburg ohne ihn, der 2008 viel zu früh verstarb, nicht zu denken. Neben den Aktivitäten der Klinik war es der Verein »SeelenNot«, der mit Hilfe von Spendern seine Projekte etablierte, der aber auch die fachliche Vernetzung der verschiedenen Hamburger Träger und Initiativen vorantrieb. Unterschiedliche Träger setzten in Hamburg Ideen zur Versorgung betroffener Familien um, so dass hier ein relativ dichtes Netz an Initiativen für Familien mit seelisch kranken Eltern entstanden ist.

Aktivitäten der Universitätsklinik für Kinder- und Jugendpsychiatrie

Zunächst wurde ein konsiliarisches Angebot für diejenigen Patienten der Klinik für Erwachsenenpsychiatrie eingeführt, die Eltern minderjähriger Kinder waren. Viele Eltern wünschten Beratung, z. B. wie in der Familie über die Erkrankung gesprochen werden kann, aber auch über die Entwicklung ihrer Kinder. Mit den Kindern wurde über ihre Fragen und Sorgen gesprochen, und mit den Familien wurde bei Bedarf nach geeigneter Unterstützung gesucht. Nach und nach erweiterte sich dies zu einer Spezialambulanz, in die auch von außerhalb der Klinik überwiesen wurde und deren Angebot zunehmend auch auf den Bedarf von Müttern in postpartalen psychischen Krisen und ihren Familien zugeschnitten wurde. In die 1998 eröffnete Tagesklinik für Kinder und Jugendliche konnte eine Behandlungseinheit mit vier Plätzen für psychisch erkrankte Eltern und ihre Babys im Alter bis zu einem Jahr integriert werden. Das dort entwickelte Behandlungskonzept (Deneke u. Lucas, 2008) wird weiter unten geschildert. Jüngste Aktivität der Klinik ist schließlich das Präventions- und Forschungsprojekt »CHIMPs«, das seit 2005 besteht (siehe den Beitrag »Grundlagen und Anforderungen an Evaluationen von Interventionen für Kinder psychisch kranker Eltern« von Silke Wiegand-Grefe, Janna M. Ohntrup und Angela Plass in diesem Band).

Um die Problematik der Kinder psychisch kranker Eltern über die Klinik hinaus bewusst zu machen, wurde Anfang der 1990er Jahre eine Vortragsreihe organisiert, zu der breit eingeladen wurde: Franz Mattejat berichtete aus seinem Marburger Forschungsprojekt (Remschmidt u. Mattejat, 1994). Prof. Barbara D. Munk war zu Gast, die in New York eine Ambulanz für psychisch kranke Eltern mit Babys aufgebaut hatte (Munk, 1993). Susanna Staets und Beatrix Karen stellten ihr beispielhaftes Projekt KIPKEL vor (Staets u. Hipp, 2001, siehe den Beitrag »KIPKEL – Präventionsprojekt für Kinder psychisch kranker Eltern« von Susanna Staets in diesem Band), Martin Leidner das erste Auryn-Projekt in Freiburg (Leidner, 1997). Frau Dr. Lier berichtete über die Arbeit der von ihr geleiteten Eltern-Baby-Tagesklinik in Kopenhagen (Lier, Gammeltoft u. Knudsen, 1995). Aus der Zuhörerschaft, die – der multidisziplinären Orientierung der Kinder- und Jugendpsychiatrie entsprechend – aus Mitarbeitern verschiedenster Bereiche des Gesundheitswesens und der Jugendhilfe bestand, formierte sich ein fester Kreis von Teilnehmern, um intensiver zusammenzuarbeiten. Diese Arbeitsgruppe tagt nun seit Ende 1993 regelmäßig einmal im Monat. Themen der Treffen sind gegenseitige Information und Fortbildung, Erörterung besonders der schwierigen Fälle, in denen das Kindeswohl gefährdet erscheint, Diskussion von Projekten und Entwicklungen innerhalb und außerhalb des Kreises.

Der Verein »SeelenNot«

Um ihre eigenen Vorstellungen konkreter Tätigkeit verwirklichen zu können, gründeten die Teilnehmer des Arbeitskreises 1996 den Verein »SeelenNot«. Dabei schwebte uns vor, modellhaft präventive Ansätze zu erproben, die dann, wenn sie sich bewähren würden, von größeren Trägern fortgeführt und weitgehend aus öffentlichen Mitteln finanziert werden könnten.

1999 begann der Verein, Präventionsgruppen für Kinder psychisch kranker Eltern nach dem Vorbild des Freiburger Auryn-Projekts durchzuführen, das damals aus Geldmangel wieder hatte beendet werden müssen, aber einen wesentlichen Anstoß für andere Initiativen dargestellt hatte. Etwa zeitgleich mit unserem war das Frankfurter Auryn-Projekt entstanden. Unser Konzept der Gruppenarbeit, wie es vor allem von der langjährigen Gruppenleiterin Ortrud

Beckmann (Deneke, Beckmann u. Dierks, 2008) entwickelt wurde, wird weiter unten geschildert.

Im Mai 2000 eröffnete der Verein eine kleine Beratungsstelle »SeelenNot«, die für die Familien mit seelisch kranken Eltern, die vor öffentlichen Institutionen zunächst zurückschrecken, ein niederschwelliges Angebot darstellt und auch Professionelle aus verschiedenen Bereichen wie ASD (Allgemeiner Sozialer Dienst), Schulen, Wohneinrichtungen, sozialpädagogische Familienhilfe usw. berät. Die Beratungsarbeit konnte von wenigen auf inzwischen 15 Wochenstunden ausgedehnt werden. Eine Gruppenarbeit mit psychisch belasteten Müttern wurde integriert.

Obwohl gerade Mitarbeiterinnen der Jugendhilfe viele Familien an »SeelenNot« vermitteln und häufig fachliche Beratung suchen, hat die Hamburger Fachbehörde (Amt für Jugend) bis heute weder die Präventionsgruppen noch die Beratung als Tätigkeit der Jugendhilfe anerkannt und damit eine zumindest teilweise Finanzierung aus öffentlichen Mittel ermöglicht (wie es in den meisten anderen Bundesländern für vergleichbare Projekte inzwischen selbstverständlich ist). Es haben sich aber hoffnungsvolle Entwicklungen ergeben. Die Beratungsstelle wird bereits seit dem Jahr 2009 in Kooperation mit dem Diakonischen Werk in Hamburg geführt, das sie in etwas veränderter und erweiterter Form (bei mittlerweile bewilligter Finanzierung bis 2012) in sein Angebot integriert (Beratung »Seelen-Halt«). Präventionsgruppen werden inzwischen von verschiedenen Einrichtungen (Erziehungsberatungsstellen, Träger der Jugendhilfe) im Rahmen ihrer Tätigkeit durchgeführt bzw. geplant.

Weitere Tätigkeitsfelder des Vereins sind die Fortbildung von Fachleuten und Öffentlichkeitsarbeit. Das große Interesse an zwei vom Verein veranstalteten Fachtagungen 1998 und 2002 zeigte den Bedarf. Seither werden Mitglieder des Vereins immer wieder um Vorträge und Seminare vorzugsweise für Mitarbeiter der Jugendhilfe gebeten. Die Internetseite www.seelennot-ev.de bietet Informationen für Kinder und Jugendliche, Eltern und Fachleute, z. B. über seelische Erkrankungen und ihre Behandlung. Kinder und Jugendliche sollen durch die Lektüre gestärkt und ermutigt werden, sich Unterstützung zu suchen.

Andere Initiativen in Hamburg

– Seit 1994 besteht eine psychologisch geleitete Gruppe für inzwischen erwachsene Kinder psychisch kranker Eltern (Sielaff, 1994).
– Aus der Erfahrung heraus, dass die Kinder in den sich wiederholenden Krankheitsphasen der überwiegend alleinerziehenden psychisch kranken Mütter durch die Unterbringung in immer wieder neuen Pflegefamilien völlig überfordert werden, hat der Träger Pfiff e. V. das Patenfamilien-

projekt (Beckmann u. Szylowicki, 2008) entwickelt, über das ebenfalls in diesem Band berichtet wird (siehe den Beitrag von Anke Reinisch, Dieter Heitmann, Julia Griepenstroh) und das rasch Vorbild für viele ähnliche Vorhaben wurde.
- Viele Einrichtungen des Betreuten Wohnens begegneten dem wachsenden Bedarf an gemeinsamer Betreuung von psychisch kranken Eltern und ihren Kindern durch Veränderung ihrer Konzepte und Einführung spezifischer familiengerechter Angebote.
- Einige Wohneinrichtungen entstanden, die außer der gemeinsamen Betreuung von Eltern und Kindern besonders auf den Bedarf ihrer Klientel zugeschnittene Module anbieten wie Kindergruppen, Elterngruppen, Eltern-Baby-Interaktionstraining usw., dabei werden auch integrierte Finanzierungsmodelle (Jugendhilfe/Sozialhilfe) erprobt.
- Präventionsgruppen für Kinder werden an verschiedenen Stellen angeboten.
- Rooming-in für Mütter in postpartalen Krisen und ihre Babys ist jetzt in kleinem Umfang in allen erwachsenenpsychiatrischen Kliniken in Hamburg und auf einer geburtshilflichen Station möglich, teilweise werden dafür auch feste Behandlungsplätze in bedarfsgerecht eingerichteten Räumen vorgehalten. Dass für diese Patientendyaden eine umfassende Behandlung notwendig ist (s. Hartmann, 2001; Hornstein, Wortmann-Fleischer u. Schwarz, 2001), wird zwar gesehen, die Realisierung ist jedoch wegen der unzureichenden Finanzierung durch die Krankenkassen begrenzt.
- Ein sozialpädiatrisches Zentrum bietet gemeinsame stationäre Behandlung für psychisch belastete Eltern mit ihren Kindern verschiedenen Alters an.

Zu der beschriebenen vielfältigen Entwicklung unterschiedlicher Projekte mag der Verein »SeelenNot« mit seinem ständigen Bestreben, das Bewusstsein und das Wissen um die Problematik wachzuhalten und zu erweitern, ein wenig beigetragen haben. Doch die Aufmerksamkeit auf die Situation der Kinder psychisch kranker Eltern hat – wie überall in Deutschland – auch aus anderen Gründen zugenommen. Vor allem im ASD (Allgemeiner Sozialer Dienst) und in anderen Institutionen der Jugendhilfe wird ein spürbar wachsender Bedarf an konkreter Hilfe verzeichnet. Die Zahl von Familien mit psychisch kranken Eltern scheint zuzunehmen. Dabei handelt es sich offenbar um eine objektive Zunahme zumindest von Depressionen, Angststörungen und psychosomatischen Erkrankungen (Bundespsychotherapeutenkammer, 2008). Es hat aber sehr wahrscheinlich auch eine Veränderung des Bewusstseins bei den Fachleuten in den Institutionen der Jugendhilfe stattgefunden, deren vermehrtes Wissen über psychische Krankheiten eine genauere Wahrnehmung bedingt.

Und schließlich scheint sich auch die Scheu der betroffenen Familien zu verringern, Hilfe zu suchen, was wiederum vermutlich damit zu tun hat, dass in den Institutionen, die sie aufsuchen, kompetenter und weniger stigmatisierend mit ihnen und ihren Problemen umgegangen wird. Einen wichtigen Anteil an dieser letztgenannten Entwicklung hat in Hamburg sicher auch die Antistigma-Kampagne »Irre menschlich« (www.irremenschlich.de).

Auch bundesweit ist die Zahl von Initiativen in den letzten Jahren deutlich angestiegen (Mattejat u. Lisofsky, 2008). Dazu hat sicherlich die Öffentlichkeitsarbeit des Verbandes der Angehörigen psychisch Kranker beigetragen, der sich seit seiner Tagung 1998 mit dem Titel »Auch Kinder sind Angehörige« dem Thema der Kinder mit psychisch kranken Eltern zugewandt und verschiedene Aktivitäten, wie die Herausgabe von Broschüren für Eltern und Kinder, entwickelt hat (BApK, 2009). Die Zahl der wissenschaftlichen Publikationen zum Thema hat stark zugenommen (Mattejat, 2005; siehe auch den einführenden Beitrag von Mattejat, Lenz und Wiegand-Grefe in diesem Band). Prof. Sabine Wagenblass hat im Rahmen ihres früheren Forschungsprojekts am Institut für Soziale Arbeit in Münster (Schone u. Wagenblass, 2002) ein jährliches bundesweites Treffen der Initiativen für Kinder psychisch kranker Eltern ins Leben gerufen. Daraus hat sich 2006 eine Bundesarbeitsgemeinschaft gebildet, die dem Austausch von Wissen und Ideen dient und konkrete Kooperationen zur Folge hat (www.bag-kipe.de). So zeichnet sich ab, dass die ursprünglich von der Fachwelt »vergessenen« Kinder nun die notwendige Aufmerksamkeit und Unterstützung vermehrt auch in ihrem Lebensumfeld finden.

Das Konzept der Auryn-Gruppen

Auryn ist der Name des Amuletts der kindlichen Kaiserin aus »Die unendliche Geschichte« von Michael Ende, das seinem Träger Kraft und Mut gibt, das zu tun, was wichtig und notwendig ist. Diese Namensgebung durch Martin Leidner (1997) symbolisiert die präventive Absicht, durch die Gruppenarbeit die Resilienz der Kinder zu stärken. Dem entsprechend sind die Ziele:
- Stärkung der emotionalen Wahrnehmung und damit des Selbst- und Selbstwertgefühls der Kinder,
- Enttabuisierung des Themas »Psychische Erkrankung der Mutter oder des Vaters«,
- Informationsvermittlung zu psychischen Krankheiten in altersangemessener Weise,
- Entlastung von Schuldgefühlen,
- Stärkung individueller Bewältigungsformen und der Selbstreflexion,
- Förderung des Austausches über die eigene persönliche und familiäre Si-

tuation und damit des Gefühls von Zugehörigkeit und Solidarität innerhalb der Gruppe ähnlich Betroffener,
- Erleben und Integration altersentsprechender kindlicher Gefühle und Bedürfnisse.

Neben psychoedukativen Elementen umfasst die Arbeit in der Gruppe deshalb vor allem die Wahrnehmung und den Ausdruck der eigenen, auch negativen Gefühle, was bei den Jüngeren durch das freie Spiel, bei den Älteren durch das Gespräch, bei allen Altersgruppen durch bestimmte Anregungen zu Gruppenspielen, durch Vorlesen ausgewählter Geschichten und durch kreatives Gestalten gefördert wird. Während der Laufzeit der Gruppe finden mehrere Elterntreffen statt, in deren Rahmen über die Inhalte der Gruppentreffen informiert wird und ein Austausch über die Kinder möglich ist, wobei die Eltern dabei unterstützt werden, den Kindern ihren eigenen Erfahrungsraum in der Gruppe zu gewähren. Ein besonderer Beratungsbedarf der Eltern sollte allerdings nicht durch die Gruppenleiter, sondern separat erfüllt werden.

Zum Ablauf: Nach den notwendigen Vorgesprächen besuchen die beiden Gruppenleiter zum näheren Kennenlernen die Familie zu Hause, was sich als sehr sinnvoll zum Aufbau von Vertrauen bei Eltern und Kindern erwiesen hat; ebenso findet ein Hausbesuch nach Beendigung der Gruppe und ein Nachtreffen nach einem Jahr statt. Die eigentlichen Gruppentreffen umfassen 25 zweistündige wöchentliche Sitzungen in einem Gruppenraum, der uns von einem Träger zur Verfügung gestellt wird. Ein willkommener Nebeneffekt ist es, dass die Eltern, die zumindest die jüngeren Kinder begleiten, während der Wartezeit miteinander ins Gespräch kommen. Nach den Erfahrungen unserer Gruppenleiterinnen ist es sinnvoll, den Kindern relativ lange Phasen zum Kennenlernen und zum Abschiednehmen (je ca. 5 Sitzungen) einzuräumen, so dass die thematische Arbeit auf ca. 15 Sitzungen beschränkt bleibt.

Welche Erfahrungen wurden mit diesen Gruppen gemacht? Bisher (Stand Sommer 2009) fanden neun altersentsprechend zusammengestellte Auryn-Gruppen mit insgesamt 38 Teilnehmern zwischen 7 und 16 Jahren statt. Das Angebot hat sich als relativ hochschwellig erwiesen: Nur ca. ein Drittel der ursprünglich interessierten Eltern und Kinder konnten sich tatsächlich zu einer Teilnahme entschließen, und die Rate an Abbrüchen (ein Viertel) war hoch. Wir sahen dies einerseits im Zusammenhang mit der starken Loyalitätsbindung der Kinder, die in den Familien mit psychisch kranken Eltern die Individuation erschwert, sowie mit der u. U. schmerzhaften Auseinandersetzung der Eltern mit Problemen im Zusammenleben, die notwendigerweise geschieht, wenn die Kinder an solch einer Gruppe teilnehmen. Andererseits spiegeln diese Zahlen aber auch die Beschränkung unseres Projekts: Da wir nur über begrenzte Spendenmittel verfügen und daher weder eigene Räume noch feste

Mitarbeiter haben, ist eine schrittweise Annäherung für die Familien, wie viele andere Projekte (z. B. KIPKEL, Auryn in Frankfurt, Auryn in Leipzig) sie erlauben, bei uns nicht möglich. Eine wichtige Folgerung aus diesen Erfahrungen ist deshalb für uns, dass eine präventive Gruppenarbeit eingebettet sein sollte in eine den Familien vertraute räumliche und persönliche Kontinuität, wie sie zum Beispiel eine Beratungsstelle, ein Wohnprojekt oder ein größerer Träger der Jugendhilfe vorhalten können. Dort würde auch dem überwiegend hohen Bedarf der Familien an zusätzlicher Unterstützung, Beratung oder Vermittlung psychotherapeutischer Hilfen besser begegnet werden können, und zwar »aus einer Hand«, die Familien müssten dazu nicht an andere Stellen verwiesen werden.

Trotz dieser Mängel haben Kinder und Eltern bei den Nachbefragungen überwiegend Positives berichtet. Für die Kinder war die Erfahrung wichtig, Altersgenossen in ähnlichen Lebenssituationen kennenzulernen, sich in der Gruppe verstanden und angenommen zu fühlen und sich offen mitteilen zu können. Auch die Eltern schilderten den Austausch mit anderen Betroffenen und die offenere Kommunikation in den Familien selbst als positiv, wobei sie die größere Autonomie ihrer Kinder verständlicherweise auch mit gemischten Gefühlen erlebten.

Stellvertretend für viele andere sollen hier einige Jugendliche zu Wort kommen. *Woher komme ich? Wo bin ich? Wohin gehe ich?* Diese Fragen wurden ihnen gegen Ende der Gruppenarbeit mit der Bitte um schriftliche Antworten gestellt.

»Ich habe die tollsten Eltern, die man sich vorstellen kann. Gut, sie haben sich schon vor meiner Geburt getrennt, aber trotzdem ... Das Problem liegt an anderer Stelle. Meine Mutter hat es geschafft, ihren Traum zu verwirklichen und sich finanziell und auf allen anderen Ebenen unabhängig zu machen. Meinem Vater gelang das nie. Es gelang ihm aber, mich mit in seine Konflikte hineinzuziehen. Es ist mir inzwischen allerdings schon ganz gut gelungen, mich von fremden Problemen zu distanzieren. Ich habe auch eingesehen, dass sein Leben eine Achterbahn bleiben wird. Aber ich muss ja nicht mitfahren.«
A., 16 Jahre, weiblich

Woher komme ich?
»Meine Familie war das Wichtigste – mein wichtigster Halt. Leider war es nicht die beste Familie. Irgendwie war sie krank und verrückt. Meine Mutter war derjenige Mensch, der mir vor allen anderen an erster Stelle Halt gegeben hat. Bis auch er krank geworden ist, habe ich die Zeit bei meinem Großvater in den Bergen sehr genossen. Aus meinem Leben in Hamburg erinnere ich mich noch sehr gut an die Bierkisten auf dem Balkon meines Vaters. Obwohl ich erst zwei, drei Jahre alt war, habe ich das noch gut vor Augen. Manchmal hatte mich mein Vater einfach irgendwo vergessen. Es gibt ein Lied, da wird gefragt: ›Weißt du, wie es ist, wenn du im Kindergarten auf deinen Vater warten musst?‹ Das könnte auch mein Lied sein.

Wo und wer bin ich heute?
Heute bin ich einer, der oft wütend ist, der aggressiv wird und sich prügelt. Obwohl mir Freundlichkeit und Hilfsbereitschaft sehr gut gefallen. Manchmal verliebe ich mich auch – aber dann richtig! Oft habe ich Kopfschmerzen und oft bin ich müde. An Misserfolge habe ich mich schon gewöhnt. Was die Leistungen angeht, bin ich vor allem in der Schule der ›Loser‹. Im Moment bin ich dauernd aggressiv. Wenn reiche Jugendliche behaupten, Geld wäre nicht so wichtig, könnte ich ausrasten, weil sie alles haben und ich nichts.

Ich bin im Moment aber auch sehr glücklich, weil ich eine neue Freundin habe – sie ist ein Traum!!!

Wohin gehe ich, wer will ich sein?
Ich möchte nicht so schnell aggressiv werden, weil ich, je älter ich werde, umso härter bestraft werde. Ich will auf keinen Fall jemals ins Gefängnis gehen müssen! Ich möchte ehrlich sein und meine Meinung sagen. Ich möchte für mich und meine Freunde sprechen – für alle, die nicht so erfolgreich sind, die diskriminiert werden, weil sie anders sind. Und ich möchte etwas in unserem Land bewirken. Ich möchte Wahrheit und Realität ans Licht bringen. Es soll sich etwas verändern!«

B., 15 Jahre, männlich

Wo komme ich her?
»Aus einer belastenden Zeit mit viel Verantwortung auf mir. Ich musste viel machen, was eigentlich die Aufgabe meiner Mutter war. Ich war kein richtiges Kind.

Wer bin ich?
Eine, im Gegensatz zu früher, sehr veränderte und entspannte Person. Ich mache nichts mehr, was ich nicht muss.

Wo will ich hin?
In eine sehr schöne und spannende Zeit. Ich möchte genauso viel Erfolg in der Schule und im Beruf haben wie jetzt. Ich finde mein Leben jetzt so, wie es ist, sehr schön.«

C., 15 Jahre, weiblich

Das Konzept der Eltern-Baby-Ambulanz und Tagesklinik

Aus der Erkenntnis heraus, dass der Einfluss einer psychischen Erkrankung der primären Bezugsperson gerade auf die frühe Beziehung schwerwiegend ist und die Basis für eine problematische psychische Entwicklung der Kinder legen kann (s. z. B. Laucht, Esser u. Schmidt, 1992) und dass die psychiatrische Erkrankungshäufigkeit vor allem der Mütter, aber auch der Väter, in der Postpartalphase besonders hoch ist (s. z. B. Lanczik u. Brockington, 1997), ist es aus kinderpsychiatrischer Sicht unbedingt notwendig, Interventionen für postpartal psychisch erkrankte Eltern und ihre Kinder zu entwickeln. Die gemeinsame stationäre oder tagesklinische Behandlung von Mutter (Vater) und Kind hat den Vorteil, dass die erkrankte Person die Behandlung besser akzeptiert, wenn sie keine Trennung vom Kind impliziert, und dass der Bindungsaufbau nicht zusätzlich durch eine Trennung gestört wird. Außerdem kann die in diesen Fällen meist beeinträchtigte kindliche Entwicklung beobachtet und unterstützt werden. Die Eltern-Kind-Interaktion ist bei psychischen Krisen nach der Geburt überwiegend gestört. Insbesondere in schwereren und mit zusätzlichen Risiken belasteten Fällen kann dies die klinische Besserung der Erkrankung überdauern und chronifizieren, was die Wahrscheinlichkeit einer späteren psychischen Störung beim Kind erhöht. So sollte die Behandlung der Interaktion eine wesentliche Rolle im gesamten Therapieplan spielen.

Der konsiliarische und ambulante Dienst an der Hamburger Universitätsklinik für Kinder- und Jugendpsychiatrie hatte sich, wie oben erwähnt, zunehmend auch auf Familien mit Säuglingen und Kleinkindern ausgeweitet. Die Einrichtung einer Tagesklinik für Kinder und Jugendliche 1998 bot schließlich die Möglichkeit, dort auch Behandlungsplätze für Eltern mit Babys anzubieten. Bis auf einen Fall, einen depressiven jungen Vater, der wegen langfristiger Erkrankung der Mutter die Versorgung des Säuglings übernommen hatte, waren es bisher immer Mütter, die mit ihren Babys bis zum Alter von einem Jahr dort aufgenommen wurden. Da aber die postpartale psychische Erkrankung immer Vater, Mutter und Kind betrifft, werden die Väter so weit wie möglich in die Behandlung mit einbezogen, so dass die Bezeichnung »Eltern-Baby-Tagesklinik« gerechtfertigt erscheint (ausführlicher s. a. Deneke u. Lucas, 2008).

Die *Ambulanz* bietet Diagnostik, Krisenintervention, Beratung, Behandlung, Vermittlung weiterer unterstützender Angebote und längerfristige Begleitung an. Grundsätzlich werden, der Dynamik der postpartalen Krise entsprechend, alle Beteiligten möglichst rasch nach der Anmeldung einbestellt. Sinnvoll ist auch die Behandlung psychisch belasteter Schwangerer, die einer postpartalen Zuspitzung vorbeugen kann.

In die *Tagesklinik* werden Eltern aufgenommen, deren Problemen mit einer ambulanten Behandlung nicht umfassend genug begegnet werden kann, deren Lebenssituation und Befindlichkeit aber stabil genug sind, dass sie Abende und Wochenenden zu Hause verbringen können. In die Indikation zur Aufnahme werden der Gesundheitszustand der Eltern, die psychische Verfassung und die Entwicklung des Kindes, die Eltern-Kind-Interaktion sowie die familiären und weiteren sozialen Ressourcen einbezogen.

So komplex wie die postpartale Krise und ihre Auswirkungen ist auch die Behandlung angelegt: Sie umfasst psychiatrische und psychotherapeutische Einzelbehandlung des erkrankten Elternteils, die Behandlung der Interaktion, Förderung des Babys, Paar- bzw. Familientherapie, Eltern-Baby-Gruppe, Vätergruppe sowie allgemeine Beratung und Vermittlung weiterer Unterstützung der Familie. Beteiligt sind verschiedene Berufsgruppen. Der *Pflege- und Erziehungsdienst* übernimmt sowohl die psychiatrische Bezugspflege für Mutter oder Vater und die Betreuung und Förderung des Kindes, so weit die Eltern hier entlastet werden müssen, als auch die Anleitung, Unterstützung und Ermutigung der Eltern im Umgang mit dem Baby. Die *ärztliche und psychologische Therapie* umfasst – mit konsiliarischer Unterstützung durch die Erwachsenenpsychiatrie – psychiatrische Diagnostik und (meist auch psychopharmakologische) Behandlung, psychoanalytisch orientierte Einzeltherapie, Paartherapie, gruppentherapeutische Angebote sowie die videogestützte Behandlung der Interaktion. Die *Fachtherapeutinnen* bieten Tanz- und Bewegungstherapie einzeln oder in der Gruppe sowie für die Eltern-Kind-Dyade, Ergotherapie, Eltern-Kind-Spielanleitung, Anleitung zur Babymassage und Musiktherapie an. Bei der *sozialpädagogischen Beratung* geht es um Organisation zusätzlicher psychosozialer Unterstützung und Anregung von Kontakten im Wohnbereich.

Grundsätzlich wichtig für die Eltern-Baby-Behandlung ist eine positiv unterstützende, nicht kritisierende, nicht konkurrierende Haltung des Teams den Eltern gegenüber. Die jungen, durch ihre Erkrankung zusätzlich verunsicherten Eltern benötigen viel Einfühlungsvermögen, Geduld und mütterlich zugewandte Betreuung, um Schritt für Schritt in die Mutter- oder Vaterfunktion hineinzuwachsen. Darüber hinaus gilt es aber auch, die Babys mit ihren Bedürfnissen nach lebendiger Zuwendung, Anregung oder auch beruhigendem, auf ruhiges Spiel zentrierendem Umgang nicht aus den Augen zu verlieren und vor allem Zeichen von Vernachlässigung oder Misshandlung nicht zu übersehen. Gefordert ist also eine »Allparteilichkeit«, die gegenüber diesen beiden emotional sehr bedürftigen Patienten nicht leicht einzuhalten ist. Die pflegerische und therapeutische Haltung soll sowohl beobachtende und reflektierende Distanz als auch empathische und fürsorgliche Nähe und ein großes Maß an Flexibilität einschließen. Intensiver gegenseitiger Austausch, ausführliche Fallbesprechungen und Supervision sind notwendig, um die geschilderte innere Einstellung, die der von »guten Großeltern« nahe kommt, zu entwickeln und aufrechtzuerhalten.

Eine systematische Evaluation dieser Form gemeinsamer Behandlung steht noch aus. Deutlich geworden ist aber, dass das Angebot sehr gefragt ist und positiv aufgenommen wird. Gemessen an der Nachfrage (und an den Bedarfszahlen aus England: 9,6 Plätze für stationäre Mutter-Kind-Behandlung auf 1 Million Einwohner, Lanczik u. Brockington, 1997) müssten die Behandlungsplätze in Hamburg deutlich vermehrt werden. Gemessen an klinischen Gesichtspunkten und den Angaben der behandelten Familien sind in der überwiegenden Zahl der Fälle eine deutliche Besserung der Symptomatik bei Eltern und Kind sowie auch der Interaktion und eine Entlastung der Familie zu verzeichnen. Rund 7 % der tagesklinisch behandelten Fälle konnten allerdings durch die Behandlung nicht erreicht werden, wegen Gefährdung des Kindeswohls musste hier das Jugendamt eingeschaltet werden. In über der Hälfte der Fälle wurde anschließend an die Entlassung zusätzliche psychosoziale Unterstützung (wie Sozialpädagogische Familienhilfe, Frühförderung, ambulante psychiatrische Pflege, Aufnahme in Betreutes Wohnen usw.) etabliert, um psychischer Überlastung aller Beteiligten vorzubeugen und die Entwicklung des Kindes durch alternative Beziehungsangebote zusätzlich zu fördern. Rund 40 % der Patientenfamilien kamen nach der Entlassung aus der Tagesklinik ohne weitere Hilfen aus.

Besonders wichtig erscheint der präventive Aspekt der frühen gemeinsamen Behandlung bei den Familien, die durch zusätzliche psychosoziale Risiken belastet sind bzw. bei den Müttern mit Borderline-Persönlichkeitsstörungen, bei denen die meisten Probleme für die psychische Entwicklung der Kinder zu erwarten sind (Rutter u. Quinton, 1984). Diese Gruppe stellt auch die Mehrheit unserer Patientenfamilien in der Tagesklinik. Hier ist durch die Behandlung schon früh für die Belange der Kinder sensibilisiert und die Grundlage für eine positive Beziehung gelegt worden. Außerdem wurde die Bereitschaft zur Annahme von Unterstützung bei der Erziehung geweckt, womit insgesamt die Weichen für die weitere Entwicklung der Kinder günstig gestellt worden sein dürften.

Literatur

BApK (Bundesverband der Angehörigen psychisch Kranker e. V.) (2009). Jetzt bin ich dran, It's my turn. – Nicht von schlechten Eltern. Bonn: BApK. http://www.bapk.de

Beckmann, O., Szylowicki, A. (2008). Paten für die Zukunft. In F. Mattejat, B. Lisofsky (Hrsg.), Nicht von schlechten Eltern. Kinder psychisch Kranker (S. 189–197). Bonn: Balance Buch und Medien Verlag.

Bundesarbeitsgemeinschaft Kinder psychisch kranker Eltern. http://www.bag-kipe.de

Bundespsychotherapeutenkammer (2008). Gesundheitsreports 2008: Psychische Erkrankungen nehmen weiter zu. BPtK-Newsletter 3/2008. Zugriff am 25.11.2009 unter http://www.bptk.de/publikationen/bptk_newsletter/www.bptk.de/publikationen/bptk_newsletter/1714146.html.

Deneke, C., Lucas, T. (2008). Ambulante und teilstationäre Behandlung psychisch kranker Eltern mit ihren Säuglingen und Kleinkindern. In A. Lenz, J. Jungbauer (Hrsg.), Kinder und Partner psychisch kranker Menschen. Belastungen, Hilfebedarf, Interventionskonzepte (S. 39–61). Tübingen: Dgvt-Verlag

Deneke, C., Beckmann, O., Dierks, H. (2008). Präventive Gruppenarbeit mit Kindern psychisch kranker Eltern. In A. Lenz, J. Jungbauer (Hrsg.), Kinder und Partner psychisch kranker Menschen. Belastungen, Hilfebedarf, Interventionskonzepte (S. 63–79). Tübingen: Dgvt-Verlag.

Hartmann, H. P. (2001). Behandlung psychisch kranker Mütter mit ihren Kindern auf der psychiatrischen Station. In A. Rohde, A. Riecher-Rössler (Hrsg.), Psychische Erkrankungen bei Frauen. Psychiatrie und Psychosomatik in der Gynäkologie (S. 269–277). Regensburg: Roderer.

Hornstein, C., Wortmann-Fleischer, S., Schwarz, M. (2001). Stationäre Mutter-Kind-Aufnahme: mehr als rooming-in? In A. Riecher-Rössler, A. Rohde (Hrsg.), Psychische Erkrankungen bei Frauen. Psychiatrie und Psychosomatik in der Gynäkologie (S. 287–294). Regensburg: Roderer.

Irre menschlich e.V. (o. J.). Verein für Öffentlichkeitsarbeit im Bereich psychische Erkrankung. Zugriff am 25.11.2009 unter http://www.irremenschlich.de.

Lanczik, M. H., Brockington, I. F. (1997). Postpartal auftretende psychische Erkrankungen. Deutsches Ärzteblatt, 94, 2522–2526.

Laucht, M., Esser, G., Schmidt, M. (1992). Psychisch auffällige Eltern – Risiken für die kindliche Entwicklung im Säuglings- und Kleinkindalter? Zeitschrift für Familienforschung, 4, 22–48.

Leidner, M. (1997). Kinderprojekt Auryn – Abschlussbericht. Verein zur sozialpsychiatrischen Unterstützung psychisch Kranker e. V. Unveröffentlichtes Manuskript.

Lier, L., Gammeltoft, M., Knudsen, I. J. (1995). Early mother-child relationship. The Copenhagen model of early preventive intervention towards mother-infant relationship disturbances. Arctic Medical Research, 54, Suppl. 1, 15–23.

Mattejat, F. (2005). Kinder psychisch kranker Eltern. Zugriff am 25.11.2009 unter http://www.uni-marburg.de/ivv/downloads/praesentationen/kinder_kranker_eltern.

Mattejat, F., Lisofsky, B. (Hrsg.) (2008). Nicht von schlechten Eltern (2. Aufl.). Bonn: Balance Buch und Medien Verlag.

Munk, B. D. (1993). Providing treatment for parent-infant dyads at risk because of parental emotional and mental illness. Zero to Three, 13 (5), 29–35.

Remschmidt, H., Mattejat, F. (1994). Kinder psychotischer Eltern. Göttingen: Hogrefe.

Rutter, M., Quinton, D. (1984). Parental psychiatric disoder: Effects on children. Psychological Medicine, 14, 853–880.

Schone, R., Wagenblass, S. (2002). Wenn Eltern psychisch krank sind … Kindliche Lebenswelten und institutionelle Handlungsmuster. Münster: Votum.

Sielaff, G. (1994) Kinder psychisch kranker Eltern. Eine qualitative Studie anhand von fünf Gesprächen. Hamburg: Diplomarbeit, FB Psychologie, Universität Hamburg.

Staets, S., Hipp, M. (2001). KIPKEL – ein interdisziplinäres ambulantes Interventionsprojekt für Kinder mit psychisch kranken Eltern. Praxis der Kinderpsychologie und Kinderpsychiatrie, 7, 569–579.

Die Leistungen der Jugendhilfe für Familien mit einem psychisch erkrankten Elternteil

Andreas Schrappe

In großen Schritten gehen sowohl die Jugendhilfe als auch die psychiatrische Versorgung die Aufgabe an, Familien mit einem psychisch erkrankten Elternteil zu unterstützen und zu diesem Zweck zu kooperieren. In der Bundesarbeitsgemeinschaft »Kinder psychisch erkrankter Eltern« – siehe www.bag-kipe.de – haben sich Einrichtungen, Projekte und Initiativen verbunden, die von verschiedenen Knotenpunkten des psychosozialen bzw. psychiatrischen Versorgungsnetzes aus einen Beitrag für psychisch kranke Eltern und ihre Kinder leisten. Manche haben ihren Hintergrund eher in der Jugendhilfe, manche in der Sozialpsychiatrie oder in der Kinder-, Jugend- oder Erwachsenenpsychiatrie, wieder andere in freien sozialen Vereinen, die eine Brücke schlagen zwischen Jugendhilfe und Psychiatrie. Im Folgenden wird auf der Basis der Erfahrungen des Würzburger Modellprojekts »Hilfen für Kinder psychisch kranker Eltern und ihre Familien« der spezifische Beitrag der Jugendhilfe in der Unterstützung betroffener Familien sowie Chancen ihrer fachlichen Weiterentwicklung anhand von sieben Thesen dargestellt.

These 1

Psychische Erkrankungen sind Familienerkrankungen, von ihnen sind die Kinder in ihrer Entwicklung und familiären Rolle wie auch die Eltern in ihrer Beziehungs- und Erziehungsfähigkeit umfassend betroffen.

Die Auswirkungen einer elterlichen psychischen Erkrankung auf eine Familie – hier geht es vor allem um die Depression, die bipolare Störung, die Schizophrenie, die Suchterkrankung sowie die Borderline-Persönlichkeitsstörung – sind mittlerweile ausführlich beschrieben worden (Lenz, 2005; Mattejat u. Lisofsky, 2008; Schrappe, 2008). Unabhängig vom beruflichen oder institutionellen Hintergrund der einzelnen Fachkraft, müssen im Kontakt mit betroffenen Familien stets folgende drei Ebenen in den Blick genommen werden:
- *Das Kind:* Im Mittelpunkt stehen Fragen nach Versorgung, Schutz und Förderung, nach Krankheitsverständnis, emotionaler Verarbeitung und

Aufklärung, nach Bindungsfähigkeit, Sozialverhalten, Stressverarbeitungsstrategien usw. Die Befriedigung der kindlichen Bedürfnisse steht in einem engen Zusammenhang mit der Entwicklung von Identität und Selbstwertgefühl.
- *Die Eltern:* Stichworte der Elternarbeit sind die Wahrnehmung der Erziehungsaufgaben (Feinfühligkeit, Förderung, Grenzensetzen, Elternkooperation usw.), die Ausübung der Familienaufgaben (Sorge für Wohnen und Essen, Gesundheit usw.) und die eigene Auseinandersetzung mit der psychischen Krise als Betroffener und Partner (Krankheits- und Behandlungseinsicht, eheliche Kommunikation, Bewältigung von Konflikten oder Trennung).
- *Die Familie:* Familienthemen sind die Klarheit und Durchlässigkeit der Grenzen innerhalb der Familie und nach außen, die Angemessenheit der familiären Rollen und Subsysteme (Trennung von Kinder- und Elternebene, Parentifizierung von Kindern) und die Strategien der Familie im Umgang mit der psychischen Erkrankung (Tabuisierung oder offene Kommunikation, proaktive oder defensive Bewältigungsmuster, gegenseitige Unterstützung oder Isolation der Familienmitglieder).

Das 1990 in Kraft getretene Kinder- und Jugendhilfegesetz (KJHG, in das Sozialgesetzbuch eingegliedert als SGB VIII) ist seiner inhaltlichen Ausrichtung nach im Wesentlichen ein Eltern- oder Familienhilfegesetz. Dieser Familienbezug, in dem systemische Ansätze aus Therapie und Sozialarbeit Niederschlag gefunden haben, ist ein großer Vorteil in Bezug auf die Unterstützung von Familien mit einem psychisch erkrankten Elternteil. Dass diese Hilfe stets bei Kindern *und* Eltern ansetzen muss, ist für das SGB VIII und die darin beschriebene Jugendhilfe eine Selbstverständlichkeit. Auch wenn in der Praxis häufig ein Schwerpunkt auf der einen oder anderen Seite gesetzt wird, hat Jugendhilfe dem Ziel nach immer beides im Blick: Sie bezieht sich eindeutig auf die Eltern als Erziehungspersonen und Leistungsberechtigte und bietet ihnen Hilfen zur Erfüllung ihres elterlichen Auftrags an. Und sie setzt sich für die Bedürfnisse des Kindes und das Ziel seiner Entwicklung ein und hält für sie eine Vielzahl von Angeboten bereit. Mit dem Schutzauftrag nach § 1 (3) SGB VIII ist die gesellschaftlich gewollte Kontrollpflicht der Jugendhilfe benannt, die unter gewissen Umständen das Elternrecht begrenzt.

Mit dieser Familienorientierung unterscheidet sich die Jugendhilfe vom medizinischen Versorgungsbereich, der bei Diagnostik und Behandlung zumeist den einzelnen Patienten im Blick hat und die systemischen Aspekte von Krankheit bzw. Gesundheit weitgehend außer Acht lässt. Eine Ausnahme bilden dabei einige innovative Ansätze aus dem Bereich der universitären Kinder- und Jugendpsychiatrie, die Pionierarbeit geleistet haben z. B. im Hinblick auf

Kinder körperlich schwer erkrankter Eltern oder auf Familien mit einem psychisch kranken Elternteil (Deneke, 2008; Romer, 2007).

These 2

Seit jeher befinden sich Kinder psychisch erkrankter Eltern in hoher Zahl in den Einrichtungen und Angeboten der Jugendhilfe. Jedoch setzen die Hilfen bislang meist spät ein, dann aber massiv und kostenaufwändig, während präventive Ansätze fehlen.

Auch wenn die Jugendhilfe vom Grundsatz her dafür prädestiniert ist, psychisch erkrankten Eltern und ihren Kindern gleichermaßen Unterstützung zu leisten, hat sie zumindest in der Vergangenheit dieses Potenzial oft nicht ausgeschöpft. Die Kritik des 10. Kinder- und Jugendberichts an die Bundesregierung richtet sich bis heute auch an die Adresse der Jugendhilfe: »Kinder sind bei der Auseinandersetzung mit abhängigen oder psychisch kranken Erwachsenen von der Jugendhilfe und dem Gesundheitswesen jahrelang wenig berücksichtigt worden. [...] Hilfsangebote für die Kinder bzw. für die ganze Familie sind völlig unzureichend ausgebildet. Zwar finden die Erwachsenen Hilfe, ihr Status als Eltern und die Folgen für ihre Kinder bleiben aber meist unberücksichtigt« (BMFSFJ, 1998, S. 117). Folgende Haltungen und Verhaltensweisen auf Seiten der Familien und der Jugendhilfe dürften für die beklagte Situation verantwortlich sein:

- Solange Kinder keine offenkundigen Probleme oder Störungen aufweisen, werden sie von den Eltern nicht in den Einrichtungen der Jugendhilfe vorgestellt. Dies geht einher mit dem Bemühen der Kinder, nach außen möglichst unauffällig zu bleiben. Einige wählen den Weg, über andere gezeigte Auffälligkeiten (Schulprobleme, Weglaufen …) einen Zugang zu Hilfe und Beratung zu bekommen, und halten mit der familiären Belastung hinter dem Berg.
- In die gleiche Richtung geht das Bemühen der Eltern, Schwierigkeiten in der Erziehung oder Probleme in der kindlichen Entwicklung auszublenden und ihretwegen auch keine Angebote der Jugendhilfe aufzusuchen, obwohl eine psychische Erkrankung vorliegt oder behandelt wird. Hierin spiegelt sich die Angst der Eltern, beim Kontakt mit dem Jugendamt »meine Kinder zu verlieren« – eine Angst, die einerseits meist unbegründet ist, sich aber andererseits selbst zu erfüllen beginnt, je länger eine erforderliche präventive und niederschwellige Hilfe zur Erziehung aufgeschoben wird, bis schließlich eine ernste Mangel- oder Gefährdungssituation eintritt.
- Jugendhilfe tritt dann auf den Plan, wenn entweder die kindlichen Schwierigkeiten nach längerer Zeit sehr massiv und damit unübersehbar gewor-

den sind oder von vornherein die Versorgung und Erziehung des Kindes nicht gewährleistet ist. So oder so erfolgen die Leistungen der Jugendhilfe aufwändig und sind oft mit erheblichen Eingriffen verbunden. Ein großer Teil von Kindern und Jugendlichen, die zumindest für einige Jahre in einem Heim oder einer Pflegefamilie aufwachsen, hat einen psychisch erkrankten Elternteil. Nach einer Untersuchung an 16 Jugendämtern spielten bei 27 % aller Fälle, in denen ein Sorgerechtsverfahren wegen Kindeswohlgefährdung eingeleitet worden war, erhebliche bis gravierende Belastungen der Eltern durch psychische Erkrankung eine Rolle (Schone, 1998). Auf einen ähnlichen Wert kam eine Studie bei der Auswertung von Berliner Jugendhilfe-Fällen (Münder, Mutke u. Schone, 2000).

- Das Fehlen spezifischer präventiver Angebote der Jugendhilfe deckt sich hier in bedenklicher Weise mit der Problemverleugnung durch die Kinder und mit der Scheu betroffener Eltern gegenüber der Jugendhilfe. Falls Familien, ausgelöst durch eine andere Problemstellung, Beratung oder Betreuung aufsuchen, kommt es vor, dass von den dort tätigen Fachkräften mangels besseren Wissens die im Hintergrund vorhandene psychische Erkrankung von Mutter oder Vater nicht erkannt und berücksichtigt wird.

These 3

Sowohl auf der Ebene der Einrichtungen als auch der einzelnen Fachkraft der Jugendhilfe gibt es eine große Zurückhaltung gegenüber dem psychiatrischen Versorgungssystem, die in Qualifizierungsdefiziten und in negativen Kooperationserfahrungen begründet ist. Dies gilt auch in umgekehrter Richtung von Psychiatrie zu Jugendhilfe, wobei hier die Individuumzentrierung in der Patientenbehandlung zusätzlich eine Rolle spielt.

Ohne eine funktionierende Zusammenarbeit zwischen den beiden Versorgungsbereichen Psychiatrie und Jugendhilfe ist eine angemessene Unterstützung von Familien mit einem psychisch erkrankten Elternteil nicht zu realisieren – darin sind sich die Experten und die politisch Verantwortlichen mittlerweile einig. Allein schon aus dem Versorgungsauftrag der beiden Systeme ergibt sich die Notwendigkeit für eine Kooperation (Schone u. Wagenblass, 2002; Lenz, 2005):
- Hier ist der pädagogisch-therapeutische Auftrag der Jugendhilfe, der sich auf das Kind, die Eltern und damit auf die Familie richtet.
- Dort ist der psychiatrisch-psychotherapeutische Behandlungsauftrag, der den erkrankten Erwachsenen im Blick hat, der zugleich Mutter oder Vater ist.

Allerdings entwickeln sich die erforderlichen regionalen Kooperationsstrukturen erst langsam. Van Santen und Seckinger (2003) untersuchten in Experteninterviews im Raum Paderborn und Herne die Konfliktlinien und Spannungsfelder an der Schnittstelle von Erwachsenenpsychiatrie und Jugendhilfe und kamen zu dem Ergebnis, dass zwar von allen Beteiligten Kooperation als zentral angesehen werde, diese jedoch meist allenfalls in Form einzelner fallbezogener Kontakte stattfinde. Es fehlten fallübergreifende interinstitutionelle Kooperationen, wobei als Gründe vor allem Zeitmangel und Arbeitsüberlastung angegeben wurden. Kennen sich Fachkräfte aus Psychiatrie und Jugendhilfe aus einem persönlichen Kontext, werde der Austausch als befriedigend erlebt.

Häufiger seien jedoch negative Erfahrungen in der Zusammenarbeit mit Fachkräften der jeweils anderen Seite. Die zentralen Konfliktlinien entwickelten sich zum einen entlang den unterschiedlichen Aufträgen und Zuständigkeiten der beiden Systeme sowie zum anderen entlang den unterschiedlichen Handlungslogiken (Denkmuster, Erfahrungshorizonte) in den beiden Systemen. Konkret sichtbar würden die Konfliktlinien in den Dimensionen »Hilfe versus Kontrolle« sowie »Kindeswohl versus Elternperspektive«.

Nach Lenz (2005, S. 191 ff.) liegen die Hindernisse vor allem in der wechselseitigen verzerrten Wahrnehmung:
- Jugendhilfe und vor allem das Jugendamt würden vom psychiatrischen Blickwinkel aus häufig auf ihre Kontrollfunktion reduziert. Die Möglichkeiten der Hilfe und Unterstützung würden dagegen weniger wahrgenommen.
- Im Hinblick auf die Psychiatrie sei in der Jugendhilfe die Meinung verbreitet, dass die psychiatrische Versorgung die Kinder häufig für den Gesundungsprozess der Erwachsenen instrumentalisiere, ohne dabei auf das Wohl der Kinder Rücksicht zu nehmen.

Für die Zukunft steht an, die Stufe der wechselseitigen Schuldzuweisungen zu überwinden und für beide Versorgungsbereiche Entwicklungs- und Qualifizierungslinien zu erarbeiten. Dass dies notwendig ist, lässt sich allein schon daran ablesen, dass bislang in der Ausbildung zur Fachkraft in der Jugendhilfe kaum psychiatrisches Fachwissen vermittelt wurde oder dass umgekehrt in der Ausbildung zum Arzt oder zur Pflegekraft pädagogische Inhalte nur am Rande behandelt wurden. Zudem gibt es nach dem Abschluss der Ausbildung, also in der weiteren Berufsbiographie, kaum mehr einen Wechsel des Arbeitsplatzes von dem einen in den anderen Bereich.

Mögen die Verantwortlichen in der psychiatrischen Versorgung an anderer Stelle ihren Qualifizierungsbedarf formulieren – für die Fachkräfte in der Jugendhilfe wäre im Hinblick auf Familien mit einem psychisch erkrankten Elternteil zu wünschen, dass sie sich in Fortbildungen oder Hospitationen umfassende Kenntnisse und Erfahrungen in der Begegnung mit psychisch Kranken erwerben, dass sie die Arbeitsweisen der verschiedenen Berufsgruppen in der (sozial)psychiatrischen Versorgung kennen lernen sowie ihre Handlungslogiken und Strukturen verstehen.

Für die auch politisch geforderte Kooperation auf Augenhöhe zwischen Jugendhilfe und Gesundheitsbereich (Bayerisches Sozialministerium, 2007, S. 6) braucht es eine Bereitschaft auf beiden Seiten. Schone und Wagenblass (2002) fassen im Hinblick auf die Kooperationsbeziehungen zusammen: »Die Schnittstellen zwischen Jugendhilfe und Psychiatrie können dann zu Brücken werden, wenn die Zusammenarbeit auf Akzeptanz, Verständigung, Verständnis und Gegenseitigkeit basiert« (S. 154). Die genannten Qualifizierungsschritte würden der Jugendhilfe auf dem Weg zu einer respektvollen Zusammenarbeit bereits deutlich weiterhelfen.

These 4

Die Jugendhilfe hält diejenigen Hilfen bereit, die für die Unterstützung der Kinder und ihrer Eltern benötigt werden. Erforderlich ist jedoch, diese Hilfen passgenau auf die spezifische Situation von Familien mit einem psychisch erkrankten Elternteil zuzuschneiden.

Die Jugendhilfe ist mit den Angeboten und Leistungen, die sich in Theorie und Praxis entwickelt und bewährt haben und die im Kinder- und Jugendhilfegesetz (SGB VIII) niedergelegt sind, grundsätzlich gut aufgestellt für die Unterstützung von betroffenen Familien:
- Es gibt eine große Bandbreite von niederschwelligen ambulanten Angeboten bis hin zu außerfamiliärer Betreuung und intensiven stationären Hilfen.
- Gehstruktur (aufsuchende Hilfen) und Kommstruktur (zentrale Einrichtungen) sind in der Jugendhilfe gleichermaßen vorhanden.
- Leitend ist ein systemischer Ansatz, der das Kind, die Eltern, die Familie und ihr Umfeld je nach Bedarf in den Mittelpunkt stellt.
- In angemessener Weise sind Unterstützungsauftrag einerseits und gesellschaftliche Eingriffspflicht andererseits verbunden.
- Jugendhilfe ist eingebunden in Kooperationsstrukturen mit Familiengericht, Sozialamt, freier Wohlfahrtspflege, Kinder- und Jugendpsychiatrie, Pädiatrie usw.
- Eine weitgehende Kostenübernahme von Jugendhilfeleistungen durch den öffentlichen Träger ist geregelt.

Dass Kinder mit einem psychisch erkrankten Elternteil bis in die Gegenwart hinein nicht nur in der Psychiatrie, sondern auch in der Jugendhilfe oft übersehen werden, lässt sich durch das weitgehende Fehlen spezifischer präventiver Ansätze in der Jugendhilfe, die mangelnde Kooperation mit der Erwachsenenpsychiatrie und die Qualifizierungsdefizite hinsichtlich psychischer Erkrankungen und ihrer Folgen für die Familie erklären. Wie kann sich die Jugendhilfe nun weiterentwickeln, um die genannten Defizite zu überwinden und das vorhandene Kapital an Konzepten und Leistungen zugunsten der Familien einzusetzen? Dies sei an einigen Angeboten und Einrichtungen der Jugendhilfe dargestellt.

Erziehungs- und Familienberatung

Die Beratungsgespräche mit Eltern, Kindern und Familien, die Einzel- und Gruppenangebote für Kinder, die Eltern- und Erziehungskurse – dies sind die häufigsten Leistungen der Erziehungs- und Familienberatung, die in der Regel in eigenständigen Beratungsstellen angeboten werden. An einigen Orten sind die Ehe- und Lebensberatung, bisweilen auch die Schwangerschaftsberatung integriert. Damit können Beratung und Hilfe zu Problemen aus der gesamten Familienphase oder gar Lebensspanne in Anspruch genommen werden. Von den Hilfen zur Erziehung (SGB VIII, §§ 27 ff.) ist die Erziehungsberatung die einzige, die von den Ratsuchenden direkt, d. h. ohne Antrag und Bewilligung beim Jugendamt, aufgesucht werden kann.

Anonymität und Schweigepflicht sind weitere Merkmale, die die Erziehungs- und Familienberatung im Bewusstsein der Bürger als sehr niederschwelliges Angebot erscheinen lassen. Entsprechend geringer ist hier die Scheu von Familien mit einem psychisch erkrankten Elternteil, überhaupt Hilfe aufzusuchen. Kinder können eine Beratungsstelle auch auf eigenen Wunsch aufsuchen, zur Not auch ohne Kenntnis der Erziehungsberechtigten. Erziehungs- und Familienberatungsstellen gibt es flächendeckend im gesamten Bundesgebiet, siehe die Übersicht unter www.bke.de. Eltern wie Kinder erhalten über dieses Internetportal seit einigen Jahren auch online und anonym Beratung.

Die häufigsten Themen in der Beratung sind Erziehungsfragen, Familienkonflikte, Trennung und Scheidung, Schul- und Leistungsprobleme, ADHS, soziale Schwierigkeiten und psychosomatische Auffälligkeiten der Kinder. Bei genauem Hinsehen haben sich schon immer auch psychisch belastete Eltern und ihre Kinder unter der Klientel befunden, inzwischen melden sich diese Familien vermehrt auch direkt mit diesem Anliegen in der Erziehungs- und Familienberatung an. Umgekehrt schätzen es die Familien, dass sich die Beratung dort nicht ausschließlich um die psychische Erkrankung und ihre Folgen dreht, sondern alle weiteren Themen rund um Erziehung und kindliche Entwicklung qualifiziert bearbeitet werden können.

Egal ob die Beratungsstelle bei einem öffentlichen Träger (Amt für Jugend und Familie) oder einem freien Träger (Wohlfahrtsverband, Verein) angesiedelt ist, hat sie wie andere Hilfen zur Erziehung die Aufgabe, eine etwaige Kindeswohlgefährdung zu klären und Maßnahmen zum Kinderschutz anzuregen. Der Berater oder die Beraterin kommunizieren dies in aller Regel im offenen Gespräch mit den Eltern und müssen die Pflicht zur Verschwiegenheit nur in sehr seltenen Fällen brechen. Daher vertrauen Eltern den Fachkräften von Beratungsstellen auch sehr persönliche und sensible Inhalte an, weil sie auf diesem Weg Hilfe in einer Notlage erfahren können, ohne dass sie eine rasche und unmittelbare Offenlegung befürchten müssen.

Sowohl von ihrem öffentlichen Ruf, der vielfältigen Kompetenz als auch ihrem Auftrag und Status her sind Erziehungs- und Familienberatungsstellen eine erstrangige Anlaufstelle für psychisch belastete Eltern und ihre Kinder, sofern der ambulante Ansatz und die Kommstruktur zur Bearbeitung der Problemlagen ausreichen. Stellen, die sich noch nicht spezifisch auf diese Zielgruppe eingestellt haben, werden folgende Weiterentwicklungen empfohlen:

- *Grundkompetenz:* Alle Beraterinnen und Berater werden darin geschult, elterliche psychische Erkrankungen wahrzunehmen und für die Familienberatung zu berücksichtigen.
- *Spezialisierung:* In jeder Beratungsstelle qualifizieren sich ein oder zwei Fachkräfte umfassend für die Arbeit mit psychisch erkrankten Eltern und ihren Kindern.
- *Gruppen:* Je nach Kapazität und Nachfrage werden Gruppenangebote für Kinder psychisch erkrankter Eltern entwickelt und durchgeführt.
- *Aufklärung:* In den fallübergreifenden Tätigkeiten einer Beratungsstelle (Vorträge, Elternabende, Presseartikel) sollte auch über psychische Krisen und Erkrankungen aufgeklärt werden, um einerseits Betroffene anzusprechen und andererseits das soziale Umfeld zu sensibilisieren.
- *Vernetzung:* Beratungsstellen sollten Kooperationen auch mit der erwachsenenpsychiatrischen Versorgung (Kliniken, Sozialpsychiatrische Dienste, niedergelassene Psychiater und Psychotherapeuten usw.) aufnehmen.
- *Konsiliardienst:* Zu überlegen ist, ob eine Beratungsstelle einen Erwachsenenpsychiater für eine Konsiliartätigkeit gewinnen kann und sich im Gegenzug mit einem Berater in Einrichtungen und Kliniken der (Sozial-)Psychiatrie einzubringen bereit ist.
- In Zusammenarbeit mit dem örtlichen psychiatrischen Krankenhaus kann eine Fachkraft der Beratungsstelle eine regelmäßige Familien- oder Kindersprechstunde innerhalb der Klinik anbieten, wie es vielerorts bereits mit Erfolg praktiziert wird.

Familien mit einem psychisch erkrankten Elternteil lassen sich aufgrund ihrer Scheu und Unsicherheit kaum weiterverweisen. Mit einer Vor-Ort-Präsenz in einer Klinik würde die Erziehungsberatungsstelle den erkrankten Müttern und Vätern entgegenkommen und sie dort aufsuchen, wo sie bereits in Behandlung sind. Damit ergänzte sie die Kommstruktur in sinnvoller Weise um eine Gehstruktur und löste den Anspruch nach Lebensraumorientierung ein. Neben den Familien würden auch Klinik und Beratungsstelle von dieser Kooperation sehr profitieren.

Sozialpädagogische Familienhilfe

Die Sozialpädagogische Familienhilfe (SPFH) ist eine intensive aufsuchende, zumeist auf ein bis zwei Jahre angelegte Unterstützung von Familien mit vielfältigen Belastungen und Problemen. Die Eltern beantragen diese Hilfe beim Jugendamt, dieses entscheidet nach Prüfung u. a. durch die zuständige Fachkraft des Allgemeinen Sozialen Dienstes (ASD). Je nach den Zielen und Arbeitsformen, die zwischen der Familie, der SPFH-Fachkraft und dem Jugendamtsmitarbeiter ausgehandelt werden, finden ein oder mehrere Kontakte pro Woche statt, bei denen mit den Eltern, den Kindern oder mit dem Umfeld (z. B. Ämtern, Schule) gearbeitet wird.

Die Mitarbeiter der SPFH unterliegen der gesetzlichen Schweigepflicht. Die regelmäßigen Entwicklungsberichte an das Jugendamt werden mit den Familien erarbeitet. Zugleich ist festgelegt, wie bei deutlichen Hinweisen auf Kindeswohlgefährdung fachlich gehandelt und bei Bedarf die öffentliche Jugendhilfe oder das Familiengericht informiert werden, wie es § 8a SGB VIII erfordert, in den dort benannten Fällen auch ohne Zustimmung der Eltern.

Wenn der Beziehungsaufbau zwischen den Familienmitgliedern und der SPFH-Fachkraft gelingt, haben Eltern und Kinder für längere Zeit eine verlässliche und kompetente Person an ihrer Seite, die sie in einer Kombination von Beratung, Förderung und tatkräftiger Hilfe unterstützt. Oft haben sich die Fachkräfte neben ihrer sozialpädagogischen Grundqualifikation weiterqualifiziert in Richtung systemischer Ansätze, was die Familienorientierung dieser Hilfe zur Erziehung unterstreicht.

In der Aufbauphase der SPFH ab Ende der 1980er Jahre galt eine psychische oder Suchterkrankung eines Elternteils als Ausschlusskriterium. Begründet wurde dies mit ihrem Ansatz der Hilfe zur Selbsthilfe, dem bei der Arbeit mit psychisch oder suchtbelasteten Familien keine Chance eingeräumt wurde, da es sich um oftmals chronische Beeinträchtigungen handele. Mittlerweile hat sich das Blatt gewendet und werden in erheblichem Umfang Familien für SPFH ausgewählt, bei denen eine psychische Belastung vorliegt. Die SPFH zielt dabei nicht auf die Behandlung oder Modifikation der Erkrankung oder Sucht, sondern auf die Bewältigung bzw. Verminderung ihrer Folgen, insbesondere für die Kinder.

Bei der Arbeit mit Familien, die durch eine elterliche psychische Erkrankung belastet sind, stößt die SPFH auf typische Schwierigkeiten. Entweder ist dem vermittelnden Jugendamt diese Erkrankung nicht ausreichend bekannt, so dass die SPFH-Fachkraft kaum etwas über Diagnose oder Behandlung erfährt. Oder es liegen bislang nur Beobachtungen oder Vermutungen vor, ohne dass der Vater oder die Mutter sich jemals hat fachärztlich untersuchen oder gar behandeln lassen. Die dritte Variante ist ebenfalls häufig, dass zwar eine psychiatrische Behandlung vorliegt, aber zwischen Jugendamt, SPFH und Arzt keine Kommunikation stattfindet.

Plauth und Eckert (1998) beschreiben an einem Fallbeispiel, dass zwischen Psychiaterin und Familienhelferin eine Zusammenarbeit möglich ist, die für die Familie von großem Nutzen sein kann. Welche Entwicklung kann die Sozialpädagogische Familienhilfe nehmen, wenn sie sich für die Arbeit mit psychisch belasteten Familien noch besser ins Spiel bringen will?

- Alle in der SPFH Tätigen sollten eine fundierte Qualifikation im Hinblick auf psychiatrische Störungsbilder und die Begegnung mit psychisch kranken Menschen besitzen.
- Sie sollten im Kontakt mit der Familie, dem Jugendamt und dem Arzt beharrlich dafür werben, dass die Diagnose oder zumindest die Symptome der psychischen Erkrankung ihnen gegenüber offengelegt werden. So könnten sie in der Hilfedurchführung darauf Bezug nehmen und in Abstimmung mit den Eltern die psychische Erkrankung in der Familie zur Sprache bringen, als ersten Schritt zur Aufklärung und Entlastung der Kinder.
- In regionalen Kooperationszusammenhängen sollten Vertreterinnen der SPFH die Stärken dieser intensiven aufsuchenden Hilfe darlegen, so dass fallweise auch von psychiatrischer Seite der Kontakt zur SPFH-Fachkraft aktiv gesucht wird.
- Im Hinblick darauf, dass sich psychische Erkrankungen im Wechsel von stabilen und Krankheitsphasen oft über viele Jahre erstrecken, sollte die Arbeitsform in der SPFH bei entsprechenden Fällen so verändert werden, dass die Hilfe über viele Jahre, allerdings dann mit geringerer Betreuungsdichte, gewährt wird. Unbürokratisch könnten sich Phasen intensiver Unterstützung und solche mit seltenen Kontakten abwechseln.

In letzter Konsequenz kann dies bedeuten, dass die SPFH eine Familie in Einzelfällen eine Kindheit lang begleitet, bis es weitgehend selbst für sich sorgen kann. Bei Familien, die anderweitig keine ausreichende soziale Unterstützung haben, deren Kinder aber von der elterlichen Erkrankung massiv betroffen sind, mag dies aus präventiver Sicht ohne Alternative sein, will man nicht erhebliche Entwicklungseinbußen für das Kind riskieren.

Betreuung und Förderung in Kindertageseinrichtungen oder Tagespflege

Unter diesem Begriff werden verschiedene Angebote und Hilfeformen gemeinsam behandelt: von Kinderkrippen und Kindergärten über Horte und Heilpädagogische Tagesstätten bis hin zur Tagespflege. Ihnen ist gemeinsam, dass die Kinder einen Teil des Tages außerhalb ihrer familiären Lebenswelt betreut, gefördert oder erzogen werden, wenngleich sie weiterhin bei ihren Eltern ihren Lebensmittelpunkt haben. Die öffentliche Jugendhilfe fördert und finanziert das vielfältige Angebot an Kindertagesbetreuung in verschiedener Trägerschaft und entscheidet bei entsprechendem Hilfebedarf über die Gewährung der teilstationären Hilfe zur Erziehung (Heilpädagogische Tagesstätte). Ganztagsschulen überwinden die Trennung von Schule und Tagesbetreuung und erfüllen in dieser Form ihren pädagogischen Auftrag.

Psychisch belastete Eltern nehmen diese Angebote und Hilfen eher dann an, wenn sie sich in der Versorgung, Förderung und Erziehung ihrer Kinder selbst überfordert sehen und ihren Kindern die Chance zum sozialen Lernen außerhalb der Familie gewähren wollen. Kinder schätzen es, dass sie neben der familiären Welt, die je nach Situation deutlich von der elterlichen Erkrankung geprägt sein mag, noch eine weitere Realität kennen lernen, die andere Regeln und Freiheiten kennt. Hier kann es Gefühlswahrnehmungen, Einstellungen und Interaktionen einüben, die in der eigenen Familie unvorstellbar erscheinen.

Dafür, dass eine solche halb- oder ganztägige Betreuung oder Förderung gelingt, sollte es zwischen Kindern und Eltern – bei aller Beziehung – eine klare Grenze geben. Der erkrankte, aber auch der gesunde Elternteil sollten verstanden haben, dass die Kinder nicht in die Erkrankung oder ihre Bewältigung einbezogen gehören. Die Kinder müssen ihrerseits gelernt bzw. vermittelt bekommen haben, dass sie sich für das Wohl ihrer Eltern nicht verantwortlich zu fühlen brauchen und das Recht haben, ihr eigenes Leben auch außerhalb der Familienumgebung zu entwickeln.

Ältere Kinder, deren Eltern psychotische Symptome zeigten, berichten, dass sie wie in zwei verschiedenen Welten aufgewachsen seien und damit einen gangbaren Weg zwischen der Loyalität gegenüber den Eltern und ihrem Bedürfnis nach Eigenständigkeit und Sozialkontakten gefunden hätten. Im Hinblick auf die bei manchen psychisch belasteten Familien anzutreffenden Formen der Unterversorgung, der Überstimulierung oder der psychischen Misshandlung (Deneke, 2005) spielt für den Grad der kindlichen Belastung der zeitliche Umfang eine entscheidende Rolle, den sie mit dem Elternteil in direktem Kontakt stehen.

- Bei betroffenen Familien sollten die Jugendhilfe und weitere vermittelnde Stellen aktiv auf die verschiedenen Angebote der Kindertagesbetreuung

und Förderung hinweisen, so dass die Zeiträume, die das Kind innerhalb und außerhalb der familiären Lebenswelt zubringt, in einem guten Verhältnis stehen.
- Dies gilt auch für die Zeit der Klinikentlassung, bei der die Mutter oder der Vater zumeist noch nicht die frühere Sicherheit und Belastbarkeit wiedererlangt hat. So, wie es gestufte Formen der Rückkehr auf den beruflichen Arbeitsplatz gibt, sollte auch die Wiederaufnahme der Kindererziehung und Familienarbeit schrittweise erfolgen können. In der übrigen Zeit käme eine der beschriebenen Formen der Betreuung außer Haus zum Zuge oder eine Unterstützung durch die krankenkassenfinanzierte Familienpflege.
- Die Mitarbeiterinnen und Mitarbeiter der verschiedenen Einrichtungen und Angebote sollten Grundkenntnisse im Hinblick auf psychiatrische Erkrankungen besitzen bzw. sich umgehend mit einer darin geschulten Fachkraft in Verbindung setzen können. Häufig sind Erzieherinnen aus Kindertageseinrichtungen ähnlich wie die Lehrkräfte der Schule diejenigen Personen, die am meisten von der Familie und den Belastungen für die Kinder erfahren und damit unter Umständen die Chance haben, sie an qualifizierte Dienste zu vermitteln.
- Für die Elternarbeit ist eine Qualifizierung in der Richtung erforderlich, psychisch erkrankten Eltern in einer wertschätzenden und zugleich klaren Weise zu begegnen, die auch Grenzen aufzeigt. Dies schließt ein, ihre Stärken wie ihre Defizite anzusprechen. Die Fachkräfte sollten zu vermeiden versuchen, dass die elterliche Erziehung und die außerfamiliäre Förderung in Konkurrenz zueinander gebracht werden.
- Durch eine geeignete räumliche oder organisatorische Verbindung zwischen einer erwachsenenpsychiatrischen Tagesklinik einerseits und einer qualifizierten Kindertagesstätte andererseits kann – wie in einzelnen Orten bereits realisiert – eine Win-Win-Situation für Eltern und Kinder entstehen. Während zum Beispiel die erkrankte Mutter an der tagesklinischen Behandlung teilnimmt, weiß sie das Kind in der nahe gelegenen Tagesstätte gut aufgehoben.

Reckel (1998) und andere weisen darauf hin, dass viele Mütter eine psychiatrische Behandlung vorzeitig abbrechen bzw. gar nicht erst antreten, weil sie um die angemessene Versorgung und Förderung ihrer Kinder fürchten. Umgekehrt trägt das Vorhandensein von qualifizierten Betreuungsmöglichkeiten für die Kinder dazu bei, dass der Elternteil seine Behandlung bis zum Ende hin durchhält und damit im Kontakt mit dem Kind stabiler und empfänglicher sein kann.

Heimerziehung

Wie in der stationären kinder- und jugendpsychiatrischen Versorgung, stammt auch bei den Heimeinrichtungen ein erheblicher Teil der Kinder aus Familien mit einem psychisch oder suchterkrankten Elternteil. Oft waren es die Erkrankungen selbst, die die stationäre Unterbringung des Kindes erforderlich machten, oder die damit verbundenen Defizite in der Versorgung und Erziehung der Kinder, gerade wenn diese durch keinen gesunden Angehörigen kompensiert werden konnten.

Je nach Konzeption und Ausrichtung des Heimes erhalten die Kinder dort Betreuung, Förderung und Therapie für einen Zeitraum von mehreren Jahren oder bis zum Erreichen der Selbständigkeit. Der (heil-)pädagogische Förderbedarf muss im Einzelfall geprüft und umgesetzt werden. Zur anfänglichen Auftragsklärung und den regelmäßigen Entwicklungs- und Hilfeplangesprächen gehört auch die Entscheidung, ob und wann eine Rückführung des Kindes in die Familie erfolgen kann. Kontinuierliche und intensive Elternarbeit ist ein weiteres Merkmal einer qualifizierten Heimerziehung, erst recht wenn die Eltern nach der Heimentlassung wieder selbst für das Kind Sorge tragen sollen.

Eine Heimaufnahme kann mit oder gegen den Willen der Eltern, langfristig geplant oder kurzentschlossen eingeleitet werden. Von diesen Umständen hängt es oft ab, wie sich das Verhältnis zwischen den Eltern und den Fachkräften entwickelt und wo sich wiederum das Kind positioniert. Erfolgte die Trennung von Eltern und Kind freiwillig und in allseitigem Einverständnis, ist eine enge Kooperation zwischen Eltern und pädagogischem Personal eher zu erwarten, als wenn das Jugendamt in Verbindung mit dem Familiengericht eine Heimunterbringung gegen den elterlichen Willen erwirken musste. In diesem Fall assoziieren viele Eltern die Mitarbeiter des Heimes mit dem Jugendamt in der Weise, dass sie »uns das Kind weggenommen haben«.

Bei psychisch erkrankten Eltern fügt sich hier die mangelnde Krankheitseinsicht, die vor allem bei psychotischen Erkrankungen oder bei Persönlichkeitsstörungen in gewisser Weise dazugehört, nahtlos ein in die Ausblendung der Erziehungsdefizite oder Gefährdungsmomente, die zur Fremdunterbringung führten. Die entstehende Frontstellung zwischen Heim- oder Gruppenleitung einerseits und Eltern andererseits erschwert verständlicherweise die gemeinsame Kommunikation über die Erfordernisse der kindlichen Entwicklung. Die betreffenden Kinder bekommen dadurch eine schwierige Situation präsentiert, in der sie sich einen Weg zwischen Loyalitätskonflikten, Impulsen zur elterlichen Idealisierung oder Ausgrenzung und dem Bemühen um Neutralität suchen müssen.

Es gibt Verläufe, in denen die Fachkräfte der Heimeinrichtung zwar intensiv mit dem Kind arbeiten, auch an seinen Erfahrungen mit der elterlichen psychischen Erkrankung, die belasteten Eltern sich aber einem offenen Austausch verschließen, um nicht alle Chancen zu verlieren, ihre Kinder jemals »wiederzubekommen«. Dadurch entzieht sich dann der Kenntnis des Heimpersonals, wie sich die psychische Stabilisierung des Elternteils entwickelt und welche Gedanken er sich selbst im Hinblick auf seine Erziehungsfähigkeit macht. Nicht verwunderlich ist in einer solchen Konstellation, dass meist auch kein Austausch zwischen einem etwaigen behandelnden Psychiater und den Therapeuten des Heimes etabliert werden kann.

Anders verhält es sich in den Familien, bei denen eine – vielleicht auch zeitlich begrenzte – Heimerziehung des Kindes mit Zustimmung oder gar auf Wunsch der Eltern eingeleitet wurde. Hier sind die Voraussetzungen wesentlich günstiger dafür, dass Eltern, Kind und Heimpersonal an einem Strang ziehen und miteinander offener kommunizieren. Wie bei allen Eltern ist auch bei psychisch erkrankten Eltern bis zum Beweis des Gegenteils davon auszugehen, dass sie ihre Kinder lieben und ihnen die erforderliche Beziehung und Erziehung geben wollen. Es ist großer Mut erforderlich, einzugestehen, dass diese Liebe zu den Kindern sich gegenwärtig am besten darin zeigt, dass man die Betreuung des Kindes für eine Zeitlang in andere Hände gibt.

Befragt man erwachsene Kinder psychisch kranker Eltern danach, wie sie in ihrer Kindheit über eine Unterbringung in Heim oder Pflegefamilie gedacht hätten, erhält man gegensätzliche Antworten. Manche hätten sich nichts sehnlicher gewünscht, als endlich in ihrer Not erkannt und aus den beängstigenden Familienverhältnissen befreit worden zu sein. Andere geben in der Retrospektive an, dass sie es vor lauter Fürsorge und Angst um den erkrankten Elternteil nicht über das Herz gebracht hätten, einer Trennung zuzustimmen. Wieder anderen hätte es gereicht, wenn sie – neben einem zeitweiligen Zufluchtsort in akuten Krankheitsphasen – kontinuierlich eine verlässliche erwachsene Bezugsperson an der Seite gehabt hätten, die ihnen die häuslichen Erlebnisse zu bewältigen geholfen hätte.

Wie können sich Einrichtungen der stationären Jugendhilfe auf die Zielgruppe von Kindern mit einem psychisch kranken Elternteil besonders ausrichten?
- Es sollte sichergestellt sein, dass zumindest die Gruppenleitungen und der gruppenübergreifende Fachdienst eine ausreichende Qualifizierung im Hinblick auf psychische Erkrankungen von Eltern und ihre Folgen für die Kinder besitzen.
- Darüber hinaus wäre an einen Konsiliardienst mit einem Erwachsenenpsychiater zu denken, der den Fachkräften für Fragen zur Verfügung steht. Den Eltern, die ohne Diagnose und Behandlung sind, könnte er empfohlen werden, wenn sie abseits von Klinik oder Praxis ihre psychischen Probleme ansprechen wollen.

- In der Einzel- und Gruppenarbeit mit dem Kind sollten die Bezugserzieherinnen eine etwaige Belastung des Kindes durch eine elterliche Erkrankung erkennen und bearbeiten können. Kinder entwickeln in den Jahren des Zusammenlebens mit Mutter oder Vater eine Reihe von Bewältigungsstrategien, die sich auch im Heimkontext fortsetzen und unter Umständen als dysfunktionale Muster erweisen.
- Im Umgang mit den Eltern sollte darauf hingewirkt werden, dass ihre psychische Erkrankung im Elterngespräch, aber auch mit dem Kind offen angesprochen werden kann. Durch die Überwindung der Sprachlosigkeit würde der Weg frei für Aufklärung und die Wiederherstellung tragfähiger Familienbeziehungen.
- Wenn sich der erkrankte Elternteil in einer stationären Behandlung oder betreuten Einrichtung für chronisch psychisch Kranke befindet, sollten Kinder und Eltern zu Kontakten motiviert werden, damit sie sich mit der Situation aktiv auseinanderzusetzen lernen.
- Befinden sich im Heim mehrere Kinder mit einem psychisch oder suchtbelasteten Elternteil, könnte ein zeitlich begrenztes Gruppenangebot zur Aufklärung und als Bewältigungshilfe durchgeführt werden.
- Bei psychischen Erkrankungen kommt es oft zu phasischen Verschlechterungen. Sofern es nicht bereits Teil des Heimkonzepts ist, sollte sich die Einrichtung auf zeitlich befristete Aufnahmen eines Kindes für die Dauer einer akuten Erkrankungsphase einstellen. Diese kann nötigenfalls als Inobhutnahme eingeleitet werden oder Teil eines Erste-Hilfe-Plans sein, der mit den Eltern in einer guten Phase vereinbart worden ist. Nachdem sich der Elternteil wieder stabilisiert hat, kann die Rückkehr des Kindes in die Familie eingeleitet werden.

Deutlich über die übliche Konzeption einer stationären Jugendhilfeeinrichtung hinaus geht das Eltern-Kind-Wohnen, wie es mancherorts in Deutschland erfolgreich praktiziert wird. Es handelt sich um Einrichtungen, in denen erkrankte Eltern und ihre Kinder gemeinsam in kleinen Wohneinheiten aufgenommen werden können. Das Leistungsangebot ist im Grunde eine Kombination von einer Übergangseinrichtung für psychisch Kranke mit einem Heim für Kinder. Entscheidend ist, dass für die Betreuung und Förderung von Eltern und Kindern sowohl sozialpsychiatrische als auch pädagogische Fachkräfte gleichermaßen präsent sind und eine 24-Stunden-Bereitschaft für eventuelle Krisen vorgehalten wird. Eine solche Maßnahme muss beim überörtlichen Sozialhilfeträger wie beim Jugendamt beantragt werden und mündet bei einigen Einrichtungen in die Finanzierung eines zweifachen Tagessatzes für den Elternteil und für das Kind. In anderen Einrichtungen erfolgt die Kostenübernahme durch das Jugendamt auf der Basis von § 19 SGB VIII »Gemeinsame Wohnformen für Mütter/Väter und ihre Kinder«.

Die Chancen des Eltern-Kind-Wohnens liegen darin, dass damit einerseits der Elternteil unterstützt und in der Wahrnehmung seiner Erziehungsaufgaben gefördert werden kann und andererseits das Kind den nötigen Halt und Schutz erfährt, ohne dass es zu einer Trennung kommen muss. Häufige Trennungen des Kindes vor allem im frühen Alter gehören zu den Prädiktoren für eine spätere Selbsterkrankung, so dass sie nicht ohne Not erfolgen sollten. Durch das Eltern-Kind-Wohnen, das bis zu zwei oder drei Jahre dauern kann, erhalten außerdem alle Seiten die Möglichkeit, in der Realität zu prüfen, ob sich eine tragfähige Bindung zwischen Mutter bzw. Vater und Kind entwickelt. Psychische Erkrankungen sind oftmals nur über ihren Verlauf einzuschätzen – zum Ende des Eltern-Kind-Wohnens können sowohl das Jugendamt, informiert durch das Einrichtungspersonal, als auch der Elternteil selbst ersehen, ob eine Trennung vom Kind unausweichlich ist oder ob eine weitere Verselbständigung über betreutes Wohnen hin zum unabhängigen Leben als Familie vorstellbar ist. Bei schweren postpartalen Störungen kann, nach Beendigung der Akutbehandlung, im Eltern-Kind-Wohnen die feinfühlige Interaktion zwischen Mutter und Baby durch entsprechende Trainings gefördert werden, womit späteren Beziehungsstörungen oder Trennungen vorgebeugt werden kann.

Vollzeitpflege in Pflegefamilien

Für die Betreuung und Erziehung eines Kindes in Pflegestellen gilt vieles analog, was zur Heimerziehung ausgeführt worden ist. In der Regel schlägt das Jugendamt die Aufnahme des Kindes in eine Pflegefamilie vor, wenn es von seinen Schwierigkeiten bzw. seinem Hilfebedarf her in einer Familie angemessen gehalten und gefördert werden kann und wenn entsprechende Kapazitäten vorhanden sind. Auch hier entscheiden zunächst die Umstände der Fremdunterbringung, wie sich die Beziehung zwischen leiblichen Eltern und Pflegeeltern entwickelt. Liegt bei den Eltern eine psychische Erkrankung vor oder war diese ausschlaggebend für die Einleitung dieser außerfamiliären Hilfe, wird häufig zunächst eine Kurzzeitpflege begonnen, die auf wenige Monate begrenzt ist.

Ist bis dahin keine Stabilisierung bei dem Elternteil eingetreten und die Erziehung des Kindes durch ihn weiterhin nicht möglich, kommt es zu einem längerfristigen Pflegeverhältnis. Dieser Schritt verstärkt auf Seiten des leiblichen Elternteils die Sorge, dass das Kind nicht mehr zurückkehren werde, auch weil es enge Bindungen zu den Pflegeeltern zu entwickeln beginnt. Je nach Qualifizierung der Pflegeeltern und Ausrichtung der zuständigen Fachstelle im

Jugendamt sind die Bemühungen um eine kontinuierliche Elternarbeit und die Rückkehr des Kindes in die Herkunftsfamilie mehr oder minder umfangreich. Insofern sind die Ängste des erkrankten Elternteils vielfach nachvollziehbar, was die Situation insofern verschlimmert, als dass Eltern im Fall einer Verschlechterung ihres psychischen Gesundheitszustands den Zeitpunkt immer länger hinauszögern, ihr Kind in die Obhut einer Pflegefamilie zu geben. Günstiger wäre für sie, diese Entlastung frühzeitig anzunehmen, um rascher zu Kräften zu kommen und wieder für das eigene Kind sorgen zu können.

- Mittlerweile bieten viele Jugendämter den Pflegeeltern, die unter diesen schwierigen Umständen ein Kind aufzunehmen bereit sind, eine besondere Qualifizierung und Begleitung an, die auf die Begegnung mit psychisch kranken Menschen ausgerichtet ist.
- Die zuständigen Fachkräfte in den Jugendämtern haben die schwierige Aufgabe, immer wieder zu entscheiden, ob ein Verbleib eines Kindes in einer Pflegefamilie erforderlich und gerechtfertigt ist oder ob eine Rückführung in die Ursprungsfamilie ansteht. Hierbei wäre zu wünschen, dass an der Einschätzung des Krankheits- bzw. Gesundungsprozesses stets auch der den Elternteil behandelnde Psychiater oder ein anderer Facharzt beteiligt ist.

Ein maßgeschneidertes Angebot stellen die Patenschaftsprojekte bereit: Hier werden potenzielle Pflegeeltern daraufhin geschult, mit psychisch belasteten Familien eine Art Patenschaft einzugehen. In den guten Phasen der mütterlichen bzw. väterlichen Erkrankung bauen die Patenpflegeeltern eine tragfähige Beziehung zu den Mitgliedern der betroffenen Familie auf, um sich im Fall einer krankheitsbedingten Zuspitzung um Kind und Eltern zu kümmern. Dies kann im Fall einer Eskalation oder einer Klinikeinweisung des Elternteils darin münden, dass das Kind für einige Wochen oder Monate in der Patenfamilie aufgenommen wird, bis die Stabilisierung des Elternteils eine Rückkehr wieder möglich macht. Dass diese Patenpflegeeltern intensiv begleitet werden müssen, versteht sich von selbst, da das beschriebene Vorgehen hohe Anforderungen an ihre Fachlichkeit und Beziehungsfähigkeit stellt. Sicherlich können hier Erfahrungen aus den Bereitschaftspflegefamilien genutzt und übertragen werden.

Eine Familienpflege ganz anderer Art stellt das Betreute Wohnen in Familien dar, auch psychiatrische Familienpflege genannt. Bei diesem Angebot aus der sozialpsychiatrischen Versorgung nimmt eine geeignete Familie einen psychisch erkrankten Erwachsenen auf, der nicht selbständig wohnen kann, aber auch keiner Heimeinrichtung bedarf. Mancherorts ist nun diese psychiatrische Familienpflege insofern erweitert worden, als dass ein erkrankter Elternteil auch mit Kind(ern) aufgenommen werden kann. Damit wird – wie beim oben genannten Eltern-Kind-Wohnen – eine Alternative zur Trennung von Eltern und Kind geschaffen, bei der sowohl der Elternteil in seinen Beziehungs- und Erziehungsaufgaben gestärkt als auch das Kind in seiner Entwicklung gefördert wird. Auch hier lässt sich ein doppelter Tagessatz fachlich gut begründen.

Allgemeiner Sozialer Dienst

Der Allgemeine Soziale Dienst (ASD), in vielen Kommunen dem Jugendamt eingegliedert oder aber als eigener Dienst geführt, nimmt zum ganz überwiegenden Teil Jugendhilfeaufgaben wahr. Merkmale sind – mit jeweils regionalen Besonderheiten – die sozialpädagogische Qualifikation der Mitarbeiter, die lokale Zuständigkeit der einzelnen Fachkraft zu einem bestimmten Stadtteil oder Ort und die Befugnis, über die Gewährung einer Reihe von Hilfen zur Erziehung allein oder im Fachteam des Jugendamts zu entscheiden. In der Rolle des ASD-Mitarbeiters zeigt sich die doppelte Aufgabenstellung des Kinder- und Jugendhilfegesetzes besonders deutlich, einerseits die erforderlichen Leistungen (Hilfe) vorzuhalten und andererseits das gesellschaftliche Wächteramt (Kontrolle) wahrzunehmen.

»Die Herausforderung bei Hilfsangeboten an Familien mit einem psychisch Kranken liegt in der Gratwanderung zwischen Unterversorgung und Über-Intervention.« Was Franz und Jäger (2007, S. 156) hier allgemein über Prävention und Kinderschutz bei Familien mit einem psychisch erkrankten Elternteil schreiben, kennzeichnet das Dilemma der Mitarbeiter des ASD in besonderem Maße. Was könnte ihnen ihre Aufgabe erleichtern?

- Zunächst einmal ist es auch hier die umfassende Qualifikation für den Umgang mit psychisch erkrankten Menschen und für die Auswirkungen der elterlichen Belastung auf die Kinder.
- Ein besonderes Urteilsvermögen sollten sie sich erwerben im Hinblick auf die spezifischen Resilienz- und Risikofaktoren von Kindern in psychisch belasteten Familien und auf die Merkmale einer Kindeswohlgefährdung, wobei die weniger augenfällige, aber umso häufigere psychische Misshandlung im Zentrum der Aufmerksamkeit stehen sollte.
- Ergänzend zu den ausgearbeiteten Verfahrensschemata bei Hinweisen auf Kindeswohlgefährdung (Teamprinzip, Dokumentation, lückenlose Informationsweitergabe etc.) sollte das Jugendamt über einen »kurzen Draht« zum psychiatrischen Versorgungssystem verfügen, um rasch fachliche Unterstützung einholen oder bei Bedarf einen Facharzt in die Hilfeplanung einbeziehen zu können.
- In Anbetracht dessen, dass die Fachkräfte des ASD eine kaum zu bewältigende Zahl von Familien zu begleiten haben, sollten sie direkte Wege zu kompetenten Jugendhilfe- oder sozialpsychiatrischen Einrichtungen an-

gebahnt haben, zu denen sie die betroffenen Familien begleiten oder zumindest empfehlen können.

These 5

Im Wissen um das breite Leistungsspektrum der Jugendhilfe braucht die psychiatrische Versorgung solche kind- und familienbezogenen Angebote nicht selbst zu installieren. Sie kann ihre eigenen Beiträge zur Unterstützung leisten und darüber hinaus alle Mühe aufwenden, die Familien auf die Jugendhilfeangebote zu verweisen.

In einigen psychiatrischen Kliniken und sozialpsychiatrischen Einrichtungen hat sich in den letzten Jahren viel verändert in die Richtung, zusätzlich zur Behandlung des erkrankten Patienten auch dessen Elternrolle und die Belange der Kinder zu thematisieren. Zum Teil sahen die Mitarbeiter der Psychiatrie für sich die Aufgabe, Gruppen für Kinder psychisch kranker Eltern zu entwickeln oder die Eltern umfassend in Fragen der Erziehung und kindlichen Entwicklung zu beraten. Hierbei stießen die Ärzte, Sozialpädagogen oder Pflegekräfte nicht nur an ihr zeitliches Limit, sondern auch an die Grenzen ihrer Qualifikation und Kompetenz. Zu verwundern braucht dies nicht, schließlich geht es ihnen damit ähnlich wie im umgekehrten Fall den Fachkräften der Jugendhilfe, die in den Elternkontakten auch nur begrenzt über psychische Erkrankungen, deren Ätiologie, Verlauf und Behandlung Auskunft geben können.

Die Fremdheit zwischen Psychiatrie und Jugendhilfe und die beidseitigen Kooperationshindernisse dürfen nicht dazu verführen, dass jede Seite sich quasi im Alleingang die Kompetenzen des jeweils anderen Versorgungsbereichs vollständig anzueignen versucht. Dieses Vorhaben kann nicht gelingen, weil es die über Jahrzehnte gewachsene fachliche, institutionelle und berufsrollenbezogene Kompetenz des anderen Tätigkeitsfeldes nicht einholen könnte, und wäre auch nicht sinnvoll. Außerdem würde man das Kernproblem der mangelnden Kooperation zwischen psychiatrischen und Jugendhilfeeinrichtungen ausblenden und vermeiden, anstelle es offensiv anzugehen und zu lösen. Es führt kein Weg vorbei an einer Zusammenarbeit auf Augenhöhe, in der jede Seite um die einzigartigen Kompetenzen des anderen Versorgungsbereichs weiß, auf direkte Weise über Hilfen für Familien kommuniziert wird und die Angebote von Jugendhilfe und Psychiatrie so miteinander vernetzt werden, dass die Eltern und ihre Kinder mühelos die benötigten Leistungen aus beiden Institutionen in Anspruch nehmen können.

Fallbezogene Kooperation bringt die anspruchsvolle Aufgabe mit sich, dass zwei unabhängige Systeme in einen freien Aushandlungsprozess eintreten – die Jugendhilfe setzt hierzu auf das Instrument des Hilfeplangesprächs –, in der keine Seite der anderen gegenüber weisungsbefugt ist. Leistungen der Jugendhilfe können von ärztlicher Seite nicht verordnet werden, so wie auch Ärzte einen Eingriff in ihre Behandlungsstrategie zu Recht weit von sich weisen würden.

Für die psychiatrische stationäre und ambulante Versorgung verbleibt eine Vielzahl von spezifischen Möglichkeiten, Familien mit einem psychisch kranken Elternteil zu unterstützen. Diese sind in der Literatur inzwischen zusammengetragen (z. B. Lenz, 2005) und in der Praxis erprobt. Zu nennen sind ohne Anspruch auf Vollständigkeit zum Beispiel:
- das familienbezogene Aufklärungsgespräch mit Eltern oder Kindern,
- die Angehörigen- oder Familienvisite,
- die Mutter-Kind-Behandlung auf Station,
- die Behandlung postpartaler Störungen unter Einbezug der Mutter-Kind-Beziehung,
- die Thematisierung von Kindern und Elternschaft in den Patientengruppen,
- die Erhebung von Familiensituation, Kinderversorgung usw. im Aufnahme- bzw. Anamnesegespräch sowie
- die Erhebung von Familiendaten in der Basisdokumentation des Krankenhauses.

Im Gegensatz zu ihren erkrankten Eltern sind ihre Kinder in der Regel nicht krank, sondern haben schlechterdings besondere Probleme zu bewältigen. Diese Grundannahme hat sich in der Arbeit mit betroffenen Familien aus verschiedenen Gründen bewährt. Trotz der bekannten genetischen Belastung und des deutlich erhöhten Selbsterkrankungsrisikos können Kinder mit der elterlichen Erkrankung leichter umgehen, wenn sie diese deutlich bei Vater oder Mutter lokalisieren und sich davon klar abgrenzen. Die Aussage, zu einer Hochrisiko-Gruppe zu gehören, wird zwar durch die Forschung bestätigt, kann aber bei nicht aufgeklärten Kindern zu Angst und Hilflosigkeit führen, und dies zu einem Zeitpunkt, wo sie keine Symptome einer psychischen Erkrankung zeigen.

Gewiss weisen viele (längst nicht alle) Kinder psychisch erkrankter Eltern die inzwischen hinlänglich beschriebenen emotionalen oder sozialen Schwierigkeiten auf. Diese sind aber meist nicht Anzeichen für eine eigene Erkrankung, sondern Reaktionen auf die familiäre Belastung und Ausdruck ihrer Bewältigungsversuche. Wenn Kinder und ihre Eltern dafür Leistungen der Jugendhilfe in Anspruch nehmen und nicht den Arzt oder eine Klinik aufsuchen, beugt dies der Stigmatisierung des Kindes als »Patienten von morgen« vor. Vielmehr wird unterstrichen, dass es primär nicht um Krankheitsbehandlung geht, sondern um Erziehungs- und Entwicklungshilfe.

Wie eine Familie eine elterliche psychische Erkrankung bewältigt, hat sehr stark mit den Attribuierungsprozessen zu tun, die die Kinder, die Eltern und die professionelle Umgebung vornehmen. Die Unterstützung von Kindern psychisch Kranker sollte so gestaltet und verortet sein, dass ihrer Etikettierung oder gar Stigmatisierung als selbst-erkrankt kein Vorschub geleistet wird. Dies erfahren Kinder leidvoll seitens einer unaufgeklärten Umgebung schon genügend. Das psychosoziale Störungsmodell, das in der Jugendhilfe führend ist, dürfte hier gegenüber einem medizinischen Störungsmodell eine Reihe von Vorteilen aufweisen, z. B. weil es ein professionelles Tätigwerden auch ohne individualisierende Diagnosestellung erlaubt.

Dessen ungeachtet müssen selbstverständlich auch diejenigen Kinder psychisch erkrankter Eltern in den Blick genommen werden, deren Auffälligkeiten das Ausmaß einer seelischen Erkrankung angenommen haben, die also selbst krank sind. Krohn, Deneke und Wiegand-Grefe (2008) weisen in einer retrospektiven Untersuchung nach, dass Kinder mit einem depressiven Elternteil deutlich behandlungsbedürftiger sind als Kinder psychiatrisch unauffälliger Eltern. Jugendhilfe wie Erwachsenenpsychiatrie sind gefordert, eine Behandlungsbedürftigkeit der Kinder frühzeitig zu erkennen und sie an die entsprechenden Einrichtungen zu verweisen. Neben der Kinder- und Jugendlichenpsychotherapie ist es hier vor allem die kinder- und jugendpsychiatrische Versorgung, die den Kindern unter Einbezug der Eltern kompetent helfen kann. Der Anteil der Kinder in der stationären Kinder- und Jugendpsychiatrie, die einen psychisch erkrankten Elternteil haben, beträgt ein Drittel bis die Hälfte aller jungen Patienten – ein alarmierender Befund (vgl. Remschmidt u. Mattejat, 1994). Gerade mit ihren Schnittstellen hin zur Jugendhilfe und zur Erwachsenenpsychiatrie hat die Kinder- und Jugendpsychiatrie eine Art Brückenfunktion in diesem Bereich. Dies begründet, warum in der Vergangenheit wichtige Initiativen für die Unterstützung von Kindern psychisch kranker Eltern von der Kinder- und Jugendpsychiatrie ausgingen.

These 6

Die Einstellungen von psychisch erkrankten Eltern gegenüber einer Inanspruchnahme von Jugendhilfeangeboten sind von Ambivalenz geprägt. Einerseits formulieren sie einen hohen Unterstützungsbedarf im Hinblick auf kind- und erziehungsbezogene Themen, andererseits zeigen sie eine große Scheu, die Leistungen der Jugendhilfe und des Jugendamtes zu beanspruchen.

Die in These 3 beschriebene Fremdheit zwischen den beiden Versorgungsbereichen Jugendhilfe und Erwachsenenpsychiatrie hat ihre Entsprechung auf der Ebene der betroffenen Familien. Nur selten finden wir bislang Eltern, die ohne viel Aufhebens sowohl die Leistungen der erwachsenenpsychiatrischen Versorgung für die Behandlung der elterlichen Erkrankung als auch die Angebote der Jugendhilfe für die Klärung der erziehungs- und kindbezogenen Probleme in Anspruch nehmen. In der Realität haben wir in der Psychiatrie mit Eltern zu tun, die sich zwar psychiatrisch behandeln lassen, aber die Hinweise auf Jugendhilfeangebote abweisen, bzw. in der Jugendhilfe mit Eltern, die zwar die dortigen Hilfe- und Beratungsleistungen annehmen, aber trotz augenfälliger psychischer Belastung den Weg zu einer psychiatrischen Abklärung scheuen.

Verschiedene Studien (z. B. Küchenhoff, 1998; Sommer, Zoller u. Felder, 2001) weisen nach, dass Eltern – während der stationärpsychiatrischen Behandlung befragt – einen hohen Beratungs- und Unterstützungsbedarf angeben im Hinblick auf Erziehung, Elternschaft und kindliche Entwicklung. Ein Teil ihrer Erwartungen richtete sich dabei an die Klinikversorgung selbst, ein anderer Teil an die Jugendhilfe mit ihren Angeboten der Kinderbetreuung, Erziehungsberatung, Familien- und Elterngespräche, Aufklärung der Kinder usw.

Dem steht entgegen, dass viele Eltern es gleichzeitig ablehnen, die entsprechenden präventiven Jugendhilfeangebote in Anspruch zu nehmen, obwohl sie sich durch die Elternschaft deutlich belastet fühlen und bei ihren Kindern eine Reihe erheblicher Probleme infolge der elterlichen Erkrankung wahrnehmen (Kölch, Schielke, Becker, Fegert u. Schmid, 2008; Schmid, Schielke, Fegert, Becker u. Kölch, 2008). In dieser Untersuchung gaben 51 % der Eltern an, sie würden den Kontakt mit dem Jugendamt aktiv vermeiden. Als Gründe dafür ließen sich negative Vorerfahrungen, Ängste sowie Informationsdefizite auf Seiten der Eltern feststellen. Am Rande war bei dieser Untersuchung interessant, dass von den Eltern trotz psychischer Auffälligkeiten der Kinder auch eine kinder- und jugendpsychiatrische Behandlung kaum nachgefragt wurde.

Es ist unbefriedigend, wenn die Jugendhilfe oder die Kinder- und Jugendpsychiatrie passende Unterstützungsangebote für betroffene Kinder und ihre Eltern bereithalten, aber viele von ihnen gar nicht in Anspruch genommen werden. Hier ist seitens aller beteiligten Versorgungsbereiche und Einrichtungen noch viel zu tun, damit Angebot und Nachfrage zusammenkommen. Mit der sich vielerorts anbahnenden engeren Kooperation zwischen Erwachsenenpsychiatrie, Jugendhilfe und Kinder- und Jugendpsychiatrie dürfte sich auch bei den Eltern eine Einstellungs- und Verhaltensänderung einstellen. Eine Kinder- oder Familiensprechstunde, wie sie z. B. in Günzburg, Augsburg oder Würzburg als Familienberatungsangebot in der psychiatrischen Klinik eingerichtet wurde, scheint ein Schritt in die richtige Richtung zu sein, wie erste Erfolge zeigen.

Spiegelbildlich gibt es dieses Problem auch in der Weise, dass Eltern, die zwar für ihre Kinder bzw. ihre Familie Jugendhilfeleistungen in Anspruch nehmen, für sich aber keine fachärztliche Behandlung aufsuchen. Auch hier spielen neben dem bekannten Mangel an Krankheits- und Behandlungseinsicht auch Informationsdefizite, Ängste sowie die Ausgrenzung psychisch Kranker und ihrer Helfer eine Rolle.

These 7

Potenziell verfügt die Jugendhilfe mit ihrem Leistungsspektrum über die erforderlichen Angebote für Familien mit einem psychisch erkrankten Elternteil bzw. kann weitere spezifische Hilfeformen entwickeln. Faktisch geschieht dies aber noch zu selten. Sich für Kinder psychisch kranker Eltern zu engagieren ist für die Jugendhilfe aber keine Kür, die einer besonderen Begründung bedarf, sondern gehört zentral zu ihren gesetzlichen Pflichten.

Die Aufgaben der Jugendhilfe sind, ausgehend vom Grundgesetz, im Kinder- und Jugendhilfegesetz wie folgt begründet: »(1) Jeder junge Mensch hat ein Recht auf Förderung seiner Entwicklung und auf Erziehung zu einer eigenverantwortlichen und gemeinschaftsfähigen Persönlichkeit. (2) Pflege und Erziehung der Kinder sind das natürliche Recht der Eltern und die zuvörderst ihnen obliegende Pflicht. Über ihre Betätigung wacht die staatliche Gemeinschaft. (3) Jugendhilfe soll zur Verwirklichung des Rechts nach Absatz 1 insbesondere 1. junge Menschen in ihrer individuellen und sozialen Entwicklung fördern und dazu beitragen, Benachteiligungen zu vermeiden oder abzubauen, 2. Eltern und andere Erziehungsberechtigte bei der Erziehung beraten und unterstützen, 3. Kinder und Jugendliche vor Gefahren für ihr Wohl schützen […]« (§ 1 SGB VIII).

Die Stärke der Jugendhilfe im Zusammenhang mit psychisch belasteten Familien liegt von ihrem Ansatz her darin, dass sie ihren Auftrag nicht aus der psychischen Erkrankung bezieht, sondern aus dem Recht des Kindes auf Förderung der Entwicklung und auf Erziehung. Damit gelangen familiäre Ressourcen oder Probleme in den Fokus der Hilfe, die weit über die elterliche Erkrankung und ihre Folgen hinausgehen. Auf diesem Weg können Schwierigkeiten oder Konflikte, die die Familien schildern, normalisiert und eingeordnet werden. Psychisch labile Eltern entlastet es sehr, zu wissen, dass auch Familien ohne eine solche elterliche Erkrankung ähnliche Probleme haben und Lösungen dafür finden können.

Das Potenzial der Jugendhilfe für Familien mit einem psychisch belasteten Elternteil bildet in Verbindung mit dem gesetzlichen Auftrag eine Verpflichtung, dieses auch praktisch für die Kinder und Eltern einzusetzen. An Kostenträger und Gesetzgeber wiederum geht dabei die Forderung, die dafür erforderlichen Ressourcen auch dauerhaft bereitzustellen.

Als ein Beispiel für viele Jugendhilfe- und Beratungseinrichtungen, die sich für Kinder mit psychisch erkrankten Eltern engagieren, sei abschließend auf das Würzburger Präventions- und Qualifizierungsprojekt hingewiesen, das zum Evangelischen Beratungszentrum (EBZ) der Diakonie Würzburg gehört. Mit diesem Würzburger Projekt, dessen Aktivitäten sich fünf Bausteinen zuordnen lassen, soll den oben geschilderten Anforderungen an eine Erziehungs- und Familienberatungsstelle entsprochen werden.

Würzburger Modellprojekt

Baustein 1 – Prävention fallbezogen
- Einzelarbeit mit Kindern, Eltern und Familien,
- Kindergruppen »Gute Zeiten – schlechte Zeiten« (in drei Altersstufen),
- Schulungs- und Gesprächsgruppen für Eltern,
- Beratung von Fachkräften, Coaching,
- Präsenz in (sozial-)psychiatrischen Einrichtungen,
- Familiensprechstunde in der Universitätsnervenklinik Würzburg,
- begleitete Selbsthilfegruppe für erwachsene Kinder.

Baustein 2 – Prävention fallübergreifend
- Vorträge,
- Pressearbeit,
- Elternarbeit im Schul- und Vorschulbereich,
- Multiplikatoren: Schulsozialarbeit, Erwachsenenbildung ...,
- Aufklärung: Website, Infomaterial, Literatur ...

Baustein 3 – Qualifizierung
- Fortbildung für Fachkräfte aus Jugendhilfe, Kinder- und Jugendpsychiatrie, (Sozial-)Psychiatrie und anderen,
- Workshops für Lehrkräfte, Erzieher/innen ...,
- Indoor-Schulungen in einzelnen Einrichtungen,
- berufsgruppenspezifische und -übergreifende Fachtagungen.

Baustein 4 – Kooperation
- Interinstitutioneller Arbeitskreis »Kinder psychisch kranker Eltern«,
- Etablierung wechselseitiger Kooperation (fallbezogen und fallübergreifend), insbesondere zwischen Psychiatrie und Jugendhilfe,
- Begleitung durch einen Projektbeirat,
- Initiierung weiterer, neuartiger Angebote für die Region.

Baustein 5 – Evaluation
- Fallbezogen: Aufklärungsgrad bei Kindern/Eltern, Aufbau von Copingstrategien, Abbau der psychosozialen Belastungsfaktoren,
- Entwicklung der Kooperationsbeziehungen,
- Effekte der Qualifizierungsmaßnahmen,
- Ausmaß der Risikogruppe und des Bedarfs in der Region.

Das Projekt, das für die Dauer von drei Jahren von »Aktion Mensch«, »Sternstunden« e. V., Diakonie und anderen gefördert wird, ist die Frucht eines mehrjährigen Engagements des EBZ für Kinder psychisch kranker Eltern. Damit es in der Region Unterfranken zu einer wirklich umfassenden Unterstützung von psychisch belasteten Familien kommt, bedarf es des Engagements noch weiterer Einrichtungen und Kostenträger. Mit dem Projektbeirat, in dem ambulante und stationäre Psychiatrie, Kinder- und Jugendpsychiatrie, Psychosoziale Arbeitsgemeinschaft, Jugendamt, ambulante und stationäre Jugendhilfe sowie Bezirk vertreten sind, ist ein Forum geschaffen, um die dafür notwendigen Kooperations- und Finanzierungsformen zu entwerfen.

Literatur

Bayerisches Sozialministerium (Hrsg.) (2007). Kinderschutz braucht starke Netze. München: BayStMAS.
Bundesministerium für Familie, Senioren, Frauen und Jugend (BMFSFJ) (1998). 10. Kinder- und Jugendbericht: Bericht über die Lebenssituation von Kindern und die Leistungen der Kinderhilfen in Deutschland. Bundestagsdrucksache 13/11368. Bonn. Zugriff am 03.05.2010 unter http://www.jugendserver.de/uploadfiles/10_Jugendbericht_gesamt.pdf.
Deneke, C. (2005). Misshandlung und Vernachlässigung durch psychisch kranke Eltern. In G. Deegener, W. Körner (Hrsg.), Kindesmisshandlung und Vernachlässigung (S. 141–154). Göttingen: Hogrefe.
Deneke, C. (2008). Ein Netzwerk aufbauen. Die Erfahrungen in Hamburg. In F. Mattejat, B. Lisofsky (Hrsg.), Nicht von schlechten Eltern. Kinder psychisch Kranker (S. 197–206). Bonn: Balance Buch und Medien Verlag.
Franz, M., Jäger, K. (2007). Interdisziplinäre Anforderungen und Herausforderungen in der Prävention und Versorgung von Kindern psychisch kranker Eltern. In U. Ziegenhain, J. Fegert (Hrsg.), Kindeswohlgefährdung und Vernachlässigung (S. 152–160). München: Ernst Reinhardt.
Kölch, M., Schielke, A., Becker, T., Fegert, J. M., Schmid, M. (2008). Belastung Minderjähriger aus Sicht der psychisch kranken Eltern. Nervenheilkunde, 27 (6), 527–532.
Krohn, L., Deneke, C., Wiegand-Grefe, S. (2008). Kinder depressiver und psychiatrisch unauffälliger Eltern in der Kinder- und Jugendpsychiatrie. Praxis der Kinderpsychologie und Kinderpsychiatrie, 57 (7), 536–554.
Küchenhoff, B. (1998). Welche Hilfen werden gewünscht? Eine Befragung von Eltern, Kindern und Bezugspersonen. In F. Mattejat, B. Lisofsky (Hrsg.), Nicht von schlechten Eltern. Kinder psychisch Kranker (S. 103–106). Bonn: Psychiatrie.
Lenz, A. (2005). Kinder psychisch kranker Eltern. Göttingen u. a.: Hogrefe.
Mattejat, F., Lisofsky, B. (Hrsg.) (2008). Nicht von schlechten Eltern. Kinder psychisch Kranker. Bonn: Balance Buch und Medien Verlag.
Münder, J., Mutke, B., Schone, R. (2000). Kindeswohl zwischen Jugendhilfe und Justiz. Professionelles Handeln in Kindeswohlverfahren. Münster: Votum.
Plauth, G., Eckert, S. (1998). Zusammenarbeit ist möglich. Eine Psychiaterin und eine Familienhelferin berichten. In F. Mattejat, B. Lisofsky (Hrsg.), Nicht von schlechten Eltern. Kinder psychisch Kranker (S. 166–170). Bonn: Psychiatrie.
Reckel, K. (1998). Differenzierte Angebote sind nötig. Tagesstätte und Mutter-Kind-Be-

treuung in der Klinik Königshof, Krefeld. In F. Mattejat, B. Lisofsky (Hrsg.), Nicht von schlechten Eltern. Kinder psychisch Kranker (S. 134–138). Bonn: Psychiatrie.

Remschmidt, H., Mattejat, F. (1994). Kinder psychotischer Eltern. Göttingen: Hogrefe.

Romer, G. (2007). Kinder körperlich kranker Eltern: Psychische Belastungen, Wege der Bewältigung und Perspektiven der seelischen Gesundheitsvorsorge. Praxis der Kinderpsychologie und Kinderpsychiatrie, 56 (10), 870–890.

Schmid, M., Schielke, A., Fegert, J. M., Becker T., Kölch, M. (2008). Kinder psychisch kranker Eltern. Nervenheilkunde, 27 (6), 521–526.

Schone, R. (1998). Die Unterstützung der Familie hat Vorrang. Zur Wahrnehmung der elterlichen Sorge durch psychisch Kranke. In F. Mattejat, B. Lisofsky (Hrsg.), Nicht von schlechten Eltern. Kinder psychisch Kranker (S. 107–117). Bonn: Psychiatrie.

Schone, R., Wagenblass, S. (2002). Wenn Eltern psychisch krank sind ... Kindliche Lebenswelten und institutionelle Handlungsmuster. Münster: Juventa Votum.

Schrappe, A. (2008). Verantwortung übernehmen. Die Arbeit der Evangelischen Beratungsstelle Würzburg. In F. Mattejat, B. Lisofsky (Hrsg.), Nicht von schlechten Eltern. Kinder psychisch Kranker. (S. 156–163). Bonn: Balance Buch und Medien Verlag.

Sommer, R., Zoller, P., Felder, W. (2001). Elternschaft und psychiatrische Hospitalisation. Praxis der Kinderpsychologie und Kinderpsychiatrie, 50 (7), 498–512.

van Santen, E., Seckinger, M. (2003). Kooperation: Mythos und Realität einer Praxis. Eine empirische Studie zur interinstitutionellen Zusammenarbeit am Beispiel der Kinder- und Jugendhilfe. Leverkusen: Leske + Budrich.

Auryn in Leipzig – vom Projekt zur Beratungsstelle

Melanie Gorspott

Kinder und Familien mit psychisch kranken Eltern sind Thema und Zielgruppe der Beratungsstelle »Auryn« in Leipzig. Lange Zeit wurde diese Klientel vergessen. Dies hat sich glücklicherweise in den letzten Jahren geändert. So gibt es mittlerweile einige Projekte in Deutschland, die betroffenen Kindern Hilfe und Unterstützung bieten.

Der Verein WEGE – für Angehörige und Freunde psychisch Kranker – hat sich diesem Thema bereits vor vielen Jahren angenommen. Kinder sind auch Angehörige, deshalb verdienen sie besondere Beachtung, denn sie sind im Zusammenleben mit psychisch kranken Menschen besonders hilfebedürftig. Im Rahmen der Vereinsarbeit mit Angehörigen, psychisch erkrankten Menschen und Fachkräften aus dem Gesundheitswesen ist ein Projekt entstanden, das sich zur anerkannten Beratungsstelle für Kinder und ihre Familien entwickelt und in Leipzig etabliert hat.

2002 startete das Projekt »Auryn« für Kinder psychisch kranker Eltern mit einer Anschubfinanzierung durch »Aktion Mensch« und entwickelte sich seitdem kontinuierlich zur Beratungsstelle für die gesamte Familie weiter. Heute wird sie als Fachberatungsstelle durch die Stadt Leipzig finanziert.

Die Erfahrungen aus Forschung und Praxis der letzten Jahre haben gezeigt, dass es nicht ausreicht, den Fokus ausschließlich auf die Kinder zu legen. Abgesehen von der negativen Wirkung auf das Selbstwertgefühl der betroffenen Eltern schränkt diese Formulierung auch den Blick auf Ressourcen ein, die in jeder Familie mehr oder weniger vorhanden sind. Dies sind oftmals nicht nur die Partner oder andere Angehörige, sondern auch die Eigenschaften und Fähigkeiten der Familienmitglieder, die dazu beitragen, dass das Familienleben trotz einer psychischen Belastungssituation nicht zusammenbricht.

Eine wertschätzende und vertrauensvolle Zusammenarbeit mit den Familien hat maßgeblich dazu beigetragen, dass die Klientenzahlen der Beratungsstelle kontinuierlich steigen. Derzeit suchen etwa 250 Familien pro Jahr Auryn auf. Etwa 15 Anfragen nach Beratung und Gruppenangeboten pro Monat sind die Regel. Diese Zahlen zeigen, wie wichtig ein niederschwelliges Angebot für Kinder und ihre Familien ist. Auch lassen sie den Schluss zu, dass durch die Etablierung von Auryn im Stadtgebiet Leipzig die Hemmschwellen der Familien, Hilfe anzunehmen, deutlich verringert werden. Mit unserer Präsenz und unserem Erfolg durchbrechen wir die Tabuisierung und Stigmatisierung psychischer Erkrankungen.

Die Arbeitsweise der Beratungsstelle

Die innere Haltung – Einstellung gegenüber psychisch kranken Eltern

Auryn vertritt den systemischen Ansatz und versteht sich als familienorientiert arbeitende Beratungsstelle. Kinder gehören in die Familie, deshalb beziehen wir möglichst beide Elternteile, und nach Bedarf weitere Familienmitglieder, wie Großeltern oder andere Verwandte, in den Hilfeprozess ein.

Grundsätzlich wird den Eltern (und ihren Kindern) Vertrauen in ihre Fähigkeiten entgegengebracht, ihre individuelle und familiäre Situation zu verändern bzw. zu verbessern. Alle Familienmitglieder erhalten Aufmerksamkeit und Verständnis. Erfahrungsgemäß stärkt dies die Bereitschaft, kontinuierlich zur Beratung zu erscheinen und regelmäßiger an Gruppen- und Freizeitangeboten teilzunehmen. Ohne die Mitwirkung der Eltern wäre auch die Arbeit mit den Kindern nicht möglich, da unsere Angebote auf freiwilliger Teilnahme der Familien beruhen.

Interdisziplinäre Teamarbeit und Qualitätssicherung

Zwei Sozialpädagoginnen mit systemischer Zusatzausbildung, eine Psychologin und eine Erziehungswissenschaftlerin bilden das Auryn-Team. Die enge Zusammenarbeit und regelmäßige Fallberatungen ermöglichen ein breites methodisches Handlungsspektrum, von dem die Mitarbeiterinnen gegenseitig, und damit auch die Familien, profitieren. Regelmäßige Fortbildungen und Supervisionen sind weitere Elemente der Qualitätssicherung und Modifikation der Angebote. So fließen neue wissenschaftliche Erkenntnisse, gesellschaftliche Veränderungen sowie familiäre Trends, z. B. der Anstieg alleinerziehender Mütter und Väter oder Patchworkfamilien, in die Arbeit mit den Familien ein.

Methodik

Da Auryn eine Vielzahl an Angeboten bereithält, ist es wichtig, bedarfsgerecht und auf den Einzelfall bezogen abzustimmen, welche Beratungssettings und Gruppen miteinander kombiniert werden. Dafür wird zu Beginn der Hilfe zunächst gemeinsam mit den Familien eine Vereinbarung getroffen. Diese enthält, welche Themen die Familie mitbringt, wie lange und in welchem zeitlichen Abstand Beratung stattfinden wird und an welchen Gruppen- oder Freizeitangeboten Eltern und Kinder teilnehmen. Die intensive Einbeziehung der Eltern in den Hilfeprozess stärkt die Wahrnehmung ihrer eigenen Bedürfnisse, ihr Selbstvertrauen sowie ihre Fähigkeit zur Selbstbestimmung und Beurteilung der Situation. Auch die Kinder werden, je nach Situation, Reife und Entwicklungsstand, in den Abstimmungsprozess einbezogen.

Kontaktaufnahme und Beendigung

In vielen Fällen nehmen die psychisch kranken Eltern selbst Kontakt zu Auryn auf. Häufig geschieht dies aber auch durch den nicht erkrankten Elternteil, Großeltern oder ältere Geschwister. Es wird ein erster Termin vereinbart. Ob ein Kind zum Erstgespräch mitkommt, hängt von der Familiensituation und von den Eltern ab, da diese zu Beginn häufig noch unsicher sind oder Angst vor dem haben, was sie erwartet. Um besonders ängstlichen Kindern ein unbeschwertes Kennenlernen der Beratungsstelle zu ermöglichen, können sie zunächst an einem der Gruppenangebote teilnehmen und so spielerisch Kontakt zu den Mitarbeiterinnen aufbauen.

Aufgrund der Freiwilligkeit sind die Familien meist gut motiviert, an ihren Schwierigkeiten zu arbeiten und sich dabei auch unangenehmen Situationen zu stellen. Dies ist gegenüber Zwangskontexten ein deutlicher Vorteil, bedeutet aber auch, dass Kinder, deren Eltern unter schwereren Krankheitsverläufen leiden oder ihre psychische Störung verleugnen, nicht erreicht werden.

Wann die Teilnahme an Beratungen und Gruppenangeboten endet, kann stark variieren. Während der größte Teil der Familien Auryn über mehrere Monate aufsucht, reichen bei einigen Familien wenige Termine oder die Teilnahme an einem Kurs, z. B. dem Sozialen Kompetenztraining, aus. In einigen Fällen ist eine längerfristige Begleitung über ein Jahr und mehr erforderlich. Das Ende eines Beratungsprozesses wird gemeinsam mit den Familien festgelegt. Die Teilnahme an Gruppenangeboten oder Kursen ist jedoch darüber hinaus weiter möglich. Es kann auch vorkommen, dass Familien Auryn nach einiger Zeit wieder aufsuchen und erneut Beratung oder Unterstützung bei der Initiierung anderer Hilfen benötigen.

Beratungsgespräche

Ein Basiselement unserer Arbeit mit den Kindern und ihren Familien sind Gespräche, in denen schwierige Themen, Konflikte, Sorgen und Ängste zur Sprache gebracht werden. Je nach Familiensituation, Schwere der Erkrankung, Alter der Kinder und Problemlage finden Beratungsgespräche einzeln, mit der gesamten Familie oder auf Paarebene statt. Während Einzelgespräche den Kindern erleichtern, über ihre Ängste und Sorgen zu sprechen, können gemeinsame Gespräche helfen, die Kommunikation zu verbessern, andere Familienmitglieder besser zu verstehen und Verletzungen zu verarbeiten. Im Folgenden wird die Beratungsarbeit anhand von Schwerpunktthemen verdeutlicht.

Krankheitsaufklärung für Kinder und Jugendliche

Altersgemäß und kindgerecht erfahren die Kinder, dass bestimmte Verhaltensweisen und Schwierigkeiten der Eltern durch seelische Belastungen oder eine psychische Krankheit verursacht werden. Sie lernen, wie sie sich verhalten und was sie tun können, wenn es dem Elternteil schlecht geht. Dieses Verständnis befreit Kinder von Schuldgefühlen, Unsicherheit sowie Angst und hilft, schwierige Krankheitsphasen besser zu meistern. Besonders wichtig ist, den Kindern zu vermitteln, dass sie, wie andere Kinder, lachen und fröhlich sein dürfen, auch wenn die Eltern krank sind.

Jugendliche interessiert darüber hinaus, ob sie die Krankheit ihrer Eltern auch bekommen können und wie sie mit Gefühlsschwankungen zwischen Liebe, Verantwortungsgefühl, Wut, Abgrenzung und damit verbundenen Schuldgefühlen zurechtkommen.

Je nach Bedarf und Vereinbarung kann die Krankheitsaufklärung in Einzelgesprächen mit den Kindern stattfinden. Dies geschieht besonders dann, wenn die Eltern sich nicht in der Lage fühlen, im Gespräch darüber dabei zu sein. Bewährt hat sich aber zudem, die Eltern selbst zu befähigen, mit den Kindern über die Erkrankung zu sprechen. Dies kann in Einzelgesprächen mit den Eltern vorbereitet werden. Im anschließenden Gespräch mit dem Kind werden die Eltern von der Beraterin unterstützt und begleitet.

Zudem bietet Auryn auch die Möglichkeit, Krankheitsaufklärung im Rahmen des Sozialen Kompetenztrainings für Kinder und Jugendliche zum Thema zu machen. Vorteil dabei ist, dass die Kinder gemeinsam über ihre Situation zu sprechen lernen und erfahren, dass sie nicht allein damit sind.

Krisenprävention und Krisenintervention

In den Beratungsgesprächen werden mit den Familienmitgliedern Krisenpläne erarbeitet, damit die Kinder, der betroffene sowie der nicht erkrankte Elternteil und andere wichtige Bezugspersonen wissen, was zu tun ist, wenn sich die Erkrankung verschlimmern sollte. Dazu gehört auch, den Eltern und Bezugspersonen zu vermitteln, woran sie erkennen können, dass sich der seelische Zustand wieder verschlechtert, und auf sogenannte Frühwarnsymptome aufmerksam zu machen.

Tritt eine krisenhafte Situation ein, erfahren die Familien bei Auryn unverzüglich Unterstützung bei der Bewältigung. Diesbezüglich werden Angehörige, behandelnde Ärzte, Psychotherapeuten oder andere Dienste einbezogen. Eine gute fachübergreifende Zusammenarbeit mit den Fachkräften des Gesundheitswesens und der Jugendhilfe ist dabei für eine bestmögliche Bewältigung der belastenden Situation unerlässlich und wird von Auryn initiiert.

Unterstützung bei der Erziehung

Seelisch kranke oder belastete Eltern fühlen sich mit der Erziehung ihrer Kinder oftmals überfordert. Sie haben das Gefühl, ihrer Elternrolle nicht genügend gerecht werden zu können, da sie mit ihrer Erkrankung und anderen belastenden Dingen beschäftigt sind. Andere Eltern empfinden ihre Kinder als verhaltensauffällig und anstrengend. Hier hilft Auryn den Eltern, ihren Erziehungsstil zu überprüfen sowie alternative Methoden zu erlernen und zu erproben. Häufig haben die Eltern Schwierigkeiten mit dem Erkennen oder Deuten der kindlichen Signale und Bedürfnisse, mit dem Setzen von Grenzen, mit konsequentem Verhalten, mit einem entsprechenden Maß an emotionaler Nähe und Distanz sowie mit einer für das Kind wichtigen Tagesstrukturierung.

Streit und Konflikte zwischen den Eltern

Etwa 60 % der Eltern, die Auryn aufsuchen, sind alleinerziehend bzw. leben in Trennung. Eine Trennungssituation kann das gesamte Familiensystem belasten. Hier helfen Paarberatungen, bestehende Konflikte zwischen den Eltern zu lösen und Vereinbarungen über Umgang und Kindessorge zu treffen. Auch lernen die Eltern, wie sie sich verhalten können, damit die Kinder durch ihre Spannungen nicht noch zusätzlich belastet werden. Dies spielt auch in Familiengefügen eine Rolle, in denen Eltern bereits getrennt leben, aber immer noch bzw. immer wieder über den Umgang oder das Sorgerecht streiten.

Kinder und Jugendliche erhalten die Möglichkeit, in Form von Einzel- oder Familiengesprächen über die Trennungssituation zu sprechen. Sie geraten oft in Loyalitätskonflikte, fühlen sich schuldig oder machen den erkrankten Elternteil verantwortlich. Das Verständnis der Eltern untereinander und für das Erleben der Situation aus kindlicher Sicht kann die Situation erleichtern.

Schaffung persönlicher und professioneller Netzwerke

Da viele betroffene Eltern, und ebenso die Kinder, über keinen festen Freundeskreis verfügen und sich aus dem gesellschaftlichen Leben weitgehend zurückziehen, kann dies zusätzlich eine negative Wirkung auf das Selbstwertgefühl haben. Auryn hilft den Eltern beim Knüpfen persönlicher Netzwerke und unterstützt die Kinder dabei, Freunde zu finden. Darüber hinaus werden die Eltern ermutigt, für sich und ihre Kinder Vereine, Sportgruppen oder Initiativen in ihrer näheren Umgebung zu finden, um der Isolation entgegenzuwirken.

Auch unterstützt Auryn erkrankte Eltern dabei, psychotherapeutische und psychiatrische Hilfe oder auch Selbsthilfegruppen zu finden, und informiert über Angebote anderer Einrichtungen. Die Zusammenarbeit mit Lehrer/-innen und Erzieher/-innen ist oftmals unerlässlich. Je nach Bedarf begleitet Auryn die Familien zu Gesprächen mit anderen Fachkräften oder arbeitet mit verschiedenen Einrichtungen zusammen, wenn die Eltern einverstanden sind.

Frühe Hilfen

Die harmonische Beziehung zwischen einer Mutter und ihrem Neugeborenen bildet die Grundlage für eine sichere Bindung. Seelische Belastungen und psychische Erkrankungen können Sorgen und Ängste im täglichen Miteinander entstehen lassen und Störungen der kindlichen Entwicklung zur Folge haben. Auryn bietet psychisch kranken Schwangeren und jungen Müttern mit seelischen Belastungen Beratung zur Förderung der Mutter-Kind-Beziehung an, die durch ein speziell auf diese Thematik ausgerichtetes Gruppenangebot ergänzt wird.

Gruppenarbeit

Die Arbeit in Gruppen ermöglicht es Kindern, ihre individuellen und sozialen Fähigkeiten zu stärken und Ressourcen zu aktivieren. Dies fördert das Selbstwertgefühl und steigert die Selbstwirksamkeitsüberzeugung. Damit sind Kinder weniger anfällig für Stress und können Belastungssituationen besser verarbeiten und meistern.

Werden die Eltern in die Gruppenarbeit einbezogen, dann können diese Erfahrungen auch unmittelbar in der Familie gemacht werden und positive Ereignisse, Gefühle und Freude an der gemeinsamen Beschäftigung erlebbar werden.

Die Teilnahme an Gruppenangeboten wird mit den Familienmitgliedern in begleitenden Gesprächen thematisiert. So ist es möglich, gemachte Erfahrungen auszuwerten und zu verarbeiten sowie Schwierigkeiten, Unsicherheiten und Ängste abzubauen. Positive Entwicklungen werden so nachhaltig in das Selbstkonzept der Kinder, Jugendlichen und Erwachsenen integriert und fördern das Selbstvertrauen sowie das Bewusstsein und die Hoffnung, dass Veränderungen möglich sind. Die Gruppenarbeit bei Auryn umfasst folgende Angebote:

Soziales Kompetenztraining

Das Soziale Kompetenztraining ermöglicht es Kindern und Jugendlichen, ihre individuellen Fähigkeiten zu fördern, ihre Kompetenzen im Umgang mit anderen Kindern zu erweitern und bisher nicht erkannte oder genutzte Ressourcen und Eigenschaften nutzbar zu machen. In Kursen für unterschiedliche Altersgruppen werden mit Hilfe von Rollenspielen, Übungen, Erfahrungsaustausch und durch die Vermittlung von Wissen neue und positive Erfahrungen möglich. So lernen die Kinder, mit ihren Gefühlen zurechtzukommen, positive Gefühle wahrzunehmen und negative Gefühle wie Ärger und Wut auszuleben. Sie trainieren ihre Kommunikation mit anderen Kindern und sich zu behaupten in schwierigen Situationen, z. B. bei Hänseleien durch Mitschüler. Die Vermittlung von Strategien zur Problemlösung und Bewältigung schwieriger Situationen stellt einen weiteren wichtigen Schwerpunkt dar. So können die Kinder lernen, Empfindungen wie Hilflosigkeit und Angst zu überwinden und sich Hilfe zu suchen. Sie erfahren, dass es entlastend sein kann, mit anderen über Sorgen und Schwierigkeiten zu reden und damit nicht allein zu sein.

Auch die betroffenen Eltern können in Kursen ihre sozialen und persönlichen Fähigkeiten erweitern. Dabei stehen vor allem die Bewältigung der eigenen Erkrankung und Fragen der Erziehung im Vordergrund. Die Eltern können sich untereinander austauschen und mit Hilfe von Rollenspielen und Übungen alternative Handlungsweisen trainieren, die ihre Erziehungsfähigkeit stärken und Spannungen, Streit, emotionale Distanz, Rollenverschiebungen und inkonsequentes Verhalten verringern. Sie lernen auch, die Bedürfnisse ihrer Kinder besser zu erkennen und sie nicht zu überfordern.

Familientage

Ob Klettern, Volleyball, kreatives Gestalten mit Farben, Holz oder Ton, Faschings- und Weihnachtsfeiern, gemeinsames Kochen oder Ausflüge ins Museum – Aktivitäten für die ganze Familie helfen, die Eltern-Kind-Beziehung zu verbessern. Gemeinsames Erleben und Gestalten fördern emotionale Nähe und einen harmonischen Umgang miteinander. So können Eltern lernen, geduldig und einfühlsam mit ihren Kindern umzugehen. In einer unbeschwerten Umgebung außerhalb des gewohnten Alltags wird es möglich, Neues an sich und am Anderen kennen zu lernen und sich gegenseitig positiv zu erleben. Da es Aufgabe der Eltern ist, auf das Einhalten der Gruppenregeln zu achten, üben sie sich darin, Verantwortung für sich und andere zu übernehmen und Konflikte, z. B. zwischen Kindern, zu lösen. Die Gruppenleiterin steht dabei unterstützend zur Seite.

Therapeutisches Malen

Diese Gruppe wird sowohl für Kinder als auch für Eltern angeboten. Wo Gefühle und das innere Erleben nicht zur Sprache gebracht werden können, hilft die Verarbeitung in Bildern. Unter fachlicher Anleitung malen die Teilnehmer in der Gruppe eigene Bilder oder es entstehen Gemeinschaftskunstwerke, an denen mehrere Teilnehmer der Gruppe mitwirken. So ist es möglich, sich innerhalb der Gruppe zurückzuziehen, ohne sich ausgeschlossen zu fühlen, oder die beflügelnde Erfahrung zu machen, gemeinsam etwas zu erschaffen. Die in dieser Gruppe entstehenden Kunstwerke finden in zahlreichen Ausstellungen große Beachtung, was sich wiederum positiv auf das Selbstwertgefühl der kleinen und großen Künstler auswirkt.

Sport und Bewegung

Dass Sport und Bewegung eine stimmungsaufhellende sowie psychisch und physisch stärkende Wirkung haben, ist hinreichend bekannt. Auryn nutzt diese Erkenntnisse und bietet für Kinder, Jugendliche und Erwachsene Sport, Spiel und Bewegung in Gruppen an. In einem eigens dafür hell und freundlich eingerichteten Sportraum können Kinder und Jugendliche ihre Beweglichkeit und Leistungsfähigkeit steigern, Erfolge sowie Spaß und Freude an sportlichen Spielen mit anderen Kindern erleben. Dies stärkt das Gemeinschaftsgefühl, motiviert dazu, soziale Kontakte außerhalb der Familie zu knüpfen, und wirkt der Isolation entgegen.

Auch für psychisch kranke Eltern werden Gruppen wie Line Dance, Yoga, Gymnastik oder Nordic Walking angeboten. Die regelmäßige Teilnahme an diesen Kursen steigert das Wohlbefinden, fördert die Teilnahme am gesellschaftlichen Leben und bietet eine gewisse Struktur, die psychisch kranken Menschen guttut.

Lern- und Schülerhilfe

Wenn das Lernen durch die seelische Belastung der Kinder erschwert oder zu Hause ein Konfliktthema ist, dann ist es hilfreich, Kinder und Jugendliche zusätzlich zu unterstützen und einen Ort zu haben, wo sie in Ruhe lernen können und Förderung erfahren. In der Lerngruppe bei Auryn treffen sich Kinder regelmäßig, um ihre Hausaufgaben zu machen, Lernstrategien zu erarbeiten oder mit ihren Eltern gemeinsam zu trainieren, wie diese sie am besten unterstützen können.

Frühe Hilfen

Leiden Mütter an einer postnatalen Depression oder einer anderen seelischen Störung und können sich dem Säugling oder Kleinkind nicht entsprechend zuwenden, können die Entwicklung und das seelische Wohl der Kinder stark beeinträchtigt sein. Hier gilt es, so früh wie möglich Hilfen anzubieten und die betroffenen Mütter in ihrer Situation zu unterstützen. Die Gruppe bietet Austausch mit anderen Müttern, Beobachtungsmöglichkeiten und die Vermittlung von Wissen und Handlungsweisen im Umgang mit dem Kind. Die Auseinandersetzung mit der Mutterrolle, der Umgang mit Stress, Erschöpfung und Überforderung, die Deutung von und die Reaktion auf kindliche Signale sowie die Förderung positiver Emotionen gegenüber dem Kind sind wichtige Themen der Gruppe. Die Teilnehmenden werden zudem durch Einzelgespräche und entwicklungspsychologische Beratung intensiv begleitet.

Gesprächskreis für erwachsene Kinder psychisch kranker Eltern

Junge Erwachsene, die mit psychisch kranken Eltern aufgewachsen sind, tragen oft noch Belastungen aus der Kindheit in sich. Oftmals wurde das Erlebte noch nicht verarbeitet und das Ablösen von den Eltern fällt schwer, da dies mit Schuldgefühlen verbunden ist. Der Gesprächskreis bietet die Möglichkeit, sich mit dem Geschehen auseinanderzusetzen und es zu verarbeiten, sich mit anderen erwachsenen Kindern auszutauschen und Wege in ein selbstbestimmtes Leben zu finden.

Netzwerkarbeit und Kooperation

Viele Familien mit psychisch kranken Eltern wissen (noch) nicht, wo sie sich im Notfall hinwenden können, wenn sie in eine seelische Notlage geraten. Der Weg zum Jugendamt oder in eine psychiatrische Klinik ist oft mit Angst verbunden oder wird nicht als notwendig erachtet und deshalb oft zu spät gegangen. Zudem sind Lehrer/-innen, Erzieher/-innen und andere Berufsgruppen, die mit Familien arbeiten, noch ungenügend über die Situation psychisch kranker Eltern und ihrer Kinder informiert und können somit entsprechende Hilfen nicht rechtzeitig anbieten oder vermitteln.

Aufklärung für Schulen und Kindertagesstätten

Für Lehrer/-innen und Erzieher/-innen bietet die Beratungsstelle Seminare an, um Wissen und Möglichkeiten im Umgang mit den betroffenen Kindern und ihren Eltern zu vermitteln. Darüber hinaus können Schulklassen die Beratungsstelle besuchen und erfahren, was psychische Erkrankungen sind und wie unsere Beratungsstelle arbeitet. So kann schon früh die Hemmschwelle für das Annehmen von Hilfe gesenkt und die Stigmatisierung psychischer Erkrankungen abgebaut werden.

Zusammenarbeit mit psychiatrischen Kliniken

Mit den psychiatrischen Kliniken in Leipzig bestehen Kooperationsvereinbarungen, um Patienten mit Kindern bereits während des Klinikaufenthaltes über Auryn zu informieren. Die Beratungsstelle besucht einmal im Monat psychiatrische Stationen und spricht Ärzte, Schwestern und Patienten an. So wird das Klinikpersonal dafür sensibilisiert, auch nach Elternschaft und Kindern der Patienten zu fragen. Darüber hinaus wirken sich die zeitnah einsetzenden Hilfen der Beratungsstelle nach der Entlassung aus dem Krankenhaus positiv und nachhaltig auf die Stabilisierung der betroffenen Eltern aus. Besonders den Kindern, wie auch der gesamten Familie, hilft Auryn, die schwierige Situation des Krankenhausaufenthaltes zu verarbeiten und präventive Handlungsmöglichkeiten zur Vermeidung einer erneuten seelischen Krise zu erarbeiten.

Vernetzung mit weiteren Angeboten

Die Beratungsstelle Auryn richtet ihre Hilfen nach dem individuellen Bedarf der Familien aus. Beratungs- und Gruppenangebote reichen jedoch in manchen Fällen nicht. So wird die Kontaktaufnahme zu verschiedenen anderen Institutionen gefördert und nach Bedarf begleitet. Die Mitarbeiterinnen von Auryn klären über Hilfen des Jugendamtes und anderer Institutionen auf und befähigen die Familien, diese auch anzunehmen, da dieser Schritt zumeist mit Angst und großer Unsicherheit verbunden ist.

Resümee

Auryn ist es gelungen, die Situation vieler Kinder und ihrer Familien zu verbessern und zu erleichtern. Das komplexe Methodenspektrum und die Zusammenarbeit mit verschiedenen Einrichtungen haben sich bewährt und sollen in gleichbleibender Qualität beibehalten und ausgebaut werden. Wünschenswert wäre eine Etablierung weiterer Einrichtungen dieser Art in Deutschland. Es ist jedoch sinnvoll, auch auf bestehende Strukturen und Angebote im Rahmen der Jugendhilfe und des Gesundheitswesens zurückzugreifen und diese auszubauen. Beispielsweise könnte die Zuständigkeit von Sozialdiensten in psychiatrischen Kliniken für Angehörige und Kinder hilfreich sein und für eine schnellere Vermittlung von Hilfen sorgen. Auch Kinder- oder Angehörigengruppen in Kliniken können Entlastung bringen. Im Bereich der Jugendhilfe wären speziell für psychisch kranke Eltern zuständige Ansprechpartner oder entsprechende Schulungen der Mitarbeiter nützlich. Viele Mitarbeiter/-innen der Jugendhilfe wissen noch zu wenig über die Besonderheiten in der Beziehung zwischen psychisch kranken Eltern und ihren Kindern bzw. die Auswirkungen einer psychischen Erkrankung auf das seelische Wohl der Kinder. Auch eine bessere Zusammenarbeit zwischen Psychiatrie, Jugendhilfe und Freien Trägern könnte eine gewinnbringende Wirkung haben, wenn es darum geht, so früh und bedarfsgerecht wie möglich Unterstützung und Hilfe zu gewährleisten.

KIPKEL – Präventionsprojekt für Kinder psychisch kranker Eltern

Susanna Staets

Ich möchte einleiten mit Zitaten aus Gesprächen mit Tobias, 17 Jahre, dessen Mutter bipolar erkrankt ist.

»Seit ich denken kann, mir bewusst bin, lebe ich mit einer psychisch kranken Mutter. Diese Krankheit, bzw. die Mutter mit dieser Krankheit, stand und steht immer im Mittelpunkt unserer Familie. Es sind Stimmungen, oder nicht von ihr erledigte Arbeiten, durch die wir uns benachteiligt, gestört oder verletzt fühlen. Und immer wieder diese endlosen, zermürbenden Auseinandersetzungen zwischen den Eltern. Die sich ständig wiederholenden Anschuldigungen, in die auch wir, ich und meine vier Jahre jüngere Schwester, mit einbezogen werden.

Erst als meine Leistungen in der zehnten Klasse immer schlechter wurden und Mutter an einem Abend im Psychoseseminar von diesem Projekt KIPKEL hörte, änderte sich in unserer Familie vieles. Ich konnte zum ersten Mal mit jemandem außerhalb der Familie über unsere Probleme reden, d. h., ich stellte fest, dass in unserer Familie doch einiges anders als in anderen Familien ist. Ich fühlte mich in diesen Gesprächen von der Beraterin angenommen, nicht bewertet oder verurteilt. Mir wurde meine Rolle in der Familie auf eine neue und andere Weise bewusst. Ich wurde schon sehr früh sozusagen seelischer Berater meiner Mutter, ihr Tröster und auch der Vermittler zwischen den Eltern. So habe ich gelernt, zuzuhören, Verständnis zu zeigen, Lösungen zu finden. Ich habe mich ständig bemüht, die Trennung der Eltern zu verhindern. Seit zehn Jahren steht eine mögliche Scheidung im Raum, schwebt sozusagen über uns. Seit Jahren lebe ich mit dem schrecklichen Gedanken, mich bei einer Trennung für ein Elternteil entscheiden zu müssen. Ich möchte bei meinem Vater leben, obwohl ich Ersatzpartner der Mutter geworden bin. Mein Vater hat einigermaßen klare Vorstellungen vom Familienleben. Aber er ist oft überfordert, weil er stark körperbehindert ist und neben seiner verantwortungsvollen Arbeit auch noch den größten Teil der Hausarbeit übernimmt.

Insbesondere in depressiven Phasen der Mutter, in denen sie einfach im Bett liegen bleibt, sich um nichts kümmert, vorrangig an ihr eigenes Wohl denkt, ist es besonders schwierig.

Aufgrund von Medikamenten, der mangelnden Bewegung und ihrer Esslust – das ist noch eine freundliche Umschreibung dieser Tätigkeit – ist sie immer dicker und unförmiger geworden. So ist sie heute kaum noch in der Lage, Treppen zu steigen. Ich schäme mich, mich mit ihr draußen zu zeigen, insbesondere an Schulveranstaltungen mit ihr teilzunehmen.

In der Schule hatte und habe ich einen schwierigen Stand. Ich werde gemobbt, so bezeichnet man das wohl, was man mit mir macht. Ich glaube, aufgrund meiner Unfähigkeit, mich zu wehren, auch sehr viel jüngeren Kindern gegenüber, bin ich zu einer komischen Figur geworden. Was ich gelernt habe in der Familie, ist reden und wieder reden. In der Gruppe ist das oft nicht erwünscht. Meine langen Monologe werden mit hässlichen und hämischen Bemerkungen unterbrochen. Ich glaube, man denkt über mich, dass ich auch verrückt bin. In der Arbeit im Projekt KIPKEL habe ich gelernt, mich besser abzugrenzen und auch andere Möglichkeiten zu entwickeln, mich zu wehren, eine klare Position in der Klasse zu bekommen. Im Umgang mit anderen wird mir meine ›besondere Art‹ bewusst und ich fühle mich auch ziemlich schlecht.

Neulich, als mein Vater mehrere Tage mit seinem Motorrad unterwegs war, habe ich versucht, in der Familie einigermaßen dafür zu sorgen, dass alles glatt lief. Als mein Vater nach Hause kam, stellte er erfreut fest, dass es ja auch ohne ihn gehe. Er übergab mir offiziell die Aufgabe, mich um Mutter zu kümmern und dafür zu sorgen, dass der Haushalt einigermaßen organisiert ist. An dieser Stelle bin ich förmlich geplatzt. Über viele Jahre war ich Schlichter, Vermittler, habe keine Chance gehabt, mich mit Gleichaltrigen auseinanderzusetzen. Ich fühle mich absolut verarscht, wenn mein Vater sich jetzt aus der Affäre zieht und mich mit diesen Aufgaben alleine lässt.

Ich weiß nun, dass ich nicht mehr in dieser Familie leben will und nur eine Chance habe, draußen klarzukommen, wenn ich in ein anderes Umfeld gehe. Am liebsten möchte ich in ein Internat.

Als ich in der Familie zum ersten Mal darüber sprach, ist meine Mutter fast zusammengebrochen. Sie sagt immer wieder, dass sie mich brauche und dass sie sich ohne mich so alleine fühle. Aber es kann doch nicht meine Lebensaufgabe sein, für meine Mutter zu sorgen. Der Vater ist wie immer unentschlossen. Er droht mit Scheidung, zieht aber keine Konsequenzen.

Ich denke auch an meine Schwester, die sich im Augenblick oft davonmachen kann in den Reitstall. Sie wird, wenn ich aus der Familie herausgehe, unweigerlich meine Rolle übernehmen müssen. Das tut mir leid, aber auch für sie kann ich nicht sorgen. Ich spüre in letzter Zeit eine riesige Wut in mir, die mich einerseits erschreckt, auf der anderen Seite wie ein Motor ist, für mich etwas zu verändern. Ich möchte, dass wir in einem gemeinsamen Gespräch mit der Beraterin darüber reden.«

Die spezifische Problematik von Kindern psychisch kranker Eltern

In der Familie haben sich im Beratungsverlauf viele Veränderungen ergeben: Die Eltern trennen sich, die Mutter zieht in eine eigene Wohnung und wird ambulant betreut, die Kinder bleiben beim Vater und versuchen mit dieser neuen Lebensform besser zurechtzukommen.

Kinder psychisch kranker Eltern sind oft über längere Zeiträume elterlichen Verhaltensweisen ausgesetzt, die sie weder verstehen noch verarbeiten können. Bereits Studien aus den 1970er Jahren (Lenz, 2008) geben Hinweise darauf, dass Kinder mit psychisch erkrankten Eltern gegenüber der Vergleichsgruppe ein etwa zwei- bis dreifach erhöhtes Risiko tragen, selbst psychisch zu erkranken. Remschmidt und Mattejat (1994) weisen darauf hin, dass ca. ein Drittel der stationär in der Kinder- und Jugendpsychiatrie behandelten Patienten selbst psychisch erkrankte Elternteile haben.

Doch auch wenn sie nicht selbst psychisch erkranken, leiden die betroffenen Kinder unter einer Reihe von unmittelbar durch das Erleben der Krankheit der Eltern hervorgerufenen Problemen und Folgeproblemen, die aus der sozialen Situation der Familie erwachsen. Diese sind nach Mattejat (1996):

- *Desorientierung:* Kinder können elterliche Krankheitssymptome und Verhaltensweisen nicht verstehen und einordnen.
- *Schuldgefühle:* Viele Kinder glauben, dass sie an den psychischen Problemen der Eltern schuld sind und sie die Krankheit durch ihr Verhalten verursachen.
- *Tabuisierung und Kommunikationsverbot:* Die Krankheit wird häufig als »Familiengeheimnis« behandelt. Die Kinder haben das Gefühl, dass es ein Verrat an den Eltern sei, die Probleme anderen mitzuteilen, oder es wird ihnen von den Eltern explizit verboten.
- *Isolierung:* Als Folge der Tabuisierung können die Kinder auch mit ihren Freunden und anderen Vertrauenspersonen nicht über das sie belastende Thema der psychischen Erkrankung sprechen und erhalten somit auch wenig Hilfe.
- *Beratungsdefizit:* Die Eltern sind mit ihren eigenen Problemen und der Bewältigung ihrer Krankheit überfordert, so dass die Kinder häufig zu wenig Aufmerksamkeit, Fürsorge und Anleitung erhalten.
- *Zusatzbelastung und Parentifizierung:* Die Kinder übernehmen häufig Aufgaben in der Familie, die die Eltern aufgrund ihrer Erkrankung nicht bewältigen können. In vielen Fällen fühlen sich Kinder für das Wohlergehen der Eltern und/oder jüngerer Geschwister verantwortlich, wodurch sie überfordert sind.
- *Abwertungserlebnisse:* Die Kinder erleben, dass ihre Eltern, aber auch die gesamte Familie und sie selbst aufgrund der psychischen Erkrankung von anderen Menschen abgewertet werden.
- *Loyalitätskonflikte innerhalb der Familie:* Als Folge der psychischen Erkrankung kommt es oft zu Konflikten zwischen den Eltern, in die die Kinder mit hineingezogen werden, indem sie als Vermittler fungieren sollen oder sich für ein Elternteil entscheiden sollen.
- *Loyalitätskonflikt nach außen:* Die Kinder schämen sich für das seltsame Verhalten des erkrankten Elternteils, wollen Vater oder Mutter aber auch nicht verteidigen, so dass sie oft wechseln zwischen Distanzierungsbestrebungen von der Familie und großer Loyalität.

Selbstverständlich gehen Kinder mit diesem Problem sehr unterschiedlich um und zeigen vielfältige Reaktionen.

In Deutschland begann eine intensive Auseinandersetzung mit dieser Problematik ab etwa 1996 im Rahmen von Veröffentlichungen und Fachtagungen und schließlich die Entwicklung verschiedener Initiativen zur Unterstützung der betroffenen Kinder und Familien.

KIPKEL – Ein ambulantes Präventionsprojekt für Kinder psychisch kranker Eltern

Das Präventionsprojekt KIPKEL (Kinder psychisch kranker Eltern) wurde 1998 von mir entwickelt. Zielsetzung des Projekts ist es, die Persönlichkeitsentwicklung der Kinder in einem schwierigen familiären Umfeld zu unterstützen, die Erziehungskompetenz der Eltern zu fördern und gemeinsam mit der Familie Lösungsstrategien für die vielfältigen Probleme zu erarbeiten.

KIPKEL betreut Familien mit minderjährigen Kindern, in denen ein oder beide Elternteile an einer affektiven und schizophrenen Psychose oder an einer schweren Persönlichkeitsstörung leiden.

Voraussetzung für die Akzeptanz des Präventionsprojekts durch die betroffenen Familien ist dabei vor allem eine niedrige Eingangsschwelle. Es müssen die Sorgen und Ängste der Eltern entkräftet werden. Die Eltern haben Angst vor der Herausnahme der Kinder aus der Familie, vor dem Verlust der elterlichen Kompetenz, der Stigmatisierung, dem Autoritätsverlust, vor Liebesentzug der Kinder, vor Gesprächen mit den Kindern über ihre Erkrankung. Sie haben Angst, dass ihre Kinder durch Gespräche und Informationen selbst sehr belastet werden.

Arbeit mit den Kindern und Familien

Der Erstkontakt mit den Eltern erfolgt in der Regel im Projekt während des stationären Aufenthaltes in der Klinik, auf Akutstationen, auf einer offenen Station, auf der Therapiestation und auch in der Tagesklinik. In diesen ersten Gesprächen geht es zunächst um den Abbau von Ängsten und den Aufbau einer Vertrauensbasis. Für die meisten Eltern ist dieses Gesprächsangebot eine erste Möglichkeit, über ihre Sorgen, ihre Ängste um die Kinder zu reden. Viele Eltern geben an, dass ihre Kinder die Erkrankung nicht bemerken, weil sie sich sehr vernünftig verhalten und auch keine Fragen stellen. Die Kinder fragen nicht, weil sie Angst haben, dadurch die Eltern zu belasten oder zu irritieren. Diese gegenseitige Rücksichtnahme verhindert Kommunikation innerhalb der Familie. So geht es in den Gesprächen mit den Eltern oft auch darum, sie zu sensibilisieren, ihre Kinder als Betroffene wahrzunehmen und ihnen die Einwilligung zu geben, über ihre Erfahrungen und Gefühle zu sprechen. Die Eltern werden darüber informiert, dass diese ersten Kontaktgespräche in Zusammenarbeit mit den Ärzten erfolgen. Diese Transparenz baut Ängste ab und ermöglicht uns in der Arbeit mit den Eltern, offen zu sein.

Wenn erforderlich, werden auch schon Partner zu diesen Gesprächen in die Klinik eingeladen, um auch deren Einwilligung für die Betreuung der Kinder in der Praxis zu erwirken. In diesen Elterngesprächen werden oft die persönlichen Nöte, Belastungen, die Sorgen um die Kinder, aber auch schon erste Veränderungs- und Betreuungswünsche deutlich.

Das Projekt KIPKEL gehört heute selbstverständlich zum Betreuungsangebot der zuständigen psychiatrischen Klinik. Bei der Aufnahme der Eltern wird nach ihren Kindern, deren Alter und deren Versorgung während des Klinikaufenthaltes der Eltern gefragt. Sie werden zudem auf das Kontaktangebot des Projekts hingewiesen, so dass die Eltern vorbereitet sind.

Zusätzlich soll weiterhin eine Elterngruppe auf der Station stattfinden, in der über Erziehungsfragen und Verhaltensweisen der Kinder in verschiedenen Entwicklungsstadien gesprochen wird. Im Anschluss an diese Gruppe sind die Eltern eher bereit, sich mit anderen Patienten über ihre Kinder auszutauschen.

So werden Wünsche nach Hausbesuch oder Anwesenheit einer vertrauten Person beim ersten Familiengespräch geäußert. Auch ermutigen wir die Eltern, uns Erlaubnis zu geben, mit bereits vorhandenen Helfersystemen in Kontakt zu kommen, um die Hilfe zu koordinieren. Diese Transparenz hilft, Ängste der Eltern abzubauen.

Diese Form der Kontaktaufnahme und Gestaltung erfolgt auch bei Überweisungen durch Jugendämter, sozialpsychiatrische Dienste, Betreuungsvereine und freie Verbände.

Erstgespräch mit der Familie in der Praxis

Nach der Entlassung der Eltern aus der Klinik werden alle Familienmitglieder zu einem Gespräch eingeladen. Selten wird schon bei diesem ersten Treffen das Thema psychische Krankheit von Vater oder Mutter vertieft. Die Kinder berichten aus ihrer Erlebniswelt, über eventuelle gemeinsame Aktivitäten in der Familie usw. Diese behutsame Annäherung an ein gemeinsames schwieriges Thema, an gemeinsame belastende Erfahrungen wird von uns begleitet und unterstützt. Das erste Familiengespräch schließt ab mit einer Vereinbarung für eine weitere Zusammenarbeit und Terminabsprachen für die Treffen mit den Kindern und Eltern.

Arbeit mit den Kindern im Einzelkontakt

Nach ersten diagnostischen Kontakten mit den Kindern wird geklärt, ob das präventive Angebot ausreicht oder bereits eine therapeutische Arbeit mit den Kindern erfolgen muss. Wir unterstützen dann die Eltern bei der Suche nach einem Therapeuten.

Kinder haben meistens eigene Themen: Trennung, Scheidung der Eltern, Wohnungswechsel, Verlust von Freunden, Schulprobleme usw. Über die Erkrankung von Vater oder Mutter können Kinder erst dann sprechen, wenn eine Vertrauensbasis aufgebaut ist.

Es ist immer wieder beeindruckend, wie sensibel Kinder jede kleinste Veränderung im Verhalten der Eltern wahrnehmen. Sie können als Seismograph der Krankheitsentwicklung der Eltern gelten. In diesen Kontakten wird deutlich, wie sehr die Kinder durch die Krankheit von Vater oder Mutter belastet sind. Sie fühlen sich verantwortlich, stellen eigene Wünsche zurück und übernehmen sehr häufig sie weit überfordernde Aufgaben in der Familie. Sie verweigern oft aus Scham und Unsicherheit Kontakte mit Gleichaltrigen. Sie wollen Freunde nicht mit in die belastende häusliche Atmosphäre nehmen. Sie sind Spielpartner und Ratgeber für jüngere Geschwister. Gleichzeitig können sie die Fragen der Freunde, z. B. zu auffälligen Verhaltensweisen oder Reden des erkrankten Elternteils, nicht beantworten, weil sie keine Antworten haben und selbst durch solche Verhaltensweisen verwirrt und irritiert sind. Sie haben keine Sprache für das auffällige Verhalten der Eltern in der Krankheitsphase. Durch spielerisches und kreatives Gestalten gelingt es, innere Bilder, Phantasien und Gefühle der Kinder nach außen zu bringen und Wege zur Entlastung zu finden.

Fallbeispiel: Tina, 5 Jahre, Mutter mit Borderline-Erkrankung

»Ich durfte mal wieder nicht auf den Spielplatz, musste wieder zu Hause herumsitzen, habe mein Kaninchen geärgert. Meine Mutter kann nicht auf die Straße gehen, weil sie Angst hat. Sie weiß nicht wovor. Ich verstehe das nicht. Ich möchte wie andere Kinder draußen spielen. Ich darf nicht alleine rausgehen. Mama hat Angst, mir könnte etwas passieren. Ich soll warten, bis der Vater nach Hause kommt von der Arbeit. Aber der ist müde, hat oft keine Lust, mit mir zu spielen. Und dann streiten sich Mama und Papa. Sie schimpfen laut miteinander. Oft reden sie über mich. Die Mutter ärgert sich, weil der Vater sich keine Zeit für mich nimmt. Ich halte mir dann die Ohren zu. Am liebsten würde ich abhauen zu den Nachbarn, aber das darf ich auch nicht. Abends kann ich oft nicht einschlafen, bin traurig und wütend. Mama ist ganz dick geworden. Sie sieht ganz anders aus. Oft weint sie und sitzt einfach da. Sie sagt, dass sie dick geworden sei, weil sie Tabletten einnehme. Es gibt also Tabletten, die dick machen. Ich finde das nicht so schön. Als meine Mama noch nicht so dick war, fand ich sie viel schöner. Ich möchte nicht mehr in den Kindergarten, weil Kinder mich dort ärgern. Dann ist ein Junge da, der schlägt mich immer. Es passt keiner auf mich auf. Ein Kind hat auch gesagt, dass ich eine blöde Mama habe. Ich habe das der Erzieherin gesagt, aber die hat nichts gemacht.«

Kinder werden nach den ersten Einzelkontakten gemeinsam mit den Geschwistern eingeladen, um zusammen mit ihnen über eine Form der Aufgabenverteilung, gemeinsame Aktivitäten, über mögliche Rollenveränderungen zu sprechen. Hier ist immer die Einbeziehung und Unterstützung der Eltern bzw. des erkrankten Elternteils notwendig.

Familienarbeit

Im Familiengespräch mit allen Familienmitgliedern und einem Facharzt können Kinder zum Beispiel Fragen zur Erkrankung von Vater oder Mutter, zur Behandlung und auch zu Klinikaufenthalten stellen. Häufig äußern sie hier Angst vor einer möglichen eigenen Erkrankung. Die ärztlichen Informationen sind gleichermaßen für Eltern und Kinder entlastend. Die Kinder erfahren, dass ihr eigenes Verhalten und auch ihre Unterstützung die Krankheit der Eltern weder auslösen noch heilen können. Sie werden von Schuldgefühlen entlastet, sie können sich besser abgrenzen und gewinnen mehr Sicherheit im Umgang mit Gleichaltrigen.

In weiteren Familiengesprächen geht es auch um Lösungs- und Bewältigungsstrategien in der Familie. Das können z. B. die Aufnahme des kranken Elternteils in einer Tagesstätte oder einer Form betreuten Wohnens, Hilfen im Haushalt oder auch Unterstützung der Kinder bei Schulproblemen sein.

Die Familiengespräche ebnen den Weg zu größerer Offenheit, zu gegenseitigem Verständnis, zum Abbau von Angst und Schuldgefühlen, sowohl bei den Eltern als auch bei den Kindern. Positive Lösungsansätze aus der Vergangenheit und Stärken der einzelnen Familienmitglieder werden in diesen Gesprächen deutlich. Sie spielen eine wichtige Rolle für die Erarbeitung von Zukunftsperspektiven. Die Anwesenheit des erkrankten Elternteils und dessen aktive Mitgestaltung fördern die Kommunikation in der Familie.

Gruppenarbeit

Nach den Einzelkontakten mit den Kindern und den Familiengesprächen bieten wir eine kleine Gruppe an, in der Themen zur Erkrankung der Eltern und den damit verbundenen Problemen vertieft werden, aber auch offene Fragen gestellt werden. Kinder können ihre Erfahrungen austauschen, über ihre Lösungsstrategien sprechen, vor allem aber spielen, entspannt sein und neu erworbene Freiheiten erproben und genießen.

Nach Abschluss der Einzel- und Gruppenarbeit besteht für die Kinder die Möglichkeit, weiterhin Kontakt zu halten und bei Bedarf auch wieder intensivere Unterstützung zu bekommen.

Elternarbeit

Die Arbeit mit den Kindern im Projekt beinhaltet immer intensive Elternarbeit. Ziel der Arbeit ist es, den Eltern zu helfen, ihre Elternrolle neu zu definieren und ihnen ihre Kompetenzen, die sie trotz ihrer Erkrankung haben, aufzuzeigen.

Die Eltern erleben, dass ihre Kinder Wünsche nach Autonomie haben. Dies ist oft begleitet von Angst vor dem Verlust der stützenden Fürsorge der Kinder, enthält aber auch die Chance, wieder Eigenverantwortung zu übernehmen und sich neuen Erfahrungen zu stellen.

Die Unsicherheit der Eltern, mit ihren Kindern über die Erkrankung, ihre Befindlichkeit und auch über notwendige stationäre Behandlungen zu sprechen, wird in dieser Betreuungsphase besonders deutlich. Sie sind häufig davon überzeugt, dass ihre Kinder nicht belastet sind, weil sie keine Fragen stellen. Oder sie vermeiden das Thema »psychische Erkrankung«, weil sie befürchten, den Kindern dadurch noch mehr Sorgen zu bereiten. Die Eltern benötigen Unterstützung, um ihre Kinder ohne Schuldzuweisung als Betroffene wahrnehmen zu können. Sie tragen so dazu bei, das Schweigen innerhalb der Familie aufzulösen.

Vertraute Personen

Die Erfahrungen zeigen, dass eine sogenannte vertraute, von den Kindern benannte Person wesentlich zur Entlastung und Stabilisierung der Familie beitragen kann. Diese vertraute Person – das können Großeltern sein, Onkel oder Tante, ein Nachbar oder ein Freund der Familie – wird mit allen Familienmitgliedern zusammen eingeladen. Es wird hier die Form der unterstützenden Hilfe für die Kinder festgelegt. Das ist z. B. möglich im Freizeitbereich, in Krisensituationen oder auch als Ansprechpartner.

Für Familien, die sehr isoliert und ohne familiäres Umfeld leben, muss eine ehrenamtliche Kraft gefunden werden, die auf diese Arbeit vorbereitet und von Mitarbeitern des Projekts begleitet wird.

Netzwerkarbeit

Der Aufbau von funktionierenden Netzwerken ist ein unverzichtbarer Teil der Projektarbeit. Diese Netzwerkarbeit zwischen den verschiedenen Institutionen ist insbesondere deshalb so wichtig, weil sich in der Vergangenheit gezeigt hat (Schone u. Wagenblass, 2002), dass schnelle und passende Hilfe für die betroffenen Kinder oft daran scheitert, dass sie durch das Netz zwischen den sehr unterschiedlichen Systemen der Kinder-/Jugendhilfe und der Erwachsenenpsychiatrie fallen. Sie werden häufig so lange übersehen, bis sie selbst auffällig werden.

Indem KIPKEL sich um Förderung des gegenseitigen Verständnisses und der Kooperation zwischen Erwachsenenpsychiatrie und Jugendhilfe bemüht, wird die Arbeit auf der professionellen Ebene erleichtert.

Netzwerkarbeit bedeutet auch, für die Kinder Möglichkeiten zu schaffen, an öffentlichen Veranstaltungen, wie Theater, Tanz, Musik, Freizeitangeboten etc., teilzunehmen. Durch unsere Kontakte zu verschiedenen Institutionen ist es zum Teil gelungen, den Familien eine kostenlose Teilnahme an Veranstaltungen zu ermöglichen. Wir bemühen uns weiterhin, den Kindern gezielte und gewünschte Förderungen, z. B. Kunst- und Musikunterricht oder Teilnahme an Sportveranstaltungen, zu vermitteln und Sponsoren für diese Veranstaltungen zu finden. Im Mittelpunkt unserer Arbeit stehen allerdings immer die Beziehung zwischen den Eltern und den Kindern und die Kommunikation in der Familie.

Resümee

KIPKEL hat in dem Zeitraum von zehn Jahren, von 1998 bis 2008,
- insgesamt über 800 Kinder und deren Familien betreut,
- ein enges Kooperationsnetz zwischen Erwachsenenpsychiatrie und örtlicher Jugendhilfe aufgebaut,
- mehr Transparenz und Offenheit innerhalb der betroffenen Familien und im familiären Umfeld erreicht,
- den Abbau von Tabus im Umgang mit psychisch kranken Menschen bewirkt,
- in der Öffentlichkeit Interesse für die Probleme der Kinder und deren psychisch kranke Eltern geweckt,
- fachliche Unterstützung beim Aufbau von weiteren Projekten für Kinder psychisch kranker Eltern geleistet.

Im Projekt sind fünf Mitarbeiter tätig (Kinder- und Jugendlichenpsychotherapeuten, Familientherapeuten, Sozialpädagogen und Sozialarbeiter). Dabei ist eine Fachkraft halbtags angestellt, die übrigen Mitarbeiter sind freiberuflich in unterschiedlicher Stundenzahl beschäftigt. Zusätzlich stehen zwei Fachärzte für Gespräche zur Verfügung.

Zur finanziellen Absicherung der praktischen Arbeit wurde ein Förderverein gegründet, der die rechtliche Anerkennung der Gemeinnützigkeit hat.

So ist es möglich, von Organisationen und Privatpersonen Spendengelder zu akquirieren. Eine öffentliche Förderung wurde erreicht, indem einige Städte ein Jahresbudget für das KIPKEL-Projekt bewilligten. Von Anfang an haben wir auf die Finanzierung des Projekts durch die gesetzlichen Krankenkassen verzichtet, um eine Pathologisierung der Kinder zu vermeiden und den präventiven Charakter unserer Arbeit zu gewährleisten.

Literatur

Lenz, A. (2008). Interventionen bei Kindern psychisch kranker Eltern. Grundlagen, Diagnostik und therapeutische Maßnahmen. Göttingen: Hogrefe.

Mattejat, F. (1996). Kinder mit psychisch kranken Eltern – Eine aktuelle Standortbestimmung. In Bundesverband der angehörigen psychisch Kranker e.V. (Hrsg.), Auch Kinder sind Angehörige – Dokumentation einer Fachtagung (S. 9–39). Bonn: BApK.

Remschmidt, H., Mattejat, F. (1994). Kinder psychotischer Eltern. Göttingen: Hogrefe.

Schone, R., Wagenblass, S. (2002). Wenn Eltern psychisch krank sind ... Kindliche Lebenswelten und institutionelle Handlungsmuster. Münster: Votum.

Aktuelle Forschung

Elterliche Erkrankung als Risikofaktor und psychische Gesundheit der Kinder

Entwicklungsrisiken von Kindern psychisch kranker Eltern – ein Überblick 145
Silke Wiegand-Grefe, Peggy Geers, Franz Petermann

Frühkindliche Bindung im Kontext einer depressiven Erkrankung der Mutter 171
Brigitte Ramsauer

Die psychosoziale Versorgung von Kindern stationär behandelter psychiatrischer Patienten – Realität und Wünsche 180
Marc Schmid, Jasmin Grieb, Michael Kölch

Elterliche Erkrankung und Gesundheit der Kinder 206
Silke Wiegand-Grefe, Peggy Geers, Franz Petermann, Angela Plass

Die Genderperspektive: Psychische Auffälligkeiten von Jungen und Mädchen 235
Angela Plass, Janna M. Ohntrup, Silke Wiegand-Grefe

Kinder psychisch kranker Eltern im Vorschulalter – Zusammenhänge zwischen psychischer Gesunheit und Familienfunktionalität im Vergleich verschiedener Altersgruppen 254
Philip Kaiser, Claudia Bockting, Silke Wiegand-Grefe, Angela Plass

Entwicklungsrisiken von Kindern psychisch kranker Eltern – ein Überblick

Silke Wiegand-Grefe, Peggy Geers, Franz Petermann

In diesem Beitrag werden Risiken für die psychische Gesundheit der Kinder getrennt nach den Diagnosegruppen (WHO, 2000) der Eltern dargestellt. Epidemiologische Studien zur Beeinträchtigung der psychischen Gesundheit im Kindes- und Jugendalter in der Normalbevölkerung, die eine Referenz für Studien zu den Risiken der Kinder von Eltern mit psychischen Störungen bilden, berichten übereinstimmend erhöhte Risiken für die psychische Gesundheit von Kindern psychisch kranker Eltern.

Epidemiologie psychischer Störungen im Kindes- und Jugendalter

Befunde zur Epidemiologie psychischer Störungen im Kindes- und Jugendalter variieren stark in den ermittelten Prävalenzraten. Die Studien unterscheiden sich in den Kriterien zur Fallbestimmung, den eingesetzten Erhebungsinstrumenten, der Gewichtung unterschiedlicher Informationsquellen, den ausgewählten Störungsbildern und Diagnosen, in der Größe, Zusammenstellung und Repräsentativität der jeweiligen Stichproben und in den zugrunde liegenden Erfassungszeiträumen (Petermann, 2005). Übersichtsarbeiten kommen zu etwas einheitlicheren Häufigkeiten psychischer Störungen im Kindes- und Jugendalter, die zwischen 10 und 20 % der Kinder in der Allgemeinbevölkerung liegen. Diese Prävalenzschätzungen hängen jedoch sehr stark davon ab, welche psychosozialen Beeinträchtigungen einbezogen und wie die unterschiedlichen Informationsquellen gewichtet werden.

Die häufigsten psychischen Störungen im Kindesalter sind externalisierende Störungen (ADHS, Störungen mit oppositionellem Trotzverhalten, Störungen des Sozialverhaltens) und Angststörungen. Im Jugendalter treten vermehrt depressive Störungen, Essstörungen und Störungen durch Substanzkonsum auf. Die Häufigkeiten von Ausscheidungsstörungen und Trennungsangst sowie von ADHS nehmen vom Kindes- zum Jugendalter hin ab. Insgesamt jedoch steigt die Häufigkeit psychischer Störungen mit dem Alter der Kinder an, d. h., grundsätzlich ermitteln empirische Untersuchungen mit steigendem Alter der

Kinder eine kontinuierliche Zunahme der psychischen Störungen (Petermann, 2005). Einerseits liegt der durchschnittliche Beginn für bestimmte Störungsbilder wie Depressionen oder Essstörungen im Jugend- und Heranwachsendenalter, andererseits bilden sich aus den psychischen Störungen in der Kindheit, wie ADHS oder Angststörungen, weitere Störungen im Jugendalter heraus.

Im Kindes- und Jugendalter äußern sich psychische Störungen sehr komplex, heterogen und in Abhängigkeit vom Entwicklungsalter unterschiedlich. Bei vielen Störungsbildern ist der Übergang vom angepassten zum auffälligen Verhalten und Erleben eher graduell und dimensional als kategorial. Da die Diagnosekriterien von ICD der WHO (2000) und DSM der APA (1984, 1989, 1996) kategorial aufgebaut sind, erklärt sich auch das signifikant erhöhte Risiko für komorbide Störungen bei Kindern und Jugendlichen mit einer Störungsdiagnose gegenüber unauffälligen Gleichaltrigen (Holtmann, Poustka u. Schmidt, 2004). In der repräsentativen epidemiologischen PAKID-Studie (Psychische Auffälligkeiten und Kompetenzen von Kindern und Jugendlichen in Deutschland, Döpfner et al., 1997) werden mit Hilfe der »Child Behavior Checklist« (CBCL) generelle Verhaltenstendenzen von Kindern und Jugendlichen im Alter von 4 bis 18 Jahren dimensional erfasst. Diese dimensionale Untersuchung ergibt ähnliche Alters- und Geschlechtseffekte wie kategorial orientierte Studien. In der Einschätzung der Eltern werden über die gesamte Altersspanne hinweg Jungen im Vergleich zu Mädchen als auffälliger bei den Aufmerksamkeitsproblemen und den externalisierenden Skalen (dissoziales und aggressives Verhalten) eingeschätzt. Mädchen beschreiben sich auf allen internalisierenden Skalen (sozialer Rückzug, körperliche Beschwerden, Angst/Depressivität) auffälliger als Jungen. Signifikant unterscheiden sich Mädchen und Jungen allerdings nur im Elternurteil auf der Skala »Körperliche Beschwerden«. Ebenfalls in der Elterneinschätzung nehmen mit dem Alter der Kinder internalisierende Auffälligkeiten (im Alter von 4 bis 11 Jahren) zu. Im Selbsturteil der Jugendlichen nehmen aggressiv-dissoziale Verhaltensweisen (von 12 bis 18 Jahren) zu, während aggressive Verhaltensweisen und Aufmerksamkeitsprobleme im Elternurteil eher abnehmen. In der Kindheit treten psychische Störungen häufiger bei Jungen auf, während sie im Jugendalter genauso oder sogar häufiger bei Mädchen auftreten (Holtmann u. Schmidt, 2004; Petermann, 2005). Emotionale Störungsbilder wie Angst und Depression treten genauso häufig auf wie externalisierende Störungen (Petermann, 2005).

Kinder von Eltern mit schizophrenen Störungen

Risiken für die psychische Gesundheit im Kindes- und Jugendalter

In der »Helsinki High-Risk Study« von Niemi, Suvisaari, Haukka und Lönnqvist (2005) wird der Nachwuchs von Müttern mit sogenannten Schizophrenie-Spektrum-Störungen (schizophrene, schizoaffektive, nicht näher spezifizierte psychotische, schizophrenieforme, schizotype Persönlichkeitsstörungen, bipolare und depressive Störungen mit psychotischer Beteiligung) seit 1974 untersucht, deren erster psychiatrischer Krankenhausaufenthalt nach der Geburt und vor der Einschulung der Kinder liegt. Diese Hochrisiko-Kinder unterscheiden sich durch häufigere emotionale Symptome im Vorschulalter, neurologische Auffälligkeiten sowie durch Aufmerksamkeitsprobleme und soziale Hemmungen im Schulalter von den Kindern der Vergleichsgruppe. Der Großteil dieser Probleme bilden Prädiktoren für ein breites Spektrum an psychischen Störungen in der Zukunft. Die berichteten emotionalen Symptome der Vorschulkinder werden näher als vermehrt ängstlich, zerstreut, depressiv oder zurückgezogen beschrieben (Deneke, 2001). Schulkinder weisen Defizite in der Aufmerksamkeit und Informationsverarbeitung, Beeinträchtigungen der schulischen und beruflichen Leistungen, vermeidendes, ambivalentes Bindungsverhalten sowie geringe soziale Kompetenzen auf (Deneke, 2001; Kühnel u. Bilke, 2004). Die Defizite in der affektiven Kontrolle (Deneke, 2001) kennzeichnen sich durch emotionale Instabilität, Stressübererregbarkeit, leichte Reizbarkeit, Ängstlichkeit, Stimmungsabhängigkeit und geringe Frustrationstoleranz (Kühnel u. Bilke, 2004). Im Jugendalter treten vermehrt kognitive Störungen auf (Deneke, 2001; Mattejat, 2001). Remschmidt und Mattejat (1994) zitieren verschiedene Studien aus den 1980er Jahren, die eine starke intraindividuelle Variabilität der kognitiven Funktionen bei den Kindern schizophrener Eltern finden, die beständig ist und bis in Erwachsenenalter andauert. 40 bis 60 % der Kinder mit einem schizophrenen Elternteil entwickeln unspezifische behandlungsbedürftige Störungen (Deneke, 2001).

Übereinstimmend werden neurologische Auffälligkeiten berichtet (Niemi et al., 2005; Mattejat, 2001). Im Verlauf der Risikoforschung werden bei Kindern schizophrener Eltern neurobiologisch begründete Risikofaktoren gefunden, die in dieser Gruppe in besonderer Weise auftreten. Bei 40 % der Verwandten ersten Grades schizophrener Menschen werden gehäuft Anzeichen für eine erhöhte Vulnerabilität im Zentralnervensystem gefunden: sogenannte neurointegrative Defizite (Deneke, 2001). Die Anzeichen für diese Defizite finden sich in Form von schlechterer sensumotorischer Koordination und Wahrnehmungsentwicklung schon bei 2- bis 4-jährigen Kindern schizophrener Eltern

(Asarnow, 1988). Im Vergleich dazu weisen 22 % der Kinder andersartig psychisch gestörter Menschen und nur 15 % der Kinder von gesunden Eltern diese Defizite auf (Deneke, 2001).

Auf der Suche nach Risiken im Kindesalter, die die Prognose einer schizophrenen Störung im Erwachsenenalter erlauben, werden folgende Parameter mit vielfach nachgewiesener Prädiktorwirkung für eine schizophrene Störung angeführt: langsame Augenfolgebewegungen, Besonderheiten der ereigniskorrelierten Potenziale, bestimmte Störungen der Aufmerksamkeit und Informationsverarbeitung und bestimmte Formen von Denkstörungen betont (Remschmidt u. Mattejat, 1994).

Mit Hilfe der »Northern Finland 1966 Birth Cohort« versuchen Isohanni et al. (2005) die prämorbiden Zeichen oder Risikoindikatoren bei der Entstehung der Schizophrenie zu identifizieren. Sie ermitteln als wichtigste Risikofaktoren genetische Einflüsse, Schwangerschafts- und Geburtskomplikationen, langsame neuromotorische Entwicklung und abweichende kognitive und schulische Leistungen. Die prädiktive Kraft einzelner Faktoren erweist sich allerdings als gering, keiner der Faktoren kann als ausschlaggebender Risikoindikator für die Identifizierung gefährdeter Individuen in der Allgemeinbevölkerung gefunden werden.

Risiken für die psychische Gesundheit im Erwachsenenalter

Für die Nachkommen eines schizophrenen Elternteils wird nach den Forschungsergebnissen eines Follow-ups über 25 Jahre des »New York High-Risk Project« (Erlenmeyer-Kimling et al., 1997) eine Lebenszeitprävalenz für Schizophrenie von 13.1 ± 3.7 % gegenüber 1 % in der Gesamtbevölkerung und für psychotische Störungen insgesamt von 23.8 ± 4.7 % gegenüber 1.5 ± 1.0 % in der Vergleichsgruppe mit gesunden Eltern ermittelt. Die Prävalenzraten von Angst-, nichtpsychotischen affektiven Störungen und Störungen durch Substanzkonsum hingegen sind in der Risikogruppe dieser Studie nicht höher als in den Vergleichsgruppen affektiv gestörter und gesunder Eltern.

In der »Helsinki High-Risk Study« (Niemi, Suvisaari, Haukka, Wrede u. Lönnqvist, 2004) werden die kumulierten Inzidenzraten der stationär behandelten psychischen Störungen bei erwachsenen Nachkommen der an Störungen mit psychotischen Symptomen leidenden Mütter angegeben. Das Risiko, eine Schizophrenie oder eine psychotische Störung zu entwickeln, ist in dieser Studie nahezu gleich in den verschiedenen Hochrisiko-Gruppen mit mütterlichen schizophrenen, schizoaffektiven und anderen Schizophrenie-Spektrum-Störungen (Tab. 1).

Tabelle 1: Kumulierte Inzidenzraten der erwachsenen Nachkommen (35–39 Jahre) der von Schizophrenie-Spektrum-Störungen betroffenen Mütter (nach Niemi et al., 2004)

Mütterliche Störungen nach DSM-IV	Kumulierte Inzidenzraten der erwachsenen Nachkommen (35–39 Jahre) für		
	alle psychotischen Störungen	Schizophrenie	alle anderen psychischen Störungen
Schizophrenie	13.5 %	6.7 %	23.1 %
Schizoaffektive Störungen	10.0 %	5.0 %	20.0 %
Andere Schizophrenie-Spektrum-Störungen	10.0 %	6.7 %	20.0 %
Affektive Störungen mit psychotischer Beteiligung	4.0 %	0.0 %	12.0 %
keine	1.1 %	0.6 %	6.9 %

Die Inzidenzrate für Schizophrenie von Niemi et al. (2004) liegt mit 7 % deutlich unter der anderer Hochrisiko-Studien: Parnas et al. (1993) ermitteln in der »Copenhagen High-Risk Study« 16 %, Erlenmeyer-Kimling et al. (1997) im »New York High-Risk Project« 13 %, Ingraham, Kugelmass, Frenkel, Nathan und Mirsky (1995) in der »Israeli High-Risk Study« 8 %. Remschmidt und Mattejat (1994) zitieren ältere Studien, in denen das Risiko für Schizophrenie bei Kindern mit einem betroffenen Elternteil von 10 bis 15 % sowie bei Kindern mit zwei betroffenen Elternteilen von 35 bis 50 % ermittelt wird.

Im Gegensatz zum »New York High-Risk Project« von Erlenmeyer-Kimling et al. (1997) ermitteln Niemi et al. (2004) erhöhte Risiken sowohl für stationär behandelte nichtpsychotische affektive Störungen als auch für stationär behandelte Störungen durch Substanzkonsum innerhalb der Risikogruppen. Auch Ingraham et al. (1995) finden höhere Raten an depressiven Störungen in der Risikogruppe. Parnas et al. (1993) stellen entsprechend den Ergebnissen von Niemi et al. (2004) fest, dass Störungen durch Substanzkonsum in der dänischen Hochrisiko-Gruppe weiter verbreitet sind als in der Kontrollgruppe.

Kinder von Eltern mit affektiven Störungen

Eine Vielzahl der von Remschmidt und Mattejat (1994) zitierten Studien unterscheiden weder zwischen den Auswirkungen der elterlichen unipolaren und bipolaren affektiven Störungen noch wird berücksichtigt, ob die affektiven Störungen mit oder ohne psychotische Beteiligung auftreten. Beardslee, Versage und Gladsone (1998) fassen die Studien zu affektiven Störungen in einem Review zusammen. Die negativen Auswirkungen der unipolaren depressiven Störungen für die Entwicklung von Kindern sind gut erforscht und belegt. Oft zitierte Reviews sind von Gelfand und Teti (1990), Downey und Coyne (1990) sowie von Goodman und Gotlib (1999) erschienen. Die Gruppe um Weissman (Weissman, Leckman, Merikangas, Gammon u. Prusoff, 1984; Weissman, Fendruch, Warner u. Wickramaratne, 1992; Weissman, Warner, Wickramaratne, Moreau u. Olfson, 1997; Nomura, Wickramaratne, Warner, Mufson u. Weissman, 2002; Wickramaratne u. Weissman, 1998) legt eine Vielzahl von Veröffentlichungen zu den Inzidenzen von psychischen Auffälligkeiten und den Weitergabemechanismen in den Risikofamilien mit depressiven Störungen vor. Seit Anfang der 1980er Jahre gibt es Studien (Lapalme, Hodgins u. La Roche, 1997; Wals et al., 2001), die die spezifischen Auswirkungen elterlicher bipolarer Störungen auf die psychische Gesundheit der Kinder untersuchen. Andere vergleichen die Auswirkungen der elterlichen unipolaren mit denen der bipolaren Störungen (z. B. Hammen, Burge, Burney u. Adrian, 1990). Die Ergebnisse dieser vergleichenden Studien zeigen, dass eine Unterscheidung sinnvoll ist.

Kinder depressiver Eltern

Risiken für nicht klinisch relevante Auffälligkeiten

Studien belegen, dass sich mütterliche depressive Störungen bereits während der Schwangerschaft auf das biochemische Gleichgewicht des Embryos auswirken. Die dadurch entstehende abnorme embryonale Entwicklung führt zur angeborenen Dysfunktion neuroregulatorischer Mechanismen des Säuglings. Demnach weisen Säuglinge bereits neonatal biochemische, physiologische und Verhaltensdysregulationen auf (Petermann, Niebank u. Scheithauer, 2004; Goodman u. Gotlib, 1999, Petermann, Petermann u. Damm, 2008). Die Probleme der Kinder depressiver Eltern reichen von emotionaler Dysfunktion, unsicherer emotionaler Bindung über Aggression und oppositionellem Verhalten bis zu Defiziten in der Aufmerksamkeit, niedrigem Selbstwertgefühl, schlechten Beziehungen zu Gleichaltrigen und depressiver Verstimmung (Gelfand u. Teti, 1990). Die Kinder werden als gehemmter, ängstlicher und eher passiv-zurückgezogen (Groen u. Petermann, 2002) beschrieben. Sie vermeiden eher herausfordernde Aufgaben und ziehen sich bei beginnender Frustration zurück (Groen u. Petermann, 2002). Eine mütterliche Depression ist bei vielen Kindern mit einer unsicheren Bindung im Kleinkind- und Vorschulalter verbunden. Kleinkinder depressiver Mütter zeigen einen eingeschränkteren Affektausdruck mit erhöhter Irritabilität, geringerer Responsivität, weniger Engagement in sozialen Beziehungen als Kinder von nichtdepressiven Müttern (Carter, Garrity-Rokous, Chazan-Cohen, Litttle u. Briggs-Gowan, 2001).

Risiken für depressive Störungen

Für Kinder mit einem depressiven Elternteil erhöht sich das Depressionsrisiko um das bis zu 6-Fache gegenüber Kindern nichtdepressiver Eltern (Groen u. Petermann, 2002). Damit ist die elterliche Störung der Hauptrisikofaktor für die Entwicklung einer depressiven Störung im Kindes- und Jugendalter (Mattejat et al., 2000). Bei 40 % der Kinder eines Elternteils mit einer affektiven Störung tritt bereits im Kindes- und Jugendalter eine depressive Episode auf (Beardslee, Keller, Lavori, Staley u. Sacks, 1993). Sind beide Eltern von einer depressiven Störung betroffen, erhöht sich die Lebenszeitprävalenz für irgendeine depressive Störung bei den Kindern auf 70 % (Mattejat, 2002). Depressive Jugendliche mit depressiven Elternteilen erleben einen besonders schweren Verlauf der Störung, der sich durch häufigere Episoden, längere Dauer und häufigere Behandlungsversuche äußert (Lieb, Isensee, Höfler, Pfister u. Wittchen, 2002; Weissman et al., 1997). Im Vergleich zu Kontrollkindern treten bei Kindern depressiver Eltern häufiger mehrere Störungen gleichzeitig auf. Diese Störungen dauern länger – über die Störung der Eltern hinaus – an. Dies ist unabhängig von der Entwicklungsstufe, in der sich die Kinder während der depressiven Episode des Elternteils befinden (Hammen et al., 1990; Beardslee et al., 1998; Goodman u. Gotlib, 1999).

Risiken für andere psychische Störungen

60 % der Kinder von Eltern mit einer depressiven Störung entwickeln bereits im Kindes- und Jugendalter irgendeine psychische Störung, vor allen Dingen Angststörungen und Störungen des Sozialverhaltens (Groen u. Petermann 2002), wobei von einer Vielzahl von Verhaltensauffälligkeiten im sozialen, emotionalen und kognitiven Bereich ausgegangen wird (Beardslee et al., 1998; Mattejat, 2002). Neben depressiven Störungen werden Phobien, Panikstörungen, Sucht- und Abhängigkeitserkrankungen, Verminderungen im allgemeinen Funktionsniveau, Einschränkungen in den interpersonalen Beziehungen und in den Bindungsfähigkeiten erwähnt (Mattejat, 2002). Die Raten der beobachteten Auffälligkeiten der Kinder variieren in den Studien, abhängig von der gewählten Stichprobe und der Untersuchungsmethode. Innerhalb der deutschen bevölkerungsrepräsentativen prospektiven Studie »Early Developmental Stages of Psychopathology Study« (Lieb et al., 2002) werden die Zusammenhänge zwischen der Major Depression nach DSM-IV (APA, 1996) von Eltern und den psychischen Störungen ihrer jugendlichen Kinder (bei der Erstuntersuchung 14- bis 17-jährigen Jugendlichen) beschrieben: Bei 50 % der interviewten Jugendlichen (N = 2427) wird bei keinem der Elternteile eine de-

pressive Störung, bei 34 % wird diese Störung bei einem Elternteil und bei 16 % bei beiden Elternteilen diagnostiziert.

Tabelle 2: Kumulierte Lebenszeit-Inzidenzraten und Verhältniszahlen von depressiven und anderen psychischen Störungen nach DSM-IV (APA, 1996) bei 16- bis 19-jährigen Jugendlichen (N = 2427)

DSM-IV-Störungsgruppen bei den 16- bis 19-jährigen Jugendlichen nichtdepressiver und depressiver Eltern		Gewichtete Lebenszeit-Inzidenzraten der DSM-IV-Diagnosen und Verhältniszahlen (OR)					
		in der Gesamt-Stichprobe	kein betroffenes Elternteil (N = 1 214)	ein betroffenes Elternteil (N = 811)		zwei betroffene Elternteile (N = 384)	
		%	% (OR=1)	%	OR	%	OR
Major Depression		19.5	12.3	26.1	2.1	28.5	2.3
Dysthymie		3.8	1.8	5.3	2.9	6.8	3.8
Substanzgebundene Störungen	Mit Nikotinabhängigkeit	43.1	39.8	46.4	1.2	46.6	1.2
	ohne	31.3	28.4	34.9	1.2	33.0	1.2
Bipolare Störungen		3.1	1.3	3.7	2.9	7.9	6.1
Angststörungen		35.0	28.6	39.1	1.4	46.2	1.6

Verglichen mit den Jugendlichen mit nichtdepressiven Eltern ergeben sich bei den Jugendlichen mit einem oder zwei betroffenen Elternteilen höhere Inzidenzraten für alle untersuchten Störungen (vgl. Tab. 2). Lediglich bei den Störungen Alkoholabhängigkeit, Agoraphobie, nicht genauer bezeichnete Phobie und soziale Phobie stehen die Inzidenzraten in keinem signifikanten Zusammenhang mit der elterlichen depressiven Störung. Der Zusammenhang zwischen elterlicher und jugendlicher depressiver Störungen ist wesentlich höher als der Zusammenhang zwischen elterlicher depressiver Störung und anderen psychischen Störungen bei den Jugendlichen, was neben den Inzidenzraten auch die Verhältniszahlen (OR) in Tabelle 2 verdeutlichen. Dies legt eine spezifische familiäre Weitergabe depressiver Störungen nahe. Aber auch die erhöhten Raten anderer Störungen sind auffällig. Zu beachten ist vor allem die deutlich erhöhte Inzidenzrate von bipolaren Störungen (4-fach bzw. 6-fach). Auch Biederman, Rosenbaum, Bolduc, Faraone und Hirshfeld (1991) berichten ein sehr hohes Risiko (7-fach) für bipolare Störungen bei den 6- bis 17-Jährigen depressiver Eltern mit oder ohne Panikstörung (N = 188) im Vergleich zu Kindern gesunder Eltern. Dagegen ist das Risiko für eine depressive Störung in der Risikogruppe von Biederman et al. (2004) weitaus weniger (3-fach) erhöht. Besonders interessant ist das erhöhte Risiko für Nikotinabhängigkeit bei den Jugendlichen, weil dies bisher von anderen Studien noch nicht berichtet wurde (Lieb et al., 2002). Zudem sind die Suizidversuchsraten bei Kindern depressiver Eltern (8 %) im Vergleich zu denen nichtdepressiver Eltern (1 %) erhöht (Weissman et al., 1997).

Depressive Störungen bei den Eltern klinisch auffälliger Kinder

Chronis et al. (2003) ermitteln signifikante Zusammenhänge zwischen mütterlichen depressiven Störungen im Lebenszeitverlauf und ADHS und/oder Verhaltensstörungen nach DSM-III-R-Kriterien (APA, 1989) bei deren 4- bis 7-jährigen Kindern. In der Gruppe der Kinder mit ADHS und komorbiden Verhaltensstörungen ist die Wahrscheinlichkeit des Vorhandenseins einer aktuellen mütterlichen depressiven Störung um das 6-Fache erhöht im Vergleich zu Müttern gesunder Kinder.

Eine neuere empirische Studie untersucht die Auswirkungen elterlicher Depressionen auf die Gesundheit der Kinder bei 100 kinder- und jugendpsychiatrischen Patienten, von denen bei 50 ein Elternteil depressiv ist und 50 psychiatrisch unauffällige Eltern haben. Die Kinder depressiver Eltern weisen eine signifikant längere ambulante Behandlung und eine signifikant erhöhte Anzahl stationärer Behandlungen auf, sind mehr psychosozialen Belastungsfaktoren ausgesetzt, konsultieren mehr psychiatrische Einrichtungen, von den behandelnden Therapeuten wird öfter eine Weiterbehandlung empfohlen, sie sind insgesamt behandlungsbedürftiger als Kinder gesunder Eltern (Krohn, Deneke u. Wiegand-Grefe, 2008).

Altersgruppenspezifische Störungsrisiken

Werden die Inzidenzraten psychischer Störungen der Kinder depressiver Eltern nach Altersstufen differenziert, ergibt sich folgendes Bild (Wickramaratne u. Weissman, 1998): In allen Altersstufen und bei beiden Geschlechtern sind die Inzidenzraten von depressiven Störungen in der Hochrisiko-Gruppe signifikant größer als in der Vergleichsgruppe. In der frühen Entwicklung der Kinder sind die Risiken für das Auftreten von depressiven Störungen um das 8-Fache erhöht, von Angststörungen um das 3-Fache und von Störungen des Sozialverhaltens um das 5-Fache. Im jungen Erwachsenenalter ist das Risiko für das Auftreten depressiver Störungen noch 5-fach erhöht. Im Alter von 20 Jahren sind über 50 % der Kinder depressiver Eltern von einer depressiven Störung nach DSM-III-Kriterien (APA, 1984) betroffen (Hammen et al., 1990; Weissman et al., 1992). Im Erwachsenenalter (Durchschnitt: 28 Jahre) sind die Raten der Störungen im Zusammenhang mit psychotropen Substanzen um das 5-Fache erhöht (Weissman et al., 1997).

Kinder von Eltern mit bipolaren affektiven Störungen

Verschiedene Studien berichten über erhöhte Risiken für psychische Störungen der Kinder bipolar affektiver Eltern. Die Prävalenzraten schwanken allerdings aufgrund großer methodischer Unterschiede und Mängel der Studien sehr stark, die Stichproben der meisten Studien sind sehr klein und nicht repräsentativ.

Lapalme et al. (1997) führen eine Metaanalyse von 17 Studien über die Auswirkungen bipolar gestörter Eltern auf die psychische Gesundheit der Kinder durch. Ihnen stehen 772 bipolar erkrankte Eltern und 626 Eltern ohne psychische Störungen zur Verfügung. Allen untersuchten Studien liegen klinische Stichproben zugrunde. Da weniger als ein Drittel aller von bipolaren Störungen betroffenen Menschen Behandlungen wahrnehmen, bilden die Ergebnisse eine spezifische Gruppe bipolarer Eltern ab. 52 % der Kinder bipolarer Eltern entwickeln irgendeine psychische Störung, bei den Kindern in den Kontrollgruppen ist dies bei nur 29 % der Fall. Dies entspricht einem 2,5-fach erhöhten Risiko. Affektive Störungen werden bei 26 % der Kinder bipolarer Eltern und bei 8 % der Kinder der Vergleichsgruppe beobachtet, was einem fast 4-fach erhöhten Risiko entspricht. Bipolare Störungen werden bei 5 % der Risikokinder und bei keinem der Kinder gesunder Eltern beobachtet. Die Unterschiede der berichteten Prävalenzraten sind jeweils konsistent in den einzelnen Studien.

Wals et al. (2001) ermitteln im Elternurteil (N = 86) signifikant höhere Auffälligkeitsraten im Vergleich zur Normstichprobe auf Skalen der CBCL. Bei den Mädchen: Gesamtauffälligkeit, externalisierende und internalisierende Auffälligkeiten, körperliche Beschwerden, Ängstlichkeit/Depressivität, soziale Probleme, dissoziales und aggressives Verhalten. Bei den Jungen: Gesamtauffälligkeit, externalisierende Auffälligkeiten, schizoides/zwanghaftes und aggressives Verhalten. Die ermittelten Lebenszeitprävalenzen von DSM-IV-Diagnosen (APA, 1996) liegen bei den Risiko-Jugendlichen bei 44 %. Insgesamt können Wals et al. (2001) keine erhöhten Risiken für das Auftreten von DSM-IV-Diagnosen bei den 12- bis 21-Jährigen (N = 140) feststellen. Dennoch sind die affektiven Störungen unter den Jugendlichen, bei denen eine psychische Störung gefunden wird, überrepräsentiert. Daraus schließen die Autoren, dass die elterliche bipolare Störung eher zu affektiven Störungen bei den Jugendlichen führt.

Kinder von Eltern mit Angst- und Zwangsstörungen

Beidel und Turner (1997) ermitteln höhere Raten an psychischen Störungen nach DSM-III-R-Kriterien bei den 7- bis 12-jährigen Kindern von Eltern mit Angststörungen (N = 28) im Vergleich zu Kindern gesunder Eltern (N = 48) (Tab. 3). Das Risiko sowohl für irgendeine psychische Störung als auch für Angststörungen der Risikokinder sei 5- bis 6-mal höher.

Merikangas, Dierker und Szatmari (1998) ermitteln ein um das mehr als zweifach erhöhte Risiko für Angststörungen der 7- bis 17-Jährigen von Eltern mit Angststörungen (N = 58) im Vergleich zu Kindern von gesunden Eltern (N = 57).

Tabelle 3: Prävalenzraten für irgendeine psychische Störung nach DSM-III-R-Kriterien (APA, 1989) der Kinder von Eltern mit Angststörungen und deren Vergleichgruppen

DSM-III-(R)-Diagnosen bei den Kindern von Eltern Angststörungen		Prävalenzraten der DSM-III-(R)-Diagnosen in den einzelnen Untersuchungen		
		Beidel u. Turner (1997) 7–12 Jahre	Merikangas, Dierker u. Szatmari (1998) 7–17 Jahre	Biederman et al. (1991) < 18 Jahre
irgendeine psychische Störung	RG	36 %	41.1 %	--
	VG	10 %	28.1 %	--
Angststörungen	RG	33 %	22.4 %	21.4 %
	VG	8 %	10.5 %	10.6 %

Anmerkungen: RG = Risikogruppe; VG = Vergleichsgruppe (Kinder gesunder Eltern)

Turner, Beidel und Costello (1987) ermitteln ein um das 9-Fache erhöhte Risiko für psychische Störungen nach DSM-III-R-Kriterien (APA, 1989) und ein um das bis zu 7-Fache erhöhte Risiko für Angststörungen bei den Kindern von Angstpatienten im Vergleich zu Kindern gesunder Eltern.

Unnewehr et al. (1998) vergleichen die 5- bis 15-jährigen Kinder von Eltern mit Panikstörungen (N = 34) mit denen von Eltern mit Tierphobien (N = 23) und gesunden Eltern (N = 30). Ihre Ergebnisse bestätigen das erhöhte Risiko für psychische Störungen der Kinder von Eltern mit diesen psychischen Störungen. Insbesondere die Kinder der Eltern mit einer Panikstörung zeigen ein erhöhtes Risiko für Mehrfachdiagnosen und höhere Schwergrade der Primärdiagnosen als die Kinder beider Vergleichsgruppen.

Viele Studien zu den Auswirkungen von elterlichen Angststörungen für den Nachwuchs gehen der Frage der spezifischen Weitergabe von Angststörungen innerhalb von Familien nach. Eine der ersten Anhaltspunkte für diese spezifische Weitergabe liefert die Studie von Last, Hersen, Kardin, Francis und Grubb (1987). Bei 83 % der Mütter von durchschnittlich 9- bis 14-jährigen Kindern mit Angst- bzw. Überängstlichkeitsstörungen (N = 58) finden sich Angststörungen in der Anamnese. Daher gibt es diverse Studien, die neben den allgemeinen, bereits erwähnten Risiken für die psychische Gesundheit in dieser Hochrisiko-Gruppe besonders das Risiko für Angststörungen dieser Kinder mit denen von Eltern anderer Diagnosegruppen vergleichen.

Eine von Black, Gaffney, Schlosser und Gabel (2003) veröffentlichte Studie zur psychischen Gesundheit der 7- bis 18-Jährigen von Eltern mit Zwangsstörungen nach DSM-IV-Kriterien (APA, 1996) kann nachweisen, dass elterliche Zwangsstörungen mit einem signifikant erhöhten Risiko für ängstliche, depressive, somatische und soziale Auffälligkeiten in der CBCL und für Angststörungen nach DSM-IV bei den Kindern einhergehen (N = 35), verglichen mit Kindern gesunder Eltern (N = 33). Zudem ermitteln die Autoren erhöhte Raten an komorbiden Störungen bei den Eltern mit Zwangsstörungen, vor allem depressive und Panikstörungen.

Kinder von Eltern mit Störungen durch psychotrope Substanzen

In der internationalen Suchtforschung sind Kinder von Eltern mit Störungen durch Substanzkonsum als Risikogruppe bekannt: Für Kinder alkoholabhängiger Eltern wird ein bis zu 6-fach erhöhtes Risiko für eigene Störungen durch Substanzkonsum, insbesondere für Alkohol- und Drogenabhängigkeit und Essstörungen in der Adoleszenz und im Erwachsenenalter (Klein u. Zobel, 1997; Zobel, 2006) festgestellt. Drogenabhängige Erwachsene haben in etwa 40 % aller Fälle mindestens ein Elternteil mit einer substanzgebundenen Suchtstörung (Klein, Ferrari u. Kürschner, 2003). Ebenso wird von ca. 40 % der erwachsenen Borderline-Patienten berichtet, dass mindestens ein Verwandter ersten Grades von Störungen durch Alkoholkonsum betroffen ist (Sher, 1997). Klein, Ferrari und Kürschner (2003) untersuchen Kinder und Jugendliche zwischen 11 und 18 Jahren (N = 175) aus Familien, in denen entweder der Alkoholkonsum eines oder beider Elternteile durch das Kind als belastend erlebt wird oder aber ein oder beide Elternteile eine diagnostizierte Alkoholabhängigkeit aufweisen. Die Kinder und Jugendlichen aus alkoholbelasteten Familien weisen im Vergleich zu einer Kontrollgruppe (N = 76) eine Vielzahl von Auffälligkeiten auf: vermehrt koabhängiges Verhalten, ein geringeres Selbstwertgefühl und eine geringere Lebenszufriedenheit. Im Vergleich zu Kindern behandelter Eltern mit Alkoholabhängigkeit sind bei Kindern unbehandelter Eltern in dieser Studie signifikant ausgeprägtere affektive und expressive Störungen, geringere internale Kontroll- und Selbstwirksamkeitsüberzeugungen, mehr resignative Gefühle und Einstellungen, mehr familiäre Gewalterfahrungen, aber auch seltener Schwierigkeiten in der Schule vorhanden.

Risiken durch Substanzmissbrauch während der Schwangerschaft

Zu den direkten Auswirkungen der elterlichen Störungen zählen die prä- und perinatalen Schäden derjenigen Kinder, deren Mütter während der Schwangerschaft Substanzen missbrauchen. Alkohol, Medikamente und andere Drogen sind plazentagängig und wirken toxisch (Nikotin, Haschisch, Heroin, Polamidon; Medikamente) und/oder teratogen (Alkohol, Amphetamine, Barbiturate, Kokain, Crack, LSD) auf das ungeborene Leben (Stachowske, 2001). Die Rate der Frühgeburten mit den entsprechenden Komplikationen wie Sauerstoffmangel des Gehirns, Hirnblutungen usw. ist bei drogenabhängigen Schwangeren um das ca. 2-Fache erhöht. Aus dem Missbrauch psychotroper Substanzen während der Schwangerschaft resultieren nachgeburtlich Entzugssymptomatiken bei den Kindern. Nach Stachowske (2001) sind 50 bis 95 % der Kinder drogenabhängiger Schwangerer vom sogenannten neonatalen Abstinenzsyndrom (NAS) betroffen, wobei in diesen Fällen drei- bis sechswöchige stationäre Drogenentzugsbehandlungen durchgeführt werden müssen. Danach sind die Kinder von der körperlichen Abhängigkeit befreit, allerdings bleiben sie psychisch sehr labil: Sie sind hoch irritabel, erleben Panikanfälle, lassen sich schwer beruhigen, schreien viel. In welchem Ausmaß daraus Regulationsstörungen entstehen, wird noch diskutiert (Bibra, 2004). Alkoholmissbrauch während der Schwangerschaft führt zu Alkoholembryopathie bei den Kindern, was mit Entwicklungsverzögerungen (z. B. in den Bereichen Sprache und Motorik) und psychischen Auffälligkeiten (Hyperaktivität, Defizite in der sozialen Entwicklung und emotionalen Regulation) verbunden ist (Weinberg, 1997; Sher, 1997, Petermann et al., 2008).

Die bisher spärlichen Studien verweisen auf den ausgeprägt negativen Einfluss des elterlichen Substanzmissbrauchs auf die psychosoziale Entwicklung der Kinder, die weit über die prä- und perinatalen Schäden – die meist im Fokus der Betrachtung von Kindern drogenabhängiger Mütter stehen – hinausgehen.

Eltern mit Störungen durch Alkoholkonsum: Risiken im Kindesalter

Hill, Locke, Lowers und Connoly (1999) ermitteln signifikant höhere Raten an psychischen Störungen nach DSM-III-R-Kriterien (APA, 1989) bei 8- bis 18-jährigen Kindern von Müttern und/oder Vätern mit Störungen des Alkoholkonsums (N = 72) gegenüber Kindern der Vergleichsgruppe (N = 51). Vor allem die Raten an affektiven Störungen, ADHS und Störungen des Sozialverhaltens sind signifikant erhöht, insbesondere das Risiko für ADHS bei den Jungen ist um das 9-Fache vermehrt im Vergleich zur Kontrollgruppe (Tab. 4). Diese Auffälligkeiten entsprechen denen, die Sher (1997) in seinem Review über Kinder von Eltern mit Störungen durch Alkoholkonsum zusammenträgt. Er betont die hohe Komorbidität von ADHS und Störungen des Sozialverhaltens bei diesen Kindern.

Tabelle 4: Prävalenzraten von psychischen Störungen nach DSM-III(-R) (APA, 1984; 1989) bei Kindern von Eltern mit verschiedenen Störungen durch Substanzkonsum

DSM-III-(R)-Diagnosen bei den Kindern von Eltern mit Störungen durch Substanzkonsum		Prävalenzraten der DSM-III-(R)-Diagnosen in den einzelnen Untersuchungen			
		Hill et al. (1999) Alkohol 8–18 Jahre	Kelley u. Fals-Stewart (2004) Alkohol 8–12 Jahre	Kokain, Opioide 8–12 Jahre	Clark et al. (2004) Drogen, Medikamente 6–14 Jahre
irgendeine psychische Störung	RG	68.1 %	25 %	53 %	
	VG	45.1 %	10 %		
depressive Störungen	RG	15.3 %	18 %	30 %	2.4 %
	VG	5.9 %	8 %		0.9 %
Angststörungen	RG	19.4 %	15 %	23 %	8.1 %
	VG	17.6 %	8 %		6.2 %
ADHS	RG	18.1 %			7.4 %
	VG	2.0 %			4.2 %
Störung des Sozialverhaltens	RG	19.4 %	20 %	35 %	2.3 %
	VG	3.9 %	8 %		0.3 %

Anmerkungen: RG = Risikogruppe; VG = Vergleichsgruppe

Das Risiko für klinisch auffälliges Problemverhalten der von elterlichen Alkoholstörungen betroffenen durchschnittlich 11-jährigen Kinder (N = 103) ist für die in der CBCL erfassten internalisierenden Auffälligkeiten um das 3-Fache, für depressive Symptome um das 2-Fache und für soziale Probleme um das 3-Fache erhöht im Vergleich zu Kindern der Allgemeinbevölkerung (N = 780). Für die externalisierende Skala wird kein Unterschied zwischen den Gruppen ermittelt (Christensen u. Bilenberg, 2000). Auch Hill und Muka (1996) finden keine erhöhten Raten an ADHS und Störungen des Sozialverhaltens nach DSM-III-R-Kriterien (APA, 1989) bei den 8- bis 18-Jährigen von Müttern mit Störungen des Alkoholkonsums (N = 38). Lediglich bei denjenigen Kindern (N = 12), deren Mütter während der Schwangerschaft Alkohol tranken, treten erhöhte Raten dieser Störungen auf.

Die prospektiv erhobenen Daten (im Alter von 3 Monaten, 2, 4, 5, 8 und 11 Jahren der Kinder) von 26 Kindern alkoholabhängiger bzw. -missbrauchender

Väter und 193 Kindern psychisch gesunder Väter aus der Mannheimer Risikokinder-Studie ergeben, dass die Gruppe der durch väterliche Alkoholstörungen belasteten Kinder schon ab dem Alter von zwei Jahren eine signifikant erhöhte Rate an externalisierenden Symptomen und Störungen aufweist. Über den Beobachtungszeitraum von 11 Jahren betrachtet, stabilisieren sich die negativen sozial-emotionalen Auswirkungen der väterlichen Störungen und liegen um das 2-Fache über denen der Vergleichsgruppe (Furtado, Laucht u. Schmidt, 2002).

Eltern mit Störungen durch Drogenkonsum: Risiken im Kindesalter

Da weitaus mehr Männer als Frauen illegale Drogen konsumieren bzw. missbrauchen (U.S. Department of Health and Human Services, 2000), untersuchen eine Reihe von Studien die psychische Gesundheit der Kinder von Vätern mit Störungen im Zusammenhang mit illegalen Drogen. Clark, Cornelius, Wood und Vanyukov (2004) ermitteln unter den 6- bis 14-Jährigen von Vätern mit Störungen im Zusammenhang mit allen psychotropen Substanzen (gemischte Stichprobe aus Patienten und Allgemeinbevölkerung) außer Alkohol, Nikotin und Kaffee (N = 553) erhöhte Risiken für ADHS, depressive und Angststörungen sowie Störungen des Sozialverhaltens im Vergleich zu Kindern von Eltern ohne diese Störungen (N = 614). Kelley und Fals-Stewart (2004) vergleichen die 8- bis 12-Jährigen von Vätern (Patientenstichprobe aus ambulantem Behandlungsprogramm), die Störungen im Zusammenhang mit illegalen Drogen (Kokain und Opioide, N = 40) zeigen, mit denen, deren Väter eine Alkoholabhängigkeit (N = 40) aufweisen, und mit denen, bei deren Väter keine Suchtstörungen (N = 40) diagnostiziert werden (Tab. 4). Sie ermitteln die höchsten Raten an psychischen Störungen (depressive, Angst- und Verhaltensstörungen) nach den DSM-IV-Kriterien (APA, 1996) unter den Kindern der illegale Drogen missbrauchenden bzw. -abhängigen Väter. Diese Kinder weisen höhere Werte an Verhaltens- und emotionalen Problemen auf, auch die Kinder der Alkohol missbrauchenden bzw. -abhängigen Väter sind stärker davon betroffen als die Kinder der Väter ohne substanzgebundene Störungen. Dabei überschreiten sowohl im väterlichen als auch im mütterlichen Urteil 40 % der Kinder in der Gruppe der Drogen missbrauchenden bzw. -abhängigen Väter den Grenzwert zum klinisch auffälligen Bereich, der eine psychosoziale Beeinträchtigung anzeigt. Dies sind mehr Kinder als in der Gruppe der Kinder von Alkohol missbrauchenden bzw. -abhängigen Väter (15 % bzw. 18 % im Vater- und Mutterurteil) und in dieser Gruppe sind wiederum mehr als in der Vergleichsgruppe (5 % bzw. 8 % im Vater und Mutterurteil) von der klinisch relevanten Beeinträchtigung betroffen.

Die durchschnittlich 10-jährigen Kinder von opioidabhängigen Eltern (Patientenstichprobe, N = 34) weisen auf den CBCL-Skalen signifikant höhere Werte auf der internalisierenden und der externalisierenden Skala (p < .01) auf als Kinder mit ADHS und körperlich erkrankte Kinder. Die Kinder mit ADHS und komorbiden psychiatrisch behandelten Störungen zeigen hingegen höhere Werte als Kinder opioidabhängiger Eltern. Werte im Auffälligkeitsbereich verschiedener Syndromskalen weisen 55 % der untersuchten Risikogruppe auf, so dass hohe Raten an psychischen Störungen bei diesen Kindern anzunehmen sind (Wilens, Biederman, Kiely, Bredin u. Spencer, 1995).

Risiken im Jugend- und jungen Erwachsenenalter

In der bevölkerungsrepräsentativen Befragung von 14- bis 24-jährigen Jugendlichen in Deutschland (N = 3021) wird die Höhe des Risikos für psychische Störungen für diejenigen Jugendlichen ermittelt, deren Elternteile schon einmal wegen Alkoholproblemen behandelt wurden oder gesundheitliche Beschwerden bzw. Probleme bei der Arbeit durch ihren Alkoholkonsum hatten (Lachner u. Wittchen, 1997). Die Häufigkeiten und Verhältniszahlen (Tab. 5) zeigen, wie stark Alkoholabhängigkeit und -missbrauch im Jugendalter mit elterlichen Alkoholproblemen assoziiert ist. Vor allem Alkoholabhängigkeit tritt bei den belasteten Jugendlichen hochsignifikant häufiger auf als in der Vergleichsgruppe ohne Elternteil mit Alkoholproblemen.

Alle Angststörungen treten bei Jugendlichen vermehrt auf, wenn sie Eltern mit Alkoholproblemen haben (Tab. 6). Die Angststörungen treten bei den Jugendlichen schon sehr früh in Erscheinung und bilden so die Basis für weitere Störungen.

Tabelle 5: Häufigkeiten und Verhältniszahlen (OR = Odds Ratio) für Alkoholabhängigkeit und -missbrauch nach DSM-IV (APA, 1996) bei Belastung durch elterliche Alkoholprobleme der 14- bis 24-Jährigen nach Lachner und Wittchen (1997)

Eltern mit Alkoholproblemen	Jugendliche					
	Alkoholmissbrauch			Alkoholabhängigkeit		
	%	OR		%	OR	
kein Elternteil (84.9 %)	9.8	1.00		5.7	1.00	
nur Vater (11.9 %)	17.0	1.90	***	13.7	2.64	***
nur Mutter (4.7 %)	10.2	1.05		21.2	4.45	***
beide Eltern (1.5 %)	28.4	3.67	**	40.4	11.24	***

*** : p < .001; ** : p < .01

Tabelle 6: Verhältniszahlen (Odds Ratio) für Angststörungen nach DSM-IV (APA, 1996) bei Belastung durch elterliche Alkoholprobleme der 14- bis 24-Jährigen nach Lachner und Wittchen (1997)

Eltern mit Alkoholproblemen	Jugendliche				
	Phobische Störung 24.8 %	Panikattacke 4.3 %	Panikstörung 1.6 %	GAS 0.9 %	PTBS 1.3 %
nur Vater	1.79 ***	2.37 ***	2.85 **	3.13 **	5.53 ***
nur Mutter	2.38 ***	3.98 ***	3.11 *	4.56 *	5.15 ***
beide Eltern	4.12 ***	4.48 **	3	6.58	14.77 ***

*** : $p < .001$; ** : $p < .01$; * : $p < .05$; PTBS = Posttraumatische Belastungsstörung; GAS = Generalisierte Angststörung

Auch affektive und Essstörungen treten bei den belasteten Jugendlichen deutlich häufiger auf als in der Vergleichsgruppe. Störungen des Drogenkonsums sind in besonders hohem Ausmaß in der belasteten Jugendlichengruppe vertreten. Demnach ist das Risiko für Drogenmissbrauch bei den Jugendlichen mit Belastung durch Alkoholprobleme bei beiden Elternteilen über das 10-Fache und für Drogenabhängigkeit um das fast 17-Fache erhöht (Tab. 7).

Tabelle 7: Verhältniszahlen (Odds Ratio) für weitere psychische Störungen nach DSM-IV (APA, 1996) bei Belastung durch elterliche Alkoholprobleme der 14- bis 24-jährigen Probanden nach Lachner und Wittchen (1997)

Eltern mit Alkoholproblemen	Jugendliche				
	Depressive Episode 13 %	(Hypo-) Manische Episode 5.2 %	Drogenmissbrauch 2.9 %	Drogenabhängigkeit 2.0 %	Essstörung 3.0 %
nur Vater	1.94 ***	1.79 **	2.77 ***	4.13 ***	2.12 **
nur Mutter	2.88 ***	2.30 **	4.47 ***	7.79 ***	2.95 **
beide Eltern	3.20 ***	2.37	10.24 ***	16.68 ***	2.87

*** : $p < .001$; ** : $p < .01$; * : $p < .05$

In einer retrospektiven Erhebung bei durchschnittlich 22-Jährigen aus suchtbelasteten Familien (N = 98) wird ein Viertel der Personen seit ihrer Kindheit schon einmal klinisch-psychologisch oder psychiatrisch behandelt (Klein u. Quinten, 2002). Eine ähnliche Quote zeigt sich bei der aktuellen Problembelastung, bei der massive psychische Probleme (z. B. Ängste, Depressionen, Zwänge, problematischer Alkoholkonsum) von bis zu 25 % dieser Gruppe angegeben werden.

Kinder von Eltern mit Persönlichkeitsstörungen

In der Studie (Weiss et al., 1996), in der die psychische Gesundheit der Kinder von Eltern mit Persönlichkeitsstörungen untersucht wird, werden 9- bis 13-jährige Kinder von Patientinnen mit Borderline-Persönlichkeitsstörung mit denen von Patientinnen mit anderen Persönlichkeitsstörungen nach DSM-III-R (APA, 1989) verglichen. Bei den Kontrollmüttern kommen eine paranoide, eine histrionische, eine ängstlich-vermeidende, vier abhängige und sechs nicht näher bezeichnete Persönlichkeitsstörungen vor. Für diese Studie konnten lediglich neun Indexmütter und 14 Kontrollmütter rekrutiert werden. Die Kinder der Borderline-Mütter (N = 21) weisen signifikant mehr psychische Störungen auf als die Kinder der an anderen Persönlichkeitsstörungen leidenden Mütter (N = 23); vor allem treten ADHS, Störungen mit oppositionellem Trotzverhalten und Störungen des Sozialverhaltens auf. Ebenso erfüllen die Kinder der Indexgruppe signifikant häufiger die Kriterien für Borderline-Persönlichkeitsstörung in der Kindheit (Weiss et al., 1996). Auch die globale Funktionalität der Kinder ist in der Indexgruppe signifikant niedriger. In Regressionsanalysen ermitteln Weiss et al. (1996), dass 16 % der Varianz des Auftretens psychischer Störungen bei den Kindern der Borderline-Mütter allein durch traumatische Ereignisse aufgeklärt werden und weitere 20 % der Varianz allein durch die mütterliche Diagnose, während die Varianz der Borderline-Psychopathologie unter den Kindern zu 21 % durch die mütterliche Diagnose und das Trauma erklärt werden. Allerdings beleuchtet die mütterliche Diagnose 36 % der Varianz der allgemeinen Funktionalität der Kinder. Das Trauma allein kann demnach nicht für das erhöhte Risiko der Kinder von Müttern mit Borderline-Persönlichkeitsstörung im Vergleich zu denen der Vergleichsgruppe ursächlich sein. Chronis et al. (2003) finden ein 4- bis 5-fach erhöhtes Risiko für mütterliche dissoziale Persönlichkeitsstörungen bei den 4- bis 7-jährigen Kindern nur mit ADHS und bei denen mit ADHS und zusätzlichen Verhaltensstörungen im Vergleich zu den Müttern von gesunden Kindern.

Vergleich der Kinder von Eltern verschiedener Diagnosegruppen

Es werden sowohl Belege für vergleichbare Belastungen an psychischen Störungen als auch Belege für die stärkere Belastung von Kindern bestimmter elterlicher Diagnosegruppen gefunden. Jedoch nur wenige Studien vergleichen die Ausprägungen der Gesundheitsaspekte der Kinder verschiedener elterlicher Diagnosegruppen direkt miteinander.

Die Studie von Beidel und Turner (1997) an 7- bis 12-jährigen Kindern belegt, dass sich die Prävalenzraten für irgendeine psychische Störung nach DSM-III-R-Kriterien (APA, 1989) der Kinder von Eltern (N = 28) mit Angststörungen (36 %) und der Kinder von depressiven Eltern (N = 24, 38 %) nicht unterscheiden. Ebenso unterscheiden sich diese Raten der Kinder (7–17 Jahre) von Eltern mit Angststörungen (N = 58, 41 %) und der Kinder von Eltern mit Substanzstörungen (N = 77, 42 %) in der Studie von Merikangas et al. (1998) nicht.

Turner, Beidel und Costello (1987) hingegen stellen signifikant höhere Raten an psychischen Störungen (dreifach) und an Angststörungen (zweifach) bei Kindern von Patienten mit Angststörungen fest als bei denen von Patienten mit dysthymen Störungen.

Bei Kindern schizophrener Patienten werden im Vergleich zu Kindern depressiver Patienten stärkere Belastungen durch psychosomatische, emotionale und Verhaltensauffälligkeiten ermittelt. Zudem treten Störungen des Sozialverhaltens, neurologische Auffälligkeiten, Aufmerksamkeits- und Denkstörungen bei Kindern schizophrener Eltern häufiger als bei Kindern depressiver Eltern auf (Remschmidt u. Mattejat, 1994; Mattejat, 2001b).

Den ungünstigsten Entwicklungsverlauf zeigen in der Mannheimer Risikokinder-Studie (Laucht, Esser u. Schmidt, 1992) Kinder von Eltern mit Sucht- und Persönlichkeitsstörungen. Auch Rutter und Quinton (1984) ermitteln das höchste Gefährdungspotenzial für psychische Störungen bei Kindern unter 15 Jahren von Patienten mit Persönlichkeitsstörungen und feindseligem elterlichen Verhalten.

In einer Elternbefragung auf erwachsenenpsychiatrischen Stationen zweier Kliniken findet Lenz (2005) signifikante Unterschiede zwischen den grenzwertigen bzw. auffälligen Kindereinschätzungen, die Eltern verschiedener Diagnosegruppen abgeben (Tab. 8). Für die internalisierende Skala und die Skala der Gesamtauffälligkeit der CBCL/4–18 ermittelte Lenz (2005) signifikante Unterschiede zwischen den Diagnosegruppen. Die depressiven Eltern schätzen das Verhalten ihres Kindes signifikant häufiger als grenzwertig oder auffällig ein. Auf der externalisierenden Skala schätzen die depressiven Eltern (30 %)

Tabelle 8: Prozentuale Häufigkeiten der Eltern in den jeweiligen Diagnosegruppen, die das Verhalten ihres Kindes auf den Skalen der CBCL/4–18 als auffällig oder grenzwertig eingeschätzt haben

Diagnosegruppen der Eltern (Häufigkeit bezogen auf Gesamtgruppe N = 218)	prozentuale Häufigkeit der als auffällig oder grenzwertig einschätzten Kinder auf den Skalen der CBCL / 4–18		
	internalisierende Skala	externalisierende Skala	Skala der Gesamtauffälligkeit
Psychose (23 %)	--	17 %	10 %
Depression (36 %)	36 %	30 %	36 %
Persönlichkeitsstörungen / Neurose (26 %)	--	26 %	22 %
alle erfassten Eltern	25 %	26 %	23 %

und die Eltern mit Persönlichkeitsstörungen/Neurosen (26 %) ihre Kinder fast gleich häufig als auffällig oder grenzwertig ein, während die psychotischen Eltern (17 %) dies weniger häufig tun. Allerdings sind in dieser Arbeit die Diagnosekriterien unklar, was die Interpretierbarkeit der Ergebnisse erschwert.

Art der Beeinträchtigungen der psychischen Gesundheit
Für Panikstörungen können spezifische Einflüsse der erkrankten Eltern auf ihre Kinder nachgewiesen werden (Biederman et al., 2001, 2004). Ebenso finden Beidel und Turner (1997), dass Kinder von Eltern mit Angststörungen signifikant eher nur Angststörungen entwickeln, während eine depressive Störung der Eltern das Risiko für ein breiteres Spektrum an psychischen Störungen (depressive, bipolare, Angst- und Verhaltensstörungen) bei den Kindern erhöht (Biederman et al., 2001, 2004; Beidel u. Turner, 1997). Obwohl auch Merikangas et al. (1998) einen starken Übertragungseffekt für Angst- und Suchtstörungen nachweisen können, finden sie auch bei den Kindern von Eltern mit Angststörungen depressive und Verhaltensstörungen (Tab. 9).

Tabelle 9: Überblick über die gefundenen Diagnosegruppen bei den an psychischen Störungen leidenden Kindern von Eltern mit Angststörungen und deren Vergleichgruppen

Autoren	Alter der Kinder in Jahren	Welche Diagnosegruppen treten eher bei den Kindern von ... auf?		
		Eltern mit Angststörungen	Eltern mit depressiven Störungen	Eltern mit Suchtstörungen
Biederman et al. (2001)	Ø 7	Angst- ~ [a]	Depressive + Verhaltens- ~	
Biederman et al. (2004)	6–17	Angst- ~ [a]	breites Spektrum	
Beidel u. Turner (1997)	7–12	Angst- ~	breites Spektrum	
Merikangas, Dierker u. Szatmari (1998)	7–17	Angst-, depressive, Verhaltens- ~		Sucht-, depressive, Verhaltens- ~

Anmerkungen: Ø = durchschnittlich; a = Panikstörung bei Eltern und Kindern

Studien belegen, dass Kinder depressiver Patienten die geringsten Raten an Angststörungen aufweisen (Biederman, Rosenbaum, Bolduc, Faraone u. Hirshfeld, 1991; Weissman et al., 1984). Für Kinder von Eltern mit Angststörungen werden sowohl höhere als auch ebenso hohe Raten an Angststörungen wie bei Kindern von Eltern mit anderen psychiatrischen Diagnosen ermittelt (Biederman et al., 1991; Merikangase et al., 1998) (Tab. 10).

Tabelle 10: Prävalenzraten für Angststörungen nach DSM-III-R-Kriterien (APA, 1989) der Kinder von Eltern mit Angststörungen und deren Vergleichgruppen

Autoren	Alter Kinder (Jahre)	Prävalenzraten für Angststörungen nach DSM-III-R-Kriterien der Kinder von Eltern mit		
		Angststörungen	depressiven Störungen	anderen psychischen Störungen
Biederman et al. (1991)	< 18	21.4 %	8.3 %	21.7 %
Weissman et al. (1984)	6–17		6.3 %	
Merikangas, Dierker u. Szatmari (1998)	7–17	22.4 %		10.4 %

Schlussfolgerung

Aktuelle Studien zur Gefährdung von Kindern, deren Eltern psychisch krank sind, zeigen für die relevanten Diagnosegruppen übereinstimmend höhere Entwicklungsrisiken für das Kindes- und Jugendalter und den weiteren Lebensverlauf. Als Vergleichsgruppen wurden Kinder von Eltern aus der Normalbevölkerung, Kinder von Eltern ohne die jeweilige Störung (z. B. nicht-depressive Eltern), Kinder von psychisch gesunden Eltern, Kinder von körperlich erkrankten Eltern oder Kinder mit psychischen Störungen herangezogen. Die Auswirkungen für Kinder von bestimmten elterlichen Diagnosegruppen wie den Zwangs-, Dissoziations-, posttraumatischen Belastungs- und Persönlichkeitsstörungen sind bisher kaum oder gar nicht untersucht worden.

Tabelle 11: Übersicht über die Vielzahl an prozentualen Häufigkeiten und Verhältniszahlen bestimmter Störungen bei Kindern von Eltern der verschiedenen Diagnosegruppen

Störungen der Eltern		Relative Häufigkeiten und Verhältniszahlen (OR) von bestimmten Störungen bei Kindern von Eltern der verschiedenen Diagnosegruppen								
		irgendeine Störung		depressive Störung		Angststörung		Substanzgebundene Störung		Störung des Sozialverhaltens	
		%	OR	%	OR	%	OR	%	OR	%	OR
F2	Schizophrene Störungen	40–60									
F3	Depressive Störungen	60	5–6	21–74	2–8	16–40	1.4–3	35	1.2		5
	Bipolare Störungen	52	2.5	26[a]	4						
F4	Angststörungen	36–41	5–9			21	2–6				
F1	~ durch Alkoholkonsum	25–68		13–18	2–3	15–33	2–5	30	2–16	19–20	
	~ durch Kokain- oder Opioidkonsum	53	5	30	3–4	8–23	1–3			2–35	4–8

Anmerkungen: a = Risiko für affektive Störungen, ~ = Störungen; Die Verhältniszahlen sind aus verschiedenen Studien zusammengetragen, so dass sie sich auf unterschiedliche Vergleichsgruppen (OR = 1) beziehen. Daher sind sie nur bedingt miteinander vergleichbar.

Die Häufigkeiten von psychischen Auffälligkeiten/Störungen von Kindern schwanken innerhalb einer elterlichen Diagnosegruppe zwischen den Studien erheblich (Tab. 11). Beispielsweise werden Raten an psychischen Störungen bei Kindern von alkoholkranken Eltern zwischen 25 und 68 % berichtet. Auch die Prävalenzraten einzelner Diagnosen bei den Kindern differieren zwischen den Studien. Die großen Abweichungen in den Auffälligkeitsraten der Kinder sind häufig durch methodische Unterschiede der Studien bedingt. Zudem wurden das Ausmaß und die Art der Beeinträchtigungen der psychischen Gesundheit der Kinder verschiedener elterlicher Diagnosegruppen nur für bestimmte Diagnosegruppen wie Angst- und depressive Störungen bzw. Angst- und Störungen durch Substanzkonsum miteinander verglichen. Werden die relativen Häufigkeiten und Verhältniszahlen der Kinder von Eltern verschiedener Diagnosegruppen aus der Vielzahl der Studien miteinander verglichen, dann wird deutlich, dass bisher keine Aussagen darüber gemacht werden können, ob die Gefährdungspotenziale der Kinder – je nach elterlicher Diagnosegruppe – unterschiedlich hoch sind. Somit ist bisher ungeklärt, ob sich verschiedene psychische Störungen auf Seiten der Eltern ähnlich auf die Entwicklung eines Kindes auswirken oder ob die festgestellten Auffälligkeiten als störungsspezifisch anzusehen sind (Mattejat et al., 2000). Allerdings häufen sich die Befunde, dass Kinder von Eltern mit Persönlichkeitsstörungen am meisten gefährdet sind (siehe den Beitrag »Elterliche Erkrankung und Gesundheit der Kinder« von Wiegand-Grefe und Mitarbeitern in diesem Band sowie Wiegand-Grefe et al. 2010).

Literatur

APA – American Psychiatric Association (Hrsg.) (1984). Diagnostisches und Statistisches Manual Psychischer Störungen (DSM-III). Weinheim: Beltz.

APA – American Psychiatric Association (Hrsg.) (1989). Diagnostisches und Statistisches Manual Psychischer Störungen (DSM-III-R) (3. Aufl., Revision). Weinheim: Beltz.

APA – American Psychiatric Association (Hrsg.) (1996). Diagnostisches und Statistisches Manual Psychischer Störungen (DSM-IV). Weinheim: Beltz.

Asarnow, J. R. (1988). Children at risk for schizophrenia. Converging lines of evidence. Schizophrenia Bulletin, 14, 613–631.

Beardslee, W. R., Keller, M. B., Lavori, P. W., Staley, J. E., Sacks, N. (1993). The impact of parental affective disorder on depression in offspring: A longitudinal follow-up in a nonreferred sample. Journal of the American Academy of Child and Adolescent Psychiatry, 32, 723 – 730.

Beardslee, W. R., Versage. E. M., Gladsone, T. R. (1998). Children of affectively ill parents. A review of the past 10 years. Journal of the American Academy of Child and Adolescent Psychiatry, 37, 1134–1141.

Beidel, D. C., Turner, S. M. (1997). At risk for anxiety. I. psychopathology in the offspring of

anxious parents. Journal of the American Academy of Child and Adolescent Psychiatry, 36, 918–924.
Bibra, S. von (2004). Die vernachlässigten Kinder von Drogenabhängigen. Frühe Kindheit, 7, 39–39.
Biederman, J., Farone, S. V., Hirshfeld-Becker, D. R., Friedman, D., Robin, J. A., Rosenbaum, J. F. (2001). Patterns of psychopathology and dysfunction in high-risk children of parents with panic disorder and major depression. American Journal of Psychiatry, 158, 49–57.
Biederman, J., Monuteaux, M. C., Faraone, S. V., Hirshfeld-Becker, B. R., Henin, A., Gilbert, J., Rosenbaum, J. F. (2004). Does referral bias impact findings in high-risk offspring for anxiety disorders? A controlled study of high-risk children of non-referred parents with panic disorder/agoraphobia and major depression. Journal of Affective Disorders, 82, 209–216.
Biederman, J., Rosenbaum, J. F., Bolduc, E. A., Faraone, S. V., Hirshfeld, D. R. (1991). A high risk study of young children of parents with panic disorder and agoraphobia with and without comorbid major depression. Psychiatric Research, 37, 333–348.
Black, D. W., Gaffney, G. R., Schlosser, S., Gabel, J. (2003). Children of parents with obsessive-compulsive disorder a 2-year follow-up study. Acta Psychiatrica Scandinavica, 107, 305–313.
Carter, A. S., Garrity-Rokous, F. E., Chazan-Cohen, R., Little, C., Briggs-Gowan, M. J. (2001). Maternal depression and comorbidity: Predicting early parenting, attachment security, and toddler social-emotional problems and competencies. Journal of the American Academy of Child and Adolescent Psychiatry, 40, 18–26.
CBCL – Arbeitsgruppe Deutsche Child Behavior Checklist CBCL/4–18 (1998). Elternfragebogen über das Verhalten von Kindern und Jugendlichen. Deutsche Bearbeitung der Child Behavior Checklist. Köln: Arbeitsgruppe Kinder-, Jugend- und Familiendiagnostik (KJFD).
Christensen, H. B., Bilenberg, N. (2000). Behavioural and emotional problems in children of alcoholic mothers and fathers. European Child & Adolescent Psychiatry, 40, 18–26.
Chronis, A. M., Lahey, B. B., Pelham, W. E., Kipp, H. L., Baumann, B. L., Lee, S. S. (2003). Psychopathology and substance abuse in parents of young children with attention-defizit/Hyperactivity disorder. Journal of the American Academy of Child and Adolescent Psychiatry, 42, 1424–1432.
Clark, D. B., Cornelius, J., Wood, D. S., Vanyukov, M. (2004). Psychopathology risk transmission in children of parents with substance use disorders. American Journal of Psychiatry, 161, 685–691.
Deneke, C. (2001). Kinder psychisch kranker Eltern – Entwicklungsprobleme und präventive Ansätze. In Institut für soziale Arbeit e.V. (Hrsg.), Hauptsache gesund ... Zwischen Jugendhilfe und Gesundheitswesen. Tagungsdokumentation (S. 59–70). Münster. Zugriff am 25.01.2010 unter http://www.isa-muenster.de/pdf/hauptsache_gesund.pdf.
Döpfner, M., Plück, J., Berner, W., Fegert, J. M., Huss, M., Lenz, K., Schmeck, K., Lehmkuhl, U., Poustka, F., Lehmkuhl, G. (1997). Psychische Auffälligkeiten von Kindern und Jugendlichen in Deutschland – Ergebnisse einer repräsentativen Studie: Methodik-, Alters-, Geschlechts- und Beurteilereffekte. Zeitschrift für Kinder- und Jugendpsychiatrie und Psychotherapie, 25, 218- 233.
Downey, G., Coyne, J. C. (1990). Children of depressed parents: An integrative review. Psychological Bulletin, 108, 50–76.
Erlenmeyer-Kimling, L., Hilldoff Adamo, U., Rock, B., Robers, S. A., Bassett, A. S., Squires-Wheeler, E., Cornblatt, B. A., Endicott, J., Pape, S., Gottesman, I. I. (1997). The New York high-risk project. Prevalence and comorbidity of axis I disorders in offspring of schizophrenic parents at 25-year follow-up. Archives of General Psychiatry, 54, 1096–1102.

Furtado, E. F., Laucht, M., Schmidt, M. H. (2002). Psychische Auffälligkeiten von Kindern alkoholkranker Väter. Zeitschrift für Kinder- und Jugendpsychiatrie und Psychotherapie, 30, 241–250.

Gelfand, D. M., Teti, D. M. (1990). The effects of maternal depression on children. Clinical Psychology Review, 10, 329–353.

Goodman, S. H., Gotlib, I. H. (1999). Risk for psychopathology in the children of depressed mothers. A developmental model for understanding mechanisms of transmission. Psychological Review, 106, 458–490.

Groen, G., Petermann, F. (2002). Depressive Kinder und Jugendliche. Göttingen: Hogrefe.

Hammen, C., Burge, D., Burney, E., Adrian, C. (1990). Longitudinal study of diagnoses in children of woman with unipolar and bipolar affective disorder. Archives of General Psychiatry, 47, 1112–1117.

Hill, S. Y., Locke, J., Lowers, L., Connoly, J. (1999). Psychopathology and achievement in children at high risk for developing alcoholism. Journal of the American Academy of Child and Adolescent Psychiatry, 38, 883–891.

Hill, S. Y., Muka, D. (1996). Childhood psychopathology in children from families of alcoholic female probands. Journal of the American Academy of Child and Adolescent Psychiatry, 35, 725–733.

Holtmann, M., Poustka, F., Schmidt, M. H. (2004). Biologische Korrelate der Resilienz im Kindes- und Jugendalter. Kindheit und Entwicklung, 13, 201–211.

Holtmann, M., Schmidt, M. H. (2004). Resilienz im Kindes- und Jugendalter. Kindheit und Entwicklung, 13, 195–200.

Ingraham, L. J., Kugelmass, S., Frenkel, E., Nathan, M., Mirsky, A. F. (1995). Twenty-five- year followup of the Israeli high-risk study: Current and lifetime psychopathology. Schizophrenia Bulletin, 21, 183–192.

Isohanni, M., Lauronen, E., Moilanen, K., Isohanni, I., Kemppainen, L., Koponen, H., Miettunen, J., Mäki, P., Räsänen, S., Veijola, J., Tienari, P., Wahlberg, K. E. (2005). Predictors of schizophrenia: Evidence from the Northern Finland 1966 birth cohort and other sources. The British Journal of Psychiatry, 187, 4–7.

Kelley, M. L., Fals-Stewart, W. (2004). Psychiatric disorders of children living with drug-abusing, alcohol-abusing, and non-substance-abusing fathers. Journal of the American Academy of Child and Adolescent Psychiatry, 43, 621–628.

Klein, M., Ferrari, T., Kürschner K. (2003). Kinder unbehandelter suchtkranker Eltern. Eine Situationsanalyse und mögliche Hilfen. Bonn: Projektbericht im Auftrag des Bundesministeriums für Gesundheit und soziale Sicherung.

Klein, M., Quinten, C. (2002). Zur Langzeitentwicklung von Kindern stationär behandelter alkoholabhängiger Eltern. Suchttherapie, 3, 233–240.

Klein, M., Zobel, M. (1997). Kinder aus alkoholbelasteten Familien. Kindheit und Entwicklung, 6, 133–140.

Krohn, L., Deneke, C., Wiegand-Grefe, S. (2008). Kinder depressiver und psychiatrisch unauffälliger Eltern in der Kinder- und Jugendpsychiatrie – eine vergleichende Studie. Praxis der Kinderpsychologie und Kinderpsychiatrie, 57, 536–554.

Kühnel, S., Bilke, O. (2004). Kinder psychisch kranker Eltern. Ein interdisziplinäres Präventionsprojekt in der Ostschweiz. Forum der Kinder- und Jugendpsychiatrie und Psychotherapie, 14, 60–74.

Lachner, G., Wittchen, H. U. (1997). Familiär übertragene Vulnerabilitätsmerkmale für Alkoholmissbrauch und -abhängigkeit. In H. Watzl, B. Rockstroh (Hrsg.), Abhängigkeit und Missbrauch von Alkohol und Drogen X (S. 43–89). Göttingen: Hogrefe.

Lapalme, M., Hodgins, S., La Roche, C. (1997). Children of parents with bipolar disorder: A metaanalysis of risk for mental disorders. Canadian Journal of Psychiatry, 42, 623–631.

Last, C. G., Hersen, M., Kardin, A. E., Francis, G., Grubb, H. J. (1987). Psychiatric illness in the mothers of anxious children. American Journal of Psychiatry, 144, 1580–1583.
Laucht, M., Esser, G., Schmidt, M. (1992). Psychisch auffällige Eltern – Risiken für die kindliche Entwicklung im Säuglings- und Kleinalter. Zeitschrift für Familienforschung 4, 22–48.
Lenz, A. (2005). Kinder psychisch kranker Eltern. Göttingen: Hogrefe.
Lieb, R., Isensee, B., Höfler, M., Pfister, H., Wittchen, H. U. (2002). Parental major depression and the risk of depression and other mental disorders in offspring. A prospective-longitudinal community study. Archives of General Psychiatry, 59, 365–374.
Mattejat F. (2001). Kinder psychisch kranker Eltern im Bewusstsein der Fachöffentlichkeit. Praxis der Kinderpsychology und Kinderpsychiatrie, 50, 491–497.
Mattejat, F. (2002). Kinder depressiver Eltern. In H. Braun-Scharm (Hrsg.), Depressionen und komorbide Störungen bei Kindern und Jugendlichen (S. 231–245). Stuttgart: Wissenschaftliche Verlagsgesellschaft.
Mattejat, F., Wüthrich, C., Remschmidt, H. (2000). Kinder psychisch kranker Eltern. Forschungsperspektiven am Beispiel von Kindern depressiver Eltern. Nervenarzt, 71, 164–172.
Merikangas, K. R., Dierker, L. C., Szatmari, P. (1998). Psychopathology among offspring of parents with substance abuse and/or anxiety disorders: A high-risk study. Journal of Child Psychology and Psychiatry, 39, 711–720.
Niemi, L. T., Suvisaari, J. M., Haukka, J. K., Lönnqvist, J. K. (2005). Childhood predictors of future psychiatric morbidity in offspring of mothers with psychotic disorder. British Journal of Psychiatry, 186, 108–114.
Niemi, L. T., Suvisaari, J. M., Haukka, J. K., Wrede, G., Lönnqvist, J. K. (2004). Cumulative incidence of mental disorders among offspring of mothers with psychotic disorder. British Journal of Psychiatry, 185, 11–17.
Nomura, Y., Wickramaratne, P., Warner, V., Mufson, L., Weissman, M. M. (2002). Family discord, Parental depression, and psychopathology in offspring. Ten-year follow- up. Journal of the American Academy of Child and Adolescent Psychiatry, 41, 402–409.
Parnas, J., Cannon, T. D., Jacobsen, B., Schulsinger, H., Schulsinger, F., Mednick, S. A. (1993). Lifetime DSM-III- R diagnostic outcomes in the offspring of schizophrenic mothers. Archives of General Psychiatry, 50, 707–714.
Petermann, F. (2005). Zur Epidemiologie psychischer Störungen im Kindes- und Jugendalter. Eine Bestandsaufnahme. Kindheit und Entwicklung, 14, 48–57.
Petermann, F., Niebank, K., Scheithauer, H. (2004). Entwicklungswissenschaft. Entwicklungspsychologie – Genetik – Neuropsychologie. Berlin: Springer.
Petermann, U., Petermann F., Damm, F. (2008). Entwicklungspsychopathologie der ersten Lebensjahre. Zeitschrift für Psychiatrie, Psychologie und Psychiatrie, 56, 243–253.
Remschmidt, H., Mattejat, F. (1994). Kinder psychotischer Eltern. Mit einer Anleitung zur Beratung von Eltern mit einer psychotischen Erkrankung. Göttingen: Hogrefe.
Rutter, M., Quinton, D. (1984). Parental psychiatric disorder: Effects on children. Psychological Medicine, 14, 853–880.
Sher, K. J. (1997). Psychological characteristics of children of alcoholics. Alcohol and Health Research World, 21, 247–254.
Stachowske, R. (2001). Suchtkranke Familiensysteme- Hilfen für Kinder und Familie. Zugriff am 25.01.2010 unter: http://www.stachowske.de/htdocs2/vortraege/vortrag1.htm.
Turner, S. M., Beidel, D. C., Costello, A. (1987). Psychopathology in the offspring of anxiety disorder patients. Journal of Consulting and Clinical Psychology, 55, 229–235.
U.S. Department of Health and Human Services (2000). National household survey on drug abuse. Washington, D. C.: Office of Applied Studies.

Unnewehr, S., Schneider, S., Florian, I., Margraf, J. (1998). Psychopathology in Children of Patients with Panic Disorder or Animal Phobia. Psychopathology, 31, 69–84.

Wals, M., Hillegers, M. H. J., Reichart, C. G., Ormel, J., Nolen, W. A.,Verhulst, F. C. (2001). Prevalence of psychopathology in children of a bipolar parent. Journal of the American Academy of Child & Adolescent Psychiatry, 40, 1094–1102.

Weinberg, N. Z. (1997). Cognitive and behavioral deficits associated with parental alcohol use. Journal of the American Academy of Child and Adolescent Psychiatry, 36, 1177-1186.

Weiss, M., Zelkowitz, P., Feldman, R. B., Vogel, J., Heyman, M., Paris, J. (1996). Psychopathology in offspring of mothers with borderline personality disorders: A pilot study. Canadian Journal of Psychiatry, 41, 285–290.

Weissman, M. M., Fendrich, M., Warner, V., Wickramaratne, P. (1992). Incidence of psychiatric disorder in offspring at high and low risk for depression. Journal of the American Academy of Child and Adolescent Psychiatry, 31, 640–648.

Weissman, M. M., Leckman, J. F., Merikangas, K. R., Gammon, G. D., Prusoff, B. A. (1984). Depression and anxiety disorders in parents and children. Results from the yale family study. Archives of General Psychiatry, 41, 845–852.

Weissman, M. M., Warner, V., Wickramaratne, P., Moreau, D., Olfson, M. (1997). Offspring of depressed parents. 10 years later. Archives of General Psychiatry, 54, 932–940.

Wickramaratne, P. J., Weissman, M. M. (1998). Onset of psychopathology in offspring by developmental phase and parental depression. Journal of the American Academy of Child and Adolescent Psychiatry, 37, 933–942.

Wiegand-Grefe, S., Geers, P., Plass, A., Petermann, F., Riedesser, P. (2009). Kinder psychisch kranker Eltern. Zusammenhänge zwischen subjektiver elterlicher Beeinträchtigung und psychischer Auffälligkeit der Kinder aus Elternsicht. Kindheit und Entwicklung, 18, 111–121.

Wiegand-Grefe, S., Geers, P., Petermann, F., Plass, A. (2010). Kinder psychisch kranker Eltern: Merkmale der elterlichen psychiatrischen Erkrankung und Gesundheit der Kinder aus Elternsicht.Fortschritte der Neurologie und Psychiatrie (im Druck).

WHO (2000). Internationale Klassifikation psychischer Störungen. ICD–10 Kapitel V (F). Klinisch diagnostische Leitlinien (4. korr. erg. Aufl.). Bern: Huber.

Wilens, T. E., Biederman, J., Kiely, K., Bredin, E., Spencer, T. (1995). Pilot study of behavioral and emotional disturbances in the high-risk children of parents with opioid dependence. Journal of the American Academy of Child and Adolescent Psychiatry, 34, 779- 785.

Zobel, M. (2006). Kinder aus alkoholbelasteten Familien (2. veränd. Aufl.). Göttingen: Hogrefe.

Frühkindliche Bindung im Kontext einer depressiven Erkrankung der Mutter

Brigitte Ramsauer

In den westlichen Industrienationen ist eine psychische Erkrankung mit der Vorstellung von (idealer) Mutterschaft unvereinbar, obwohl das erste Jahr nach der Geburt des Kindes eine besonders vulnerable Lebensphase für die Frau darstellt. In diesem Beitrag werden ausgewählte Erkenntnisse zum Zusammenhang zwischen der postpartal depressiven Erkrankung der Mutter und der frühkindlichen Entwicklung erläutert und anhand von Ergebnissen der Bindungsforschung vertieft. Die Bindungstheorie bietet hierfür einen spezifischen theoretischen und empirischen Rahmen.

In der Literatur und Forschung erfährt die mütterliche Depression rund um die Geburt am meisten Beachtung, gefolgt von den schizophrenen Psychosen und in geringerem Ausmaß Angst- und Zwangsstörungen. Dies ist auch auf die erhöhte Inzidenz und Prävalenz depressiver Erkrankungen nach der Geburt zurückzuführen.

Für Mütter besteht ein erhöhtes Risiko, an einer Depression zu erkranken, wenn ihre Kinder im Säuglings- und Kleinkindalter sind (Murray u. Lopez, 1996). Im ersten Jahr nach der Geburt ihres Kindes erkranken ca. 6 % bis 12 % aller Frauen an einer Depression (Akman, Uguz u. Kaya, 2007). Die Rückfallrate beträgt in diesem Zeitraum 25- bis 45 %. Im Vergleich wird die Prävalenz einer schizophrenen Erkrankung nach der Geburt auf 19 von 1000 Geburten (1,9 %) geschätzt mit einer Neuerkrankungsrate von 3 von 1000 Geburten (0,3 %; Tschinkel, Harris, Le Noury u. Healy, 2007).

Depressive Störungen nach der Entbindung bewegen sich zwischen dem sogenannten Baby-Blues zwei bis fünf Tage nach der Entbindung und einer postpartalen Depression, die mindestens zwei Wochen andauert. Der Baby-Blues geht mit kurzzeitiger affektiver Labilität, emotionaler Gereiztheit und depressiver Verstimmung einher. Wenn sich die depressive Verstimmung verstärkt oder verfestigt und innere Unruhe, Appetit-, Gewichts- und Schlafprobleme dazukommen, dann spricht man von einer postpartalen Depression. Sie kann sich des Weiteren in kommunikativen Einschränkungen äußern wie verlangsamte und reduzierte Sprechrate, Reduktion des Blickkontakts, des emotionalen Ausdrucks und der emotionalen Reagibilität. Eine postpartale Depression kann bis zu einem Jahr nach der Entbindung auftreten und über mehrere Wochen bis Monate andauern.

Im Vordergrund des Forschungsinteresses zur mütterlichen postpartalen Depression steht ihr Einfluss auf die Entwicklung des Kindes. Die Forscher gehen dabei implizit oder explizit von den nachfolgenden Prämissen aus (u. a. Grossmann u. Grossmann, 2006; Sroufe, 1997; Massie u. Szajnberg, 2002; Weinberg u. Tronick, 1998):

- Die frühe, präverbale Mutter-Kind-Beziehung hat fundamentale Auswirkungen auf die kindliche Entwicklung bis ins Erwachsenenalter.
- Eine ausreichende gute mütterliche Fürsorge in der frühen Kindheit fördert die seelische Gesundheit des Kindes bis ins Erwachsenenalter.
- Der Säugling reagiert sensitiv auf die mütterliche emotionale Befindlichkeit.
- Ein höheres Funktionsniveau (sozial, emotional, kognitiv) weist auf größere seelische Gesundheit hin.
- Eine ungünstige oder traumatische Bedingung in der Familie – wie zum Beispiel die psychiatrische Erkrankung eines Elternteils – erhöht die Wahrscheinlichkeit zusätzlicher ungünstiger Bedingungen (z. B. Scheidung, körperliche Misshandlung).
- Eine ungünstige oder traumatische Bedingung in der frühen Kindheit trägt zu Beeinträchtigungen des Funktionsniveaus in der Kindheit und im Erwachsenenalter bei.

Im Folgenden werden relevante Erkenntnisse aus Studien zum Einfluss der mütterlichen Depression auf die frühkindliche Entwicklung dargestellt.

Mütterliche depressive Erkrankung und frühkindliche Entwicklung

Studien belegen, dass eine mütterliche Depression in den ersten zwei Lebensjahren zu motorischen, kognitiven und sprachlichen Entwicklungsdefiziten beim Kleinkind beiträgt (Cornisch et al., 2005; Hay, 1997; Laucht, Esser u. Schmidt, 1994, 2002). Im Alter von zwei bis drei Jahren wiesen die Kinder postpartal depressiver Mütter dieser Studien eine deutlich erhöhte Rate psychischer Auffälligkeiten auf, insbesondere externalisierende, d. h. hyperaktive, oppositionelle und aggressive Verhaltensweisen. Laucht et al. (2002) stellten bei zweijährigen Kindern postpartal depressiv erkrankter Mütter einen niedrigeren Gesamt-IQ fest, der bis zum Alter von zehn Jahren ca. zehn IQ-Punkte hinter demjenigen der Vergleichsstichprobe zurücklag. Die verbalen Intelligenzleistungen waren stärker betroffen als die nonverbalen. Bei Kindern, die im dritten Lebensmonat wenig Blickkontakt zu ihren Müttern hatten, beobachteten die Autoren im Alter von acht Jahren Beeinträchtigungen der verbalen Intelligenzleistung. Säuglinge mit längerem Blickkontakt zu ihren depressiv erkrankten Müttern unterschieden sich hinsichtlich ihrer Intelligenzleistung nicht von Kindern postpartal gesunder Mütter.

Zur Untersuchung affektiver Verhaltensreaktionen des Säuglings entwickelten Tronick, Als, Adamson, Wise und Brazelton (1978) das Still-Face-Paradigma. Dies ist eine Situation, in der die Mutter aufgefordert wird, sich aus der Interaktion mit dem Säugling zurückzuziehen (in Form von ausdrucksloser Mimik, ohne verbale oder nonverbale Reaktion). Zahlreiche Studien belegen, dass Säuglinge in der Still-Face-Situation deutlich weniger positive und mehr verflachte oder negative affektive Reaktionen zeigen als in einer normalen Interaktionssituation (u. a. Cohn u. Tronick, 1983; Weinberg u. Tronick, 1998). Dies traf in erhöhtem Ausmaß für Säuglinge depressiv erkrankter Mütter zu. Im Vergleich zu Säuglingen nichtdepressiver Mütter waren sie im dritten Lebensmonat in der Still-Face-Situation weniger responsiv und mehr blickvermeidend. Sie zeigten weniger positive und mehr negative Affekte, ein geringeres Aktivitätsniveau sowie eine größere physiologische Reaktivität, gemessen an der Herzrate und dem Cortisolspiegel (u. a. Field, 1995; Koulomzin et al., 2002; Murray, 1992; Murray, Fiori-Cowley u. Hooper, 1996; Murray u. Cooper, 1997; Raikes u. Thompson, 2006; Tronick u. Weinberg, 1997).

Der Affektausdruck der Säuglinge variierte mit dem Interaktionsstil der depressiven Mütter. Säuglinge von depressiv-zurückgezogenen Müttern verhielten sich unruhig und weinerlich. Demgegenüber weinten Säuglinge von depressiv-intrusiven Müttern seltener. Sie vermieden den Blickkontakt und die Interaktion mit der Mutter (Cohn u. Tronick, 1989). Field, Healy, Goldstein, Perry und Bendell (1988) beobachteten, dass drei bis sechs Monate alte Säuglinge depressiver Mütter auch auf fremde Erwachsene in der Still-Face-Situation ausdrucksarm reagierten. Sie sahen hierin einen Zusammenhang zur Entwicklung eines depressiven Verhaltensstils beim Kind, der im Vorschulalter zu emotionaler Vernachlässigung durch andere Bezugspersonen prädestiniert.

Brüche in der alltäglichen Interaktion zwischen Mutter und Kind sind unvermeidbar. Wesentlich ist die Erfahrung ihrer Reparatur in der Mutter-Kind-Beziehung. Gianino und Tronick (1988) beobachteten, dass Säuglinge, die im Spiel mit der Mutter positive Reparatur erfuhren, in der Still-Face-Situation die mütterliche Aufmerksamkeit durch Lächeln und Vokalisation gewannen. Säuglinge mit wenig positiven Reparaturerfahrungen erreichten dies nicht. Sie reagierten auf die Still-Face-Situation mit deutlich mehr Stresszeichen (Gianino u. Tronick, 1988). Die wiederholte Erfahrung, dass negative Affektzustände in der Interaktion mit der Mutter repariert und moduliert werden können, ist für den Säugling Voraussetzung für die Entwicklung eines stabilen Selbstgefühls und einer sicheren Mutter-Kind-Beziehung (Fonagy, Gergely, Jurist u. Target, 2004; Stern, 1996).

Darüber hinaus weisen eine Vielzahl von Studien zum Zusammenhang zwischen mütterlicher Depression und frühkindlicher Entwicklung auf die Bedeutung konfundierender Vulnerabilitäts- und Kontextfaktoren hin. Dazu gehören

a) Merkmale der mütterlichen psychischen Erkrankung: Heterogenität der Symptomatologie, Schwere, Chronizität, Remission, Rückfallrate;
b) Merkmale der familiären Umgebung: Armut, Partnerschaftskonflikte, psychische Erkrankung des Vaters, Mangel an sozialer Unterstützung;
c) physiologische und (verhaltens-)genetische Faktoren (u. a. Campbell u. Cohn, 1997; Cornisch et al., 2005; Radke-Yarrow et al., 1995; Reupert u. Maybery, 2007; Roisman u. Fraley, 2008).

Im ersten Lebensjahr des Kindes scheint der Einfluss von Risiko- und Stressfaktoren auf stresssensitive Hirnregionen besonders ausgeprägt zu sein (Spinelli et al., 2009). Nachfolgende, häufig unvorhergesehene Erfahrungen des Kindes im Vorschul- und Schulalter und in der Adoleszenz sowie im Erwachsenenalter (u. a. spätere Fürsorge der Eltern, außerfamiliäre unterstützende Erfahrungen, feindselige Erfahrungen etc.) können die Effekte ungünstiger oder traumatischer Beziehungserfahrungen im ersten Lebensjahr überlagern. Dies erschwert den empirischen Nachweis. Der Bindungsforschung ist es gelungen, die Bedeutung der frühen Mutter-Kind-Beziehung als einen Risikofaktor der Entwicklung bis ins Erwachsenenalter nachzuweisen.

Die frühkindliche Mutter-Kind-Bindung als Risiko- und Schutzfaktor

Das Hauptinteresse der Bindungsforschung galt anfänglich der normativen kindlichen Entwicklung. Die Bindungsqualität wurde als ein Merkmal der frühen Mutter-Kind-Beziehung verstanden und mit Hilfe der »Fremden Situation« (Ainsworth, Blehar, Waters u. Wall, 1978) beobachtet. Diese Untersuchungsmethode ermöglicht die zuverlässige Beobachtung des frühkindlichen Interaktionsverhaltens in zwei aufeinander folgenden Trennungs- und Wiedervereinigungssituationen. Ausschlaggebend für die Bestimmung der Bindungsqualität sind die Reaktionen des Kleinkindes nach der Rückkehr der Mutter. Die Erfassung des Verhaltens in der *Fremden Situation* erlaubt Rückschlüsse auf das sich bis dahin entwickelte interne Arbeitsmodell des Kleinkindes über vergangene und erwartete Beziehungserfahrungen mit dieser spezifischen Bindungsperson. Es bestimmt seinen Wunsch nach Nähe, Schutz, Trost und Fürsorge und wie es diesen Wunsch an sein Elternteil kommuniziert. Ist die Nähe und Sicherheit gefährdet, dann äußert das Kind Bindungsverhaltensweisen (Nähe suchen, Lächeln, Anlehnen, Anklammern, Weinen), die von Fürsorgeverhaltensweisen des Erwachsenen beantwortet werden (Berühren, Trösten, Halten, Beschützen). Diese Beziehungserfahrung trägt zu einem subjektiven Gefühl von Sicherheit oder Unsicherheit des Kindes in Beziehung zu sich und seiner Welt bei.

Das Kind kann zu verschiedenen Fürsorgepersonen unterschiedliche Bindungsqualitäten entwickeln. Mit dem Heranwachsen des Kindes entsteht ein bevorzugter Bindungsstil, welcher sich in weiteren Beziehungen findet, u. a. bei der Tagesmutter, Erzieherin, Pflegemutter, Lehrerin, Therapeutin (Grossmann u. Grossmann, 2006).

Die Bindungstheorie geht im Weiteren davon aus, dass sich der elterliche Bindungsstil von einer Generation auf die nächste überträgt. Es besteht eine hohe Übereinstimmung zwischen dem mütterlichen Arbeitsmodell von Bindung vor und nach der Geburt des Kindes, erhoben mit dem »Adult Attachment Interview (AAI)«, und der Bindungsqualität des Kleinkindes zum Elternteil (Van Ijzendoorn u. Bakermans-Kranenburg, 1997). Die Bindungsforscher weisen auf die Komplexität möglicher Übertragungsprozesse elterlicher Bindungsrepräsentanzen und der Psychopathologie auf das Kind hin. Sie gehen von unterschiedlichen Übertragungswegen aus. Dabei wird sowohl dem Verhalten der Mutter (Sensitivität) als auch ihren empathisch-reflexiven Kompetenzen (u. a. Konzept des reflexiven Selbst) eine ursächliche Rolle bei der Entwicklung frühkindlicher Bindungssicherheit zugesprochen. Spezifische mütterliche Verhaltensweisen (u. a. zurückweisendes, feindseliges, beängstigendes, ängstliches Verhalten) fanden sich bevorzugt im Kontext von elterlicher Psychopathologie und waren mit desorganisierter Bindung des Kindes verbunden (Cassidy et al., 2005; Lyons-Ruth, Bronfman u. Atwood, 1999; Main u. Hesse, 1990).

Exkurs: Frühkindliche Bindungsmuster/-qualitäten

Auf der Basis der frühkindlichen Reaktion auf Trennung und Wiedervereinigung in der *Fremden Situation* werden in Anlehnung an Ainsworth et al. (1978) drei organisierte Bindungsqualitäten unterschieden. Diese wurden später durch die desorganisierte Bindungsqualität ergänzt (Main u. Solomon, 1990):

B sicher – das Kind sucht während der Wiedervereinigung aktiv die Nähe des Elternteils und zeigt, dass es infolge der Trennung gestresst ist, um sich dann bereitwillig trösten zu lassen und sich dann wieder dem Spiel oder der Erkundung zuzuwenden. Es besteht ein ausgewogenes Verhältnis zwischen Bindungs- und Erkundungsverhalten.

A unsicher-vermeidend – das Kind scheint nicht gestresst und es ignoriert oder vermeidet den Elternteil nach der Wiedervereinigung. Es minimiert oder inaktiviert sein Bindungsverhalten.

C unsicher-ambivalent – das Kind sucht nach der Wiedervereinigung die körperliche Nähe. Es erhält den Kontakt zum Elternteil (anhänglich) und widersteht ihm gleichzeitig verärgert oder schmollend. Es ist untröstlich und nicht dazu in der Lage, sich erneut dem Spiel oder der Erkundung zuzuwenden. Es maximiert sein Bindungsverhalten.

Alle drei Bindungsqualitäten gelten als geordnet und nichtpathologisch.

D desorganisiert/desorientiert – das Kind zeigt gegenüber dem Elternteil bizarre, stereotype oder verlangsamte Bewegungen, Einfrieren, widersprüchliches und ungezieltes Verhalten, ängstliche oder Furchtreaktionen. Es konnte keine organisierte Struktur im Umgang mit Trennungsstress entwickeln.

Für die Bindungsforschung ist das Verständnis, dass soziale Beziehungen und Psychopathologie sich wechselseitig beeinflussen, grundlegend. Es liegen Langzeitstudien vor, welche die frühkindliche Bindungsqualität als einen Risiko- oder Schutzfaktor der menschlichen Entwicklung bestätigen (u. a. Grossmann u. Grossmann, 2006; Lyons-Ruth, Easterbrooks u. Cibelli, 1997; Massie u. Szajnberg, 2002; Ogawa, Sroufe, Weinfiled, Carlson u. Egeland, 1997; Radke-Yarrow et al., 1995; Sroufe, Egeland, Carlson u. Collins, 2005). Im nachfolgenden Abschnitt werden ausgewählte Ergebnisse dieser Studien vorgestellt.

Für die soziale Anpassung, Kooperation mit den Eltern und die Emotionsregulation ist die Entwicklung einer sicheren Mutter-Kind-Bindung in den ersten zwei Lebensjahren wesentlich. Im Kontext einer mütterlichen psychischen Erkrankung ist diese besonders störanfällig. Kleinkinder depressiv erkrankter Mütter zeigten im 12. und 18. Lebensmonat gehäuft eine unsichere Bindung. Es fanden sich später schlechtere Beziehungen zu Gleichaltrigen, mehr aggressive Symptome sowie eine allgemeine Fehlanpassung. Der Vorhersagezusammenhang zwischen frühkindlicher Bindung und kindlichen externalisierenden Störungen fiel bei Jungen stärker aus als bei Mädchen.

Der Einbezug der desorganisierten/desorientierten Bindungsqualität ist für das Studium der Entwicklung kindlicher Psychopathologie unumgänglich. Die Wahrscheinlichkeit ihres Auftretens erhöht sich in Abhängigkeit von der Chronizität und Schwere der mütterlichen Depression. Die Ausbildung dissoziativer Symptome im 19. Lebensjahr war mit frühkindlicher Bindungsdesorganisation (12.–18. Lebensmonat) und mütterliche Nicht-Verfügbarkeit von 0 bis 24 Lebensmonaten verbunden. Für die Stabilität der frühkindlichen Bindungsqualität zwischen dem 12. und 18. Lebensmonat und der weiteren Bindungsentwicklung war die Stabilität des familiären Kontextes entscheidend. Unterschiedliche Muster elterlichen Verhaltens trugen zu unterschiedlichen Entwicklungsverläufen der Kinder bei. Eine mütterliche Depression in der frühen Kindheit war gehäuft mit einer Depression im frühen Erwachsenalter verbunden.

Ausblick auf die Behandlung

Die Qualität der frühen Mutter-Kind-Beziehung ist wegweisend für die Bindungsentwicklung. Eine mütterliche postpartale Depression kann die Bindungssicherheit und sozioemotionale Entwicklung des Kindes nachhaltig beeinflussen. Hieraus ergeben sich Konsequenzen für die Behandlung und Therapie. Die alleinige Behandlung der mütterlichen Depression reicht nicht aus. Forman et al. (2007) betonen die Notwendigkeit kombinierter Interventionsansätze. Der eigentliche »Patient« ist die früh entgleiste Beziehung zwischen Mutter und Kind. Ausgehend von den Erkenntnissen der Bindungstheorie und empirischen Bindungsforschung sind spezifische Interventionsansätze notwendig, welche die Mütter im ersten Lebensjahr darin unterstützen, eine sichere Basis für ihr Kind zu entwickeln. Eine Herausforderung für den Therapeuten stellt die Aufgabe dar, ungünstigen mütterlichen Verhaltensweisen (u. a. beängstigendes, feindseliges, übergriffiges Verhalten) gegenüber dem Kind zu begegnen. Bindungs- und elternzentrierte Therapieansätze stellen hierzu spezifische Interventionsstrategien bereit (Cooper, Hoffman, Powell u. Marvin, 2007). Ihr Effekt zeigt sich an der Entwicklung des Kindes und kann durch unterschiedliche Veränderungsprozesse entstehen. Gelingt es der Mutter, mehr Verständnis für die Bewegungen ihres Kindes zwischen Bindung und Erkundung zu entwickeln, können sich ungünstige mütterliche Verhaltensweisen vermindern. Der Erfolg einer Intervention hängt maßgeblich davon ab, ob es gelingt, betroffene Mütter für einen therapeutischen Prozess zu gewinnen, der ihnen und ihrem Kind eine positive Entwicklung ermöglicht.

Literatur

Ainsworth, M. D. S., Blehar, M. C., Waters, E., Wall, S. (1978). Patterns of attachment: Psychological study of the Strange Situation. Hillsdale, NJ: Erlbaum.

Akman, C., Uguz, F., Kaya, N. (2007). Postpartum-onset major depression is associated with personality disorders. Comprehensive Psychiatry, 48, 4, 343–347.

Campbell, S. B., Cohn, J. F. (1997). The timing and chronicity of postpartum depression: Implication for Infant Development. In L. Murray, P. J. Cooper (Eds.), Postpartum Depression and Child Development (pp. 165–200). New York: Guilford

Cassidy, J., Woodhouse, S. S., Cooper, G., Hoffmann, K., Powell, B., Rodenberg, M. (2005). Examination of the precursors of infant attachment security. In L. J. Berlin, Y. Ziv, L. Amaa-Jackson, M. T. Greenberg (Eds.), Enhancing early attachment (pp. 34–60). New York: Guilford Press.

Cohn, J. F., Tronick, E. Z. (1983). Three-month old infants' reaction to simulated maternal depression. Child Development, 54, 185–193.

Cohn, J. F., Tronick, E. Z. (1989). Specifity of infant's response to mother's affective behavior. Journal of Academic Child and Adolescent Psychiatry, 28, 242–248.

Cooper, G., Hoffmann, K., Powell, B., Marvin, R. (2007). The Circle of Security Intervention.

In L. J. Berlin, Y. Ziv, L. Amaya-Jackson, M. T. Greenberg (Eds.), Enhancing early attachments (pp. 127–151). New York: Guilford Press.

Cornisch, A. M., McMahon, C. A., Ungerer, J. A., Barnett, B., Kowalenko, N., Tennant, C. (2005). Postnatal depression and infant cognitive and motor development in the second postnatal year: The impact of depression chronicity and infant gender. Infant Behavior u. Development, 28, 407–417.

Field, T. (1995). Infants of depressed mothers. Infant Behavior and Development, 18, 1–13.

Field, T., Healy, B., Goldstein, S., Perry, S., Bendell, D. (1988). Infants of depressed mothers show «depressed" behavior even with nondepressed adults. Child Development, 59, 1569–1579.

Fonagy, P., Gergely, G., Jurist, E. L., Target, M. (2004). Affektregulierung, Mentalisierung und die Entwicklung des Selbst. Stuttgart: Klett-Cotta.

Forman, D. R., O'Hara, M. W., Stuart, S., Gorman, L. L., Larsen, K. E., Coy, K. C. (2007). Effective treatment for postpartum depression is not sufficient to improve the developing mother-child relationship. Development and Psychopathology, 19, 585–602.

Gianino, A., Tronick, E. Z. (1988). The mutual regulation model: the infant's self and interactive regulation, coping and defense. In T. Field, P. McCabe, N. Schneiderman (Eds.), Stress and coping (pp. 47–68). Hillsdale, NJ: Lawrence Erlbaum Associates.

Grossmann, K., Grossmann, K. E. (2006). Bindungen – das Gefüge psychischer Sicherheit. Stuttgart: Klett-Cotta.

Hay, D. F. (1997). Postpartum depression and cognitive development. In L. Murray u. P. J. Cooper (Eds.), Postpartum depression and child development (pp. 85–110). New York: Guilford Press.

Koulomzin, M., Beebe, B., Anderson, S., Jaffe, J., Feldstein, S., Crown, C. (2002). Infant gaze, head, face and self-touch at 4 months differentiate secure vs. avoidant attachment at 1 year: A microanalytic approach. Attachment u. Human Development, 4 (1), 3–24.

Laucht, M., Esser, G., Schmidt, M. H. (1994). Parental mental disorder and early child development. European Child and Adolescent Psychiatry, 3, 125–137.

Laucht, M., Esser, G., Schmidt, M. H. (2002). Heterogene Entwicklung von Kindern postpartal depressiver Mütter. Zeitschrift für Klinische Psychologie und Psychotherapie, 31 (2), 127–134.

Lyons-Ruth, K., Bronfman, E., Atwood, G. (1999). A relational diathesis model of hostile-helpless states of mind. In J. Solomom, C. George (Eds.), Attachment disorganization (pp. 33–69). New York: Guilford Press.

Lyons-Ruth, K., Easterbrooks, M. A., Cibelli, C. D. (1997). Infant attachment strategies, infant mental lag, and maternal depressive symptoms: Predictors of internalizing and externalizing problems at age 7. Development Psychology, 33, 681–692.

Main, M. (2000). The organized categories of infant, child, and adult attachment: Flexible vs. inflexible attention under attachment-related stress. Journal of American Psychoanalytical Association, 48, 1055–1096.

Main, M., Hesse, E. (1990). Parents' unresolved traumatic experiences are related to infant disorganization attachment status: Is frightened and/or frightening behavior the linking mechanism? In M. T. Grennberg, D. Cicchetti, E. M. Cummings (Eds.), Attachment in the preschool years (pp. 161–182). Chicago u. London: University of Chicago Press.

Main, M., Solomon, J. (1990). Procedures for Identifying Infants as Disorganized/Disoriented during the Ainsworth Strange Situation. In M. T. Greenberg, D. Cicchetti, E. M. cummings (Eds.), Attachment in the preschool years. Theory, research, and intervention (pp. 121–182). Chicago: The University of Chicago Press.

Massie, H., Szajnberg, N. (2002). The relationship between mothering in infancy, childhood experience and adult mental health: Results of the brody prospective longitudinal study from birth to age 30. International Journal of Psychoanalysis, 83, 35–55.

Murray, L. (1992). The impact of postnatal depression on infant development. Journal of Child Psychology and Psychiatry, 33 (3), 543–561.

Murray, L., Cooper, P. J. (1997). The role of infant and maternal factors in postpartum depression, mother-infant interactions and infant outcome. In L. Murray, P. J. Cooper (Eds.), Postpartum depression and child development (pp. 111–135). New York: Guilford Press.

Murray, L., Fiori-Cowley, A., Hooper R. (1996). The impact of postnatal depression and associated adversity on early mother-infant interactions and later infant outcome. Child Development, 67, 2512–2526.

Murray, L., Lopez, A. D. (1996). The global burden of disease: A comprehensive assessment of mortality and disability from diseases, injuries, and risk factors in 1990 and projected to 2020. Cambridge, MA: Harvard University Press.

Ogawa, J. R., Sroufe, L. A., Weinfield, N. S., Carlson, E., Egeland, B. (1997). Development and the fragmented self: Longitudinal study of dissociative symptomatology in a nonclinical sample. Development and Psychopathology, 15, 19–38.

Radke-Yarrow, M., McCann, K., DeMulder, E., Belmont, B., Martinez, P., Richardson, D. T. (1995). Attachment in the context of high-risk conditions. Development and Psychopathology, 7, 247–265.

Raikes, H. A., Thompson, R. A. (2006). Family emotional climate, attachment security and young children's emotion knowledge in a high risk sample. British Journal of Development Psychology, 24, 1, 89–104.

Reupert, A., Maybery, D. (2007). Families affected by parental mental illness: A multiperspective account of issues and interventions. American Journal of Orthopsychiatry, 77, 362–369.

Roisman, G. I., Fraley, R. C. (2008). A behavior-genetic study of parenting quality, infant attachment security, and their covariation in a nationally representative study. Developmental Psychology, 44, 831–839.

Spinelli, S., Chefer, S., Suomi, S. J., Highley, J. D., Barr, C. S., Stein, E. (2009). Early-life stress induces long-term morphologic changes in primate brain. Archives of General Psychiatry, 66 (6), 658–665.

Sroufe, L. A. (1997). Psychopathology as an outcome of development. Development and Psychopathology, 9, 251–268.

Sroufe, L. A., Egeland, B., Carlson, B., Collins, A. (2005). The development of the person. The Minnesota Study of Risk and Adaption from Birth to Adulthood. New York: Guilford Press.

Stern, D. (1996). Die Lebenserfahrung des Säuglings (5. Aufl.). Stuttgart: Klett-Cotta

Tronick, E. Z., Als, H., Adamson, L., Wise, S., Brazelton, T. B. (1978). The infant's response to entrapment between contradictory messages in face-to-face interaction. Journal of the American Academy of Child Psychiatry, 17, 1–13.

Tronick, E. Z., Weinberg, M. K. (1997). Depressed mothers and Infants: failure to form dyadic states of consciousness. In L. Murray, P. J. Cooper (Eds.), Postpartum depression and child development (pp. 54–81). New York: Guilford Press.

Tschinkel, S., Harris, M., Le Noury, J., Healy, D. (2006). Postpartum psychosis: Two cohorts compared, 1875–1924 and 1994–2005. Psychological Medicine, 37, 529–536.

Van Ijzendoorn, M. H., Bakermans-Kranenburg, M. J. (1997). Intergenerational transmission of attachment: A move to the contextual level. In, L. Atkinson, K. J. Zucker (Eds.), Attachment and psychopathology (pp. 135–170). New York: Guilford Press.

Weinberg, M. K., Tronick, E. Z. (1998). The impact of maternal psychiatric illness on infant development. Journal of Clinical Psychiatry, 59, 53–61.

Die psychosoziale Versorgung von Kindern stationär behandelter psychiatrischer Patienten – Realität und Wünsche

Marc Schmid, Jasmin Grieb, Michael Kölch

Kinder psychisch kranker Eltern sind in vielfacher Hinsicht eine Hochrisiko-Population. Genetische Risiken kumulieren mit psychosozialen Risiken und führen letztendlich zu einem deutlich erhöhten Risiko, selbst eine psychische Erkrankung zu entwickeln.

Altersabhängig können vielfältige psychosoziale Risikofaktoren identifiziert werden, die eine Gefährdung für die gesunde, unbelastete psychoemotionale Entwicklung darstellen können. Bei Säuglingen und Kleinkindern besteht vor allem das Risiko der Vernachlässigung von Grundbedürfnissen des Kindes.

Später kann das – mit dem von unbelasteten Altersgenossen nicht vergleichbare – teilweise unbefriedigende soziale Umfeld, in dem die Kinder oftmals leben, die Defizite im elterlichen Verhalten, die auf der zwischenmenschlichen und psychischen Ebene die Kinder mit Problemen konfrontiert und die sie entwicklungspsychologisch überfordern, die sozioemotionale Entwicklung der betroffenen Kinder auf vielfältige Art und Weise beeinträchtigen (vgl. Kölch, Schielke, Becker, Fegert u. Schmid, 2008; Lenz, 2005).

Diese Risiken prädestinieren Kinder psychisch Kranker und ihre Familien als Klientel für präventive und psychosoziale Hilfsmaßnahmen. Nachdem seit nunmehr über zehn Jahren die Problematik psychisch kranker Eltern und ihrer Kinder von den beteiligten Professionen der Psychiatrie, der Kinder- und Jugendpsychiatrie und der Sozialarbeit und Jugendhilfe intensiver diskutiert wird, können zwar Veränderungen im Bewusstsein über die Problematik wahrgenommen werden, gleichwohl müssen weiterhin ein lückenhaftes Angebot in der Versorgung (Nicholson, Geller, Fisher u. Dion; 1993; Nicholson u. Henry 2003; Nicholson, Hinden, Biebel, Henry u. Katz-Leavy, 2007; Nicholson, Nason, Calabresi u. Yando, 1999; Nicholson, Sweeney u. Geller, 1998; Horwitz et al., 2007; Hearle, Plant, Jenner, Barkla u. McGrath, 1999; Schmid, Schielke, Fegert, Becker u. Kölch, 2008) und Defizite in der Wahrnehmung des Problems diagnostiziert werden (Schone u. Wagenblass, 2006b).

Die Risiken und die Folgen für Kinder psychisch erkrankter Eltern

Eine psychische Erkrankung bei den Eltern erhöht das Risiko für die Entwicklung einer kinder- und jugendpsychiatrischen Störung um den Faktor 2 bis 3 im Vergleich zu Kindern psychisch gesunder Eltern (Downey u. Coyne 1990; Vostanis et al., 2006).

Je psychisch belasteter sich die Eltern in klinischen Fragebögen selbst beschrieben, desto höher war das Risiko, dass auch die Kinder bereits Symptome von psychischen Störungen aufwiesen (Vostanis et al., 2006; Wiegand-Grefe, Geers, Plass, Petermann u. Riedesser, 2009). Ein aktuelles Ergebnis der Bella-Studie, einer epidemiologischen Untersuchung in einer repräsentativen deutschen Bevölkerungsstichprobe (Hölling, Erhart, Ravens-Sieberer u. Schlack, 2007), zeigte, dass die psychische Erkrankung eines Elternteils, und hier insbesondere die wahrgenommene elterliche Belastung, die wesentlichsten Risikofaktoren für die Entwicklung von psychischen Symptomen beim Kind darstellt (Wille, Bettge u. Ravens-Sieberer, 2008). Im Rahmen einer Analyse der Krankenkassendaten (Sills, Shetterly, Xu, Magid u. Kempe, 2007) von fast 70.000 Kindern, nahmen die Kinder, deren Mütter unter einer postpartalen Depression litten, auf ihrem weiteren Lebensweg wesentlich häufiger ambulante und stationäre Gesundheitsleistungen in Anspruch.

Problematische Beziehungserfahrungen, verringerte Erziehungskompetenzen und beeinträchtigte Sozialisationsbedingungen durch die psychische Erkrankung eines Elternteils sind an diesem erhöhten Risiko beteiligt (Snellen, Mack u. Trauer, 1999; Tienari, 1987; Wüthrich, Mattejat u. Remschmidt, 1997).

Folgen sind im Kleinkindalter insbesondere Schlafprobleme (Martin, Hiscock, Hardy, Davey u. Wake, 2007), Regulationsstörungen und beginnende Störungen der Emotionsregulation sowie erste Probleme bei der Entwicklung einer sicheren Bindung (Weinberg u. Tronick, 1998; Cohn u. Tronick, 1989). Kinder psychisch kranker Eltern haben ein besonders großes Risiko, unsichere Bindungsstile oder hochunsichere/desorganisierte Bindungsmuster (Hipwell, Goossens, Melhuish u. Kumar, 2000; Van Ijzendoorn, Schuengel u. Bekermans-Kranenburg, 1999) zu entwickeln. Diese können sich, durch die sich in diesem Alter ausprägenden Bindungsrepräsentationen, auch auf zukünftige Beziehungen und die Art der Bewältigungsstrategien von emotionalem Stress auswirken (vgl. Grossmann u. Grossmann 2006). Neuere Studien zeigen auch, dass der psychotherapeutische Erfolg und der Erfolg von pädagogischen Maßnahmen von frühen Bindungserfahrungen wesentlich moderiert wird (Skodol et al., 2007; Zegers, Schuengel, van Ijzendoorn u. Janssens, 2006).

Bei Klein- und Schulkindern kann das Explorationsverhalten stark eingeschränkt sein, so dass nur wenige Erfahrungen mit Gleichaltrigen gesucht werden, wodurch sich Defizite im Bereich der sozialen Fertigkeiten entwickeln oder noch weiter verstärkt werden können, was zur Isolation der Kinder von Gleichaltrigen führen kann, insbesondere wenn die elterliche Erkrankung tabuisiert wird (Canino, 1990; Handley, Farrell, Josephs, Hanke u. Hazelton, 2001; Krumm, Ziegenhain, Fegert u. Becker, 2005; Mattejat, 2004; Wagenblass u. Schone, 2001).

Über alle Lebensphasen hinweg besteht die Gefahr, dass Kinder von ihren psychisch kranken Eltern emotional nicht adäquat validiert werden, d. h., die emotionale Reaktion eines Kindes (Fruzzetti, Shenk u. Hoffman, 2005; Linehan, 1996) kann von Eltern nicht adäquat wahrgenommen, verstanden und wertgeschätzt werden. Psychisch kranke Eltern haben oft Schwierigkeiten, die emotionalen Reaktionen eines Kindes zu bemerken und darauf adäquat zu reagieren, da sie von ihrer eigenen Emotionalität überlagert werden oder sie selbst große Defizite im Bereich der Emotionswahrnehmung und -verarbeitung aufweisen.

Dies bedeutet, dass Kindern keine adäquaten Copingmechanismen für den Umgang mit belastenden Emotionen vermittelt werden können, was letztlich zu einer Störung der Emotionsregulation führen kann. Störungen der Emotionsregulation im Kindesalter haben langfristig eine sehr schlechte Prognose, da sie die Integration in die Gleichaltrigengruppe, Schule und Familie massiv gefährden (vgl. Cicchetti u. Rogosch, 1996), insbesondere wenn diese mit aggressivem Verhalten einhergehen (Moffit, 2006; Moffit et al., 2008).

Wenn gravierende Schwierigkeiten im Bereich der Emotionsregulation bei einem oder mehreren Familienmitgliedern vorliegen, besteht zu dem die Gefahr, dass diese sich gegenseitig aufschaukeln und verstärken (Fruzzetti et al., 2005). Störungen der Emotionsregulation führen oft zu einem sehr emotional aufgeheizten Familienklima, was die Gefahr eines Rückfalls nachgewiesenermaßen für viele psychische Störungen wesentlich erhöht (Überblick Hahlweg, Dürr, Dose u. Müller, 2006; Hooley, 2007).

Ältere Kinder leiden dann später unter Schuldgefühlen, Scham, aber auch unter Ängsten vor und um den erkrankten Elternteil. Selbstverständlich können Kinder durch Modelllernen auch irrationale Einstellungen und pathologische Verhaltensweisen übernehmen, wie dies insbesondere für Angststörungen eindrücklich nachgewiesen wurde (Überblick s. Rapee, 2001).

Bei Impulskontrollstörungen und Abhängigkeitserkrankungen der Eltern erhöht sich zudem das Risiko einer körperlichen Misshandlung des Kindes um ein Vielfaches (Fergusson et al., 1996a, 1996b).

Retrospektiv berichten viele Erwachsene, die mit einem psychisch kranken Elternteil aufgewachsen sind, dass sie darunter gelitten haben, die Verhaltensweisen ihrer erkrankten Eltern nicht einordnen zu können, und sich daher eine

Aufklärung über die Erkrankung und Erklärung der Symptomatik und ihrer Ursachen gewünscht hätten (Sollberger, 2000). Viele Kinder im Stadium des magischen Denkens glauben, die Symptomatik der Eltern mit ihrem Verhalten beeinflussen zu können, und geben sich und ihrem vermeintlichen Fehlverhalten die Schuld für die Symptomatik der Eltern, die Traurigkeit oder den Alkoholkonsum. Leider macht das soziale Umfeld häufig die Familie des Betroffenen für dessen Krankheit mitverantwortlich (Glenn u. Stiels-Glenn, 2003), was die irrationalen Schuldgefühle der Kinder noch weiter verstärken kann.

Partner psychisch Kranker haben oftmals selbst eine psychische Störung, was die Belastung der Kinder noch einmal potenziert (Hearle, Plant, Jenner, Barkla u. McGrath, 1999; Kahn, Brandt u. Whitaker, 2004; Remschmidt u. Mattejat, 1994). Der Mangel an sozialen Netzwerken, finanzielle Probleme und konflikthafte familiäre Beziehungsmuster, die häufig zu Trennungen oder Scheidungen führen, akzentuieren die Problematik der Kinder nochmals (Bohus et al., 1998; Ostmann u. Hansson, 2002).

Selbstverständlich leiden die Kinder auch direkt unter der Teilhabebeeinträchtigung ihrer Eltern (Kessler et al., 2007; Carlsson et al., 2002), da diese sich direkt auf Förderungsmöglichkeiten, Freizeitangebote und Auswahl der Peergruppe auswirken. Sehr viele psychisch kranke Eltern leben mit ihren Kindern in großer Armut, was an sich schon ein Risikofaktor für die Entwicklung von Kindern darstellt (Evans u. Kim, 2007; Ostmann u. Hansson, 2002).

Die Teilhabebeeinträchtigung und emotionale Bedürftigkeit der Eltern kann aber auch dazu führen, dass sich die Generationsgrenzen aufweichen und die Kinder Verantwortung für die Eltern, den Familienalltag und die Betreuung der Geschwister übernehmen. Die negativen Folgen einer solchen destruktiven Parentifizierung (Jurcovic, 1997; Boszormenyi-Nagy u. Spark, 2006), mit einer zwangsläufigen und oft langjährigen Überforderung für das Kind, sind vielfältig; insbesondere wenn eigene Bedürfnisse des Kindes von ihm selbst schon gar nicht mehr wahrgenommen werden können (siehe den Beitrag von Janna M. Ohntrup und Kollegen in diesem Band zur destruktiven Parentifizierung).

Über die Hälfte der stationär in der Kinder- und Jugendpsychiatrie behandelten Kinder besitzen einen oder zwei psychisch kranke Elternteile (Sommer, Zoller u. Felder, 2001). Mindestens 500.000 Kinder in Deutschland haben einen Elternteil mit einer schweren schizophrenen oder depressiven Störung (Remschmidt u. Mattejat, 1994). 10 bis 30 % der stationär behandelten erwachsenen Patienten haben minderjährige Kinder (Gundelfinger, 1997). Mehrere Studien zeigen, dass Frauen wesentlich häufiger betroffen sind (70 % Frauen gegenüber 30 % Männern), da sowohl gesunde als auch psychisch kranke Väter häufiger den Kontakt zu ihrem Kind und der Mutter aufgeben oder verlieren, insbesondere wenn die Elternteile nie zusammengelebt haben (Bohus et al., 1998; Schone u. Wagenblass 2006b; Sommer, Zoller u. Felder 2001).

Die Ulmer Studie zur Versorgungssituation von Kindern stationär behandelter Eltern

Wird eine stationäre psychiatrische Behandlung eines Elternteils notwendig, so stellt dies eine massive Belastung für das Familiensystem dar und Familien müssen oft die letzten Ressourcen mobilisieren, um die Betreuung der Kinder zu gewährleisten. Der Bedarf an Unterstützung ist in dieser Situation am größten und auf vielen Ebenen notwendig. Ziel einer eigenen Studie war es daher, im Einzugsgebiet mehrerer großer Versorgungskliniken in Deutschland zu untersuchen, wie die reale Versorgungssituation der Kinder von dort behandelten Patienten ist und welche Angebote von psychisch kranken Eltern in stationären Maßnahmen gesucht und angenommen werden. Die Erfassung, welche über die vorhandenen Angebote hinausgehende Unterstützungsmaßnahmen von den betroffenen Patienten und ihren Familien gewünscht werden, war ein weiteres Ziel. Da die Jugendhilfe einen der wichtigsten Anbieter für Unterstützungsmaßnahmen darstellt, ist die Einstellung der psychisch erkrankten Eltern zu den Jugendämtern entscheidend. Hinderungsgründe für die Inanspruchnahme entsprechender Hilfsangebote wurden deshalb im Rahmen der Untersuchung erhoben. Zur Untersuchung wurden standardisierte klinische Fragebögen sowie ein eigens entwickelter Fragebogen eingesetzt. Befragt wurden Patienten, die zum Untersuchungszeitpunkt mindestens ein Kind unter 18 Jahren hatten (Schmid, Kölch, Fegert u. Becker, 2008). Insgesamt konnten 83 Probanden (54 Frauen und 29 Männer) mit 165 Kindern in die Untersuchung eingeschlossen werden. Auch in unserer Stichprobe war somit das Verhältnis von Müttern zu Vätern ca. 2 : 1 (Schmid et al., 2008). Eine genauere Stichprobenbeschreibung, getrennt nach Geschlechtern, zeigt Tabelle 1.

Tabelle 1: Stichprobenbeschreibung nach Frauen und Männern getrennt

	Frauen	Männer	Gesamt	P
Anzahl	54	29	83	n. s.
Patientenalter (Ø, in Jahren)	M = 40,2 (SD = 6,2)	M = 39,8 (SD = 7.0)	M = 40,1 (SD = 6,4)	n. s.
Stationäre Vorbehandlungen (Ø)	3,2	3,7	3,4	n. s
Kinderanzahl (Ø)	2,0	1,9	1,98	n. s

Die Patienten wiesen fast das gesamte Diagnosespektrum nach ICD-10 Kapitel V (F) (WHO, 2000) auf, wobei affektive Störungen (46 %), Störungen aus dem schizophrenen Formenkreis (27 %) und substanzgebundene Störungen (17 %) dominierten. 40 % der Eltern lebten nicht in einer Partnerschaft (Kölch et al.,

2008). Bei 45 % der Patienten lebten die Kinder jedoch nach wie vor in der Ursprungsfamilie und bei weiteren 4 % zusammen mit dem/der Befragten und deren neuen Lebenspartnern. 24 % der Patienten lebten allein mit ihren Kindern. Während bei 21 % der Patienten das Kind in einer neuen Familie des ehemaligen Partners lebte. Die Kinder der verbleibenden 6 % der Patienten lebten bei Verwandten, in Pflegefamilien oder in stationären Jugendhilfeeinrichtungen.

In ihrem – nichtklinischen – Alltag hatten 69 % der Befragten täglichen, oder zumindest mehrmals die Woche, Kontakt zu ihren Kindern. Regelmäßigen Kontakt (jedes oder jedes zweite Wochenende) gaben 19 % der Patient/Innen an, während 4 % ihre Kinder selten (einmal im Monat oder mehrmals jährlich) sahen. Gar keinen Kontakt zu ihren Kindern hatten immerhin 8 % der Patienten (Schmid et al., 2008).

Psychische Belastung durch die Elternschaft

Die Elternschaft stellt eine wichtige Entwicklungsaufgabe eines Menschen dar, und die Erziehung eines Kindes ist auch für psychisch gesunde Eltern zumindest phasenweise immer wieder belastend. Insbesondere ist die Vereinbarkeit einer Elternschaft mit einem den Lebensunterhalt sichernden Arbeitsverhältnis gerade für Alleinerziehende oft schwer zu realisieren, wie sich an der erschreckend hohen Anzahl von Kindern zeigt, die in Armut leben bzw. auf soziale Unterstützungssysteme angewiesen sind. Zwar geben die meisten Eltern an, dass ihnen die Erziehung ihres Kindes Freude oder viel Freude bereite. Immerhin 30 % erklären aber auch, dass sie dabei wenig Freude empfinden (Heinrichs et al., 2008). Besonders belastend sind für viele Eltern Situationen wie Aufräumen, die Beschränkung von Medienkonsum, Kaufwünsche des Kindes, die Mahlzeiten sowie die Hausaufgabensituation. 30 % der befragten Eltern gaben an, es falle ihnen schwer, die notwendige Geduld in der Erziehung beizubehalten (Heinrichs, Bodemann u. Hahlweg, 2008).

Ein geringeres psychosoziales Funktionsniveau und geringere Erziehungskompetenzen von psychisch kranken Eltern macht diese wesentlich anfälliger für elterlichen Stress und kann wesentlich früher bzw. leichter zur elterlichen Überforderung oder gar völligen Dekompensation führen.

Die eigene psychische Erkrankung und die gleichzeitige Wahrnehmung der Elternschaft sowie der Anspruch, für die Kinder optimal zu sorgen, stellen für die Patienten einen massiven Konflikt dar, der nicht selten auch wieder depressiv verarbeitet wird. Die Einschätzung der Elternschaft als Belastung ist dabei ein Prädiktor für Probleme in der Beziehung zu den Kindern (Berry u. Jones, 1995).

Elterlicher Stress ist ein wesentlicher Risikofaktor für die Eltern-Kind-Interaktion und die Entwicklung von psychischen Symptomen beim Kind (Cina u. Bodenmann, 2009). Kinder mit psychisch kranken Eltern, bei denen die Eltern eine hohe Stressbelastung durch die Erziehung angaben, wiesen eine besonders hohe psychische Belastung auf und ein besonders hohes Risiko, eine psychische Störung zu entwickeln.

Im Rahmen unserer Untersuchung haben wir die elterliche Stressbelastung der psychisch kranken Eltern mit der deutschen Version der Parental Stress Scale (PSS) (Berry u. Jones, 1995) untersucht (Kölch u. Schmid, 2008).

Die Parental Stress Scale erfasst positive wie negative Zuschreibungen von Eltern an ihre Elternschaft und erhebt elterlichen Stress (Berry u. Jones, 1995) auf eine sehr ökonomische und doch reliable (Cronbach's α = .62–.80) Art und Weise.

Die Eltern empfanden zwar im Durchschnitt ihre Belastung durch die Elternschaft als nicht maximal ausgeprägt, erreichten aber deutlich erhöhte Werte in der PSS (Kölch u. Schmid, 2008; Stadelmann, Kölch, Groeben, Perren u. Schmid, eingereicht). Die psychisch kranken Eltern beschrieben sich dabei in allen Bereichen der Parental Stress Scale als wesentlich belasteter als Eltern aus der Allgemeinbevölkerung. Fast die Hälfte der psychisch kranken Eltern lagen bezüglich der von ihnen angegebenen elterlichen Stressbelastung in der Parental Stress Scale über eine Standardabweichung höher als der Mittelwert einer repräsentativen Vergleichsgruppe, die in Kindergärten für eine Längsschnittuntersuchung rekrutiert wurde (Stadelmann et al., submitted).

Wahrnehmung der psychischen Belastung der Kinder durch ihre psychisch kranken Eltern

Erst wenn Eltern die Probleme ihrer Kinder wahrnehmen, können sie daraus einen Hilfebedarf ableiten. Auch ein Helfersystem kann erst dann etabliert werden, wenn Probleme, Belastungen oder psychische Auffälligkeiten der Kinder wahrgenommen werden. Damit ist das Erkennen und Wahrnehmen der Probleme der Kinder der entscheidende Faktor, der erst die Suche nach Unterstützung und die Inanspruchnahme von Hilfen ermöglicht. Die psychische Störung von Eltern kann die Wahrnehmung von Problemen ihrer Kinder beeinflussen oder unter Umständen ganz verhindern. Es kann dabei vorkommen, dass Eltern normales kindliches Verhalten pathologisieren oder bereits sehr auffälliges Verhalten bagatellisieren (z. B. wird eine Mutter, die selbst wegen ihrer Symptomatik sehr isoliert lebt, andere Erwartungen an die Peerkontakte und die Überwindung von sozialen Ängsten ihres Kindes haben als eine psychisch gesunde Mutter). Aus der Literatur (Reck, 2007; Lenz, 2005,

Hofecker-Fallahpour et al., 2005) sind einige solcher Störungen in der Wahrnehmung, Interpretation und Interaktion zwischen psychisch kranken Eltern und ihren Kindern belegt. Weiterhin lässt sich hypothetisieren, dass auch störungsimmanente Gründe (Depression mit eingeengtem Denken und Desinteresse an der Umwelt, Schizophrenie mit Denk- und Wahrnehmungsstörungen und Realitätsverkennung, Suchterkrankungen mit Einengung auf den Substanzkonsum, Angsterkrankungen mit inadäquater Zentrierung des Denkens auf Angstsituationen, Zwangsstörungen mit Einbeziehung des unmittelbaren Umfelds in die Zwangsrituale) dazu führen, dass psychisch kranke Eltern die psychische Auffälligkeit ihrer Kinder nicht – oder zumindest nicht ausreichend – wahrnehmen. Wang und Goldschmidt (1996) konnten zeigen, dass die Eltern zwar die Probleme ihrer Kinder erkannten, sie aber dennoch kaum Hilfen in Anspruch nahmen, da sie sich in der Bewertung dieses Verhaltens unsicher waren. Diese Befunde zeigen, wie essentiell sowohl für die klinische als auch für die wissenschaftliche Beurteilung der Symptomatik von Kindern mit psychisch kranken Eltern die Befragung von mehreren Informationsquellen ist, weshalb es sinnvoll ist, neben den Eltern die Kinder selbst und andere Bezugspersonen (z. B. Lehrer, Sozialpädagogen, Erzieher) zu befragen. In der Kinder- und Jugendpsychiatrie/-psychotherapie hat sich die Einholung einer Fremdanamnese aus dem schulischen Bereich prinzipiell sehr bewährt (vgl. Döpfner, Lehmkuhl, Petermann u. Scheithauer, 2002; Plück et al., 1997).

In unserer Untersuchung war es aus Gründen der Anonymisierung und der für diese Untersuchung in den Kliniken vorhandenen Ressourcen nicht möglich, Selbsturteile der Kinder und Fremdurteile von anderen Familienmitgliedern und/oder Lehrern einzuholen (Kölch, Schielke, Becker, Fegert u. Schmid, 2008). Dies wäre aber prinzipiell möglich mit dem von uns verwendeten SDQ (Stress and Difficulties Questionnaire), einem international gebräuchlichen (Meltzer, Gateward, Goodman u. Ford, 1999, Hölling et al., 2007), validen und ökonomischen Screeningverfahren zu kindlichen Verhaltensproblemen, emotionalen Auffälligkeiten und Stärken, da dieses psychometrische Testverfahren in vielen Sprachen sowohl für Lehrer als auch für Jugendliche vorliegt (www.SDQInfo.com).

In unserer Untersuchung mussten wir uns auf eine Befragung der psychisch kranken Eltern über ihre Kinder beschränken. Die Ergebnisse zeigten, dass fast die Hälfte der Eltern ihre Kinder als psychisch auffällig einschätzten, bei 35 % der Elternangaben zeigte sich ein Gesamtwert im auffälligen Bereich, bei 12 % lag der Gesamtscore im Grenzbereich (»grenzwertig«) (Tab. 2).

Sowohl was die Gesamtscores des SDQ als auch die relative Anzahl der auffälligen Kinder betrifft, zeigte sich überraschenderweise kein statistisch signifikanter Unterschied zwischen Jungen und Mädchen. Das Alter der Kinder korrelierte ebenfalls nicht signifikant mit der Symptomatik der Kinder, d. h., für jüngere

Tabelle 2: Ergebnisse des Stress and Difficulties Questionnaire (SDQ)

SDQ-	unauffällig n (%)	grenzwertig n (%)	auffällig n (%)
Gesamt	43 (53 %)	10 (12 %)	28 (35 %)
SDQ-Subskalen			
Emotionale Probleme	55 (68 %)	7 (9 %)	19 (23 %)
Verhaltensprobleme	39 (48 %)	14 (17 %)	28 (35 %)
Hyperaktivität	55 (68 %)	8 (10 %)	18 (22 %)
Verhaltensprobleme mit Gleichaltrigen	55 (68 %)	14 (17 %)	12 (15 %)
Prosoziales Verhalten	60 (74 %)	12 (15 %)	9 (11 %)

Kinder wurden nicht – wie epidemiologisch zu erwarten gewesen wäre – mehr externalisierende Probleme angegeben. Umgekehrt zeigten ältere Kinder und Jugendliche in der Einschätzung der Eltern nicht häufiger internalisierende und weniger externalisierende Verhaltensauffälligkeiten. Vermutlich würde sich hier aber ein Effekt zeigen, wenn alle Altersstufen mit gleich vielen Kindern besetzt wären und die Stichprobe insgesamt größer wäre. Es gab auch keine signifikanten Unterschiede zwischen der Beurteilung der Kinder durch Mütter oder Väter. Weiter ergaben sich zwischen den Patienten, die eine hohe Anzahl bisheriger stationärer Behandlungen angaben, und den Patienten mit wenigen oder keinen stationären Voraufenthalten keine signifikanten Unterschiede hinsichtlich der Angaben zu Auffälligkeiten der Kinder im SDQ. Allerdings fiel auf, dass die Patienten mit sehr vielen stationären Aufenthalten die Belastung ihrer Kinder erstaunlich gering einschätzten. Dies könnte eventuell auch auf eine mangelnde Krankheitseinsicht und Reflexionsfähigkeit hindeuten und die dimensionalen Ergebnisse bezüglich der Belastung verzerren. Die Kinder von diesen Patienten waren oft auch etwas älter und lebten fremdplatziert, d. h. nicht bei den betroffenen Eltern, die somit das wahre Befinden ihrer Kinder vermutlich nicht gut einschätzen konnten, weshalb die reale psychische Belastung der untersuchten Stichprobe vermutlich sogar noch unterschätzt wird.

Bei der Auswertung der Diagnosen der behandelten Eltern zeigte sich ein Trend, dass Eltern mit Persönlichkeitsstörungen ihre Kinder als etwas stärker belastet beurteilten als Eltern mit anderen Störungen. Der Anteil von Kindern und Jugendlichen, die im SDQ einen auffälligen Wert erreichten, lag fünfmal und der Anteil derer mit einem grenzwertigen Score fast doppelt so hoch wie in der Normalbevölkerung (Hölling et al., 2007). Vor allem in den Skalen zur Messung von emotionalen Problemen, Verhaltensproblemen und Hyperaktivität war der prozentuale Anteil der Kinder mit auffälligen Werten in unserer Stichprobe ein Vielfaches höher als in den repräsentativen Ergebnissen etwa aus dem Kinder- und Jugend-Gesundheitssurvey (KiGGS).

Auch das prosoziale Verhalten der Kinder war nach den Elternangaben im Vergleich zur Stichprobe des KiGGS geringer ausgeprägt. Aufgrund der bekannten sozialen Defizite bei Kindern psychisch Kranker wären allerdings noch geringere Ausprägungen erwartbar gewesen. Dies insbesondere deshalb, weil ja die Eltern eine hohe psychische Belastung ihrer Kinder angaben. Ein Grund für das von den Eltern als gut ausgeprägt wahrgenommene prosoziale Verhalten könnte sein, dass Kinder psychisch kranker Eltern gegenüber ihren Eltern zum Teil parentifiziertes und angepasstes Verhalten zeigten. Vor diesem Hintergrund muss kritisch diskutiert werden, ob die Angaben der Eltern nicht vielmehr ein pathologisches Korrelat einer Rollenumkehr und damit einer entwicklungspsychologisch altersinadäquaten Funktion darstellen.

Das Fehlen signifikanter Unterschiede in der Anzahl oder Stärke der von den Eltern angegebenen Probleme der Kinder kann – mit Einschränkung aufgrund der Stichprobengröße – dahingehend interpretiert werden, dass weniger die Art der psychischen Störung bei Eltern als vielmehr der Umstand, dass überhaupt eine solche Störung vorliegt, zu den angegebenen psychischen Problemen bei den Kindern beiträgt. Da wir eine Stichprobe von Eltern in stationärer Behandlung untersucht haben, ist unabhängig von der Diagnose bei den Eltern eine maßgebliche Einschränkung im psychosozialen Funktionsniveau vorauszusetzen, so dass der Schweregrad der Störung unter Umständen einen größeren Einfluss hat als die Art der Störung. Die Ergebnisse unserer Studie decken sich weitestgehend mit denen aus anderen Studien (Ostmann u. Hansson, 2002, Wiegand-Grefe et al., 2009). Sie bestärken die Hypothese, dass viele Kinder psychisch kranker Eltern selbst Verhaltensauffälligkeiten, unter Umständen sogar eine behandlungsbedürftige psychische Störung aufweisen, aber auch, dass die Eltern – allerdings in unterschiedlichem Maße – diese Auffälligkeiten wahrnehmen und ihnen die Probleme der Kinder bewusst sind.

Psychische Belastung der Familie durch die Behandlung

Ein stationärer psychiatrischer Aufenthalt wird von Eltern als eine Belastung für die Kinder empfunden, unabhängig davon, ob er notwendig ist, und unabhängig davon, ob die elterliche psychische Erkrankung ebenso eine Belastung für die Kinder darstellt. 80 % aller Eltern sahen eine akute Belastung der Kinder durch die aktuelle stationäre psychiatrische Behandlung: 14,5 % äußerten eine sehr starke Belastung, 20,5 % sahen eine starke Belastung und 45,8 % der Eltern sahen ihre Kinder durch den Aufenthalt als »belastet« an. Nur ein sehr geringer Teil der Eltern, nämlich 15,7 %, meinten, der Klinikaufenthalt belaste ihre Kinder kaum, und nur 3,6 % konnten überhaupt keine Belastung für die Kinder sehen. Es gab keine statistisch signifikanten Unterschiede in den Gruppen. Die subjektiv empfundene Belastung durch eine (stationäre) Behandlung und die Auswirkungen der Behandlung auf die Kinder kann ein wichtiges Kriterium für Eltern bei der Entscheidung sein, selbst Hilfe für die eigene psychische Störung zu suchen bzw. sich zu einer (stationären) Behandlung zu entschließen. Gerade Sorgen und Ängste um die Versorgung der Kinder während eines Krankenhausaufenthalts können dazu führen, nötige Behandlungen nicht anzutreten (Horwitz et al., 2007; Mowbray, Lendowski, Bybee u. Oyserman, 2004; Schmid et al., 2008). Andererseits sind »erzwungene Hilfen« oftmals wenig effizient und können zu problematischen und teils kontraproduktiven Verläufen führen (Szylowicki, 2006). Somit ist die Erhöhung der Eigenmotivation, Hilfen anzunehmen, ein Desiderat bei psychisch kranken Eltern. Dies setzt aber deren Wahrnehmung der eigenen Probleme wie der ihrer Kinder voraus, es ist zudem wichtig, Fähigkeiten zu haben oder zu entwickeln, sich darüber entsprechend dem Entwicklungsstand der Kinder austauschen zu können. In der medizinischen Terminologie wird von Krankheits- und Behandlungseinsicht und von Krankheitsverständnis gesprochen, die als essentielle Bestandteile medizinischer Behandlung Einfluss auf das Gelingen von Therapien haben (Simon, Loh u. Harter, 2007). Eine Minimierung der Belastungen von Kindern und Eltern durch einen stationären psychiatrischen Aufenthalt könnte den Eltern die Behandlung erleichtern (und damit auch salutogenetische Wirkung für die Kinder haben). Ist dies jedoch nicht der Fall, kann dies dazu führen, dass Eltern aus Sorge um die Versorgung der Kinder sich gegen einen – notwendigen und langfristig prognostisch für Kinder und Eltern deutlich günstigeren – stationären Aufenthalt oder gar überhaupt gegen eine psychiatrische Behandlung entscheiden.

Dass die Sorge um die Versorgung der Kinder während einer stationären Behandlung ein erhebliches Problem darstellt, zeigte sich auch in unserer Untersuchung: Dort wurde die Versorgungssituation von 40 % der Eltern generell als nicht zufriedenstellend beurteilt (Schmid, Schielke, Fegert, Becker u. Kölch, 2008). 31 Patienten (37 %) gaben zudem an, dass sich die behandelnden Ärzte nicht »ausreichend« nach der Versorgungssituation ihrer Kinder erkundigt hätten. 10 Patienten (12 %) gaben an, sie seien von den behandelnden Ärzten gar nicht gefragt worden, ob sie Kinder hätten. Dabei zeigten sich keine signifikanten Unterschiede zwischen Müttern und Vätern, der Anzahl der Vorbehandlungen und der unterschiedlichen Diagnosegruppen sowie von Eltern mit Vorschulkindern und älteren Kindern. Das Wissen für psychisch kranke Eltern, dass ihre Kinder während einer eigenen Behandlung subjektiv »gut« betreut sind, hat weitreichende Konsequenzen. So gaben 46 Eltern (55 %) an, sie hätten schon einmal auf eine ärztlich empfohlene stationäre psychiatrische/psychotherapeutische Behandlung verzichtet oder diese abgebrochen, weil die Betreuungssituation ihrer Kinder diese nicht zugelassen hätte. Leider bestätigen diese Ergebnisse die Resultate aus deutschsprachigen und internationalen Studien (Bohus et al., 1998; Hearle et al., 1999; Horwitz et al., 2007; Mowbray et al., 2004; Nicholson et al., 1999), was zeigt, dass sich die Versorgungssituation trotz einer Sensibilisierung der wissenschaftlichen Fachwelt für diese Thematik noch nicht grundlegend verbessert hat.

Inanspruchnahme von Hilfen für ihre Kinder durch psychisch kranke Eltern

Unterstützungsmöglichkeiten und Hilfen für ihre Kinder sind psychisch kranken Eltern oftmals nicht bekannt oder aber aufgrund von Ängsten und Stigmata bei den Eltern ambivalent besetzt (Gundelfinger, 1997; Wang u. Goldschmidt, 1996). Viele psychisch kranke Eltern erkennen zwar, dass sie Hilfe benötigen, nehmen jedoch Unterstützung aus verschiedensten Gründen nicht in Anspruch (Hearle et al., 1999; Horwitz et al., 2007). Sie haben Vorbehalte gegenüber institutioneller Hilfe und es gibt Ängste vor dem Verlust des Sorgerechts, die einen starken Hinderungsgrund darstellen, die Jugendhilfe zu kontaktieren (Hearle et al., 1999; Wang u. Goldschmidt, 1996; Horwitz et al., 2007). Fast 30 % der betroffenen Eltern suchen aus dieser Sorge heraus nicht um Hilfe nach und 11 % meinen zudem, dass Hilfsmaßnahmen für ihre Kinder gegen ihren Willen eingeleitet wurden (Hearle et al, 1999). Insgesamt erhalten zwar über die Hälfte der psychisch kranken Eltern professionelle Hilfen irgendeiner Art für ihre Kinder, allerdings lässt sich durch alle Studien hindurch replizieren, dass die meiste Hilfe und Unterstützung für die Kinder intrafamiliär erfolgt (Wang u. Goldschmidt, 1996; Hearle et al., 1999). Dementsprechend ergab auch unsere Studie, dass die meisten Eltern Unterstützung von ihren Lebenspartnern (62 %) und/oder Verwandten (40 %) bekamen. Gut 11 % berichteten, dass sie überhaupt keine Unterstützung bekamen. Nur ungefähr ein Viertel der Eltern – im Kontrast zum hohen Anteil von immerhin über 50 % der Kinder, die als kinder- und jugendpsychiatrisch/-psychotherapeutisch behandlungsbedürftig wahrgenommen wurden – suchte eine Hilfe nach SGB V für ihre Kinder, z. B. eine Psychotherapie, eine kinder- und jugendpsychiatrische Behandlung (Kölch, Schielke, Becker, Fegert u. Schmid, 2008). Allerdings – und dies repliziert indirekt auch die Zahlen des hohen Anteils der psychischen Auffälligkeiten der Kinder – erhielt die Hälfte der betroffenen Kinder zumindest irgendeine Art von psychosozialer Unterstützung, sei es als Kontakt zu einer Beratungsstelle oder zu einem Kinder- und Jugendpsychiater oder -psychotherapeuten.

Die meisten Eltern konnotierten die öffentliche Jugendhilfe, das Jugendamt und damit die Versorgungsangebote des SGB VIII negativ. Auch diejenigen Eltern, die Kontakt zum Jugendamt hatten, empfanden diesen als zu einem großen Teil, in 78 % bzw. 90 % der Fälle, eher als »nicht unterstützend« bzw. »kaum auf die Wünsche eingehend« (Kölch u. Schmid, 2008). Hilfen zur Erziehung nach dem SGB VIII, die beim Jugendamt beantragt werden müssen, wurden von der Hälfte der Patienten aktiv vermieden, weitere 22 % gaben an, sie würden keine Hilfe vom Jugendamt benötigen. Viele Probanden (28 %) befürchteten aber auch eine Stigmatisierung durch Dritte, wenn sie Hilfen zur Erziehung in Anspruch nehmen würden. Außerdem bestanden nicht selten Ängste vor Bevormundung (19 %) und dem Entzug des Sorgerechts (18 %). Somit war die Nachfrage nach Hilfen zur Erziehung nach dem SGB VIII in unserer Untersuchung mit 11 % sehr gering und relativ selten. In der untersuchten Stichprobe unterschieden sich die Wünsche sowie auch die erhaltenen Hilfen von Eltern mit Kindern im Vorschulalter (≤ 6 Jahre) nicht von denen mit älteren Kindern (> 6 Jahre). Im Vergleich zur Prävalenz der psychischen Auffälligkeiten werden Hilfen also vermutlich zu selten in Anspruch genommen: Wenn auch ungefähr die Hälfte der auffällig eingeschätzten Kinder entsprechende Unterstützung erhält, so erhält damit zugleich die andere Hälfte keine Hilfen.

Gewünschte Hilfen

Als wünschenswerte Unterstützung aus dem Bereich des SGB V wird von den Eltern die Hinzuziehung eines Kinder- und Jugendpsychiaters für ihre Kinder benannt. Zudem wurden Betreuungsangebote im gewohnten sozialen Umfeld stärker gewünscht als etwa Eltern-Kind-Stationen oder kliniknahe Betreuungsangebote. Im Rahmen des SGB V vorhandene professionelle Hilfen, wie die von der Krankenkasse finanzierte Haushaltshilfe, wurden nur relativ selten in Anspruch genommen. Aus den Leistungen, die unter das SGB VII fallen, benannten die Eltern als wünschenswerte Unterstützung am häufigsten Elterntrainings zur allgemeinen Steigerung der Erziehungskompetenz (Tab. 3). Bezüglich der Wünsche nach Betreuungsangeboten gab es keine signifikanten Unterschiede in der Stichprobe (vgl. auch Kölch u. Schmid, 2008).

Tabelle 3: Von den Eltern gewünschte Hilfen/Angebote zur Unterstützung

Hilfsangebote (N = 83)	sehr	eher	etwas	kaum	gar nicht
Eltern-Kind-Station	12 (15 %)	17 (21 %)	38 (46 %)	13 (16 %)	3 (4 %)
Kliniknahe Betreuungsangebote	44 (53%)	12 (15%)	4 (5%)	4 (5%)	19 (23 %)
Unterstützung durch Kinder- und Jugendpsychiater	59 (71 %)	12 (15 %)	6 (7 %)	1 (1 %)	5 (6 %)
Elterntraining	58 (70 %)	14 (17 %)	4 (5 %)	3 (4 %)	4 (5 %)
Bessere Betreuungsangebote im heimischen Umfeld	54 (65 %)	15 (18 %)	5 (6 %)	6 (7 %)	3 (4 %)

Die Notwendigkeit, den Teufelskreis zu durchbrechen: das Desiderat an die Kooperation der Systeme und die Entwicklung effektiver Interventionen

»Kinder sind nur ein Segen für Eltern, wenn die Eltern ein Segen für ihre Kinder sind«.
Asiatisches Sprichwort

Psychisch kranke Eltern und ihre Kinder befinden sich in einem Teufelskreis: Die höhere psychische Belastung der Kinder durch die elterliche Erkrankung verstärkt die Symptomatik der Kinder und beeinflusst über den erhöhten elterlichen Stress wiederum die psychische Erkrankung der Eltern negativ, welche sich wiederum auf die Belastung der Kinder auswirken kann oder gar muss. Eine emotional negativ aufgeladene Familieninteraktion und belastende Interaktionen zwischen dem psychisch kranken Elternteil und den anderen Familienmitgliedern sowie übermäßiger elterlicher Stress gehen dabei mit einem wesentlich höheren Rückfallrisiko für fast alle psychische Störungen einher (Hooley, 2007).

Dieser Teufelskreis weist darauf hin, wie wichtig es ist, die Eltern-Kind-Interaktion zu beachten, da diese vermutlich entscheidend für die Entwicklung des gesamten Familiensystems ist. Diesem Teufelskreis kann man wohl am effektivsten dadurch begegnen, dass man zunächst sowohl auf der Ebene der Kinder als auch auf der Ebene der Erwachsenen insbesondere auch Interventionen einsetzt, die die Interaktion zwischen Eltern und Kindern verbessern: Dies wären zum Beispiel Elterntrainings (Überblick bei Tschöpe-Scheffler, 2002; Heinrichs et al., 2008) oder Interventionen mit Video (Downing, 2003; Ziegenhain, Fries, Bütow u. Derksen, 2004; Reck et al., 2006) oder Video-Hometraining (Scheper u. König, 2000). Diese sollten auch über den Bereich der Erwachsenenpsychiatrie oder Kooperationsprojekte mit der Kinder- und Jugendpsychiatrie angeboten werden (vgl. auch Reck, 2008).

Eine Metaanalyse von Lundahl (Lundahl et al., 2006) zeigte, dass psychosozial sehr belastete Eltern von Elterngruppentrainings in einem geringeren Maße profitieren und sich einen stärken Zuschnitt auf ihre individuelle Lebenssituation wünschen. Außerdem fühlen sich diese Eltern in sehr heterogenen Elterngruppen teilweise überfordert, weshalb es vermutlich sinnvoll wäre, entweder Einzeltrainings oder spezielle Gruppen für psychisch kranke Eltern anzubieten. Ideal wäre es, solche Gruppen in der Erwachsenpsychiatrie zu bewerben oder gar dort selbständig oder in Kooperation mit der Kinder- und Jugendpsychiatrie/-psychotherapie anzubieten, da viele Eltern auch bezüglich ihrer eigenen Symptomatik von erhöhter Selbstwirksamkeit in Erziehungsfragen profitieren (vgl. Überblick bei Heinrichs et al., 2008) und sich solche Interventionen auch wünschen (Schmid et al., 2008; Sommer et al., 2001).

Im Rahmen der Verbesserung der Eltern-Kind-Interaktion ist es oft sehr hilfreich, eine Mehrgenerationenperspektive einzunehmen. Wenn man die psychosozialen Belastungen, die viele – nicht alle – psychisch kranke Eltern selbst erlebt haben, ausführlich erhebt, versteht man oft, weshalb sie viele scheinbar einfache Erziehungsfertigkeiten und soziale Kompetenzen nicht entwickeln konnten. Sie hatten schlicht keine Modelle für die erfolgreiche Bewältigung solcher sozialen Probleme. Eine Mehrgenerationsperspektive beeinflusst die therapeutische Beziehung zu den Eltern positiv, da man eine Erklärung für die Schwierigkeiten hat und ihre Defizite bei der Betreuung der Kinder aus einer anderen Perspektive heraus betrachten kann. Dadurch kann man leichter eine nachhaltige Motivation für die Arbeit an diesen Themen erreichen, da die Eltern realisieren, wie wichtig diese Fertigkeiten für eine positive Entwicklung ihrer Kinder sind, und sie ebenfalls von solchen Intervention profitieren.

Insbesondere für die Wahl der geeigneten Hilfe oder der Entscheidung in Sorgerechtsfragen sollte der Beurteilung der Eltern-Kind-Interaktion entscheidende Bedeutung zukommen. Gerade bei der Einleitung von stationären Jugendhilfemaßnahmen oder Pflegeverhältnissen scheint es wichtig zu sein, die Rückführung in die Familie nicht nur an die Therapie der Eltern zu knüpfen, sondern eindeutig auch entsprechende Ziele auf Interaktionsebene und bei der Versorgung des Kindes zu formulieren und gemeinsam zu bearbeiten. Selbst eine erfolgreiche Therapie der Kernsymptomatik der Mutter ist ja keine Garantie dafür, dass sich auch das Interaktionsverhalten der Mutter ihrem Kind gegenüber derart verbessert, dass danach alle Beziehungsbedürfnisse des Kindes sicher ausreichend versorgt werden können. Gerade eine klare Definition von Zielen auf der Ebene der Eltern-Kind-Interaktion schützt auch vor dem bei psychisch kranken Eltern (insbesondere bei der Kombination einer depressiven Symptomatik der Mutter und einer externalisierenden Symptomatik des Kindes) nicht selten zu beobachtenden Teufelskreis aus Bindung und Ausstoßung (Stierlin, 1980; Schweitzer, 2001). Dieser Teufelskreis beschreibt die Ambivalenz von Eltern bei der Einleitung von Fremdplatzierungen und besagt, dass überforderte Eltern oft auf eine Fremdplatzierung ihrer Kinder drängen. Durch eine stationäre Jugendhilfemaßnahme sind die Eltern dann von Erziehungsaufgaben und Alltagsproblemen entlastet und sehnen sich nach ihren Kindern, weshalb sie recht schnell auf eine Rückführung drängen, worauf sich alsbald wieder eine Überforderung der Eltern einstellt, da der Zeitraum zu kurz war, um nachhaltige Veränderungen bei den Eltern oder Kindern zu erzielen oder die Eltern-Kind-Interaktion langfristig zu verbessern.

Viele Fremdplatzierungen leiden darunter, dass die Eltern der Hilfe gegenüber höchst ambivalent bleiben und eine Konkurrenzsituation mit den pädagogischen Fachkräften in der Institution entsteht. Ein Kind, welches sich loyal gegenüber seinen Eltern verhält, muss dem Heim fast beweisen, dass die Institution ebenfalls an seiner Erziehung scheitert, und es wird entsprechende Symptome entwickeln (vgl. Conen, 2007). Diese Loyalitätsbindungen sind bei Kindern von psychisch kranken Eltern, die oft gezwungen sind, viel Verantwortung für ihre Eltern zu übernehmen, häufig besonders stark ausgeprägt (Jurcovic, 1997). Klare Ziele für die Eltern und die Eltern-Kind-Interaktion und ein Konzept, wie diese während der stationären Jugendhilfemaßnahme erreicht werden können, helfen diese Probleme einzudämmen. Ideal ist es, wenn die Jugendhilfe entsprechende Angebote der Elternarbeit oder der Video-Interaktionstherapie parallel zur Jugendhilfemaßnahme beginnt und nach der Rückführung dann ambulant weiterführt. Sehr sinnvoll scheint es auch zu sein, die Eltern regelmäßig in erlebnispädagogische Projekte und Aktivitäten in den Institutionen (gemeinsame Lager, Ausflüge, Aufführungen, Freizeitaktivitäten) einzubinden und sie in ihrer Elternrolle ernst zu nehmen (Überblick bei Schindler, 1996; Günder, 2007), was natürlich nicht für Eltern gilt, die ihre Kinder massiv misshandelt oder missbraucht haben und deren Anwesenheit die Kinder ängstigen und Flashbacks bzw. traumatisches Wiedererleben auslösen könnte (vgl. Schmid, Jaszkowic u. Lang, in Vorb.).

Aufbau von suffizienten Versorgungsstrukturen

Weiterhin böte ein frühzeitiger und niedrigschwelliger Zugang die Möglichkeit, bereits vor dem Eintreten von Krisen individuelle Handlungs- und Hilfestrategien für die Familien erarbeiten zu können (Wagenblass u. Schone, 2001). Gut gemeinte niedrigschwellige Angebote für die Kinder von psychiatrischen Patienten sind jedoch solange nicht erreichbar, wie sie in einer Kommstruktur verankert sind. Eine geringere Reaktanz der Eltern gegenüber Hilfen könnte auch dadurch erreicht werden, dass die von den Eltern gewünschten – und tatsächlich in ihrer Wirksamkeit belegten – Hilfemaßnahmen wie intensivere Elternberatung und Gruppenangebote aktiv an die Eltern adressiert werden. Dies müsste aber im Rahmen der Stellen geschehen, bei denen psychisch kranke Eltern tatsächlich Hilfe suchen, bei den niedergelassenen Fachärzten für Psychiatrie und Psychotherapie, bei psychologischen Psychotherapeuten und in den Institutsambulanzen von psychiatrischen Krankenhäusern. Die verstärkte und transparente Information über die regionalen Angebote, deren Finanzierung und die unterstützende Rolle der Jugendämter könnten vermutlich viele Ängste abbauen helfen. Bei entsprechender Auffälligkeit kann die Kooperation mit der Kinder- und Jugendpsychiatrie helfen, geeignete Therapiemaßnahmen für die Kinder zu erreichen, aber auch Maßnahmen im Rahmen des § 35a SGB VIII zu installieren. Der Zugangsweg über die Bedürfnisse des Kindes und die optimale Förderung der kindlichen Entwicklung mit dem Ziel, eine drohende

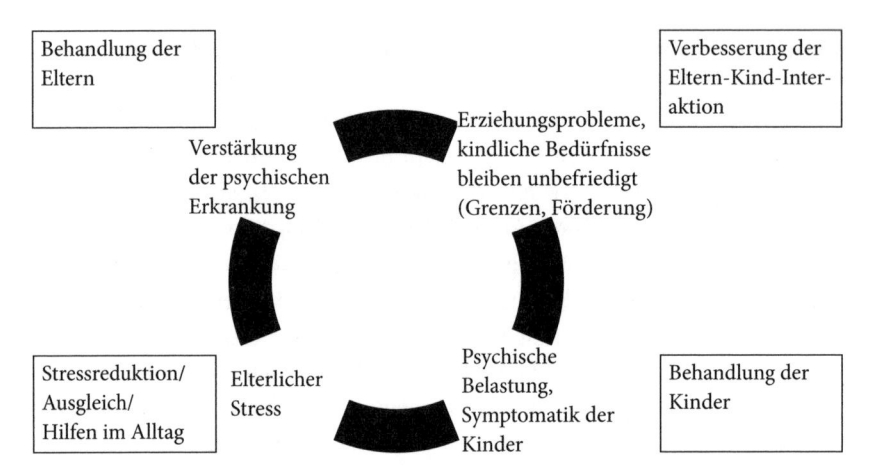

```
┌─────────────────┐                                    ┌─────────────────┐
│ Behandlung der  │                                    │ Verbesserung der│
│ Eltern          │                                    │ Eltern-Kind-Inter-│
└─────────────────┘            Erziehungsprobleme,     │ aktion          │
              Verstärkung      kindliche Bedürfnisse   └─────────────────┘
              der psychischen  bleiben unbefriedigt
              Erkrankung       (Grenzen, Förderung)

┌─────────────────┐                    Psychische      ┌─────────────────┐
│ Stressreduktion/│   Elterlicher      Belastung,      │ Behandlung der  │
│ Ausgleich/      │   Stress           Symptomatik der │ Kinder          │
│ Hilfen im Alltag│                    Kinder          └─────────────────┘
└─────────────────┘
```

Abbildung 1: Teufelskreis betroffener Familien

Teilhabebeeinträchtigung abzuwenden, wird oftmals als weniger stigmatisierend erlebt, als die Bitte um Hilfe zur Erziehung, da diese ein Scheitern an den Erziehungsaufgaben impliziert.

Deutlich wird auch die Schnittstellenproblematik zwischen der Erwachsenenpsychiatrie, der Jugendhilfe und der Kinder- und Jugendpsychiatrie/-psychotherapie. Eine derart komplexe und wichtige Aufgabe kann nur durch Kooperation aller beteiligten Systeme erfolgreich bewältigt werden (Schone u. Wagenblass, 2006a). Die unterschiedliche Perspektive des jeweiligen Helfersystems führt teilweise zu Spannungen zwischen den Vertretern der Erwachsenen und den Vertretern des Kindes. Die Erwachsenenpsychiatrie betont häufig die stabilisierende Wirkung von Kindern auf ihre Patienten, wohingegen Jugendhilfe und Kinder- und Jugendpsychiatrie vor einer unzureichenden Versorgung und potenziellen Parentifizierung der Kinder und Jugendlichen warnen. Sämtliche beteiligten Hilfssysteme benötigen einander. Die Jugendhilfe braucht die kinder- und jugendpsychiatrische Einschätzung, ob die Erziehungsschwierigkeiten der Eltern auf eine psychische Erkrankung zurückzuführen sind und ob das Kind Gefahr läuft, eine psychische Störung zu entwickeln und eine Teilhabebeeinträchtigung des Kindes droht.

Die Etablierung kooperativer Versorgungsstrukturen hat in einzelnen Projekten und eher lokal orientiert stattgefunden. Eine finanzielle Basis, etwa im Sinn der gemeinsamen Krankenhausbehandlung bei psychischer Erkrankung eines Elternteils und eines Kindes, ist nur über Einzelabsprachen möglich. Dennoch wurden verschiedene Eltern-Kind-Stationen eingerichtet (Reck, 2008; Reck, Fuchs, Fricke u. Möhler, 2006; Turmes u. Hornstein, 2006) und Erwachsenenpsychiatrien sehen zumindest die Möglichkeit vor, Mütter mit kleinen Kindern oder Säuglingen gemeinsam aufzunehmen. Die Entwicklung evaluierter Behandlungsprogramme gerade für Mütter mit postpartaler Depression und ihren kleinen Kindern schreitet voran (Hohm, Trautmann-Villalba, Schwarz u. Hornstein, 2008; Hornstein et al., 2006, Hofecker-Fallahpour et al., 2005). Auch Beratungsangebote in psychiatrischen Kliniken, Besuchstage mit Betreuung, Gruppenangebote, die an Kliniken angebunden sind, und kooperative ambulante Versorgung wurden in der letzten Dekade in Deutschland – allerdings meist nur in (zeitlich befristeten) Einzelprojekten – etabliert (Kilian u. Becker, 2008; Lenz, 2008). Auch für suchtkranke Eltern sind spezifischere Angebote, zumindest lokal, etabliert worden (Stachowske, 1994; 2007). Weitere empirisch abgesicherte Interventionsmodelle müssen entwickelt werden. Diese sollten unbedingt klarer beschrieben und manualisiert werden, um auch evaluiert werden zu können. Es scheint dabei wichtig zu sein, kindzentrierte, lernzentrierte und familientherapeutische Interventionen getrennt voneinander zu untersuchen, um die zusätzlichen Effekte jeder Intervention, sowohl auf der Ebene der Kinder als auch der Eltern, abbilden zu können. Im Sinne der Niedrigschwelligkeit sind Gruppenangebote für Kinder und Jugendliche wünschenswert, wobei damit keineswegs eine Psychiatrisierung und Problemfokussierung verbunden sein soll, sondern die Entlastung und auch das Erleben altersangemessener Kontakte im Mittelpunkt stehen können und sollen (Schlüter-Müller, 2008; Lenz, 2008).

Eine besondere Gruppe stellen Migranten und Alleinerziehende dar, deren Probleme bisher auch in der Forschung nur unzureichend aufgegriffen wurden. Bei beiden Gruppen kommen erschwerende Umfeldfaktoren hinzu. Im ersten Fall sind mangelnde Sprachfähigkeiten und kulturelle Kontextualitäten, sowohl hinsichtlich Krankheitskonzept als auch Akzeptanz von extrafamiliären Hilfen, sowie im zweiten Fall der besondere Bedarf an Unterstützung aufgrund mangelnder familiärer Unterstützungssysteme Faktoren, die zu einer unzureichenden Hilfe für die Kinder führen können. Für diese Gruppen müssen spezielle Angebote entwickelt werden.

Effektive Hilfe für diese Familien ist nur möglich, wenn kind- und erwachsenenzentrierte Stellen eng miteinander kooperieren. Für eine gelingende Kooperation ist es notwendig, dass Strukturen geschaffen werden, von denen alle beteiligten Parteien in ihrer täglichen Arbeit profitieren und die diese nach ihrer Etablierung auch als Entlastung im professionellen Umgang mit diesen Hochrisiko-Familien empfinden. Die Kooperation zwischen Kinder- und Jugendpsychiatrie und Erwachsenenpsychiatrie zum Wohle der sehr belasteten Kinder und Jugendlichen sollte also in jedem Fall ausgebaut werden. Als erste Anlaufstelle von betroffenen Eltern wird der Erwachsenenpsychiatrie zwangsläufig eine wesentliche Funktion bei der Identifizierung und der Einleitung passgenauer Hilfen zukommen. Über ein entsprechendes standardisiertes Screening (z. B. klinische Fragebögen, halbstandardisierte Fragen bei der Aufnahme) wäre eine erste Einschätzung der psychischen Belastung der Kinder und des benötigten Versorgungsbedarfes auch in der Routine der Erwachsenenpsychiatrie bei nur geringem zeitlichem Aufwand möglich, um den individuellen Hilfebedarf und mögliche Interventionsnotwendigkeiten abzuschätzen.

Der in mehreren Studien gefundene hohe Anteil an psychisch kranken Eltern in stationärer psychiatrischer Behandlung, die angegeben haben, gar nicht nach ihren Kindern gefragt worden zu sein, spricht dafür, dass eine feste Etablierung solcher Fragebögen in die klinische Routine bei einer stationären Aufnahme helfen kann, Risikokinder zuverlässiger zu identifizieren. Vermutlich kann man sich im Rahmen einer klinischen Evaluation nicht darauf verlassen, dass diese Thematik von den psychisch kranken Eltern selbständig angesprochen wird. Zentral für die Erwachsenenpsychiatrie sind neben der sicheren Identifizierung von allen Patienten mit Kindern hauptsächlich die zuverlässige Analyse des Betreuungsbedarfs der betroffenen Kinder und die schnelle, unbürokratische und ökonomische Kooperation mit den entsprechenden Hilfssystemen nach der Kontaktaufnahme.

Die Beachtung der Persönlichkeitsrechte der Eltern, Sensibilität und Aufklärung sind vonnöten, um solche Verfahren einzusetzen, da es nicht um eine Identifizierung von Defiziten in den elterlichen Kompetenzen geht, sondern um das Anbieten optimaler und individuell passender Hilfelösungen. Dies zu betonen ist bei den weiter oben genannten Vorbehalten und Ängsten der Betroffenen gegenüber Institutionen, insbesondere den Jugendämtern und Vormundschaftsbehörden, von besonders großer Bedeutung. Um diese Ängste in Beratungsgesprächen abbauen zu können, benötigen die Mitarbeiter der Jugendämter aber ausreichend zeitliche Ressourcen, um in mehreren Gesprächen ein Vertrauensverhältnis aufbauen sowie diese Hochrisiko-Familien regelmäßig aufsuchen zu können.

Bei Bedarf könnte dann eine Diagnostik der Kinder und intensivere Elternberatung erfolgen. Mit relativ geringem Aufwand ließen sich auch Elterngruppen oder Elterntrainings realisieren, welche durch die Steigerung der Selbstwirksamkeit auch einen überaus positiven Einfluss auf die Symptomatik der Mütter haben (Überblick bei Heinrichs, Bodemann u. Hahlweg, 2008). Andererseits sollten auch Mitarbeiter in Jugendämtern darin geschult sein, Anzeichen einer psychischen Störung der Eltern frühzeitig zu entdecken, um eine suffiziente psychiatrische Diagnostik und Behandlung der Eltern einleiten zu können. Auch in der Kinder- und Jugendpsychiatrie wird häufig nicht intensiv genug auf eine adäquate Behandlung psychisch kranker Eltern hingearbeitet.

Resümee

Somit lässt sich aus unserer Studie, die die tatsächliche Versorgungssituation der Kinder von stationär behandelten psychiatrischen Patienten untersuchte, festhalten: Ein großer Teil der Eltern schätzte ihre Kinder durch die eigene Behandlung als belastet ein und hielt die Kinder, verglichen mit der Normalpopulation, für psychisch auffällig. Psychisch kranke Eltern waren durchaus sensitiv für die Probleme und Belastungen ihrer Kinder und konnten diese wahrnehmen und benennen. Nach den Angaben der Eltern wurden diese von den behandelnden Ärzten nicht ausreichend nach ihren Kindern und Problemen bei der Versorgung ihrer Kinder gefragt. Sie beklagten zudem eine zu geringe Einbeziehung der Kinder und ihrer Bedürfnisse in die Behandlung bzw. individuelle Therapieplanung. 40 % der Eltern gaben an, sie seien mit der Versorgungssituation ihrer Kinder während der stationären Behandlung unzufrieden. Über die Hälfte berichteten, dass sie wegen der Betreuungssituation ihrer Kinder schon ärztlich empfohlene stationäre Behandlungen vorzeitig beendet oder erst gar nicht angetreten hätten. Dies stellte eine deutliche psychische Belastung von Eltern zusätzlich zu ihrer eigentlichen Erkrankung dar. Die öffentliche Jugendhilfe und über sie getragene Maßnahmen waren bei psychisch kranken Eltern eher unpopulär und mit irrationalen Ängsten besetzt. Die Hälfte der psychisch kranken Eltern vermied aktiv einen Kontakt. Dagegen schienen Hilfen nach SGB V weniger negativ besetzt zu sein, sie wurden jedoch – wie auch die Maßnahmen nach SGB VIII – insgesamt selten nachgesucht. Ängste vor einem Verlust der elterlichen Sorge dominierten als Grund für die Vermeidung von Hilfen über das Jugendamt, aber auch das subjektiv empfundene soziale Stigma im Umfeld hinderte Eltern daran, um Hilfe beim Jugendamt nachzusuchen. Diejenigen, die Kontakt zum Jugendamt hatten, erlebten diesen Kontakt nicht immer positiv. Die gefundenen Ergebnisse stehen im Einklang mit den Ergebnissen anderer nationaler und internationaler Forschungsgruppen.

Insgesamt bleibt als Desiderat, dass das Ziel einer flächendeckenden Identifizierung dieser Hochrisiko-Kinder und die niedrigschwellige Versorgung von diesen Kindern und ihren Familien mit psychosozialen Hilfsangeboten deutlich optimiert werden sollte. Die bisher gängige Kommstruktur sollte dabei einem aktiven Zugehen seitens der Professionen und dem Anbieten der möglichen Hilfen durch die entsprechenden Stellen weichen. Hilfreiche Interventionen sollten vermehrt auf die Eltern-Kind-Interaktion abzielen, wobei neue und gut evaluierte und manualisierte Interventionsprogramme dringend benötigt werden. Für eine adäquate Versorgung der psychisch kranken Eltern sowie ihrer Kinder ist eine enge Zusammenarbeit aller Systeme anzustreben und zu systematisieren. Die Einführung von standardisierten Screeningverfahren zur psychischen Belastung und Versorgungssituation von Kindern psychisch kranker Eltern in der Erwachsenenpsychiatrie könnten dabei hilfreich sein, um frühzeitig passgenaue Hilfen einzuleiten. Vermutlich ließe sich in vielen Fällen mit vergleichsweise wenig Aufwand eine pathologische Entwicklung des Kindes verhindern.

Literatur

Berry, J., Jones, W. (1995). The Parental Stress Scale: Initial psychometric evidence. Journal of Social and Personal Relationships, 12, 463–472.

Bohus, M., Scher, K., Berger-Sallwitz, F., Novelli, U., Stieglitz, R. D., Berger, M. (1998). Kinder psychisch kranker Eltern. Eine Untersuchung zum Problembewusstsein im klinischen Alltag. Psychiatrische Praxis, 25, 134–138.

Boszormenyi-Nagy, I., Spark, G. M. (2006). Unsichtbare Bindungen. Die Dynamik familiärer Systeme (8. Aufl.). Stuttgart: Klett Cotta.

Canino, G. (1990). Children of parents with psychiatric disorders. Journal of the American Academy of Child an Adolescent Psychiatry, 29, 409–416.

Carlsson, I., Frederiksen, S. O., Gottfries, C. G. (2002). Quality of life and standard of living in a randomly selected group of psychiatrically disabled people in Sweden 2 years after a psychiatry reform. European Psychiatry, 17 (4), 179–187.

Cicchetti, D., Rogosch, F. A. (1996). Equifinality and multifinality in developmental psychopathology. Development and Psychopathology, 8 (4), 597–600.

Cina, A., Bodenmann, G. (2009). Zusammenhang zwischen Stress der Eltern und kindlichem Problemverhalten. Kindheit und Entwicklung, 18 (1), 39–48.

Cohn, J. F., Tronick, E. Z. (1989). Specificity of infants' response to moathers' affective behavior. Journal of the American Academy of Child an Adolescent Psychiatry, 29, 409–416.

Conen, M. L. (2007). Schwer zu erreichende Eltern – ein systemischer Ansatz der Elternarbeit in der Heimerziehung. In H. G. Homfeldt u. J. Schulze-Krüdener (Hrsg.), Elternarbeit in der Heimerziehung (S. 61–77). Basel: Ernst Reinhardt.

Döpfner, M., Lehmkuhl, G., Petermann, F., Scheithauer, H. (2002). Diagnostik psychischer Störungen. In F. Petermann (Hrsg.), Lehrbuch der klinischen Kinderpsychologie, Psychiatrie und Psychotherapie (Bd. 5, S. 95–130). Göttingen: Hogrefe.

Downey, G., Coyne, J. C. (1990). Children of depressed parents: an integrative review. Psychol. Bull. 108 (1), 50–76.

Downing, G. (2003). Die Video-Mikroanalyse-Therapie: Einige Grundlagen und Prinzipien. In H. Scheurer, G. Suess and W. K. Pfeifer (Hrsg.), Wege zur Sicherheit: Bindungswissen in Diagnostik und Intervention. Gießen: Psychosozial-Verlag.

Evans, G. W., Kim, P. (2007). Childhood poverty and health: cumulative risk exposure and stress dysregulation. Psychological Science, 18 (11), 953–957.

Fergusson, D. M., Horwood, L. J., Lynskey, M. T. (1996a). Childhood sexual abuse and psychiatric disorder in young adulthood: II. Psychiatric outcomes of childhood sexual abuse. Journal of the American Academy of Child and Adolescent Psychiatry, 35 (10), 1365–1374.

Fergusson, D. M., Lynskey, M. T., Horwood, L. J. (1996b). Childhood sexual abuse and psychiatric disorder in young adulthood: I. Prevalence of sexual abuse and factors associated with sexual abuse. Journal of the American Academy of Child & Adolescent Psychiatry, 35(10), 1355–1364.

Fruzzetti, A. E., Shenk, C., Hoffman, P. D. (2005). Family interaction and the development of

borderline personality disorder: A transactional model. Development and Psychopathology, 17 (4), 1007–1030.
Glenn, P., Stiels-Glenn, M. (2003). Kinder psychisch kranker Eltern. Kooperation bei der Betreuung von Familien mit psychisch kranken Müttern oder Vätern. Sozialmagazin, 4, 23–31.
Grossmann, K., Grossmann, K. (2006). Bindungen – Das Gefüge psychischer Sicherheit (4. Aufl.). Stuttgart: Klett-Cotta.
Günder, R. (2007). Praxis und Methoden der Eltern- und Familienarbeit. In H. G. Homfeldt, J. Schulze-Krüdener (Hrsg.), Elternarbeit in der Heimerziehung (S. 78–98). Basel: Ernst Reinhardt.
Gundelfinger, R. (1997). Welche Hilfen brauchen Kinder psychisch kranker Eltern? Kindheit und Entwicklung, 6, 147–151.
Hahlweg, K., Dürr, H., Dose, M., Müller, U. (2006). Familienbetreuung schizophrener Patienten. Göttingen: Hogrefe.
Handley, C., Farrell, G. A., Josephs, A., Hanke, A., Hazelton, M. (2001). The Tasmanian children's project: the needs of children with a parent/carer with a mental illness. Official Journal of the Australian College of Mental Health Nurses, 10 (4), 221–228.
Hearle, J., Plant, K., Jenner, L., Barkla, J., McGrath, J. (1999). A survey of contact with offspring and assistance with child care among parents with psychotic disorders. Psychiatric Services, 50 (10), 1354–1356.
Heinrichs, N., Bodemann, G., Hahlweg, K. (2008). Prävention bei Paaren und Familien. Göttingen: Hogrefe.
Hipwell, A. E., Goossens, F. A., Melhuish, E. C., Kumar, R. (2000). Severe maternal psychopathology and infant-mother attachment. Development & Psychopathology, 12 (2), 157–175.
Hofecker-Fallahpour, M., Zinkernagel, C., Frisch, U., Neuhöfer, C., Stieglitz, R.-D., Riecher-Rössler, A. (2005), Was Mütter depressiv macht und wodurch Sie wieder Zuversicht gewinnen. Bern: Huber.
Hohm, E., Trautmann-Villalba, P., Schwarz, M., Hornstein, C. (2008). Stationäre Mutter-Kind-Behandlung bei postpartalen psychischen Erkrankungen – ein Beitrag zur Prävention im Säuglingsalter. Nervenheilkunde, 6, 506–512.
Hölling, H., Erhart, M., Ravens-Sieberer, U., Schlack, R. (2007). Verhaltensauffälligkeiten bei Kindern und Jugendlichen. Erste Ergebnisse aus dem Kinder- und Jugend-Gesundheitssurvey (KiGGS). Bundesgesundheitsblatt, Gesundheitsforschung, Gesundheitsschutz, 50, 784–793.
Hooley, J. M. (2007). Expressed emotion and relapse of psychopathology. Annual Review of Clinical Psychology, 3, 329–352.
Hornstein C., Schenk S., Wortmann-Fleischer S., Schwarz M., Downing G. (2006). Videotherapie bei postpartalen Störungen. Ein interaktionales Behandlungskonzept bei Müttern mit Depressionen und Psychosen. Psychotherapeut, 51, 1–6.
Horwitz, S. M., Kelleher, K. J., Stein, R. E., Storfer-Isser, A. Youngstrom, E. A., Park, E. R., Heneghan, A. M., Jensen, P. S., O'Connor, K. G., Hoagwood, K. E. (2007). Barriers to the identification and management of psychosocial issues in children and maternal depression. Pediatrics, 119 (1), 208–218.
Jurcovic, G. J. (1997). Lost childhood: The plight of the parentified child. New York: Brunner & Mazel.
Kahn, R. S., Brandt, D., Whitaker, R. C. (2004). Combined effect of mothers' and fathers' mental health symptoms on children's behavioural and emotional well-being. Archives of Pediatrics & Adolescent Medicine, 158 (8), 721–729.
Kessler, R. C., Amminger, G. P., Aguilar-Gaxiola, S., Alonso, J., Lee, S., Ustün, T. B. (2007).

Age of onset of mental disorders: a review of recent literature. Curr Opin Psychiatry, 20 (4), 359–364.

Kilian, S., Becker, T. (2008). FIPS – ein Beratungs- und Unterstützungsangebot für Familien mit einem psychisch erkrankten Elternteil. Nervenheilkunde, 6, 541–544.

Kölch, M., Schmid, M. (2008). Elterliche Belastung und Einstellungen zur Jugendhilfe bei psychisch kranken Eltern: Auswirkungen auf die Inanspruchnahme von Hilfen. Praxis der Kinderpsychologie und Kinderpsychiatrie, 57, 774–788.

Kölch, M., Schielke, A., Becker, T., Fegert, J. M., Schmid, M. (2008). Kinder psychisch kranker Eltern: psychische Belastung der Minderjährigen in der Beurteilung ihrer Eltern – Ergebnisse einer Befragung stationär behandelter Patienten mit dem SDQ. Nervenheilkunde, 6 (27), 527–532.

Krumm, S., Ziegenhain, U., Fegert, J. M., Becker, T. (2005). Familien mit einem psychisch kranken Elternteil. Kind, Jugend, Gesellschaft, 50, 77–81.

Lenz, A. (2005). Kinder psychisch kranker Eltern. Göttingen: Hogrefe.

Lenz, A. (2008). Interventionen bei Kindern psychisch kranker Eltern. Göttingen: Hogrefe.

Linehan, M. M. (1996). Dialektisch-behaviorale Therapie der Borderline-Persönlichkeitsstörung. München: CIP-Medien.

Lundahl, B. W., Nimer, J., Parsons, B. (2006). Preventing child abuse: a Meta-analysis of parent training programs. Research on Social Work Practice, 16 (3), 251–262.

Martin, J., Hiscock, H., Hardy, P., Davey, B., Wake, M. (2007). Adverse associations of infant and child sleep problems and parent health: an Australian population study. Pediatrics, 119 (5), 947–955.

Mattejat, F. (2004). Kinder mit psychisch kranken Eltern. Was wir wissen, und was zu tun ist. In F. Mattejat, B. Lisofsky (Hrsg.), Nicht von schlechten Eltern. Kinder psychisch Kranker (Bd. 4) Bonn: Psychiatrie Verlag.

Meltzer, H., Gateward, R., Goodman, R., Ford, T. (1999). The mental health of children and adolescents in Great Britain: Report. London: The Stationery Office.

Moffitt, T. E. (2006). Life-course persistent versus adolescence-limited antisocial behavior. In C. Cicchetti, D. J. Cohen (Eds.), Developmental psychopathology (2nd ed.), Vol. 3: Risk, disorder, and adaption (pp. 570–598). New York: Wiley.

Moffitt, T. E., Arseneault, L., Jaffee, S. R., Kim-Cohen, J., Koenen, K. C., Odgers, C., Slutske, W. S., Viding, E. (2008). Research review: DSM-V conduct disorder: research needs for an evidence base. The Journal of Child Psychology and Psychiatry, and allied Disciplines, 49 (1), 3–33.

Mowbray, C., Lendowski, L., Bybee, D., Oyserman, D. (2004). Children of mothers diagnosed with serious mental illness patterns and predictors of service use. Mental Health Services Research, 6, 167–183.

Nicholson, J., Geller, J. L., Fisher, W. H., Dion, G. L (1993). State policies and programs that address the needs of mentally ill mothers in the public sector. Hospital and Community Psychiatry, 44 (5), 484–489.

Nicholson, J., Henry, A. D. (2003). Achieving the Goal of Evidence Based Psychiatric Rehabilitation Practices for Mothers with Mental Illness. Psychiatric Rehabilitation Journal, 27 (2), 122–130.

Nicholson, J., Hinden, B. R., Biebel, K., Henry, A. D., Katz-Leavy, J. (2007). A qualitative study of programs for parents with serious mental illness and their cildren: building practice-based evidence. Journal of Behavioral Health Services & Research, 34 (4), 395–413.

Nicholson, J., Nason, M. W., Calabresi, A. O., Yando, R. (1999). Fathers with severe mental illness: Charakteristics and comparisons. American Journal of Orthopsychiatry, 69 (1), 134–141.

Nicholson, J., Sweeney, E. M., Geller, J. L. (1998). Mothers with mental illness: I. The com-

peting demands of parenting and living with mental illness. Psychiatric Services, 49 (5), 635–642.
Ostmann, M., Hansson, L. (2002). Children in Families with a severely mentally ill member. Social Psychiatry and Psychiatric Epidemiology, 37, 243–248.
Plück, J., Döpfner, M., Berner, W., Fegert, J. M., Huss, M., Lenz, K., Schmeck, K., Lehmkuhl, U., Poustka, F., Lehmkuhl, G. (1997). Die Bedeutung unterschiedlicher Informationsquellen bei der Beurteilung psychischer Störungen im Jugendalter – Ein Bergleich von Elternurteil und Selbsteinschätzung der Jugendlichen. Praxis der Kinderpsychologie und Kinderpsychiatrie, 46 (8), 566–582.
Rapee, R. M. (2001). The development of generalized anxiety. In M. W. Vasey, M. R. Dadds (Eds.), The developmental psychopathology of anxiety (pp. 481–503). New York: Oxford Press.
Reck, C. (2007). Postpartale Depression: Mögliche Auswirkungen auf die frühe Mutter-Kind-Interaktion und Ansätze zur psychotherapeutischen Behandlung. Praxis der Kinderpsychologie und Kinderpsychiatrie, 3, 234–244.
Reck, C. (2008). Depressionen und Angststörungen im Peripartalzeitraum: Epidemiologie, Mutter-Kind-Beziehung und Behandlungskonzept. Nervenheilkunde, 6 (27), 499–505.
Reck, C., Fuchs, T., Fricke, J., Möhler, E. (2006). Integrative stationäre Psychotherapie für psychisch erkrankte Mütter und ihre Kinder. Psychotherapie im Dialog 1, 53–60.
Remschmidt, H., Mattejat, F. (1994). Kinder psychotischer Eltern: Mit einer Anleitung zur Beratung von Eltern mit einer psychotischen Erkrankung. Göttingen: Hogrefe.
Scheper, G., König, C. (2000). Video-Home-Training. Eine neue Methode der Familienhilfe. Weiheim: Beltz.
Schindler, H. (1996). Un-heimliches Heim. Dortmund: Verlag Modernes Lernen.
Schlüter-Müller, S. (2008). Das Projekt Auryn – Hilfen für Kinder psychisch erkrankter Eltern. Prävention in einer sozialpsychiatrischen Praxis für Kinder- und Jugendpsychiatrie. Konzeptionspapier. Unveröffentlichtes Manuskript.
Schmid M., Jaszkowic, K., Lang B. (in Vorb.). Elternarbeit mit Eltern von komplex traumatisierten Kindern.
Schmid, M., Kölch, M., Fegert, J. M., Becker, T. (2008). Kinder psychisch kranker Eltern – eine Befragung von stationär psychiatrisch behandelten Eltern. Methodik, Stichprobe, Epidemiologie. Nervenheilkunde, 27, 521–526.
Schmid, M., Schielke, A., Fegert, J. M., Becker, T., Kölch, M. (2008). Versorgungssituation von Kindern während einer stationären psychiatrischen Behandlung ihrer Eltern. Nervenheilkunde, 6 (27), 533–539.
Schone, R., Wagenblass, S. (2006a). Kinder psychisch kranker Eltern zwischen Jugendhilfe und Erwachsenenpsychiatrie. Weinheim: Juventa.
Schone, R., Wagenblass, S. (2006b). Wenn Eltern psychisch krank sind. Kindliche Lebenswelten und institutionelle Handlungsmuster. Weinheim: Juventa.
Schweitzer, J. (2001). Ein Multi-System-Ansatz bei dissozialem, delinquentem und straffälligem Verhalten Jugendlicher. In W. Rotthaus (Hrsg.), Systemische Kinder- und Jugendlichenpsychotherapie. Heidelberg: Carl Auer Systeme.
Sills, M. R., Shetterly, S., Xu, S., Magid, D., Kempe, A. (2007). Association between parental depression and children's health care use. Pediatrics, 119 (4), 829–836.
Simon, D., Loh, A., Harter, M. (2007). Measuring (shared) decision-making – a review of psychometric instruments. Z. Ärztl. Forbild. Qualitätssich., 101 (4), 259–267.
Skodol, A. E., Bender, D. S., Pagano, M. E., Shea, M. T., Yen, S., Sanislow, C. A., Grilo, C. M., Daversa, M. T., Stout, R. L., Zanarina, M. C., McGlashan, T. H., Gunderson, J. G. (2007). Positive childhood experiences: resilience and recovery from personality disorder in early adulthood. The Journal of Clinical Psychiatry, 68 (7), 1102–1108.

Snellen, M., Mack, K., Trauer, T. (1999). Schizophrenia, mental state and mother-infant interaction: Examining the relationship. Australian Journal of Psychiatry, 33, 902–911.
Sollberger, D. (2000). Psychotische Eltern – verletzliche Kinder. Identität und Biographie von Kindern psychisch kranker Eltern. Bonn: Psychiatrie Verlag.
Sommer, R., Zoller, P., Felder, W. (2001). Elternschaft und psychiatrische Hospitalisation. Praxis der Kinderpsychologie und Kinderpsychiatrie, 50 (7), 498–512.
Stachowske, R. (1994). Familienorientierte stationäre Drogentherapie. Geesthacht: Neuland.
Stachowske, R. (2007). Sucht und Drogen im Spiegel des bio-psycho-sozialen ICF-Modells. Kröning: Asanger.
Stadelmann, S., Kölch, M., Groeben, M., Perren, S., Schmid, M. (eingereicht). Elterliche Stressbelastung und psychische Symptomatik der Kinder: Ein Vergleich zwischen einer Stichprobe psychisch kranker Eltern und einer Stichprobe aus der Allgemeinbevölkerung.
Stierlin, H. (1980). Eltern und Kinder. Das Drama von Trennungund Versöhnung im Jugendalter. Frankfurt a. M.: Suhrkamp.
Szylowicki, A. (2006). Patenschaften für Kinder psychisch Kranker. In R. Schone, S. Wagenblass (Hrsg.), Kinder psychisch kranker Eltern zwischen Jugendhilfe und Erwachsenenpsychiatrie, Bd. 2. Weinheim: Juventa.
Tienari, P. (1987). Genetic and psychosocial factors in schizophrenia: The Finnish adoptive family study. Schizophrenia Bulletin, 13, 477–484.
Tompson, M. C., Pierre, C. B., Boger, K. D., McKowen, J. W., Chan, P. T., Freed, R. D. (2009). Maternal depression, maternal expressed emotion, and youth psychopathology. Journal of Abnormal Child Psychology, 38, 105–117.
Tschöpe-Scheffler, S. (2003). Elternkurse auf dem Prüfstand. Wie Erziehung wieder Freude macht. Wiesbaden: VS Verlag für Sozialwissenschaften.
Turmes, L., Hornstein, C. (2006). Stationäre Mutter-Kind-Behandlungseinheiten in Deutschland. Ein Bericht zum Status quo. Der Nervenarzt, 78, 773–779.
Van Ijzendoorn, M. H., Schuengel, C., Bakermans-Kranenburg, M. J. (1999). Disorganized attachment in early childhood: Meta-analysis of precursors, concomitants, and sequelae. Development and Psychopathology, 11 (2), 225–249.
Vostanis, P., Graves, A., Meltzer, H., Godman, R., Jenkins, R., Brugha, T. (2006). Relationship between parental psychopathology, parenting strategies and child mental health – Findings from the GB national study. Social Psychiatry and Psychiatric Epidemiology, 41, 509–514.
Wagenblass, S., Schone, R. (2001). Zwischen Psychiatrie und Jugendhilfe. Hilfe- und Unterstützungsangebote für Kinder psychisch kranker Eltern im Spannungsfeld der Disziplinen. Praxis der Kinderpsychologie und Kinderpsychiatrie, 50 (7), 580–592.
Wang, A. R., Goldschmidt, V. V. (1996). Interviews with psychiatric inpatients about professional interventions with regard to their children. Acta Psychiatrica Scandinavica, 93 (1), 57–61.
Weinberg, M. K., Tronick, E. Z. (1998). The impact of maternal psychiatric illness on infant development. Journal of Clinical Psychology, 59, 53–61.
WHO (2000). Internationale Klassifikation psychischer Störungen. ICD-10 Kapitel V (F). Klinisch diagnostische Leitlinien (4. korr. erg. Aufl.). Bern: Huber.
Wiegand-Grefe, S., Geers, P., Plass, A., Petermann, F., Riedesser, P. (2009). Kinder psychisch kranker Eltern: Zusammenhänge zwischen subjektiver elterlicher Beeinträchtigung und psychischer Auffälligkeit der Kinder aus Elternsicht. Kindheit und Entwicklung, 18 (2), 111–121.
Wille, N., Bettge, S., Ravens-Sieberer, U. (2008). Risk and protective factors for children›s and adolescents› mental health: results of the BELLA study. European Child and Adolescent Psychiatry, 17 (Suppl. 1), 133–147.

Wüthrich, C., Mattejat, F., Remschmidt, H. (1997). Kinder depressiver Eltern. Kindheit und Entwicklung, 6, 141–146.

Zegers, M. A., Schuengel, C., van Ijzendoorn, M. H., Janssens, J. M. (2006). Attachment representations of institutionalized adolescents and their professional caregivers: predicting the development of therapeutic relationships. American Journal of Orthopsychiatry, 76 (3), 325–334.

Ziegenhain, U., Fries, M., Bütow, B., Derksen, B. (2004). Entwicklungspsychologische Beratung für junge Eltern. Grundlagen und Handlungskonzepte für die Jugendhilfe. Weinheim: Juventa.

Elterliche Erkrankung und Gesundheit der Kinder

Silke Wiegand-Grefe, Peggy Geers, Franz Petermann, Angela Plass

Die Kinder psychisch kranker Eltern sind als Risikogruppe für die Entwicklung eigener psychischer Auffälligkeiten in der internationalen wissenschaftlichen Forschung bekannt. Etwa 10 bis 30 % (Sommer, Zoller u Felder, 2001, Grube u. Dorn, 2007) der Patienten einer psychiatrischen Klinik sind Eltern minderjähriger Kinder. In der Literatur wird die Bedeutung der Differenzierung des Merkmals »Elterliche Erkrankung« betont, da die Auswirkungen auf die kindliche Entwicklung je nach Art und Ausprägung der elterlichen Störung unterschiedlich sein können (Mattejat, Wüthrich u. Remschmidt, 2000). Einige Studien belegen die Bedeutung der Diagnosegruppen als spezifisches Erkrankungsmerkmal (Unnewehr, Schneider, Florin u. Margraf, 1998; Hammen, Burge, Burney u. Adrian, 1990). Andere Studien deuten daraufhin, dass die Diagnose einer psychischen Erkrankung weniger bedeutsam ist und die psychische Auffälligkeit der Kinder eher mit unspezifischen Erkrankungsmerkmalen, wie Schweregrad, Komorbidität und Chronizität, verbunden ist (Mattejat et al., 2000; Romer u. Hagen, 2007). Eine differenzierte Betrachtung der Merkmale der elterlichen Erkrankung erscheint für die Prognose des Kindes unerlässlich. Unspezifische, störungsübergreifende Merkmale elterlicher Erkrankungen sind bislang nur innerhalb der schizophrenen und depressiven Störungen untersucht worden.

Eine elterliche psychische Erkrankung wirkt als Risikofaktor auf den elterlichen Umgang mit dem Kind und damit auf die psychische Gesundheit der Kinder. Durch die psychische Erkrankung häufen sich psychosoziale Belastungsfaktoren in der Familie, die sich gegenseitig bedingen und in Wechselwirkung miteinander stehen (Mattejat et al., 2000). Langfristig verlaufende elterliche Störungen können mit häufigen Trennungserlebnissen für das Kind, sozialem Abstieg der Familien oder labilen Lebensverhältnissen einhergehen. Psychische Probleme oder Symptome eines Partners können zu Ehekonflikten führen, die wiederum die psychische Störung des Elternteils verstärken (Rothenburg, Granz, Hartmann u. Petermann, 2005).

Für eine Gefährdung der psychischen Gesundheit bei Kindern psychisch kranker Eltern werden zusammenfassend nach Wiegand-Grefe, Halverscheid und Plass (2010) elterlich-familiäre, kindbezogene und psychosoziale

Faktoren als bedeutsam angegeben (Goodman u. Gotlib, 1999; Kühnel u. Bilke, 2004; Mattejat et al., 2000). Als elterlich-familiäre Faktoren scheinen unspezifische Merkmale der elterlichen Störung wie Schweregrad, Chronizität, Komorbidität, aber auch Einbezug des Kindes in das Wahnsystem der Eltern, Art und Angemessenheit der Krankheitsbewältigung, psychischer Status und emotionale Verfügbarkeit des anderen Elternteils, Beziehung der Eltern, Familienzusammenhalt und familiäres Klima, Eltern-Kind-Beziehung sowie sozioökonomischer Status und Stabilität der Lebensbedingungen der Familie bedeutsam. Als Faktoren des Kindes sind Alter, Geschlecht und Temperament, prä- und perinatale Bedingungen, intellektuelle und soziale Kompetenzen sowie alters- und entwicklungsgemäßer Aufklärungsgrad über die Erkrankung relevant. Als allgemeine psychosoziale Faktoren gelten das soziale Unterstützungssystem für die Familie und die Verfügbarkeit außenstehender Bezugspersonen für das Kind. Risikokonstellationen führen nicht unmittelbar zu Entwicklungsrisiken oder psychischen Störungen, sondern interagieren mit der Vulnerabilität oder Resilienz des Kindes (Noeker u. Petermann, 2008).

Resilienzfaktoren der kindlichen Entwicklung

Resilienz bezeichnet eine Widerstandsfähigkeit gegenüber extremen Belastungen, die sich im Kontext der Kind-Umwelt-Interaktion entwickelt. Resilienten Kindern gelingt eine funktionale Anpassung an widrige, oftmals traumatische Umgebungsbedingungen in einer Weise, die langfristig ein kompensiertes, gesundes psychisches Funktionsniveau ermöglicht (Noeker u. Petermann, 2008). An der Entwicklung von Resilienz sind adaptive Systeme auf vier Ebenen beteiligt:
- personale Kompetenzen des Kindes (Stressverarbeitung, Selbstregulation, Motivation, Lernen);
- Kompetenzen des Familiensystems (Bindung, Interaktion, Erziehung);
- Ressourcen des sozialen Netzwerks (Schule, Gleichaltrige);
- gesellschaftlich-kulturelle Faktoren (Normen, Werte) (vgl. Noeker u. Petermann, 2008).

Besonders widerstandsfähige Kinder in extremen Risikokonstellationen weisen ein günstiges (aktives, offenes) Temperament, gute Problemlösefähigkeiten, aktives Bewältigungsverhalten, ein positives Selbstwertgefühl und Sozialverhalten, eine emotional sichere Bindung zu wenigstens einer Bezugsperson, ein anregendes Erziehungsklima, soziale Unterstützung in der Familie und eine eindeutige Wertorientierung auf (Petermann, Petermann u. Damm, 2008).

Nach Lenz (2005) verfügen resiliente Kinder zudem über mehr emotionale Einfühlungs- und Ausdrucksfähigkeit. Biologische (genetische, endokrine, neurobiologische) Resilienzfaktoren können die Impulskontrolle, Handlungsplanung und Emotionsregulation bei der Stressregulation stärken. Jüngste Befunde belegen, dass eine epigenetische, erfahrungsabhängige Modulation der Genexpression eine psychopathologische Vulnerabilität verstärken oder reduzieren kann (Noeker u. Petermann, 2008).

Art der elterlichen psychischen Erkrankung als Risikofaktor

Einige Autoren weisen auf die unterschiedlichen Wirkungen der elterlichen Erkrankungen je nach Diagnosegruppe in den Risiken für die psychische Gesundheit der Kinder hin (Mattejat et al., 2000; Remschmidt u. Mattejat, 1994; Laucht, Esser u. Schmidt, 1992; Rothenburg et al., 2005; Lenz, 2005). Anderen Studien zufolge unterscheidet sich die Gesamtbelastung psychischer Störungen bei den Kindern von Eltern verschiedener Diagnosegruppen nicht (Beidel u. Turner, 1997; Merikangas, Dierker u. Szatmari, 1998). In einigen Studien wirkt sich eine Persönlichkeitsstörung der Eltern besonders beeinträchtigend auf die betroffenen Kinder aus (Chronis et al., 2003; Freyberger, 2009). Manche Studien berichten von zusätzlichen negativen Auswirkungen elterlicher Störungen, wenn Persönlichkeitsstörungen komorbid vorliegen (Abela, Skitch, Auerbach u. Adams, 2005; Moss, lynch, Hardie u. Baron, 2002; Sher, 1997). Eine neuere Studie berichtet ebenfalls eine, allerdings nicht bedeutsame, Tendenz zu höherer Auffälligkeit der Kinder von Eltern mit Persönlichkeitsstörungen (Kölch, Schielke, Becker, Fegert u. Schmid, 2008).

Komorbidität verstärkt den Grad der sozialen Beeinträchtigung, erhöht das Suizidrisiko und führt häufiger zu Hospitalisierung, Isolation und Arbeitslosigkeit der Betroffenen. Zahlreiche Studien belegen, dass komorbide Störungen mit einer höheren Belastung und mehr DSM-III-Diagnosen (APA, 1984) für die Kinder verbunden sind (Abela et al., 2005; Moss et al., 2002; Sher, 1997; Biedermann, Rosenbaum, Bolduc, Faraone u. Hirshfeld, 1991; Weissman, Leckman, Merikangas, Gammon u. Prusoff, 1984; Carter, Garrity-Rokous, Chazan-Cohen, Little u. Briggs-Gowan, 2001; Klein, Ferrari u. Kürschner, 2003). Anderen Studien zufolge führen komorbide Störungen nicht grundsätzlich zu einem höheren Gefährdungspotenzial der Kinder, sondern deuten daraufhin, dass die Art der komorbiden Störungen von Bedeutung ist (Beidel u. Turner, 1997; Weissman et al., 1984).

Einige Studien ermittelten die höchsten Beeinträchtigungen der psychischen Gesundheit bei Kindern, deren Eltern unter mehreren komorbiden Störungen leiden, insbesondere bei depressiven und Panikstörungen (Biedermann et al.,

1991; Weisman et al., 1984). Demnach erhalten diese Kinder mehr psychiatrische Diagnosen und Behandlungen als Kinder von Eltern mit anderen oder ohne psychiatrisch behandelte psychische Störungen und weisen die höchsten Raten an Angststörungen auf. Vergleicht man 6- bis 17-jährige Kinder von depressiven Eltern mit denen von Eltern mit verschiedenen komorbiden Angststörungen (Agoraphobie, Panikstörung, generalisierte Angststörung) sowie mit Kindern gesunder Eltern, so sind Kinder von Eltern mit depressiven und komorbiden Panikstörungen besonders stark betroffen: Von diesen weisen 42 % eine psychische Störung auf, 28 % der Kinder von Eltern mit komorbider Agoraphobie, 21 % der Kinder depressiver Eltern, 16 % der Kinder von Eltern mit komorbider generalisierter Angststörung und 8 % der Kinder gesunder Eltern zeigen jeweils eine psychische Störung (Weisman et al., 1984). Unter den depressiven Müttern mit komorbiden (Angst-, Sucht- oder Ess-)Störungen wird eine geringere emotionale Erreichbarkeit für ihre viermonatigen Kinder gegenüber nur depressiven und gesunden Müttern ermittelt (Carter et al., 2001). Von mütterlichen komorbiden Störungen betroffene Kinder (N = 13) weisen mit 14 Monaten mehr unsichere Bindungen auf (80 %), während Kinder nur depressiver und gesunder Mütter keine Unterschiede in der Bindungssicherheit zeigen. Im Vergleich 6- bis 14-jähriger Kinder depressiver Eltern (N = 120) mit Kindern, deren Eltern komorbid zur depressiven Störung eine Borderline-Persönlichkeitsstörung (N = 20) aufweisen, haben die Kinder der komorbiden Eltern mehr aktuelle depressive Symptome und häufiger eine klinisch relevante depressive Störung als Kinder nur depressiver Eltern (Abela et al., 2005). Unter den 10- bis 12-jährigen Kindern von Vätern mit Störungen durch Substanzkonsum und komorbiden dissozialen Persönlichkeitsstörungen werden mehr psychische Auffälligkeiten ermittelt als bei Kindern von Vätern mit substanzbedingten Störungen ohne dissoziale Persönlichkeitsstörung und Kindern gesunder Väter (Moss et al., 2002). Insbesondere Störungen des Sozialverhaltens sind mit komorbiden elterlichen Alkoholstörungen und dissozialen Persönlichkeitsstörungen verbunden (Sher, 1997). Andere Studien ermitteln hingegen keine höheren Raten an psychischen Störungen der Kinder von Eltern mit komorbiden Angst- und depressiven Störungen gegenüber denen von Eltern mit Angst- oder depressiven Störungen (Beidel u. Turner, 1997). Komorbide Störungen führen also nicht grundsätzlich zu einem höheren Gefährdungspotenzial der Kinder, die Art der komorbiden Störung scheint von Bedeutung zu sein.

Schweregrad und Chronizität der elterlichen psychischen Erkrankung als Risikofaktoren

Das Psychopathologie-Risiko scheint bei Kindern umso größer, je länger eine elterliche depressive Störung dauert, je mehr Episoden bisher vorkamen und je schwerer die elterliche Störung ausgeprägt ist (Hammen et al., 1990). Besonders eine erhöhte Gefährdung der psychischen Gesundheit bei Kindern, deren Eltern an rezidivierenden depressiven Störungen leiden, wird betont (Weissman et al., 1984). Eine Vielzahl von Studien weist den Einfluss störungsunspezifischer Merkmale, wie Schweregrad und Chronizität, auf die Gesundheit der Kinder innerhalb bestimmter elterlicher Diagnosegruppen nach (Hammen et al., 1990; Weissman et al., 1984; Keller et al., 1986; Brennan et al., 2000; Deneke, 2005; Klein u. Quinten, 2002). In einer weiteren Studie kann jedoch kein Einfluss von (Angst-)Störungen mit unterschiedlichen Schweregraden auf die psychische Gesundheit der Kinder nachgewiesen werden (Unnewehr et al., 1998).

Bei mütterlichen und väterlichen depressiven Störungen (37 Familien mit insgesamt 72 Kindern) gehen schwerere (Suizidversuche) und chronischere (Dauer, Anzahl der depressiven Episoden, Anzahl der Behandlungen) elterliche Depressionen mit einer signifikant größeren Beeinträchtigung der Anpassungsfunktionen und dem erhöhten Auftreten von DSM-III-Diagnosen der Kinder einher (Keller et al., 1986). Auch innerhalb der jungen Erwachsenen aus suchtbelasteten Familien stellen diejenigen eine besondere Problemgruppe dar, die mit einem Elternteil aufwuchsen, das keine dauerhafte Abstinenz erreichte (Klein u. Quinten, 2002). Die Schwere und Chronizität der mütterlichen Erkrankung und der Sozialstatus der Familie haben einen größeren Einfluss auf die psychische Entwicklung der Kinder als die jeweilige Diagnose (Deneke, 2005). Schwer und chronisch verlaufende psychische Störungen führen zu wiederholten stationären Behandlungen und damit für die Kinder zu häufigen Trennungserlebnissen vom Elternteil und möglicherweise auch zur langfristigen Trennung und Fremdunterbringung des Kindes.

Risikomildernd für die Kinder wirken sich gesunde Intervalle zwischen den Störungsepisoden chronisch verlaufender Störungen aus. In einer Untersuchung wird festgestellt, dass Eltern mit Tierphobien zwar schon sehr lange an dieser Störung leiden, diese aber im Vergleich zu den Panikstörungen signifikant weniger schwer ausgeprägt sind (Unnewehr et al., 1998). Allerdings kann der Einfluss des höheren Schweregrades der Panikstörungen auf die stärkeren Morbiditätsrisiken der betroffenen Kinder nicht nachgewiesen werden.

Der Interaktion der Prädiktoren Schweregrad und Chronizität von mütterlichen depressiven Symptomen in Bezug auf das Problemverhalten und das kognitive Niveau von fünfjährigen Kindern (N = 4 953) geht eine weitere Untersuchung nach (Brennan et al., 2000). Demnach leisten beide Dimensionen der elterlichen depressiven Störung einen prädiktiven Beitrag, um die Häufigkeit von Problemverhalten und die Beeinträchtigung kognitiver Fähigkeiten zu erklären. Zudem zeigen Kinder, deren Mütter sowohl schwere als auch chronische depressive Symptome aufweisen, signifikant mehr Problemverhalten als die Kinder der anderen Gruppen.

Die Fragen nach den wesentlichen Risikofaktoren kindlicher Entwicklung und die Frage, was Kinder trotz schwieriger Bedingungen gesund erhalten kann, sind zentral für die Entwicklung geeigneter und wirksamer Präventionen. Dafür ist die Gesundheit der Kinder noch genauer zu untersuchen, da bisherige Befunde dazu äußerst widersprüchlich sind. In der vorliegenden Untersuchung werden daher zunächst die Auffälligkeiten der Kinder psychisch kranker Eltern betrachtet. Es wird angenommen, dass die Kinder psychisch kranker Eltern aus Sicht des betroffenen Elternteils psychisch auffälliger sind als Kinder gesunder Eltern und die Auffälligkeiten der Kinder größer sind, je stärker die subjektive Beeinträchtigung der Eltern durch ihre Erkrankung ist. Außerdem werden Zusammenhänge zwischen einer elterlichen Diagnose und ausgewählten unspezifischen Erkrankungsparametern (Komorbidität, Schweregrad, Chronizität, Expositionsdauer, psychische Gesundheit der Kinder) sowie der Gesundheit der Kinder geprüft. Es wird angenommen, dass die Diagnose das Ausmaß der Beeinträchtigung der psychischen Gesundheit der Kinder beeinflusst; die Gesundheit der Kinder am stärksten gefährdet ist, wenn Eltern an Persönlichkeitsstörungen leiden, und die Beeinträchtigungen der Kinder größer sind, wenn Eltern komorbide Störungen aufweisen. Außerdem wird angenommen, dass die Beeinträchtigungen der Gesundheit der Kinder größer sind, je schwerer die aktuelle psychische elterliche Symptomatik ist; je chronischer die Erkrankung verläuft und je länger die Kinder der elterlichen Erkrankung ausgesetzt sind.

Projekt

Im Forschungs- und Präventionsprojekt »CHIMPs – Children of mentally ill parents«[1] wird als Pilotstudie (Wiegand-Grefe u. Pollak, 2006) eine für den stationären und teilstationären Bereich der Klinik für Psychiatrie des Universitätsklinikums Hamburg Eppendorf einrichtungsrepräsentative Querschnitterhebung über einen neunmonatigen Erhebungszeitraum durchgeführt. Alle Patienten der Klinik für Psychiatrie werden am Ende der ersten Woche nach Aufnahme erfasst. Bei Eltern mit minderjährigen Kindern werden die Einflüsse somatischer und psychosozialer Risikofaktoren (Art und Schweregrad der Erkrankung, Krankheitsbewältigung, Lebensqualität, Qualität der Familienbeziehungen, Familiendynamik, Bindung) auf die psychische Gesundheit und Lebensqualität der Kinder aus Sicht der erkrankten Elternteile untersucht. Im Arzturteil werden Diagnosen, Schweregrad und Angaben zur Krankheitsbewältigung erfasst. Die vorliegende Studie untersucht die »elterliche Erkrankung« (Geers, 2006) als Risikofaktor und deren Zusammenhänge zur psychischen Gesundheit der Kinder.

Methoden

Als Parameter der elterlichen Erkrankung wird die Diagnose im Arzturteil (Diagnosen nach ICD-10, WHO, 2000) erfasst und daraus die Komorbidität ermittelt. Um die Diagnose durch eine Einschätzung aus Patientensicht zu ergänzen, wird die subjektiv erlebte Beeinträchtigung durch die Erkrankung mit der Symptom-Checkliste SCL-14 (Harfst et al., 2002) erfasst. Dieser Selbstbeurteilungsfragebogen stellt eine Kurzform der SCL-90-R (Klaghofer u. Brähler, 2001) dar. Er enthält 14 Items zur subjektiven Beeinträchtigung durch körperliche und psychische Symptome. Als weitere unspezifische Parameter der elterlichen Erkrankung werden Schweregrad (Arzturteil, »Severity of Illness«-Item

---

1 Das Projekt wird durchgeführt an der Klinik für Kinder- und Jugendpsychiatrie und Psychotherapie des Universitätsklinikums Hamburg-Eppendorf in Kooperation mit der Klinik für Psychiatrie und Psychotherapie und dem Institut für Medizinische Psychologie. Es ist von der Ethikkommission der Ärztekammer Hamburg genehmigt. Wir danken den beteiligten Kindern und Familien für ihre Bereitschaft, am Projekt teilzunehmen, und für das Vertrauen, das sie uns geschenkt haben, sowie den kooperierenden Kliniken und Einrichtungen für die gute Zusammenarbeit! Außerdem danken wir der *Werner Otto Stiftung Hamburg* für die finanzielle Unterstützung der Pilotstudie und der *Anna von Gierke Stiftung Frankfurt a. M.* für die fortlaufende Unterstützung unserer klinischen Arbeit.

der Clinical Global Impression-Scale, CGI [NIMH, 1996]) und Chronizität (Dauer der Erkrankung, Anzahl stationärer Behandlungen, Abstand zur letzten stationären Behandlung) erfasst. Die Länge des Zeitraums, in dem die Kinder von einer elterlichen psychischen Störung betroffen sind, wird als *Expositionsdauer* bezeichnet und aus dem Alter der Kinder bei Beginn der elterlichen Erkrankung und dem Alter zum Zeitpunkt der Elternbefragung berechnet. Die psychische Gesundheit der Kinder wird mit der »Child Behavior Checklist« (CBCL/4-18, Arbeitsgruppe Deutsche Child Behavior Checklist, 1998) gemessen, dabei werden mit 120 Items problematische Verhaltensweisen und Einzelsymptome eines Kindes erfragt. Aufgrund der häufigen Verbreitung und damit verbundenen Vergleichbarkeit sowie der breiten Erfassung von Verhaltensproblemen wird dieses Instrument ausgewählt.

Stichprobe

Die Stichprobe bilden alle Kinder im Alter von vier bis 18 Jahren der Patienten der Klinik für Psychiatrie und Psychotherapie des Universitätsklinikums Hamburg Eppendorf. *Einschlusskriterien* sind: Alter 18 bis 60 Jahre, Elternteil mindestens eines minderjährigen Kindes, mindestens einwöchiger stationärer Aufenthalt, Verstehen der deutschen Sprache, Einwilligung in die Untersuchung. *Ausschlusskriterien* sind eine frühere Teilnahme an der Untersuchung bei wiederholter stationärer Aufnahme, kurzer Aufenthalt und schwerste psychische und/oder kognitive Beeinträchtigung, so dass eine Befragung unzumutbar erscheint.

Im Erhebungszeitraum dieser Studie (15. 08. 2005 bis 10. 04. 2006) werden Alter und Geschlecht sowie ärztliche Diagnosen von insgesamt 792 Patienten erfasst. Im ersten Schritt werden 133 Eltern (17 %) für die Analyse ausgewählt, die mindestens ein Kind unter 18 Jahren haben, alle anderen Patienten haben Kinder über 18 Jahre (83 Patienten) oder keine Kinder (576 Patienten). Von diesen 133 Eltern können 36 (27 %) nicht an der Untersuchung teilnehmen, weil sie z. B. zu beeinträchtigt für die Befragung sind, keinen zur Beurteilung ausreichenden Kontakt zum Kind haben oder aus anderen Gründen keine verlässlichen Angaben über ihr Kind machen können. Weitere 28 (21 %) für die Studie in Frage kommende Eltern erklären sich nicht zur Teilnahme an der Studie bereit. Sieben (5 %) Eltern haben Kinder, die zum Untersuchungszeitpunkt jünger als vier Jahre sind und für die vorliegende Fragestellung ausgeschlossen werden. Für die Datenanalyse dieser Studie bleiben 62 (47 %) Eltern. Aus Gründen der Zumutbarkeit werden nur Daten zur psychischen Gesundheit für ein Kind pro Familie (Zufallsauswahl) erfasst. Da es um die Untersuchung aller Kinder geht und nicht um eine spezifische Fragestellung (z. B. Geschwisterpositionen zu untersuchen), wird eine Zufallsauswahl getroffen. Die Eltern werden gebeten, die Angaben für das Kind zu machen, welches als nächstes Geburtstag hat.

Ergebnisse

Stichprobenbeschreibung – demographische Angaben

Von den 62 untersuchten Eltern sind 30 (48 %) Männer und 32 (52 %) Frauen. Das Alter der Eltern liegt zwischen 25 und 57 Jahren (Durchschnittsalter M = 41 Jahre; SD = 6.61). 56 % der Eltern sind verheiratet, 16 % sind geschieden, 3 % leben getrennt vom Ehepartner und 23 % sind ledig (Tab. 1).

Bei 43 (69 %) der befragten Elternteile leben die Kinder im gleichen Haushalt, die verbleibenden 19 (31 %) Kinder leben getrennt vom befragten Elternteil,

Tabelle 1: Soziodemographische Beschreibung der Analysestichprobe (N = 62 Eltern) (aus: Wiegand-Grefe, Geers, Plass, Petermann u. Riedesser, 2009)

Merkmal		N (62)	%
Familienstand	ledig	14	22.6
	verheiratet	35	56.5
	geschieden	10	16.1
	getrennt lebend	2	3,2
	keine Angabe	1	1.6
höchster Schulabschluss	Sonderschule	1	1.6
	Hauptschule	12	19.4
	Realschule	20	32.3
	Abitur/Fachhochschulreife	26	41.9
	ohne Abschluss	1	1.6
	sonstiger Abschluss	2	3.2
höchster Berufsabschluss	in Ausbildung	3	4.8
	Lehre	24	38.7
	Meister / Fachschule	5	8.1
	Fachhochschule / Universität	13	21.0
	ohne Abschluss	10	16.1
	sonstiger	5	8.1
	keine Angabe	2	3.2
jetzige oder zuletzt ausgeübte Berufstätigkeit	Arbeiter	9	14.5
	Facharbeiter	3	4.8
	einfach./mittl. Angest./Beamter	21	33.9
	höherer Angest./Beamter	4	6.5
	Selbstständiger	6	9.7
	Auszubildender/Umschüler	1	1.6
	Schüler	1	1.6
	Hausfrau/-mann	10	16.1
	Rentner	3	4.8
	sonstiges	4	6.5

davon 15 (79 %) beim jeweils anderen Elternteil, jeweils ein Kind (5 %) bei Verwandten, in Fremdunterbringung oder in eigener Wohnung. Es zeigt sich ein signifikanter geschlechtsspezifischer Unterschied: Während 84 % der Mütter mit ihren Kindern im gemeinsamen Haushalt leben, ist dies nur bei 53 % der Väter der Fall (Phi = .336; p = .008). Die Elternteile, die getrennt vom Kind leben, tun dies zwischen einem und zwölf Jahren (Durchschnittszeitraum M = 4 Jahre; SD = 3.04).

Von den 62 eingeschätzten Kindern sind 28 (45 %) Mädchen und 34 (55 %) Jungen. Die Kinder sind zwischen vier und 18 Jahren alt (Durchschnittsalter M = 11 Jahre; SD = 4.49), wobei die Jungen im Trend jünger sind als die untersuchten Mädchen.

Psychische Gesundheit der Kinder

Die Rohwerte der CBCL werden entsprechend den alters- und geschlechtsspezifischen Normtabellen in T-Werte umgewandelt und die Skalenmittelwerte dargestellt (Tab. 2).

Tabelle 2: T.Wert-Verteilungen der Subskralen und der übergeordneten Skalen der CBCL (N = 62) (aus: Wiegand-Grefe et al., 2009)

Skalen der CBCL	M	SD	Minimum	Maximum	N
Sozialer Rückzug	58.11	9.08	50	88	61
Körperliche Beschwerden	57.62	9.32	50	81	60
Angst / Depressivität	58.90	9.17	50	83	60
Soziale Probleme	58.00	8.29	50	84	58
Schizoid / Zwanghaft	56.37	9.36	50	80	60
Aufmerksamkeitsprobleme	58.90	8.98	50	83	60
Dissoziales Verhalten	57.33	6.95	50	75	61
Aggressives Verhalten	59.31	9.68	50	95	62
Internalisierende Auffälligkeiten	57.33	11.83	38	82	61
Externalisierende Auffälligkeiten	57.58	10.42	35	84	62
Gesamtauffälligkeit	58.92	11.47	38	86	61

Anmerkungen: M = Mittelwert; SD = Standardabweichung

Zur Einordnung der Einschätzungen der psychischen Gesundheit der Kinder werden die T-Werte entlang den Grenzwerten in Normal-, Grenz- und Auffälligkeitsbereich eingeteilt (Tab. 3).

Der Großteil der Kinder liegt aus Sicht der Eltern im Normbereich psychischer Gesundheit (zwischen 73 und 84 %). Die meisten Einschätzungen im Auffälligkeitsbereich finden sich auf der Skala »Körperliche Beschwerden« (14 %), im Grenz- und Auffälligkeitsbereich zusammen auf der Skala »Angst/Depressivität« (11 und 13 %). Auf den übergeordneten Skalen schätzen 31 %

Tabelle 3: Häufigkeiten der T-Werte der Subskalen und übergeordneten Skalen der CBCL im Normal-, Grenz- und Auffälligkeitsbereich (N = 62 Kinder) (aus: Wiegand-Grefe et al., 2009)

Skalen und Subskalen		N (62)	%
Sozialer Rückzug	Normalbereich	51	82.3
	Grenzbereich	3	4.8
	Auffälligkeitsbereich	7	11.3
	Fehlende Werte	1	1.6
Körperliche Beschwerden	Normalbereich	48	77.4
	Grenzbereich	3	4.8
	Auffälligkeitsbereich	9	**14.5**
	Fehlende Werte	2	3.2
Angst / Depressivität	Normalbereich	45	72.6
	Grenzbereich	7	**11.3**
	Auffälligkeitsbereich	8	**12.9**
	Fehlende Werte	2	3.2
Soziale Probleme	Normalbereich	47	75.8
	Grenzbereich	7	11.3
	Auffälligkeitsbereich	4	6.5
	Fehlende Werte	4	6.5
Schizoid / Zwanghaft	Normalbereich	47	75.8
	Grenzbereich	5	8.1
	Auffälligkeitsbereich	8	12.9
	Fehlende Werte	2	3.2
Aufmerksamkeitsprobleme	Normalbereich	49	79.0
	Grenzbereich	3	4.8
	Auffälligkeitsbereich	8	12.9
	Fehlende Werte	2	3.2
Dissoziales Verhalten	Normalbereich	52	83.9
	Grenzbereich	7	11.3
	Auffälligkeitsbereich	2	3.2
	Fehlende Werte	1	1.6
Aggressives Verhalten	Normalbereich	47	75.8
	Grenzbereich	9	14.5
	Auffälligkeitsbereich	6	9.7
Übergeordnete Skalen			
Internalisierende Auffälligkeiten	Normalbereich	36	58.1
	Grenzbereich	6	9.7
	Auffälligkeitsbereich	19	30.6
	Fehlende Werte	1	1.6
Externalisierende Auffälligkeiten	Normalbereich	34	54.8
	Grenzbereich	10	16.1
	Auffälligkeitsbereich	18	29.0
Gesamtauffälligkeit	Normalbereich	32	51.6
	Grenzbereich	9	14.5
	Auffälligkeitsbereich	20	32.2

der Eltern ihr Kind als internalisierend klinisch auffällig, insgesamt 40 % als grenzwertig oder auffällig ein. 29 % berichten auffällige externalisierende, 45 % grenzwertige oder auffällige externalisierende Verhaltensprobleme.

Setzt man die prozentualen Häufigkeiten der Kinder psychisch kranker Eltern im Grenz- und Auffälligkeitsbereich in Beziehung zu denen in der Normstichprobe (5 % bzw. 2 %), dann wird deutlich, dass die Auftretensraten auffällig eingeschätzter Kinder auf allen Syndromskalen um das 3- bis 7-Fache (»Körperliche Beschwerden«) erhöht sind (Tab. 4). Nur 66 %, also zwei Drittel aller Kinder, werden auf keiner der Syndromskalen klinisch auffällig eingeschätzt. Der verbleibende Teil der Kinder (32 %) wird auf mindestens einer der Syndromskalen als klinisch auffällig bewertet. In der Gesamtauffälligkeit sind aus Sicht des erkrankten Elternteils über die Hälfte der eingeschätzten Kinder (N = 32, 52 %) in ihren Verhaltenstendenzen unauffällig. Gleichwohl liegen 20 Kinder (32 %) im klinischen Auffälligkeitsbereich und 9 Kinder (14 %) im Grenzbereich.

Tabelle 4: Häufigkeiten auffällig und grenzwertig eingeschätzter Kinder auf Syndromskalen der CBCL und übergeordneten Skalen mit Verhältniszahlen im Vergleich zur Normstichprobe (N = 62) (aus: Wiegand-Grefe et al., 2009)

Syndromskalen der CBCL	Grenz- und Auffälligkeitsbereich		Auffälligkeitsbereich	
	Vergleichswert: 5 %		Vergleichswert: 2 %	
	%	Verhältniszahl	%	Verhältniszahl
Sozialer Rückzug	16.13	3.23	11.29	5.65
Körperliche Beschwerden	19.35	3.87	14.52	7.26
Angst / Depressivität	24.19	4.84	12.90	6.45
Soziale Probleme	17.74	3.55	6.45	3.23
Schizoid / Zwanghaft	20.97	4.19	12.90	6.45
Aufmerksamkeitsprobleme	17.74	3.55	12.90	6.45
Dissoziales Verhalten	14.52	2.90	3.23	1.61
Aggressives Verhalten	24.19	4.84	9.68	4.84

Diagnose und Komorbidität der elterlichen Erkrankung und Gesundheit der Kinder

Affektive Störungen (F3 nach ICD-10, WHO, 2000) als Hauptdiagnose haben 32 % (N = 20) der Eltern, die von einmaligen mittelgradigen Episoden bis zu rezidivierenden schweren Störungen reichen. Neurotische, Belastungs- oder somatoforme Störungen (F4) haben 26 % (N = 16), darunter sind in ausgewogenem Verhältnis generalisierte Angststörungen, Panikstörungen, Agoraphobien mit Panikstörungen, Angst- und depressive Störung (gemischt), Zwangsstörungen, Posttraumatische Belastungsstörungen und Anpassungsstörungen. Mit Störungen durch Substanzkonsum (F1) werden 23 % der Eltern (N = 14) behandelt, fast ausschließlich Abhängigkeitsstörungen mit Alkohol. Schizophrene Störungen (F2) liegen bei 16 % der Eltern (N = 10) vor, darunter fünf Eltern mit paranoider Schizophrenie und zwei mit schizoaffektiver Störung. Die beiden Persönlichkeitsstörungen (F6) als Hauptdiagnose sind emotional instabile Persönlichkeitsstörung vom Borderline-Typus.

Über die Hälfte (n = 37/60 %) der Eltern hat zusätzlich zur Hauptdiagnose eine komorbide Störung. Insgesamt haben 52 % (n = 32) der Eltern eine affektive Störung, 39 % (n = 24) eine neurotische Störung, 37 % (n = 23) eine substanzgebundene Störung, 19 % (n = 12) eine schizophrene Störung und 16 % (n = 10) eine Persönlichkeitsstörung. Keine bestimmte Kombination komorbider Störungen erweist sich als besonders häufig.

In ihrer subjektiv empfundenen Beeinträchtigung durch die Erkrankung geben die Eltern einen Gesamtwert (GSI-14) von größer als eins (»ein wenig«), im Mittel (M) = 1.7 (Standardabweichung SD = 0.79) an. Eltern mit einer Störung durch Substanzkonsum und schizophrene Eltern geben mit M = 1.3 (SD = 0.69) bzw. M = 1.1 (SD = 0.71) die geringste Beeinträchtigung an. Eltern mit affektiven und neurotischen Störungen fühlen sich mit M = 1.8 (SD = 0.61) und M = 2.1 (SD = 0.85) belastet, Eltern mit Persönlichkeitsstörungen mit M = 2.2 (SD = 0.35) am meisten beeinträchtigt.

Um Zusammenhänge zwischen der elterlichen Diagnosegruppe und der psychischen Gesundheit der Kinder zu untersuchen, werden die Rohwerte der CBCL in T-Werte umgewandelt. Im Ergebnis beträgt die Gesamtauffälligkeit über alle Diagnosegruppen hinweg im Mittel M = 58.0 (SD = 10.57). Eltern mit Substanzkonsum geben mit einer Gesamtauffälligkeit ihrer Kinder von M = 49.8 (SD = 7.58) den kleinsten Wert an (Abb. 1). Eltern mit schizophrenen Störungen berichten eine Gesamtauffälligkeit ihrer Kinder von M = 62.0 (SD = 10.90), Eltern mit affektiven Störungen von M = 59.9 (SD = 11.59) und Eltern (N =16) mit neurotischen Störungen von M = 58.3 (SD = 7.74). Eltern mit Persönlichkeitsstörungen geben mit M = 73.0 (SD = 1.41) den höchsten Auffälligkeitswert ihrer Kinder an.

Diese Zusammenhänge zwischen der elterlichen Diagnosegruppe und der psychischen Gesundheit der Kinder werden mit jeweils einer übergeordneten Skala der CBCL auf Signifikanz geprüft (einfaktorielle Varianzanalysen). Die Gesamtauffälligkeit (T-Werte) unterscheidet sich in den Diagnosegruppen im Mittelwertvergleich bedeutsam (R^2 = .236 [korr. R^2 = .180]; F = 4.17, p = 0.005), v. a. die Diagnosen F1 und F6 (absoluter Mittelwertunterschied = 23.15; SD = 7.28; p = .05). Auch internalisierende und externalisierende Auffälligkeiten unterscheiden sich in den Diagnosegruppen signifikant. Außerdem wird geprüft, ob die Auffälligkeit der Kinder größer ist, wenn insgesamt (auch komorbid) eine elterliche Persönlichkeitsstörung (PKS) vorliegt (Tab. 5).

Geschätzte Randmittel vom T-Wert der Gesamtauffälligkeit

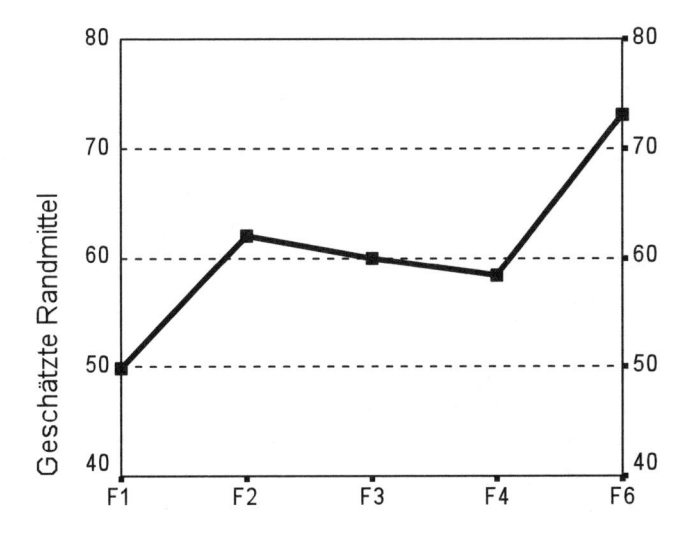

[Diagramm: Geschätzte Randmittel auf der y-Achse (40-80), Diagnosegruppen F1, F2, F3, F4, F6 auf der x-Achse. Werte ca.: F1≈50, F2≈62, F3≈60, F4≈58, F6≈73]

Diagnosegruppen in 1. (Haupt-) Diagnose

Abbildung 1: Grafik der geschätzten Randmittel vom T-Wert der Gesamtauffälligkeit bezogen auf die Faktorstufen der Diagnosegruppen in der Hauptdiagnose (N = 59 Eltern) (aus: Wiegand-Grefe, Geers, Petermann u. Plass, 2010, im Druck)

Die Auffälligkeiten der Kinder sind in allen übergeordneten Skalen der CBCL in der Gruppe, deren Eltern eine Persönlichkeitsstörung aufweisen (N = 10), höher. In Gesamtauffälligkeit und externalisierenden Auffälligkeiten handelt es sich um signifikante Unterschiede (T-Test für unabhängige Stichproben, einseitiger Test).

Der Zusammenhang zwischen dem Vorhandensein komorbider Störungen und der Auffälligkeit der Kinder wird im Mittelwertvergleich der Gruppen »komorbide Störungen vorhanden« und »komorbide Störungen nicht vorhanden« geprüft (T-Tests für unabhängige Stichproben, Tab. 5). Die Mittelwerte der CBCL-Skalen sind bei Eltern mit komorbiden Störungen höher als bei Eltern mit nur einer Diagnose, es handelt sich jedoch nur um eine Tendenz.

Tabelle 5: Vergleich der Gruppen mit vs. ohne Persönlichkeitsstörung und mit vs. ohne komorbide Störung sowie Ergebnisse der T-Tests für unabhängige Stichproben für die unabhängige Variablen »Persönlichkeitsstörung« und »Komorbidität« in den Skalen der CBCL (aus: Wiegand-Grefe et al., 2010)

Abhängige Variable	Persönlichkeitsstörung (F6)	N	MW	SD	df	T	Sig. 1-seitig
T-Wert der Gesamtauffälligkeit	ja	10	65.20	11.36	57	2.45	.009
	nein	49	56.57	9.90			
T-Wert der internalisierenden Skala	ja	10	61.00	12.81	57	1.41	.082
	nein	49	55.59	10.67			
T-Wert der externalisierenden Skala	ja	10	62.00	10.70	59	1.72	.046
	nein	51	56.20	9.59			
Komorbidität							
T-Wert der Gesamtauffälligkeit	ja	36	59.39	10.10	57	1.24	.22
	nein	23	55.91	11.17			
T-Wert der internalisierenden Skala	ja	36	57.58	10.68	57	0.93	.36
	nein	23	54.83	11.84			
T-Wert der externalisierenden Skala	ja	36	57.50	9.48	59	0.33	.74
	nein	25	56.64	10.72			

Anmerkungen: N = Stichprobengröße; M = Mittelwert; SD = Standardabweichung, N = 59 T = Prüfgröße der Mittelwertgleichheit; df = Anzahl der Freiheitsgrade; Sig. = Irrtumswahrscheinlichkeit

Schweregrad der elterlichen Erkrankung und Gesundheit der Kinder

Die Einschätzungen der Schweregrade der elterlichen Störungen im CGI (Ärzteurteil; NIMH, 1996) liegen zwischen den Werten 5 (mäßig krank) und 8 (extrem schwer krank), wobei der Median bei 6 (deutlich krank) liegt (1. Quartil = 6; 3. Quartil = 6.25). In den Einschätzungen (N = 62 Eltern) sind neun Elternteile (14 %) mäßig krank (5), 35 (56 %) deutlich krank (6), 13 (21 %) sind schwer krank (7), und ein Elternteil (2 %) ist extrem schwer krank (8); bei vier Eltern (6 %) fehlt diese Angabe.

Zwischen dem Schweregrad der elterlichen psychischen Störung (CGI, T-Werte) und der psychischen Gesundheit der Kinder (CBCL, übergeordnete Skalen) ergeben sich entgegen der Erwartung geringe, nicht bedeutsame, negative Zusammenhänge (Tab. 6).

Tabelle 6: Ergebnisse der Korrelationen der Variablen der Chronizität, des Schweregrads (CGI) und der »Expositionsdauer« mit den übergeordneten Skalen der CBCL (aus: Wiegand-Grefe et al., 2010)

Merkmale		T-Wert der internalisierenden Skala	T-Wert der externalisierenden Skala	T-Wert der Gesamtauffälligkeit
Chronizität: a) Anzahl der bisherigen stationären Behandlungen	r	−.007	.055	.056
	p 1-seitig	.48	.34	.33
	N	60	61	60
b) Abstand bis zur letzten stationären Behandlung	r	.114	.041	.096
	p 1-seitig	.27	.41	.31
	N	30	31	30
c) Dauer der elterlichen Störung	☐	−.104	−.044	−.035
	p 1-seitig	.22	.37	.40
	N	58	59	58
Schweregrad (CGI)	☐	−.057	−.056	−.059
	p 1-seitig	.34	.34	.33
	N	57	58	57
Expositionsdauer	r	−.183	−.247 *	−.244 *
	p 1-seitig	.09	.03	.03
	N	57	58	57

Anmerkungen: r = Produktmomentkorrelation nach Pearson; ☐ = Rangkorrelation nach Spearman; p= Irrtumswahrscheinlichkeit; N = Stichprobengröße; * p < .05

Chronizität und Expositionsdauer der elterlichen Erkrankung und Gesundheit der Kinder

Die Dauer der elterlichen Erkrankung (N = 62) beträgt zwischen 0 (Erkrankung erstmals im Jahr der Befragung aufgetreten) und 34 Jahren (durchschnittliche Dauer M = 8 Jahre; SD = 8.83). Seit weniger als einem Jahr bestehen 24 % der Erkrankungen (N = 15), 26 % bestehen seit ein bis fünf Jahren (N = 16). 45 % der Erkrankungen dauern seit mehr als sechs Jahren (N = 28), bei fünf Eltern seit mehr als 27 Jahren an. Vor diesem Aufenthalt waren 31 (50 %) der Eltern schon mindestens einmal in stationärer Behandlung. Von diesen Eltern ist der letzte stationäre Aufenthalt bis zu neun Jahren her (durchschnittlicher Zeitraum seit der letzten stationären Behandlung M = 2.5 Jahre; SD = 2.43). Bei 42 % davon liegt die letzte stationäre Behandlung weniger als ein Jahr, bei 77 % weniger als vier Jahre zurück. Die lang andauernden Erkrankungen werden auch am häufigsten stationär behandelt (Spearmans ρ = .268; p = .04; N = 58): 71 % der Eltern, die vor diesem stationären Aufenthalt bereits zweimal und mehr stationär behandelt wurden, leiden seit mindestens sechs Jahren an der Erkrankung. Umgekehrt wurden 67 % der Eltern, deren Erkrankung höchstens seit einem Jahr besteht, vor diesem Aufenthalt noch nicht stationär behandelt.

Für alle Variablen der Chronizität ergeben sich entgegen der Erwartung jedoch nur geringe, nicht bedeutsame Korrelationen mit der Auffälligkeit der Kinder (Tab. 6).

Die Variationsbreite der *Expositionsdauer* ist sehr groß, die Kinder sind der Erkrankung von 0 bis 17 Jahren (M = 5, SD = 3.92, Varianz = 15,33) ausgesetzt, wobei es sich bei den 17 Jahren um einen Extremwert handelt. Nach der Entnahme dieses Wertes liegt der Maximalwert der Expositionsdauer bei zwölf Jahren. Es wird ein positiver, linearer Zusammenhang zwischen Expositionsdauer und Auffälligkeit der Kinder erwartet. Für die Gesamtauffälligkeit und externalisierende Auffälligkeiten ergeben sich jedoch interessanterweise bedeutsame negative Zusammenhänge mit der Expositionsdauer (N = 58), auch für die internalisierende Skala eine – wenn auch geringere, nicht bedeutsame – negative Korrelation (Tab. 6). Je länger die Kinder der elterlichen Störung ausgesetzt sind, desto weniger auffällig werden sie von ihren Eltern eingeschätzt.

Beeinträchtigung der Eltern durch die Erkrankung und psychische Gesundheit der Kinder

In der subjektiv empfundenen Beeinträchtigung erleben sich alle Patienten mehr als »ein wenig« belastet. Der Gesamtwert (GSI-14) liegt dabei bei M = 1.7 (SD = 0.79). Die höchste Belastung wird auf der Skala »Depression« angegeben; die geringste auf der Skala »Phobische Angst«. Im Vergleich zu den Kennwerten einer klinischen und einer bevölkerungsrepräsentativen Stichprobe aus der Arbeit von Harfst et al. (2002; Tab. 7) weisen die Eltern der Untersuchungsstichprobe höhere subjektive Beeinträchtigungen in den Mittelwerten auf allen Skalen auf, die sich signifikant von denen der klinischen Stichprobe im Gesamtwert, der Skala »Depressivität« und der Skala »Phobische Angst« unterscheiden, somit auch von denen der bevölkerungsrepräsentativen Stichprobe (T-Tests). Die Skala »Somatisierung« unterscheidet sich nicht signifikant von der klinischen, sondern nur von der bevölkerungsrepräsentativen Stichprobe (Geers, 2006).

Ausgehend von vermuteten positiven (linearen) Zusammenhängen zwischen der elterlichen Beeinträchtigung (SCL-14) durch die psychische Erkrankung und der psychischen Auffälligkeit der Kinder (CBCL) lassen sich zwischen den jeweiligen Mittelwerten folgende Zusammenhänge bestimmen (Tab. 8).

Tabelle 7: Skalenwerte der SCL-14 der Untersuchungsstichprobe sowie einer klinischen und der bevölkerungsrepräsentativen Vergleichsstichprobe (N = 62) nach Harfst et al. (2002) (aus: Wiegand-Grefe et al., 2009)

Mittelwerte der Skalen	Untersuchungs-stichprobe		Klinische Stichprobe		Bevölkerungsrepräs. Stichprobe	
	M	SD	M	SD	M	SD
Gesamtwert (GSI-14)	1.66	0.79	1.15	0.77	#	#
Depressivität	2.26	1.05	1.49	1.05	0.45	0.58
Somatisierung	1.38	1.07	1.20	1.01	0.46	0.63
Phobische Angst	1.05	1.13	0.59	0.88	0.17	0.39

Anmerkungen: M = Mittelwert; SD = Standardabweichung, # leider nicht angegeben

Tabelle 8: Korrelationen der SCL-14-Skalen und der übergeordneten Skalen der CBCL (aus: Wiegand-Grefe et al., 2009)

Mittelwert der Skalen der SCL-14		T-Wert der internalisierenden Skala		T-Wert der externalisierenden Skala		T-Wert der Gesamt-auffälligkeit	
Gesamtwert	r	.297	*	.275	*	.287	*
GSI-14	p	.010		.015		.012	
	N	61		62		61	
Depressivität	r	.204		.176		.182	
	p	.06		.09		.08	
	N	61		62		61	
Somatisierung	r	.302	**	.233	*	.264	*
	p	.009		.03		.02	
	N	61		62		61	
Phobische Angst	☐	.221	*	.279	*	.299	**
	p	.043		.014		.010	
	N	61		62		61	

Anmerkung: r = Produktmomentkorrelation nach Pearson; ☐ = Rangkorrelation nach Spearman; P = Irrtumswahrscheinlichkeit; * p <.05; ** p <.01

Signifikante positive Korrelationen finden sich zwischen elterlicher Gesamtbeeinträchtigung, elterlicher »Somatisierung« und »Phobischer Angst« sowie allen Skalen der Auffälligkeit der Kinder. Dabei sind die Zusammenhänge der Skalen »Somatisierung« und »internalisierende Auffälligkeit« sowie »Phobische Angst« und Gesamtauffälligkeit besonders hoch. Geringere, nicht bedeutsame Zusammenhänge finden sich zwischen elterlicher »Depressivität« und Auffälligkeit der Kinder.

Diskussion

Die psychischen Auffälligkeiten von Kindern psychisch kranker Eltern sind in der untersuchten Stichprobe gegenüber Kindern der Allgemeinbevölkerung um ein Mehrfaches erhöht. Auf allen Syndromskalen und den übergeordneten Skalen der CBCL weisen die Kinder psychisch kranker Eltern 3- bis 7-fach höhere Auffälligkeitsraten gegenüber der Normalbevölkerung auf. In der Literatur werden bis zu fünfmal mehr Kinder als klinisch auffällig eingeschätzt, verglichen mit der Allgemeinbevölkerung (Kölch et al., 2008). Als klinisch auffällig schätzen in unserer Studie 32 % der Eltern ihr Kind ein. Nimmt man grenzwertig und auffällig beurteilte Kinder zusammen, so ergibt sich ein Prozentsatz von 47 %, der in etwa den in der Literatur berichteten Häufigkeiten für psychische Störungen in dieser Risikogruppe entspricht (Beidel u. Turner, 1997; Deneke, 2005; Hill, Locke, Lowers, Connolly, 1999; Kelley u. Fals-Stewart, 2004; Lapalme, Hodgins u. La Roche, 1997; Merikangas et al., 1998). Dieser hohe Prozentsatz von fast 50 % grenzwertig oder auffällig eingeschätzter Kinder wird vermutlich noch höher, wenn man eine Beurteilungstendenz der Eltern berücksichtigt, aus Scham- und Schuldgefühlen das Problemverhalten ihrer Kinder zu bagatellisieren. Beispielsweise beurteilen Jugendliche zwischen elf und 18 Jahren ihr eigenes Verhalten als auffälliger im Vergleich zu ihren Eltern (Najman et al., 2000), so dass zumindest für die Jugendlichen in der Stichprobe höhere Symptombelastungen vermutet werden können.

In einer vergleichbaren Elternbefragung (Lenz, 2005) in zwei psychiatrischen Kliniken im Münsterland schätzen nur 23 % (vs. 47 % in unserer Stichprobe) der befragten Eltern ihr Kind auf der Skala der Gesamtauffälligkeit, auf der externalisierenden 26 % (vs. 45 %) und internalisierenden Skala 25 % (vs. 40 %) als grenzwertig oder auffällig ein. Beide Studien unterscheiden sich weder in den Erhebungsmethoden, der Stichprobe noch im Alter der Kinder. Leider werden von Lenz (2005) keine Angaben zu den soziodemographischen Merkmalen der Betroffenen (Einkommen, Berufsabschluss und -tätigkeit) gemacht. Möglicherweise unterscheidet sich die vorliegende Patientenstichprobe im Großstadtmilieu (Hamburg) von der in der münsterländischen Region. Möglich wäre, dass die Hamburger Stichprobe durch einen geringeren sozioökonomischen Status gekennzeichnet und dadurch die Gesundheit der Kinder stärker gefährdet ist. Wenngleich in unserer Stichprobe viele Eltern zunächst eine gute Schulbildung aufweisen, so ist die Berufstätigkeit eher in mittleren und unteren sozialen Schichten angesiedelt und das Nettoeinkommen sehr gering, ein hoher Prozentsatz liegt unter der Armutsgrenze (Kreyling; 2009, Wiegand-Grefe, 2010).

Außerdem wird in diesem Beitrag elterlichen spezifischen Erkrankungsmerkmalen (Diagnose) und unspezifischen Merkmalen (wie Schweregrad, Komorbidität und Chronizität) sowie den Zusammenhängen mit der Auffälligkeit der Kinder differenziertere Aufmerksamkeit gewidmet (Wiegand-Grefe, Geers, Petermann u. Plass, 2010). Besonders interessant ist der ausgeprägte Zusammenhang zwischen elterlicher Somatisierung und der Auffälligkeit der Kinder auf allen übergeordneten Skalen. Eine erlebte körperliche Beeinträchtigung scheint also noch stärker mit wahrgenommenen Auffälligkeiten der Kinder zusammenzuhängen als eine Beeinträchtigung durch psychische Symptome. Dieser Befund verweist darauf, dass auch somatische Probleme und körperliche Erkrankungen der Eltern die psychische Gesundheit der Kinder gefährden (Romer u. Haagen, 2007), wenngleich zwischen somatisierenden Patienten unserer Stichprobe und solchen mit objektivierbaren schweren körperlichen Erkrankungen, wie sie Romer und Haagen (2007) untersuchen, klinisch sicherlich zu unterscheiden ist. Auch bei den Kindern werden Somatisierungsbeschwerden von den Eltern am häufigsten wahrgenommen. Da Patienten mit Somatisierungsneigungen besonders sensibel auf mögliche Auffälligkeiten reagieren, sind diese Befunde mit Vorsicht zu interpretieren, möglicherweise nehmen somatisierende Menschen ebenso wie eigene Einschränkungen auch übersensitiv die Auffälligkeiten ihrer Kinder wahr.

In dieser Arbeit zeigen sich Zusammenhänge zwischen der Diagnosegruppe einer elterlichen psychiatrischen Erkrankung und der Auffälligkeit der Kinder als sehr bedeutsam. Übereinstimmend mit anderen Studien (Laucht, Esser u. Schmidt, 2002; Moss et al., 2002; Sher, 1997) sind die Kinder von Eltern mit Persönlichkeitsstörungen am auffälligsten. Sie unterscheiden sich in Gesamtauffälligkeit und externalisierendem Verhalten bedeutsam von Kindern der Eltern mit substanzbedingten Störungen. Jedoch erweist sich die internalisierende Skala als davon unabhängig, während andere Studien auch höhere internalisierende Auffälligkeiten bei Kindern mit elterlicher Persönlichkeitsstörung finden (Abela et al., 2005; Moss et al., 2002). Da in der vorliegenden Untersuchung nur zwei Eltern eine Persönlichkeitsstörung als Hauptdiagnose aufweisen und zehn eine komorbide Persönlichkeitsstörung, muss dieses Ergebnis unter Vorbehalt interpretiert werden. Die Streuung der beiden Elterneinschätzungen ist zwar im Vergleich zu allen anderen Diagnosegruppen deutlich geringer, die Werte der beiden Kinder liegen relativ nah beieinander, das kann allerdings Zufall sein. Angesichts der großen Beeinträchtigung dieser Kinder und der hohen Rate an traumatisierenden Lebensbedingungen (90 %) der Kinder von Müttern mit Persönlichkeitsstörungen (Weiss et al., 1996) sollten jedoch weitere Studien der vermutlich besonders hohen Gefährdung dieser Kinder nachgehen. Die Auffälligkeitsraten der Kinder von Eltern mit Schizophrenien, affektiven Störungen und Anpassungsstörungen unterscheiden sich dagegen nur unwesentlich. Andere Studien kommen zu ähnlichen Ergebnissen: die Raten psychischer Störungen bei Kindern von Eltern der ICD-10-Diagnosen F3 und F4 bzw. F1 und F4 nach unterscheiden sich nicht (Beidel u. Turner, 1997; Merikangas et al., 1998). Der

Befund von Studien, dass die Entwicklung der Kinder von Eltern mit Suchtstörungen neben denen von Persönlichkeitsstörungen ebenfalls besonders stark beeinträchtigt ist (Laucht et al., 2002; Kelley u. Fals-Stewart, 2004), kann nicht bestätigt werden. Im Gegenteil: Die Auffälligkeitswerte der von elterlicher Substanzstörung betroffenen Kinder in der Stichprobe sind am niedrigsten. Die Ergebnisse widersprechen auch einer berichteten stärkeren Belastung der Kinder schizophrener Eltern gegenüber Kindern depressiver Eltern (Remschmidt u. Mattejat, 1994). Da jedoch das Verleugnen von Symptomatik bei vielen Betroffenen mit Substanzkonsum und bei psychotischen Phänomenen zum Störungsbild gehört, werden vermutlich auch Auffälligkeiten der Kinder verleugnet. Übereinstimmend mit dieser Interpretation besteht in dieser Untersuchung nach Ärzteurteil ein (hier nicht ausführlicher berichteter) »Mangel an Urteilsfähigkeit und Krankheitseinsicht« (PANSS, Kay, Fiszbein u. Opler, 1987) bei über 80 % der Eltern in diesen beiden Diagnosegruppen (F1 und F2) in verschiedenen Ausprägungen, während die Prozentsätze in den anderen Diagnosegruppen deutlich geringer ausfallen. Vermutlich wirkt sich dieser Mangel auf die Beurteilung des Verhaltens der Kinder aus. Analog fühlen sich beide Patientengruppen auch am wenigsten subjektiv durch ihre Erkrankung beeinträchtigt. Möglicherweise ist der Erhebungszeitpunkt für Eltern mit psychotischen Symptomen zu früh, die psychotische Phase nicht ausreichend abgeklungen und kognitive Funktionen sind noch beeinträchtigt. Zudem bestehen bei Eltern mit psychotischen Störungen häufig »verzerrte Vorstellungen vom Kind« (Wiefel u. Lehmkuhl, 2004), vor allem bei Kindern schizophrener Eltern sollten daher weitere Informationsquellen zum Kind herangezogen werden.

Außerdem werden in dieser Studie Zusammenhänge zwischen ausgewählten unspezifischen Parametern der elterlichen psychischen Erkrankung (Komorbidität, Schweregrad und Chronizität) und Auffälligkeiten der Kinder untersucht. Die Überlegungen zur *Komorbidität* der elterlichen Störung werden nur in der Tendenz bestätigt, die Auffälligkeiten der Kinder von Eltern mit einer Diagnose unterscheiden sich nicht bedeutsam von denen von Eltern mit komorbiden Störungen. Dem widersprechen zahlreiche Studienergebnisse (Mattejat et al., 2000; Beidel u. Turner, 1997; Abela et al., 2005; Moss et al., 2002; Biedermann et al., 1991; Weissman et al., 1984; Carter et al., 2001; Klein et al., 2003) und Reviews (Sher, 1997). Das Ergebnis deutet darauf hin, dass der nachgewiesene Einfluss komorbider Störungen nicht die Schlussfolgerung eines störungsübergreifenden Einflusses dieser Variable auf die psychische Gesundheit der Kinder zulässt, was Befunden entspräche (Beidel u. Turner, 1997; Weissman et al., 1984), die eine Bedeutung der Kombination komorbider Störungen nahe legen. Die Auswirkungen bestimmter Kombinationen elterlicher komorbider Störungen auf die Kinder sollten mit größeren Stichproben überprüft werden.

Auch für den *Schweregrad* der elterlichen Störung wird in dieser Arbeit keine statistische Beziehung zur Auffälligkeit der Kinder ermittelt. Das Ergebnis spricht ebenfalls dafür, dass der innerhalb der Diagnosegruppen nachgewiesene Einfluss des Schweregrades (Hammen et al., 1990; Keller et al., 1986; Brennan et al., 2000; Weissman et al., 2005) nicht die Schlussfolgerung eines störungsübergreifenden Einflusses auf die Gesundheit der Kinder zulässt. Die Variable weist allerdings eine geringe Variationsbreite auf, die Auswahl an besonders schweren Störungen ist durch die Institution vorgegeben. Eine Kontrollgruppe aus der Allgemeinbevölkerung oder ein multizentrisches Vorgehen unter Einbeziehung ambulanter Versorgungseinrichtungen wäre sinnvoll.

Auch zwischen der *Chronizität* der elterlichen psychischen Störung und den übergeordneten Skalen der CBCL ergeben sich entgegen der Erwartung keine statistischen Zusammenhänge, was bisherigen Studien widerspricht (Hammen et al., 1990; Keller et al., 1986; Brennan et al., 2000; Klein u. Quinten, 2002). Es ist jedoch unklar, ob der von den Eltern angegebene Zeitpunkt des Beginns der Erkrankung valide ist. Anzunehmen ist, dass diese Zeitangabe vom betroffenen Elternteil nicht zufällig ausgewählt wird, sondern ein relevantes Ereignis markiert. Außerdem trifft eine vorhergehende stationäre Behandlung nur für die Hälfte der Eltern zu, so dass eine dieser Variablen nur bei einer geringen Stichprobe geprüft werden konnte. Eine Kombination der Variablen »Schweregrad« und »Chronizität« – wie in einer anderen Untersuchung (Brennan et al., 2000) – wäre sicherlich sinnvoll, um die Interaktion dieser störungsunspezifischen Variablen in ihrer Auswirkung auf die psychische Gesundheit der Kinder zu untersuchen.

Für die *Expositionsdauer* ergeben sich, anders als bisherige Studien (Brennan et al., 2000; Hammen et al., 1990) vermuten ließen, interessanterweise bedeutsame negative Zusammenhänge mit der Gesamtauffälligkeit und externalisierenden Auffälligkeiten der Kinder. Möglicherweise korreliert dieses Ergebnis mit dem Alter der Kinder (vgl. den Beitrag von Kaiser, Bockting, Wiegand-Grefe und Plass in diesem Band). Vielleicht werden durch die längere Konfrontation mit der elterlichen Erkrankung aber auch Bewältigungsstrategien der Kinder oder des Familienkreises mobilisiert. Dies könnte Berichten entsprechen, nach denen die Bedürfnisse und Belastungen der Kinder erst im fortgeschrittenen Stadium der Erkrankung wieder in den Fokus der Eltern rücken (Kühnel u. Bilke, 2004).

In der vorliegenden Studie finden sich positive Zusammenhänge zwischen der subjektiven Beeinträchtigung der Patienten auf den Skalen »Angst«, »Somatisierung« und im »Gesamtwert« und den Auffälligkeiten der Kinder. Je stärker die Eltern sich von diesen Symptomen beeinträchtigt fühlen, desto eher stimmen sie dem Auftreten von Verhaltensauffälligkeiten bei ihren Kindern zu. Das Ergebnis entspricht anderen Studien insofern, als die Stärke der elterlichen Symptombelastung den Grad der Symptombelastung bei den Kindern erhöht

(Brennan et al., 2000; Weissman et al., 2005). Allerdings geht in unserer Studie eine stärkere Belastung durch depressive Symptome nicht mit einem höheren Grad der Symptombelastung der Kinder einher, was angesichts der in anderen Studien berichteten Zusammenhänge eher verwundern lässt (Mattejat et al., 2000).

Methodische Einschränkungen der Studie

Elternbefragungen bei Eltern mit psychischen Störungen weisen generell einige Besonderheiten auf. Bisher liegen zu ihrer Aussagekraft ausschließlich Studien zu den Beurteilungstendenzen von Eltern mit depressiven und Angststörungen vor, deren Ergebnisse jedoch keine eindeutigen Trends nachweisen. Nach Kashani und Kollegen (1985) unterschätzen depressive Eltern depressive Symptome bei ihren Kindern, während sie oppositionelle und Aufmerksamkeitsprobleme überschätzen (vgl. auch Fergusson, Lynskey u. Horwood, 1993), was Beurteilungstendenzen von Eltern aus der Allgemeinbevölkerung entspricht. Tarullo und Kollegen (1995) hingegen finden in ihrem Vergleich von Mutter-, Vater- und Kindeinschätzungen, dass depressive Mütter affektive Störungen ihrer Kinder verlässlicher identifizieren, während sie Verhaltensstörungen unterschätzen. In der Studie von Lee und Gotlib (1991) untermauern klinische Urteile die Einschätzung der depressiven Mütter über internalisierende Auffälligkeiten der Kinder. Nach Gelfand und Teti (1990) berichten depressive Mütter mehr Verhaltensprobleme und sehen ihr eigenes Erziehungsverhalten und das Verhalten ihrer Kinder in einem negativeren Licht (Billings u. Moos, 1986). In der Studie von Najman et al. (2000) und Seiffge-Krenke und Kollmar (1998) bewerten Mütter mit Angst- und/oder depressiven Störungen das Verhalten ihrer Kinder im Alter von 14 Jahren häufiger auffällig als gesunde Mütter, die das Verhalten ihrer Kinder sogar seltener auffällig einschätzen als die Jugendlichen selbst. Nach Petermann (2005) müssen stark variierende Angaben verschiedener Informationsquellen jedoch nicht unbedingt eine geringe Validität besitzen. Demnach bilden die unterschiedlichen Informationen verschiedene Aspekte des kindlichen Verhaltens in den verschiedenen sozialen Kontexten ab. Als zuverlässigste Informationsquelle für internalisierende Störungen kann nach Fombonne (2002) das Urteil der Kinder oder Jugendlichen selbst und für externalisierende Störungsbilder das Urteil der Eltern angesehen werden.

Eine erhebliche methodische Einschränkung der Pilotstudie des Projektes besteht darin, dass die Informationen über die Kinder nur mittels Fremdbeurteilung aus Sicht des psychisch erkrankten Elternteils vorgenommen werden. Es handelt sich also um wahrgenommene Probleme der Kinder aus Elternsicht. Eine solche Fremdbeurteilung aus Sicht des psychisch erkrankten Elternteils ist nicht unproblematisch. Erfahrungsgemäß ist es jedoch bei derartigen Studien aufgrund der Gegebenheiten der Personengruppe sehr schwierig, die Kinder selbst zu untersuchen. Küchenhoff (2001) kann in einer vergleichbaren Studie, die über ein Jahr alle stationären Patienten untersucht, lediglich zehn Kinder selbst befragen. Auch die Fremdbeurteilung der Kinder durch die behandelnden Ärzte ist in der vergleichbaren Studie von Bohus et al. (1998) nur bei 20 % der minderjährigen Kinder der hospitalisierten Eltern (N = 141) gelungen. Es ist bekannt, dass die von einer psychischen Störung betroffenen Eltern oft Scham- und Schuldgefühle ihren Kindern gegenüber empfinden, weil sie ihre Kinder durch die Erkrankung zusätzlichen Belastungen aussetzen (Kühnel u. Bilke, 2004). Hinzu kommen Ängste, die eigene Elternrolle und Erziehungsfähigkeit würde in Frage gestellt und/oder das Kind ebenfalls hospitalisiert werden. Ein häufiger Grund für eine Teilnahmeverweigerung der Eltern ist daher die Angst vor Konsequenzen seitens des Jugendamtes, vor Fremdunterbringung und/oder einem Sorgerechtsentzug. So erscheint es plausibel, dass Eltern keine Informationen über ihre Familie und besonders über ihre Kinder geben möchten. In einer ähnlichen Studie gaben 30 % der Befragten an, sie würden Hilfsangebote verweigern, weil sie Angst hätten, ihre Kinder zu verlieren (Sommer, Zoller u. Felder, 2001).

Im Projekt CHIMPs (Wiegand-Grefe u. Pollak, 2006), aus dem diese Studie stammt, liegt der Fokus im ersten Teil daher auf der Befragung der Eltern, während im zweiten Teil in einer klinischen familienorientierten Prävention eine Untersuchung der Kinder selbst durchgeführt wird. In dieser Interventionsstudie wird für Kinder ab zehn Jahren u. a. der Youth Self Report (YSR) verwendet. So können die jetzigen Elterneinschätzungen zukünftig in weiteren Studien mit den Kindereinschätzungen verglichen werden (Wiegand-Grefe, Romer u. Möller, 2008).

Zu den methodischen Grenzen unserer Studie ist außerdem festzuhalten, dass die Generalisierbarkeit der Daten durch die Anzahl nichtteilnehmender Eltern und die geringe Stichprobengröße eingeschränkt ist. Zudem listet die CBCL-Problemverhaltensweisen auf, wodurch für die Beurteiler schnell und einfach erkennbar ist, dass bei Zustimmung Probleme der Kinder eingeräumt werden. Obwohl die CBCL die erforderlichen Gütekriterien erfüllt und hinreichend normiert und auf diesem Forschungsgebiet erprobt ist, ist die Verwendung bei Eltern, die eine Abwertung ihrer Erziehungsleistung fürchten, schwierig. Die CBCL wurde jedoch ausgewählt, weil sie auf diesem Forschungsgebiet sehr verbreitet ist und eine Vergleichbarkeit mit anderen Studien ermöglicht. Eine neuere Untersuchung mit der CBCL, in der eine bessere Vorhersage bei den Mädchen als bei den Jungen gelingt, empfiehlt eine Kombination von Eltern- und Lehrerurteilen und eine Vorhersage auf Syndrom- und Dimensionsebene getrennt nach Geschlechtern (Thiels u. Schmitz, 2008).

Konsequenzen für Klinik und Praxis

In unserer Studie weisen Kinder psychisch kranker Eltern drei- bis siebenfach erhöhte Auffälligkeiten im Vergleich mit der Gesamtbevölkerung auf. Die Befunde liefern Hinweise dafür, dass sich die psychischen Auffälligkeiten der Kinder von Eltern mit verschiedenen Diagnosegruppen unterscheiden. Kinder von Eltern mit Persönlichkeitsstörungen sind auffälliger als Kinder anderer Diagnosegruppen, unabhängig davon, ob die Persönlichkeitsstörung in der Hauptdiagnose oder als komorbide Störung auftritt. In der Tendenz sind auch Kinder von Eltern mit komorbiden Störungen auffälliger als Kinder von Eltern mit nur einer Diagnose, wobei die Kombination der komorbiden Störungen von Bedeutung zu sein scheint. Dagegen scheinen andere störungsunspezifische Merkmale der elterlichen psychischen Erkrankung, Schweregrad und Chronizität nicht ohne weiteres über Diagnosegruppen hinweg für die psychische Gesundheit der Kinder von Bedeutung zu sein. Je länger die Kinder der elterlichen Erkrankung ausgesetzt sind, desto eher scheinen sie Bewältigungsstrategien zu entwickeln, denen in der Forschung weiter nachgegangen werden sollte. Die Ergebnisse belegen die Notwendigkeit präventiver Maßnahmen für diese Risikogruppe, vor allem für Kinder von Eltern mit Persönlichkeitsstörungen.

Literatur

Abela, J. R. Z., Skitch, S. A., Auerbach, R. P., Adams, P. (2005). The impact of parental borderline personality disorder on vulnerability to depression in children of affectively ill parents. Journal of Personality Disorders, 19, 68–83.

APA – American Psychiatric Association (1984). Diagnostisches und Statistisches Manual Psychischer Störungen (DSM-III). Weinheim: Beltz.

Arbeitsgruppe Deutsche Child Behavior Checklist (1998). Elternfragebogen über das Verhalten von Kindern und Jugendlichen (CBCL/4–18). Deutsche Bearbeitung der Child Behavior Checklist. Göttingen: Hogrefe.

Beidel, D. C., Turner, S. M. (1997). At risk for anxiety: I. Psychopathology in the offspring of anxious parents. Journal of the American Academy of Child and Adolescent Psychiatry, 36, 918–924.

Biedermann, J., Rosenbaum, J. F., Bolduc, E. A., Faraone, S. V., Hirshfeld, D. R. (1991). A high risk study of young children of parents with panic disorder and agoraphobia with and without comorbid major depression. Psychiatry Research, 37, 333–348.

Billings, A. G., Moos, R. H. (1986). Children of parents with unipolar depression: A controlled one year follow-up. Journal of Abnormal Child Psychology, 14, 149–166.

Bohus, M., Schehr, K., Berger-Sallawitz, F., Novelli-Fischer, U., Stieglitz, R. D., Berger, M. (1998). Kinder psychisch kranker Eltern. Eine Untersuchung zum Problembewusstsein im klinischen Alltag. Psychiatrische Praxis, 25, 134–138.

Brennan, P. A., Hammen, C., Andersen, M. J., Bor, W., Najman, J. M., Williams, G. M. (2000). Chronicity, severity and timing of maternal depressive symptoms: Relationship with child outcomes at age 5. Developmental Psychology, 36, 759–766.

Carter, A. S., Garrity-Rokous, F. E., Chazan-Cohen, R., Little, C., Briggs-Gowan, M. J. (2001). Maternal depression and comorbidity: Predicting early parenting, attachment security, and toddler social-emotional problems and competencies. Journal of American Academy of Child and Adolescents Psychiatry, 40, 18–26.

Chronis, A. M., Lahey, B. B., Pelham, W. E., Kipp, H. L., Baumann, B. L., Lee, S. S. (2003). Psychopathology and substance abuse in parents of young children with attention-defizit/Hyperactivity disorder. Journal of American Academy of Child and Adolescents Psychiatry, 42, 1424–1432

Deneke, C. (2005). Kinder psychisch kranker Eltern: Entwicklungsrisiken und Ansätze zur Prävention. Forum der Kinder- und Jugendpsychiatrie und Psychotherapie, 15, 61–81.

Fergusson, M., Lynskey, M. T., Horwood, L. J. (1993). The effect of maternal depression on maternal ratings of child behavior. Journal of Abnormal Child Psychology, 21, 245–269.

Fombonne, E. (2002). Case identification in a epidemiological context. In M. Rutter, E. Taylor (Eds.), Child and adolescent psychiatry (4. Aufl.) (S. 52–86). Oxford: Blackwell.

Freyberger, H. (2009). Kinder psychisch kranker Eltern. Vortrag auf dem 6. Hauptstadtsymposium der DGPPN. Unveröffentlichtes Manuskript.

Geers, P. (2006). Psychische Gesundheit der Kinder von Eltern mit psychischen Störungen. Unveröffentlichte Diplomarbeit, Studiengang Psychologie, Universität Bremen.

Gelfand, D. M., Teti, D. M. (1990). The effects of maternal depression on children. Clinical Psychology Review, 10, 329–353.

Goodman, S. H., Gotlib, I. H. (1999). Risk for psychopathology in the children of depressed mothers. A developmental model for understanding mechanisms of transmission. Psychological Review, 106, 458–490.

Grube, M., Dorn, A. (2007). Elternschaft bei psychisch Kranken. Psychiatrische Praxis, 34, 66–71.

Guedeney, A., Foucault, C., Bougen, E., Larroque, B., Mentré, F. (2008). Screening for risk factors of relational withdrawal behavior in infants aged 14–18 months. European Psychiatry, 23, 150–155.

Hammen, C., Burge, D., Burney, E., Adrian, C. (1990). Longitudinal study of diagnoses in children of woman with unipolar and bipolar affective disorder. Archives of General Psychiatry, 47, 1112–1117.

Harfst, T., Koch, U., Kurtz von Aschoff, C., Nutzinger, D. O., Rüddel, H., Schulz, H. (2002). Entwicklung und Validierung einer Kurzform der Symptom Checklist-90-R. DRV-Schriften, 33, 71–73.

Hill, S. Y., Locke, J., Lowers, L., Connolly, J. (1999). Psychopathology and Achievement in children at high risk for developing alcoholism. Journal of the American Academy of Child and Adolescent Psychiatry, 38, 883–891.

Kashani, J. H., Orvaschel, H., Burk, J. P., Reid, J. C. (1985). Depressed children of depressed parents. Canadian Journal of Psychiatry, 30, 265–268.

Kay, S. R., Fiszbein, A., Opler, L. A. (1987). The positive and negative syndrome scale (PANSS) for schizophrenia. Schizophrenia Bulletin, 13 (2), 261–276.

Kelley, M. L., Fals-Stewart, W. (2004). Psychiatric disorders of children living with drug-abusing, alcohol-abusing, and non-substance-abusing fathers. Journal of the American Academy of Child and Adolescent Psychiatry, 43, 621–628.

Keller, M. B., Beardslee, W. R., Dorer, D. J., Lavori, P. W., Samuelson, H., Klerman, G. R. (1986). Impact of severity and chronicity of parental affective illness on adaptive functioning and psychopathology in children. Archives of General Psychiatry, 43, 930–937.

Klaghofer, R., Brähler, E. (2001). Konstruktion und teststatistische Prüfung einer Kurzform der SCL-90-R. Zeitschrift für Klinische Psychologie, Psychiatrie und Psychotherapie, 49, 115–124.

Klein, M., Ferrari, T., Kürschner, K. (2003). Kinder unbehandelter suchtkranker Eltern. Eine Situationsanalyse und mögliche Hilfen. Bonn: Projektbericht im Auftrag des Bundesministeriums für Gesundheit und soziale Sicherung.

Klein, M., Quinten, C. (2002). Zur Langzeitentwicklung von Kindern stationär behandelter alkoholabhängiger Eltern. Suchttherapie, 3, 233–240.

Kölch, M., Schielke, A., Becker, T., Fegert, J. M., Schmid, M. (2008). Belastung Minderjähriger aus Sicht der psychisch kranken Eltern. Ergebnisse einer Befragung stationär behandelter Patienten mit dem SDQ. Nervenheilkunde, 27, 527–532.

Kreyling, C. (2009). Die soziale Situation von Familien mit psychisch kranken Eltern. Dissertation, Studienfach Pädagogik, in Vorbereitung, Universität Bamberg.

Küchenhoff, B. (2001). Welche Hilfen werden gewünscht? Eine Befragung von Eltern, Kindern und Bezugspersonen. In F. Mattejat, B. Lisofsky (Hrsg.), Nicht von schlechten Eltern. Kinder psychisch Kranker (S. 103–106). Bonn: Psychiatrie Verlag.

Kühnel, S., Bilke, O. (2004). Kinder psychisch kranker Eltern: Ein interdisziplinäres Präventionsprojekt in der Ostschweiz. Forum der Kinder- und Jugendpsychiatrie und Psychotherapie, 14, 60–74.

Lapalme, M., Hodgins, S., La Roche, C. (1997). Children of parents with bipolar disorder: A metaanalysis of risk for mental disorders. Canadian Journal of Psychiatry, 42, 623–631.

Laucht, M., Esser, G., Schmidt M. (1992). Psychisch auffällige Eltern – Risiken für die kindliche Entwicklung im Säuglings- und Kleinalter. Zeitschrift für Familienforschung, 4, 22–48.

Laucht, M., Esser, G., Schmidt, M. (2002). Heterogene Entwicklung von Kindern postpartal depressiver Mütter. Zeitschrift für Klinische Psychologie und Psychotherapie, 31, 127–134.

Lee, C., Gotlib, I. H. (1991). Adjustment of Children of depressed mothers: A 10-month follow-up. Journal of Abnormal Psychology, 100, 473–477.

Lenz, A. (2005). Kinder psychisch kranker Eltern. Göttingen: Hogrefe.

Mattejat, F., Wüthrich, C., Remschmidt, H. (2000). Kinder psychisch kranker Eltern: Forschungsperspektiven am Beispiel von Kindern depressiver Eltern. Nervenarzt, 71, 164–172.

Merikangas, K. R., Dierker, L. C., Szatmari, P. (1998). Psychopathology among offspring of parents with substance abuse and/or anxiety disorders: A high-risk study. The Journal of Child Psychology and Psychiatry, 39, 711–720.

Morris, A. S., Silk, J. S., Steinberg, L., Myers, S. S., Robinson, L. R. (2007). The role of the family context in the development of emotion regulation. Social Development, 16, 361–388.

Moss, H. B., Lynch, K. G., Hardie, T. L., Baron, D. A. (2002). Family functioning and peer affiliation in children of fathers with antisocial personality disorder and subctance dependence: Associations with problem behaviors. American Journal of Psychiatry, 159, 607–614.

Najman, J. M., Williams, G. M., Nikles, J., Spence, S., Bor, W., O'Callaghan, M., LeBroque, R., Andersen, M. J. (2000). Mothers' mental illness and child behavior problems: Causeeffect association or observation bias? Journal of the American Academy of Child and Adolescent Psychiatry, 39, 592–602.

NIMH – National Institute of Mental Health (1996). CGI. Clinical Global Impressions. Klinischer Gesamteindruck. In Collegium Internationale Psychiatriae Scalarum (CIPS), (Hrsg.), Internationale Skalen für Psychiatrie (4. überarbeitete, erw. Aufl.) (S. 147–149). Weinheim: Beltz.

Noeker, M., Petermann, F. (2008). Resilienz: Funktionale Adaptation an widrige Umgebungsbedingungen. Zeitschrift für Psychiatrie, Psychologie und Psychotherapie, 56, 255–263.

Pauli-Pott, U., Haverkock, A., Pott, W., Beckmann, D. (2007). Negative emotionality, attach-

ment quality, and behavior problems in early childhood. Infant Mental Health Journal, 28, 39–53.
Petermann, F. (2005). Zur Epidemiologie psychischer Störungen im Kindes- und Jugendalter: Eine Bestandsaufnahme. Kindheit und Entwicklung, 14, 48–57.
Petermann, F., Koglin, U. (2008). Frühe Kindheit. Kindheit und Entwicklung, 17, 137–142.
Petermann, U., Petermann, F. (2006). Erziehungskompetenz. Kindheit und Entwicklung, 15, 1–8.
Petermann, U., Petermann F., Damm, F. (2008). Entwicklungspsychopathologie der ersten Lebensjahre. Zeitschrift für Psychiatrie, Psychologie und Psychiatrie, 56, 243–253.
Remschmidt, H., Mattejat, F. (1994). Kinder psychotischer Eltern. Mit einer Anleitung zur Beratung von Eltern mit einer psychotischen Erkrankung. Göttingen: Hogrefe.
Romer, G., Haagen, M. (2007). Kinder körperlich kranker Eltern. Göttingen: Hogrefe.
Rothenburg, S., Granz, B., Hartmann, H.-P., Petermann, F. (2005). Stationäre Mutter-Kind-Behandlung in der Psychiatrie: Relevante Merkmale von Mutter und Kind. Psychiatrische Praxis, 32, 23–30.
Seiffge-Krenke, I., Kollmar, F. (1998). Discrepancies between mothers and fathers perception of sons and daughters problem behavior: A Longitudinal analysis of parent-adolescent agreement on internalising and externalising problem behavior. The Journal of Child Psychology and Psychiatry and Allied Disziplines, 39, 687–697.
Sher, K. J. (1997). Psychological Characteristics of Children of Alcoholics. Alcohol Health Research World, 21, 247–254
Sommer, R., Zoller, P., Felder, W. (2001). Elternschaft und psychiatrische Hospitalisation. Praxis der Kinderpsychologie und Kinderpsychiatrie, 50, 498–512.
Tarullo, L. B., Richardson, D. T., Radke-Yarrow, M., Martinez, P. E. (1995). Multiple Sources in child diagnosis: parent-child concordance in affectively ill and well families. Journal of Clinical Child Psychology, 24, 173–183.
Thiels, C., Schmitz, G. S. (2008). Selbst- und Fremdbeurteilung von Verhaltensauffälligkeiten bei Kindern und Jugendlichen. Zur Validität von Eltern- und Lehrerurteilen. Kindheit und Entwicklung, 17, 118–125.
Unnewehr, S., Schneider, S., Florin, I., Margraf, J. (1998). Psychopathology in children of patients with panic disorder or animal phobia. Psychopathology, 31, 69–84.
Weiss, M., Zelkowitz, P., Feldman, R. B., Vogel, J., Heyman, M., Paris, J. (1996). Psychopathology in Offspring of Mothers with borderline personality disorders: A pilot study. Canadian Journal of Psychiatry, 41, 285–290.
Weissman, M. M., Leckman, J. F., Merikangas, K. R., Gammon, G. D., Prusoff, B. A. (1984). Depression and anxiety disorders in parents and children. Results from the Yale Family Study. Archives of General Psychiatry, 41, 845–852.
Weissman, M. M., Wickramaratne, P., Nomura, Y., Warner, V., Verdeli, H., Pilowsky, D. J., Grillon, C., Bruder, G. (2005). Families at high and low risk for depression. A 3-Generation Study. Archives of General Psychiatry, 62, 29–36.
WHO (2000). Internationale Klassifikation psychischer Störungen. ICD–10 Kapitel V (F). Klinisch diagnostische Leitlinien (4. korr. erg. Aufl.). Bern: Huber.
Wiefel, A., Lehmkuhl, U. (2004). »Schau mich bitte nicht so an ...«. Besonderheiten in der frühkindlichen Bindungsentwicklung bei Säuglingen und Kleinkindern von psychisch kranken Eltern. Frühe Kindheit, 7, 29–32.
Wiegand-Grefe, S. (2007). Kinder psychisch kranker Eltern. Eine psychoanalytisch familienorientierte Prävention für Familien mit psychisch kranken Eltern. In A. Springer, K. Münch, D. Munz (Hrsg.), Psychoanalyse heute?! (S. 439–459). Gießen: Psychosozial Verlag.
Wiegand-Grefe, S. (2010). Kinder psychisch kranker Eltern. Armut, Arbeitslosigkeit, man-

gelnde soziale Unterstützung und Präventionsbedarf in betroffenen Familien. Der Neurologe und Psychiater (im Druck).

Wiegand-Grefe, S., Pollak, E. (2006). Kinder psychisch kranker Eltern: Risikofaktoren, präventive Interventionen und deren Evaluation. In J. Rieforth (Hrsg.), Triadisches Verstehen in sozialen Systemen (S. 159–176). Heidelberg: Carl Auer.

Wiegand-Grefe, S., Romer, G., Möller, B. (2008). Kinder psychisch oder körperlich kranker Eltern – Forschungsstand und Perspektiven indizierter Prävention bei einer kinder- und jugendpsychiatrischen Risikobelastung. Zeitschrift für Kinder- und Jugendmedizin, 8, 38–44.

Wiegand-Grefe, S., Geers, P., Plass, A., Petermann, F., Riedesser, P. (2009). Kinder psychisch kranker Eltern. Zusammenhänge zwischen subjektiver elterlicher Beeinträchtigung und psychischer Auffälligkeit der Kinder aus Elternsicht. Kindheit und Entwicklung, 18, 111–121.

Wiegand-Grefe, S., Geers, P., Petermann, F., Plass, A. (2010). Kinder psychisch kranker Eltern: Merkmale der elterlichen psychiatrischen Erkrankung und Gesundheit der Kinder aus Elternsicht. Fortschritte der Neurologie und Psychiatrie (im Druck).

Wiegand-Grefe, S., Halverscheid, S., Plass, A. (2010). Kinder und ihre psychisch kranken Eltern. Familienorientierte Prävention – Der CHIMPS-Beratungsansatz. Göttingen: Hogrefe.

Die Genderperspektive: Psychische Auffälligkeiten von Jungen und Mädchen[1]

Angela Plass, Janna M. Ohntrup, Silke Wiegand-Grefe

Kinder psychisch kranker Eltern stellen eine Hochrisiko-Gruppe dar. Wenn man die häufigsten psychiatrischen Diagnosen der Eltern berücksichtigt (Drogenabhängigkeit, schizophrene Erkrankungen, affektive Störungen, Angststörungen), sind aufgrund der hohen Morbidität psychischer Erkrankungen in der Gesamtbevölkerung nach neueren Hochrechnungen mehr als drei Millionen Kinder betroffen (Mattejat u. Remschmidt, 2008; Lenz, 2008). Nach den vorliegenden wissenschaftlichen Erkenntnissen ist das Risiko, selbst eine psychische Störung zu entwickeln, für Kinder psychisch kranker Eltern gegenüber der Gesamtbevölkerung deutlich erhöht. Insgesamt zeigen etwa ein Drittel der Söhne und ein Viertel der Töchter psychisch kranker Eltern selbst psychische Auffälligkeiten (Rutter u. Quinton, 1984). In kinder- und jugendpsychiatrischen Inanspruchnahmepopulationen lebt etwa die Hälfte der betroffenen Kinder und Jugendlichen in Familien mit einem psychisch kranken Elternteil (Mattejat u. Remschmidt, 2008). Elterlich-familiäre Faktoren, wie z. B. Schweregrad und Chronizität der Erkrankung, kindbezogene Faktoren, wie z. B. Alter und Geschlecht, und psychosoziale Faktoren, wie z. B. das soziale Netz der Familie, gelten als bedeutsam für die psychische Gesundheit von Kindern psychisch kranker Eltern (Goodman u. Gotlib, 1999; Kühnel u. Bilke, 2004; Mattejat et al., 2000).

Risikokonstellationen führen nicht unmittelbar zu Entwicklungsstörungen oder psychischen Störungen, sondern interagieren mit der Vulnerabilität oder Resilienz des betroffenen Kindes (Noeker u. Petermann, 2008), daher beziehen sich aktuelle Forschungsfragestellungen auf Vermittlungsprozesse zwischen der elterlichen psychischen Erkrankung und den Auffälligkeiten der Kinder in den betroffenen Familien. Neben genetischen Einflüssen werden vor allem psychosoziale Belastungen sowie Risiko- und Bewältigungsfaktoren untersucht. Zunehmend rückt die Identifikation von speziellen Risikofaktoren in den Fokus wissenschaftlichen Interesses. Dies dient einem besseren Verständnis der untersuchten Zusammenhänge und der Entwicklung fundierter und diffe-

---

[1] Wir danken sehr herzlich Franziska Bomba für ihre Unterstützung bei der Aufbereitung der Ergebnisse.

renzierter Präventionsmaßnahmen, die auf individuelle Risikokonstellationen abgestimmt werden können.

Das Geschlecht als Einflussfaktor ist in diesem Bereich bisher kaum untersucht worden. Dabei ist die Tatsache, welchem Geschlecht jemand angehört, neben dem Alter das wichtigste zur allgemeinen Charakterisierung eines Menschen herangezogene Merkmal (Gahleitner, 2009). Allein die Tatsache, weiblich oder männlich zu sein, hat – statistisch gesehen – weitreichende Auswirkungen auf das Wohlbefinden (Dedovic et al., 2009). Männer und Frauen zeigen deutliche Unterschiede im Hinblick auf die Vulnerabilität und Prävalenz verschiedener Erkrankungen, insbesondere auch bezogen auf psychische Störungen (Li et al., 2006). Nicht zuletzt spielt das Geschlecht eine herausragende Rolle dabei, wie die Beziehungen in der Familie gestaltet sind und wie sich die psychische Gesundheit und die Lebensqualität des Individuums in der Familie entwickeln. Dabei müssen auch Ergebnisse der Genderforschung Berücksichtigung finden, die die Geschlechtsentwicklung nicht als rein biologisches Phänomen, sondern als ein komplexes Zusammenwirken von biologischen, sozialen und individuellen Faktoren im Rahmen eines komplexen Entwicklungsprozesses der Wahrnehmung und Verarbeitung der Geschlechterdifferenzierung in der sozialen Umwelt definiert (Gahleitner, 2009). Der folgende Beitrag untersucht den Einfluss des Geschlechts als moderierende Variable für die psychische Gesundheit in Familien mit einem psychisch kranken Elternteil (Plass et al., in press). Dabei steht der Einfluss des kindlichen Geschlechts im Vordergrund der Fragestellung, es soll aber auch untersucht werden, welchen Einfluss das Geschlecht des erkrankten Elternteils auf die psychische Gesundheit der Kinder hat.

Geschlechtsspezifische Unterschiede psychischer Auffälligkeiten im Kindes- und Jugendalter

Für Kinder psychisch kranker Eltern existieren nur wenige empirische Befunde, daher werden zunächst Geschlechtsunterschiede bei psychischen Auffälligkeiten in der Gesamtpopulation dargestellt. Eine Übersicht über neuere epidemiologische Studien ermittelt eine Gesamtprävalenz psychischer Auffälligkeiten im Kindes- und Jugendalter von 10 bis 20 % (Petermann, 2005). Die Prävalenz zeigt mit höherem Lebensalter einen leichten Anstieg. Für das Vorschulalter ergibt sich eine mittlere Häufigkeit von 10 %, für das späte Kindesalter von 13 % und für das Jugendalter von 16 % (Roberts et al., 1998). Die meist mit Hilfe der Child Behavior Checklist (CBCL, Achenbach, 1991) durchgeführten Studien weisen in verschiedenen Ländern und Kulturen nur relativ geringe Unterschiede in Bezug auf die Mittelwerte der Gesamtauffälligkeiten nach.

Dagegen zeigen sich grundlegende Geschlechtsunterschiede bei der Auftretenshäufigkeit von psychischen Störungen im Kindes- und Jugendalter. Gut belegt ist die Tatsache, dass Jungen häufiger unter externalisierenden Störungen und Entwicklungsstörungen, Mädchen hingegen unter internalisierenden Krankheitsbildern und Essstörungen leiden (Hartung u. Widiger, 1998; Steinhausen, 1992; Keiley et al., 2003; Ford et al., 2003).

Die beschriebenen Geschlechtsunterschiede sind altersabhängig. Während das Geschlechterverhältnis bis etwa zum vierten Lebensjahr zumeist noch ausgewogen ist (Prior et al., 1993), zeigen Jungen von diesem Zeitpunkt an vermehrte Auffälligkeiten, gleichzeitig nehmen die der Mädchen ab (Keenan u. Shaw, 1997). Beim Eintritt in das Schulalter weisen Jungen eine zehnmal höhere Wahrscheinlichkeit für externalisierende Störungen auf als Mädchen (Offord et al., 1987). Insgesamt zeigen Jungen in diesem Alter durchweg höhere Auffälligkeitsraten (Haffner et al., 2002). Bei den internalisierenden Störungen sind die Unterschiede zwischen Mädchen und Jungen in diesem Lebensalter nicht besonders ausgeprägt, einige Studien finden leicht erhöhte Raten für Jungen (Hankin et al., 1998). Dies ändert sich allerdings in der Pubertät, wenn etwa ab dem Alter von 13 Jahren für Mädchen ein erheblicher Anstieg von internalisierenden Störungen gefunden wird, wie insbesondere für Depression (z. B. Meyer u. Hautzinger, 2000; Rescorla et al., 2007).

Geschlechtsspezifische Aspekte in Familien mit einem psychisch erkrankten Elternteil

Obwohl bereits in den 1920er Jahren erste Forschungsanstrengungen unternommen wurden, um die Probleme von Kindern psychisch kranker Eltern besser zu verstehen (z. B. Canavan u. Clark, 1923a, 1923b; Janet, 1925), existieren bis heute nur wenige Studien, die sich mit den geschlechtsspezifischen Unterschieden in dieser Hochrisiko-Population beschäftigen. Die Datenlage, die aus diesen Studien hervorgeht, ist nicht eindeutig. Hier ist ein deutliches Forschungsdefizit für Kinder psychisch kranker Eltern zu verzeichnen.

In einer Stichprobe psychiatrischer Patienten und ihrer Kinder im Alter bis zu 15 Jahren von Rutter und Quinton (1984) wurden die Söhne deutlich häufiger als psychopathologisch auffällig eingeschätzt als die Töchter. Zudem litten die Söhne unter anhaltenden Störungen, während bei den Töchtern eher intermittierende Störungen berichtet wurden. Bei Töchtern und Söhnen depressiver Eltern finden sich vor der Pubertät keine Unterschiede in der Rate psychopathologischer Auffälligkeiten (Weissmann et al., 1987). Entsprechend berichten mehrere Studien eine Gleichverteilung depressiver Syndrome vor der Pubertät bei Jungen und Mädchen (Kovacs et al., 1984). In der Pubertät dagegen steigt die Häufigkeit depressiver Störungen bei Mädchen wesentlich stärker an als bei Jungen, so dass in der Adoleszenz wesentlich mehr Mädchen als Jungen unter depressiven Störungen leiden, so wie auch später im Erwachsenenalter mehr Frauen als Männer betroffen sind (Weissmann et al., 1987). Diese Befunde werden auch von der Interventionsstudie von Beardslee und Kollegen (Beardslee et al., 2003) untermauert. Bei 121 Kindern depressiv erkrankter Eltern wurde mittels der CBCL und des Youth Self Report (YSR) eine erhöhte Belastung mit internalisierenden Auffälligkeiten bei den Mädchen im Vergleich zu den Jungen festgestellt. Auffällig ist, dass sich die beschriebenen Geschlechtsunterschiede überwiegend auf Kinder depressiv erkrankter Eltern beziehen, die offenbar die am besten untersuchte Teilgruppe der Kinder psychisch kranker Eltern darstellen. Der Befund, dass Jungen häufiger psychische Auffälligkeiten zeigen als Mädchen, wurde tendenziell auch in einer Stichprobe von 46 psychisch kranken Eltern mit unterschiedlichen Diagnosen bestätigt. Im Urteil dieser Eltern, erfasst mit der CBCL, lagen die Söhne häufiger im Auffälligkeitsbereich als die Töchter, die Töchter demgegenüber häufiger im Grenzbereich als die Söhne (Wiegand-Grefe et al., 2009).

In Bezug auf Zusammenhänge zwischen dem elterlichen Geschlecht und Auffälligkeiten der Kinder zeigt die Studie von Rutter und Quinton (1984), dass Kinder, die dasselbe Geschlecht haben wie der erkrankte Elternteil, stärker beeinträchtigt sind als Kinder des anderen Geschlechts. In ihrer Stichprobe waren 40 % der Jungen und 23 % der Mädchen aus Sicht der Lehrer auffällig, wenn der Vater psychisch erkrankt war, während 11 % der Töchter und 0 % der Söhne psychisch kranker Mütter auffällig waren.

Hingegen weisen eine Reihe anderer Studien in Bezug auf Kinder schizophrener Eltern in die entgegengesetzte Richtung: In den Arbeiten von Higgins (1974) und Walker et al. (1981) waren die Söhne schizophrener Mütter deutlich auffälliger als die Töchter. Die Söhne zeigten mehr dissoziales Verhalten, mehr Rückzugstendenzen und wurden als leichter erregbar beschrieben. Darüber hinaus fand sich bei ihnen eine vermehrte Hyperaktivität (Rieder u. Nichols, 1979). Ohne Differenzierung des kindlichen Geschlechts war in der Studie von Orvaschel et al. (1979) der Einfluss einer mütterlichen psychischen Erkrankung stärker als der einer väterlichen: Die Kinder psychisch kranker Mütter waren empfindlicher gegenüber taktiler Stimulation, unbeholfener und schwerfälliger als die Kinder psychisch kranker Väter (und als die Kinder gesunder Eltern). Keinen Zusammenhang zu den Auffälligkeiten der Kinder hatte das elterliche Geschlecht bei einer Befragung psychisch kranker Eltern über ihre Kinder von Kölch und Kollegen (2008).

Die Ergebnisse bisheriger Studien lassen vermuten, dass Jungen insgesamt mehr externalisierende, Mädchen dagegen mehr internalisierende Auffälligkeiten zeigen. In der Gruppe der jüngeren Kinder vor der Pubertät sind bei den

Jungen insgesamt mehr Auffälligkeiten und diese im Bereich externalisierender Probleme zu erwarten als bei den Mädchen. Dagegen ist anzunehmen, dass in der Gruppe der älteren Kinder ab Beginn der Pubertät mehr Auffälligkeiten bei den Mädchen berichtet werden, die im Bereich internalisierender Probleme liegen.

Projekt

Methoden

Für die allgemeinen Informationen zur Methodik des Projekts CHIMPs verweisen wir auf den Beitrag »Elterliche Erkrankung und Gesundheit der Kinder« von Silke Wiegand-Grefe, Peggy Geers, Franz Petermann und Angela Plass in diesem Band.

Analysen

Für die Analysen wurden die T-Werte der CBCL-Syndromskalen, externalisierende, internalisierende Verhaltensprobleme und die Gesamtauffälligkeit verwendet (Achenbach, 1991; CBCL – Arbeitsgruppe Deutsche Child Behavior Checklist, 1998). Die Kategorien »subklinisch« und »klinisch auffällig« wurden zusammengefügt, sie werden in dieser Arbeit als »auffällig« berichtet und mit der Kategorie »unauffällig« verglichen. Dieses Vorgehen wurde gewählt, da die Daten hinsichtlich der Entwicklung primärpräventiver Maßnahmen ausgewertet werden.

Stichprobe

Für die vorliegende Querschnitterhebung wurden zwei Stichproben berücksichtigt. Stichprobe 1 setzte sich zusammen aus Familien der Vorstudie des Projekts CHIMPs, Stichprobe 2 aus Familien der Interventionsstudie (vgl. den Beitrag zur klinischen Arbeit und Evaluation des Projekts von Wiegand-Grefe, Ohntrup und Plass in diesem Band). Insgesamt gaben 80 Elternteile mittels der Child Behaviour Checklist (Achenbach, 1991; Arbeitsgruppe Deutsche CBCL, 1998) ihr Urteil über das Verhalten ihrer Kinder ab. Es wurden insgesamt 102 Kinder beurteilt. Die beiden Stichproben werden im Folgenden genauer beschrieben.

Die *erste* Stichprobe bestand aus 52 Elternteilen, 25 (48 %) Frauen und 27

(52 %) Männern im Alter zwischen 26 und 53 Jahren. Das Durchschnittsalter lag bei 41 Jahren mit einer Standardabweichung von 5,72 Jahren. 23 (44 %) Teilnehmer waren verheiratet, 13 (25 %) unverheiratet, 12 (23 %) geschieden. Ein (2 %) Teilnehmer war verwitwet, von 4 Teilnehmern lagen keine Informationen vor. Als Schulabschluss wurden bei 19 (36 %) Teilnehmern das Abitur angegeben, bei 19 (36 %) der Realschulabschluss, 12 (23 %) gaben einen Hauptschulabschluss an und 2 (4 %) Fällen »anders/kein Diplom«. Der Ausbildungsstand der Teilnehmer war eine abgeschlossene Lehre in 22 (42 %) Fällen, 4 (8 %) gaben den Meisterabschluss an, 11 (21 %) einen Hochschulabschluss. 8 (15 %) Teilnehmer hatten keine Ausbildung, 5 (10 %) gaben eine Ausbildung in anderer Form an (»anders«). Von den 52 Teilnehmern waren 8 (15 %) ohne Arbeit und 3 (6 %) in Rente. 10 (19 %) Teilnehmer waren Arbeiter, 5 (10 %) waren Selbständig und 24 (46 %) Teilnehmer waren Angestellte. In 2 (4 %) Fällen befanden sich die Teilnehmer noch in der Ausbildung. Die Verteilung der psychischen Störungen in der ersten Stichprobe zeigt Tabelle 1.

Tabelle 1: ICD-10-Diagnosen in Stichprobe 1

ICD-10-Diagnose		Anzahl	%
F1	Psychische und Verhaltensstörungen durch psychotrope Substanzen	14	26.9
F2	Schizophrenie, schizotype und wahnhafte Störungen	7	13.5
F3	Affektive Störungen	15	28.8
F4	Neurotische, Belastungs- und somatoforme Störungen	15	28.8
F5	Verhaltensauffälligkeiten mit körperlichen Störungen und Faktoren	0	0
F6	Persönlichkeits- und Verhaltensstörungen	1	1.9
Total		52	100.0

Die Kinder (N = 52) in dieser Gruppe waren zwischen 4 und 18 Jahren (M = 11, SD = 4,2). Die Gruppe setzte sich zusammen aus 28 (54 %) Jungen und 24 (46 %) Mädchen. In 33 (63 %) Fällen lebte das Kind zusammen mit dem psychisch kranken Elternteil, mit dem anderen Elternteil lebte das Kind in 12 (23 %) Fällen, 2 (4 %) Kinder lebten bei Verwandten, 1 (2 %) Kind lebte in einer Pflegefamilie und ein anderes (2 %) in einem Kinderheim. Zwei Kinder (4 %) lebten in eigenen Wohnräumen.

In der *zweiten* Stichprobe befanden sich 28 Elternteile, 18 (64 %) Frauen und 10 (36 %) Männer im Alter zwischen 30 und 61 Jahren. Das Durchschnittsalter lag bei 43 Jahren mit einer Standardabweichung von 7 Jahren. 18 (64 %) der Teilnehmer waren verheiratet, 4 (14 %) unverheiratet, 6 (12 %) geschieden. Von den Teilnehmern gaben 59 % (13) an, in einer Partnerschaft zu leben und 32 % (7)

Tabelle 2: ICD-10-Diagnosen in Stichprobe 2

ICD-10-Diagnose		Anzahl	%
F1	Psychische und Verhaltensstörungen durch psychotrope Substanzen	3	10.7
F2	Schizophrenie, schizotype und wahnhafte Störungen	6	21.4
F3	Affektive Störungen	14	50.0
F4	Neurotische, Belastungs- und somatoforme Störungen	2	7.1
F5	Verhaltensauffälligkeiten mit körperlichen Störungen u. Faktoren	1	2.8
F6	Persönlichkeits- und Verhaltensstörungen	2	7.1
Total		28	100.0

lebten allein. Als Schulabschluss wurden bei 18 (64 %) Teilnehmern das Abitur angegeben, 4 (14 %) Teilnehmer gaben den Realschulabschluss an und 6 (21 %) Teilnehmer einen Hauptschulabschluss. Der Ausbildungsstand der Teilnehmer war eine Lehre in 11 (39 %) Fällen, in 2 (7 %) Fällen ein Meisterabschluss, und 11 (39 %) Teilnehmer gaben einen Hochschulabschluss an. Zwei (7 %) Teilnehmer hatten keine Ausbildung, zwei (7 %) gaben eine Ausbildung in anderer Form an (»anders«). Von den 28 Teilnehmern waren 9 (33 %) ohne Arbeit und 4 (15 %) in Rente. Zwei (7 %) Teilnehmer waren Arbeiter, 8 (30 %) Angestellte. In einem (4 %) Fall befand sich der Teilnehmer noch in der Ausbildung. Tabelle 2 zeigt die Verteilung der psychischen Störungen der zweiten Stichprobe.

Die Kinder (N = 50) in dieser Gruppe waren zwischen 4 und 18 Jahren alt (M = 10, SD = 4,1). Die Gruppe setzte sich zusammen aus 23 (46 %) Jungen und 27 (54 %) Mädchen. In 36 (75 %) Fällen lebte das Kind mit dem psychisch kranken Elternteil zusammen, mit dem anderen Elternteil lebte das Kind in 9 (18 %) Fällen, 1 (2 %) Kind lebte bei Verwandten, 2 (4 %) Kinder lebten außerhalb der Familie.

Um systematische Unterschiede zwischen den Stichproben auszuschließen, wurden die Durchschnittswerte des Alters des erkrankten Elternteils, das Alter des Kindes und die t-Werte der CBCL-Syndromskalen miteinander verglichen. Keiner dieser Werte wies einen signifikanten Unterschied zwischen den Stichproben eins und zwei auf.

Ergebnisse

Die psychisch kranken Eltern schätzten die psychische Gesundheit ihrer Kinder anhand der CBCL ein. Danach waren 52 (51 %) Kinder in der *Gesamtsymptomatik* unauffällig, 44 (43 %) waren auffällig. Hinsichtlich einer *Externalisierenden Symptomatik* wurden 59 (58 %) als unauffällig eingeschätzt,

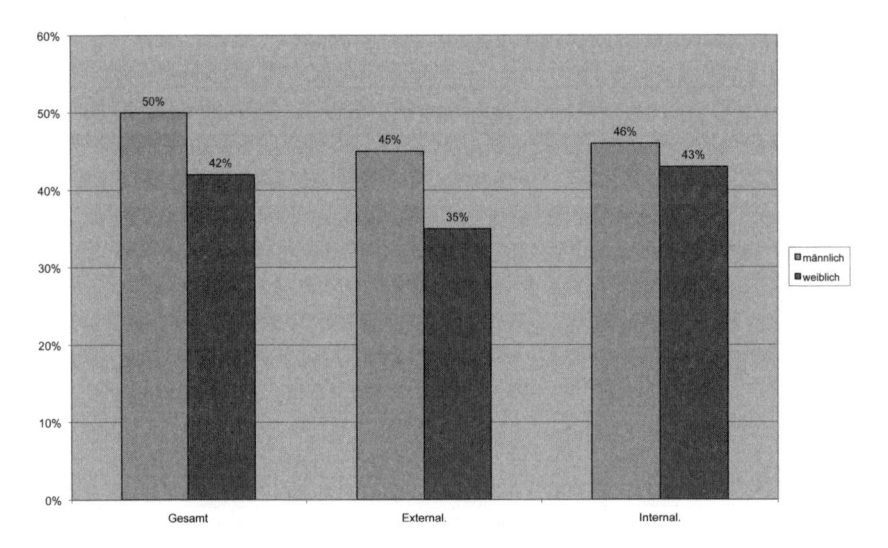

Abbildung 1: Geschlechtsunterschiede der übergeordneten Skalen der CBCL in der Gesamtstichprobe

39 (38 %) als auffällig. Hinsichtlich einer *Internalisierenden Symptomatik* wurden 54 (53 %) Kinder als unauffällig und 43 (42 %) als auffällig eingeschätzt.

Im nächsten Schritt wurden Geschlechtsunterschiede in der Gesamtstichprobe der beurteilten Kinder untersucht. Die Unterschiede zwischen Jungen und Mädchen waren nicht signifikant, zeigten aber einen Trend in Richtung einer häufigeren Auffälligkeit der Jungen. In der *Gesamtsymptomatik* wurden 24 (50 %) Jungen und 20 (42 %) Mädchen als auffällig eingeschätzt. Hinsichtlich einer *Externalisierenden Symptomatik* wurden Jungen in 22 (45 %) Fällen gegenüber Mädchen in 17 (35 %) Fällen als auffällig eingeschätzt. Hinsichtlich einer *Internalisierenden Symptomatik* waren 22 (46 %) Jungen und 21 (43 %) Mädchen auffällig.

Auf allen Syndromskalen der CBCL waren Jungen häufiger auffällig als Mädchen. Auf den Skalen *Sozialer Rückzug, Soziale Probleme* und *Aggressives Verhalten* war dieser Unterschied statistisch signifikant. Auf der Skala *Sozialer Rückzug* wurden 15 (31 %) Jungen und 2 (4 %) Mädchen als auffällig beurteilt (p = .000 signifikant). Von *Sozialen Problemen* waren Jungen (n = 16, 33 %) häufiger betroffen als Mädchen (n = 2, 4 %) (p = .000). *Aggressives Verhalten* wurde häufiger bei Jungen festgestellt (p = .047), es waren 15 (31 %) Jungen und 6 (12 %) Mädchen betroffen. Die übrigen Skalen unterschieden nicht zwischen Mädchen und Jungen. *Körperliche Beschwerden* wurden bei 12 (25 %) Jungen und 7 (14 %) Mädchen im auffälligen Bereich angegeben. *Ängstlich-depressive Symptome* wiesen 18 (37 %) Jungen und 13 (26 %) Mädchen auf. Auf der Skala *Schizoid/zwanghafte Symptomatik* wurden 12 (25 %) Jungen und 10 (20 %) Mädchen als auffällig eingeschätzt, *Aufmerksamkeitsprobleme* wurden bei 12

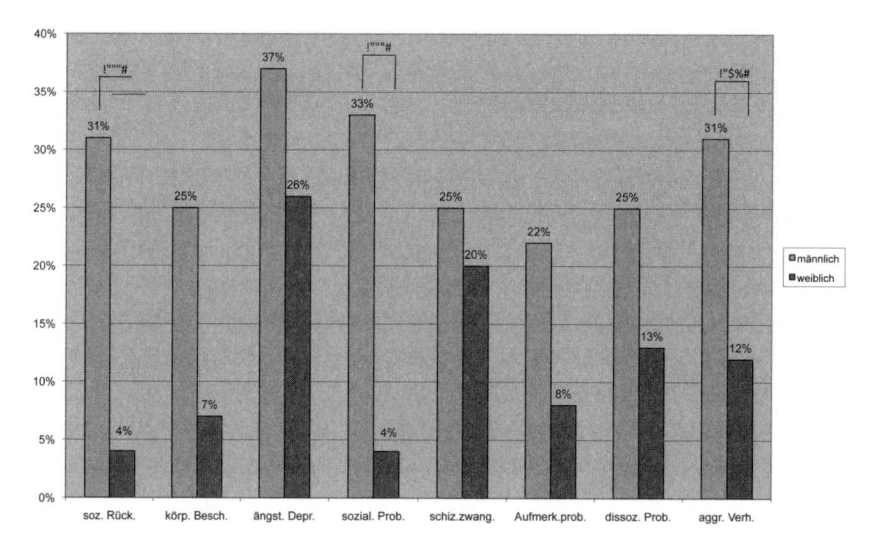

Abbildung 2: Geschlechtsunterschiede der Syndromskalen der CBCL in der Gesamtstichprobe

(25 %) Jungen und 10 (20 %) Mädchen konstatiert und *Dissoziale Symptome* lagen bei 12 (25 %) der Jungen und 6 (13 %) der Mädchen vor.

Da geschlechtsspezifische Unterschiede in verschiedenen Studien einen altersabhängigen Verlauf zeigten, wurde die Stichprobe in zwei Altersgruppen aufgeteilt. Gruppe 1 umfasst die Kinder im Alter von 4 bis 10 Jahren, Gruppe 2 die Kinder im Alter von 11 bis 18 Jahren.

Gruppe 1 bestand aus 52 Kindern im Alter von 4 bis 10 Jahren, davon sind 29 (56 %) Jungen, 23 (44 %) Mädchen. In den übergeordneten Skalen waren Jungen auffälliger als Mädchen, diese Unterschiede waren allerdings nicht signifikant. Hinsichtlich der *Gesamtsymptomatik* wurden 14 (48 %) Jungen als auffällig eingeschätzt und 10 (44 %) Mädchen. Hinsichtlich einer *Externalisierenden Symptomatik* zeigte sich ein Trend in Richtung vermehrter Auffälligkeiten bei den Jungen mit 12 (41 %) auffälligen Jungen und 8 (35 %) auffälligen Mädchen. Eine *Internalisierende Symptomatik* wurde bei Jungen in 11 (38 %) Fällen und bei Mädchen in 9 (39 %) Fällen angegeben.

Auf Ebene der Syndromskalen wiesen in der Gruppe der 4- bis 10-Jährigen die Skalen *Sozialer Rückzug* und *Soziale Probleme* Unterschiede zwischen Mädchen und Jungen auf. *Sozialer Rückzug* wurde bei 7 (24 %) Jungen und 0 (0 %) Mädchen angegeben ($p = .013$), auch die Skala *Soziale Probleme* unterschied ($p = .003$) zwischen Jungen (n = 9, 31 %) und Mädchen (n = 0, 0 %). Ohne signifikanten Unterschied zwischen Jungen und Mädchen waren die folgenden Syndromskalen: *Körperliche Beschwerden* wurden bei 2 (7 %) Jungen und 2 (8 %) Mädchen beschrieben, *Ängstlich-depressive Symptome* bei 9 (31 %) Jun-

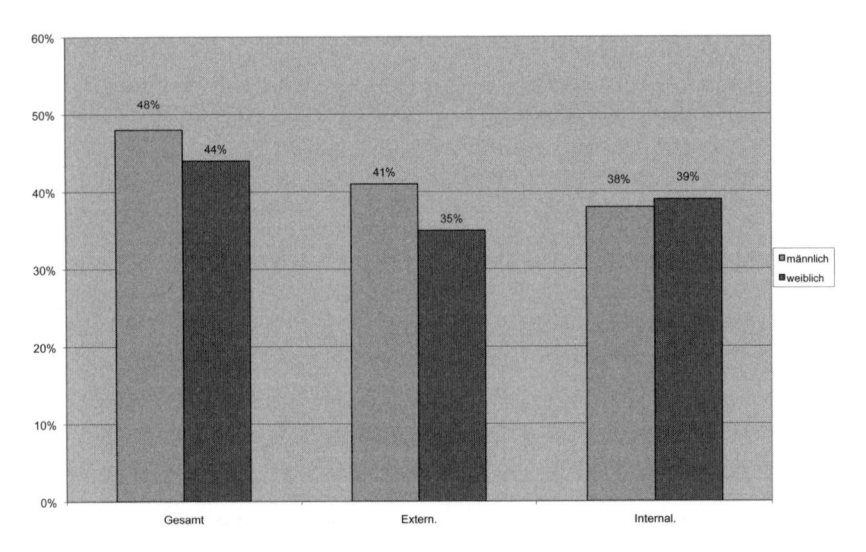

Abbildung 3: Geschlechtsunterschiede der übergeordneten Skalen der CBCL in der Altersgruppe 4 bis 10 Jahre

gen und 7 (29 %) Mädchen, *Dissoziale Symptome* bei 5 (17 %) Jungen und 2 (9 %) Mädchen und *Aggressives Verhalten* bei 6 (21 %) Jungen und 3 (13 %) Mädchen. Entgegen dem Trend in der vorliegenden Stichprobe, dass über fast alle Skalen und Altersgruppen Jungen häufiger auffällig waren als Mädchen, wiesen die beiden Syndromskalen *Schizoid-zwanghafte Symptome* und *Aufmerksamkeitsprobleme* in der Altersgruppe 4 bis 10 Jahre bei den Mädchen in der Tendenz häufigere Auffälligkeiten nach als bei den Jungen. *Schizoid-zwang-*

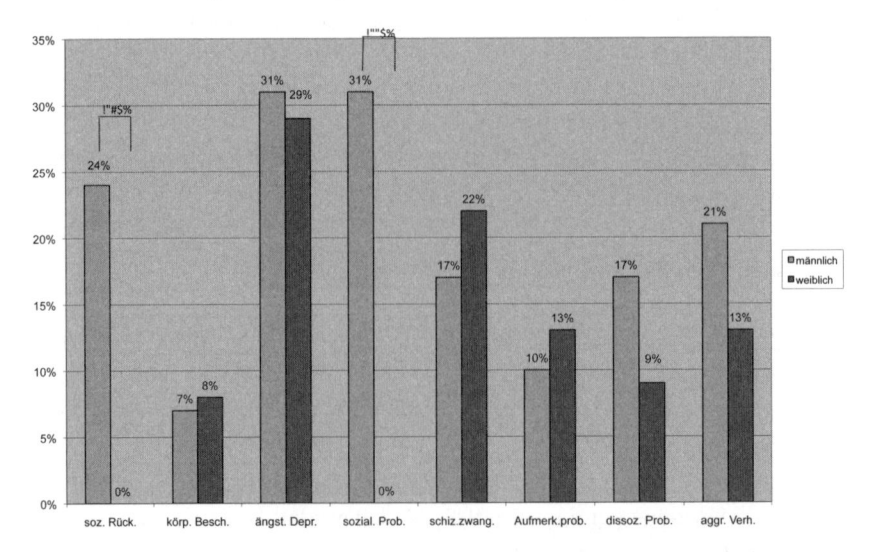

Abbildung 4: Geschlechtsunterschiede der Syndromskalen der CBCL in der Altersgruppe 4 bis 10 Jahre

hafte Symptome wurden bei 5 (17 %) Jungen und 5 (22 %) Mädchen, *Aufmerksamkeitsprobleme* bei 3 (10 %) Jungen und 3 (13 %) Mädchen konstatiert.

Gruppe 2 bestand aus 44 Kindern im Alter von 11 bis 18 Jahren, davon waren 19 (43 %) Jungen und 25 (57 %) Mädchen. In den übergeordneten Skalen wurden Jungen in der Tendenz häufiger auffällig bewertet als Mädchen, der Unterschied war nicht bedeutsam. In der *Gesamtsymptomatik* wurden 10 (53 %) Jungen und 10 (40 %) Mädchen als auffällig eingeschätzt. Eine *Externalisierende Symptomatik* wurde bei 10 (50 %) Jungen und 9 (35 %) Mädchen angegeben, eine *Internalisierende Symptomatik* bei 11 (58 %) Jungen und 12 (46 %) Mädchen.

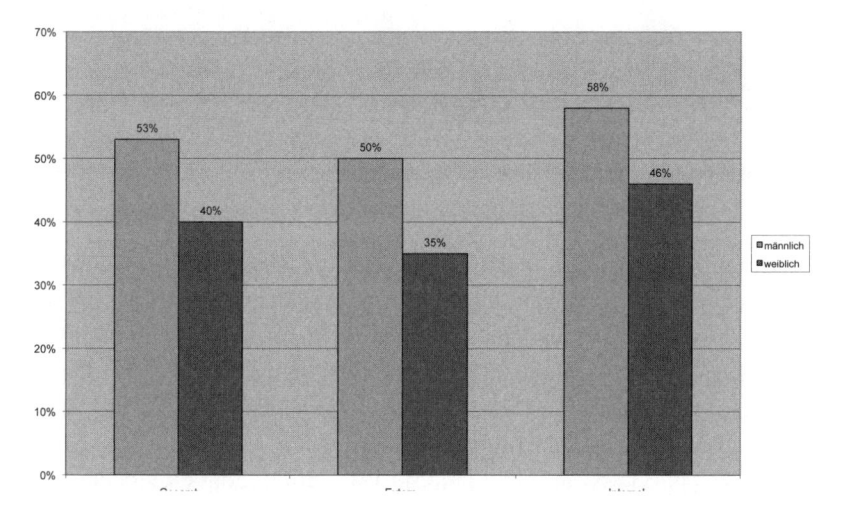

Abbildung 5: Geschlechtsunterschiede der übergeordneten Skalen der CBCL in der Altersgruppe 11 bis 18 Jahre

Auf allen Syndromskalen der CBCL waren in dieser Altersgruppe Jungen häufiger auffällig als Mädchen. Auf den Skalen *Sozialer Rückzug, Körperliche Beschwerden, Soziale Probleme, Aufmerksamkeitsprobleme* und *Aggressives Verhalten* war dieser Unterschied statistisch signifikant. *Sozialer Rückzug* wurde bei 8 (40 %) Jungen und 2 (7 %) Mädchen ($p = .011$) konstatiert, *Körperlichen Beschwerden* bei 10 (53 %) Jungen und 5 (19 %) Mädchen ($p = .027$), *Soziale Probleme* bei 7 (35 %) Jungen und 2 (7 %) Mädchen ($p = .026$), *Aufmerksamkeitsprobleme* bei 8 (40 %) Jungen und 1 (4 %) Mädchen ($p = .003$) und *Aggressives Verhalten* bei 9 (45 %) Jungen und 3 (12 %) Mädchen ($p = .017$). Nicht signifikant waren die Unterschiede bei *Ängstlich-depressiven Symptomen* (n = 9 [20 %] Jungen und n = 6 [23 %] Mädchen), *Schizoid-zwanghafter Symptomatik* (n = 7 [37 %] Jungen und n = 5 [19 %] Mädchen) und *Dissozialen Symptomen* (n = 7 [35 %] Jungen und n = 4 [15 %] Mädchen).

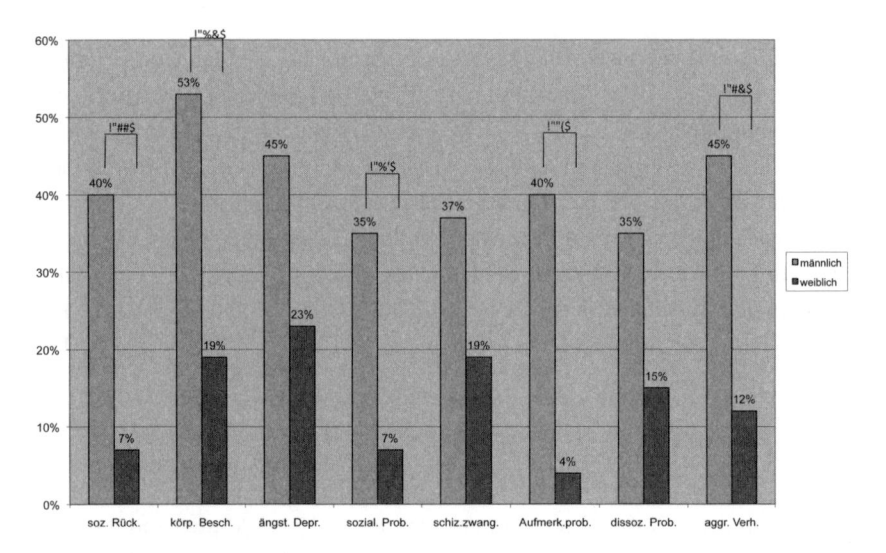

Abbildung 6: Geschlechtsunterschiede der Syndromskalen der CBCL in der Altersgruppe 11 bis 18 Jahre

Im nächsten Schritt wurde untersucht, inwieweit ein Zusammenhang zwischen dem Geschlecht des erkrankten Elternteils und Auffälligkeiten der Kinder besteht. Bei dieser Analyse konnten 96 Eltern-Kind-Paare berücksichtigt werden, mit 49 erkrankten Müttern und 47 erkrankten Vätern. In allen übergeordneten Skalen schätzten die Mütter ihre Kinder häufiger auffällig ein als die Väter, diese Unterschiede waren allerdings nicht signifikant. Im *CBCL-Gesamtscore* schätzten 24 (49 %) Mütter und 20 (43 %) Väter ihre Kinder als auffällig ein,

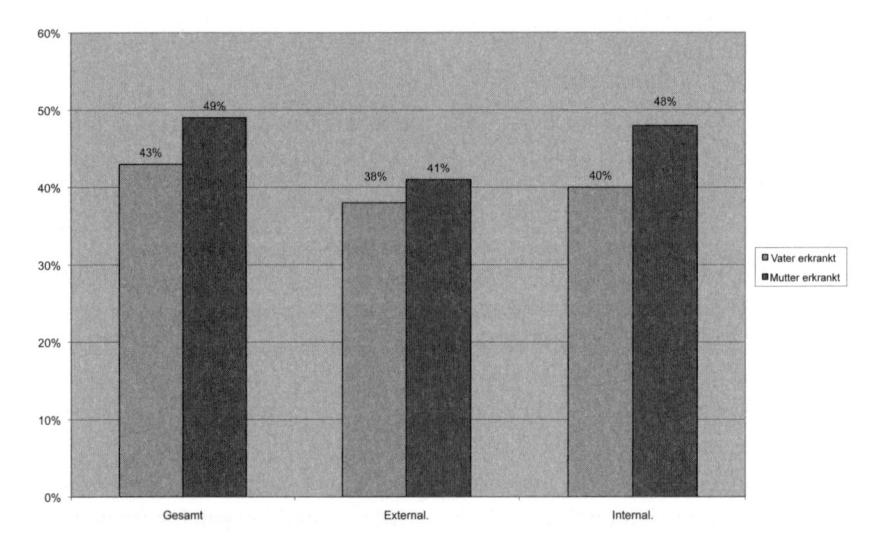

Abbildung 7: Unterschiede der übergeordneten Skalen der CBCL nach dem Geschlecht des erkrankten Elternteils

von einer *Externalisierenden Symptomatik* ihrer Kinder berichteten 21 (41 %) Mütter und 18 (38 %) Väter, von einer *Internalisierenden* 24 (48 %) Mütter und 19 (40 %) Väter.

Auf Ebene der Syndromskalen war das Bild weniger einheitlich. Hier schätzten die Mütter ihre Kinder in den Bereichen *Schizoid-zwanghafte Symptomatik*, *Dissoziale Probleme* und *Aggressives Verhalten* häufiger auffällig ein als die Väter. Hinsichtlich *Schizoid-zwanghafter Symptomatik* schätzten 12 (24 %) Mütter und 10 (21 %) Väter ihre Kinder als auffällig ein, hinsichtlich *Dissozialer Probleme* 12 (24 %) Mütter und 6 (13 %) Väter und hinsichtlich *Aggressiven Verhaltens* 12 (24 %) Mütter und 9 (19 %) Väter. Auf den übrigen Syndromskalen schätzten Väter ihre Kinder häufiger auffällig ein als Mütter. *Sozialen Rückzug* stellten 7 (14 %) Mütter und 10 (21 %) Väter fest, *Körperliche Beschwerden* 10 (19 %) Mütter und 9 (20 %) Väter, *Ängstlich-depressive Symptome* 16 (31 %) Mütter und 15 (32 %) Väter, *Soziale Probleme* 9 (17 %) Mütter und 9 (19 %) Väter, *Schizoid-zwanghafte Symptomatik* 12 (24 %) Mütter und 10 (21 %) Väter und *Aufmerksamkeitsprobleme* 7 (13 %) Mütter und 8 (17 %) Väter. Diese Unterschiede waren nicht signifikant.

Diskussion

Verglichen mit Auffälligkeitsraten von Kindern und Jugendlichen in der Gesamtbevölkerung von 10 bis 20 % (Petermann, 2005), die in epidemiologischen Studien erhoben wurden, gaben die psychisch kranken Eltern in unserer Stichprobe deutlich höhere Raten psychischer Auffälligkeiten bei ihren Kindern an. Sie schätzten ihre Kinder in 43 % als auffällig oder grenzwertig auffällig ein. In einer ähnlichen Befragung psychisch kranker Eltern über ihre Kinder, durchgeführt mit dem SDQ (Strengths and Difficulties Questionnaire, Goodman, 1997, der SDQ definiert entsprechend seiner Normierung 10 % einer Feldstichprobe als auffällig), fanden Kölch und Kollegen mit 35 % im auffälligen Bereich und 12 % im Grenzbereich also insgesamt 47 %, etwas höhere Auffälligkeitsraten verglichen mit unserer Stichprobe. Diese Studie wurde allerdings mit stationär behandelten Patienten durchgeführt, die zudem gebeten wurden, das ihrer Meinung nach am stärksten belastete Kind einzuschätzen, während wir aus einer Zufallsstichprobe auf alle Kinder schließen wollten, was die höheren Auffälligkeitsraten erklären dürfte. In der Stichprobe von Kölch und Kollegen wird hinsichtlich des SDQ-Gesamtscores kein signifikanter Unterschied zwischen Mädchen und Jungen beschrieben. Auch in unserer Stichprobe fand sich kein signifikanter Unterschied zwischen Mädchen und Jungen, Jungen wurden aber im Trend sowohl im Gesamtscore als auch auf den Skalen *Externalisierende Störungen* und *Internalisierende Störungen* häufiger auffällig oder grenz-

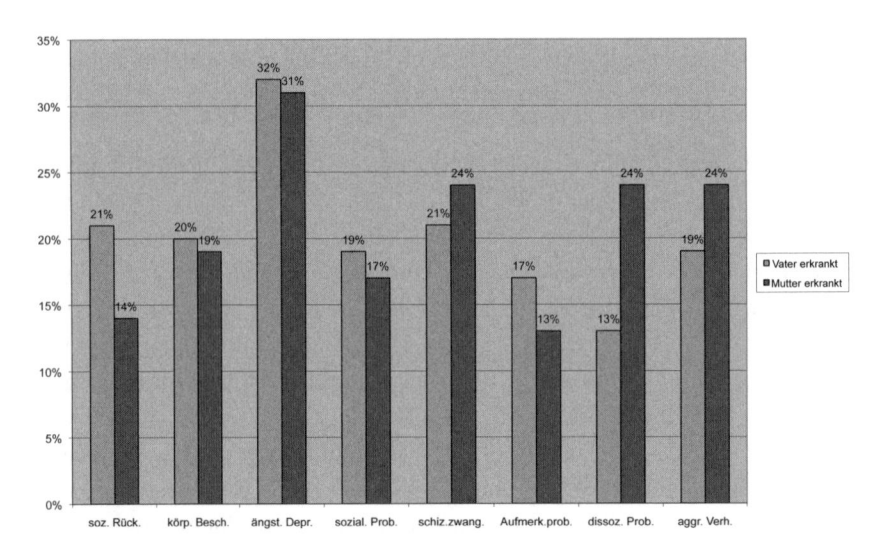

Abbildung 8: Unterschiede der Syndromskalen der CBCL nach dem Geschlecht es erkrankten Elternteils

wertig auffällig eingeschätzt als Mädchen. Während eine insgesamt höhere Symptombelastung sowie häufigere *Externalisierende Probleme* bei Jungen durch epidemiologische Studien gut belegt sind (vgl. Holtmann u. Schmidt, 2004; Ford et al., 2003; Haffner et al., 2002), ist der Trend in Richtung häufigerer *Internalisierender Probleme* bei Jungen bisher nicht beschrieben worden. In der Interventionsstudie von Beardsley und Kollegen (Beardslee et al., 2003) wurde eine stärkere *Internalisierende Symptombelastung* bei den Mädchen in einer Stichprobe von 121 Kindern psychisch kranker Eltern ermittelt. Diese Befunde stimmen mit bisherigen epidemiologischen Ergebnissen eher überein als unsere Ergebnisse. Leider wird in der Studie von Kölch und Kollegen nicht berichtet, ob sich bezüglich *Internalisierender* oder *Externalisierender Probleme* Geschlechtsunterschiede feststellen ließen.

Betrachtet man die beiden Altersgruppen, so ist bezüglich der *Gesamtsymptomatik* festzustellen, dass Jungen von 4 bis 10 Jahren gegenüber Mädchen dieser Altersgruppe einen leichten Trend in Richtung einer vermehrten Auffälligkeit aufwiesen, dieser Trend war in der Gruppe der 11- bis 18-Jährigen deutlicher ausgeprägt. Gegenläufig zu bisherigen epidemiologischen Ergebnissen war ein Trend zu beobachten, dass die 11- bis 18-jährigen Jungen im Vergleich zu den 4- bis 10-jährigen Jungen häufiger auffällig eingeschätzt werden, während die 11- bis 18-jährigen Mädchen im Vergleich zu den 4- bis 10-jährigen Mädchen seltener auffällig eingeschätzt werden.

Die Analyse der übergeordneten Skalen (*Externalisierend* und *Internalisierend*) wies in beiden Altersgruppen einen Trend in Richtung einer häufigeren Auffälligkeit in den älteren Altersgruppen auf (Ausnahme waren die *Externa-

lisierenden Auffälligkeiten bei Mädchen, die in beiden Altersgruppen mit 35 % gleiche Häufigkeiten aufwiesen). *Externalisierende Störungen* waren im Trend in beiden Altersgruppen bei den Jungen häufiger, wobei der Unterschied zwischen Mädchen und Jungen in der Altersgruppe 11 bis 18 Jahre deutlicher ausfiel als in der Altersgruppe 4 bis 10 Jahre. Dieser relative Anstieg *Externalisierender Störungen* mit höherem Alter steht in Gegensatz zu epidemiologischen Studien, die mit steigendem Alter eine Abnahme *Externalisierender Störungen* finden (z. B. Rescorla et al., 2007). *Internalisierende Störungen* waren in der Altersgruppe 4 bis 10 Jahre bei Mädchen (39 %) und Jungen (38 %) fast gleich häufig, bei den 11- bis 18-Jährigen wurden sie tendenziell häufiger bei Jungen (58 %) gegenüber Mädchen (46 %) konstatiert. Mit 58 % *Internalisierenden Störungen* findet sich in der Gruppe der 11- bis 18-jährigen Jungen die höchste Rate an Auffälligkeiten, verglichen mit allen anderen Störungsbereichen und Altersgruppen dieser Stichprobe. Wir beobachteten also eine relative Zunahme *Internalisierender Probleme* bei Jungen mit steigendem Lebensalter. Dieses Ergebnis widerspricht bisherigen epidemiologischen Studien, die eine Zunahme *Internalisierender Probleme* bei Mädchen mit steigendem Lebensalter, insbesondere mit Beginn der Pubertät, fanden (Holtmann u. Schmidt, 2004; Mc Gee et al., 1995). Allerdings konnte auch die bereits zitierte Studie von Kölch und Kollegen (2008) eine Korrelation von Alter der Kinder mit Symptomatik der Kinder, wie epidemiologisch zu erwarten gewesen wäre, nicht nachweisen.

Auf Ebene der Syndromskalen waren Jungen in der Gesamtstichprobe in allen Bereichen häufiger auffällig als Mädchen, in den Bereichen *Sozialer Rückzug*, *Soziale Probleme* und *Aggressives Verhalten* waren diese Unterschiede signifikant. In der Gruppe der 4- bis 10-Jährigen waren Jungen auf den Syndromskalen *Sozialer Rückzug* und *Soziale Probleme* signifikant häufiger auffällig als Mädchen, in dieser Altersgruppe waren Mädchen in den Skalen *Körperliche Beschwerden*, *Schizoid-zwanghafte Symptomatik* und *Aufmerksamkeitsprobleme* tendenziell häufiger auffällig als Jungen. In epidemiologischen Stichproben wurden demgegenüber in der Altersgruppe von 6 bis 11 Jahren häufigere Auffälligkeiten von Jungen in den Bereichen *Aufmerksamkeitsprobleme, Dissoziale Symptome* und *Aggressives Verhalten* gefunden (Rescorla et al., 2007).

In der Gruppe der 11- bis 18-Jährigen wurden fast alle Störungen häufiger festgestellt als in der jüngeren Altersgruppe. Jungen waren auf allen Syndromskalen in dieser Altersgruppe häufiger auffällig als Mädchen. Signifikante Unterschiede zwischen Mädchen und Jungen traten auf den Skalen *Sozialer Rückzug, Körperliche Beschwerden, Soziale Probleme, Aufmerksamkeitsprobleme* und *Aggressives Verhalten* auf. In unserer Stichprobe war also eine Zunahme der psychischen Auffälligkeiten mit steigendem Lebensalter zu beobachten, die vor allem bei den Jungen auftrat. Zwar beschreiben auch epidemiologische Studien, dass die Störungshäufigkeit mit steigendem Lebensalter zunimmt (vgl. Ford et al., 2003), mit dem Alter zunehmende Raten zeigen sich hier aber vor allem für die Störung des Sozialverhaltens, Depression, gewisse Angststörungen (z. B. Zwangsstörung, Panikstörung, PTBS) und Essstörungen. Während andere Störungen mit steigendem Lebensalter seltener auftreten, wie ADHS, Ausscheidungsstörungen und Trennungsangst (Costello et al., 2003). In unserer Stichprobe fanden wir im Vergleich der beiden Altersgruppen eine Abnahme von Symptomen mit steigendem Lebensalter nur für ängstlich-depressive Symptome und Aufmerksamkeitsprobleme bei Mädchen sowie für schizoid-zwanghafte Symptome bei Mädchen und Jungen. Diesen Störungsverlauf könnte man dahingehend interpretieren, dass bei Kindern psychisch kranker Eltern eine Rückbildung von einmal aufgetretenen psychischen Auffälligkeiten weniger häufig zu beobachten ist als in der Gesamtpopulation und dass hiervon wiederum Jungen besonders häufig betroffen sind. In unserer Stichprobe ist die Rate auffällig eingeschätzter Jungen besonders hoch. Ob die vermehrten internalisierenden Auffälligkeiten von Jungen insbesondere in der Altersgruppe der 11- bis 18-Jährigen ein auf unsere Stichprobe beschränktes Phänomen ist oder ob es sich um eine spezifische Problemstellung in der Gruppe Kinder psychisch kranker Eltern handelt, sollte weiter untersucht werden. Eine weitere Fragestellung für zukünftige Untersuchungen könnte sich darauf beziehen, warum Mädchen, anders als in der Gesamtbevölkerung, ab der Pubertät seltener auffällig eingeschätzt werden als Jungen. Eine Hypothese hierzu wäre, dass Töchter psychisch kranker Eltern häufiger parentifiziert werden und im Umgang mit der elterlichen Erkrankung progressive Bewältigungsstrategien einsetzen.

Die hier vorgestellte Untersuchung weist verschiedene Einschränkungen auf, die sich unter anderem auf die Stichprobengröße und die Beurteilerperspektive beziehen. Da diese Einschränkungen denen der bereits weiter oben beschriebenen Studie zur elterlichen Erkrankung und Gesundheit der Kinder entsprechen (siehe den Beitrag von Silke Wiegand-Grefe, Peggy Geers, Franz Petermann und Angela Plass in diesem Band), möchten wir an dieser Stelle auf die ausführliche Darstellung in diesem Beitrag verweisen.

Fazit für die Praxis

Die vorliegende Studie identifiziert Jungen als eine Untergruppe der Kinder psychisch kranker Eltern, die besonders häufig auffällig eingeschätzt werden. Insbesondere werden bei ihnen auch internalisierende Störungen festgestellt. Mädchen sind demgegenüber seltener auffällig. Ab der Pubertät wird der Unterschied zwischen Mädchen und Jungen besonders deutlich. Diese Verteilung der psychischen Auffälligkeiten könnte auf unterschiedliche Bewältigungsmechanismen einer elterlichen psychischen Erkrankung bei Mädchen und Jungen hindeuten, die zukünftig genauer untersucht werden sollten und auch bei der Konzeption und Implementierung von Präventionsmaßnahmen für Familien mit einem psychisch kranken Elternteil Berücksichtigung finden sollten.

Literatur

Achenbach, T. M. (1991). Manual for the Child Behavior Checklist / 4–18 and 1991 Profile. Burlington: University of Vermont, Department of Psychiatry.

Beardslee, W. R., Gladstone, T. R. G., Wright, E. J., Cooper, A. B. (2003). A family-based approach to the prevention of depressive symptoms in children at risk: Evidence of parental and child change. Pediatrics, 112 (2), 119–131.

Canavan, M. M., Clark, R. (1923a). The mental health of 463 children from dementia praecox stock (1). Mental Hygiene 7, 137–148.

Canavan, M. M., Clark, R. (1923b). The mental health of 581 offspring of nonpsychotic parents. Mental Hygiene 20, 463–479.

CBCL – Arbeitsgruppe Deutsche Child Behaviour Checklist (1998). CBCL/4–18. Elternfragebogen über das Verhalten von Kindern und Jugendlichen. Deutsche Bearbeitung der Child Behaviour Checklist. Köln: Arbeitsgruppe Kinder-, Jugend- und Familiendiagnostik (KJFD).

Costello, E. J., Mustillo, S., Erkanli, A., Keeler, G., Angold, A. (2003). Prevalence and development of psychiatric disorders in childhood and adolescence. Archives of General Psychiatry, 60, 837–844.

Dedovic, K., Wadiwalla, M., Engert, V., Pruessner, J. C. (2009). The role of sex and gender socialization in stress reactivity. Developmental Psychology, 45 (1), 45–55.

Ford, T., Goodman, R., Meltzer, H. (2003). The British Child and Adolescent Mental Health Survey 1999: The prevalence of DSM-IV disorders. Journal of the American Academy of Child and Adolescent Psychiatry, 42, 1203–1211.

Gahleitner, S. B. (2009). Gender matters. In Gahleitner, S. B., Gunderson, C.L. (Hrgs.), Gender-Trauma-Sucht. Kröning: Asanger Verlag.

Goodman, R. (1997). Strengths and Difficulties Questionnaire: A research note. Journal of Child Psychology and Psychiatry, 38, 581–586.

Goodman, S. H., Gotlib, I.H. (1999). Risk for psychopathology in the children of depressed mothers. A developmental model for understanding mechanisms of transmission. Psychological Review, 106, 458–490.

Haffner, J., Esther, C., Münch, H., Parzer, P., Raue, B., Stehen, R., Klett, M., Resch, F. (2002). Verhaltensauffälligkeiten im Einschulungsalter aus elterlicher Perspektive – Ergebnisse zu Prävalenz und Risikofaktoren in einer epidemiologischen Studie. Praxis der Kinderpsychologie und Kinderpsychiatrie, 51, 656–696.

Hankin, B. L., Abramson, L. Y., Moffitt, T. E., Silva, P. A., McGee, R., Angell, K. E. (1998). Development of depression from preadolescence to young adulthood: emerging gender differences in a 10-year longitudinal study. Journal of Abnormal Psychology, 107, 128–140.

Hartung, C. M., Widiger, T. A. (1998). Gender differences in the diagnosis of mental disorders: Conclusions and controversies of the DSM-IV. Psychological Bulletin, 123, 260–278.

Higgins, J. (1974). Effects of child rearing by schizophrenic mothers. In S. A. Mednick, F. Schulsinger, J. Higgins, B. Bell (Eds.), Genetics, environment and psychopathology (pp. 263–282). New York: North-Holland.

Holtmann, M., Schmidt, M. H. (2004). Resilienz im Kindes- und Jugendalter. Kindheit und Entwicklung, 13, 195–200.

Janet, P. (1925). Psychological Healing (Vol. 1), (Paul, E., Paul, C., trans). London: Allen & Unwin.

Keenan, K., Shaw, D. (1997). Developmental and social influences on young girl's early problem behaviour. Psychological Bulletin, 121, 95–113.

Keiley, M. K., Lofthouse, N., Bates, J. E., Dodge, K. A., Pettit, G. S. (2003). Differential risk of covarying and pure components in mother and teacher report of externalizing and internalizing behaviour across age 5 to 14. Journal of Abnormal Child Psychology, 31 (3), 267–283.

Kölch, M., Schielke, A., Becker, T., Fegert, J. M., Schmid, M. (2008). Belastung Minderjähriger aus Sicht der psychisch kranken Eltern. Nervenheilkunde, 27, 527–532.

Kovacs, M., Feinberg, T. L., Crouse-Novak, M., Paulauskas, S. L., Finkelstein, R. (1984). Depressive disorders in childhood I. A longitudinal prospective study of characteristics and recovery. Archives of General Psychiatry, 41, 229–237.

Kühnel, S., Bilke, O. (2004). Kinder psychisch kranker Eltern. Ein interdisziplinäres Präventionsprojekt in der Ostschweiz. Forum der Kinder- und Jugendpsychiatrie und Psychotherapie, 14, 60–74. Aachen: Forum-Verlag.

Lenz, A. (2008). Interventionen bei Kindern psychisch kranker Eltern. Grundlagen, Diagnostik und therapeutische Maßnahmen. Göttingen: Hogrefe.

Li, C. E., DiGuiseppe, R., Froh, J. (2006). The roles of sex, gender, and coping in adolescent depression. Adolescence, 41 (163), 409–415

Mattejat F., Remschmidt, H. (2008). Kinder psychisch kranker Eltern. Deutsches Ärzteblatt 23, 413–418.

Mattejat, F., Wüthrich, C., Remschmidt, H. (2000). Kinder psychisch kranker Eltern. Forschungsperspektiven am Beispiel von Kindern depressiver Eltern. Nervenarzt, 71, 164–172.

Meyer, T. D., Hautzinger, M. (2000). Allgemeine Depressions-Skala (ADS) – Normierung an Minderjährigen und Erweiterung zur Erfassung manischer Symptome (ADMS). Diagnostica 47, 208–215.

Noeker, M., Petermann, F. (2008). Resilienz: Funktionale Adaptation an widrige Umgebungsbedingungen. Zeitschrift für Psychiatrie, Psychologie und Psychotherapie, 56, 255–263.

Offord D. R., Boyle M. H., Szatmari P., Rae-Grant N. I., Links P. S., Cadman D. T., Byles J. A., Crawford J. W., Blum H. M., Byrne C., Thomas H., Woodward C. A. (1987). Ontario Health Study: II. Six-month prevalence of rates of service utilization. Archives of General Psychiatry, 44, 832–836.

Orvaschel, H., Mednick, S., Schulsinger, F., Rock, D. (1979). The children of psychiatrically disturbed parents. Differences as a function of the sex of the sick parent. Archives of General Psychiatry, 36, 691–695.

Petermann, F. (2005). Zur Epidemiologie psychischer Störungen im Kindes- und Jugendalter. Kindheit und Entwicklung, 14 (1), 48–57.

Plass, A., Kaiser, P., Wiegand-Grefe, S. (in press). Children of psychiatrically ill parents – Gender and age specific differences of psychological problems, eingereichtes Manuskript.

Prior, M., Smart, M. A., Sanson, A., Oberklaid, F. (1993). Sex differences in psychological adjustment from infancy to 8 years. Journal of the American Academy of Child and Adolescent Psychiatry, 32, 291–304.

Rescorla, L., Achenbach, T., Ivanova, M. Y., Dumenci, L., Amqvist, F., Bilenberg, N., Bird, H., Chen, W., Dobrean, A., Döpfner, M., Erol, N., Fombonne, E., Fonseca, A., Frigerio, A., Gritens, H., Hannesdottir, H., Kanbyashi, Y., Lambert, M., Larsson, B. O., Leung, P., Liu, X., Minaei, A., Mulatu, M. S., Novik, T. S., Oh, K.-J., Roussos, A., Sawyer, M., Simsek,

Z., Steinhausen, H.-C., Weintraub, S., Weisz, J., Winkler Metzke, C., Wolanczyk, T., Yang, H.-J., Zilber, N., Zukauskiene, R., Verhulst, F. (2007). Behavioral and emotional problems reported by parents of children ages 6 to 16 in 31 societies. Journal of Emotional and Behavioral Disorders, 15 (3), 130–142.

Rieder, R. O., Nichols, P.L. (1979). Offspring of schizophrenics III. Hyperactivity and neurological soft signs. Archives of General Psychiatry, 36, 665–674.

Roberts, R. E., Attkinson, C. C., Rosenblatt, A. (1998). Prevalence of psychopathology among children and adolescents. American Journal of Psychiatry, 155, 715–725.

Rutter, M., Quinton, D. (1984). Parental psychiatric disorder: Effects on children. Psychological Medicine, 14, 853–880.

Steinhausen, H.C. (1992). Sex differences in developmental psychopathology. In H. Remschmidt, M. H. Schmidt (Eds.), Developmental Psychopathology (pp. 7–16). Lewiston N.Y.; Hogrefe, Huber.

Walker, E. F., Cudeck, R., Mednick, S. A., Schulsinger, F. (1981). Effects of parental absence and institutionalization on the development of clinical symptoms in high-risk children. Acta Psychiatrica Scandinavia, 63, 95–109.

Weissmann, M. M., Gammon, G. D., John, K., Merikangas, K. R., Warner, V., Prusoff, B. A., Sholomskas, D. (1987). Children of depressed parents. Increased psychopathology and early onset of major depression. Archives of General Psychiatry, 44, 847–853.

Wiegand-Grefe, S., Geers, P., Rosenthal, S., Plass, A. (2009). Kinder psychisch kranker Eltern – Risiko, Resilienz und Prävention. Oralprophylaxe und Kinderzahnheilkunde, 31 (4) 161–168.

Kinder psychisch kranker Eltern im Vorschulalter – Zusammenhänge zwischen psychischer Gesunheit und Familienfunktionalität im Vergleich verschiedener Altersgruppen

Philip Kaiser, Claudia Bockting, Silke Wiegand-Grefe, Angela Plass

Kinder mit einem psychisch kranken Elternteil weisen eine Vielzahl akkumulierter biologischer und psychosozialer Risikofaktoren auf und haben ein vierfach höheres Erkrankungsrisiko als Kinder psychisch gesunder Eltern (Schmid et al., 2008). In einer aktuellen Studie finden sich bis zu 7-fach erhöhte Auffälligkeitsraten von Kindern psychisch kranker Eltern gegenüber der Allgemeinbevölkerung (Wiegand-Grefe et al., 2009). Da Resilienz in der Entwicklungspsychologie als eine sich entwickelnde Widerstandsfähigkeit definiert wird, die das Kind gegen die Belastungen von Risikofaktoren schützt (Petermann, 2003), wird vermutet, dass die Folgen einer elterlichen psychischen Erkrankung umso schwerwiegender sind, je jünger die Kinder sind (Kühnel u. Bilke, 2004). Dies könnte darauf hinweisen, dass Vorschulkinder innerhalb der Gruppe von Kindern psychisch kranker Eltern eine besondere Hochrisiko-Gruppe darstellen.

Psychische Gesundheit von Kindern psychisch kranker Eltern im Vorschulalter

Es liegen nur wenige Studien über die Altersklasse der Vorschulkinder von psychisch kranken Eltern vor. Diese Studien über Vorschulkinder zwischen 4 und 6 Jahren von psychisch kranken Eltern untersuchten Verhaltensprobleme von Kindern depressiv erkrankter Elternteile. Hier zeigten Kinder depressiver Väter mehr soziale Verhaltensprobleme und Probleme mit gleichaltrigen Kindern (Davé, Sherr, Senior u. Nazareth, 2008) sowie mehr allgemeine Verhaltensprobleme und geringere verbale Fähigkeiten (Brennan, Hammen, Anderson, Bor, Najiman u. Williams, 2000) im Vergleich zu Kindern nichtdepressiver Väter. Kinder depressiver Mütter zeigten in einer Untersuchung signifikant höhere

Raten externalisierender und internalisierender Auffälligkeiten und eine höhere Gesamtauffälligkeit (Dawson et al., 2003).

Auch die psychische Gesundheit von Kindern im Vorschulalter in der Gesamtbevölkerung ist bisher nur selten Gegenstand von Studien. Angesichts der Diskussion über eine Zunahme von psychischen Störungen im Vorschulalter werden in jüngster Zeit zunehmend Anstrengungen unternommen, diese genauer zu untersuchen. In einer aktuellen Studie zu psychischen Auffälligkeiten bei Kindergartenkindern zwischen 2;6 und 6 Jahren wurden Prävalenzraten aus verschiedenen Beurteilerperspektiven untersucht. Man fand je nach Beurteiler und Stichprobe Raten von 9–16 % für internalisierende Störungen, 5–9 % für externalisierende Störungen, und in der Gesamtauffälligkeit wurden 5–14 % als behandlungsbedürftig eingeschätzt (Kuschel, Heinrichs, Bertram, Naumann u. Hahlweg, 2008).

Familienfunktionalität und -beziehungen in Familien mit psychisch kranken Eltern

Familien mit psychisch kranken Elternteilen leiden oft unter einer problematischen familiären Funktionalität. Oftmals ist die Beziehung zu den Kindern durch die Art der Krankheit, häufigere Trennungen durch Krankenhausaufenthalte oder aber auch durch elterlichen Konflikt oder Trennung der Eltern eingeschränkt (Mattejat u. Remschmidt, 2008). Dabei gelten stabile und sichere Beziehungen als Schutzfaktor (Mattejat et al., 2000).

Das Familienmodell nach Cierpka und Frevert (1994) beschreibt sieben Dimensionen der Familienfunktionalität: Aufgabenerfüllung, Rollenverhalten, Kommunikation, Emotionalität, affektive Beziehungsaufnahme, Kontrolle, Werte und Normen. Das Modell geht aus von einer dialektischen Beziehung zwischen zwei Prozessen, der Sicherheit der Gesamtfamilie einerseits und der Autonomie jedes Einzelnen andererseits. Für die Affektive Beziehungsaufnahme sind gegenseitige Empathie und Fürsorge von zentraler Bedeutung. Sie können sich in dysfunktionalen Familien als zu losgelöst einerseits, aber auch zu verstrickt andererseits äußern (Cierpka u. Frevert, 1994). Bei Familien mit psychisch kranken Eltern wird über Raten von 44 % dysfunktionalen Familien gegenüber 7 % in einer Kontrollgruppe berichtet (Bögels u. Brechman-Touissaint, 2006). In einer weiteren Studie wurden 69 % der Familien mit psychisch kranken Elternteilen im Therapeutenurteil als »dysfunktional« bis »schwer gestört« eingestuft (Pollak, Schmidt, Höger u. Wiegand-Grefe, 2008). Dass sich die elterliche Krankheit auf die Funktionalität einer Familie auswirkt, dysfunktionale Familien sich aber auch negativ auf die psychische Gesundheit der Kinder auswirken, wird in diversen Übersichtsarbeiten beschrieben. So werden Zusammenhänge gefunden zwischen Angsterkrankungen der Eltern und problematischer Familienfunktionalität (Bögels u. Brechman-Touissaint, 2006) und Zusammenhänge zwischen problematischer Familienfunktionalität und Angststörungen und Depressionen bei Kindern (Gerlsma, 1990). Eine wichtige Rolle hierbei spielen der elterliche Affekt und das Maß an elterlicher Kontrolle. Nach Gerlsma et al. (1990) werden die dysfunktionalen Beziehungen zwischen Eltern und Kindern als »Affektlose Kontrolle« beschrieben. Studien belegen, dass Familienfunktionalität und Affektive Beziehungsaufnahme (gegenseitige Fürsorge und Einfühlungsvermögen) in Familien mit psychisch kranken Eltern öfter als problematisch beurteilt wurden (Pollak, Schmidt, Höger u. Wiegand-Grefe, 2008). Eine Studie, die über die Interaktion zwischen Eltern und Kindern berichtet, konzentriert sich dabei auf die Kontaktaufnahme zwischen depressiven Müttern und ihren Kindern. So waren Kinder depressiver Mütter im Alter von 15 Jahren weniger auffällig hinsichtlich internalisierender und externalisierender Störungen sowie schulischer und sozialer Kompetenzen, wenn Mütter mit Depressionen ein hohes Maß an Einfühlungsvermögen und Wärme zeigten und ein geringes Maß an Kontrolle und Verstrickung ausübten (Brennan, Le Brocque u. Hammen, 2003). Studien über den Zusammenhang zwischen Alter und psychischer Auffälligkeit der Kinder bei problematischer Familienfunktionalität und Affektiver Beziehungsaufnahme liegen bislang nicht vor. Zu vermuten ist, dass besonders junge Kinder unter einer dysfunktionalen Familie leiden, da sie stärker auf ihre Bezugspersonen angewiesen sind und der Einfluss von Risikofaktoren für die psychische Gesundheit bei jüngeren Kindern größer ist.

In der vorliegenden Studie werden Verhaltensprobleme von Vorschulkindern (4 bis 6 Jahre) psychisch kranker Eltern anhand der CBCL (Achenbach, 1991; CBCL – Arbeitsgruppe Deutsche Child Behaviour Checklist, 1998) erfasst und mit Kindern zwischen 7 und 11 Jahren sowie 12 und 18 Jahren verglichen (Kaiser, Plass, Bockting u. Wiegand-Grefe, in press). Erwartet wurde, dass Kinder psychisch kranker Eltern im Vorschulalter eine höhere Rate an Störungen auf den übergeordneten CBCL-Skalen *Internalisierende Störungen*, *Externalisierende Störungen* sowie in der Gesamtauffälligkeit aufweisen als Kinder in den höheren Altersgruppen. Untersucht wurde, ob bei Vorschulkindern mehr Verhaltensprobleme auftreten, wenn die Familienfunktionalität und die Affektive Beziehungsaufnahme gestört sind.

Projekt

Methode

Für die allgemeinen Informationen zur Methodik des Projekts CHIMPs verweisen wir auf den Beitrag »Elterliche Erkrankung und Gesundheit der Kinder« von Silke Wiegand-Grefe, Peggy Geers, Franz Petermann und Angela Plass in diesem Band.

Analysen

Für die Analysen wurden die T-Werte der CBCL-Syndromskalen (Achenbach, 1991; CBCL – Arbeitsgruppe Deutsche Child Behaviour Checklist, 1998) externalisierende, internalisierende Verhaltensprobleme und die Gesamtauffälligkeit verwendet. Die Kategorien »subklinisch auffällig« und »klinisch auffällig« wurden zusammengefügt. Bei den Familienfragebögen wurde »problematisch« und »unproblematisch« unterschieden, wobei die Kategorien »Stärke« und »neutral« zusammengefasst und mit der Kategorie »Probleme« verglichen wurden.

Aufgrund der ungleichen Gruppengrößen wurden Chi-Quadrat-Tests für unabhängige Stichproben durchgeführt. Für die Zusammenhänge zwischen der Familienfunktionalität bzw. der Affektiven Beziehungsaufnahme mit der psychischen Gesundheit wurden Pearson-Korrelationen mit Hilfe der T-Werte für die CBCL-Skala *Gesamtauffälligkeit* und der T-Werte für die Skalen »Familienfunktionalität« und »Affektive Beziehungsaufnahme« gebildet. Aufgrund der nicht gegebenen Annahme der Unabhängigkeit in der zweiten Stichprobe (ein Elternteil beurteilt mehrere Kinder) wurde das Signifikanzniveau auf 0.01 heruntergesetzt, um Fehler des Typ I zu vermeiden.

Stichprobe

Für diese Querschnitterhebung werden zwei Stichproben berücksichtigt. Stichprobe 1 setzt sich zusammen aus Familien der Vorstudie des Projekts CHIMPs, Stichprobe 2 aus Familien der Interventionsstudie des Projekts. Die Stichprobe der vorliegenden Untersuchung ist identisch mit der Stichprobe im vorherigen Beitrag über geschlechtsspezifische Unterschiede von Plass et al., so dass wir auf die ausführliche Darstellung in diesem Beitrag verweisen. An dieser Stelle werden die Kinder der Stichprobe in den hier berücksichtigten Altersgruppen beschrieben.

Stichprobe 1

Die Kinder (N = 52) in dieser Gruppe waren zwischen 4 und 18 Jahren (M = 11, SD = 4.2). 7 (14 %) Kinder aus dieser Gruppe waren zwischen 4 und 6 Jahren, 25 (48 %) zwischen 7 und 11 Jahren, und 20 (39 %) Kinder waren 12 Jahre oder älter. Die Gruppe setzte sich zusammen aus 28 (54 %) Jungen und 24 (46 %) Mädchen. In 33 (64 %) Fällen lebte das Kind zusammen mit dem psychisch kranken Elternteil, mit dem anderen Elternteil lebte das Kind in 12 (23 %) Fällen, 2 (3 %) Kinder lebten bei Verwandten, 1 (2 %) Kind lebte in einer Pflegefamilie und ein anderes (2 %) in einem Kinderheim. Zwei Kinder (4 %) lebten in eigenen Wohnräumen.

Stichprobe 2

Die Kinder (N = 50) in dieser Gruppe waren zwischen 4 und 18 Jahren alt (M = 10, SD = 4.1). 10 (20 %) Kinder aus dieser Gruppe waren zwischen 4 und 6 Jahren, 22 (44 %) zwischen 7 und 11 Jahren, und 18 (36 %) Kinder waren 12 Jahre oder älter. Die Gruppe setzte sich zusammen aus 23 (46 %) Jungen und 27 (54 %) Mädchen. In 36 (75 %) Fällen lebte das Kind zusammen mit dem psychisch kranken Elternteil, mit dem anderen Elternteil lebte das Kind in 9 (18 %) Fällen, 1 (2 %) Kind lebte bei Verwandten, 2 (4 %) Kinder lebten außerhalb der Familie.

Ergebnisse

In der *Gesamtauffälligkeit* wurden bei 56 % (9) der Kinder zwischen 4 und 6 Jahren psychische Auffälligkeiten im subklinischen und klinischen Bereich gefunden. Den Erwartungen folgend, zeigten 46 % (20) der Kinder zwischen 7

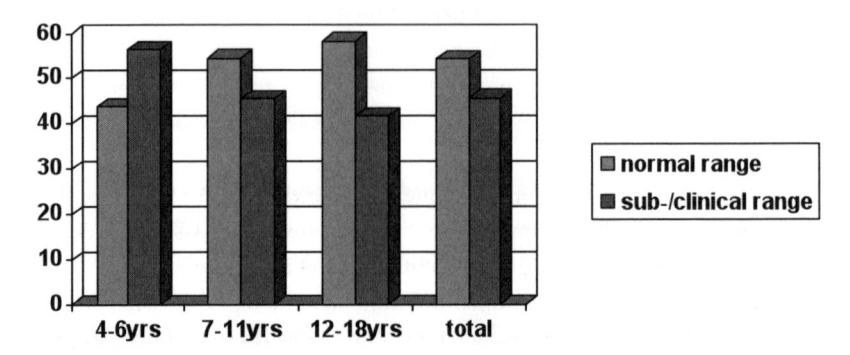

Abbildung 1: Gesamtauffälligkeit im subklinischen/klinischen und unauffälligen Bereich getrennt nach Altersgruppen (N = 96) (aus: Kaiser, Plass, Bockting, Wiegand-Grefe, im Druck)

und 11 Jahren und 42 % (15) der Kinder zwischen 12 und 18 Jahren psychische Auffälligkeiten im Elternurteil (s. Abb. 1). Die Resultate des Chi-Quadrat-Tests (mit Pearson-Chi-Square-Koeffizienten) für die CBCL-Skala *Gesamtauffälligkeit* waren jedoch nicht signifikant; X^2 (2, n = 96) = 0.954, = 0.621.

Eine ähnliche Verteilung wiesen die *Externalisierenden Störungen* auf: 50 % (8) der Vorschulkinder zeigten *Externalisierende Störungen* im subklinischen und klinischen Bereich im Vergleich zu 40 % (18) der Kinder zwischen 7 und 11 Jahren und 38 % (14) der Kinder zwischen 12 und 18 Jahren (s. Abb. 2). Auch hier ergab der Chi-Quadrat-Test keine signifikanten Zusammenhänge zwischen Altersgruppe und bewerteten *Externalisierenden Störungen*; X^2 (2,98) = 0.707, p = 0.702.

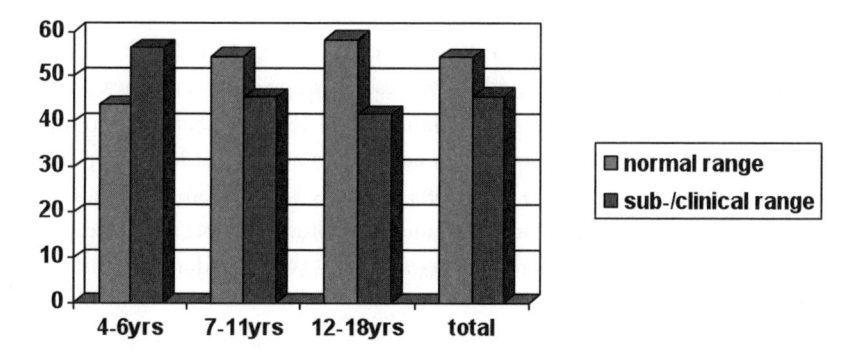

Abbildung 2: Externalisierende Störungen im subklinischen/klinischen und unauffälligen Bereich im Vergleich verschiedener Altersgruppen (N = 98) (aus: Kaiser et al, im Druck)

Bei den *Internalisierenden Störungen* hingegen fanden wir ein entgegengesetztes Bild: Vorschulkinder zeigten in 25 % (4) der Fälle *Internalisierende Störungen* im subklinischen/klinischen Bereich, Kinder zwischen 7 und 11 Jahren in 46 % (20) der Fälle, und 51 % (19) der 12- bis 18-jährigen Kinder zeigten im Elternurteil Störungen auf der *Internalisierenden* Skala des CBCL (s. Abb. 3). Auch hier ergab der Chi-Quadrat-Test keine signifikanten Zusammenhänge zwischen Altersgruppe und bewerteten *Internalisierenden Störungen*; X^2 (2,97) = 3.184, p = 0.203.

Im nächsten Schritt wurden Zusammenhänge zwischen der Gesamtauffälligkeit der Kinder und der Familienfunktionalität sowie der Affektiven Beziehungsaufnahme in der Familie untersucht (Kaiser et al., in Vorb.).

Des Weiteren wurden die Familienfunktionalität und die Dimension der Affektiven Beziehungsaufnahme nach Cierpka und Frevert (1994) hinzugezogen (Kaiser et al., in Vorb.). Insgesamt wurden 51 % der Familien aus Patientensicht als dysfunktional bewertet. Tabelle 1 zeigt, dass in allen Altersgruppen die Gesamtauffälligkeit erhöht ist, wenn die Familienfunktionalität gestört ist. Entge-

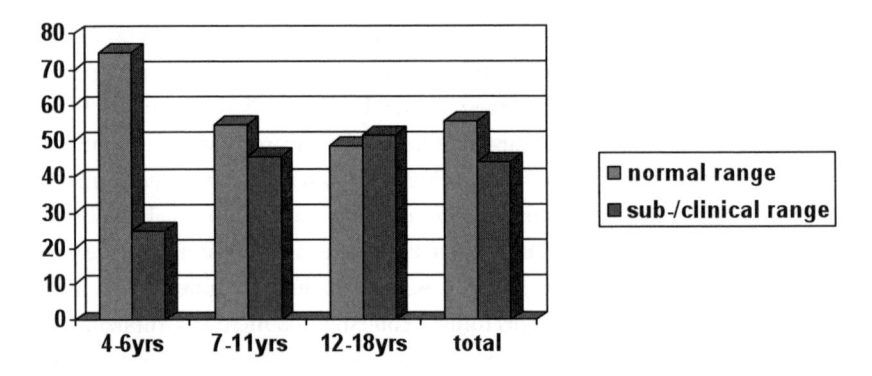

Abbildung 3: Internalisierende Störungen im subklinischen/klinischen und unauffälligen Bereich verteilt über drei Altersgruppen (N = 97) (aus: Kaiser et al, im Druck)

gen den Erwartungen zeigten aber die Kinder der Altersgruppe 12 bis 18 Jahre die meisten Auffälligkeiten mit 77 % (10), am zweithäufigsten traten Verhaltensprobleme im subklinischen und klinischen Bereich auf bei den Vorschulkindern mit 63 % (5), und bei den Kindern zwischen 7 und 11 Jahren traten Auffälligkeiten in 52 % (13) der Fälle auf. Die Ergebnisse sind nicht signifikant; X^2 (2,47) = 1.531, p = 0.465 für unproblematische Familienfunktionalität, und X^2 (2,46) = 2.241, p = 0.326 für problematische Familienfunktionalität.

Tabelle 1: Gesamtauffälligkeit der Kinder verschiedener Altersgruppen im Zusammenhang mit der Familienfunktionalität (N = 93) (aus: Kaiser et al., im Druck)

Familienfunktionalität	Gesamtauffälligkeit		Altersgruppe			Gesamt
			4–6	7–11	12–18	
Normale Funktionalität	Unauffällig	Anzahl	4	11	18	33
		% Altersgruppe	57 %	65 %	78 %	70 %
	Sub-/klinischer Bereich	Anzahl	3	6	5	14
		% Altersgruppe	43 %	35 %	22 %	30 %
	Gesamt	Anzahl	7	17	23	47
Problematische Funktionalität	Unauffällig	Anzahl	3	12	3	18
		% Altersgruppe	38 %	48 %	23 %	39 %
	Sub-/klinischer Bereich	Anzahl	5	13	10	28
		% Altersgruppe	63 %	52 %	77 %	61 %
	Gesamt	Anzahl	8	25	13	46

Die Zusammenhänge zwischen Altersgruppe, Familienfunktionalität und Gesamtauffälligkeit wurden in einem weiteren Schritt mit Hilfe von Pearson-Korrelationen (r) errechnet. Für die Gruppe der Vorschulkinder zeigte sich eine geringe, positive Korrelation von r = 0.12, n = 16, p = 0.067. Für die Kinder zwischen 7 und 11 Jahren ergab sich eine geringe Korrelation von r = 0.089, n = 42, p = 0.577. Eine hohe Korrelation ergab sich für die Altersgruppe der 12- bis 18-Jährigen von r = 0.645, n = 36, p < 0.001.

Bei der Affektiven Beziehungsaufnahme (ABA) wurden keine eindeutigen Ergebnisse gefunden. Zwar wurde bei 80 % (8) der Kinder zwischen 12 und 18 Jahren eine erhöhte Gesamtauffälligkeit festgestellt, wenn die Affektive Beziehungsaufnahme als problematisch eingeschätzt wurde, Vorschulkinder zeigten in der Gruppe der unproblematischen Affektiven Beziehungsaufnahme mehr Auffälligkeiten (56 %, 5 Fälle) als in der problematischen ABA-Gruppe (50 %, 3 Fälle) (Tab. 2). Auch diese Ergenisse sind nicht signifikant, X^2 (2,54) = 2.439, p = 0.295 bei einer unproblematischen ABA. Bei einer problematischen ABA fanden sich Ergebnisse von X^2 (2, 39) = 2.476, p = 0.291.

Tabelle 2: Gesamtauffälligkeit der Kinder verschiedener Altersgruppen im Zusammenhang mit der Affektiven Beziehungsaufnahme (ABA) (N = 93) (aus: Kaiser et al., im Druck)

Affektive Beziehungsaufnahme (ABA)	Gesamtauffälligkeit		Altersgruppe			Gesamt
			4–6	7–11	12–18	
ABA unproblematisch	Unauffällig	Anzahl	4	12	19	35
		% Altersgruppe	44 %	63 %	73 %	65 %
	Sub-/klinisch auffällig	Anzahl	5	7	7	19
		% Altersgruppe	56 %	37 %	27 %	35 %
	Gesamt	Anzahl	9	19	26	54
ABA problematisch	Unauffällig	Anzahl	3	11	2	16
		% Altersgruppe	50 %	48 %	20 %	41 %
	Sub-/klinisch auffällig	Anzahl	3	12	8	23
		% Altersgruppe	50 %	52 %	80 %	59 %
	Gesamt	Anzahl	6	23	10	39

Auch für den Zusammenhang der *Affektiven Beziehungsaufnahme* mit der *Gesamtauffälligkeit* wurden Korrelationen nach Pearson errechnet. Für die Gruppe der Vorschulkinder zeigte sich eine geringe, positive Korrelation von r = 0.039, n = 15, p = 0.89. Für die Kinder zwischen 7 und 11 Jahren ergab sich eine geringe negative Korrelation von r = 0.036, n = 42, p = 0.82. Eine hohe positive Korrelation ergab sich auch hier für die Altersgruppe der 12- bis 18-Jährigen von r = 0.565, n = 36, p < 0.001.

Diskussion

Verglichen mit der Prävalenz für psychische Störungen im Kindes- und Jugendalter von insgesamt 10 bis 20 % (Petermann, 2005) wiesen die Vorschulkinder unserer Stichprobe mit 56 % Gesamtauffälligkeit im subklinischen/klinischen Bereich nach Einschätzung ihrer erkrankten Eltern eine deutlich höhere Störungsrate auf. Zieht man als Vergleichsgröße die Raten auffälliger Kinder in einer Vorschulpopulation mit der Altersspanne 2;6 bis 6 Jahre heran (Kuschel et al., 2008), so fällt der Unterschied noch deutlicher aus: Hier wurden je nach Beurteiler und Stichprobe im Gesamtwert 5 bis 14 % der Kinder als auffällig eingeschätzt.

In großen epidemiologischen Studien (z. B. Ford, Goodman u. Meltzer, 2003) steigt mit dem Alter die Häufigkeit psychischer Störungen an. So werden 8 % der 5- bis 7-Jährigen, 9 % der 8- bis 10-Jährigen, 10 % der 11- bis 12-Jährigen und 12 % der 13- bis 15-Jährigen als auffällig eingeschätzt. Demgegenüber wurden in unserer Stichprobe die Vorschulkinder am häufigsten als auffällig/subklinisch eingeschätzt (56 %), verglichen mit den beiden älteren untersuchten Gruppen, nämlich 45 % der 7- bis 11-Jährigen und 42 % der 12- bis 18-Jährigen. Während also in der Gesamtbevölkerung die Rate psychischer Auffälligkeiten mit dem Alter ansteigt, fällt in der vorliegenden Stichprobe die Rate auffälliger Kinder anhand der CBCL-Skala *Gesamtauffälligkeit* mit steigendem Alter ab, insgesamt gesehen auf einem deutlich höheren Niveau. In den übergeordneten Skalen, *Internalisierende Störungen* und *Externalisierende Störungen*, zeigen die *Externalisierenden Störungen* einen ähnlichen Verlauf wie die Gesamtsymptomatik, nämlich eine Abnahme der Störungen mit steigendem Alter der Kinder (50 % der 4- bis 6-Jährigen, 40 % der 7- bis 11-Jährigen und 38 % der 12- bis 18-Jährigen). Die *Internalisierenden Störungen* zeigen einen gegensinnigen Verlauf, also eine Zunahme der Störungen mit steigendem Alter der Kinder (25 % der 4- bis 6-Jährigen, 45 % der 7- bis 11-Jährigen und 51 % der 12- bis 18-Jährigen). Diese Altersentwicklung der unterschiedlichen Störungsbilder, eine Abnahme *Externalisierender Störungen* und eine Zunahme *Internalisierender Störungen*, wurde bereits, wenn auch auf einem deutlich niedrigeren Niveau, in epidemiologischen Studien für die Gesamtbevölkerung beschrieben (z. B. Costello et al., 2003; Petermann, 2005).

Vergleicht man die Raten von *Internalisierenden* und *Externalisierenden Störungen* mit einer unausgelesenen Vorschulpopulation (Kuschel et al., 2008), wurden hier um ein vielfaches niedrigere Störungshäufigkeiten gefunden. Je nach Beurteiler und Stichprobe wurden internalisierende Störungen bei 9 bis 16 %, gegenüber 25 % in unserer Stichprobe, und *Externalisierende Störungen* bei 5 bis 9 % der Vorschulkinder, gegenüber 50 % in unserer Stichprobe, angegeben.

Vergleichbar mit anderen Studien zum Thema Familien mit psychisch kranken Eltern (Pollak, Schmidt, Höger u. Wiegand-Grefe, 2008; Bögels u. Brechman-Touissaint, 2006) werden gegenüber der Gesamtbevölkerung deutlich erhöhte Raten an als dysfunktional eingeschätzten Familien (51 %) gefunden. Auch zeigen sich Zusammenhänge zwischen der *Familienfunktionalität* und den *Psychischen Auffälligkeiten* der Kinder: Wenn die Dimension der *Familienfunktionalität* als problematisch eingeschätzt wurde, wurden in allen Altersgruppen höhere Gesamtauffälligkeiten als in unproblematischen Familien festgestellt. Jedoch wurden die Erwartungen hinsichtlich hoher Auffälligkeiten bei Vorschulkindern nicht erfüllt: Die Jugendlichen zwischen 12 und 18 Jahren wurden am häufigsten im subklinischen/klinischen Bereich eingeschätzt (77 %), 63 % der Vorschulkinder und 52 % der Kinder zwischen 7 und 11 Jahren wurden als auffällig eingeschätzt, wenn die *Familienfunktionalität* als problematisch beurteilt wurde.

Zusammenhänge der Affektiven Beziehungsaufnahme mit der Gesamtauffälligkeit der Kinder wiesen ähnliche Ergebnisse auf. Auch hier zeigten Kinder zwischen 12 und 18 Jahren eine besonders hohe Auffälligkeit (80 %), wenn die Dimension der Affektiven Beziehungsaufnahme als gestört eingestuft wurde, bei den Vorschulkindern hingegen wurden die meisten Auffälligkeiten festgestellt, wenn die Dimension der Affektiven Beziehungsaufnahme als normal eingeschätzt wurde (56 % gegenüber 50 % bei problematischer Affektiver Beziehungsaufnahme). Kinder in der Gruppe der 7- bis 11-Jährigen zeigten ebenfalls eine erhöhte Auffälligkeitsrate, wenn die Dimension der Affektiven Beziehungsaufnahme als gestört eingestuft wurde (52 % gegenüber 37 % bei normaler Affektiven Beziehungsaufnahme).

Dieses Bild wird durch die Korrelationsanalyse bestätigt: Der Zusammenhang zwischen der Gesamtauffälligkeit und den beiden Dimensionen Familienfunktionalität ($r = 0.645$, $n = 36$, $p < 0.001$) und der Affektiven Beziehungsaufnahme ($r = 0.565$, $n = 36$, $p < 0.001$) für Kinder von 12 und 18 Jahren war im Vergleich zu den anderen Altersgruppen deutlich stärker.

Studien, die sich mit psychischen Störungen im Kindesalter und der Familienfunktionalität befassen, belegen einen Zusammenhang mit Angststörungen, die sich erst in der frühen oder späten Adoleszenz äußern (z. B. Lieb, Wittchen, Höfler, Fuetsch, Stein u. Merikangas, 2000). In einer neueren Studie (Knappe, Lieb, Beesdo, Fehm, Low, Gloster u. Wittchen, 2009) werden der Einfluss elterlicher psychischer Erkrankungen und Familienfunktionalität auf das Risiko von phobischen Störungen der Kinder untersucht. Für die Entstehung von sozialer Phobie bei Kindern war neben einer elterlichen psychischen Erkrankung besonders die Art der Elterlichen Zuwendung (Abweisung, Verstrickung und fehlende emotionale Wärme) von Bedeutung. Zusammenhänge mit der Familienfunktion wurden hingegen nicht gefunden. Auch in dieser Studie nahmen die Häufigkeiten von phobischen Störungen ab einem Alter von etwa 10 bis 14 Jahren stark zu. Weitere Analysen müssen daher klären, welcher Art die Auffälligkeiten der Kinder in der hier vorliegenden Studie sind. Aufgrund der kleinen Gruppengrößen war dies hier nicht möglich.

In der vorliegenden Studie müssen einige Einschränkungen zur Erfassung von Auffälligkeiten der Kinder gemacht werden, da Elternbefragungen bei psychisch kranken Eltern einige Besonderheiten aufweisen. So werden zum Beispiel internalisierende Störungen oftmals, gerade bei jüngeren Kindern, seltener oder nicht erkannt. Typische Symptome werden dabei als »vorübergehende, episodische Launen« gesehen, die sich von selbst wieder legen (Campbell, 1995), »störende« Verhaltensweisen hingegen werden schneller wahrgenommen und unter Umständen überschätzt. In einigen Studien führten elterliche Depressions- und Angststörungen zu übertriebener Beurteilung von Symptomen bei ihren Kindern (Fergusson, Lynskey u. Horwood, 1993; Briggs-Gowan, Carter u. Schwab-Stone, 1996) und das Maß an väterlicher Akzeptanz wies Zusammenhänge mit externalisierenden Problemen auf (Treutler u. Epkins, 2003). Für eine ausführliche Diskussion zur methodischen Einschränkung der CHIMPs-Studien und der Einschätzung psychisch kranker Eltern wird hier auf den Beitrag »Elterliche Erkrankung und Gesundheit der Kinder« von Wiegand-Grefe, Geers, Petermann und Plass in diesem Band verwiesen.

Fazit für die Praxis

Die vorliegenden Ergebnisse zeigen, dass Vorschulkinder psychisch kranker Eltern besondere Aufmerksamkeit in der Praxis verdienen, denn mehr als die Hälfte der Kinder zwischen 4 und 6 Jahren weisen Verhaltensprobleme auf. Aufgrund der wenigen Studien zu Vorschulkindern psychisch kranker Eltern stellt diese Untersuchung einen wichtigen Überblick dar und dient als erste Bestandaufnahme. Jedoch zeigen die Ergebnisse auch, dass besonders ältere Kinder und Jugendliche hohe Auffälligkeitsraten zeigen, wenn die Familienfunktion in den Familien mit psychisch kranken Eltern gestört ist. In weiteren Studien muss geklärt werden, ob die oben gefundenen Ergebnisse bestätigt werden können und inwieweit Familienfunktion und Affektive Beziehungsaufnahme Einfluss auf verschiedene Arten von Verhaltensstörungen haben.

Literatur

Achenbach, T. M. (1991). Integrative Guide to the 1991 CBCL/4–18, YSR, and TRF Profiles. Burlington: University of Vermont, Department of Psychology.

Brennan, P. A., Hammen, C., Anderson, M. J., Bor, W., Najiman, J. M., Williams, G. M. (2000). Chronicity, Severity, and Timing of Maternal Depressive Symptoms: Relationships with Child Outcomes at Age 5. Developmental Psychology, 36 (6), 759–766.

Brennan, P. A., Le Brocque, R., Hammen, C. (2003) Maternal depression, parent-child relationships, and resilient outcomes in adolescence. Journal of the American Academy of Child and Adolescent Psychiatry, 42 (12), 1469–1477.

Briggs-Gowan, M., Carter, A., Schwab-Stone, M. (1996). Discrepancies among mother, child, and teacher reports: Examining the contributions of maternal depression and anxiety. Journal of abnormal Child Psychology, 24 (6), 749–765.

Bögels, S. M., Brechman-Touissant, M. L. (2006). Family issues in child anxiety: attachment, family functioning, parental rearing and beliefs. Clinical Psychology Review, 26, 834–856.

Campbell, S. B. (1995). Behaviour problems in preschool children: a review of recent research. Journal of Child Psychology and Psychiatry, 36, 113–149.

CBCL – Arbeitsgruppe Deutsche Child Behaviour Checklist (1998). CBCL/4–18. Elternfragebogen über das Verhalten von Kindern und Jugendlichen. Deutsche Bearbeitung der Child Behaviour Checklist. Köln: Arbeitsgruppe Kinder-, Jugend- und Familiendiagnostik (KJFD).

Cierpka, M., Frevert, G. (1994). Die Familienbögen. Ein Inventar zur Einschätzung van Familienfunktionen. Göttingen: Hogrefe.

Costello, E. J., Mustillo, S., Erkanli, A., Keeler, G., Angold, A. (2003). Prevalence and development of psychiatric disorders in childhood and adolescence. Archives of General Psychiatry, 60, 837–844.

Davé, S., Sherr, L., Senior, R., Nazareth, I. (2008). Associations between paternal depression and behaviour problems in children of 4–6 years. European Child & Adolescent Psychiatry, 17 (5), 306–315.

Dawson, G., Ashman, S., Panagiotides, H., Hessl, D., Self, J., Yamada, E., Embry, L. (2003). Preschool outcomes of children of depressed mothers: Role of maternal behavior, contextual risk, and children's brain activity. Child Development, 74 (4), 1158–1175.

Fergusson, D., Lynskey, M., Horwood, L. (1993). The effect of maternal depression on maternal ratings of child behaviour. Journal of Abnormal Child Psychology, 21 (3), 245–269.

Ford, T., Goodman, R., Meltzer, H. (2003). The British Child and Adolescent Mental Health Survey 1999: The prevalence of DSM-IV disorders. Journal of the American Academy of Child and Adolescent Psychiatry, 42, 1203–1211.

Gerlsma, C., Emmelkamp, P. M. G., Arrindell, W. A. (1990). Anxiety, depression, and perception of early parenting: A meta-analysis, Clinical Psychology Review 10, 251–277.

Kaiser, P. (2009). Children of mentally ill parents: Behavioural problems of preschool children and the role of family functioning and affective interaction. Masterthese, Universität Groningen.

Kaiser, P., Plass, A., Bockting, C. L. H., Wiegand-Grefe, S. (in press). Children of mentally ill parents: Behavioural problems of preschool children and the role of family functioning and affective interaction.

Knappe, S., Lieb, R., Beesdo, K., Fehm, L., Low, N. C. P., Gloster, A. T., Wittchen, H. U. (2009). The role of parental psychopathology and family environment for social phobia in the first three decades of life. Depression and Anxiety, 26 (4), 363–370.

Kühnel, S., Bilke, O. (2004). Kinder psychisch kranker eltern. Ein interdisziplinäres Präventionsprojekt in der Ostschweiz. Forum der Kinder- und Jugendpsychiatrie und Psychotherapie, 14 (2), 60–74.

Kuschel, A., Heinrichs, N., Bertram, H., Naumann, S., Hahlweg, K. (2008). Psychische Auffälligkeiten bei Kindergartenkindern aus der Sicht der Eltern und Erzieherinnen in Abhängigkeit von soziodemographischen Merkmalen. Kindheit und Entwicklung, 17 (3), 161–172.

Lieb, R., Wittchen, H., Höfler, M., Fuetsch, M., Stein, M. B., Merikangas, K. R. (2000). Parental psychopathology, parenting styles, and the risk of social phobia in offspring: A prospective-longitudinal community study. Archives of General Psychiatry, 57 (9), 859–866.

Mattejat, F., Remschmidt, H. (2008). The children of mentally ill parents. Deutsches Ärzteblatt International, 105 (23), 413–418.

Mattejat, F., Wüthrich, C., Remschmidt, H. (2000). Kinder psychisch kranker Eltern Forschungsperspektiven am Beispiel von Kindern depressiver Eltern. Der Nervenarzt, 71 (3), 164–172.

Petermann, F. (2003). Grundbegriffe und Trends der Klinischen Kinderpsychologie und Kinderpsychotherapie. In F. Petermann (Hrsg.), Lehrbuch der Klinischen Kinderpsychologie und -psychotherapie (S. 10–25). Göttingen: Hogrefe.

Petermann, F. (2005). Zur Epidemiologie psychischer Störungen im Kindes- und Jugendalter. Kindheit und Entwicklung, 14 (1), 48–57.

Pollak, E., Schmidt, S., Höger, D., Wiegand-Grefe, S. (2008). Die Funktionalität von Familien mit einem psychisch kranken Elterteil. Zusammenhänge zum elterlichen Bindungsmuster und zur elterlichen Erkrankung. Familiendynamik, 33, 274–287.

Schmid, M., Schielke, A., Fegert, J. M., Becker, T., Kölch, M. (2008). Kinder psychisch kranker Eltern. Nervenheilkunde, 27, 521–526.

Treutler, C. M., Epkins, C. C. (2003) Are discrepancies among child, mother, and father reports on children's behavior related to parents' psychological symptoms and aspects of parent-child relationships? Journal of Abnormal Child Psychology, 31 (1), 13–27.

Wiegand-Grefe, S., Geers, P., Plass, A., Petermann, F., Riedesser, P. (2009). Kinder psychisch kranker Eltern. Zusammenhänge zwischen subjektiver elterlicher Beeinträchtigung und psychischer Auffälligkeit der Kinder aus Elternsicht. Kindheit und Entwicklung 18, 111–121.

Aktuelle Forschung

Resilienz- und Bewältigungsforschung

Was stärkt Kinder psychisch kranker Eltern und fördert ihre Entwicklung? Überblick über Ergebnisse der Resilienz- und Copingforschung   269

Albert Lenz, Juliane Kuhn

Stressbewältigung bei Kindern schizophren erkrankter Eltern   299

Juliane Kuhn, Albert Lenz, Johannes Jungbauer

Krankheitsbewältigung in Familien mit psychisch kranken Eltern und Gesundheit der Kinder   315

Silke Wiegand-Grefe, Susanne Halverscheid, Peggy Geers, Franz Petermann, Angela Plass

Was stärkt Kinder psychisch kranker Eltern und fördert ihre Entwicklung?
Überblick über Ergebnisse der Resilienz- und Copingforschung

Albert Lenz, Juliane Kuhn

Die Risiken für Kinder psychisch kranker Eltern

Kinder psychisch kranker Eltern stellen eine besondere Risikogruppe dar. Wachsen sie in Familien auf, in denen ein Elternteil psychisch krank ist, sind sie in vielfältiger Weise durch die elterliche Erkrankung betroffen und stehen unter erhöhtem Risiko, selbst eine psychische Störung zu entwickeln. Zahlreiche empirische Studien haben den Zusammenhang von psychischer Erkrankung der Eltern und Störungen der kindlichen Entwicklung bestätigen können. Zur Erklärung dieses erhöhten Risikos psychischer Störungen bei den Kindern wurden verschiedene Einflussfaktoren untersucht und unterschiedliche Wirkmechanismen identifiziert.

Das erhöhte Risiko für Kinder psychisch kranker Eltern, selbst eine psychische Störung zu entwickeln, lässt zumindest zum Teil auf die Wirkung genetischer Einflüsse schließen. Eine determinierende Wirkung genetischer Faktoren kann aber ausgeschlossen werden. So konnte nachgewiesen werden, dass das Risiko späterer psychischer Störungen bei Kindern mit einem psychisch kranken Elternteil, die nach der Geburt adoptiert wurden, wesentlich vom Vorhandensein ungünstiger Umweltumstände und familiärer Belastungen in der Adoptivfamilie abhängt (Tienari u. Wynne, 2004). Genetische und psychosoziale Faktoren wirken also zusammen.

In den letzten Jahren sind eine Reihe von Studien veröffentlicht worden, die ein genaueres Bild über die Interaktion von genetischen und psychosozialen Faktoren vermitteln. Die Ergebnisse zeigen, dass die genetische Ausstattung darüber *mitbestimmt*, ob sich belastende Lebensereignisse pathogen auswirken oder nicht. Sie moderieren somit die Umwelteffekte. Die Ergebnisse verdeutlichen, dass bei Menschen mit einer hohen erblich bedingten Vulnerabilität gerade die Umwelteinflüsse besonders relevant sind, und zwar sowohl im positiven als auch im negativen Sinne.

Im Folgenden werden weitere belastende Faktoren angeführt, die sich als besonders bedeutsam erwiesen haben (vgl. ausführlich Mattejat, 2002; Lenz, 2005; Lenz, 2008):

- In mehreren Untersuchungen konnte gezeigt werden, dass die Beeinträchtigung der Kinder und das Störungsrisiko bei ihnen umso größer ist, je länger die elterliche Erkrankung dauert, je mehr Krankheitsepisoden bisher vorkamen und je schwerer die elterliche Erkrankung ausgeprägt ist (Hammen et al., 1990).
- Zu den belastenden Umwelteffekten zählen Einschränkungen in der Erziehungsfähigkeit bei psychisch kranken Eltern. Erziehungsfähigkeit umfasst verschiedene Bereiche der elterlichen Fürsorge, Betreuung und der Eltern-Kind-Beziehung. Im Einzelnen werden unter Erziehungsfähigkeit die Fähigkeit der Eltern, Bedürfnisse des Kindes nach körperlicher Versorgung und Schutz zu erfüllen, die Fähigkeit, dem Kind als stabile und positive Vertrauensperson zu dienen, die Fähigkeit, dem Kind ein Mindestmaß an Regeln und Werten zu vermitteln, sowie die Fähigkeit, einem Kind grundlegende Lernchancen zu eröffnen, verstanden.
- Psychisch kranke Mütter zeigen im Umgang mit ihren Kindern eine ganze Reihe von Einschränkungen und unterscheiden sich deutlich von unauffälligen Müttern. Sie lassen im Kontakt mit ihren Kindern weniger Interesse und emotionale Beteiligung erkennen, erweisen sich als weniger einfühlsam und äußern den Kindern gegenüber vermehrt negative Gefühle und Feindseligkeiten. Außerdem verhalten sich diese Mütter eher passiv und zeigen ein eingeengtes kommunikatives Repertoire.
- Es konnte aufgezeigt werden, dass eine elterliche psychische Erkrankung und eine eheliche Disharmonie in einer engen Wechselwirkung miteinander stehen. So treten eheliche Schwierigkeiten in Familien mit einem psychisch erkrankten Ehepartner nicht nur häufig auf, sondern können nach einer Krankheitsepisode auch über mehrere Jahre andauern (Birtchnell, 1988). Ehepaare, bei denen zumindest ein Partner psychisch erkrankt ist, nehmen sich gegenseitig negativer wahr, zeigen emotional negativere Interaktionen als gesunde Vergleichspaare und haben zudem höhere Scheidungsraten (Downey u. Coyne, 1990). Dieser Befund hat insofern eine große Bedeutung, weil vielfach aufgezeigt werden konnte, dass chronische Eheprobleme generell für die Entwicklung aller Kinder einen Belastungsfaktor darstellen und das Risiko für eine psychische Störung bei den betroffenen Kindern erhöhen.
- Generationengrenzen sind für die Funktionalität einer Familie von großer Bedeutung und ergeben sich vor allem aus der Anerkennung der Unterschiede in elterliche und kindliche Rollen und deren Einhaltung sowie aus den Interaktionsregeln des elterlichen und kindlichen Subsystems. Durch die psychische Erkrankung werden die Grenzen zwischen diesen familiä-

ren Subsystemen diffus und das System Familie gerät durcheinander. Es kommt häufig zur Parentifizierung, einer Rollenumkehr, in der die Kinder Eltern- oder Partnerfunktion für ihre Eltern übernehmen. Eine derartige Rollenumkehr ist in der Mehrzahl der Familien mit psychisch kranken Eltern zu beobachten (Lenz, 2005). Es zeigt sich, dass sowohl der psychisch kranke Elternteil als auch der gesunde Elternteil häufig den Kindern ihre Bedürftigkeit signalisieren und ihnen einen Großteil der Verantwortung für das Wohlbefinden übertragen. Kinder werden dadurch zu Vertrauten und Ratgebern ihrer Eltern sowie zur primären Quelle von Unterstützung und Trost.

– In den meisten dieser Familien herrscht ein Rede- bzw. Kommunikationsverbot über die psychische Erkrankung und deren Auswirkungen auf das familiäre Zusammenleben. Die Kinder empfinden dieses Schweigegebot intuitiv oder erhalten explizit die Aufforderung, nicht mit außen stehenden Personen über die Krankheit der Mutter oder des Vaters zu sprechen. Die psychische Erkrankung gewinnt auf diese Weise den Charakter eines geteilten Familiengeheimnisses. Geheimnisse können das emotionale Klima von Familien tiefgreifend beeinflussen, ohne dass die Quelle dieses Einflusses bemerkt wird, weil das Thema auch innerhalb der Familie weitgehend tabuisiert ist bzw. bagatellisiert oder nur vorsichtig umschrieben wird.

– Oft fehlen zuverlässige und vertrauensvolle soziale Beziehungen, die in der belastenden Familiensituation für die Kinder eine ausgleichende und normalisierende Funktion übernehmen könnten. Die Kinder wissen nicht, an wen sie sich mit ihren Problemen wenden können, und haben niemanden, mit dem sie darüber sprechen können. Häufig gelingt es ihnen nicht, die Scham- und Schuldgefühle sowie das familiäre Schweigegebot zu überwinden und den Schritt nach außen zu wagen. Manchmal werden selbst Beziehungsangebot von Personen aus dem nahen sozialen Umfeld nicht wahrgenommen, weil jedes Gespräch als Verrat am kranken Elternteil und an der gesamten Familie empfunden wird.

– Darüber hinaus sind in Familien mit einem psychisch kranken Elternteil fast alle relevanten psychosozialen Belastungen, die das Risiko für psychische Störungen bei Kindern erhöhen, überrepräsentiert (Ihle et al., 2001). D. h., psychische Erkrankung eines Elternteils korreliert positiv mit zahlreichen psychosozialen Belastungsfaktoren. Die psychische Erkrankung stellt somit ein Kernmerkmal dar, durch welches das Entwicklungsumfeld eines Kindes gravierend beeinträchtigt wird. Kinder psychisch kranker Eltern sind folgenden familiären Risikofaktoren besonders häufig ausgesetzt:

- sozioökonomische und soziokulturelle Aspekte wie Armut, un-

zureichende Wohnverhältnisse sowie soziale Randständigkeit oder kulturelle Diskriminierung der Familie;
- niedriger Ausbildungsstand bzw. Berufsstatus der Eltern und Arbeitslosigkeit;
- Verlust von wichtigen Bezugspersonen, insbesondere eines Elternteils;
- zwei- bis fünffach erhöhte Wahrscheinlichkeit für Vernachlässigung, Misshandlung und sexuellen Missbrauch.

Bei der Frage nach den Auswirkungen der psychischen Erkrankung der Eltern auf die kindliche Entwicklung ist zu beachten, dass das Zusammenwirken mehrerer Belastungsfaktoren besonders schwerwiegend die kindliche Entwicklung beeinflusst, indem sich die negativen Effekte der einzelnen Belastungsfaktoren wechselseitig verstärken. Hammen et al. (1990) weisen darauf hin, dass ein einzelner Risikofaktor nur eine begrenzte prognostische Aussagekraft besitzt. Da einzelne Risikofaktoren keine befriedigende Erklärung für das Entstehen von Entwicklungsstörungen boten, wurde das Haupteffektmodell, das lange Zeit in der Risikoforschung vorherrschte, zu einem additiven bzw. gewichteten Modell ausgeweitet. Demnach sind für Entwicklungsstörungen nicht mehr bestimmte umschreibbare Risikofaktoren als direkte Ursachen anzunehmen. Kindliche Entwicklungsprozesse werden viel mehr von der kumulativen Wirkung von Belastungsfaktoren beeinflusst als von einzelnen Belastungsfaktoren (Coyne u. Smith, 1991). Dieser Befund legt noch den weiteren Schluss nahe, dass sich Risiken erst in Abhängigkeit von der Anwesenheit weiterer Faktoren durchsetzen.

Trotz multipler Belastungen entwickeln bei weitem nicht alle Kinder psychisch kranker Eltern psychische Störungen. Dass Kinder in schwierigen familiären und sozialen Konstellationen durchaus in der Lage sind, ihr Leben adäquat zu meistern, konnte Bleuler bereits 1972 in der Langzeitstudie »Die schizophrenen Geistesstörungen im Lichte langjähriger Kranken- und Familiengeschichten« aufzeigen. Er verfolgte die Entwicklung von 184 Kindern schizophren Erkrankter und stellte fest, dass drei Viertel von ihnen gesund geblieben sind. »[...] selbst langdauernde Erziehung durch zwei schizophrene Eltern prädestinierte ein Kind nicht dazu, schizophren oder auch abnorm zu werden. Normale Entwicklung kann auch angesichts totaler Vernachlässigung, ausgeprägter Vorbilder von Irrationalität, auch angesichts der totalen Verformung der Vorstellungswelt der Eltern stattfinden« (Bleuler, 1972, zit. nach Anthony, 1980, S. 13). Trotz großer familiärer Belastung, der diese Kinder ausgesetzt waren, zeigte sich, wie Bleuler betont, »nur eine Gefährdung und nicht ein absolutes Hindernis für eine gesunde Entwicklung« (S. 13).

Anthony (1980) konzentrierte sich in seiner Studie auf die subjektiven Erfahrungen, die Kinder im Zusammenleben mit ihren kranken Eltern machten.

Es zeigte sich, dass Kinder, die in einem manisch-depressiven Milieu aufwuchsen, eine große Sensibilität für die Krankheit ihrer Mutter oder ihres Vaters entwickelten und zugleich ein normales Einfühlungsvermögen in ihren sozialen Beziehungen besaßen. Die Adoleszenz stellte für die Kinder eine vulnerable Phase dar, insbesondere dann, wenn die Mutter krank und das Kind weiblich war. Obwohl manche von ihnen eine sehr »stürmische« Adoleszenz durchlebten, besuchte die Mehrzahl der Kinder erfolgreich die Schule. Systematisch und methodisch differenziert setzte sich erstmals der englische Kinder- und Jugendpsychiater Rutter mit dem Thema auseinander. Rutter und Quinton (1984) ermittelten in einer Längsschnittstudie über einen Beobachtungszeitraum von vier Jahren bei einem Drittel der Kinder keine pathologischen Auswirkungen auf die kindliche Entwicklung und bei einem weiteren Drittel vorübergehend auftretende Störungen. Bei dem verbleibenden Drittel wurden hingegen persistente kinderpsychiatrische Störungen festgestellt. Diese Beobachtungen führten zur Annahme der Existenz sogenannter protektiver Faktoren in der Person und in der Umwelt eines Kindes, die die Wirkung von Risikofaktoren moderieren und die Wahrscheinlichkeit für die Herausbildung von Störungen senken können. Zur Beschreibung dieses Phänomens wurde der Begriff der Resilienz oder Widerstandsfähigkeit eingeführt.

Resilienz im Kindes- und Jugendalter

Resilienz beschreibt einen dynamischen oder kompensatorischen Prozess positiver Anpassung angesichts bedeutender Belastungen. Es gelingt resilienten Kindern, relativ unbeschadet mit den Folgen herausfordernder bzw. belastender Lebensumstände umzugehen und dafür Bewältigungskompetenzen zu entwickeln. Masten et al. bezeichnen Resilienz als den »Prozess, die Fähigkeit oder das Ergebnis erfolgreicher Adaptationen angesichts herausfordernder oder bedrohender Umstände im Sinne inneren Wohlbefindens und/oder effektiver Austauschbeziehungen mit der Umwelt« (1990, S. 426). Resilienz kann als erworbene psychische Robustheit verstanden werden.

Das Zusammenspiel von Risiko- und Schutzfaktoren muss dabei insgesamt als ein integrierter, komplexer Prozess verstanden werden. Schneider und Pickartz (2004) betrachten Resilienz als die Fähigkeit, personale (kindbezogene), familiäre und soziale Schutzfaktoren im Sinne eines Puffereffekts einsetzen zu können. Das bedeutet, dass ein Resilienzfaktor ausschließlich dann wirksam ist, wenn eine Gefährdung vorliegt. Bei fehlender Resilienz kommen risikoerhöhende Umstände voll zur Wirkung, während beim Vorhandensein protektiver Faktoren die entwicklungshemmenden Einflüsse des Risikos abgepuffert oder ganz beseitigt werden.

Dabei ist der relative Charakter der Resilienz zu beachten. Resilienz bedeutet nicht die Abwesenheit psychischer Störungen, sondern die Fähigkeit, vorhandene Mechanismen zur Bewältigung alterstypischer Entwicklungsaufgaben trotz schwieriger Umstände zu aktivieren (Masten u. Powell, 2003). Resilienz stellt darüber hinaus keine zeitlich stabile, situationsübergreifende Eigenschaft dar. Personen können vielmehr zu einem Zeitpunkt gegenüber Belastungen bzw. aversiven Erfahrungen resilient, später aber gegenüber anderen Belastungen vulnerabel sein. Schutzfaktoren wirken offensichtlich kontextabhängig und spezifisch (Cohler et al., 1995). Empirische Befunde legen es nahe, besser von bereichsspezifischer Resilienz (z. B. von sozialer oder emotionaler Resilienz) als von globaler Resilienz zu sprechen. Spezifische Resilienzen entsprechen den im Kontext der Individuum-Umwelt-Interaktion erworbenen Ressourcen und werden im erfolgreichen Einsatz weiterentwickelt. Sind die aktuellen Anforderungen größer als die verfügbaren Ressourcen, so dürften daher geringe oder vorübergehende Diskrepanzen durch vermehrte Anstrengungen regulierbar und für die Entwicklung von Resilienz wahrscheinlich sogar förderlich sein. Gravierende Diskrepanzen zwischen Anforderungen und Ressourcen erzeugen langfristig pathogene Strukturen. Dies trifft sowohl für Überforderungen als auch Unterforderungen im Entwicklungsverlauf zu (Olson et al., 2003).

Walsh (2003) erweitert das Resilienzkonzept. Das Modell der *familiären Resilienz* verbindet ökologische Sichtweisen und Entwicklungsperspektiven mit dem Ziel, die Funktionsweise der Familie in ihrem sozialen Kontext zu verstehen und in der Problembewältigung zu stärken. Familiäre Resilienz beinhaltet nicht nur den Blick auf die einzelnen Familienmitglieder als potenzielle Schutzfaktoren für die Resilienz des Individuums, sondern richtet die Aufmerksamkeit auch auf das Wechselspiel zwischen Risiko und Resilienz in der Familie als Funktionseinheit. Walsh (1996) verknüpft die personalen, familiären und sozialen Schutzfaktoren zu familiären Schlüsselprozessen. In den familiären Schlüsselprozessen wirken die Schutzfaktoren in einem komplex vernetzten Prozess aufeinander ein und beeinflussen sich durch die vielfältigen Wechselwirkungen gegenseitig. Ausgangspunkt ist die Prämisse, dass sich Krisen und anhaltende Belastungen auf die Familie insgesamt auswirken. Starke familiäre Schlüsselprozesse schaffen Entlastung, während schwache familiäre Schlüsselprozesse zu einer schlechten Anpassung an die Belastungssituation aller Familienmitglieder und des familiären Systems führen. Entscheidend sind die Reaktionen der Familie auf die Belastungen. Sie können die Funktionsweise eines Familiensystems zusammenbrechen lassen, wobei sich die Wirkungen davon allmählich auf alle Familienmitglieder ausbreiten. Durch Schlüsselprozesse der Resilienz wird hingegen das Familiensystem befähigt, Belastungen abzupuffern, sich von Krisen zu erholen, das Risiko der Dysfunktionalität zu verringern und eine Adaptation an neue Lebensumstände zu unterstützen.

Wenn es einer Familie gelingt, mit den Belastungen umzugehen, sich Schlüsselprozesse der Resilienz nutzbar zu machen, kann sie gestärkt aus Krisen hervorgehen. Die Familienmitglieder können neue Erkenntnisse gewinnen, neue Fähigkeiten ausbilden und ihre Ressourcen in zukünftigen Herausforderungen wirkungsvoll einsetzen. Durch das gemeinsame Durchstehen einer Krise oder einer Belastungssituation werden darüber hinaus die familiären Beziehungen oftmals bereichert.

Walsh (2003) hat die Schlüsselprozesse familiärer Resilienz, welche die Belastbarkeit der Familie steigern können, in die folgenden drei großen Bereiche familiärer Funktionsweisen zusammengefasst: Überzeugungen der Familie, strukturelle und organisatorische Muster, kommunikative Prozesse und Problemlösung.

1. Überzeugungen der Familie:
- in widrigen Lebensumständen einen Sinn finden,
- optimistische Einstellung,
- Transzendenz und Spiritualität (z. B. übergeordnete Werte, Sinn und Zweck, religiöser Glaube, heilende Rituale, Unterstützung durch Kirchengemeinde).

2. Strukturelle und organisatorische Muster:
- Flexibilität in den familiären Strukturen (z. B. Offenheit für Veränderungen, ko-elterliche Beziehung, gleichberechtigte Partnerschaft),
- Verbundenheit (z. B. gegenseitige Unterstützung, Zusammenarbeit und Verbindlichkeit, Respekt vor Bedürfnissen, Unterschieden und Grenzen des Einzelnen),
- soziale Ressourcen (verwandtschaftliche, soziale und umfeldbezogene Netzwerke).

3. Kommunikation und Problemlösung:
- Klarheit schaffen (z. B. eindeutige, in sich stimmige Botschaften, Suche nach Wahrheit, Wahrheiten aussprechen),
- Gefühle zum Ausdruck bringen,
- gemeinsam Probleme lösen (z. B. kreative Ideen und Gedanken entwickeln, gemeinsame Entscheidungsfindung und Konfliktlösung, Aushandeln, Fairness und Reziprozität).

Ressourcen als Schutzfaktoren

Schutzfaktoren sind Ressourcen, um Risiken abzupuffern und Fehlentwicklungen oder die Entwicklung von pathogenen Strukturen zu verhindern oder abzumildern. Von einem Schutzfaktor wird also nur dann gesprochen, wenn er die pathogenen Auswirkungen vorhandener Risikofaktoren vermindert. Demgemäß sind Schutzfaktoren nur Teilmengen vorhandener Ressourcen, die zum Einsatz kommen, wenn Entwicklungsprobleme bewältigt werden müssen.

Ressourcen sind aktuell verfügbare Potenziale oder Stärken, die die Entwicklung des Kindes wesentlich unterstützen (Masten u. Powell, 2003). Sie entwickeln sich umso besser, je ausbalancierter das Verhältnis von Anforderungen und Möglichkeiten ist und je erfolgreicher gestellte Aufgaben bewältigt werden. Eine erfolgreiche Bewältigung von Aufgaben ermutigt ein Individuum wiederum, sich neuen Herausforderungen zu stellen. Werden diese angemessen gemeistert, sind neue Kompetenzen entstanden, also neue Ressourcen erzeugt worden. Damit wird deutlich, dass Ressourcen in engem Zusammenhang mit Alltagsanforderungen und Entwicklungsaufgaben stehen (Petermann u. Schmidt 2006). Ressourcen, die für die Bewältigung von Entwicklungsproblemen eingesetzt werden, fehlen der gesunden Entwicklung, verlangsamen deren Tempo oder können sie letztlich behindern. Der Einsatz von Ressourcen zur Bewältigung pathogener oder pathologischer Zustände, d. h. als Schutzfaktoren, bildet einen Sonderfall des Ressourcenverbrauchs und auch der Entwicklung. Er dient der Bewältigung von ungünstigen Belastungen, während das Bewältigen von alterstypischen Entwicklungsaufgaben eine positive Herausforderung für den Einsatz von Ressourcen darstellt (Petermann u. Schmidt, 2006).

Generelle Schutzfaktoren

Durch prospektive Längsschnittstudien und gut kontrollierte Querschnittstudien konnte eine Reihe von Schutzfaktoren für eine gesunde psychische Entwicklung von Kindern identifiziert werden. Man untersuchte vor allem Kinder und Jugendliche
- aus Familien mit multiplen Belastungen (z. B. Rutter, 1987, 1990; Werner u. Smith, 1982),
- aus Scheidungsfamilien (z. B. Hetherington et al., 1989),
- aus Familien mit Kindesmisshandlung und Vernachlässigung (z. B. Cicchetti et al., 1999),
- aus Milieus mit besonderer Delinquenzgefährdung (z. B. Farrington, 1993),
- aus Heimen.

Wie Kinder mit Belastungen fertig werden und sich zu psychisch gesunden und kompetenten Erwachsenen entwickeln, konnte Emmy Werner in der mittlerweile klassischen Kauai-Studie (Werner u. Smith, 1982) aufzeigen. Eine Geburtsjahrgangskohorte aus 698 Kindern des Jahrgangs 1958 aus meist gemischten, eingewanderten und einheimischen, zumeist soziökonomisch benachteiligten Familien wurde von der pränatalen Phase bis ins Erwachsenenalter beobachtet. In die Studie wurden demographische Angaben zur Familiengeschichte, zur aktuellen Familie und zum Haushalt, Interviews bei Hausbesuchen, Informationen aus pädiatrischen Untersuchungen, psychologische Testverfahren, Schulnoten, Berichte von Erziehungs- und Gesundheitseinrichtungen sowie von Sozialdiensten und Polizeiämtern einbezogen. Die Auswertung erfolgte gezielt nach entwicklungsrelevanten Risiko- und Schutzfaktoren und der Entwicklung von Vulnerabilität und Widerstandskraft über den gesamten Lebenslauf hinweg. Differenzielle Erkenntnisse über die Entwicklung der sogenannten »Unbesiegbaren« oder »Resilienten« wurden über die Teilstichprobe von Kindern gewonnen, die im Alter von zwei Jahren mit mindestens vier Risikofaktoren – z. B. Armut, psychisch kranker Elternteil – belastet waren. Ein Drittel der Gesamtkohorte musste dieser Hochrisiko-Gruppe zugerechnet werden, davon nahmen zwei Drittel eine ungünstige Entwicklung. Ein großer Teil dieser Personen kam aus armen und desorganisierten Familien und zeigte seit früher Kindheit Auffälligkeiten in der Schule, kriminelle Handlungen und gesundheitliche Schwierigkeiten. Ein Drittel der Hochrisiko-Gruppe (ca. 10 % der Gesamtkohorte) entwickelte sich zu relativ psychisch gesunden und kompetenten Erwachsenen.

Risikofaktoren in der Kauai-Studie

- psychopathologische Auffälligkeiten der Eltern,
- Erkrankungen der Eltern,
- schlechte Erziehung und Ausbildung der Eltern,
- Scheidung, Trennung, Tod der Eltern,
- chronische Familienkonflikte,
- Abwesenheit des Vaters,
- Arbeitslosigkeit des Vaters,
- Wechsel des Wohnortes,
- chronische Armut,
- perinatale Komplikationen,
- verlängerte Trennungen von der primären Pflegeperson,
- ernsthafte und wiederholte Kinderkrankheiten,
- rasch nachfolgende Geburten jüngerer Geschwister,
- Entwicklungsprobleme der Geschwister.

Schutzfaktoren in der Kauai-Studie

Kind
- Erstgeborenes,
- hohe Aktivität des Säuglings,
- positives Sozialverhalten,
- Fähigkeit zur Selbsthilfe,
- gute Kommunikation,
- ausgeprägte Interessen,
- Selbstkontrolle,
- positives Selbstkonzept.

Umgebung
- viel Zuwendung,
- positive Eltern-Kind-Beziehung,
- weitere erwachsene Beziehungsperson (neben der Mutter),
- Freunde und Kameraden (Peers),
- geregelter, strukturierter Haushalt,
- Zusammenhalt der Familie,
- Hilfe und Rat bei Bedarf (Eltern, Lehrer).

Ziel der »Bielefelder Invulnerabilitätsstudie« (Lösel u. Bender, 1999) war es, die Resilienz unter den Bedingungen eines besonders hohen Entwicklungsrisikos zu untersuchen. Bei den Studienteilnehmern handelte es sich um Jugendliche aus Heimen, die aus belasteten und unterprivilegierten Multiproblem-Milieus mit unvollständigen Familien, Armut, Erziehungsdefiziten, Gewalt und elterlichen Suchtproblemen entstammten. Untersucht wurde eine Gruppe von 66 Jugendlichen im Alter von 14 bis 17 Jahren, die sich trotz der genannten Risikobelastung positiv entwickelten (Gruppe der Resilienten). Die Kontrollgruppe bildeten Jugendliche mit gleicher Risikobelastung, die Verhaltensauffälligkeiten und Störungen entwickelten. Untersucht wurden die biographischen Belastungen, das Problemverhalten sowie die personalen und sozialen Ressourcen.

Jugendliche aus der Gruppe der Resilienten zeigten folgende personale und soziale Ressourcen:
- Sie zeigten ein flexibleres und weniger impulsives Temperament.
- Sie hatten eine realistischere Zukunftsperspektive.
- Sie waren in ihrem Bewältigungsverhalten aktiver und weniger vermeidend.
- Sie erlebten sich weniger hilflos und vertrauten mehr auf eigene Kräfte.
- Sie waren leistungsmotivierter in der Schule.
- Sie hatten häufiger eine feste Bezugsperson außerhalb der hochbelasteten Familie.

- Sie waren zufriedener mit der erhaltenen sozialen Unterstützung.
- Sie hatten eine bessere Beziehung zu einzelnen Lehrern und zur Schule.
- Sie erlebten ein harmonisches und stützendes Erziehungsklima.

Insgesamt zeichnen sich sehr konsistente empirische Befunde ab, obwohl die verschiedenen Studien sich auf unterschiedliche Stichproben in vielfältigen Kontexten stützen, eine große Bandbreite an Methoden aufweisen und hinsichtlich untersuchter Entwicklungsabschnitte und Risikofaktoren variieren. Es kann daher von bedeutsamen allgemeinen Schutzfaktoren ausgegangen werden.

Temperamentsmerkmale

Als Temperament bezeichnet man ein charakteristisches Verhaltensmuster, das ein Kind mit bestimmten angeborenen physiologischen Dispositionen in Interaktionen mit seiner Umwelt entwickelt (vgl. Schwartz et al., 1996). In der Resilienzforschung werden meist drei Dimensionen des Temperaments unterschieden: das einfache Kind, das langsam auftauende Kind und das schwierige Kind. Resiliente Kinder haben häufig ein »einfaches« Temperament, das die Interaktion mit den Bezugspersonen erleichtert und die Wahrscheinlichkeit von Eskalationen verringert. Ein »einfaches« Temperament zeichnet sich zum Beispiel durch eine Regelmäßigkeit in biologischen Funktionen wie Schlaf-Wach-Rhythmus, eine geringe Irritierbarkeit, Anpassungstendenzen gegenüber neuen Situationen und Menschen sowie ein gutes Anpassungsvermögen an Veränderungen und eine gemäßigte, vorwiegend positive Stimmungslage aus (vgl. Schwartz et al., 1996). Kinder mit einem »schwierigen« Temperament sind dagegen häufiger Ziel der elterlichen Kritik, Reizbarkeit und Feindseligkeit (Rutter, 1990), was die Wahrscheinlichkeit der Entwicklung gravierender Störungen erhöht. Esser et al. (1995) verweisen allerdings darauf, dass die angeborenen Temperamentsunterschiede doch weniger bedeutsam zu sein scheinen als die Folgen negativer Elternreaktionen. So kann bei einer ungünstigen Passung von Eltern- und Kindverhalten ein schwieriges Temperament dann zum Risikofaktor werden, wenn Eltern selbst ähnliche Merkmale aufweisen und die sozialen Ressourcen und Kompetenzen in der Familie gering sind.

Soziale Kompetenzen

Höhere Ausprägungen der sozialen Kompetenzen und kommunikativen Fähigkeiten können bei vergleichbarer Belastung dazu beitragen, dass erfolgreichere oder sozial akzeptablere Bewältigungsformen gefunden werden. So fand Werner (1999) heraus, dass resiliente Kinder mehr Empathie und effektivere Problemlösefähigkeiten zeigen. Luthar (1993) stellte bei psychisch widerstandsfähigen Kindern eine stärkere soziale Ausdrucksfähigkeit fest. Es zeigte sich beispielsweise, dass resiliente Kinder eigene Gefühle und soziale Signale differenzierter wahrnehmen und verbalisieren sowie ihr Handeln situationsangemessener ausrichten. Bender und Lösel (1998) stellten fest, dass die resilienten Kinder aus Multiproblem-Milieus eine realistischere Einschätzung persönlicher Ziele zeigten als auffällig gewordene Kinder aus einem vergleichbaren sozialen Kontext. Kompetente Kinder aus Familien mit einem psychisch kranken Elternteil waren humorvoller und hatten eine realistischere Einschätzung von sozialen Zusammenhängen und zwischenmenschlichen Beziehungen (Garmezy, 1987). Mitunter werden resiliente Kinder auch als besonders charmant und als Lieblingskinder in der Familie beschrieben.

Kognitive Kompetenzen

Die Studien zur Wirkung von Intelligenz kommen nicht durchgängig zu konsistenten Ergebnissen (Bender u. Lösel, 1998). In einer Reihe von Studien zeigten sich protektive Moderator- oder Haupteffekte von Intelligenz, insbesondere hinsichtlich der Entwicklung externalisierenden Verhaltens. Umgekehrt fanden sich unter Belastungen positive Korrelationen zwischen Intelligenz und Störungen im internalisierenden Bereich. Dies könnte damit zusammenhängen, dass intelligente Kinder ihre Umwelt differenzierter wahrnehmen und dadurch sensibler auf Belastungen reagieren und wegen der größeren kognitiven Reife vor allem zu internalisierenden Problemverarbeitungen neigen (vgl. Luthar, 1993). Protektive Effekte zeigten auch positive Schulleistungen. Sie sind eine Quelle der Selbstbestätigung und können dabei helfen, negative Erfahrungen in der Familie zu kompensieren (Rutter, 1990). Umgekehrt kann ein übersteigertes Leistungsstreben aber auch zu Versagensängsten und psychosomatischen Störungen beitragen.

Positive Selbstkonzepte

Resiliente Kinder besitzen ausgeprägte internale Kontrollüberzeugungen (Luthar, 1993). Damit ist die Überzeugung einer Person gemeint, selbst Einfluss auf die Verstärkungsbedingungen und Ereignisse ausüben zu können. Rigide internale Kontrollüberzeugungen erhöhen angesichts unkontrollierbarer Ereignisse dagegen eher die Vulnerabilität für emotionale und andere Probleme. Bender und Lösel (1998) machen darauf aufmerksam, dass positive Zukunftserwartungen, die mit internalen Kontrollüberzeugungen und einer positiven Beziehung zu Bezugspersonen korrelieren, relativ unabhängig vom Belastungsniveau positive Entwicklungen vorherzusagen scheinen.

Große Bedeutung für die Bewältigung von belastenden Lebensereignissen werden dem Selbstwertgefühl sowie den Überzeugungen zur Selbstwirksamkeit zugeschrieben (Lösel et al., 1992). Als Selbstwert oder Selbstwertgefühl wird die Gesamtheit der affektiven Urteile einer Person über sich selbst bezeichnet. Unter Selbstwirksamkeit versteht Bandura (1986) die Erwartung der Person, in einer gegebenen Situation aufgrund der vorhandenen Fähigkeiten ein spezifisches Verhalten ausführen zu können, das zu einem gewünschten Ergebnis oder Zustand führt. Die Schutzfunktion dürfte darin bestehen, dass durch das Erleben von Selbstwert und Selbstwirksamkeit Anpassungsversuche in Gang gesetzt werden, die bei Gefühlen der Hilflosigkeit und der damit einhergehenden Passivität unterbleiben (Bandura, 1986).

Kohärenzgefühl

Antonovsky (1997) betrachtet das Kohärenzgefühl als die zentrale Kraft dar, die alle Ressourcen integriert und den Weg zu einer erfolgreichen Bewältigung von Spannungen und Stressoren bahnt. Das Kohärenzgefühl setzt sich aus drei Komponenten zusammen: Gefühl von Verstehbarkeit (»sense of comprehensibility«), Gefühl von Handhabbarkeit bzw. Bewältigbarkeit (»sense of manageability«) und Gefühl von Sinnhaftigkeit bzw. Bedeutsamkeit (»sense of meaningfulness«). Ein stark ausgeprägtes Kohärenzgefühl führt dazu, dass ein Mensch flexibel auf Anforderungen reagiert und in der Lage ist, die für diese spezifischen Situationen angemessenen Ressourcen zu aktivieren.

Die überwiegende Mehrzahl der Studien zum Kohärenzgefühl ist bei Erwachsenen durchgeführt worden. Es gibt aber deutliche Hinweise, dass sinn- und strukturgebende Wahrnehmungen von Lebensereignissen deren Bewältigung auch bei jungen Menschen erleichtern (vgl. Rutter, 1987). So können zum Beispiel religiöse und ethische Wertorientierungen sowie deren Betonung in der Erziehung eine protektive Funktion haben.

Emotionale Bindung an Bezugspersonen

Eine stabile und emotional sichere Bindung, deren Grundlage die kontinuierliche Erfahrung von adäquatem Fürsorgeverhalten durch die Bezugspersonen darstellt, besitzt eine wichtige Schutzfunktion gegen Stressoren. So belegen verschiedene Studien bezogen auf den Umgang mit Belastungen und Stress, dass sicher gebundene Kinder kompetente Bewältigungsstrategien entwickeln, über eine höhere Ich-Flexibilität und realistische Vorstellungen von ihren Fähigkeiten und Möglichkeiten verfügen sowie eher in der Lage sind, die Kontrolle und Modulation von Impulsen, Bedürfnissen und Gefühlen dynamisch an situative Erfordernisse anzupassen (Spangler u. Zimmermann, 1999). Dies zeigte sich z. B. bei der Bewältigung von familiären Konflikten, Kindesmissbrauch, multiplen Lebensbelastungen (Wyman et al., 1991) und psychischer Krankheit eines Elternteils (Radke-Yarrow u. Brown, 1993). Nach Tress et al. (1989) ist die feste Bindung an eine frühe Bezugsperson bei Risikogruppen der wesentliche Schutzfaktor gegen spätere psychische Störungen.

Hingegen zeigen unsicher gebundene Kinder weniger Ich-Flexibilität, ein negativeres Selbstkonzept und darüber hinaus mehr Hilflosigkeit, Ängstlichkeit und Feindseligkeit. Unsicher gebundene Kinder erachten gegenseitige Unterstützung bei emotionaler Belastung als weniger wichtig als sicher gebundene, was sie vermutlich auch an der Nutzung von sozialer Unterstützung hindert (Klauer, 2005). Wie Untersuchungen zeigen (vgl. z. B. Lösel, 1994), muss eine warme, dauerhafte und stützende Beziehung zu einer wichtigen Person im Kindes- und Jugendalter nicht auf die Eltern beschränkt sein. Diese Funktion können auch Großeltern, ältere Geschwister oder eine Person außerhalb der Familie übernehmen. Ein wichtiger Aspekt in einer solchen Beziehung scheint für den Jugendlichen das Gefühl zu sein, für die andere Person etwas Besonderes darzustellen.

Die protektive Funktion einer emotional sicheren Bindung impliziert jedoch auch altersadäquate Tendenzen der Ablösung (Grossmann u. Grossmann, 2004). Ansonsten besteht die Gefahr einer überbehüteten Erziehung und der Entwicklung von emotionalen Abhängigkeiten oder internalisierenden Symptomen.

Merkmale des Erziehungsklimas

In Familien resilienter Kinder herrscht ein emotionales und herzliches Klima, in das regelmäßige gemeinsame Aktivitäten eingebettet sind. Zugleich bestehen feste Regeln für das Verhalten (Garmezy, 1987). Eine emotional positive, zugewandte und akzeptierende sowie zugleich normorientierte, angemessen fordernde und kontrollierende Erziehung hat eine grundlegende Funktion für eine psychisch gesunde Entwicklung von Kindern (Baumrind, 1989). Daneben scheint auch eine klare Einhaltung der Elternrolle Resilienz zu fördern. Damit ist gemeint, dass Eltern, die Kinder als gleichberechtigte Partner betrachten und deren Bedürfnisse und Interessen ernst nehmen und ihnen in der Familie Raum geben, aber zugleich deutlich machen, dass es innerfamiliäre Bereiche gibt, bei denen sie nicht gleichberechtigt mitentscheiden dürfen.

Paarbeziehung der Eltern

Die Qualität der Paarbeziehung entscheidet gleichermaßen über das persönliche Wohlbefinden der Partner, über die Qualität der Eltern-Kind-Beziehungen und über die weitere Persönlichkeitsentwicklung der Kinder. Satir (1982) bezeichnet die Partner als die Architekten des Familiensystems. Die Qualität der Paarbeziehung wird maßgeblich bestimmt durch die Kommunikations-, Konfliktregelungs- und Problemlösungsfertigkeiten der Partner. So resultiert beispielsweise die Zufriedenheit bzw. Unzufriedenheit der Eltern mit ihrer Paarbeziehung maßgeblich daraus, ob bestehende Konflikte offen ausgetragen werden können oder ob sich einer der Partner oder beide zurückziehen bzw. ob es zu eskalierenden Machtkämpfen kommt. Das Risiko erhöht sich insbesondere in Familien, in denen Generationengrenzen verletzt und Kinder als Verbündete in das Paarsystem hineingezogen werden (Richter, 1969). Inwieweit das Bedürfnis nach Nähe, Intimität und gegenseitiger Akzeptanz in der Partnerschaft ausgedrückt und dann auch eingelöst werden kann, stellt einen weiteren Indikator für die Zufriedenheit der Eltern mit der Paarbeziehung dar. Bleiben diese Bedürfnisse über einen längeren Zeitraum unerfüllt, besteht ebenfalls die Gefahr der Generationengrenzenstörung und Parentifizierung.

Familienstrukturen

Die Beziehungsmuster im Familiensystem gehören zu den bedeutendsten Variablen, welche das Verhalten von Familienmitgliedern beeinflussen und speziell die Resilienz der Kinder fördern. Das Circumplex-Modell ist eines der am besten empirisch fundierten Prozessmodelle, die die Erfassung und Beschreibung von günstigen und weniger günstigen Mustern von Familienbeziehungen und -strukturen ermöglichen (Olson et al., 1988). Im Einklang mit den Grundprinzipien der Systemtheorie versucht das Modell, die Familie als Ganzes zu begreifen und ihre Strukturen mit den beiden Dimensionen Kohäsion und Adaptabilität zu analysieren. Kohäsion ist definiert als das Ausmaß emotionaler Bindung, die Familienmitglieder miteinander haben (Olson et al., 1983). Unter Adaptabilität versteht Olson die Fähigkeit eines Paar- bzw. Familiensystems, seine Machtstrukturen, Rollenbeziehungen und Beziehungsregeln entsprechend den situativen und entwicklungsbedingten Belastungen zu verändern. Das Modell geht von der Annahme aus, dass sowohl Stabilität als auch Veränderung für die Lebensfähigkeit eines Familiensystems notwendig sind. Zu viel Veränderung, die zum Chaos führt, oder zu wenig Veränderung, die Rigidität nach sich zieht, werden als dysfunktional für das Familiensystem angesehen. Kommunikation wurde als unterstützende Dimension in das Circumplex-Modell eingefügt. Olson et al. (1983) gehen davon aus, dass die Dimension Kommunikation die Bewegung auf den beiden Zentraldimensionen Kohäsion und Adaptabilität erleichtert. Ein positiver Kommunikationsstil beinhaltet das Senden von klaren und kongruenten Botschaften, Empathie, unterstützende Aussagen und effiziente Problemlösungsmöglichkeiten.

Soziale Unterstützung

Wie zahlreiche Untersuchungen zeigen, trägt die Verfügbarkeit und Mobilisierbarkeit von sozialer Unterstützung durch Familienmitglieder, Verwandte, Lehrer, Erzieher, Pfarrer, Freunde und Schulkameraden etc. wesentlich zur Resilienz bei. Dies zeigte sich z. B. für Kinder aus Familien mit psychisch kranken Eltern (Garmezy, 1987), aus vielfältig belasteten Familien (Werner, 1990) und für Kinder aus Scheidungsfamilien (Hetherington et al., 1989). Soziale Ressourcen wirken als Puffer in Krisensituationen, mildern belastende Lebensereignisse und bilden einen Schutzschild gegenüber Herausforderungen, Spannungszuständen und Stressoren. Sie wirken darüber hinaus ganz generell förderlich auf das Wohlbefinden, indem sie elementare, nicht situationsgebundene soziale Bedürfnisse erfüllen (Badura, 1981). Die Integration einer Person in ein System sozialer Beziehungen wirkt sich danach direkt förderlich auf ihr Wohlbefinden aus, da sie die grundsätzlichen Bedürfnisse nach Zugehörigkeit, Geborgenheit und sozialer Verortung befriedigt, die es ihr überhaupt erst ermöglichen, sich in ihrer Umwelt zurechtzufinden und ihrem Leben einen Sinn zu geben. Für Kinder bilden die Familie und die Familienbeziehungen das primäre, also das intensive und intime Beziehungssystem. Das ist aber eben nur ein Teil des persönlichen Netzes, das durch Erwachsene und Peers als außerfamiliäre Bezugspersonen ergänzt wird. Charakteristisch für das soziale Beziehungsgeflecht von Kindern ist seine Heterogenität und Altersgemischtheit. Dabei kommt allerdings dem Gleichaltrigen-System eine besonders wichtige Rolle zu. Peerbeziehungen haben auf jeder Entwicklungsstufe des Kindes ihre spezifische Bedeutung. Im Grundschulalter übernehmen die Peers insbesondere im Freizeitbereich eine zentrale Funktion (Berger, 1996). Sie werden bevorzugt als Spielkameraden gesucht. Die gemeinsamen Aktivitäten besitzen für sie einen ganz besonderen Stellenwert, weil sie Erfahrungen und den Erwerb von »social skills« auf einer weitgehend gleichberechtigten Ebene ermöglichen. Eine bedeutsame Rolle spielen für jüngere Kinder auch die asymmetrischen Interaktionen mit Älteren (Schmidt-Denter, 1988). Die Jüngeren ahmen beispielsweise Verhaltensmuster, Umgangsformen und Konfliktlösungsstrategien von ihren älteren Gefährten nach. Diese Vorbilder üben darüber hinaus eine wertvolle Unterstützungs- und Hilfefunktion aus, etwa bei Konflikten in der

Familie oder bei schulischen Schwierigkeiten. Für 10- bis 14-jährige Kinder bietet dieses Beziehungsfeld einen Raum für gemeinsame, selbstbestimmte Aktivitäten und für das Ausleben und Testen von aggressiven Äußerungen, aber auch für Gespräche sowohl über die mit der sexuellen Reifung als auch mit familiären Problemen verbundenen Empfindungen, Ängste und Bewältigungsmöglichkeiten (Lewis et al., 1984).

Die Schutzfaktoren können in Individual- und Umfeldressourcen unterschieden werden, die weiter differenziert werden können in personale, familiäre und soziale Ressourcen.

Kindzentrierte Schutzfaktoren

- Temperamentsmerkmale wie Flexibilität, Anpassungsvermögen an Veränderungen, Soziabilität und eine überwiegend positive Stimmungslage,
- soziale Empathie und Ausdrucksfähigkeit (Wahrnehmung eigener Gefühle und sozialer Signale, Verbalisierung und Modulation eigener Gefühle, Wahrnehmung und Verstehen sozialer Regeln, Handlungsausrichtung nach sozialen Regeln, Umgang mit Konflikten),
- effektive Problemlösefähigkeit und realistische Einschätzung persönlicher Ziele,
- gute bzw. überdurchschnittliche Intelligenz und positive Schulleistungen,
- positive Selbstwertkonzepte, Selbstwirksamkeitsüberzeugungen und internale Kontrollüberzeugungen,
- ein ausgeprägtes Kohärenzgefühl.

Familienzentrierte Schutzfaktoren

- eine emotional sichere und stabile Beziehung zu mindestens einem Elternteil oder einer anderen Bezugsperson,
- eine emotional positive, zugewandte und akzeptierende sowie zugleich normorientierte, angemessen fordernde und kontrollierende Erziehung,
- eine gute Paarbeziehung der Eltern, in der Konflikte offen und produktiv ausgetragen werden,
- familiäre Beziehungsstrukturen, die sich durch emotionale Bindung der Familienmitglieder und Anpassungsvermögen an Veränderungen bzw. Entwicklungen auszeichnen.

Soziale Schutzfaktoren

- soziale Unterstützung und sozialer Rückhalt durch Personen außerhalb der Familie,
- Einbindung in ein Peernetzwerk,
- soziale Integration in Gemeinde, Vereine, Kirche etc.

Vieles deutet darauf hin, dass insbesondere familiäre Schutzfaktoren eine große Bedeutung für die Entwicklung und psychische Gesundheit von Kindern haben (Ravens-Sieberer et al., 2007). In der Bella-Studie zeigt sich bei der Betrachtung der personalen, familiären und sozialen Schutzfaktoren, dass sich die familiären Schutzfaktoren hinsichtlich psychischer Auffälligkeit deutlich protektiv auswirken, d. h., sie verringern stark die Wahrscheinlichkeit für psychische Störungen. Bei einem positiven Familienklima und einem guten familiären Zusammenhalt ist beispielsweise die Wahrscheinlichkeit, dass ein Kind depressive Symptome oder Angstsymptome entwickelt, etwa halbiert. Familiäre Schutzfaktoren beeinflussen auch deutlich das allgemeine Wohlbefinden und die Lebensqualität der Kinder in wichtigen Bereichen, z. B. in der Schule (Ravens-Sieberer et al., 2007).

Empirische Befunde zeigen darüber hinaus, dass nicht nur die Kumulation von Risikofaktoren, sondern auch die Kumulation von potenziellen Schutzfaktoren für resiliente Entwicklungen bedeutsam ist. Je mehr Risikofaktoren als negative Entwicklungsprädiktoren vorliegen, umso mehr Ressourcen sind auch erforderlich, um ungünstige Entwicklungsverläufe positiv zu beeinflussen. Stattin et al. (1997) konnten beispielsweise in einer Längsschnittstudie nachweisen, dass männliche Heranwachsende, die mehrere soziale Risiken wie z. B. Scheidung der Eltern, finanzielle Probleme, väterlichen Alkoholismus aufwiesen, besonders häufig straffällig wurden. Verfügten sie jedoch über mehrere personale Ressourcen (z. B. guter Intellekt, emotionale Kontrolle, soziale Reife, Energie), so war ihr Risiko gegenüber denjenigen ohne diese protektiven Faktoren deutlich verringert.

Spezielle Schutzfaktoren für Kinder psychisch kranker Eltern

Die Tatsache, dass sich in den unterschiedlichen Problemfeldern ein Kernbereich von Merkmalen identifizieren lässt, die für die seelisch gesunde Entwicklung von Kindern bedeutsam sind, spricht für relativ breit wirksame protektive Faktoren. Eine solche Sichtweise ist nützlich, wenn Ergebnisse der Resilienzforschung in die psychosoziale und psychotherapeutische Praxis oder auch die

Bereiche der Prävention und Gesundheitsförderung, Sozialarbeit, Pädagogik oder Familienhilfe übertragen werden.

Die Resilienzforschung geht mittlerweile auch der Frage nach, ob es neben den generellen protektiven Faktoren auch spezielle Schutzfaktoren für unterschiedliche Problemfelder gibt. Der Forschungsschwerpunkt verlagert sich zunehmend von der Identifizierung allgemeiner Schutzfaktoren zur Identifizierung differentieller Entwicklungsprozesse (Lösel u. Bender, 1999). Eine der wenigen Arbeiten, die sich mit dem Umgang der Kinder mit der elterlichen Erkrankung befasst, wurde von Beardslee und Podorefky (1988) vorgelegt. Sie haben aus einer größeren Stichprobe gezielt 18 resiliente jugendliche Kinder, von denen ein Elternteil an einer Depression erkrankt war, danach befragt, wie sie die elterliche Erkrankung wahrnehmen und kognitiv verarbeiten. Die Jugendlichen beschrieben sich selbst als Personen, die sich aktiv in schulischen und sozialen Aktivitäten engagieren sowie enge, vertrauensvolle Beziehungen innerhalb und außerhalb der Familie besitzen. Sie zeigten darüber hinaus eine angemessene kognitive Bewertung der Erkrankung und anderer familiärer Stressfaktoren sowie eine realistische Einschätzung der eigenen Möglichkeiten und Kompetenzen. Diese Befunde entsprechen den Ergebnissen anderer Studien, wonach positive Beziehungen innerhalb der Familie und auch außerhalb für Kinder von psychisch kranken Eltern einen wichtigen Schutzfaktor darstellen (Rutter, 1987).

Obwohl bislang noch keine ausreichenden kontrollierten empirischen Studien vorliegen, deuten die Ergebnisse qualitativer Studien darauf hin, dass eine alters- und entwicklungsadäquate Informationsvermittlung über die Erkrankung der Eltern einen spezifischen Schutzfaktor für Kinder psychisch kranker Eltern darstellt (Lenz, 2005). In leitfadengestützten Interviews wurden 22 Kinder und Jugendliche ausführlich befragt. Das Altersspektrum der Kinder variierte zwischen sieben und 18 Jahren. Die Analyse der Interviews ergab, dass es hierbei weniger um eine reine Wissensvermittlung etwa über das Krankheitsbild, die Wirkung von Medikamenten oder um die verschiedenen psychiatrischen und psychotherapeutischen Behandlungsformen geht. Informationsvermittlung sollte vielmehr an den Bedürfnissen und Fragen der Kinder ansetzen sowie an dem vorhandenen Wissen der Kinder und ihren Vorstellungen, inneren Bildern und Erklärungsmustern anknüpfen und die spezifische Familiensituation berücksichtigen. Ziel der Informationsvermittlung ist, die Kinder zu befähigen, die Situation besser zu verstehen und einzuschätzen sowie sie bei der Bewältigung des Stresses zu unterstützen, der durch das Zusammenleben mit dem erkrankten Elternteil entstanden ist. Die große Bedeutung von Informationen liegt in der Vermittlung von Hoffnung, Mut und positiven Zukunftserwartungen. Informationen eröffnen Möglichkeiten, Handlungsspielräume zu erweitern, Perspektiven und Wege zu beleuchten und zu erarbeiten sowie die Gefühle der Beeinflussbarkeit, der Kontrolle und Selbstwirksamkeit zu entdecken bzw. für sich (wieder) verfügbar zu machen. Informationsvermittlung und Aufklärung fördern also die Selbstbefähigung und Selbstbemächtigung der Betroffenen. Erst wenn Kinder ein für sich als ausreichend betrachtetes Wissen über die Erkrankung der Mutter oder des Vaters besitzen, sind sie in der Lage, als handelnde Subjekte aktiv Stärke, Energie und Phantasie zur Gestaltung eigener Lebensperspektiven zu entwickeln. In der Förderung solcher Empowerment-Prozesse (Lenz, 2002) dürfte vor allem die protektive Funktion von Information, Aufklärung und Wissen liegen. Menschen werden dadurch ermutigt, ihre eigenen Kräfte und Kompetenzen zu entdecken und ernst zu nehmen.

Wüthrich et al. (1997) haben ein Modell entwickelt, in dem die verschiedenen Variablen in verdichteter Form dargestellt werden. Zentral hervorgehoben werden in diesem Modell die Beziehungsqualität und die Krankheitsbewältigung. Im Anschluss an Wüthrich et al. (1997) haben Kinder psychisch kranker Eltern dann eine gute Entwicklungsmöglichkeit, wenn

1. sich die Patienten und ihre Kinder auf tragfähige und Sicherheit vermittelnde Beziehungen stützen können, d. h. auf Beziehungen, die emotional, kognitiv und im praktischen Handeln unterstützende Funktionen erfüllen können und in denen gleichermaßen Bindung wie auch Eigenständigkeit ermöglicht werden. Gemeint sind damit
   - die Beziehung zwischen erkranktem Elternteil und Kind,
   - die Beziehung zwischen gesundem Elternteil und Kind,
   - die eheliche Beziehung,
   - die Beziehung des Kindes zu anderen wichtigen Bezugspersonen innerhalb und/oder außerhalb der Familie,
   - die Beziehung der beiden Elternteile zu anderen wichtigen Bezugspersonen innerhalb und/oder außerhalb der Familie

und

2. Eltern, Kinder und Angehörige lernen, in sinnvoller und angemessener Weise mit der Erkrankung umzugehen. Zur angemessenen Krankheitsbewältigung gehören:
   - die Einstellung zu der Erkrankung und die dabei praktizierten Bewältigungsformen (angemessen ist ein aktiver und offener Umgang mit der Krankheit in der Familie und eine alters- und entwicklungsadäquate Krankheitsaufklärung der Kinder),
   - flexible Arbeits- und Aufgabenteilung in der Familie,
   - Nutzung von informellen Hilfsmöglichkeiten im sozialen Netzwerk,
   - Kooperation mit psychiatrisch-psychotherapeutischen Fachinstanzen und Einrichtungen der Jugendhilfe.

Von Schutzfaktoren zu Bewältigungsprozessen

Schutzfaktoren sind Ressourcen, die eingesetzt werden, um die Entwicklung von psychischen Störungen und Auffälligkeiten zu vermeiden oder abzumildern. Wie es Kindern psychisch kranker Eltern gelingt, ihre verfügbaren Potenziale und Stärken in ihren kognitiven, emotionalen und aktionalen Bemühungen zu aktivieren, sich mit den Belastungen und Anforderungen auseinanderzusetzen, sie aufzufangen oder zu meistern, darüber wissen wir noch relativ wenig (Lenz, 2008). Die Bewältigungsforschung im Hinblick auf Kinder und Familien von psychisch kranken Eltern steht an ihrem Anfang. Erste Ergebnisse einer umfangreichen Studie über das Copingverhalten von Kindern schizophren erkrankter Eltern werden in dem Beitrag von Kuhn, Lenz und Jungbauer in diesem Band vorgestellt

Copingstrategien der Kinder

Zur Differenzierung der Bewältigungsstrategien werden unterschiedliche Klassifikationen vorgeschlagen. Lazarus und Folkman (1984), deren Klassifikation die weiteste Verbreitung gefunden hat, differenzieren zwischen Bewältigungsstrategien mit instrumenteller bzw. problemlösender Funktion und Bewältigungsstrategien mit palliativer bzw. emotionsorientierter Funktion. Das problemfokussierte Coping ist mit Kontrolle und/oder Veränderung stressauslösender Situations- oder Personenmerkmale verbunden, wie z. B. durch Veränderung des Tagesablaufs oder durch ein klärendes Gespräch. Ziel des emotionsfokussierten Copings ist die Kontrolle und Regulation der mit dem Stresserleben verbundenen negativen physischen und psychischen Wirkungen, wie z. B. durch Ablenkung, Entspannung und Vermeidung. Gemeinsam ist allen Konzepten die Unterscheidung zwischen direkten Bewältigungsstrategien (»Annäherungsstrategien«), die auf eine Veränderung des Stressors durch kognitive, affektive und verhaltensbezogene Aktivitäten abzielen, und indirekten Strategien (»Vermeidungsstrategien«), in der die Belastungssituation nicht unmittelbar, sondern mit Vermeidung, Ablenkung, Senkung eigener Ansprüche etc. angegangen wird.

Faktorenanalytische Auswertungen zeigen bereits generell für das Kindesalter eine ähnlich mehrdimensionale Struktur des Bewältigungsverhaltens wie im Erwachsenenalter. So konnten beispielsweise Lohaus et al. (1996) empirisch folgende Bewältigungsmodi identifizieren:
– Nutzung problemorientierter Copingstrategien,
– Nutzung emotionsregulierender Copingstrategien (konstruktive und destruktive Regulation),

- Nutzung sozialer Unterstützung (mit problemorientierter und emotionsregulierender Funktion),
- Problemmeidung.

Eine wichtige Erkenntnis der transaktionalen Stresstheorie besteht darin, dass bestimmte Copingstrategien nicht per se als günstig und andere als ungünstig zu bewerten sind. Entscheidend ist vielmehr die Passung zwischen Merkmalen der Situation und dem Bewältigungsverhalten, wobei hierbei sowohl subjektive Einschätzungen als auch objektive Merkmale eine Rolle spielen (Seiffge-Krenke u. von Irmer, 2007). Wird die gewählte Reaktion den subjektiv wahrgenommenen Anforderungen der Situation gerecht, findet die Person relativ schnell zu einem inneren Gleichgewicht zurück. Als zentrale Dimensionen von Belastungs- bzw. Stresssituationen gilt deren Kontrollierbarkeit. So ist es in Situationen,
- die durch eigenes Handeln kontrollierbar sind, sinnvoll, problemfokussierende Strategien einzusetzen,
- während in unkontrollierbaren Situationen eher emotionsregulierende Bewältigungsstrategien, Problemmeidung oder die Suche nach sozialer Unterstützung wirksamer sind.

Aus diesen Überlegungen leitet sich die Notwendigkeit ab, auch die Situationsangemessenheit des Einsatzes des Bewältigungsrepertoires zu berücksichtigen. Klein-Heßling und Lohaus (2002) konnten in einer Studie die kontextuelle Angemessenheit der Bewältigung von Alltagsbelastungen im Kindes- und Jugendalter für das Situationsmerkmal Kontrollierbarkeit belegen. Es zeigte sich, dass die bevorzugte Nutzung von situativ angemessenen Bewältigungsstrategien mit erhöhtem Wohlbefinden und positivem Gesundheitsverhalten einhergeht und umgekehrt die vermehrte Nutzung unangemessener Strategien zu ungünstigen Effekten führt. Saile und Hülsebusch (2006) haben diese Ergebnisse bei Kindern mit chronischen Kopfschmerzen repliziert und erweitert. Sie fanden heraus, dass ungünstige Schmerzverarbeitung mit Problemlösen in unkontrollierbaren und Problemmeiden in kontrollierbaren Situationen einhergeht. Vieles deutet darauf hin, dass Kinder mit ungünstiger Schmerzverarbeitung, die durch Hilflosigkeitskognitionen, Angst und Depressivität sowie Rückzugsverhalten gekennzeichnet ist, die Situationen nicht angemessen bewerten und die gegebenen Anforderungen nicht erkennen. Die Autoren heben vor, dass eine Überforderung durch unkontrollierte Situationen, die eigentlich den Einsatz emotionsregulierenden Bewältigungsstrategien erfordert, prädikativ für eine ungünstige Schmerzverarbeitung ist.

Zusammenfassend lässt sich also feststellen, dass für ein adaptives Copingverhalten nicht nur wichtig ist, über ein möglichst breites Bewältigungsrepertoire zu verfügen, sondern vor allem, es situationsgerecht einsetzen zu können, wobei sich die Kontrollierbarkeit der Situation als besonders relevanter Aspekt erweist.

Dieser zentrale Befund der Stressforschung lässt sich, wie die ersten Ergebnisse aus der Studie über Copingverhalten von Kindern schizophren erkrankter Eltern deutlich machen, ebenfalls bestätigen (Kuhn u. Lenz, 2008). Es zeigt sich, dass die Kinder in ihrem Alltag oft Situationen erleben, die sich als unkontrollierbar erweisen und in denen sie in ihrem Alter hoch verunsichert werden. Die Wahrnehmung der Instabilität führt bei den Kindern zu einem besonderen Bewältigungsverhalten, das auf den ersten Blick als sehr vorteilhaft betrachtet werden kann, aber grundlegend zu einer Überforderung führt. Oft negieren sie den belastenden Einfluss, den die Erkrankung auf ihr Wohlbefinden hat, oder sie idealisieren ihre Situation und bagatellisieren, was als ein Versuch verstanden werden kann, die Integrität der Familie und sich selbst vor einer Betrachtung der Realität zu schützen. Schon im Alter zwischen acht und 13 Jahren zeigen sich bei diesen Kindern zum einen deutliche Tendenzen zu überhöhter Situationskontrolle und problemlösendem Verhalten, das sich auch auf Situationen erstreckt, in denen sie Verantwortung abgeben und sich auf Strategien wie Vermeidung, Ablenkung und Annahme sozialer Unterstützung zurückziehen sollten. Zum anderen wird deutlich, dass die Kinder, die vorwiegend problemorientierte Strategien zur Bewältigung der familiären Belastungssituationen anwenden, besonders unter internalisierenden psychischen Störungen leiden. Kindern, die abhängig von der Art und Kontrollierbarkeit der Situation unterschiedliche Bewältigungsstrategien einsetzen, gelingt hingegen eine psychische Anpassung an die zusätzlichen Belastungen durch die schizophrene Erkrankung eines Elternteils besser (siehe ausführlich den Beitrag von Kuhn, Lenz und Jungbauer in diesem Band).

Alters- und Geschlechtsunterschiede im Copingverhalten

Kindern steht aufgrund entwicklungsbedingter kognitiver und emotionaler Fähigkeiten, Mangel an Erfahrungen und geringerer Möglichkeiten, die Umgebung zu kontrollieren, eine andere und begrenztere Auswahl an Copingstrategien zur Verfügung als Erwachsenen. Welche Copingstrategien zur Verfügung stehen, hängt insbesondere vom Alter und dem Entwicklungsverlauf ab.

Bei den Befunden zu den Alters- und Geschlechtsunterschieden im Copingverhalten muss berücksichtig werden, dass es sich hierbei um den Umgang mit alltäglichen Problemen und Anforderungen handelt und nicht um so belastende Lebensereignisse wie die psychische Erkrankung der Eltern. Untersuchungen zeigen, dass mit zunehmendem Alter emotionsorientierte Strategien häufiger und erfolgreicher eingesetzt werden, wobei dieser Entwicklungsverlauf jedoch seinen Höhepunkt in der Mitte des Jugendalters findet (Compas et al., 1991). Der Anstieg dieser Copingstrategien bis zum mittleren Jugendalter ist darin begründet, dass die Kinder im Verlauf ihrer Entwicklung immer besser lernen, emotionale Zustände bewusster wahrzunehmen und diese eigenständig zu regulieren. Bedingt durch die wachsende Verfügbarkeit kognitiv-sozialer Fähigkeiten und den zunehmend differentiellen Einsatz von vorhandenen Strategien verlieren die emotionsorientierten Bewältigungsformen ungefähr ab dem 15. Lebensjahr ihre dominierende Bedeutung.

Die Nutzungshäufigkeit des problemorientierten Copingverhaltens verändert sich mit dem Alter nicht grundsätzlich (vgl. Compas et al., 2001). Eine differenzierte Betrachtung der problemorientierten Strategien hinsichtlich ihrer Angemessenheit in konkreten Belastungssituationen zeigt jedoch, dass mit zunehmendem Alter in wenig kontrollierbaren Situationen diese Strategien immer seltener eingesetzt werden. Bezogen auf den Umgang mit eher kontrollierbaren Situationen findet hingegen eine Zunahme problemorientierten Bewältigungsverhaltens statt (Compas et al., 1991). In einer Übersichtsarbeit, in der elf Studien zur Stressbewältigung bei Grundschulkindern (sieben bis zwölf Jahren) analysiert wurden, fanden Fields und Prinz (1997) ein Vorherrschen vermeidender Bewältigungsstrategien in den jüngeren Altersgruppen und einen stärkeren Einsatz problemorientierter Strategien in den höheren Altersgruppen.

Die Frage nach Geschlechtsunterschieden in der Stressbewältigung bei Kindern ist bislang noch relativ selten untersucht worden. Spirito et al. (1991) fanden in ihrer Studie zwischen Mädchen und Jungen im Grundschulalter keine Unterschiede in der Stressbewältigung. Erst ab der fünften Klassenstufe zeigte sich bei Mädchen ein stärkerer Einsatz problemorientierter Strategien. Die Ergebnisse von Lohaus et al. (1996) sprechen hingegen für geschlechtsspezifische Unterschiede bereits bei Kindern der dritten bis sechsten Klasse. Mädchen dieser Altersgruppe zeigen danach einen stärkeren Einsatz der Strategien Suche nach sozialer Unterstützung und problemlösendes Handeln. Insbesondere die Suche nach sozialer Unterstützung, wie z. B. jemanden um Rat bitten, um Hilfe bei der Problemlösung bitten und sich trösten lassen, ist bei Mädchen stärker ausgeprägt. Für die emotionsregulierenden Copingstrategien konnten keine Geschlechtsunterschiede festgestellt werden.

Eindeutige Hinweise gibt es darauf, dass die Entwicklung des Copingverhaltens und die Verfügbarkeit situationsangemessener Copingstrategien durch die elterliche Unterstützung und das Fürsorgeverhalten der Eltern beeinflusst werden (Spangler u. Zimmermann, 1999). Kinder, die über eine sichere Bindungsrepräsentation verfügen, zeigen eine flexible, realistische Bewertung der Situation und eine angemessene Reaktion bzw. Handlungsaktivierung, die sie im Nachhinein kohärent bewerten und in die bisherige Erfahrungen integrieren können. In Stresssituationen fällt es diesen Kindern leichter, angemessene Copingstrategien anzuwenden und soziale Unterstützung zu mobilisieren. Kinder mit unsicherer Bindungsrepräsentation zeigen dagegen eine zu geringe Aktiviertheit mit einer unflexiblen Handlungsweise oder eine zu starke Aktiviertheit ohne Realitätsorientierung, die sie anschließend auch nicht kohärent bewerten und integrieren können. In belastenden und stressauslösenden Situationen neigen Kinder mit einer unsicher-vermeidenden Bindungsrepräsentation eher zu problemmeidenden, emotional beschwichtigenden Copingstrategien. Bei einer unsicher-verwickelten Bindungsrepräsentation ist ein dysfunktionaler Umgang mit negativen Gefühlen zu erwarten, der nicht zu einer konstruktiven Problemlösung führt.

Diese Befunde zeigen, dass die Bindungstheorie einen konzeptionellen Rahmen bietet, der es nicht nur ermöglicht, die Unterschiede im Umgang mit belastenden Situationen und in den Bewältigungsstrategien zu erklären, sondern darüber hinaus auch die Entwicklung dieser Unterschiede und die Bedeutung familiärer Schutzfaktoren nachvollziehbar macht.

Fazit

Das empirisch vielfach bestätigte Ergebnis, wonach Kinder psychisch kranker Eltern eine sehr viel höhere Rate von psychischen Störungen aufweisen als Kinder aus Vergleichsfamilien mit psychisch gesunden Eltern, unterstreicht die Bedeutsamkeit von Prävention bei Kindern psychisch kranker Eltern und ihren Familien. Alle Konzepte der Prävention sind darauf angelegt, vorbeugend (prophylaktisch) zu wirken, um mögliche Störungen der Persönlichkeitsentwicklung und Beeinträchtigungen der Gesundheit schon in einem frühen Stadium zuvorzukommen. Je früher Unterstützung und Hilfe einsetzen – so lautet die Leitidee –, desto eher kann der Verfestigung einer Störung und ihren Spätfolgen vorgebeugt werden. Spätfolgen können aus zunehmender Verschlimmerung der Leiden und nachfolgender Isolation und Stigmatisierung bestehen.

Erfolgreiche Präventionsarbeit darf sich nicht darauf beschränken, die Risikofaktoren für pathologische Entwicklungsverläufe zu mindern bzw. durch Interventionen zu kompensieren. Die Befunde aus der Resilienzforschung zeigen, dass Risikofaktoren allein nicht entscheidend für gesundheitliche Entwicklungen sind. Für die Resilienz werden Ressourcen als Schutzfaktoren für psychische und physische Gesundheit verantwortlich gemacht, deren gesundheitserhaltende Bedeutung in zahlreichen Studien belegt werden konnte. So überstehen Kinder mit stabilen familiären und sozialen Ressourcen – wie familiärer Zusammenhalt, gute Beziehungsqualität mit den Eltern, relevanten erwachsenen Bezugspersonen und Gleichaltrigen – und starken personalen Ressourcen – wie ein positives Selbstkonzept und Selbstsicherheit – immer wieder selbst unter widrigen Umfeldbedingungen die Belastungen anscheinend unverletzt. Wegen der hohen Bedeutung solcher protektiver Faktoren hat sich in den letzten Jahren auch in der Prävention eine solche salutogenetische Orientierung durchgesetzt.

Wie in der therapeutischen Arbeit (vgl. Grawe, 1998) wird auch in der Präventionsarbeit die Ressourcenaktivierung als ein zentraler Wirkfaktor betrachtet. Im Kindes- und Jugendalter kommt dabei der Stärkung der familiären Ressourcen eine besonders hohe Bedeutung zu, da die Familie für Kinder und Jugendliche als eine zentrale Instanz innerhalb der Sozialisation ein weiterreichendes und intensiv wirkendes Schutzsystem in psychosozialen Belastungssituationen darstellt.

Mittlerweile liegen einige familienorientierte Präventionsprogramme vor, die auf die Psychoedukation und Krankheitsaufklärung sowie die Ermutigung zur offenen Kommunikation über die Erkrankung in der Familie abzielen. Beardslee et al. (1997) haben ein Präventionsprogramm für Kinder depressiv erkrankter Eltern entwickelt, in dessen Mittelpunkt psychoedukative und verhaltensorientierte Interventionen stehen. Sie stellten fest, dass die vermittelten Informationen über die elterliche Depression mit individuellen Lebensaspekten und familiären Erfahrungen verknüpft werden müssen, damit sich die familiäre Situation langfristig bessert. Es geht daher in der Psychoedukation nicht nur um reine Wissensvermittlung, sondern um die Bearbeitung von Fragen und Anliegen vor dem Hintergrund der spezifischen Familiensituation in Form von Elterngesprächen unter Einbeziehung der Kinder. Das strukturierte und zeitlich begrenzte Interventionsprogramm besteht aus sechs bis zehn Sitzungen und ist für Familien mit Kindern zwischen acht und 15 Jahren, in denen ein Elternteil depressiv erkrankt ist, entwickelt worden.

In Anlehnung an den Präventionsansatz von Beardslee und seinen Mitarbeitern sowie auf der Grundlage eines psychodynamischen Modells der psychosozialen Entwicklungsbedingungen für psychische Erkrankung bei Kindern psychisch kranker Eltern (Wiegand-Grefe, 2007) wurde am Universitätsklinikum Hamburg-Eppendorf das familienorientierte Präventionsprogramm CHIMPs (Children of mentally ill parents) entwickelt. Den Kern dieses Ansatzes bildet die psychoanalytisch/psychodynamisch orientierte Familienbehandlung, in der es darum geht, unbewusste Konflikte einzelner Familienmitglieder, bestimmter familiärer Subsysteme oder der Gesamtfamilie über klärende, konfrontative und deutende Interventionen schrittweise bewusst zu machen. Ergänzt werden diese Interventionen durch konkrete Wissensvermittlung, Aufklärung, Information und psychoedukative Elemente, wie sie von Beardslee entwickelt wurden (z. B. Beardslee et al., 1997).

Das multimodale familienzentrierte Präventionsprogramm »Ressourcen fördern« (Lenz, 2010) zielt darauf ab, protektive Faktoren bei den Kindern und ihren Familien zu fördern und zusätzlich den strukturellen und institutionellen Kontext systematisch mitzuberücksichtigen. Mit Hilfe zweier Basismodule sollen zunächst die Voraussetzungen dafür geschaffen werden, dass die Kinder als Angehörige in der Behandlung des erkrankten Elternteils wahrgenommen werden und die verschiedenen beteiligten Einrichtungen und Hilfesysteme eng miteinander kooperieren und funktionale Vernetzungsstrukturen zwischen den Hilfesystemen entstehen. Der zweite Teil des Programms setzt sich aus Modulen für die unmittelbare Arbeit mit den Kindern und ihren Eltern zusammen. Neben einem Diagnostikmodul beinhaltet er die folgenden vier Interventionsmodule:
- Förderung der familiären Kommunikation,
- Förderung der Problemlösekompetenz,
- Förderung sozialer Ressourcen der Kinder und Jugendlichen,
- Psychoedukation für Kinder psychisch erkrankter Eltern.

Literatur

Anthony, E. J. (1980). Kinder manisch-depressiver Eltern. In H. Remschmidt (Hrsg.), Psychopathologie der Familie und kinderpsychiatrische Erkrankungen (S. 12-34). Bern: Huber.
Antonovsky, A. (1997). Salutogenese. Zur Entmystifizierung der Gesundheit. Tübingen: Dgvt.
Badura, B. (1981). Zur sozialepidemiologischen Bedeutung sozialer Bindung und Unterstützung. In B. Badura (Hrsg.), Soziale Unterstützung und chronische Krankheit (S. 13-39). Frankfurt a.M.: Suhrkamp.
Bandura, A. (1986). Social foundations of thoughts and action. Englewood Cliffs, N.J.: Prentice Hall.
Baumrind, D. (1989). Rearing competent children. In W. Damon (Ed.), Child development today and tomorrow (pp. 349-378). San Francisco: Jossey Bass.
Beardslee, W. R., Podorefsky, D. (1988). Resilient adolescents whose parents have serious affective and other psychiatric disorders: Importance of self-understanding and relationships. American Journal of Psychiatry, 145, 63-69.
Beardslee, W. R., Wright, E., Salt, P., Drezner, K. (1997). Examination of children's response to two intervention strategies over time. Journal of the American Academy of Child and Adolescent Psychiatry, 36, 196–204.
Bender, D., Lösel, F. (1998). Protektive Faktoren der psychisch gesunden Entwicklung junger Menschen. Ein Beitrag zur Kontroverse um saluto- versus pathogenetische Ansätze. In J. Margraf, J. Siegrist, S. Neumer (Hrsg.), Gesundheits- oder Krankheitstheorie? (S. 119-145). Berlin, Heidelberg: Springer.
Berger, C. (1996): Soziale Beziehungen von Kindern im Grundschulalter. Praxis der Kinderpsychologie und Kinderpsychiatrie, 6, 102-110
Birtchnell, J. (1988). Depression and family relationship: A study of young, married women on a London housing estate. British Journal of Psychiatry, 153, 758-769.
Cicchetti, D. (1999). Entwicklungspsychopathologie: Historische Grundlagen, konzeptuelle und methodische Fragen, Implikationen für Prävention und Intervention. In R. Oerter,

C. Hagen von, G. Röper, G. Noam (Hrsg.), Klinische Entwicklungspsychologie. Ein Lehrbuch (S. 11-44). Weinheim: Psychologie Verlags Union.

Cohler, B. J., Stott, F. B., Musick, J. S. (1995). Adversity, vulnerability, and resilience: Cultural and developmental perspectives. In D. Cicchetti, D. J. Cohen (Eds.), Developmental psychopathology. Vol. II: Risk, disorder, and adaption (pp. 753-800). New York: Wiley.

Compas, B. E., Banez, G. A., Malcarne, V. L., Worsham, N. (1991). Perceived control and coping with stress: A developmental perspective. Journal of Social Issues, 47, 23-34.

Compas, B. E., Connor-Smith, J. K., Saltzman, H., Thomson, A., Wadsworth, M. E. (2001). Coping with stress during childhood and adolescence: Problems, progress, and potential in theory and research. Psychological Bulletin, 127, 87-127.

Coyne, J. C., Smith, D. A. (1991). Couples coping with myocardial infarction: A contextual perspective on wive's distress. Journal of Personality and Social Psychology, 61, 404-412.

Downey, G., Coyne, J. C. (1990). Children of depressed parents: An integrative review. Psychological Bulletin, 108, 50-76.

Esser, G., Laucht, M., Schmidt, M. M. (1995). Der Einfluss von Risikofaktoren und der Mutter-Kind-Interaktion des Säuglingsalters auf die seelische Gesundheit des Vorschulkindes. Kindheit und Entwicklung, 4, 33-42.

Farrington, D. P. (1993). Criminal, penal and life histories of chronic offenders: Risk and protective factors and early identification. Criminal Behavior and Mental Health, 3, 492-523.

Fields, L., Prinz, R. J. (1997). Coping and adjustment during childhood and adolescence. Clinical Psychology Review, 17, 937-976.

Garmezy, N. (1987). Stress resistant children: The search for protective factors. In J.E. Stevenson (Ed.), Recent research in developmental psychopathology. Journal of Child Psychology and Psychiatry. Book Supplement. (Vol. 4) (pp. 213-233). Oxford: Pergamon Press.

Grawe, K. (1998). Psychologische Therapie. Göttingen: Hogrefe.

Grossmann, K., Grossmann, K. E. (2004). Bindungen – das Gefüge psychischer Sicherheit. Stuttgart: Klett-Cotta.

Hammen, C., Burge, D., Burney, E., Adrian, C. (1990). Longitudinal study of diagnoses in children of women with unipolar and bipolar disorder. Archive of Genetic Psychiatry, 47, 1112-1117.

Hetherington, E. M., Stanley-Hagen, M., Anderson, E. R. (1989). Marital transitions. A child`s perspective. American Psychologist, 44, 303-312.

Ihle, W., Esser, G., Martin, M. H., Blanz, B., Reis, O., Meyer-Probst, B. (2001). Prevalence, course, and risk factors for mental disorders in young adults and their parents in east and west Germany. American Behavior Science, 44, 1918-1936.

Klauer, T. (2005). Psychotherapie und soziale Unterstützung. Psychotherapeut, 6, 425-436.

Klein-Heßling, J., Lohaus, A. (2002). Zur situationalen Angemessenheit der Bewältigung von Alltagsbelastungen im Kindes- und Jugendalter. Kindheit und Entwicklung, 11, 29-37.

Kuhn, J., Lenz, A. (2008). Coping bei Kindern schizophren erkrankter Eltern – eine täuschend gute Bewältigung. Praxis der Kinderpsychologie und Kinderpsychiatrie, 10, 735-756.

Lazarus, R. S., Folkman, S. (1984): Stress, appraisal and coping. New York: Springer.

Lenz, A. (2002): Empowerment und Ressourcenaktivierung. In A. Lenz, W. Stark (Hrsg.), Empowerment. Neue Perspektiven für psychosoziale Praxis und Organisation (S. 13-53). Tübingen: Dgvt-Verlag.

Lenz, A. (2005). Kinder psychisch kranker Eltern. Göttingen: Hogrefe.

Lenz, A. (2008). Interventionen bei Kindern psychisch kranker Eltern. Grundlagen, Diagnostik und therapeutische Maßnahmen. Göttingen: Hogrefe.

Lenz, A. (2010). Ressourcen fördern. Materialien für die Arbeit mit Kinder und ihren psychisch kranken Eltern. Göttingen: Hogrefe.

Lewis, M., Feiring, C., McGoffog, C., Jaskir, J. (1984). Predicting psychopathology in six year olds from early social relationships. Child Development, 55, 123-136

Lohaus, A., Fleer, B., Freytag, P., Klein-Heßling, J. (1996). Fragebogen zur Erhebung von Stresserleben und Stressbewältigung im Kindesalter (SSK). Göttingen: Hogrefe.

Lösel, F. (1994). Resilience in childhood and adolescence. Children Worldwide, 21, 8-11.

Lösel, F., Bender, D. (1999). Von generellen Schutzfaktoren zu differentiellen protektiven Prozessen: Ergebnisse und Probleme der Resilienzforschung. In G. Opp, G., M. Fingerle, M., A. Freytag. (Hrsg.), Was Kinder stärkt: Erziehung zwischen Risiko und Resilienz (S. 37-58). München: Ernst Reinhardt.

Lösel, F., Kolip, P., Bender, D. (1992). Stress-Resistenz im Multiproblem-Milieu: Sind seelisch widerstandsfähige Jugendliche »Superkids«? Zeitschrift für Klinische Psychologie, 21, 48-63.

Luthar, S. S. (1993). Annotation: Methodological and conceptual issues in research on childhood resilience. Journal of Child Psychology and Psychiatry, 34, 441-453.

Masten, A. S., Best, K. M., Garmezy, N. (1990). Resilience and development: Contributions from the study of children who overcome adversity. Development and Psychopathology, 2, 425-444.

Masten, A. S., Powell, J. L. (2003). A resilience framework for research, policy, and practice. In S. S. Luthar (Ed.), Resilience and vulnerability. Adaptation in the context of childhood adversities (pp. 1-25). New York: Kluver Academic/Plenum.

Mattejat, F. (2002). Kinder depressiver Eltern. In H. Braun-Scharm (Hrsg.), Depressionen und komorbide Störungen bei Kindern und Jugendlichen (S. 231-245). Stuttgart: Wissenschaftliche Verlagsgesellschaft.

Olson, C. A., Bond, L., Burns, J. M., Vella-Brodick, D. A., Sawyer, S. M. (2003). Adolescent resilience: A concept analysis. Journal of Adolescence, 26, 1-11.

Olson, D. H., Lavee, Y., McCubbin, H. (1988). Types of families and family response to stress across the family life circle. In D. Klein, J. Aldous (Eds.), Social stress and family development (pp. 16-43). New York, London: Guilford Press.

Olson, D. H., Russell, C. S., Sprenkle, D. H. (1983). Circumplex model of marital and family systems IV. Theoretical update. Family Process, 22, 69-83.

Petermann, F., Schmidt, M. (2006). Ressourcen – ein Grundbegriff der Entwicklungspsychologie und Entwicklungspsychopathologie? Kindheit und Entwicklung, 2, 118-127.

Radke-Yarrow, M., Brown, E. (1993). Resilience and vulnerability in children of multiple-risk families. Development and Psychopathology, 5, 581-592.

Ravens-Sieberer, U., Wille, N., Bettge, S., Erhart, M. (2007). Psychische Gesundheit von Kindern und Jugendlichen. Ergebnisse aus der Bella-Studie im Kinder- und Jugendgesundheitssurvey. Bundesgesundheitsblatt – Gesundheitsforschung – Gesundheitsschutz, 50, 871-878.

Richter, H.-E. (1969). Eltern, Kind, Neurose. Reinbek: Rowohlt.

Rutter, M. (1987). Psychosocial resilience and protective mechanisms. American Journal of Orthopsychiatry, 57, 316-331.

Rutter, M. (1990). Psychosocial resilience and protective mechanisms. In J. Rolf, A. Masten, D. Cicchetti, K. Nuechterlein, S. Weintraub (Eds.), Risk and protective factors in the development of psychopathology (pp. 181-214). Cambridge: University Press.

Rutter, M., Quinton, D. (1984). Parental psychiatric disorders: Effects on children. Psychological Medicine, 14, 853-880.

Saile, H., Hülsebusch, T. (2006). Bewältigung allgemeiner Problemsituationen bei Kindern mit chronischen Kopfschmerzen. Abhängigkeit von der Kontrollierbarkeit der Situation und Zusammenhänge mit Schmerzverarbeitung. Zeitschrift für Gesundheitspsychologie, 14, 21-27.

Satir, V. (1982). Conjoint family therapy. Palo Alto: Science, Behavior Books.

Schneider, K., Pickartz, A. (2004). Ein empiriegeleitetes Instrument zur Erfassung von Ressourcen bei Kindern und Jugendlichen und deren Familien. In F. Petermann, M. H. Schmidt (Hrsg.), Qualitätssicherung in der Jugendhilfe. Neue Erhebungsverfahren und Ansätze der Praxisforschung (S. 25-54). Weinheim: Beltz.

Schmidt-Denter, U. (1988). Soziale Entwicklung. Ein Lehrbuch über soziale Entwicklung im Laufe des menschlichen Lebens. München u. Weinheim: Psychologie Verlags Union.

Schwartz, C. E., Snidman, N., Kagan, J. (1996). Early childhood temperament as a determinant of externalizing behavior in adolescence. Development and Psychopathology, 8, 527-537.

Seiffge-Krenke, I., Irmer, J. von (2007). Zur Situationsabhängigkeit von Bewältigung. In I. Seiffge-Krenke., A. Lohaus (Hrsg.), Stress und Stressbewältigung im Kindes- und Jugendalter (S. 69-80). Göttingen: Hogrefe.

Spangler, G., Zimmermann, P. (1999). Bindung und Anpassung im Lebenslauf: Erklärungsansätze und empirische Grundlage für Entwicklungsprognosen: In R. Oerter, G. Röper, C. von Hagen (Hrsg.), Lehrbuch der Klinischen Entwicklungspsychologie (S. 170-190). Weinheim: Psychologie Verlags Union.

Spirito, A., Stark, L. J., Grace, N., Stamoulis, D. (1991). Common problems and coping strategies reported in childhood and early adolescence. Journal of Youth and Adolescence, 20, 531-544.

Stattin, H., Romelsjö, A., Stenbacka, M. (1997). Personal resources as modifiers of the risk for future criminality: An analysis of protective factors in relation to 18-year-old boys. British Journal of Criminology, 37, 198-223.

Tienari, P., Wynne, L. (2004). Genotype-environment interaction in schizophrenia-sprectrum disorder. British Journal of Psychiatry, 184, 216-222.

Tress, W., Reister, G., Gegenheimer, L. (1989). Mental health inspite of stressful childhood. In M. Brambring, F. Lösel, H. Skrowronek (Eds.), Children at risk: Assessment, longitudinal research, and intervention (pp. 173-185). Berlin: De Gruyter.

Walsh, F. (1996). The concept of family resilience: Crisis and challenge. Family Process, 35, 261-281.

Walsh, F. (2003). Family resilience: A framework for clinical practice. Family Process, 42, 1-18.

Werner, E. E. (1990). Protective factors and individual resilience. In S. J. Meisels, J. P. Shonkoff (Eds.), Handbook of early childhood intervention (pp. 97-116). Cambridge: University Press.

Werner, E. E. (1999). Entwicklung zwischen Risiko und Resilienz. In M. Fingerle, A. Freytag, G. Opp (Hrsg.), Was Kinder stärkt. Erziehung zwischen Risiko und Resilienz (S. 25-36). München, Reinhardt.

Werner, E. E., Smith, R. S. (1982). Vulnerable but invincible: A study of resilient children. New York: McGraw-Hill.

Wiegand-Grefe, S. (2007). Kinder psycgisch kranker Eltern. Eine psychoanalytisch familienorientierte Prävention für Familien mit psychisch kranken Eltern. In A. Springer, K. Münch, D. Munz (Hrsg.), Psychoanalyse heute? (S. 439-459). Gießen: Psychosozial Verlag.

Wüthrich, C., Mattejat, F., Remschmidt, H. (1997). Kinder depressiver Eltern. Kindheit und Entwicklung, 6, 141-146.

Wyman, P. A., Cowen, E. L., Work, W. C., Parker, G. R. (1991). Developmental and family milieu correlates of resiliencin urban children who have experienced major life stress. American Journal of Community Psychology, 19, 405-426.

Stressbewältigung bei Kindern schizophren erkrankter Eltern

Juliane Kuhn, Albert Lenz, Johannes Jungbauer

Allein in Deutschland leben nach Hochrechnungen ca. 270.000 Kinder bei ihren schizophren oder schizoaffektiv erkrankten Eltern. Neben den zahlreichen Belastungen, welche Kinder in Familien mit psychisch erkrankten Eltern erfahren, sind diese Kinder besonderen Stressoren ausgesetzt. Innerhalb der von der Deutschen Forschungsgemeinschaft (DFG) geförderten Studie »Schizophrenie und Elternschaft« wurden 60 Familien mittels leitfadengestützten und problemzentrierten Interviews und Fragebögen zur Stressbewältigung untersucht. Erstmals fanden hier die minderjährigen Kinder eine Möglichkeit, selbst über ihre momentanen Belastungen und Bewältigungsstrategien zu berichten. So stellen diese Ergebnisse eine wichtige Erweiterung zu vorangegangenen Studien dar, welche bislang die Situation der inzwischen erwachsenen Kinder retrospektiv beleuchteten oder Kinder psychisch kranker Eltern generell, also unabhängig von einer spezifischen psychischen Erkrankung, einbezogen. Erstmals wird in diesem Projekt die spezifische Belastungssituation der Familien mit schizophren erkrankten Eltern genauer betrachtet und das berichtete Bewältigungsverhalten aller einzelnen Familienmitglieder sowie ihre situationsübergreifenden Copingstrategien bewertet (Kuhn u. Lenz, 2008).

Die Arbeit im Forschungsprojekt »Schizophrenie und Elternschaft«

Seit 2007 werden für die multizentrische Studie die teilnehmenden Familien deutschlandweit unter Einbeziehung von psychiatrischen Kliniken (Erwachsenenpsychiatrie und Kinder- und Jugendpsychiatrie) und Einrichtungen des komplementärpsychiatrischen Sektors (Beratungsstellen, Selbsthilfegruppen, sozialpsychiatrische Dienste, niedergelassene Ärzte und Psychotherapeuten etc.) rekrutiert.[1] Auf der methodologischen Grundlage des »theoretical sampling« werden minderjährige Kinder von Patientinnen und Patienten mit der

---

1 Wir bedanken uns bei den beteiligten Kindern und Familien für ihre Bereitschaft, an der Studie teilzunehmen, und für das Vertrauen, das sie uns geschenkt haben, sowie bei den

Diagnose F2 bzw. F25 (nach ICD-10, WHO, 2000) im Alter zwischen 8 und 18 Jahren für die Befragung ausgewählt. Die Befragung findet meist bei den betroffenen Familien zu Hause statt, in einzelnen Fällen auch in den Räumlichkeiten der vermittelnden Institutionen.

Im vorliegenden Beitrag werden Ergebnisse von insgesamt 29 Kindern vorgestellt, die zum momentanen Zeitpunkt der Untersuchung die gesamte Studie bereits durchlaufen haben. Dabei werden Resultate aus den Interviews mit 20 Kindern dargestellt sowie standardisierte Daten von allen 29 Kindern, deren Eltern einen CBCL/4-18 (Arbeitsgruppe Kinder, 1998) zur psychischen Beeinträchtigung ausgefüllt haben neben den Ergebnissen des klinischen Interviews Kinder-DIPS (Unnewehr et al., 1998), das mit 20 Kindern durchgeführt wurde. Die Ergebnisse des Stressverarbeitungsfragebogens für Kinder und Jugendliche (SVF-KJ) (Hampel et al., 2001) dienen zur Darstellung der situationsübergreifenden Stressbewältigungsmodi, welche hier für 15 Kinder präsentiert werden. Der Schwerpunkt liegt auf den Berichten aus den qualitativen Interviews zur Belastungssituation in den Familien und zu den Stressbewältigungsmechanismen auf individueller Ebene der Kinder. In den Interviews, die mit allen Kindern separat geführt wurden, ist darauf geachtet worden, dass sie die Vertiefung der einzelnen Themen individuell selbst regulieren konnten und es nicht zu einer destabilisierenden Aufdeckung von einzelnen Bereichen kam.

Besondere Belastungen der Kinder schizophren erkrankter Eltern

Die Interviews bestätigen zum einen die zahlreichen Belastungen, denen Kinder psychisch erkrankter Eltern im Allgemeinen ausgeliefert sind, wie zeitweilige Vernachlässigung, soziale Isolation, Erfahrungen der Ausgrenzung und Stigmatisierung im sozialen Umfeld, teilweise auch psychische und körperliche Misshandlungen (Beek, 2004; Mattejat, 2001; Schone u. Wagenblass, 2002; Lenz, 2005). In den meisten Berichten der Kinder schizophren erkrankter Eltern zeichnet sich zudem ein Erleben hoher Verunsicherung und großer Desorientierung aufgrund des Verhaltens der erkrankten Eltern ab. Typisch bei diesen Kindern ist die wahrgenommene Unkontrollierbarkeit der Situation aufgrund der Unberechenbarkeit und Wesensveränderung der Eltern:

[…] wo ich ein kleines Kind war, war meine Mutti im Krankenhaus. Da hat die mich auf den Balkon ausgesperrt und der Papa war da nicht da. *Wie alt warst du da?* Vier. Da war ich

kooperierenden Kliniken und Einrichtungen für ihr Engagement und die gute Zusammenarbeit!

auf den Balkon ausgesperrt. Mich hat dann die Feuerwehr reingeholt. Und die Polizei hatten meine Mama. *Warum hat sie das gemacht?* Weil die krank war.
AU2_K/10-jähriger Sohn bei erkrankter, alleinerziehender Mutter lebend

Diese Unkontrollierbarkeit führt bei vielen Kindern zu Angst, Überforderung, Unruhe, Ratlosigkeit und Verzweiflung, wobei immer wieder der Versuch stattfindet, Verantwortung für die Eltern zu übernehmen:

Sie hat gesagt: »Ich schmeiß mich vor den Bus. Morgen kommt der nächste Bus und dann schmeiß ich mich davor.« *Und was hast du denn da gesagt dazu?* Das geht nicht, Mama. *Warst du dabei, als sie das gesagt hat?* (Bestätigend) Mhm. *Ja? Was hast du da gefühlt, als sie gesagt hat: »Ich schmeiß mich vor den nächsten Bus.«* Da hab ich mich traurig gefühlt. *Hast du da auch Angst gehabt?* (Bestätigend) Mhm. *... dass die das wirklich macht?* (Bestätigend) Mhm.
B14_K/9-jährige Tochter; nicht bei erkrankter Mutter lebend

Eine Störung der Eltern-Kind-Beziehung besteht oft in der Umkehrung der Eltern-Kind-Rolle, anklammerndem Verhalten des kranken Elternteils, einer Verantwortungsübernahme für jüngere Geschwister und Haushaltsführung oder der Rollenzuweisung als Schlichter und Bündnispartner in den elterlichen Auseinandersetzungen – allesamt Prozesse der sogenannten *Parentifizierung*.

Oft erfahren die Kinder plötzliche Trennungen aufgrund abrupter Krankenhauseinweisungen der Eltern sowie darauf folgende lange Krankenhausaufenthalte, während derer viele der Kinder fremduntergebracht sind oder auch von älteren Geschwistern betreut werden, welche dann die Versorgungsfunktion übernehmen. Die ungewohnten Aufenthaltsorte und Kontaktpersonen sowie die oft langen Trennungen von den Eltern mit Ungewissheit über die Dauer der Abwesenheit belasten die Kinder zusätzlich:

Vor ein paar Monaten. Da war [...] war es nicht schön. Da musste ich schon um acht ins Bett. Da war ich im Kindernotdienst. Straße 4. Da gehe ich nie wieder hin. Haben uns schlecht behandelt. Und da will ich nie wieder hin. Und da musste ich in so eine WG und da hab ich mich geweigert und da haben die mich ins Zwergenland gebracht.
AU2_K/10-jähriger Sohn bei erkrankter, alleinerziehender Mutter lebend

In einer Pflegefamilie war ich dann. *Und wie waren die so?* Gut. *Wie hast du dich da gefühlt?* Traurig.
KD1_K/13-jähriger Sohn bei erkrankter, alleinerziehender Mutter lebend

Die größtenteils vorhandene Zersplitterung der Familienstrukturen unserer Untersuchungsteilnehmer führt für die Kinder zu zahlreichen familiären kritischen Lebensereignissen. Sie berichten vermehrt konfliktreiche Auseinandersetzungen, Trennungen der Eltern, Verlust eines Elternteils, häufige Ortswechsel und gravierende Veränderungen im sozialen Umfeld.

Mama ist krank geworden. Da war ich sieben Jahre alt. Und dann sind wir umgezogen. *Und deine Mutter? Wo war die zu der Zeit?* Im Krankenhaus. *Kannst du dich daran noch erinnern, als deine Mutter krank war? Ja. Wie ist das passiert?* Ich weiß nur. Meine Mutter hat mir er-

zählt, sie haben sich gestritten abends vorm Schlafengehen. Dann irgendwann ist mein Vater ein Weilchen nicht nach Hause gekommen. Und irgendwann ist sie dann halt krank geworden. [...] *Wie lang war deine Mutter da [im Krankenhaus]?* Ungefähr drei Monate. Und dann hat sie den Christian kennen gelernt, meinen Stiefvater. Und dann ist sie dahin gezogen. *Aber du hast erst einmal weiter bei deinem Vater gewohnt?* Ja. Als meine Mutter im Krankenhaus war, da musste mein Vater abends lange arbeiten und morgens. Und dann sind wir zu meiner Oma gegangen und da hab ich da gewohnt. Drei Monate. Bis mein Vater dann die Sachen alle eingepackt hat und gesagt hat: »Ja, wir fahren jetzt nach Dortmund.« [...] und dann wurde ich ins Auto gepackt und dann sind wir nach Dortmund gefahren. Und da waren dann diese Kinder und die Frau und die hat gesagt: »Du musst hier bleiben.« Und dann ist mein Papa arbeiten gegangen. Und die kannte ich gar nicht.
L1_K/13-jährige Tochter bei erkrankter Mutter lebend

Das Familienklima wird oft im Zusammenhang mit dem Zustand des erkrankten Elternteils beschrieben und scheint stark von den Krankheitsphasen abzuhängen. Das alltägliche Leben mit der Erkrankung bringt eine erhöhte Sensibilität der Kinder für die Stimmungslage der Eltern mit sich; sie lernen Frühwarnzeichen zu erkennen und als Krankheitszeichen zu interpretieren. Oftmals wird von eskalierenden Konfliktsituationen berichtet, welche die erhöhte und offen ausgetragene Aggression in den Familien (Pretis u. Dimova, 2004) widerspiegeln:

Nein, das ist dann halt schon so hysterisch aja- und manchmal solche Phasen, also ... so jetzt nicht solche Phasen, sondern so nen paar Minuten, oder macht sie dann, ist sie so hysterisch und- ... ja und so schnell sauer oder so. Wenn man dann nur ganz normal mit ihr reden will, dann ... schreit sie schon rum oder so und fühlt sich total angegriffen. *Würdest du sagen, dass ist aufgrund der Erkrankung so?* Ja, eigentlich schon.
KD2_K1/13-jährige Tochter bei erkrankter Mutter lebend

[...] dann weiß ich genau, dass die Krankheit da ist. *Und wer merkt das zuerst bei euch in der Familie?* Ich. Ja. [...] Na ja. Dann werde ich manchmal traurig oder enttäuscht. Aber manchmal ist es auch ganz normal, ich habe mich daran gewöhnt.
L1_K/13-jährige Tochter bei erkrankter Mutter lebend

Das Bewusstsein und die latente Angst, dass es wieder zu einer Episode kommen kann und damit zu Krankenhausaufenthalten der erkrankten Eltern, finden bei fast allen Kindern ihren Ausdruck:

Ähm ...ja ich weiß nicht, eigentlich ganz normal alles. *Ja?* Also, bis auf Mamas Krankheit, also dass Mama dann so bisschen, also manchmal dann in der Klinik ist [...]
KD2_K1/13-jährige Tochter bei erkrankter Mutter lebend

Die Sehnsucht nach Normalität, einem geregelten Familienalltag und festen Strukturen ist bei diesen Kindern jedoch so groß, dass sie das Vorhandensein der Erkrankung oft negieren oder verschweigen; einige haben gelernt, ihre Familie damit zu »schützen«:

Die soll eine ganz normale Familie sein. *Was ist eine normale Familie?* Dass alle zusammen sind und abends alle zusammen essen, und – und dass man nicht sofort [...] Dass man nicht

sofort von der Familie böse ist. *Sind manchmal welche sofort böse?* [Pause] *Wer ist böse?* Ne, aber ich meine das so, dass die nicht sofort böse sind, wenn jemand mal ein neues Spiel runtergeholt hat, aber das nicht sofort kaputt ist, soll man nicht sofort böse sein.
A1_K/8-jährige Tochter mit erkrankter, alleinerziehender Mutter lebend

Belastungsfolgen bei den Kindern

Zwar ist das Erkrankungsrisiko für diese Kinder aufgrund der Wirksamkeit genetischer Faktoren um mehr als das 10-Fache erhöht (Tienari et al., 1987), jedoch ist das Risiko unspezifischer Störungen für Kinder, die mit ihren psychisch kranken Eltern zusammenleben, noch weitaus größer (Lenz, 2005). Die Folgen der psychosozialen Bedingungen und die zahlreichen Belastungen finden ihren Niederschlag im gehäuften Auftreten psychischer Auffälligkeiten bei den Kindern. Die Angaben ihrer Eltern mittels des CBCL/4-18 (Arbeitsgruppe Kinder, 1998) zeigen, dass 11 von 29 Kindern (ca. 40 %) überdurchschnittliche Werte, also psychische Auffälligkeiten aufweisen. Dabei zeigen die Kinder entweder internalisierte Störungen (13 Kinder) wie sozialen Rückzug, körperliche Beschwerden, ängstliches und depressives Verhalten und/oder externalisierte Störungen wie dissoziales oder aggressives Verhalten (7 Kinder). Mit dem Kinder-DIPS (Unnewehr et al., 1998) wurden die Kinder selbst zu ihren Beschwerden befragt und es zeigten sich übereinstimmende Ergebnisse: 11 von 20 Kindern (55 %) erfüllten die Kriterien mindestens einer psychischen Störung. Dabei kamen folgende (teils komorbid auftretende) Syndrome vor: hyperkinetisches Syndrom (3 Kinder), expansive Verhaltensstörungen (6 Kinder), Angststörungen (7 Kinder), Ausscheidungs- und Essstörungen (2 Kinder) und depressive Syndrome (5 Kinder). Gemäß den neuesten Ergebnissen bewegen sich die Prävalenzdaten von psychischen Auffälligkeiten und Störungen bei Kindern und Jugendlichen in Deutschland zwischen 14,7 % (Schlack et al., 2007) und 16,22 % (Barkmann u. Schulte-Markwort, 2007), so dass die Rate der Störungen in unserer Studie die erhöhte Anfälligkeit für psychische Störungen bei Kindern und Jugendlichen von schizophren erkrankten Eltern belegt (Häfner, 2005). Außerdem bestätigen sich hiermit die Sorgen der meisten psychisch kranken Eltern (80 %, Koelch et al., 2007) um die psychische Gesundheit und emotionale Belastung ihrer Kinder.

Coping der Kinder mit schizophren erkrankten Eltern

Ein wichtiger Schutzfaktor ist die Art des Umgangs mit der Belastung (Coping), der das bestehende Risiko für Kinder psychisch kranker Eltern erheblich senken kann. Eine erfolgreiche Bewältigung der Kinder wird auch hier maßgeblich davon abhängen, welche Ressourcen ihnen in den stressreichen Lebensumständen zur Verfügung stehen, um konstruktive Aktivitäten und Handlungen in Gang zu setzen oder sich vor den Stressoren zu schützen (Lenz, 2008). Die Unterscheidung sowohl in Copingstrategien mit instrumenteller bzw. problemlösender Funktion und Bewältigungsstrategien mit palliativer bzw. emotionsorientierter Funktion (Lazarus u. Folman, 1984) als auch in direkte Bewältigungsstrategien (»Annäherungsstrategien«) und indirekte Strategien (»Vermeidungsstrategien«) (Roth u. Cohen, 1986) lässt sich nach einer Übersicht zu empirischen Untersuchungen für das Copingverhalten im Kindes- und Jugendalter (Beyer u. Lohaus, 2007) ebenfalls anwenden.

Seiffge-Krenke (1995) unterscheidet bei Kindern zwischen aktivem und internalem Coping sowie Rückzug, was jedoch noch keine Schlussfolgerungen über die Effizienz dieser Strategien zulässt. Entscheidend ist neben einem breiten Repertoire an Bewältigungsmöglichkeiten nämlich die *Passung* zwischen Merkmalen der Situation und dem Bewältigungsverhalten, wobei sowohl subjektive Einschätzungen als auch objektive Merkmale eine Rolle spielen (Seiffge-Krenke u. von Irmer, 2007). Situational angemessenes Bewältigen bedeutet, dass problemfokussierende Strategien in Situationen eingesetzt werden sollten, die durch eigenes Handeln kontrollierbar sind, während in unkontrollierbaren Situationen eher emotionsregulierende Bewältigungsstrategien, Problemmeidung oder die Suche nach sozialer Unterstützung wirksamer sind (Klein-Heßling u. Lohaus, 2002). Wie bereits gezeigt, erleben Kinder mit schizophren erkrankten Eltern oftmals jene unkontrollierbaren Situationen und erfahren eine instabile und teilweise unberechenbare Alltagsstruktur. Deshalb sollen hier emotionsregulierende Bewältigungsstrategien, Problemmeidung und die Suche nach sozialer Unterstützung besondere Beachtung finden.

Die Ergebnisse des SVF-KJ (Hampel et al., 2001) zeigen, dass bei den Kindern schizophren erkrankter Eltern die Dimension »Ablenkung und Erholung«, also die positiv konnotierte Emotionsregulation, durchschnittlich eine signifikant niedrigere Ausprägung erfährt als in der Normalbevölkerung. Die Kinder zeigen ein überdurchschnittlich hohes »soziales Unterstützungsbedürfnis« und signifikant erhöhte Werte der »Aggression«, eine ungünstige, da stressinduzierende Strategie zur Emotionsbewältigung (Tab. 1).

Tabelle 1: Ergebnisse der t-Tests auf Mittelwertunterschiede des SVF-KJ

	T	df	p	Mittlere Differenz	95% KI der Differenz		d	1-β[1]
					Untere	Obere		
BAG	0,000	14	1,000	0,00	-7,22	7,22	0	,438 / ,05
ABL	-2,415	14	,030	-8,87	-16,74	-0,99	-0,721	,438 / ,738
SIT	0,208	14	,838	0,53	-4,96	6,02	0,054	,438 / ,054
POS	1,146	14	,271	3,00	-2,61	8,61	0,298	,438 / ,190
SUB	2,391	14	,031	8,00	0,83	15,17	0,691	,438 / ,702
VER	-0,318	14	,755	-0,87	-6,71	4,97	-0,084	,438 / ,061
GED	-0,902	14	,382	-1,87	-6,31	2,57	-0,206	,438 / ,115
RES	-1,016	14	,327	-2,87	-8,92	3,18	-0,274	,438 / ,168
AGG	2,766	14	,015	6,60	1,48	11,72	0,686	,438 / ,696
EMO	-0,639	14	,533	-2,13	-9,30	5,03	-0,185	,438 / ,103
PRB	0,960	14	,353	2,87	-3,54	9,27	0,265	,438 / ,160
PCO	0,494	14	,629	2,00	-6,68	10,68	0,151	,438 / ,085
NCO	0,048	14	,962	0,13	-5,79	6,06	0,013	,438 / ,050

T: Prüfgröße, *df:* Freiheitsgrade, *p:* Irrtumswahrscheinlichkeit, *KI:* Konfidenzintervall, *d:* erreichte Effektstärke nach Cohen, 1-β: Power.
Skalenabkürzungen: BAG: Bagatellisierung, ABL: Ablenkung, SIT: Situationskontrolle, POS: Positive Selbstinstruktionen, SUB: Soziales Unterstützungsbedürfnis, VER: Vermeidung, GED: Gedankliche Weiterbeschäftigung, RES: Resignation, AGG: Aggression, EMO: Emotionsregulierende Bewältigung, PRB: Problemlösende Bewältigung, PCO: Günstige Stressverarbeitung, NCO: Ungünstige Stressverarbeitung.
[1] Power für die erreichte Effektstärke/für eine erwartete mittelgroße Effektstärke von 0,5

Die qualitative Inhaltsanalyse der Interviews bestätigt zum einen diese Ergebnisse, zeigt zum anderen aber auch, dass es drei Gruppen der Bewältigungsformen unter den Kindern zu geben scheint, wobei die ersten beiden Gruppen als spezifische Bewältigungstypen herausgestellt werden können:
- Typ 1: hohe Aggressionswerte, geringe Situationskontrolle, geringe Möglichkeit der Ablenkung, geringes soziales Unterstützungsbedürfnis;
- Typ 2: hohe Situationskontrolle, geringe Aggressionswerte, hohes Unterstützungsbedürfnis zum Problemlösen;
- gute Möglichkeit der Ablenkung, moderate Aggressionsäußerungen, moderate Situationskontrolle, moderates Bedürfnis nach sozialer Unterstützung.

Typ 1 – die aggressive Emotionsbewältigung

Bei der inhaltsanalytischen Auswertung der Interviews mit den Kindern aus den einzelnen Gruppen fällt auf, dass Kinder aus der Gruppe mit Typ 1 vermehrt von Verhalten berichten, das auf aggressives Coping hindeutet:

Mädchen ärgern ... zum Beispiel wie heute die Alicia. Die hatte heute ... die hat uns genervt, die wollte immer die anderen befreien und dann bin ich unter die Mädchen gegangen. Und das war so: Der Tim hat die wohl getreten. Also hab ich die so dahin gezogen und hab dann immer so getreten, dass [...]
AU2_K/10-jähriger Sohn bei Mutter lebend

Und wie reagierst du dann, wenn sie schreit? Dann motze ich die [Lehrerin] voll. *Du motzst die voll?* (Schmunzelnd) Ja. *Wie machst du das?* Heute haben wir Diktat geschrieben ... Also so: »Mich kotzt das an, dass Sie immer so schreien.« Und dann haben wir heute Diktat geschrieben. Das erste. *Du hast gesagt: »Mich kotzt das an, dass Sie immer so schreien.«* Ja. Hab ich zu der Lehrerin gesagt.
AU2_K/10-jähriger Sohn bei erkrankter, alleinerziehenden Mutter lebend

Nennungen zu Erholung und Ablenkung finden bei diesen Kindern kaum statt. Betrachtet man die Profile des SVF-KJ dieser Kinder, bestätigt sich die Inhaltsanalyse, denn es zeigen sich sehr geringe Ausprägungen auf der Dimension der Ablenkung und Erholung sowie sehr erhöhte Aggressionswerte. Findet sich bei den untersuchten Kindern eine geringe Ausprägung auf den Dimensionen der positiven Emotionsregulation (»Bagatellisierung«, »Ablenkung/Erholung«), dann erfolgt die Emotionsregulation immer über aggressives Verhalten. Eine Entlastung in Form von Bagatellisierung und Ablenkung oder eine palliative Bewältigung unter Zuhilfenahme von sozialer Unterstützung in Form von Gesprächen, Trösten etc. steht ihnen dabei nicht zur Verfügung oder gelingt nicht (Abb. 1).

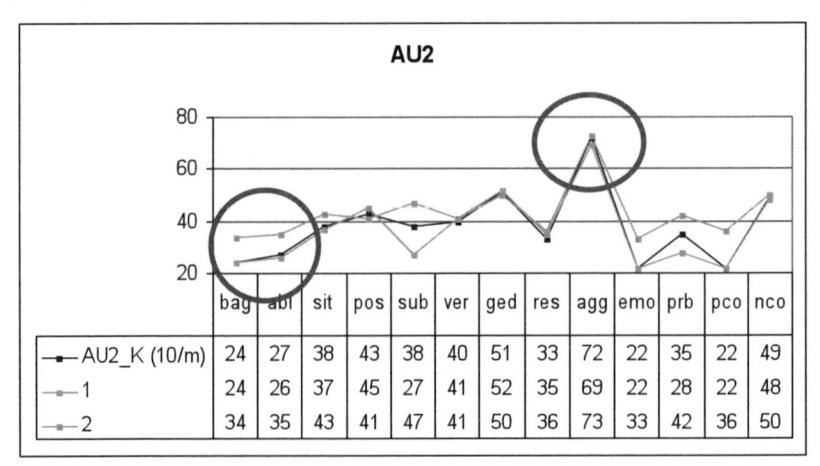

AU2

	bag	abl	sit	pos	sub	ver	ged	res	agg	emo	prb	pco	nco
AU2_K (10/m)	24	27	38	43	38	40	51	33	72	22	35	22	49
1	24	26	37	45	27	41	52	35	69	22	28	22	48
2	34	35	43	41	47	41	50	36	73	33	42	36	50

Abbildung 1: T-Werte des SVF-KJ einer Untersuchungsperson von Typ1: AU2_K/10-jähriger Sohn bei erkrankter, alleinerziehender Mutter lebend, orientiert an der Normstichprobe der Vergleichsgruppe (Hampel et al., 2001) Skalenabkürzungen: bag: Bagatellisierung, abi: Ablenkung, sit: Situationskontrolle, pos: Positive Selbstinstruktionen, sub: Soziales Unterstützungsbedürfnis, ver: Vermeidung, ged: Gedankliche Weiterbeschäftigung, res: Resignation, agg: Aggression, emo: Emotionsregulierende Bewältigung, prb: Problemlösende Bewältigung, pco: Günstige Stressverarbeitung, nco: Ungünstige Stressverarbeitung.

Typ 2 – das »erwachsene« Meistern

Kinder der Gruppe des Bewältigungstyps 2 hingegen zeigen im Profil des SVF-KJ außerordentlich »gute« Werte: Sie weisen erhöhte Werte in der Situationskontrolle auf und zeigen ein erhöhtes Bedürfnis nach sozialer Unterstützung für das Lösen von Problemen – theoretisch sind diese Arten des Copings als positiv und günstig einzuschätzen (Abb. 2).

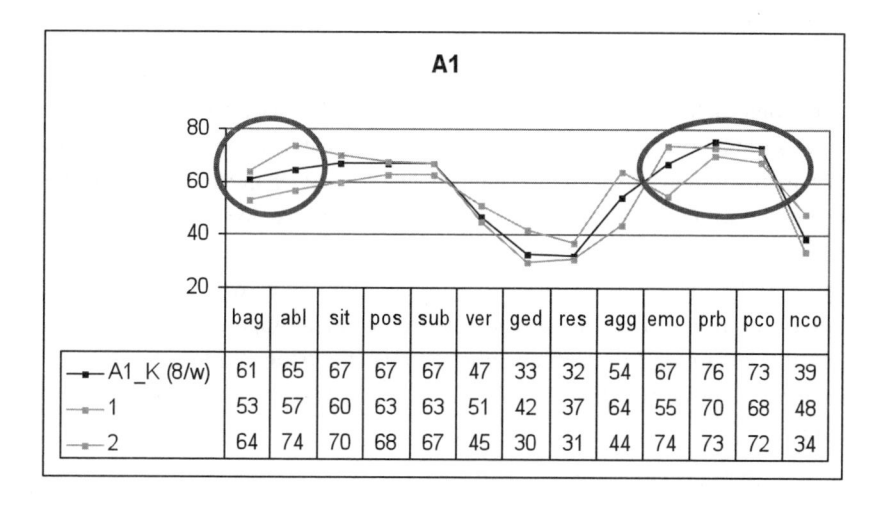

	bag	abl	sit	pos	sub	ver	ged	res	agg	emo	prb	pco	nco
A1_K (8/w)	61	65	67	67	67	47	33	32	54	67	76	73	39
1	53	57	60	63	63	51	42	37	64	55	70	68	48
2	64	74	70	68	67	45	30	31	44	74	73	72	34

Abbildung 2: T-Werte des SVF-KJ einer Untersuchungsperson von Typ 2: A1_K/8-jährige Tochter bei erkrankter, alleinerziehender Mutter lebend, orientiert an der Normstichprobe der Vergleichsgruppe (Hampel et al., 2001) Skalenabkürzungen: bag: Bagatellisierung, abi: Ablenkung, sit: Situationskontrolle, pos: Positive Selbstinstruktionen, sub: Soziales Unterstützungsbedürfnis, ver: Vermeidung, ged: Gedankliche Weiterbeschäftigung, res: Resignation, agg: Aggression, emo: Emotionsregulierende Bewältigung, prb: Problemlösende Bewältigung, pco: Günstige Stressverarbeitung, nco: Ungünstige Stressverarbeitung.

In der Inhaltsanalyse der Interviews zeigt sich jedoch, dass diese Kinder zu überhöhter Situationskontrolle und problemlösendem Verhalten tendieren, das sich auch auf Situationen erstreckt, in denen sie Verantwortung abgeben und sich auf Strategien wie Vermeidung, Ablenkung und Annahme sozialer Unterstützung zurückziehen sollten. Stattdessen sind ihre Copingstrategien auf den instrumentellen Dimensionen überdurchschnittlich stark ausgeprägt und versprechen nur augenscheinlich eine erfolgreiche Bewältigung der Situation. Meist sind es die speziellen belastenden Bedingungen, die sie dazu veranlassen, diese Strategien in ihrer Not zu ergreifen, was sich situationsübergreifend in familienfernen Situationen wie auch in der Interaktion mit dem erkrankten Elternteil zeigt.

Also Andrea hat mich in der großen Pause getreten und dann hat sie ihren Bruder als Schutz genommen, Drittklässler, und ähm Mohamed ähm, und Mohamed ähm [...] die wollten mir helfen, aber das wollte ich nicht, aber ich wollte einfach alles allein klären.
A1_K/8-jährige Tochter bei erkrankter, alleinerziehender Mutter lebend

Ähm, Melanie [Freundin] ist gestern gekommen, und ähm da war Mama weg. Ich bin aus der Dusche rausgekommen, und da ähm hab ich Mama gesucht, da kam Melanie, und dann kam, haben wir alles abgesucht in der Wohnung. Da hab ich gesagt, rufen wir die Polizei, und dann ähm, und dann ähm, sind die gekommen [...]
A1_K/8-jährige Tochter bei erkrankter, alleinerziehender Mutter lebend

Außerdem nehmen sie meist nur in »neutralen« Bereichen soziale Unterstützung wirklich in Anspruch, um Probleme wie Schulaufgaben, Haushaltsdinge etc. zu lösen, aber nicht bei Problemen, die die Erkrankung ihrer Eltern betreffen. Dafür stehen in den seltensten Fällen erwachsene Ansprechpartner zur Verfügung.

Wann war denn das das letzte Mal, wo du jemanden um Hilfe gebeten hast? Och! Schon lange her. *Ja?* Ja. *Schaffst du alles so alleine?* (Zögerlich) Mhm. (Pause) Außer meine Hausaufgaben. Also so Schulsachen oder so. Oder so helfen oder putzen oder so. [...] *Und das ist ja schon ein ganz schönes Problem* [betrifft Erkrankung der Mutter]. *Hast du schon mal mit jemanden darüber geredet?* Nö. *Mit wem kannst du da drüber reden?* Mit fast gar keinem. (Bedrücktes Lachen) *Nee?* Nö.
L1_K/13-jährige Tochter bei erkrankter Mutter lebend

Zwar ist die Bedürftigkeit nach sozialer Unterstützung bei allen Kindern (aller Copingstil-Gruppen) mittels des SVF-KJ (Hampel et al., 2001) festzustellen. Der Test misst aber die erwartete soziale Unterstützung, die eine wichtige personale Ressource und damit Voraussetzung für die Inanspruchnahme der sozialen Unterstützung darstellt, gibt somit keine Auskunft über die tatsächliche Inanspruchnahme. Hier zeigen die Interviews, dass es real weniger zu aktiver Inanspruchnahme von Hilfe kommt, vermutlich weil die Kinder Barrieren überschreiten müssen oder keine geeigneten, fachverständigen und beratenden Erwachsenen zur Verfügung stehen.

Anders als die Kinder des Typs 1 scheint bei Kindern des Typs 2 die Fähigkeit vorhanden zu sein, ihre Emotionen über »Bagatellisierung«, »Ablenkung/Erholung« besser regulieren zu können, was sich sowohl in der Testung mittels des SVF-KJ wie auch in den Interviews zeigt.

Was machst du denn, wenn es zu Hause ganz doof ist? Ich gehe in mein Zimmer. *Du gehst in dein Zimmer?* Ja. *Machst die Tür zu?* Ja. *Oder du lässt sie offen?* Zu. *Und dann, was tut ihr dann?* Hüpf ich auf mein Bett rum. Spiele. Mach mal ÄTSCH. (Laut). Und dann ist es wieder gut.
A1_K/8-jährige Tochter bei erkrankter, alleinerziehender Mutter lebend

Die Wahrnehmung der Instabilität in den Familien führt bei Kindern des Typ 2 zu diesem besonderen Copingverhalten, das auf den ersten Blick als sehr vorteilhaft betrachtet werden kann, aber grundlegend zu einer Überforderung führt, deren Folgen sich schon jetzt, sicher aber in späteren Jahren bemerkbar machen (Winnicott, 1974/2002).

Was haben Sie bis jetzt so gemacht in ihrem Leben? Gemacht habe ich nicht viel, außer auf die Mutti aufgepasst. Also aufgepasst, aber ansonsten bin ich Einzelgänger so. Also viel außerhalb gewesen.
AS7_K1/17-jähriger Sohn bei erkrankter Mutter aufgewachsen

Oft negieren die Kinder den belastenden Einfluss, den die Erkrankung auf ihr Wohlbefinden hat; sie idealisieren ihre Situation oder bagatellisieren, was als ein Versuch verstanden werden kann, die Integrität der Familie und sich selbst vor einer Betrachtung der Realität zu schützen. Die erhöhte Verantwortungsübernahme in Bereichen, die sie überfordern, oder Momente, in denen die Kinder in die Position eines Erwachsenen gedrängt werden, sind bei Kindern dieser Gruppe besonders oft zu beobachten. Dabei erfolgt eine Überforderung vor allem bei der Einbeziehung der Kinder in individuelle Probleme der Eltern oder Partner, so dass die Trennung zwischen Kinder- und Elternebene im Familiensystem aufgehoben wird. Dies macht schon einen Teil ihrer Bewältigung der Situation aus, der den Anfang der Parentifizierung bedeutet, die sich im Jugendalter noch verfestigen kann.

Eigentlich kann ich allen helfen. Aber nicht so richtig. *Wie kannst du deiner Mutter helfen?* Ähm wenn die viel zu tun hat und die das nicht schafft, dann fragt die mich manchmal, oder wenn sie traurig ist. *Warum ist deine Mutter manchmal traurig?* Mhm, weil sie viel arbeiten muss. Die geht nicht so gerne arbeiten. Und weil sie manchmal auch denkt, dass der Christian sie im Stich lässt so wie mein Vater. *Diese Angst hat sie?* Ja. *Und was sagst du ihr dann?* (Pause) Was soll ich da schon sagen? Dass das halt nicht so ist. Dass er sie nicht im Stich lässt. Und so. *Wie ist denn dann das Gefühl so, wenn deine Mutter dich das fragt?* Komisch. (Lachen) Na ja, das finde ich irgendwie ein bisschen komisch.
L1/13-jährige Tochter bei erkrankter Mutter lebend

Hattest du dann auch das Gefühl, dass du für sie [Mutter] Verantwortung übernehmen musstest? Ja. Ja? Wie hat das dann praktisch ausgesehen? [...] Dass ich die Mutter bin und sie das Kind.
AS7_K2/15-jährige Tochter bei erkrankter Mutter lebend

Beeinträchtigungen und beeinträchtigendes Coping

Die gemeinsame Betrachtung der Copingstile und der pychischen Beeinträchtigungen deutet auf einen auffälligen Zusammenhang zwischen ungünstiger Stressbewältigung und psychischen Auffälligkeiten bei den Kindern schizophren erkrankter Eltern hin. Es lassen sich drei gleich verteilte Gruppen bilden, wobei eine Gruppe ein unauffälliges Copingverhalten ohne über- oder unterdurchschnittlicher Ausprägungen auf den einzelnen Dimensionen zeigt, welches sich weder dem einen noch dem anderen Typ zuordnen lässt.

Hyperkinetisches Syndrom, expansive Verhaltensstörungen oder Angststörungen, welche durch den Kinder-DIPS diagnostiziert wurden, finden sich gehäuft bei den Kindern, welche Coping vom Typ 1 zeigen. Stattdessen zeigen Kinder, die sehr verantwortungs- und problemorientiert Stress bewältigen, eher Störungen internalisierender Art: depressive Symptomatik und Ausscheidungs- und Essstörungen. Die meisten Kinder, bei denen keine Störung diagnostiziert werden konnte, zeigen auch unauffälliges Copingverhalten und nur wenige Kinder, die unauffällig und ausgewogen mit Stress umgehen, weisen psychische Auffälligkeiten auf (Tab. 2).

Besonders belastet erscheinen Kinder, die mit ihren alleinerziehenden erkrankten Eltern zusammenwohnen und zusätzlich ungünstige Copingstile (hier Typ 2) aufweisen.

Na, ich weiß nicht. So richtige Höhen gab es in meinem Leben bisher nicht so. Ich würde jetzt nicht sagen, dass es so richtig glücklich war. Also, ich war schon glücklich, aber ich hatte es bis jetzt schon schwer. *Ja? So gesamt, dein Leben ist nicht so glücklich verlaufen, findest du.* Nein, eigentlich nicht so. Mhm. Na, ja. Na. So schlimm eigentlich jetzt auch wieder so nicht. Aber, na ja, es ist schwer bis jetzt gewesen.
HB1_K1/13-jähriger Sohn mit erkrankter, alleinerziehender Mutter lebend

Fazit für die Arbeit mit Kindern psychisch kranker Eltern

Aus den Erkenntnissen zu dem speziellen Copingverhalten der Kinder lassen sich Konkretisierungen für Struktur und Gestaltung eines adäquaten Hilfsangebotes für die Familien und speziell für Kinder schizophren erkrankter Eltern ableiten. Die spezifische Erkrankung der Eltern ist bei Prävention und Interventionen für Kinder psychisch kranker Eltern zu berücksichtigen, da sich neben den grundsätzlichen Belastungen (Lenz, 2008) auch spezielle Belastungen zeigen.

Wichtig ist es gerade bei der Betreuung der Kinder von Eltern mit Schizophrenie, die Familiensituation zu berücksichtigen. Die klassische Familienform ist in den meisten Fällen nicht mehr anzutreffen; das bedeutet meist den Wegfall einer gesunden erwachsenen Bezugsperson für die Kinder. Zuverlässige und vertrauensvolle soziale Beziehungen könnten in der belastenden Familiensituation für Kinder eine ausgleichende und normalisierende Funktion übernehmen. Patenschaften könnten beispielsweise vor allem in ausgeprägten Belastungs- und Krisenzeiten den Kindern eine stellvertretende Begleitung bieten und im Leben des Kindes zu einem stabilisierenden Faktor und verständnisvollen Ansprechpartner werden, der Schutz und Sicherheit bietet (Lenz, 2008). Darüber hinaus sollte den Familien professionelle Unterstützung wie z. B. eine

Tabelle 2: Diagnosegruppen des DIPS in der Verteilung auf die drei Copingstile (absolute Werte)

	Coping-Typ			Gesamt
	Typ 1 – hohe Aggression – geringe Situationskontrolle – kaum Ablenkung und Erholung – geringes soziales Unterstützungsbedürfnis	**Typ 2** – hohe Situationskontrolle – geringe Aggressionswerte – hohes Unterstützungsbedürfnis zum Problemlösen – positive Selbstinstruktion	**unauffälliges Coping** – keine Auffälligkeiten und Extreme in der Stressbewältigung – Möglichkeit der Ablenkung – moderate Aggressionsäußerungen – moderate Situationskontrolle	
Keine Diagnose	1	3	4	8
	12,5 %	37,5 %	50 %	100 %
Hyperkinetisches Syndrom	1	0	0	1
	100 %	0 %	0 %	100 %
expansive Verhaltensstörung	2	0	1	3
	66,7 %	0 %	33,3 %	100 %
Angststörung	2	0	0	2
	100 %	0 %	0%	100 %
depressives Syndrom	1	2	1	4
	25 %	50 %	25 %	100 %
Ausscheidungs- und Essstörung	0	2	0	2
	0 %	100 %	0 %	100 %
Gesamt	7	7	6	20
	35 %	35 %	30 %	100 %

engmaschige Familienberatung, altersadäquate Krankheitsaufklärung für die Kinder, Gruppen für Eltern und Kinder sowie Sozialpädagogische Familienhilfe angeboten werden (Lägel, 2008; Lenz, in Vorb.).

Neben der Diagnostik psychischer Auffälligkeiten der Kinder sollte in jedem Fall unter Zuhilfenahme psychologischer Testverfahren und in ausführlichen Gesprächen geprüft werden, über welche Copingstrategien die Kinder verfügen (Lenz, 2008) und welche sie besonders häufig einsetzen. In den Einzelgesprächen sollte exploriert werden, welche Strategien sich in der Interaktion mit den erkrankten Eltern als vermeintlich oder tatsächlich effektiv erwiesen haben. Wenden die Kinder vermehrt instrumentelles Coping an (Typ 2), das die Kontrollierbarkeit der Situation voraussetzt, sollten Strategien gefördert werden, die sie vor der übermäßigen Verantwortungsübernahme bewahren und sie entlasten: Vermeidung, Inanspruchnahme von sozialer/professioneller Unterstützung, Ablenkung und Entspannung. Emotionsregulierende Stressbewältigungs- und Therapieprogramme für Kinder enthalten Materialien und

Anregungen, um mit Kindern situationsangemessene Copingstrategien gezielt einzuüben (Klein-Heßling, 1997).

Die Inanspruchnahme von sozialer Unterstützung setzt soziale Kompetenzen, Selbstreflexion und die Bereitschaft der Kinder zur Mobilisierung sozialer Ressourcen voraus, dies kann in speziellen Programmen gefördert werden« (Beck et al., 2007). Kinder, die Schwierigkeiten mit Ablenkung und Entspannung zeigen, sollten vermehrt in Entspannungsübungen eingebunden werden, um den Spannungsabbau zu fördern und Folgen der Bewältigungsstörungen in Schule und sozialem Umfeld zu vermeiden. Um bestehende Ressourcen der Kinder zu erkennen und zu fördern und gezielt an Problemfeldern arbeiten zu können, empfiehlt es sich, die Lebenszufriedenheit zu explorieren (Mattejat u. Remschmidt 2006) sowie Netzwerkzeichnungen und Netzwerkkarten anzuwenden (Lenz, 2005, 2008). Hier werden Kinder zu Erzählungen über Beziehungsmuster und Beziehungserfahrungen, über Wünsche nach Nähe und Distanz wie auch über Ängste und Bedenken angeregt. Es eröffnen sich dabei Wege zur Identifizierung von hilfreichen, vertrauensvollen Bezugspersonen im sozialen Beziehungssystem.

Die Netzwerkkonferenz stellt weiterführend eine hilfreiche Strategie dar, gemeinsam mit der ganzen Familie Bezugspersonen und anderen wichtigen Personen aus dem sozialen Umfeld zusammenzuführen und nicht oder nur wenig genutzte bzw. verloren gegangene Kommunikationskanäle zu fördern sowie beispielsweise Patenschaften zu aktivieren. Die Erstellung eines Krisenplans (Homeier, 2006) erhöht die Selbstwirksamkeit des Kindes und der Eltern und macht durch verbindliche Absprachen eine Krisensituation für alle Beteiligten kontrollierbarer. Auch durch altersadäquate und fachlich fundierte Information über die Erkrankung kann die Kontrollierbarkeit der Situationen gesteigert und damit Unsicherheit und Hilflosigkeit der Kinder minimiert werden.

Voraussetzung für wirksame und verlässliche Hilfeleistungen für die Kinder und ihre Familien ist eine funktionale Kooperation zwischen Erwachsenenpsychiatrie bzw. dem Gesundheitssystem und der Jugendhilfe. Kooperation zwischen so unterschiedlichen Hilfesystemen wie Psychiatrie bzw. Gesundheitswesen und Jugendhilfe stellt, wenn sie gelingen soll, eine Reihe von Anforderungen an die beteiligten Institutionen und deren Mitarbeiter sowohl auf der interinstitutionellen als auch auf der intrainstitutionellen Ebene (vgl. Lenz, 2005, 2008). Wie die Praxis zeigt, ist hier noch ein großer Entwicklungs- und Handlungsbedarf festzustellen.

Auch bei offensichtlich nicht vorhandenem Bedarf von »hoch resilienten«

Kindern ist es indiziert, offene Angebote zu machen, in denen sie Informationen zu der Erkrankung bekommen können, und ihnen Telefonnummern und Adressen zu geben, um die Barriere von Seiten der Institutionen möglichst flach zu halten.

Bekannt ist, dass die Zusammenarbeit mit Eltern mit einer Diagnose aus dem schizophrenen Formenkreis sich oft als sehr schwierig erweist und damit eine Basis der Zusammenarbeit mit den Kindern meist schwer herzustellen ist (Pretis u. Dimova, 2004). Es ist bei dieser Patientengruppe deshalb besonders wichtig, mit behandelnden (niedergelassenen) Ärzten und psychiatrischen Kliniken zu kooperieren und sie über Hilfsangebote in der Region aufzuklären.[2]

Literatur

Arbeitsgruppe Kinder, Jugendlichen-und Familiendiagnostik (Hrsg.) (1998). CBCL/4–18 Elternfragebogen über das Verhalten von Kindern und Jugendlichen. Göttingen: Hogrefe.

Barkmann, C., Schulte-Markwort, M. (2007). Psychiatric disorders in childhood and adolescence. Diagnostic and epidemiology. Kinderheilkunde, 155 (10), 906ff.

Beck, N., Cäsar, S., Leonhardt, B. (2007). Training sozialer Fertigkeiten von Kindern im Alter von 8 bis 12 Jahren. TSF (8–12), (2. Aufl.). Tübingen: Dgvt-Verlag.

Beek, K. (2004). Ohne Netz und Boden – Die Situation der Kinder psychisch kranker Eltern. Informationsbroschüre. Berlin: Netz und Boden.

Beyer, A, Lohaus, A. (2007). Konzepte zur Stressentstehung und Stressbewältigung im Kindes- und Jugendalter. In I. Seiffge-Krenke, A. Lohaus (Hrsg.), Stress und Stressbewältigung im Kindes- und Jugendalter. Göttingen: Hogrefe.

Häfner, H. (2005). Das Rätsel Schizophrenie. Eine Krankheit wird entschlüsselt (3., vollst. überarb. Aufl.). München: Beck.

Hampel, P.. Petermann, F. Dickow, B. (2001). Stressverarbeitungsfragebogen von Janke und Erdmann angepasst für Kinder und Jugendliche. SVF-KJ. Göttingen: Hogrefe.

Homeier, S. (2006). Sonnige Traurigtage (2. Aufl.). Frankfurt a. M.: Mabuse.

Klein-Heßling, J. (1997). Streßbewältigungstrainings für Kinder. Eine Evaluation. Tübingen: Dgvt-Verlag.

Klein-Heßling, J., Lohaus, A. (2002). Zur situationalen Angemessenheit der Bewältigung von Alltagsbelastungen im Kindes- und Jugendalter. Kindheit und Entwicklung, 11, 29–37.

Koelch, M., Fegert, J. M., Schielke, A., Schmid, M., Becker, T. (2007). Psychic strain by children psychic sick person parents. Results of a survey of psychiatric hospitalized grown-up patients with the SDQ. Nervenarzt, 78 (2), 447–448.

Kuhn, J., Lenz, A. (2008). Coping bei Kindern schizophren erkrankter Eltern – eine täuschend gute Bewältigung. Praxis der Kinderpsychologie und Kinderpsychiatrie, 10, 735–756.

Lägel, I. (2008). Kinder stark machen. Die Arbeit in der Leipziger Beratungsstelle AURYN. In F. Mattejat, B. Lisofsky (Hrsg.), Nicht von schlechten Eltern. Kinder psychisch Kranker (Neuausg.) (S. 181–188). Bonn: Balance Buch und Medien Verlag.

---

2 Z. B. Aufklärung der behandelnden Ärzte über Angebote in der Region sowie Internetseiten wie www.netzundboden.de; www.soziales-fruehwarnsystem.de; www.patenschaftsprojekt.de; www.kipkel.de; www.psychose-bipolar.de.

Lazarus, R. S., Folman, S. (1984). Stress, appraisal and coping. New York: Oxford University Press.

Lenz, A. (2005). Kinder psychisch kranker Eltern. Göttingen: Hogrefe.

Lenz, A. (2008). Interventionen bei Kindern psychisch kranker Eltern. Grundlagen, Diagnostik und therapeutische Maßnahmen. Göttingen: Hogrefe.

Lenz, A. (in Vorb.). Ressourcen fördern. Materialien für die Arbeit mit Kindern und ihren psychisch kranken Eltern. Göttingen: Hogrefe.

Mattejat, F. (2001). Kinder psychisch kranker Eltern im Bewußtsein der Fachöffentlichkeit. Praxis der Kinderpsychologie und Kinderpsychiatrie, 50, 491–497.

Mattejat, F., Remschmidt, H. (2006). ILK-Inventar zur Erfassung der Lebensqualität bei Kindern und Jugendlichen. Göttingen: Hogrefe.

Pretis, M., Dimova, A. (2004). Frühförderung mit Kindern psychisch kranker Eltern. München: Reinhardt.

Roth, S., Cohen, L. J. (1986). Approach, avoidance, and coping with stress. The American Psychologist, 41 (7), 813–819.

Schlack, R., Hoelling, H., Kurth, B.-M, Huss, M. (2007). The prevalence of attention-deficit/hyperactivity disorder (ADHD) among children and adolescents in Germany. Initial results from the German Health Interview and Examination Survey for Children and Adolescents (KiGGS). Bundesgesundheitsblatt Gesundheitsforschung Gesundheitsschutz, 50 (5–6), 827–835.

Schone, R., Wagenblass, S. (2002). Wenn Eltern psychisch krank sind … Kindliche Lebenswelten und institutionelle Handlungsmuster. Münster: Votum.

Seiffge-Krenke, I. (1995). Stress, coping and realtionships in adolescence. Hillsdale, NJ: Lawrence Erlbaum Associates.

Seiffge-Krenke, I., Irmer, J. von (2007). Zur Situationsabhängigkeit von Bewältigung. In I. Seiffge-Krenke, A. Lohaus (Hrsg.), Stress und Stressbewältigung im Kindes- und Jugendalter (S. 69–80). Göttingen: Hogrefe.

Tienari, P., Sorri, A., Lahti, I., Naarala, M., Wahlberg, K. E., Moring, J., Pohjola, J., Wynne, L. C. (1987). Genetic and psychosocial factors in schizophrenia: the Finnish Adoptive Family Study. Schizophrenia bulletin, 13 (3) 477–484.

Unnewehr, S., Schneider, S., Margraf, J. (1998). Kinder-DIPS. Diagnostisches Interview bei psychischen Störungen im Kindes- und Jugendalter (2. korr. Nachdr.). Berlin: Springer.

WHO (2000). Internationale Klassifikation psychischer Störungen. ICD-10 Kapitel V (F). Klinisch diagnostische Leitlinien (4. korr. erg. Aufl.). Bern: Huber.

Winnicott, D. W. (2002). Reifungsprozesse und fördernde Umwelt. Übers. aus dem Engl. von Gudrun Theusner-Stampa (Neuaufl. d. dt. Ausg. v. 1974). Gießen: Psychosozial-Verlag.

Krankheitsbewältigung in Familien mit psychisch kranken Eltern und Gesundheit der Kinder

Silke Wiegand-Grefe, Susanne Halverscheid, Peggy Geers, Franz Petermann, Angela Plass

Seit den grundlegenden Arbeiten zum Copingkonzept (Lazarus, 1966; Lazarus u. Folkman, 1984) sind zahlreiche Studien veröffentlicht worden, die sich mit der Bewältigung von Krankheiten befassen. Eine einheitliche Definition von Krankheitsbewältigung liegt aufgrund sehr unterschiedlicher Konzeptbildungen bislang jedoch nicht vor (Wendt u. Petermann, 1996). Trotz der Heterogenität des Konzepts besteht eine Übereinstimmung dahingehend, dass Bewältigungsverhalten in emotionale, kognitive und handlungsorientierte Strategien unterteilt werden kann (Heim, 1986). Muthny (1989, S. 5) definiert Krankheitsverarbeitung als »die Gesamtheit der Prozesse, um bestehende oder erwartete Belastungen im Zusammenhang mit Krankheit emotional, kognitiv oder aktional aufzufangen, auszugleichen oder zu meistern«. Relevant ist in seiner Definition, dass sich Krankheitsverarbeitung »sowohl auf ein Individuum als auch in systemischer Betrachtung auf eine Sozialstruktur« beziehen kann (S. 6).

Für die klinische und wissenschaftliche Arbeit mit Familien mit einem psychisch erkrankten Elternteil unterscheiden wir zwischen individueller Krankheitsbewältigung des Patienten und familiärer Krankheitsbewältigung (Wiegand-Grefe et al., 2010). Als effektiv können diejenigen Bewältigungsstrategien betrachtet werden, die eine direkte Veränderung der belastenden Situation und die Regulation der dadurch ausgelösten negativen Emotionen bewirken (Fortune, Smith u. Garvey, 2005). Je nach Belastungssituation können weitere kurz- und langfristige Zielkriterien bestimmt werden, die die Angemessenheit von Bewältigungsprozessen prüfen. Für die Risikogruppe von Kindern psychisch kranker Eltern wird übereinstimmend davon ausgegangen, dass die Krankheitsbewältigung der elterlichen Erkrankung als Mediatorvariable eine wesentliche Rolle für die psychische Gesundheit der Kinder spielt (Remschmidt u. Mattejat, 1994; Mattejat, 2008; Knutsson-Medin, Edlund u. Ramklint, 2007; Larsson, Knutsson-Medin, Sundelin u. von Werder, 2000; Jeske, Bullinger, Petermann, Plass u. Wiegand-Grefe, 2009). Dabei ist unklar, ob die Art der psychischen Erkrankung (Diagnose) oder unspezifische Erkrankungsmerkmale als Risikofaktoren für die psychische Gesundheit der Kinder bedeutsamer sind. Mittlerweile kann zwar als gesicherter Befund gelten, dass Kinder von

Eltern mit Persönlichkeitsstörungen besonders stark gefährdet sind (Laucht, Esser u. Schmidt, 1992; Wiegand-Grefe, Geers, Petermann u. Plass, 2010; Freyberger, 2009), aber die Frage, inwiefern unspezifische Erkrankungsmerkmale eine wesentliche Rolle spielen, ist bislang nicht ausreichend geklärt. Während einige Studien bei Eltern mit affektiven Störungen (Goodman u. Gotlib, 1999) Zusammenhänge unspezifischer Merkmale zur Befindlichkeit der Kinder finden (Hammen, Burge, Burney u. Adrian, 1990), konnten andere Studien diese Zusammenhänge nicht nachweisen (Wiegand-Grefe et al., 2010).

Wenig Beachtung fand bisher die Prozesshaftigkeit individueller und familiärer Krankheitsbewältigung. In einem Projekt für psychisch kranke Eltern (Kühnel u. Bilke, 2004), in dem Informationen über die Belastungsfaktoren der kindlichen Entwicklung sowie Auswirkungen der psychischen Störung auf die Eltern-Kind-Beziehung und die Partnerbeziehung vermittelt wurden, berichten die Teilnehmer (80 % Angehörige, 20 % betroffene Elternteile), dass als initiale Bewältigungsstrategie die Hoffnung auf baldige Gesundung im Vordergrund stehe. In dieser Phase wird die Belastung der Kinder zwar wahrgenommen, aber die Eltern sind von der Erkrankung und der Paardynamik eingenommen, so dass die Kinder aus dem Blickfeld beider Eltern geraten. Erst im fortgeschrittenen Erkrankungsverlauf stellen sich die Eltern Fragen zum Umgang mit den Kindern und den Belastungen, die durch die veränderte Situation entstehen. Die Autoren resümieren, dass die betroffenen Eltern die Belastungen ihrer Kinder wahrnehmen, sie jedoch für die sinnvolle Unterstützung ihrer Kinder zu wenige Informationen über entwicklungstypische und erzieherische Fragen in ihrer spezifischen Situation von Fachleuten erhalten.

Krankheitsbewältigung als Schutzfaktor der kindlichen Entwicklung

Der Art der psychischen Erkrankung der Eltern und deren Umgang damit wird im Modell der psychosozialen Vermittlungsprozesse (Mattejat, Wüthrich u. Remschmidt, 2000) und seinen Erweiterungen (Wiegand-Grefe, 2007) eine zentrale Bedeutung für eine gesunde Entwicklung der Kinder beigemessen. In beiden Modellen gelten zwei Faktoren für die Entwicklung der Kinder als wesentlich: zum einen eine hohe *Qualität der innerfamiliären und außerfamiliären Beziehungen*, also die Frage, ob sich der erkrankte Elternteil und das betroffene Kind auf stabile, tragfähige und Sicherheit vermittelnde interpersonelle Beziehungen stützen können (Mattejat, 2008). Zum anderen wird eine angemessene (individuelle und familiäre) *Krankheitsbewältigung* als wichtiger Schutzfaktor für die psychische Gesundheit der Kinder angesehen. Dazu gehören die Einstellung zur Erkrankung und auftretende Bewältigungsformen und

-strategien. Zu diesen zählen Verleugnung, Verdrängung, Tabuisierung oder Überbewertung und Fixierung auf die Krankheit sowie krankheitsbedingte Überforderung oder Unterforderung im beruflichen und familiären Alltag. Als hilfreich für die Entwicklung der Kinder wird eine Haltung beschrieben, die sich zwischen diesen Polen von Verleugnung und Überbewertung bewegt und durch Krankheitseinsicht und Akzeptanz der Störung gekennzeichnet ist, so dass eine aktive Auseinandersetzung mit der Erkrankung weder zu einer Überforderung noch zu einer Unterforderung führt. Erst die Akzeptanz der Erkrankung ermöglicht eine Kooperation bei der medikamentösen Behandlung und die Mitarbeit bei präventiven Maßnahmen zur Rückfallprophylaxe und zur Förderung der kindlichen Entwicklung. Zu einer aktiven Auseinandersetzung mit der Erkrankung gehören auch die praktische familiäre Organisation, die Flexibilität der Aufgabenverteilung, die Anpassung der beruflichen bzw. schulischen Situation an die Erkrankung sowie die Nutzung von informellen Hilfsangeboten und Fachinstanzen, wie z. B. Psychiatrie und Jugendhilfe (Fudge u. Mason, 2004). Mit einer sinnvollen und notwendigen Vernetzung beider Institutionen zur Unterstützung einer gelungenen Krankheitsbewältigung in betroffenen Familien beschäftigt sich der Beitrag von Schrappe in diesem Band.

Familiäre Krankheitsbewältigung und psychische Gesundheit der Kinder

Besonders die Tabuisierung und Verleugnung der Erkrankung gegenüber dem Kind werden als folgenreiches Risiko für die emotionale Befindlichkeit der Kinder angesehen (Beardslee, Gladstone, Wright u. Cooper, 2003; Lenz, 2005; Singleton, 2007; Wagenblass, 2001). Dem steht ein großes Informationsbedürfnis der betroffenen Kinder gegenüber (Küchenhoff, 2001). Informationen wirken zum einen entlastend, zum anderen geben sie dem Kind die Möglichkeit, selbst ein effektives Krankheitsverständnis und angemessene Bewältigungsstrategien zu entwickeln. Beardslee et al. (2003) sowie Pölkki et al. (2004) zeigen: Je besser die Kinder die Erkrankung der Eltern verstehen und einordnen können, desto besser ist ihre Widerstandskraft (Resilenz). Daher empfiehlt sich eine genauere Analyse kindlicher Sichtweisen im Zusammenhang mit der Bewältigung der psychischen Erkrankung der Eltern. Mordoch und Hall (2002), Foster, O'Brian und McAllister (2004) und Lenz und Jungbauer (2008) betonen, dass diese Aspekte bislang nicht ausreichend aufgeklärt sind.

Es wird angenommen, dass zwischen der Art der elterlichen Krankheitsbewältigung und den Problemen und Kompetenzen der betroffenen Kinder ein Zusammenhang besteht (Rothenburg, Granz, Hartmann u. Petermann, 2005; Pollak, Bullinger, Jeske, Wiegand-Grefe, 2008; Wiegand-Grefe, Geers, Plass, Petermann u. Riedesser, 2009). Gleichzeitig berichten nur wenige empirische Studien über die Bedeutung der elterlichen Krankheitsbewältigung für die kindliche Entwicklung (Wagenblass, 2001). Dies mag u. a. daran liegen, dass es schwierig ist, die Kinder der Personengruppe psychisch kranker Eltern selbst zu untersuchen.

Die vorliegende Studie prüft daher folgende Fragestellungen: Ob und in welchem Ausmaß bestehen Zusammenhänge zwischen internalisierenden und externalisierenden Auffälligkeiten der Kinder aus Elternsicht und spezifischen Bewältigungsstrategien der Eltern? Werden diese Auffälligkeiten von den Bewältigungsstartegien positiv oder negativ beeinflusst? Bestehen empirisch belegbare Zusammenhänge zwischen der Art und Angemessenheit der elterlichen individuellen Krankheitsbewältigung und der psychischen Gesundheit der Kinder? Gibt es empirische Zusammenhänge zwischen der familiären Krankheitsbewältigung und der psychischen Gesundheit der Kinder?

Projekt

Methoden

Studiendesign und Stichprobe

Das Studiendesign des Forschungsprojekts »CHIMPs – Children of mentally ill parents«[1] (Wiegand-Grefe u. Pollak, 2006) wird im Beitrag »Elterliche Erkrankung und Gesundheit der Kinder« von Wiegand-Grefe, Geers, Petermann und Plass in diesem Band detailliert ausgeführt. Auch die Beschreibung der Stichprobe (Ein- und Ausschlusskriterien, insgesamt erfasste Patienten im Erhebungszeitraum, demographische Variablen der Elternstichprobe, Diagnoseverteilung) ist im genannten Beitrag der Autorengruppe in diesem Band enthalten.

---

1 Das Projekt wird an der Klinik für Kinder- und Jugendpsychiatrie und -psychotherapie (KJP) des Universitätsklinikums Hamburg-Eppendorf (UKE) durchgeführt in Kooperation mit der Klinik für Psychiatrie und dem Institut für Medizinische Psychologie. Es ist von der Ethikkommission der Ärztekammer Hamburg genehmigt. Es wird im ersten Projektteil von der Werner Otto Stiftung Hamburg und im zweiten klinischen Teil von der Anna von Gierke Stiftung Frankfurt a. M. gefördert.

Design und Stichprobe sind identisch, von daher wird auf die Wiederholung der Angaben verzichtet und auf diesen Beitrag verwiesen.

Messinstrumente

Die Art der individuellen Krankheitsbewältigung wird mit der Kurzform des Freiburger Fragebogens zur Krankheitsverarbeitung (FKV-LIS, Muthny, 1989) erfasst, der 35 Items enthält, die der Selbst- und Fremdeinschätzung (FKV-LIS-SE und -FE) dienen. Mit diesem Instrument kann man unterschiedliche Strategien der Krankheitsverarbeitung auf der Verhaltens-, der kognitiven und der emotionalen Ebene erfassen. Der Patient wird aufgefordert, auf einer fünfstufigen Skala mit den Antwortkategorien (0) »gar nicht«, (1) »wenig«, (2) »mittelmäßig«, (3) »ziemlich«, (4) »sehr stark« anzugeben, wie er auf die Krankheit reagiert. Das Instrument basiert auf dem Copingkonzept der Gruppe um Lazarus und Folkman (1984). Mit Hilfe dieses Instruments kann untersucht werden, ob und welche Strategien der Krankheitsbewältigung des Elternteils die psychische Gesundheit der Kinder eher schützen.

Die Angemessenheit der individuellen Krankheitsbewältigung wird über das Arzturteil mit zwei Items erfasst: »Besteht ein Mangel an Urteilsfähigkeit und (Krankheits-)Einsicht?« Antwortformat: nein – leicht – mäßig – mäßig schwer – schwer – extrem. Dieses Item wurde der PANSS (Positiv- und Negativ-Syndrom-Skala von Kay, Fiszbein u. Opler, 1987) entnommen. Außerdem wurde gefragt: »Halten Sie die Krankheitsbewältigung des Patienten insgesamt für angemessen?« Antwortformat: ja – eher ja – eher nein – nein. Krankheitseinsicht wird als Voraussetzung für Bemühungen um Krankheitsbewältigung angesehen. Keine Krankheitseinsicht besteht, wenn der Arzt deren Mangel auf der sechsfach gestuften Skala mit mindestens »mäßig schwer« einschätzt. In diesem Fall wird der Patient vermutlich keine Notwendigkeit der Bewältigung sehen. Die individuelle Krankheitsbewältigung wird demnach als unangemessen betrachtet, wenn keine Krankheitseinsicht besteht und der Arzt die vorhandenen Bemühungen als unangemessen (»eher nein« bzw. »nein«) beurteilt.

Die Angemessenheit der familiären Krankheitsbewältigung wird durch folgende Spontanäußerungen aus Elternsicht operationalisiert: »Wird in Ihrer Familie offen über die Erkrankung gesprochen?« (nein – ja) und »Hat jemand ihren Kindern die Art der Erkrankung erklärt?« (nein – ja). Die familiäre Krankheitsbewältigung wird in jedem der beiden Items als unangemessen definiert, wenn zwischen den Partnern, innerhalb der Familie und mit den Kindern nicht offen über die Erkrankung gesprochen und den Kindern die Erkrankung nicht erklärt wird. Diese beiden Items werden getrennt ausgewertet.

Die psychische Gesundheit der Kinder wird mit dem Elternfragebogen der deutschsprachigen Fassung der Child Behavior Checklist (CBCL – Arbeitsgruppe Deutsche Child Behavior Checklist CBCL/4-18, 1998) von Achenbach (1991) erhoben. Die deutsche Bearbeitung (Arbeitsgruppe Deutsche Child Behavior Checklist, 1998) erfasst die Einschätzungen von Eltern hinsichtlich der Probleme und Kompetenzen ihrer Kinder und Jugendlichen im Alter von vier bis 18 Jahren. Der Fragebogen umfasst Kompetenzen (Aktivität, soziale Kompetenz und Schule) sowie beurteilungsübergreifende Syndrome (sozialer Rückzug, körperliche Beschwerden, Angst/Depressivität, soziale Probleme, schizoid/zwanghaft, Aufmerksamkeitsstörung, delinquentes Verhalten, aggressives Verhalten). Aus den Syndromskalen werden Skalen zu internalisierenden und externalisierenden Störungen sowie ein Gesamtwert gebildet (vgl. auch Thiels u. Schmitz, 2008).

Ergebnisse

Art der individuellen Krankheitsbewältigung und Gesundheit der Kinder
Zur Beurteilung der Strategien der Krankheitsbewältigung gibt das Testverfahren Werte zwischen »0« (gar nicht) und »4« (sehr stark) vor. Die Mittelwerte stellen sich in den 5 Skalen des FKV wie folgt dar (N = 62): Depressive Verarbeitung: 1.97 (SD = 0.82), aktives problemorientiertes Coping: 2.31 (SD = 0.81), Ablenkung und Selbstaufbau: 1.81 (SD = 0.62), Religiosität und Sinnsuche: 1.67 (SD = 0.81), Bagatellisierung und Wunschdenken: 1.60 (SD = 1.03). Alle Mittelwerte der Skalen liegen bei »1« (wenig), nur die Strategie des aktiven problemorientierten Coping überschreitet im Mittelwert die »2« (mittelmäßig). Entsprechend den Angaben des Autors (Muthny, 1989) ist auch in dieser Stichprobe keine der Interkorrelationen der Skalen größer als .46 (Geers, 2006). Der Zusammenhang zwischen den verschiedenen Strategien der individuellen Krankheitsbewältigung und der Auffälligkeit der Kinder in den übergeordneten Skalenwerten der CBCL wird in Tabelle 1 dargestellt.

Die Gesamtauffälligkeit der CBCL korreliert signifikant positiv mit der Skala »Religiosität und Sinnsuche« des FKV-LIS-SE, die internalisierende Skala der CBCL korreliert signifikant positiv mit den Mittelwerten der Skalen »Depressive Verarbeitung« und »Religiosität und Sinnsuche«. Von den Einzelitems des FKV-LIS-SE weist lediglich das Item 31 »Galgenhumor entwickeln« eine signifikante positive Rangkorrelation ($r(N = 59) = .32$; $p = .012$) mit der externalisierenden Skala der CBCL auf.

Tabelle 1: Pearson-Korrelationen der FKV-LIS-SE- Skalen und der übergeordneten Skalen der CBCL (p < .05) (aus: Wiegand-Grefe et al., 2010)

Mittelwert der Skalen des FKV-LIS-SE		T-Wert internalisierende Skala		T-Wert externalisierende Skala	T-Wert Gesamtauffälligkeit	
Depressive Verarbeitung	r	.282	*	.138	.203	
	p 2seitig	.03		.28	.12	
	N	61		62	61	
Aktives problemorientiertes Coping	r	.013		.051	.045	
	p 2seitig	.92		.70	.73	
	N	60		61	60	
Ablenkung und Selbstaufbau	r	.106		.094	.107	
	p 2seitig	.42		.47	.42	
	r	60		61	60	
Religiosität und Sinnsuche	R	.292	*	.224	.290	*
	p 2seitig	.02		.08	.02	
	N	60		61	60	
Bagatellisierung und Wunschdenken	r	.098		.053	.106	
	p 2seitig	.45		.69	.42	
	N	60		60	60	

Angemessenheit der individuellen Krankheitsbewältigung und Gesundheit der Kinder

Die Ärzte schätzen einen *Mangel an Urteilsfähigkeit und Krankheitseinsicht* beim Patienten bei 44.8 % der Eltern (N = 26) mit »nein« ein (Median = 1; 3. Quartil = 2; N = 58). Bei 17.2 % (N = 10) wird ein »leichter« Mangel, bei 27.6 % (N = 16) ein »mäßiger« Mangel, bei 8.6 % (N = 5) ein »mäßig schwerer« und bei 1.7 % (N = 1) ein »schwerer« Mangel festgestellt. Betrachtet man die prozentuale Verteilung der mangelnden Krankheitseinsicht in Hinblick auf die Diagnosegruppen nach ICD-10, WHO, 2000), wird deutlich, dass diese bei der überwiegenden Mehrheit der Eltern mit einer schizophrenen (F2) und einer substanzbedingten (F1) Störung (88.9 %/85.7 %) als eingeschränkt beurteilt wird, während dies nur bei weniger als der Hälfte der Eltern mit einer affektiven (F3) und neurotischen (F4) Störung (41.2 %/25 %) der Fall ist. Insgesamt werden über alle Diagnosen hinweg etwas mehr Patienten (N = 32, 55.2 %) mit Mangel in der Krankheitseinsicht als ohne Mangel (N = 26, 44.8 %) beurteilt.

Zwischen diesem »Mangel an Urteilsfähigkeit und Krankheitseinsicht« und den Skalen der CBCL wird ein positiver (linearer) Zusammenhang vermutet. Die Rangkorrelationen nach Spearman r zwischen dem Mangel an Krankheitseinsicht und den T-Werten der übergeordneten Skalen der CBCL ergeben jedoch negative Korrelationen mit der internalisierenden Skala r (N = 58)= −.21, p = .06; mit der externalisierenden Skala r = −.29, p = .015 und mit der Gesamtauffälligkeit r = –.26, p = .03, die für die beiden letzten Skalen signifikant sind (* p < .05). Entgegen der Annahme besteht ein gegenläufig gerichteter (linearer) signifikanter Zusammenhang. Je schwerer der Mangel an Urteilsfähigkeit und Krankheitseinsicht, desto geringer wird die Auffälligkeit der Kinder in diesen beiden Skalen der CBCL eingeschätzt.

Die zweite, frei und direkt formulierte Frage nach der *Angemessenheit der Krankheitsbewältigung* wurde von den Ärzten für jeweils die Hälfte der Eltern mit »ja« (N = 5, 9 %) und »eher ja« (N = 27, 47 %) beantwortet sowie gleichermaßen mit »nein« (N = 2, 4 %) und »eher nein« (N = 24, 4 %). Die beiden Arzturteile zur Krankheitseinsicht und Krankheitsbewältigung korrelieren erwartungsgemäß signifikant positiv miteinander (Spearmans r (N = 58) = .50; p = .000). Je geringer die Urteilsfähigkeit und Krankheitseinsicht eingeschätzt wird, desto eher wird die Krankheitsbewältigung als unangemessen beurteilt.

Es wird von einem Zusammenhang zwischen dieser direkten ärztlich eingeschätzten Krankheitsbewältigung und der Auffälligkeit der Kinder ausgegangen. Es wird angenommen, dass die Mittelwerte der übergeordneten CBCL-Skalen signifikant größer sind, wenn die »Angemessenheit der Krankheitsbewältigung« mit »eher nein« bzw. »nein« beurteilt wurde. Für die Prüfung dieser Annahme wird die Krankheitsbewältigung in »angemessen« und »unangemessen« klassifiziert. Die Beurteilungen verteilen sich größtenteils innerhalb der mittleren Ausprägungen »eher ja« und »eher nein«. Die Ausprägungen »ja« und »nein« kommen eher selten vor. Entgegen der Annahme liegen höhere Mittelwerte der CBCL-Skalen in den Gruppen der angemessenen Krankheitsbewältigung vor. Die einseitig mit T-Tests für unabhängige Stichproben geprüften Mittelwertunterschiede sind für die externalisierende Skala signifikant (Tab. 2). Eltern mit angemessener Krankheitswältigung beurteilen ihre Kinder externalisierend auffälliger.

Familiäre Krankheitsbewältigung und Gesundheit der Kinder

Die Frage, ob offen in der Familie über die Erkrankung gesprochen wird, bejahen über die Hälfte der erkrankten Elternteile (N = 39, 62.9 %). 58 % (N = 36) geben an, dass dem Kind die Erkrankung erklärt wurde. Immerhin wird in 23 Familien (37 %) nicht über die psychische Erkrankung gesprochen und in 25 Familien (40 %) den Kindern die Erkrankung nicht erklärt. Dabei finden sich sehr hohe Überschneidungen: 91 % der Kinder, in deren Familie nicht offen über die Störung gesprochen wird, wird sie auch nicht erklärt, nur zwei Kindern wurde die Störung trotzdem erklärt. Für 87 % dieser Kinder treffen beide Aussagen zu. Fünf Kindern wurde die Störung nicht erklärt, obwohl in deren Familie offen darüber gesprochen wird. Für diese beiden Merkmale besteht ein

Tabelle 2: Deskriptive Statistik der Gruppen »Klassierte Angemessenheit der Krankheitsbewältigung« und T-Tests für unabhängige Stichproben für diese Variable (aus: Wiegand-Grefe et al., 2010)

Test bei unabhängigen Stichproben	Klassierte Angemessenheit			T-Test für die Mittelwertgleich		
		N	M	SD	T	df	Sig. 1-sei
T-Wert der Gesamtauffälligkeit	Ja	31	59.48	10.48	1.14	53	.13
	Nein	24	56.13	11.29			
T-Wert der internalisierenden Skala	Ja	31	56.81	11.05	0.48	53	.31
	Nein	24	55.29	12.05			
T-Wert der externalisierenden Skala	Ja	32	59.63	9.56	1.94	55	.03
	Nein	25	54.52	10.28			

hoher statistischer Zusammenhang (Phi = .76; p = .000; N = 61).

Die Betrachtung dieser familiären Krankheitsbewältigung im Zusammenhang mit der Auffälligkeit der Kinder in den T-Tests für unabhängige Stichproben ergibt keine signifikanten Unterschiede. Zwischen der Gruppe »Erkrankung ist Thema im familiären Gespräch« (N = 37) und der Gruppe, die dies verneint, ergeben sich keine signifikanten Unterschiede in der Gesundheit der Kinder. Ebenso ergibt sich kein Unterschied in den T-Werten der Mittelwerte zwischen den Gruppen »Erkrankung wurde dem Kind erklärt« und der Gruppe, in der die Kinder keine Aufklärung erhielten.

Prädiktoren der Beeinträchtigung der psychischen Gesundheit der Kinder
Um zu prüfen, wie stark die zentralen unabhängigen Variablen (Erkrankungsfaktoren wie Diagnose, subjektive Beeinträchtigung, Schweregrad, Komorbidität, Chronizität und Expositionsdauer der Kinder, aber auch Variablen der Krankheitsbewältigung) die Verhaltenstendenzen der Kinder beeinflussen, werden multiple Regressionsanalysen durchgeführt. Die Prädiktoren wurden gezielt ausgewählt. Indizes, die hoch miteinander korrelierten, wurden so selektiert, dass die verbleibenden Prädiktoren keine starken Interkorrelationen mehr aufweisen. Die Prädiktoren korrelieren jedoch hoch mit der Kriteriumsvariablen, so dass davon ausgegangen werden kann, dass diese Variablen der Vorhersage dienen. Dafür wurde die Variable der Gesamtauffälligkeit mit Hilfe des ermittelten Prädiktorensatzes, bestehend aus fünf Variablen »Dummyvariable der Hauptdiagnosegruppe F1«, »Religiosität und Sinnsuche (FKV)«, »Mangel

an Urteilsfähigkeit und Krankheitseinsicht«, »F6-Störung in der Diagnose vorhanden« und aufgrund der hohen Interkorrelationen wahlweise »Phobische Angst (SCL-14)« bzw. »Somatisierung (SCL-14)« vorhergesagt. Dazu wurden die Variablen schrittweise nach dem höchsten Korrelationskoeffizienten in die Regressionsanalyse aufgenommen (Tab. 3).

Tabelle 3: Multiple Regressionsanalyse zur Vorhersage der Skala der Gesamtauffälligkeit der CBCL (aus: Wiegand-Grefe et al., 2010)

	B	SE	Beta	T	Sig. T
Konstante	53.191	3.112		17.090	.000
Dummy F1-Störung	-5.419	3.084	-.214	-1.757	.085
Religiosität und Sinnsuche	4.474	1,476	.347	3.030	.004
Mangel an Urteilsfähigkeit und Krankheitseinsicht	-2.715	1.103	-.286	-2.461	.017
F6-Störung vorhanden	7.375	3.230	.264	2.283	.027
Gesamt	R^2	korr. R^2		F	Sig. F
	.391	.341		7.855	.000

34.1 % der Varianz der Kriteriumsvariablen kann durch die Prädiktoren aufgeklärt werden. Das Signifikanzniveau des F-Werts liegt bei .000. Es ist zu erkennen, dass die Merkmale »Religiosität und Sinnsuche (FKV)«, »Mangel an Urteilsfähigkeit und Krankheitseinsicht« sowie »F6-Störung in der Diagnose vorhanden« signifikante T-Werte aufweisen und somit signifikante Erklärungsbeiträge (p = .004; .017; .027) für die Kriteriumsvariable leisten. Dies wird auch durch das Beta-Gewicht widergespiegelt, dessen Betrag bei diesen Variablen höher ist als bei der Variablen »Dummyvariable der Hauptdiagnosegruppe F1«. Letztere leistet keinen signifikanten Erklärungsbeitrag für die Kriteriumsvariable. Aus dem Regressionsmodell geht zudem hervor, dass die SCL-14-Skalen aus dem Modell ausgeschlossen werden. Somit sind diese irrelevant für die Vorhersage der abhängigen Variablen. Das bereinigte Modell besteht aus den drei Prädiktoren, deren Einfluss auf die Kriteriumsvariable durch den signifikanten T-Wert in der vorhergehenden Analyse nachgewiesen wird. Hierdurch kann 31.3 % der Varianz der Kriteriumsvariablen durch die Prädiktoren aufgeklärt werden. Das Signifikanzniveau des F-Werts liegt ebenfalls bei .000, so dass auch dieses Modell gültig ist. Im bereinigten Modell weisen die Merkmale »Religiosität und Sinnsuche (FKV)«, »Mangel an Urteilsfähigkeit und Krankheitseinsicht« sowie »F6-Störung in der Diagnose vorhanden« neben signifikanten T-Werten (p = .001; .004; .008) noch höhere Beta-Werte (Beta = .392; −.342; .315) auf; die Kriteriumsvariable kann so besser erklärt werden. Die Zusammenhänge zwischen der subjektiven Beeinträchtigung und Symptomatik SCL-14 (Harfst et al., 2002) und der Gesundheit der Kinder werden an anderer Stelle berichtet (Wiegand-Grefe et al., 2009; siehe auch den Beitrag von Wiegand-Grefe, Geers, Petermann und Plass in diesem Band).

Diskussion

Die *Art der individuellen Krankheitsbewältigung* korreliert in einigen Strategien (»Religiosität und Sinnsuche« und »Depressive Verarbeitung«) positiv mit Auffälligkeiten der Kinder. In der Regel werden diejenigen Strategien als effektiv betrachtet, die eine direkte Veränderung der belastenden Situation und/oder die Regulation der dadurch ausgelösten negativen Emotionen bewirken (Hampel u. Petermann, 2005). Während durch »Religiosität und Sinnsuche« eine Regulation negativer Emotionen erreicht werden kann, verhindern beide Strategien eine aktive Auseinandersetzung mit der Erkrankung (Mattejat, Wüthrich u. Remschmidt, 2000). Beide Bewältigungsformen erweisen sich im Elternurteil risikoerhöhend für die Symptombelastung der Kinder. Je stärker diese Strategien ausgeprägt sind, desto höher ist der Grad der Symptombelastung der Kinder. Alle anderen Bewältigungsstrategien sind für die psychische Gesundheit der Kinder bedeutungslos. Insbesondere für die Skala »Aktives problemorientiertes Coping« wären positive Einflüsse zu erwarten gewesen. Daher sind die signifikanten Korrelationen mit Vorsicht zu interpretieren, es könnte sich bei der Vielzahl der Korrelationen um einen Zufallsbefund handeln. Es ist zu vermuten, dass Eltern mit stärkeren Ausprägungen der Bewältigungsstrategien »Religiosität und Sinnsuche« und »Depressive Verarbeitung« das kindliche Verhalten negativer beurteilen als Eltern mit anderen Bewältigungsstrategien.

Für die *Angemessenheit der individuellen Krankheitsbewältigung*, im Arzturteil zum Mangel an Urteilsfähigkeit und Krankheitseinsicht der PANSS, werden entgegen der Erwartung signifikante negative Zusammenhänge mit der Gesamtauffälligkeit und den externalisierenden Auffälligkeiten der Kinder ermittelt: Offensichtlich sehen die Eltern bei geringer Urteilsfähigkeit und Krankheitseinsicht weniger Auffälligkeiten bei ihren Kindern. Dies widerspricht zwar den Annahmen von Mattejat et al. (2000), allerdings ist das Ergebnis insofern plausibel, als bei eingeschränkter Krankheitseinsicht vermutlich auch die Probleme der Kinder nicht wahrgenommen werden. Somit könnte es sich um eine

Verleugnung sowohl der eigenen Probleme als auch der der Kinder handeln. Im verwendeten Messinstrument (PANSS) ist die parallele Verwendung der inhaltlich verschiedenen Begriffe »Urteilsfähigkeit und Krankheitseinsicht« innerhalb eines Items ungünstig, die dazu führt, dass keines der beiden Konzepte valide und reliabel erhoben wird. Es ist unklar, welches der beiden Konzepte oder ob beide Konzepte zusammen die psychische Gesundheit beeinflussen. Somit kann das Ergebnis nur eingeschränkt interpretiert werden; die getrennte Erhebung der einzelnen Konzepte wäre notwendig. Weitere Informationsquellen wären zur Validierung dieser Einschätzungen nötig, eine Fremdbeurteilung der Kinder ist bei dieser Patientengruppe besonders wichtig. Krankheitseinsicht wird als Voraussetzung für Behandlungsmotivation, Veränderungsbereitschaft und problemlösendes Verhalten angesehen (vgl. Rau u. Petermann, 2008). Es wäre anzunehmen, dass auch das Wahrnehmen und Lösen von kindbezogenen Problemen erst einsetzt, wenn Krankheitseinsicht vorhanden ist. Es ist eher unwahrscheinlich, dass eine geringere Urteilsfähigkeit und/oder Krankheitseinsicht tatsächlich zu weniger Verhaltensauffälligkeiten der Kinder führt.

Für die *direkt erfragte Angemessenheit der Krankheitsbewältigung* werden ebenfalls höhere Auffälligkeiten der Kinder in der Gruppe der Eltern postuliert, deren Krankheitsbewältigung der Arzt als (eher) unangemessen beurteilt hat. Entgegen der Erwartung berichten Patienten mit angemessener Krankheitsbewältigung häufiger von externalisierenden Auffälligkeiten ihrer Kinder. Auch hier ist der Unterschied zwischen beiden Gruppen (angemessene und unangemessene Krankheitsbewältigung) in den externalisierenden Auffälligkeiten signifikant. Beide Arzturteile korrelieren hoch. Je geringer Urteilsfähigkeit und Krankheitseinsicht beurteilt werden, desto eher wird die Krankheitsbewältigung als unangemessen eingeschätzt.

In der Angemessenheit der *familiären Krankheitsbewältigung* aus Einschätzung der Eltern wird ein positiver Einfluss auf die psychische Gesundheit der Kinder postuliert, sofern in der Familie offen über die Erkrankung gesprochen und dem Kind die Erkrankung erklärt wurde. Die Überprüfung der Hypothese ergibt jedoch keine signifikanten Zusammenhänge, was den Annahmen von Kühnel und Bilke (2004) und Wagenblass (2001) widerspricht. Eine mögliche Erklärung könnte ein sozial erwünschtes Antwortverhalten sein. Die Fragen suggerieren möglicherweise, dass eine Bejahung positiv bewertet wird. Möglich wäre, dass nicht nur von Bedeutung für das Kind ist, *ob* über die Erkrankung gesprochen wird, sondern auch *wie*. Wichtig für die kindliche Anpassung wäre sicherlich eine altersangemessene und wertschätzende Kommunikation über die elterliche Störung und über den betroffenen Elternteil.

In einer abschließenden Regressionsanalyse werden die Merkmale »Religiosität und Sinnsuche (FKV)«, »Mangel an Urteilsfähigkeit und Krankheitseinsicht« sowie »F6-Störung in der Diagnose vorhanden« als bedeutsame Prädiktoren für die psychische Gesundheit der Kinder ermittelt. Dadurch wird die Bedeutung der Krankheitsbewältigung bestätigt. Mit Hilfe des ermittelten Regressionsmodells können 31.3 % der Varianz der Kriteriumsvariablen erklärt werden. Daraus wird ersichtlich, dass ein bedeutender Anteil durch die hier untersuchten Risikofaktoren ungeklärt bleibt. Da eine Reihe von wichtigen Risiko- und Schutzfaktoren nicht in die Analyse einbezogen werden, ist dies jedoch nicht anders zu erwarten. Die in der multiplen Regressionsanalyse signifikant gewordenen Prädiktoren weisen bereits korrelativ vergleichsweise hohe Zusammenhänge mit der Kriteriumsvariablen auf. Diese Zusammenhänge können durch die Regressionsanalyse noch einmal bekräftigt werden. Dennoch ist überraschend, dass die Variable »Dummyvariable der Hauptdiagnosegruppe F1« (höchster Korrelationswert) keinen signifikanten Erklärungsbeitrag leistet.

Gleichwohl ist interessant, dass in der Literatur eine Reihe von Arbeiten die Krankheitsbewältigung als ausschlaggebend für die kindliche Entwicklung annehmen (Kühnel u. Bilke, 2004; Mattejat et al., 2000), obwohl dies bisher keine prospektive Studie bestätigt hat. Auch in der Studie von Lenz (2005) werden diesbezüglich keine eindeutigen Belege ermittelt: Depressive Eltern schätzten ihr Kind am häufigsten als grenzwertig oder auffällig ein, gleichzeitig wird bei den Kindern depressiver Eltern der höchste Informationsgrad bezüglich der Störung ermittelt. Gerade weil Lenz (2005) den Zusammenhang zwischen den Variablen nicht statistisch überprüft hat, lässt dieser Befund mehrere Schlussfolgerungen zu: Möglicherweise besteht kein Zusammenhang zwischen dem Informationsgrad und dem Verhalten der Kinder oder es besteht ein negativer Zusammenhang oder es liegt sozial erwünschtes Antwortverhalten bezüglich des Informationsgrades des Kindes vor. Wagenblass (2001) liefert durch die Befragung erwachsener Kinder von Eltern mit psychischen Störungen den deutlichsten Hinweis darauf, dass die Tabuisierung der Störung sowohl innerhalb als auch außerhalb der Familie im Rückblick eine große Belastung für die Kinder bedeutet. Gleichwohl muss festgestellt werden, dass sich die in der Literatur vielfach angenommenen Zusammenhänge und Einflüsse zwischen elterlicher Krankheitsverarbeitung und Gesundheit der Kinder in unserer Stichprobe nicht in dem Maße empirisch nachweisen lassen.

Literatur

Achenbach, T. M. (1991). Manual for the Child Behavior Checklist / 4–18 and 1991 Profile. Burlington: University of Vermont, Department of Psychiatry.
Beardslee, W. R., Gladstone, T. R., Wright, E. J., Cooper, A. B. (2003). A family-based ap-

proach to the prevention of depressive symptoms in children at risk: Evidence of parental and child change. Pediatrics, 112, 119–131.
Billings, A. G., Moos, R. H. (1986). Children of parents with unipolar depression: A controlled one year follow-up. Journal of Abnormal Child Psychology, 14, 149–166.
Bohus, M., Schehr, K., Berger-Sallawitz, F., Novelli-Fischer, U., Stieglitz, R. D., Berger, M. (1998). Kinder psychisch kranker Eltern. Eine Untersuchung zum Problembewusstsein im klinischen Alltag. Psychiatrische Praxis, 25, 134–138.
CBCL – Arbeitsgruppe Deutsche Child Behavior Checklist (1998). CBCL/4–18. Elternfragebogen über das Verhalten von Kindern und Jugendlichen. Deutsche Bearbeitung der Child Behavior Checklist. Göttingen: Hogrefe.
Fortune, D. G., Smith, J. V., Garvey, K. (2005). Perceptions of psychosis, coping, appraisals, and psychological distress in the relatives of patients with schizophrenia: an exploration using self-regulation theory. British Journal of Clinical Psychology, 44, 319–331.
Foster, K., O'Brian, L., McAllister; M. (2004). Addressing the needs of children of parents with a mental illness: current approaches. Contemporary Nurse, 18, 67–80.
Freyberger, H. (2009). Kinder psychisch kranker Eltern. Vortrag auf dem 6. Hauptstadtsymposium der DGPPN. Unveröffentlichtes Manuskript.
Fudge, E., Mason, P. (2004). Consulting with young people about service guidelines relating to parental mental illness. Australian E-Journal for the Advancement of Mental Health, 3, 1–9.
Geers, P. (2006). Psychische Gesundheit der Kinder von Eltern mit psychischen Störungen. Unveröffentlichte Diplomarbeit, Studiengang Psychologie, Universität Bremen.
Gelfand, D. M., Teti, D.M. (1990). The effects of maternal depression on children. Clinical Psychology Review, 10, 329–353.
Goodman, S. H., Gotlib, I. H. (1999). Risk for psychopathology in the children of depressed mothers. A developmental model for understanding mechanisms of transmission. Psychological Review, 106, 458–490.
Hammen, C., Burge, D., Burney, E., Adrian, C. (1990). Longitudinal study of diagnoses in children of woman with unipolar and bipolar affective disorder. Archives of General Psychiatry, 47, 1112–1117.
Hampel, P., Petermann, F. (2005). Age and gender effects on coping in children and adolescents. Journal of Youth and Adolescence, 34, 73–83.
Harfst, T., Koch, U., Kurtz von Aschoff, C., Nutzinger, D. O., Rüddel, H., Schulz, H. (2002). Entwicklung und Validierung einer Kurzform der Symptom Checklist-90-R. DRV-Schriften, 33, 71–73.
Heim, E. (1986). Krankheitsauslösung – Krankheitsverarbeitung. In E. Heim, J. Willi (Hrsg.), Psychosoziale Medizin – Gesundheit und Krankheit aus bio-psycho-sozialer Sicht. Bd. 2: Klinik und Praxis (S. 343–390). Berlin: Springer.
Jeske, J., Bullinger, M., Petermann, F., Plass, A., Wiegand-Grefe, S. (2009). Risikofaktor Krankheitsverarbeitung – Zusammenhänge zwischen der elterlichen Krankheitsbewältigung und der gesundheitsbezogenen Lebensqualität bei Kindern psychisch kranker Eltern. Zeitschrift für Psychiatrie, Psychologie und Psychotherapie, 57, 207–213.
Kay, S. R., Fiszbein, A., Opler, L. A. (1987). The positive and negative syndrome scale (PANSS) for schizophrenia. Schizophrenia Bulletin, 13, 261–276.
Knutsson-Medin, L., Edlund, B., Ramklint, M. (2007). Experiences in a group of grown-up children of mentally ill parents. Journal of Psychiatric and Mental Health Nursing, 14, 744–752.
Küchenhoff, B. (2001). Welche Hilfen werden gewünscht? Eine Befragung von Eltern, Kindern und Bezugspersonen. In F. Mattejat, B. Lisofsky (Hrsg.), Nicht von schlechten Eltern. Kinder psychisch Kranker. Bonn: Psychiatrie Verlag.

Kühnel, S., Bilke, O. (2004). Kinder psychisch kranker Eltern. Ein interdisziplinäres Präventionsprojekt in der Ostschweiz. Forum der Kinder- und Jugendpsychiatrie und Psychotherapie, 14, 60–74.

Larsson, B., Knutsson-Medin, L., Sundelin, C., Werder, A. C. von (2000). Social competence and emotional/behavioural problems in children of psychiatric inpatients. European Child & Adolescent Psychiatry, 9, 122–128.

Laucht, M., Esser, G., Schmidt, M. (1992). Psychisch auffällige Eltern – Risiken für die kindliche Entwicklung im Säuglings- und Kleinalter. Zeitschrift für Familienforschung, 4, 22–48.

Lazarus, R. S. (1966). Psychological stress and the coping process. New York: McGraw-Hill.

Lazarus, R. S., Folkman, S. (Eds.) (1984). Stress, appraisal and coping. New York: Springer.

Lenz, A. (2005). Kinder psychisch kranker Eltern. Göttingen: Hogrefe.

Lenz, A., Jungbauer, J. (2008). Kinder und Partner psychisch kranker Menschen. Tübingen: Dgvt-Verlag.

Mattejat, F. (2008). Kinder mit psychisch kranken Eltern. In F. Mattejat, B. Lisofsky (Hrsg.), Nicht von schlechten Eltern. Kinder psychisch Kranker (erw. Neuaufl.). Bonn: Psychiatrie Verlag.

Mattejat, F., Wüthrich, C., Remschmidt, H. (2000). Kinder psychisch kranker Eltern: Forschungsperspektiven am Beispiel von Kindern depressiver Eltern. Nervenarzt, 71, 164–172.

Mordoch, E., Hall, W. A. (2002). Children living with a parent who has a mental illness: A critical analysis of the literature and research implications. Archives of Psychiatric Nursing, 16, 208–216.

Muthny, F. A. (1989): Freiburger Fragebogen zur Krankheitsverarbeitung. Weinheim: Beltz-Tests.

Petermann, F. (2005). Zur Epidemiologie psychischer Störungen im Kindes- und Jugendalter. Eine Bestandsaufnahme. Kindheit und Entwicklung, 14, 48–57.

Pölkki, P., Ervast, S. A., Huppoonen, M. (2004). Coping and resilience of children of a mentally ill parent. Society of Work Health Care, 39, 151–163.

Pollak, E., Bullinger, M., Jeske, J., Wiegand-Grefe, S. (2008). Wie beurteilen psychisch kranke Eltern die gesundheitsbezogene Lebensqualität ihrer Kinder? Zusammenhänge zur elterlichen Erkrankung und zur Funktionalität der Familie. Praxis der Kinderpsychologie und Kinderpsychiatrie, 57, 301–314.

Rau, J., Petermann, F. (2008). Motivationsförderung bei chronischen Schmerzpatienten. Der Schmerz, 22, 209–217.

Remschmidt H., Mattejat, F. (1994). Kinder psychotischer Eltern. Göttingen: Hogrefe.

Rothenburg, S., Granz, B., Hartmann, H.-P., Petermann, F. (2005). Stationäre Mutter-Kind-Behandlung in der Psychiatrie: Relevante Merkmale von Mutter und Kind. Psychiatrische Praxis, 32, 23–30.

Singleton, L. (2007). Parental mental illness: The effects on children and their needs. British Journal of Nursing, 16, 847–850.

Thiels, C., Schmitz, G. S. (2008). Selbst- und Fremdbeurteilung von Verhaltensauffälligkeiten bei Kindern und Jugendlichen: Zur Validität von Eltern- und Lehrerurteilen. Kindheit und Entwicklung, 17, 118–125.

Wagenblass, S. (2001). Kinder psychisch kranker Eltern. In Institut für soziale Arbeit e.V. (Hrsg.), Hauptsache gesund ... Zwischen Jugendhilfe und Gesundheitswesen. Tagungsdokumentation (S. 59–70). Münster: Institut für soziale Arbeit e. V.

Wendt, A., Petermann, F. (1996). Messverfahren zur Erfassung des Bewältigungsverhaltens: Eine kritische Bestandsaufnahme. Zeitschrift für Klinische Psychologie, Psychiatrie und Psychotherapie, 44, 3–32.

WHO (2000). Internationale Klassifikation psychischer Störungen. ICD-10 Kapitel V (F). Klinisch diagnostische Leitlinien (4. korr. erg. Aufl.). Bern: Huber.

Wiegand-Grefe, S. (2007). Kinder psychisch kranker Eltern. Eine psychoanalytisch familienorientierte Prävention für Familien mit psychisch kranken Eltern. In A. Springer, K. Münch, D. Munz (Hrsg.), Psychoanalyse heute?! (S. 439–459). Gießen: Psychosozial Verlag.

Wiegand-Grefe, S., Geers, P., Halverscheid, S., Petermann, F., Plass, A. (2010). Kinder psychisch kranker Eltern. Zusammenhänge zwischen der Krankheitsbewältigung einer elterlichen psychischen Erkrankung und der Gesundheit der Kinder. Zeitschrift für Klinische Psychologie und Psychotherapie, 39, 13–23.

Wiegand-Grefe, S. Geers, P., Petermann, F., Plass, A. (2010). Kinder psychisch kranker Eltern: Merkmale der elterlichen psychiatrischen Erkrankung und Gesundheit der Kinder aus Elternsicht. Fortschritte der Neurologie und Psychiatrie (im Druck).

Wiegand-Grefe, S., Geers, P., Plass, A., Petermann, F., Riedesser, P. (2009). Kinder psychisch kranker Eltern. Zusammenhänge zwischen subjektiver elterlicher Beeinträchtigung und psychischer Auffälligkeit der Kinder aus Elternsicht. Kindheit und Entwicklung, 18, 111–121.

Wiegand-Grefe, S., Pollak, E. (2006). Kinder psychisch kranker Eltern. Risikofaktoren, präventive Interventionen und deren Evaluation. In J. Rieforth (Hrsg.), Triadisches Verstehen in sozialen Systemen (S. 159–176). Heidelberg: Carl Auer.

Aktuelle Forschung

Familienforschung

Familienforschung in der Prävention belasteter Kinder –
ein Überblick   333
Rüdiger Retzlaff, Andreas Eickhorst, Manfred Cierpka

Psychisch kranke Eltern und ihre Kinder – die Familienperspektive   357
Eva Pollak, Monika Bullinger, Silke Wiegand-Grefe

Parentifizierung – Elternbefragung zur destruktiven Parentifizierung
von Kindern psychisch erkrankter Eltern   375
Janna M. Ohntrup, Eva Pollak, Angela Plass, Silke Wiegand-Grefe

Familienforschung in der Prävention belasteter Kinder – ein Überblick

Rüdiger Retzlaff, Andreas Eickhorst, Manfred Cierpka

Dieser Beitrag beschäftigt sich mit Familien, die verschiedensten psychosozialen Belastungen ausgesetzt sind, also jene, die in der öffentlichen Debatte zuweilen mit dem nicht sehr wertschätzenden Begriff »Risikofamilien« (der im Folgenden möglichst vermieden werden soll) belegt werden. Wenn diese Familien ein Risiko bergen, dann in erhöhtem Maße für die Kinder, die von Geburt an in ihnen aufwachsen. Dieser Beitrag soll aufzeigen, warum und in welchen Bereichen Familien belastet sein können, was dies im Speziellen an Gefahren für die Kinder mit sich bringen kann, aber auch, welche präventiven Möglichkeiten es bereits zum Schutz der frühen Kindheit in diesem Bereich gibt. Dabei wird der Bereich der Belastungen sehr breit gefasst; über das Spektrum von psychischen über soziale bis zu den materiellen Belastungen der Eltern wird weiter unten berichtet.

Zunächst wird ein *Überblick* über psychosoziale Belastungs- und Schutzfaktoren sowie potenzielle Langzeitfolgen gegeben. Anschließend wird dem salutogenetischen Konzept der *Resilienz* ein breiter Raum eingeräumt. Dieses Konzept verschiebt den Fokus der Belastungen mehr in Richtung des Potenzials, welches alle Familien mitbringen. Um dieses Potenzial auch zu entdecken und in der Arbeit mit diesen Familien zu nutzen, werden Möglichkeiten der *Prävention* überblicksartig dargestellt. Abschließend wird das am Universitätsklinikum Heidelberg entwickelte Präventionsprogramm »Keiner fällt durchs Netz« ausführlicher vorgestellt, um an diesem Beispiel das Ineinandergreifen der verschiedenen notwendigen Komponenten in der frühen Prävention aufzuzeigen.

Familien mit psychosozialen Belastungen: Risiken und Schutzfaktoren

Belastungen kommen in allen Familien vor und können mehr oder minder gut kompensiert und ausgeglichen werden. Gelingt diese Kompensation nicht, weil etwa die Belastungen zu groß, zu kumuliert oder zu lang andauernd sind, ist mit erhöhtem familiären Stress bis hin zur Gefahr der Gewalt, insbesondere gegenüber Kindern, zu rechnen. Häufig auftretende Formen der Gewalt gegen Kinder sind Vernachlässigung, Misshandlung sowie emotionaler und sexueller Missbrauch (vgl. Egle, Hardt, Nickel, Kappis u. Hoffmann, 2002). Unter Misshandlung und Missbrauch von Kindern versteht man gewaltsame physische oder psychische Beeinträchtigungen von Kindern durch Eltern bzw. Erziehungsberechtigte, teilweise jedoch auch durch andere Erwachsene in der Umgebung. Derartige Beeinträchtigungen können durch aktive Handlungen (z. B. körperliche Misshandlung, sexueller Missbrauch, verbale Beschimpfungen und Entwertungen), aber auch durch Unterlassungen (z. B. physische oder emotionale Vernachlässigung) bedingt sein (vgl. Engfer, 2005). Es sind erhebliche Überlappungen und zeitliche Verkettungen zwischen den verschiedenen Formen von Missbrauch, Misshandlung und Vernachlässigung bei den davon betroffenen Kindern und Jugendlichen belegt (Egle u. Cierpka, 2006). Die im Rahmen zahlreicher prospektiver Longitudinalstudien sowie retrospektiver Studien gefundenen frühen Stressfaktoren hinsichtlich gesundheitlicher Langzeitfolgen sind in Tabelle 1 dargestellt (vgl. Egle, 2005), ebenso wie kompensatorisch wirkende protektive Faktoren, die natürlich auf der anderen Seite auch potenziell wirksam und diesen gegenüberzustellen sind.

Die Instabilität in den stressbelasteten Familien scheint durch die Häufigkeit von abrupten Wechseln in der Familienstruktur gekennzeichnet zu sein (Rutter u. Giller, 1983). So sind Scheidungen ein elementares Verlusterlebnis für das Kind, aber auch für die Eltern. Der Wechsel zur Stiefelternfamilie oder zur Einelternfamilie bedarf einer erneuten Umstellung, die das Kind und die Eltern in ihren Bindungs- und Beziehungsmustern verunsichern. Erhebliche Partnerschaftskonflikte tragen ebenfalls dazu bei, dass Trennung und Verlust das affektive Familienklima stark beeinträchtigen. Schwierige Umgebungsbedingungen labilisieren diese Familien weiter. Häufiger Wohnortwechsel kann hinzukommen und die soziale Isolierung weiter verstärken. Arbeitslosigkeit und fehlende Einbindung in die soziale Umgebung tragen dazu bei, dass keine Ressourcen aus dem sozialen Unterstützungssystem geschöpft werden können. Die Eltern kommen häufig aus den unteren sozialen Schichten, sie fühlen sich und sind auch sozial benachteiligt. Allerdings fördern erst die mangelnde soziale Integration und die Neigung zum sozialen Rückzug die Gewaltbereitschaft innerhalb der Familie (vgl. Schwind et al., 1990). Überdies stammen diese Eltern selbst gehäuft aus sogenannten instabilen Herkunftsfamilien, von denen sie keine Unterstützung erfahren.

Diese Befunde dürfen aber nicht darüber hinwegtäuschen, dass Belastungen und familiärer Stress (vor allem als Folge psychischer Schwierigkeiten der Eltern, eines fehlenden sozialen Netzwerks oder schwerer gesundheitlicher Einschränkungen des Kindes) in allen sozialen Schichten und Milieus auftreten

Tabelle 1: Empirisch gesicherte Risiko- und Schutzfaktoren mit potenziellen Langzeitfolgen (nach Egle, 2005; Auszug)

Risikofaktoren
Niedriger sozioökonomischer Status
Arbeitslosigkeit
Schlechte Schulbildung der Eltern
Psychische Störung von Mutter oder Vater
Kriminalität oder Dissozialität eines Elternteils
Unsicheres Bindungsverhalten
Alleinerziehende Mutter
Autoritäres väterliches Verhalten
Sexueller und/oder aggressiver Missbrauch
Häufig wechselnde frühe Beziehungen
Geschlecht: Jungen vulnerabler als Mädchen
Hohe Risiko-Gesamtbelastung
Schutzfaktoren
Dauerhafte gute Beziehung zu mindestens einer primären Bezugsperson
Sicheres Bindungsverhalten
Entlastung der Mutter
Überdurchschnittliche Intelligenz
Robustes, aktives und kontaktfreudiges Temperament
Soziale Förderung
Verlässlich unterstützende Bezugsperson(en) im Erwachsenenalter
Lebenszeitlich spätere Familiengründung (i. S. von Verantwortungsübernahme)
Geschlecht: Mädchen weniger vulnerabel
Geringe Risiko-Gesamtbelastung

können und auch beispielsweise eine gut situierte Mittelschichtsfamilie dagegen und gegen die Folgen nicht immun ist.

Auch und gerade bei häufigen abrupten Veränderungen in einer Familie leiden die elterliche Fürsorge und die Konsistenz im Erziehungsverhalten. Bei den betroffenen Eltern und Familien führen diese Stressfaktoren häufig dazu, dass sie in ihren Erziehungsfertigkeiten überfordert sind. Die mangelnde Erziehungskompetenz erhöht ihrerseits wiederum das Konfliktpotenzial in der

Familie. Oft sind Misshandlung, Missbrauch und Vernachlässigung der Kinder die Folge.

Potenzielle Langzeitfolgen

In einer großen kalifornischen Studie konnten Felitti et al. (1998) zeigen, dass das kumulative Einwirken von vier oder mehr frühen Stressfaktoren im Vergleich zu deren Fehlen zu einem deutlich erhöhten Auftreten gesundheitlicher Risikoverhaltensweisen führt. Besonders stark erhöht war die Häufigkeit von Suizidversuchen (12-fach) sowie Alkohol- und Drogenkonsum (5- bis 10-fach). Signifikant erhöht waren jedoch auch häufig wechselnde Sexualpartner und sexuell übertragene Erkrankungen sowie ein Nikotinabusus. Vor allem eine Kombination von mehreren dieser Risikoverhaltensweisen erhöht die Wahrscheinlichkeit des Auftretens von körperlich-chronischen Erkrankungen sowie von sozialen Problemen. Hinsichtlich psychischer und psychosomatischer Erkrankungen ist die Vulnerabilität durch frühe Stressfaktoren und die genannten vermittelnden Mechanismen für depressive und Angsterkrankungen, somatoforme Störungen, Essstörungen und auch für Suchterkrankungen sowie ein Reihe von Persönlichkeitsstörungen gut belegt (Übersicht bei Egle, Hoffmann u. Joraschky, 2005).

Auf dem Hintergrund dieses psychobiologischen Konzepts lassen sich bestimmte Populationen identifizieren, bei denen die dargestellten Mechanismen besonders ausgeprägt im Hinblick auf Langzeitfolgen ablaufen. Neben Migranten wurden in den letzten Jahren im besonderen Maße die Langzeitfolgen einer Kindheit in einer Ein-Eltern-Familie, meist einer alleinerziehenden Mutter, untersucht (Übersicht bei Franz, 2004). Besonders eindrucksvoll wurde dies in einer schwedischen Studie an insgesamt einer Million Kindern illustriert, von denen etwa 65.000 bei Alleinerziehenden aufgewachsen waren. Auch nach Kontrolle der sozioökonomischen Parameter sowie psychischer bzw. Suchterkrankungen der Eltern ergab sich für Jungen eine um das 2,5-Fache, für Mädchen um das 2,1-Fache erhöhte Vulnerabilität für eine psychische Erkrankung, Drogenprobleme waren um das 4- bzw. 3,2-Fache häufiger, alkoholbedingte Störungen um das 2,2- bis 2,4-Fache und Suizide bzw. Suizidversuche um das 2,3- bzw. 2,0-Fache erhöht (Ringback Weitoft, Hjern, Haglund u. Rosen, 2003). Repräsentative US-amerikanische Studien zeigten für diese Kinder bzw. Jugendlichen niedrigere Bildungsabschlüsse und damit verbunden ein signifikant niedrigeres Einkommen im Erwachsenenalter, instabilere Partnerbeziehungen und erhöhte Scheidungsraten sowie eine insgesamt deutlich reduzierte Lebenszufriedenheit (z. B. Amato, 1996).

Eine zentrale Rolle scheint hierbei auch die Bindungsqualität der Kinder zu ihren Bezugspersonen zu spielen. Papoušek (2004) zufolge findet sich ein deutlicher Zusammenhang zwischen Bindungsqualität und aggressivem Verhalten, und zwar vor allem bei den Kindern, die eine Störung der Sicherheitsbasis in Verbindung mit selbstgefährdendem Verhalten aufweisen. Trotz des gestörten Bindungsverhaltens haben sie aber eine klare Vorliebe für die Bezugsperson. Auffällig ist allerdings, dass die Suche nach Nähe häufig mit Ärger und Wutanfällen durchsetzt ist. Solche hochproblematischen Interaktionsmuster häufen sich in Familien mit Gewalterfahrung, körperlichen Auseinandersetzungen zwischen den Eltern, inkonsistentem Erziehungsstil, Misshandlung und inkonsistenter Betreuung (Zeanah et al., 1997).

Eine maladaptive Entwicklung hat nicht nur seelische, sondern auch körperliche Folgen. Ein nicht adäquat erwidertes Bindungsbedürfnis eines Kindes kann neben verhaltensbezogenen Konsequenzen auch psychobiologische Folgen haben und dabei die individuelle Ausreifung des Stressverarbeitungssystems beeinträchtigen. Experimentelle Untersuchungen belegen eine enge Verknüpfung zwischen frühen Bindungsstörungen einerseits und endokrinen Reaktionen des Stressverarbeitungssystems und körperlichem Wachstum andererseits (Übersicht bei Egle et al., 2005; Cierpka, Franz u. Egle, 2009).

Resilienz

Das Interesse an Stärken und resilienzfördernden Faktoren – u. a. bei Familien, die von Armut betroffen sind – hat in der Familientherapie eine lange Tradition (Conen, 2002; Hill, 1949; Minuchin, Montalvo, Guerney, Rosman u. Schumer, 1967). Das Resilienzkonzept geht von der Beobachtung aus, dass Menschen selbst auf massive Belastungen sehr unterschiedlich reagieren. Walsh (1998) definiert Resilienz als die »Fähigkeit, angesichts belastender Lebensherausforderungen zu bestehen und zu wachsen, d. h. neue Kraftquellen zu entdecken und zu nutzen« (S. 4). Es gibt eine Fülle an Belegen dafür, dass Menschen auf Belastungen und widrige Lebensumstände eine enorme Bandbreite an Reaktionen zeigen (Rutter, 1990, 1999).

Resilienz fördernde Faktoren nach Lösel und Bender (1998) sind:
- Akzeptieren der Krise und der damit verbundenen Gefühle,
- aktive Suche nach Lösungen,
- aktive Suche nach Unterstützung,
- proaktive Haltung,
- Optimismus,
- Vermeidung von Selbstanklage,
- Zukunftsorientierung und Planung,

- eine warme, stabile, emotionale Beziehung zu mindestens einem Elternteil oder einer anderen Bezugsperson,
- ein emotional positives, unterstützendes und strukturgebendes Erziehungsklima,
- Rollenvorbilder für ein konstruktives Bewältigungsverhalten bei Belastungen,
- soziale Unterstützung durch Personen außerhalb der Familie,
- dosierte soziale Verantwortlichkeiten,
- Temperamentsmerkmale wie Flexibilität, Annäherungstendenz,
- Soziabilität,
- kognitive Kompetenzen wie z. B. eine zumindest durchschnittliche Intelligenz,
- Erfahrungen der Selbstwirksamkeit und ein positives Selbstkonzept,
- ein aktives und nicht nur reaktives oder vermeidendes Bewältigungsverhalten,
- Erfahrungen der Sinnhaftigkeit und Struktur der eigenen Entwicklung.

Werner (1993) konnte in ihrer Langzeitstudie über die Entwicklung von Kindern einer Risikopopulation auf der hawaiianischen Insel Kauai belegen, dass ein Drittel dieser Kinder trotz widriger Umstände in der Kindheit gut zurechtkam und psychopathologisch unauffällig blieb. Von den Kindern und Jugendlichen, bei denen vorübergehend zum Teil massive Verhaltensschwierigkeiten bestanden, ging es einem weiteren Drittel bei späteren Nachuntersuchungen im mittleren Lebensalter sozial und psychisch gut. Eine besondere Rolle spielte eine aktive, zukunftsorientierte Haltung, gute Berufschancen, spirituelle Orientierung und positive Erfahrungen mit einer »Paten«-Person oder einem liebevollen Ehepartner. Diese optimistisch wirkenden Befunde einer großen Längsschnittstudie sprechen für das Potenzial von Menschen, über schwierige Lebensumstände hinauszuwachsen, welche nach den Befunden von Felitti et al. (1998) erhebliche Langzeitfolgen haben können – aber nicht müssen.

Familienresilienz

Resilienz kann als Systemgeschehen verstanden werden (Bender u. Lösel, 1998), bei dem psychosoziale Faktoren und resilienzförderliche Interaktionmuster von Familien eine wesentliche Rolle spielen. »Resilience does not constitute an individual trait or characteristic« (Rutter, 1999, S. 135). Als Maß für eine gelungene Adaptation dient oft das Ausmaß, in dem Familien ihre zentralen Funktionen erfüllen, Familienmitgliedern körperliche und psychologische Sicherheit gewähren und die Entwicklung der Mitglieder gefördert wird

(Patterson, 2002). Aus systemischer Perspektive kann Resilienz sowohl Resultat eines gelungenen Adaptationsprozesses an eine widrige Lebenssituation und gleichzeitig Mediatorvariable oder Ursache einer guten Adaptation sein.

Familien gelten als resilient, wenn ein erheblicher stresserzeugender Risikofaktor vorliegt – Armut, eine psychische Erkrankung oder die Behinderung eines Angehörigen –, die Familie kompetent mit dieser Belastung umzugehen weiß und eine gute Anpassung nicht zu Lasten eines Individuums geht (Patterson, 1991). Aus Untersuchungen von Familien in der Weltwirtschaftskrise nach 1929 entwickelte Hill ein Familienstressmodell, das von McCubbin und Patterson (1983) zum ABC2X-Modell weiterentwickelt wurde und auch die Kumulation von parallel auftretenden und vorangegangenen Stressereignissen berücksichtigt. Das Modell geht davon aus, dass Familien in Belastungssituationen Ressourcen mobilisieren, sich neu organisieren und auf einer höheren Ebene eine neue Balance finden. Ressourcen haben eine protektive Wirkung gegen Stress. Patterson (1991) unterscheidet Ressourcen auf individueller, familiärer und sozialer Ebene. Neben der Erfassung von Belastungen ist inzwischen die Erhebung des Ressourcenstatus einer Familie üblich (McDaniel, Campbell, Hepworth u. Lorenz, 2004).

Es gibt zahlreiche Schemata zur Klassifikation von Ressourcen (Klemenz, 2003). Zu den familieninternen Ressourcen zählen binnenfamiliale Strukturen, Kohäsion, Integration, Anpassungsfähigkeit, Flexibilität, Ausdruck von Emotionen, emotionale Verbundenheit, offene Kommunikation und die Qualität der Ehebeziehung (Marshak, Seligman u. Prezant, 1999). Zu Krisen kommt es, wenn die zu Verfügung stehenden Ressourcen nicht ausreichen. In solchen Krisenzeiten aktivieren Familien weitere Ressourcen, versuchen Belastungen zu reduzieren und beginnen, ihre Situation anders zu bewerten.

Tabelle 2: Familienressourcen nach Hill (1949)

Vorherrschen einer nichtmaterialistischen Orientierung
Flexibilität und Bereitschaft, starre Rollen von Ehemann/Ehefrau oder Vater/Mutter aufzuheben
Übernahme von Verantwortung für Familienaufgaben durch alle Familienangehörigen
Bereitschaft, persönliche Interessen zugunsten von familiären Belangen zurückzustellen
Stolz auf die Herkunftsfamilie und die Familientraditionen
Vorhandensein einer starken emotionalen Einheit und Verbundenheit
Hohes Maß an gemeinsamen Familienaktivitäten
Ausgeprägte gleichberechtigte Muster bei Entscheidungsprozessen
Gleichberechtigte Verteilung von Macht in der Familie
Starke affektive Bindung zwischen den Eltern, Eltern und Kindern und den Kindern untereinander

Im Gegensatz zu akuten Traumatisierungen, die von manchen Familien gut verarbeitet werden können, sind Armut, chronische Krankheiten und Behinderungen in der Regel Gegebenheiten, die lang anhaltenden Stress mit sich bringen und über einen langen Zeitraum eine Herausforderung darstellen können (Boss, 2002; Patterson, 2002). Eine zeitliche Häufung von Stressereignissen kann Familien überlasten, wenn beispielsweise neben der Behinderung eines Kindes ein Elternteil erkrankt oder arbeitslos wird oder die Eltern sich trennen. Zentrale Dimensionen der Stressbewältigung sind Flexibilität oder Adaptabilität und die Integration oder Kohäsion von Familien. Neben der primären Einschätzung der Stressoren umfasst es ebenfalls die Wahrnehmung der Ressourcen und Coping – Möglichkeiten im Sinne einer sekundären Einschätzung. Entscheidend für eine gelingende Anpassung an die Herausforderungen durch die anhaltenden Belastungen sind familiäre Deutungsmuster, die Bewertung dessen, was geschehen ist und wie die Familie damit umgehen kann.

Soziokulturelle Faktoren

Stressvolle Lebensereignisse entfalten ihre Bedeutung in einem jeweils besonderen sozialen und kulturellen Kontext. Resilienzprozesse variieren mit unterschiedlichen soziokulturellen Kontexten, sozioökonomischen Bedingungen und Lebensherausforderungen. Auch die Familienzusammensetzung ist von Bedeutung. Zwei-Eltern-Familien mit niedriger Kinderzahl haben es leichter, besser zurechtzukommen als Familien mit hoher Kinderzahl oder als Alleinerziehende, die arbeiten müssen und über weniger zeitliche Spielräume verfügen (Li-Tsang, Yau u. Yuen, 2001). Die besondere Kultur der Familie, ihre Lebenswelt und ihre Familiengeschichten sind bei der Einschätzung ihrer Resilienzprozesse sehr bedeutsam. Aus dieser Perspektive ist Resilienz nicht unabhängig von den spezifischen, individuellen Besonderheiten der jeweiligen Familie zu sehen.

Entwicklungsperspektive

Ein Stressor ist kein isoliertes Ereignis, sondern stellt vielmehr ein komplexes Set wandelnder Risikobedingungen dar (Rutter, 1987). Isolierte, singuläre Anpassungsreaktionen reichen nicht aus, um von Resilienz zu sprechen. Zeitfaktoren wie die Abfolge von Stressereignissen im Leben der Familie, ihr Auftreten in Relation zu anderen Entwicklungsprozessen sind von Bedeutung.

Resilienz und Phase im Lebenszyklus

Im Laufe des Lebenszyklus von Familien wandeln sich die Rollen, Funktionen und die Balance der Familie. Familien sind nicht immer gleich, sondern in verschiedenen Zeitabschnitten vulnerabler oder belastbarer. Die Bedeutung, die einem Stressor beigemessen wird, ist auch abhängig vom Umgang der Familie mit normativen Übergängen im Lebenszyklus oder unerwarteten Ereignissen, wie einer plötzlichen Erkrankung (Walsh, 1998). Im Lebenszyklus gibt es zentripetale, mehr auf Kohäsion ausgerichtete Zeiten, und zentrifugale Zeiten, in denen Angehörige mehr Abstand suchen. Dies ist bei der Einschätzung von Familien zu beachten. Befinden sich Familien in einer Übergangssituation im Lebenszyklus, in der eine weitere schwere Krankheit auftritt, kann dies die Anpassungsfähigkeit in dieser sensiblen Phase zusätzlich belasten (Carter u. McGoldrick, 1999).

Veränderungen der Bedeutungsgebung

Entscheidend für eine gelingende Adaptation an die anhaltenden Herausforderungen sind neben greifbaren Ressourcen und der Funktionsweise der Familie Veränderungen in der Bedeutungsgebung. Patterson und Garwick (1994) unterscheiden drei Ebenen solcher Prozesse:
- Veränderungen der Einschätzung der Belastungen – belastende Umstände werden situationsbezogen als normal angesehen,
- eine veränderte Konstruktion des Selbstbildes der Familie – die ihre Rollen und Funktionen anders organisiert und damit auch eine andere Identität entwickelt,
- Veränderungen der Realitätskonstruktion oder Weltsicht der Familie, etwa in Form einer akzeptierenden Haltung: »Wir kommen zurecht, auch wenn das Leben schwer ist.«

Salutogenese und Familien-Kohärenz

Ein Kernkonstrukt in dem vom Medizinsoziologen Aaron Antonovsky begründeten Denkmodell der Salutogenese ist das *Kohärenzgefühl* (Bengel, 1998). Das Familien-Kohärenzgefühl kann sich in einem übergeordneten Familienparadigma dokumentieren. Dabei handelt es sich um ein überdauerndes, dynamisches Gefühl der Zuversicht, dass die Ereignisse in der Welt vorhersehbar und beeinflussbar sind und es Sinn macht, sich für die Verwirklichung von Zielen zu engagieren. Beispielsweise können Familien den Stellenwert von Leistungen anders bewerten, eine stärkere Hier-und-Jetzt-Orientierung entwickeln und sich an kleinen Dingen erfreuen oder mit der Vorstellung aussöhnen, dass schlimme Dinge auch »guten« Menschen passieren können.

Ein hohes individuelles Kohärenzgefühl umfasst das Vertrauen, dass Dinge, die geschehen, strukturiert, vorhersehbar und erklärbar sind (*Verstehbarkeit*), die Überzeugung, dass die Ressourcen verfügbar sind, um den aus den Ereignissen stammenden Anforderungen gerecht zu werden (*Handhabbarkeit*), und dem Vertrauen, dass diese Anforderungen Herausforderungen sind, die Interventionen und Engagement lohnen (*Sinnhaftigkeit*). Viele Belastungen sind kollektive Stressoren und können nur gemeinschaftlich effektiv bewältigt werden (Antonovsky, 1998). Das Familien-Kohärenzgefühl wird als motivationale und kognitive Grundhaltung definiert, die das Bewältigungsverhalten und die Anpassung an Stresssituationen und an belastende Ereignisse im Familienkontext moduliert (Antonovsky, 1997; Antonovsky u. Sourani, 1988).

Konkret wirkt sich das Familien-Kohärenzgefühl auf das Verarbeitungsgeschehen von Familien mit einem Kind mit Behinderung aus, indem es die Wahrnehmung der Situation und der Bewältigungsressourcen beeinflusst und familiäres Bewältigungshandeln auslöst. Ein hohes Familien-Kohärenzgefühl führt dazu, dass Familien vorhandene Ressourcen sinnvoll nutzen, flexibel günstige Copingstrategien auswählen und zu einem günstigen Anpassungsergebnis gelangen (Antonovsky, 1997; Bengel et al., 1998).

In Familien von Kindern mit körperlichen und geistigen Behinderungen ist die wahrgenommene Stressbelastung bei einem hohen Familien-Kohärenzgefühl geringer (Aschenbrenner, Doege, Nassal, Holtz u. Retzlaff, in Vorb.; Doege, Aschenbrenner, Nassal, Holtz u. Retzlaff, in Vorb.; Müller, Hornig u. Retzlaff, 2007; Retzlaff, Hornig, Müller, Reuner u. Pietz, 2006; Retzlaff, 2007).

Schlüsselprozesse der Familienresilienz

Walsh (1998, 2003) und Patterson (1991) haben Schlüsselprozesse der Familienresilienz beschrieben. Walsh nennt drei Klassen solcher Prozesse, die in ihr Resilienzmodell eingeflossen sind:
- familiäre Organisationsmuster,
- Kommunikations- und Problemlöseprozesse,
- geteilte Glaubenssysteme von Familien.

Tabelle 3: Schlüsselprozesse der Resilienz nach Walsh (2003)

Organisationsprozesse
Verbundenheit
Flexibilität
Struktur
Rituale
Mobilisierung von materiellen Ressourcen
Mobilisierung von sozialen Ressourcen
Kooperation mit Hilfesystemen
Kommunikationsprozesse
Gute Kommunikation
Offener emotionaler Austausch
Gemeinsames Problemlösen
Geteilte Glaubenssysteme von Familien
Widrigkeiten Sinn geben
Positive Zukunftssicht
Proaktive Haltung
Gelernter Optimismus
Narrative Kohärenz
Gelernter Optimismus
Transzendenz und Spiritualität

Zusammenfassung Familienresilienz

Das Familien-Resilienzparadigma untersucht analog zur individuumzentrierten Resilienzforschung Prozesse, die es Familien ermöglichen, trotz vorliegender erheblicher Belastungen und Widrigkeiten ihre Aufgaben gut zu erfüllen. Das Modell der Familienresilienz greift wesentliche Elemente der Familien-Stresstheorie auf. Aus systemischer Perspektive kann Resilienz als das Potenzial von Familien als Organisationseinheit verstanden werden, Belastungen abzupuffern, sowie als Ergebnis gelungener Adaptationsprozesse an eine widrige Lebenssituation.

Zur Resilienz einer Familie tragen insbesondere *Familienprozesse* bei, wie hohe familiäre Kohäsion, Flexibilität, Engagement für die Partnerschaft, die Qualität der Kommunikation, gute Grenzen und Rollenverteilung sowie familiäre Glaubenssysteme und insbesondere ein Gefühl der Sinnhaftigkeit und Kohärenz.

Als wichtigster Aspekt des Resilienzkonzepts erscheint ein Perspektivenwandel und ein Reframing: Aus kritischen Lebensereignissen, die verarbeitet und bewältigt werden müssen und vielleicht einer Erklärung bedürfen, werden Widrigkeiten, die nicht positiv sind, aber per se zum Leben dazu gehören.

Möglichkeiten der Prävention

Die Ergebnisse von Untersuchungen zu den Langzeitfolgen psychosozialer Belastungen weisen deutlich darauf hin, dass vorbeugende Maßnahmen zum Schutz der Kindheit nötig und wirksam sind. Psychosozial orientierte Prävention versucht die Belastungen für Kinder und Familien zu reduzieren, um ihnen angemessene Entwicklungschancen zu ermöglichen. Hertzman und Wiens (1996) führen die Wirksamkeit von Präventionsprogrammen auf zwei Prinzipien zurück: Zum einen ist ein »je früher desto besser« und zum anderen ein »immer wieder« wichtig, also die Möglichkeit, Entwicklung auch in späteren Lebensphasen immer wieder anzustoßen.

Das »je früher desto besser« gilt vor allem für die Neugeborenenzeit bis zum Vorschulalter. Bereits von Anfang an werden Phasen der Unterstimulierung, der Traumatisierung und der nachfolgenden Entwicklungsverzögerung als biologische »Narben« neurobiologisch eingebettet. Es besteht eine latente Vulnerabilität, die durch entsprechende Lebenskrisen aufbrechen kann. Als Strategie der Prävention ergibt sich für Helfer von außen daraus eine Art »Impfprogramm«, also eine rechtzeitige »Verabreichung« von kognitiven und sozial-emotionalen Entwicklungsnachreifungen, um diese Vulnerabilität abzumildern.

Frühe familienzentrierte Präventionsansätze

In der frühkindlichen psychosozialen Prävention steht die Entwicklungsförderung der Kinder im Mittelpunkt, da die familienzentrierte Prävention von der Annahme ausgeht, dass Veränderungen bei beiden Eltern und den Familien entsprechend zu Veränderungen bei den Kindern führen. In den letzten 20 Jahren setzen sich daher Maßnahmen im frühkindlichen Alter durch. In den ersten drei Lebensjahren kann die Bindung des Kindes zur primären Bezugsperson gefördert werden, indem Eltern lernen, auf die Signale des Kindes feinfühlig (regelmäßig, prompt und angemessen) zu reagieren. Dabei wird zunehmend angeregt und versucht, auch die Väter explizit in die Fördermaßnahmen mit einzubeziehen, da deren Wohlbefinden, Motivation und Engagement oftmals einen wichtigen Prädiktor für die Situation der Familie insgesamt darstellen (vgl. Eickhorst, 2009). Die entwicklungspsychologische Forschung der letzten Jahrzehnte konnte überdies die wichtige Rolle der Väter für die Kindesentwicklung, insbesondere in der frühen Kindheit, zeigen (z. B. Eickhorst, Lamm u. Borke, 2003; Lamb, 2004).

Durch Programme, die die Eltern-Kind-Interaktion positiv beeinflussen und so zu wechselseitig guten Beziehungen zwischen Kind und Eltern beitragen, werden die elterlichen Kompetenzen, aber auch die sozial-emotionalen Kompetenzen der Kinder gefördert. In Familienbildungsstätten etwa werden Kurse für (werdende und bereits gewordene) Eltern angeboten, in denen diese Fertigkeiten erwerben, um ein Baby zum Beispiel baden oder wickeln zu können. In diesen Kursen geht es um den zusätzlichen Erwerb von Beziehungskompetenzen, um dem Baby adäquate Beziehungsantworten anbieten zu können, die es für sein seelisches Wachstum braucht. Videographierte Mutter-Kind- und Vater-Kind-Interaktionen können z. B. als effektive Interventionen aufbereitet werden, um Eltern für die Signale ihres Kindes zu sensibilisieren (Gregor u. Cierpka, 2005). Die Ziele von Elternschulen bestehen in der Vorbereitung von Paaren auf die Zeit der Elternschaft und in der Sensibilisierung für die Signale des Säuglings sowie für eigene Wünsche und Gefühle mit dem Fernziel, die Qualität der Eltern-Kind-Beziehung und somit die Prävention von Beziehungsstörungen zu fördern.

Präventionsmaßnahmen bei hochbelasteten Familien

Ramey und Ramey (1993) haben nach der Durchsicht der Interventionsansätze ein Rahmenprogramm für die Prävention im psychosozial schwierigen Umfeld vorgelegt. Sie definieren acht Bereiche, in denen sie versuchen, die Gesundheit zu fördern und negativen Auswirkungen vorzubeugen, die durch schwierige Familienbedingungen entstehen können:
1. Unterstützung bezüglich des für das Überleben wichtigen Bereichs, der Unterkunft, Nahrung, Einkünfte, Sicherheit und Transportmöglichkeiten betrifft;
2. Vermittlung von Werten und Zielen für die Familie auch im Hinblick auf Schulbesuch und Arbeitsplatz;
3. Schaffung eines Gefühls für die physische, sozial-emotionale und finanzielle Sicherheit für Eltern und Kind;
4. Sicherstellung physischer und seelischer Gesundheit;
5. Verbesserung der sozialen Interaktionen zwischen den Familienmitgliedern, den Peers und den Nachbarn;
6. Steigerung des Selbstwertgefühls;

7. Förderung sozialer Kompetenzen, Kommunikationsfertigkeiten und der Motivation für Schulerfolg;
8. Training basaler intellektueller Fähigkeiten.

Die Autoren fordern, dass Hausbesuchsprogramme dieses Spektrum durch entsprechende Maßnahmen umfassen sollten, wenn sie wirklich effektiv sein wollen. Die Frühinterventionsstudien weisen darauf hin, dass insbesondere bei hoher Risikokonstellation ein längerer Interventionszeitraum eingeplant werden muss. Eine dauerhafte Verbesserung von Bindungsqualitäten ist nicht so schnell zu erreichen.

Internationale Programme

In den Vereinigten Staaten wurde eine Reihe von Interventionsprogrammen für belastete Familien in ganz unterschiedlichen psychosozialen Umfeldern überprüft. Die meisten Programme richten sich an Familien, die zumindest ein Kind haben, das jünger als zwei Jahre ist. Viele dieser Modelle sind aus der Praxis geboren und lassen eine theoretische Fundierung vermissen. Die verschiedenen Interventionen wirken auf sehr unterschiedlichen Ebenen.

In einer US-amerikanischen Metaanalyse über kontrollierten Studien zu Präventionsprogrammen fanden sich zwar kleine, aber signifikante und bedeutsame Effekte im Hinblick auf das Ergebnis für Eltern und Kinder. Insbesondere konnten die emotionale und die kognitive Entwicklung der Kinder gefördert werden. Mit entscheidend für den Effekt der Programme war die professionelle Ausbildung derjenigen, die die Hilfestellung für die Familien leisteten. Die Effekte waren auch größer, wenn die Programme spezifisch für Familien mit einem besonderen Risiko zugeschnitten waren und überdies früh ansetzten.

Ein bekanntes langjähriges Programm ist das *Nurse-Family-Partnership Modell* (Olds, 2006). In diesem Projekt werden Frauen aus schwierigen sozialen Verhältnissen, die mit dem ersten Kind schwanger sind, von Krankenschwestern im Rahmen von Hausbesuchen betreut. Das Hausbesuchsprogramm beginnt während der Schwangerschaft und begleitet die Familie über zwei Jahre. Nach der Geburt kommt die *Nurse* die ersten zwei Monate wöchentlich ins Haus und anschließend in einem sukzessive abnehmenden Rhythmus. Die Krankenschwestern verfolgen bei den Hausbesuchen drei Ziele:
– die Verbesserung des Verlaufs der Schwangerschaft durch die pränatale Unterstützung der Gesundheit der Mütter,
– die Verbesserung der Gesundheit und Entwicklung des Kindes durch Anleitung der Eltern für eine feinfühligere Pflege des Kindes sowie

– die Beeinflussung des Lebensweges der Eltern, indem sie ihnen helfen, zukünftige Schwangerschaften zu planen oder eine Arbeit zu finden.

Die Ergebnisse der begleitenden Evaluierungsstudien weisen darauf hin, dass das Programm erfolgreich ist: Eine Verbesserung der elterlichen Fürsorge, die sich in einer geringeren Anzahl kindlicher Unfälle und Vergiftungen zeigt, konnte erreicht werden. Außerdem kommt es zu einer Reduktion von Misshandlung und Vernachlässigung sowie zu einer verbesserten Sprachentwicklung und zu einer höheren emotionalen Kompetenz des Kindes. Die Mütter haben nachfolgend weniger Schwangerschaften, sie sind häufiger berufstätig und sie benötigen weniger öffentliche Hilfestellung. Zudem weisen sie seltener Drogen- und Alkoholprobleme auf (Olds et al., 2004). In den Kosten-Nutzen-Analysen zeigte sich, dass das Programm langfristig Folgekosten spart. Die durch die Maßnahme eingesparten Kosten übersteigen bereits vor dem vierten Geburtstag der Kinder die Kosten des Programms (Olds et al., 1999).

1994 wurde in den USA ein weiteres Programm, das *Head-Start-Programm*, großflächig als Modellprojekt gestartet. Mit diesem Programm werden Familien mit Kindern unter drei Jahren und schwangeren Frauen unterhalb der Armutsschwelle umfassende Unterstützung angeboten. Eine Studie von McKey et al. (1985) zeigte, dass Kinder sich sozial-emotional besser entwickelten, wenn sie an diesem Programm teilnahmen. Der 1. Zwischenbericht zum Programm zeigte, dass durch solche primären Interventionsmaßnahmen eine hohe Prozentzahl von Familien erreicht werden kann (über 75 % durch Hausbesuchsprogramme), die dort als »Risikofamilien« eingestuft werden. Die Ergebnisse (in einem kontrollierten randomisierten Gruppendesign gewonnen) dokumentieren den Erfolg. Die Mutter-Kind-Interaktionen in der Interventionsgruppe sind besser und die Kinder weisen ein verbessertes prosoziales Verhalten gegenüber der Kontrollgruppe auf (Conduct Problems Prevention Research Group, 1992).

Um auch die sehr stark belasteten Familien zu unterstützen, verknüpfen die dargestellten Projekte die frühkindliche Prävention mit Hausbesuchen. In einer Übersichtsarbeit dieser Hausbesuchsprogramme kommen Olds und Kitzmann (1993) zu dem Schluss, dass sowohl das elterliche Fürsorge- und Erziehungsverhalten als auch die kognitiven Bereiche der Kinder in den Vorschuljahren gefördert werden können. Am meisten profitieren unverheiratete Mütter aus den unteren Schichten. Außerdem konnten die Autoren beobachten, dass Programme, die von professionell trainierten Sozialarbeitern oder Erzieherinnen durchgeführt wurden, im Gegensatz zu Programmen, die von paraprofessionellen Hilfeanbietern (Laien) angeboten wurden, zu besseren Effekten führten. Eine Studie von Heinicke et al. (2006) untersuchte prä- und postnatale Prädiktoren für die Effizienz der Hausbesuchsprogramme: Mütter, die schon in der Schwangerschaft ein sicheres Bindungsverhalten haben, sind bei Hausbesuchsinterventionen stärker beteiligt. Im Alter des Kindes von 24 Monaten können diese Mütter auf die Bedürfnisse ihres Kindes besser eingehen und die Autonomie ihres Kindes besser unterstützen. Brooks-Gunn, Berlin, Leventhal und Fuligni (2000) stellen in ihrer Übersicht über die Effekte der amerikanischen Programme fest, dass intensivere Programme mit einer längeren Teilnahme zu positiveren Effekten führen. Eine intensive Programmteilnahme der Eltern führte auch zu besseren Effekten bei den Kindern. Allerdings ergeben sich bei den familienzentrierten Interventionen bei sehr stark belasteten Familien einige Schwierigkeiten: Viele der Eltern nehmen an diesen Programmen erst gar nicht teil bzw. brechen sie oft ab, so dass hier die Dropout-Raten sehr hoch sind.

Programme in Deutschland

Stark und mehrfach belastete Familien verfügen häufig aufgrund vielfältiger Probleme (schwierige Familienstrukturen, Armut, Arbeitslosigkeit, Partnerschafts- und Familienkonflikte etc.) nicht über die Ressourcen, die notwendig sind, damit eine Familie ihren Aufgaben angemessen nachkommen kann. Für diese Familien haben Ziegenhain et al. (1999) einen Ansatz entwickelt, der sich im Speziellen jugendlichen Müttern und ihren Säuglingen widmet. In ihrem Förderprogramm versuchen sie videogestützt, die Bindung zwischen Mutter und Kind zu festigen. Erste vorläufige Ergebnisse zeigten, dass Mütter mit entwicklungspsychologischer Beratung noch drei Monate nach Abschluss der Intervention gegenüber Kontrollgruppen mit ihrem sechs Monate alten Baby feinfühliger umgehen konnten. Dieses Konzept wurde inzwischen ausgeweitet. *Die entwicklungspsychologische Beratung für junge Eltern* nach Ziegenhain, Fries, Bütow und Derksen (2004) versetzt trainierte Familienhelfer und andere Berater in die Lage, die frühe Eltern-Kind-Beziehung bei risikobelasteten Familien positiv zu beeinflussen.

Ein bewährtes Programm zur Verbesserung der Feinfühligkeit der Eltern ist *STEEP* (Egeland, Weinfield, Bosquet u. Cheng, 2000; Erickson u. Kurz-Riemer, 1999), das von Suess und Kißken (2005) auch in Deutschland eingeführt wurde. Das Projekt will junge Mütter in schwierigen psychosozialen Situationen bei der Bildung einer tragfähigen Mutter-Kind-Bindung unterstützen. Die STEEP-Beraterinnen sollen möglichst schon während der Schwangerschaft Kontakt zu den Frauen aufnehmen und diese bis zum Alter des Kindes von zwei Jahren durch Hausbesuche und Gruppentreffen begleiten.

Aktuell werden vermehrt Konzepte umgesetzt, die versuchen, einen Zugang zu den Familien über Hebammen bzw. über speziell fortgebildete Familienhebammen zu finden. Die Bedeutsamkeit der Beziehung zwischen den Hebammen und den Müttern (und im Weiteren auch den Vätern) liegt darin, dass die werdende Mutter ein Vertrauensverhältnis zu ihrer Hebamme in dieser kritischen Zeit der Niederkunft aufbaut. Wenn Hebammen zu Familienhebammen ausgebildet werden, erweitert sich ihr Tätigkeitsspektrum deutlich über den medizinisch-somatischen Bereich hinaus in Richtung eines psychosozialen Ansatzes (Cierpka, 2009a; Schneider, 2009).

Beispielhaft sollen im Folgenden zwei Ansätze erwähnt werden. In Niedersachsen wurde von 2002 bis 2005 das von der Stiftung *Eine Chance für Kinder* konzipierte Projekt *Aufsuchende Familienhilfe für junge Mütter – Netzwerk Familienhebamme* durchgeführt. Familienhebammen und Sozialarbeiterinnen der Jugendämter begleiteten Schwangere und junge Frauen mit Kindern in schwierigen psychosozialen Lebenssituationen bis zum Ende des ersten Lebensjahres des Kindes. Deskriptive Befunde der wissenschaftlichen Begleitforschung weisen darauf hin, dass die speziell ausgebildeten Familienhebammen ein adäquates Hausbesuchsprogramm durchführen können (Zierau u. Gonzáles, 2005).

Ein weiteres Projekt in diesem Bereich entwickelte sich in einer Kooperation zwischen der städtischen Jugendhilfe, dem Gesundheitsamt, der Kinderklinik und einer Reihe von Hebammen in der Stadt Düsseldorf. Unter dem Namen *Zukunft für Kinder in Düsseldorf* wird versucht, Mütter schon während der Schwangerschaft oder während ihres Aufenthalts auf den geburtshilflichen Stationen als hochbelastet zu identifizieren und ihnen ein Hilfsangebot zu machen. Eine von den beiden Ämtern gemeinsam unterhaltene Clearingstelle vermittelt den Müttern bzw. Eltern eine Hebamme, die dann Hausbesuche mit der Mutter vereinbart.

Projektbeispiel

Am Heidelberger Universitätsklinikum wurde das Projekt *Keiner fällt durchs Netz* entwickelt (ausführlich z. B. in Cierpka, 2009b). Es arbeitet jeweils mit kompletten Gebietskörperschaften als Projektgebiet zusammen und wird zurzeit (2009) in allen Landkreisen des Saarlandes, in zwei Landkreisen in Hessen sowie in der Stadt Heidelberg durchgeführt.

Mit diesem Projekt soll ein Konzept umgesetzt und erprobt werden, das die Identifikation, den Zugang und die Vermittlung zu einer angemessenen Intervention in den bereits bestehenden Hilfestrukturen bei Familien mit einer Risikokonstellation erlaubt. Dabei sind neben dem Schwerpunkt der Vernetzung und zentralen Koordinierung der verfügbaren Hilfsmaßnahmen vor Ort die Angebote der Elternkurse *Das Baby verstehen* sowie insbesondere der Familienhebammen mit Hausbesuchen zentrale Charakteristika von *Keiner fällt durchs Netz*.

Um eine belastete Familie zu erreichen und sie zu fördern, sind in dem anvisierten frühen Zeitfenster (rund um die Geburt) drei Stufen notwendig (siehe auch Abb. 3):

Stufe 1: Herstellen eines Zugangs zur Familie und Anbindung an eine (Familien-)Hebamme

Stufe 2: Basale Kompetenzförderung und Identifizierung einer Risikokonstellation

Stufe 3: (Weiter-)Vermittlung zu einer angemessenen Intervention

1. Schritt: Herstellung eines Zugangs zur Familie und Anbindung an Hebammen

2. Schritt: Basale Kompetenzförderung und Identifizierung einer Risikokonstellation

3. Schritt: Vermittlung an bedarfsgerechte Interventionen

Geburtsstationen
↓
5-10 Hausbesuche durch eine Hebamme
+
Kommstruktur   oder   Gehstruktur
Elternseminar   Aufsuchendes Angebot
„Das Baby verstehen"   „Das Baby verstehen"

Screening und bei Bedarf Vermittlung zu einer angemessenen Intervention

Frühinterventionseinrichtung   vorerst kein weiterer Hilfsbedarf

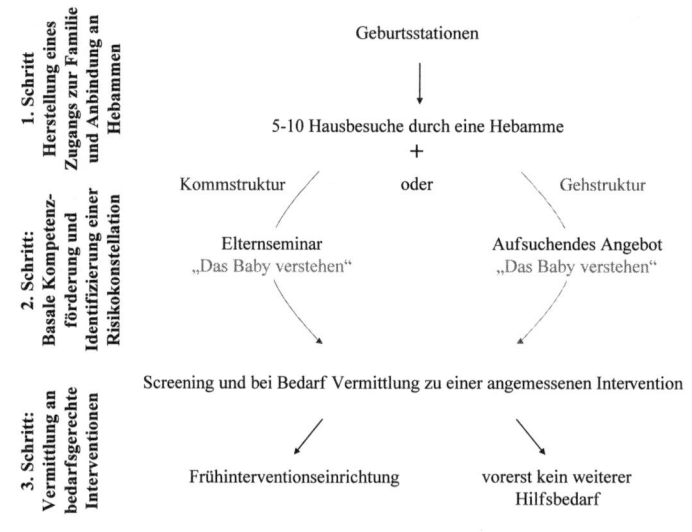

Abbildung 1: Stufenplan zur Erreichung aller Familien mit Hilfsbedarf

Stufe 1: Herstellen eines Zugangs zur Familie und Anbindung an eine (Familien-) Hebamme

Eine entscheidende Problematik hochbelasteter Familien ergibt sich aus dem vorherrschenden Lebensgefühl von Resignation und Passivität, so dass frühzeitige Hilfsangebote in der Regel schlecht angenommen werden. Zudem werden Hilfsangebote schnell als Kontrolle und Bevormundung erlebt. Versuche, über Androhung von Sanktionen zur Annahme von Hilfe zu zwingen, laufen deshalb Gefahr, letztlich den Rückzug und die Isolation zu verschärfen.

In diesem Sinne ist eine möglichst frühe Risikoidentifikation und anschließende Förderung der Kompetenzen notwendig. Daher ist im ersten Schritt unseres Konzepts vorgesehen, alle Familien spätestens auf den Geburtsstationen an die Betreuung durch eine Hebamme anzubinden. In dieser Zeit unmittelbar vor und nach der Geburt sind es die Hebammen, die Gynäkologen, das Team auf der Entbindungsstation und die Kinderärzte, die im Kontakt mit (werdenden) Eltern stehen und Risiken erkennen können. Aufgrund des engen Kontakts haben diese Personen die Chance, eine Risikokonstellation in der Familie in einem frühen Stadium zu identifizieren und sie entsprechenden Hilfsmaßnahmen zuzuführen.

Das Prozedere sieht dann vor, den Eltern auf der Geburtsstation eine Hebamme für Hausbesuche zuzuteilen. Eine Verweigerung der Hausbesuche durch Hebammen ist zwar möglich, wird jedoch (nach Erfahrungen anderer Familienhebammen-Projekte, z. B. in Düsseldorf, siehe oben) als nicht sehr wahrscheinlich angesehen. Durch die *Gehstruktur*, d. h., dass die Hebammen oder Familienhebammen die Familien in ihrem häuslichen Umfeld aufsuchen, ist die Schwelle, die es durch eigene Initiative der Familie zu überwinden gilt, minimal, so dass die Hebammen am ehesten zur zentralen Bezugs- und Unterstützungsperson werden können.

Zur Optimierung der Identifikation und Hilfsvermittlung wird ein Arbeitskreis *Netzwerk für Eltern* eingerichtet. Dies ist ein Arbeitskreis mit Mitgliedern aller an Hilfen in der frühen Kindheit beteiligten Institutionen und Berufsgruppen, der die Lenkung der primären Präventionsmaßnahmen übernimmt. Dreh- und Angelpunkt des Netzwerks ist der Koordinator bzw. die Koordinatorin, die von allen Mitgliedern angesprochen wird und so Informationen bündelt und geeignete Schritte in die Wege leitet (vgl. Abb. 2).

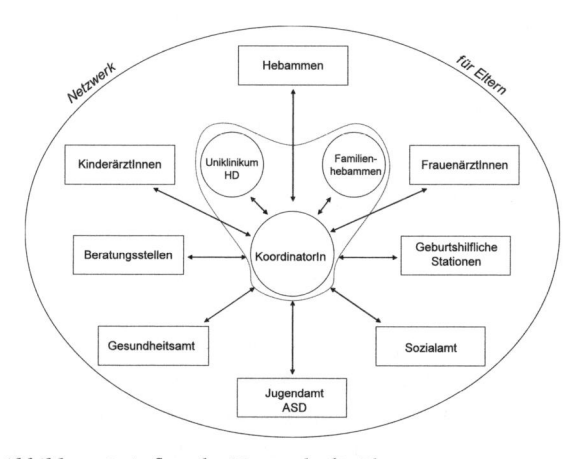

Abbildung 2: Aufbau des Netzwerks für Eltern

Stufe 2: Basale Kompetenzförderung und Identifizierung einer Risikokonstellation
Als ExpertInnen ausgebildet, können Hebammen oder andere ExpertInnen die erste grundlegende Präventionsmaßnahme anbieten und umsetzen – die im Projekt zentral verankerten Elternkurse *Das Baby verstehen* (Cierpka, 2004). Mit diesem Kursangebot sollen die basalen elterlichen Kompetenzen in der Breite gefördert werden. Werdende und gerade gewordene Eltern können für ihre (potenziellen) Schwierigkeiten im Umgang mit dem Kind sensibilisiert werden und erste konkrete Hilfestellung erfahren.

Die Grundform dieses Kurses ist eine Struktur mit fünf Lektionen. Deren Titel lauten:
1. Ich sorge für mich selbst
2. Wie können Partner zusammenarbeiten?
3. Das Baby sendet Signale aus
4. Warum weint das Baby?
5. Vertrauen in die eigene Kompetenz

Während die übliche didaktische Vorgehensweise bei der Vermittlung dieser Lektionen ein Seminarangebot über fünf Abende ist, wurde im Rahmen von *Keiner fällt durchs Netz* eine Ausweitung auf die Gehstruktur vorgenommen. So können die (Familien-)Hebammen während der ersten Hausbesuche nach der Geburt erfahren, ob die Familie an einem Elternkurs teilnimmt oder zusätzliche Gehstrukturen (z. B. Eltern-Säuglings-Beratung) in Anspruch nimmt. Ist dies nicht der Fall, wird die Zahl der Hausbesuche erhöht und die Familie während des ganzen ersten Lebensjahrs begleitet. Während dieser Begleitung werden die Expertinnen den Kurs *Das Baby verstehen* individuell abgestimmt den Familien zu Hause vermitteln und so gerade bei den besonders belasteten Familien die psychosozialen Kompetenzen fördern können. Dazu existiert eine didaktisch speziell für diesen Zweck der Hausbesuche aufbereitete Form des Manuals von *Das Baby verstehen* (Focus Familie, in Vorb.).

In jedem Projektstandort unterstützt die zentrale Koordinationsperson des *Netzwerks für Eltern* (z. B. Sozialarbeiter, Kinderärztin, Psychologin) als Ansprechperson die Familienhebammen. Sie ist bei den Intervisionsgruppen der Familienhebammen anwesend, vermittelt weitergehende Hilfsangebote und berät die Eltern bei Bedarf.

Stufe 3: (Weiter-)Vermittlung zu einer angemessenen Intervention
Screening-Instrumente sind entscheidend, um Risiken für das Kind und die Familie erkennen und passende nachfolgende Unterstützungsangebote ermitteln zu können. Durch den engen Kontakt zur Familie haben die Familienhebammen gute Einblicke und Möglichkeiten, Risikofaktoren zu identifizieren. Für diesen Zweck wurden vom Projektteam zwei Versionen eines Screening-Instruments, der *Heidelberger Belastungsskala*, entwickelt: eine Kurzversion, die zeitökonomisch und anhand weniger Faktoren eine Einschätzung auf der geburtshilflichen Station ermöglicht, und eine längere Version, die die Familienhebammen bei den Hausbesuchen ausfüllen, um aufgrund ihres bei der Familie erworbenen breiteren Wissens eine Einschätzung des weiteren Hilfsbedarfs zu ermöglichen.

Wenn die Eltern für ihre Problematik sensibilisiert sind, können sie an eine Hilfe anbietende Institution angebunden werden. Wenn das *Netzwerk für El-*

tern als zentraler Ort der Vernetzung und Kommunikation im jeweiligen Projektgebiet gut etabliert ist, bieten sich hier die effektivsten Möglichkeiten der Vermittlung von Hilfen an. Dabei kommen folgende Einrichtungen u. a. für eine Weitervermittlung der Familien infrage:
- Eltern-Säuglings-Beratung an Familienberatungsstellen, Kinderkliniken, Kinder- und Jugendpsychiatrien, Psychosomatischen Kliniken, Sozialpädiatrischen Zentren, Frühförderstellen etc.,
- Sozialpädagogische Familienhilfe,
- Betreutes Mutter-Kind-Wohnen und
- Mutter-Kind-Einheiten an psychiatrischen und psychosomatischen Kliniken bei postpartalen psychischen Erkrankungen der Mütter.

Literatur

Amato, P. R. (1996). Explaining the intergenerational transmission of divorce. Journal of Marriage and Family, 58, 628–640.
Antonovsky, A. (1979). Stress, health, and coping. San Francisco: Jossey-Bass.
Antonovsky, A. (1987). Unravelling the mystery of health. San Francisco: Jossey-Bass.
Antonovsky, A. (1997). Salutogenese: Zur Entmystifizierung der Gesundheit. Tübingen: Dgvt-Verlag.
Antonovsky, A. (1998). The sense of coherence: An historical and future perspective. In H. McCubbin, E. Thompson, A. Thompson, J. Fromer (Eds.), Stress, coping and health in families: Sense of coherence and resiliency (S. 3–20). Thousand Oaks: Sage.
Antonovsky, A., Sourani, T. (1988). Family sense of coherence and family adaptation. Journal of Marriage and Family, 50, 79–92.
Aschenbrenner, R., Doege, D., Nassal, A., Holtz, K., Retzlaff, R. (in Vorb.). Resilienz und Kohärenzgefühl in Familien von Kindern mit geistiger Behinderung als Wegweiser zur Prävention und Intervention im Rahmen einer ressourcenorientierten Beratung.
Bender, D., Lösel, F. (1998). Protektive Faktoren der psychisch gesunden Entwicklung junger Menschen: Ein Beitrag zur Kontroverse um saluto- versus pathogenetische Ansätze. In J. Margraf, J. Siegrist, S. Neumer (Hrsg.), Gesundheits- oder Krankheitstheorie? Saluto- versus pathogenetische Ansätze im Gesundheitswesen (S.117–145). Berlin: Springer.
Bengel, J., Strittmatter, R., Willmann, H. (1998). Was erhält Menschen gesund? Antonovskys Modell der Salutogenese-Diskussionsstand und Stellenwert. Köln: Bundeszentrale für gesundheitliche Aufklärung.
Boss, P. (2002). Family stress management- A contextual approach. Thousand Oaks: Sage.
Brooks-Gunn, J., Berlin, L. J., Leventhal, T., Fuligni, A. S. (2000). Depending on the kindness of strangers: Current national data initiatives and development research. Child Development, 71, S. 257–268.
Carter, E., McGoldrick, M. (1999). Overview: The expanded family life cycle. Individual, family and social perspectives. In B. Carter, M. McGoldrick (Eds.), The expanded family life cycle: Individual, family and social perspectives (S. 1–46). Boston: Allyn & Bacon.
Cierpka, M. (2004). Das Baby verstehen. Heidelberg: Focus-Familie gGmbH.
Cierpka, M. (2009a). Die Familienhebamme im wissenschaftlichen Diskurs. In D. Nakhla, A. Eickhorst, M. Cierpka (Hrsg.), Praxishandbuch für Familienhebammen (S. 17–22). Frankfurt a. M.: Mabuse.

Cierpka, M. (2009b). Das Modellvorhaben »Keiner fällt durchs Netz«. In D. Nakhla, A. Eickhorst, M. Cierpka (Hrsg.), Praxishandbuch für Familienhebammen (S. 171–178). Frankfurt a. M.: Mabuse.

Cierpka, M., Franz, M., Egle, U. T. (2009). Primäre Prävention und Früherkennung. In Th. von Uexküll (Hrsg.), Psychosomatische Medizin. München: Urban & Fischer.

Conen, M. (Hrsg.) (2002). Wo keine Hoffnung ist, muss man sie erfinden. Aufsuchende Familientherapie. Heidelberg: Carl-Auer-Systeme.

Conduct Problems Prevention Research Group (1992). A developmental and clinical model for the prevention of conduct disorder: The FAST Track Program. Development and Psychopathology, 4, 509–527.

Doege, D., Aschenbrenner, R., Nassal, A., Holtz, K., Retzlaff, R. (in Vorb.). Resilience and sence of coherence in families of children with intellectual disabilities.

Egeland, B., Weinfield, N. S., Bosquet, M., Cheng, V. K. (2000). Remembering, repeating, and working through: Lessons from attachment-based interventions. In J. Osowsky, H. Fitzgerald (Eds.), Infant mental health in groups at high risk (Vol. 4). New York: Wiley.

Egle, U. T. (2005). Langzeitfolgen früher Stresserfahrungen. In M. Cierpka (Hrsg.), Möglichkeiten der Gewaltprävention (S. 36–56). Göttingen: Vandenhoek & Ruprecht.

Egle, U. T., Cierpka, M. (2006). Missbrauch, Misshandlung, Vernachlässigung. In A. Lohaus, M. Jerusalem, J. Klein-Heßling (Hrsg.), Gesundheitsförderung im Kindes- und Jugendalter (S. 370–400). Hogrefe: Göttingen.

Egle, U. T., Hardt, J., Nickel, R., Kappis, B., Hoffmann, S. O. (2002). Früher Streß und Langzeitfolgen für die Gesundheit – Wissenschaftlicher Erkenntnisstand und Forschungsdesiderate, 48, 411–434.

Egle, U. T., Hoffmann, S. O., Joraschky, P. (2005). Sexueller Missbrauch, Misshandlung, Vernachlässigung. Langzeitfolgen früher Stresserfahrungen (3. Aufl.). Stuttgart: Schattauer.

Eickhorst, A. (2009). Zur Notwendigkeit von frühen Hilfen für Väter. Frühe Kindheit, 1, 40–41.

Eickhorst, A., Lamm, B., Borke, J. (2003). Die Rolle des Vaters: Eine entwicklungspsychologische Bestandsaufnahme. In H. Keller (Hrsg.), Handbuch der Kleinkindforschung (3. Aufl.) (S. 451–488). Bern: Huber.

Engfer, A. (2005). Gewalt gegen Kinder in der Familie. In A. Engfer (Hrsg.), Mißbrauch, Mißhandlung, Vernachlässigung (S. 3–19). Stuttgart: Schattauer.

Erickson, M. F., Kurz-Riemer, K. (1999). Infants, toddlers and their families. New York: Guilford.

Felitti, V., Anda, R., Nordenberg, D., Williamson, D., Spitz, A., Edwards, V., Koss, M., Marks, J. (1998). Relationship of childhood abuse and household dysfunction to many of the leading causes of death in adults. American Journal of Preventive Medicine, 14, 245–258.

Focus Familie (in Vorb.). Das Baby verstehen. Manual für die aufsuchende Arbeit.

Franz, M. (2004). Langzeitfolgen von Trennung und Scheidung. In U. T. Egle, S. Hoffmann, P. Joraschky (Hrsg.), Sexueller Missbrauch, Misshandlung, Vernachlässigung, (3. Aufl.) (S. 116–128) Stuttgart: Schattauer.

Gregor, A., Cierpka, M. (2005). Elternseminare. In M. Cierpka (Hrsg.), Möglichkeiten der Gewaltprävention (S. 86–105). Göttingen: Vandenhoeck & Ruprecht.

Heinicke, C., Goorsky, M., Levine, M., Oce, V., Ruth, G., Silverman, M., Sotelo, C. (2006). Pre- And Postnatal Antecendents Of A Home-Visiting Intervention And Family Developmental Outcome. Infant Mental Health Journal, 27, 91–119.

Hertzman, C., Wiens, M. (1996). Child development and long-term outcome: A population health perspective and summary of successful interventions. Social Science & Medicine, 47, 1083–1095.

Hill, R. (1949). Families under stress. New York: Harper.

Klemenz, B. (2003). Ressourcenorientierte Diagnostik und Intervention bei Kindern und Jugendlichen. Tübingen: Dgvt-Verlag.

Lamb, M. E. (Ed.) (2004). The Role of the Father in Child Development (Fourth Edition). Hoboken, N. J.: Wiley.

Li-Tsang, C., Yau, M., Yuen, H. (2001). Success in parenting children with developmental disabilities: Some characteristics, attitudes and adaptive coping Skills. The British Journal of Developmental Disabilities, 47, 61–71.

Lösel, F., Bender, D. (1998). Risiko- und Schutzfaktoren in der Entwicklung zufriedener und stabiler Ehen: Eine integrative Perspektive. In K. Hahlweg, D. Baucom, R. Bastine, H. Markman (Hrsg.), Prävention von Trennung und Scheidung – Internationale Ansätze zur Prädiktion und Prävention von Beziehungsstörungen (S.27–66). Stuttgart: Kohlhammer.

Marshak, L. E., Seligman, M., Prezant, F. (1999). Disability and the family life cycle. New York: Basic Books.

McCubbin, H., Patterson, J. (1983). The family stress process: The double ABCX model of adjustment and adaptation. In H. McCubbin, M. Sussman, J. Patterson (Eds.), Advances in family stress theory and research. New York: Haworth.

McDaniel, S. H., Campbell, T., Hepworth, J., Lorenz, A. (2004). Family- oriented primary care. New York: Springer.

McKey, R. H., Condelli, L., Ganson, H., Barrett, B. J., McConkey, C. Planz, M. C. (1985). The impact of Head Start on children, families and communities (DHHS Publication No. OHDS 85–31193). Washington, D. B.: U.S. Government Printing Office.

Minuchin, S., Montalvo, B., Guerney, B., Rosman, B., Schumer, F. (1967). Families of the slums. New York: Basic Books.

Müller, B., Hornig, S., Retzlaff, R. (2007). Kohärenz und Ressourcen in Familien von Kindern mit Rett-Syndrom. Frühförderung interdiziplinär, 26, 3–14.

Olds, D. L. (2006). The Nurse-Family Partnerschip: An Edivence-Based Preventive Intervention. Infant Mental Health Journal, 27, 5–25.

Olds, D. L., Henderson, C. R., Kitzman, H. J., Eckenrode, J. J., Cole, R. E., Tatelbaum, R. C. (1999). Prenatal and infancy home visitation by nurses: Recent findings. The Future of Children, 9, 44–63.

Olds, D. L., Kitzman, H. (1993). Review of research on home visiting for pregnant women and parents of young children. Future of Children, 3, 53–92.

Olds, D. L., Kitzman, H., Cole, R., Robinson, J., Sidora, K., Luckey, D. W., Henderson, C. R., Hanks, C. Bondy, J., Holmberg, J. (2004). Effects of Nurse Home-Visiting on maternal life course and child development: Age 6 follow-up results of a randomized trial. Pediatrics, 114, 1550–1559.

Papoušek, M. (2004). Frühe Regulations- und Beziehungsstörungen als Vorläufer von externalisierenden Verhaltensstörungen. Vortrag präsentiert auf der Tagung des Hanse-Wissenschaftskolleg, Delmenhorst. Unveröffentlichtes Manuskript.

Patterson, J. (1991). Family resilience to the challenge of a child's disability. Pediatric Annals, 20, 491–499.

Patterson, J. (2002). Integrating family resilience and family stress theory. Journal of Marriage and Family, 64, 349–360.

Patterson, J., Garwick, A. (1994). Levels of meaning in family stress theory. Family Process, 33, 287–304.

Ramey, C. T., Ramey, S. L. (1993). Home visiting programs and the health and development of young children. Future of children, 3, 129–139.

Retzlaff, R. (2007). Families of children with Rett-Syndrome: Stories of coherence and resilience. Families, Systems, and Health, 25, 246–262.

Retzlaff, R. (2008). Kohärenz und Resilienz. Narrative der Familien von Kindern mit Rett-Syndrom. Psychotherapie im Dialog, 9, 183–186.

Retzlaff, R., Hornig, S., Müller, B., Reuner, G., Pietz, J. (2006). Kohärenz und Resilienz bei Familien von Kindern mit geistiger und körperlicher Behinderung. Praxis der Kinderpsychologie und Kinderpsychiatrie, 55, 36–52.

Ringback Weitoft, G. R., Hjern, A., Haglund, B., Rosen, M. (2003). Mortality, severe morbidity, and injury in children living with single parents in Sweden. A population-based study. Lancet, 361, 289–295.

Rutter, M. (1987). Psychosocial resilience and protective mechanisms. American Journal of Orthopsychiatry, 57, 316–331.

Rutter, M. (1990). Psychosocial resilience and protective mechanisms. In A. Rolf, D. Cicchetti, K. Nuechterlein, S. Weintraub (Eds.), Risk and protective factors in the development of psychopathology (S. 181–214). Cambridge: University Press.

Rutter, M. (1999). Resilience concepts and findings: Implications for family therapy. Journal of Family Therapy, 27, 119–144.

Rutter, M., Giller, H. (1983). Juvenile delinquency: Trends and perspectives. Middlesex: Penguin.

Schneider, E. (2009). Von der Hebamme zur Familienhebamme – Auswirkungen auf das berufliche Selbstverständnis. In D. Nakhla, A. Eickhorst, M. Cierpka (Hrsg.), Praxishandbuch für Familienhebammen (S. 183–190). Frankfurt a. M.: Mabuse.

Schwind, H.-D., Baumann, J., Lösel, F., Remschmidt, H., Eckert, R., Kerner, H. J., Stümper, A., Wassermann, R., Otto, H., Rudolf, W., Berckhauer, F., Kube, E., Steinhilper, M., Steffen, W. (Hrsg.) (1990). Ursachen, Prävention, Kontrolle von Gewalt. Berlin: Duncker & Humblot.

Suess, G., Kißken, R. (2005). Frühe Hilfen zur Förderung der Resilienz auf dem Hintergrund der Bindungstheorie: Das STEEP™-Modell. In M. Cierpka (Hrsg.), Möglichkeiten der Gewaltprävention (S. 135–152). Göttingen: Vandenhoeck & Ruprecht.

Walsh, F. (1998). Strengthening family resilience. New York: Guilford.

Walsh, F. (Ed.) (1999). Spiritual resources in family therapy. New York: Guilford.

Walsh, F. (2003). Family resilience: A framework for clinical practice. Family Process, 42, 1–18.

Werner, E. (1993). Risk, resilience and recovery: Perspectives from the Kauai longitudinal study. Development and Psychopathology, 5, 503–515.

Zeanah, C. H., Boris, N. W., Larrieu, J. A. (1997). Infant development and developmental risk: A review of the past ten years. Journal of the American Academy of Child and Adolescent Psychiatry, 36, 165–178.

Ziegenhain, U., Dreisörner, R., Derksen, B. (1999). Intervention bei jugendlichen Müttern und ihren Säuglingen. In G. Suess, W. Pfeifer (Hrsg.), Frühe Hilfen (S. 222–245). Gießen: Psychosozial-Verlag.

Ziegenhain, U., Fries, M., Bütow, B., Derksen, B. (2004). Entwicklungspsychologische Beratung für junge Eltern – Grundlagen und Handlungskonzepte für die Jugendhilfe. Weinheim: Juventa Verlag.

Zierau, J., Gonzáles, I.-M. (2005). Modellprojekt Aufsuchende Familienhilfe für junge Mütter – Netzwerk Familienhebammen. Ergebnisse der Evaluation. Bericht 104.05. Hannover: IES GmbH an der Universität Hannover.

Psychisch kranke Eltern und ihre Kinder – die Familienperspektive

Eva Pollak, Monika Bullinger, Silke Wiegand-Grefe

Psychische Erkrankungen eines Elternteils sind mit vielfältigen psychosozialen Belastungen für alle Familienmitglieder verbunden. Diese sind mitverantwortlich für das in vielen Studien gefundene erhöhte Erkrankungsrisiko der Kinder aus diesen Familien (z. B. Beardslee et al., 1998; Olin u. Mednick, 1996; Wiegand-Grefe et al., 2009). In der Forschung wurde bisher das Hauptaugenmerk auf die Analyse von Risikofaktoren für die erhöhte psychische Auffälligkeit gelegt und ein breites Spektrum psychischer Auffälligkeiten bei Kindern psychisch kranker Eltern gefunden (z. B. Lenz, 2005). Dabei werden die Einflussfaktoren zumeist auseinanderdividiert und isoliert auf einer subsystemischen Ebene betrachtet, um größere Präzision in den Analysen zu erreichen. Untersuchungen auf gesamtfamiliärer Ebene sind selten, ist doch die Komplexität der Dynamik in den Familien schwer wissenschaftlich genau abzubilden.

In der Bindungsforschung konnte die Bedeutung der Bindungsbeziehungen zwischen Eltern und Kindern für die gesunde kindliche Entwicklung sowie für die Entstehung und Weitergabe psychischer Störungen belegt werden (z. B. Grossmann u. Grossmann, 2004). Bisher konzentrierten sich jedoch die meisten bindungsbezogenen Studien auf die Untersuchung dyadischer Beziehungen und ließen dabei Zusammenhänge zu anderen familiären Beziehungen weitgehend außer Acht. Dennoch war der Begründer der Bindungstheorie, John Bowlby, stets überzeugt, dass Beziehungsprobleme in einem breiteren systemischen Rahmen zu sehen sind.

In unseren Studien zur Familienfunktionalität in Familien mit psychisch kranken Eltern, die hier zusammenfassend vorgestellt werden, wurde versucht, die vielfältigen Variablen, die für Kinder psychisch kranker Eltern in ihren Familien eine Rolle spielen, mit Hilfe familiensystemischer Modelle auch auf der gesamtfamiliären Ebene zu untersuchen. Die gesamtfamiliären Prozesse wurden in ihren Zusammenhängen mit den elterlichen Bindungsmustern und der elterlichen Erkrankung betrachtet und zur Lebensqualität der Kinder in Beziehung gesetzt.

Psychisch kranke Eltern und ihre Kinder aus Sicht der Familienforschung

Der Begriff »Familie« wird hier gemäß aktueller familientherapeutischer Definitionen (z. B. Cierpka, 2003) weit gefasst und beinhaltet auch Alleinerziehende, Stief-, Adoptiv- und Patchworkfamilien.

Gesamtfamiliäre Prozesse werden in den bekannten Familienprozessmodellen (z. B. im »McMaster Model of Family Functioning« von Epstein et al., 1983, und im Familienmodell von Cierpka u. Frevert, 1994) durch das multidimensionale Konstrukt der *familiären Funktionalität* erfasst, das die Organisation und das Problemlöseverhalten einer Familie im Alltag beschreibt. Anhand von sieben Dimensionen werden gut funktionierende und beeinträchtigte Bereiche der Organisation und des Problemlöseverhaltens einer Familie im Alltag differenziert, die Ansatzpunkte für familientherapeutische Interventionen bilden können.

Die meisten Studien zu Familien mit psychisch kranken Eltern stammen aus dem angloamerikanischen Raum und untersuchten Familien mit depressiv erkrankten Elternteilen. In diesen fand sich eine geringere Funktionalität als in unauffälligen Kontrollgruppen; sie waren durch vermehrte Konflikte, geringere Adaptabilität und Kohäsion sowie Desorganisation in der Planung und Aufgabenverteilung gekennzeichnet (z. B. Friedmann et al., 1997). Zu diagnosespezifischen Unterschieden bestehen widersprüchliche Ergebnisse. Einige weisen darauf hin, dass diagnoseübergreifende Krankheitsfaktoren wie die Symptombelastung oder die Schwere der Erkrankung für die Familienfunktionalität bedeutsamer sein könnten als die spezifische Diagnosekategorie (Friedmann et al., 1997; Dickstein et al., 1998). Analog werden diagnoseübergreifende Faktoren auch für die Auffälligkeit der Kinder als bedeutsam diskutiert (Mattejat et al., 2000), andere Studien weisen unterschiedliche Risiken im Vergleich verschiedener Diagnosegruppen nach (vgl. den Beitrag über die Entwicklungsrisiken der Kinder von Wiegand-Grefe, Geers und Petermann in diesem Band). Mittlerweile kann als gesicherter Befund gelten, dass Kinder von Eltern mit Persönlichkeitsstörungen am meisten gefährdet sind (Laucht et al., 1992; Freyberger, 2009; Kölch et al., 2008).

Insgesamt erklären familiäre Prozesse eine große Varianz des Verhaltens und Befindens der Kinder (vgl. Cummings et al., 2005). Die Familienfunktionalität wurde auch als wesentliche Moderatorvariable für die Auswirkungen einer elterlichen psychischen Erkrankung auf die kindliche Entwicklung identifiziert. Bei Hammen et al. (2004) zeigte sich beispielsweise ein signifikanter Zusammenhang zwischen der Familienfunktionalität und der Prävalenz von depressiven Störungen bei Kindern depressiver Mütter. Diese war bei guter Familienfunktionalität kaum höher als bei Kindern nichtdepressiver Mütter.

Psychisch kranke Eltern und ihre Kinder aus Sicht der Bindungsforschung

Nach der Bindungstheorie führen frühe Interaktionserfahrungen über die Ausbildung eines inneren Arbeitsmodells zu einem relativ stabilen Bindungsmuster. In ihren klassischen Studien fanden Ainsworth et al. (1978) zusammenfassend die drei oft replizierten Bindungsmuster »sicher«, »unsicher-vermeidend« und »unsicher-ambivalent«. Über das innere Arbeitsmodell lässt sich die empirisch gut bestätigte Tendenz zur transgenerationalen Weitergabe von Bindungsmustern erklären. So konnte in einer Metaanalyse von 18 Studien in Familien mit psychisch kranken Eltern das kindliche Bindungsmuster (sicher vs. unsicher) mit der kombinierten Effektstärke von d = 1.06 aus dem elterlichen Bindungsmuster vorhergesagt werden, was einer Übereinstimmung von 75 % entsprach (van Ijzendoorn, 1995).

Wie vielfach gezeigt wurde, ist in klinischen Populationen das unsichere Bindungsmuster im Vergleich zur Allgemeinbevölkerung deutlich überrepräsentiert (van Ijzendoorn u. Bakermans-Kranenburg, 1996). Aus diesem Grund wurden die Auswirkungen einer elterlichen psychischen Erkrankung auf die Entwicklung und das Erkrankungsrisiko der Kinder mit einer unsicheren Eltern-Kind-Bindung assoziiert. Cicchetti et al. (1998) fanden etwa unter zweijährigen Kindern (»toddlers«) depressiv erkrankter Mütter signifikant mehr unsicher gebundene Kinder als in einer Gruppe von Kindern unauffälliger Mütter. Es zeigten sich deutliche Zusammenhänge zwischen einem unsicheren Bindungsmuster und psychischen Auffälligkeiten der Kinder (vgl. auch den Beitrag von Ramsauer in diesem Band).

Psychisch kranke Eltern und ihre Kinder aus Sicht der Lebensqualitätsforschung

Angesichts der Vielzahl an Studien in der Psychologie und in der Medizin zur Lebensqualität belasteter Populationen (vgl. Bullinger et al., 2006) verwundert es, dass die Lebensqualität von Kindern psychisch kranker Eltern bisher kaum untersucht wurde. Aus der Forschung bei Erwachsenen ist bekannt, dass psychopathologische Kennwerte allein die Auswirkungen einer Erkrankung auf das Leben aller Betroffenen nicht hinreichend abbilden (Goldbeck u. Fegert, 2005).

Gesundheitsbezogene Lebensqualität wird als mehrdimensionales Konstrukt definiert, welches körperliche, psychische, soziale und verhaltensbezogene Dimensionen umfasst (Bullinger, 1991). Im Kindesalter wird die gesundheitsbezogene Lebensqualität durch Selbstbeurteilung und durch Fremdbeurteilung, zumeist das Elternurteil, erfasst. Das Elternurteil ist bei jungen oder schwer beeinträchtigten Kindern häufig die einzige Informationsquelle (Ravens-Sieberer et al., 2006) und für die Wahrnehmung von krankheitswertigen Beeinträchtigungen der Kinder sowie für das Aufsuchen einer Behandlung ausschlaggebend.

Bei psychisch kranken Kindern wurde eine geringere gesundheitsbezogene Lebensqualität als bei Kindern der Allgemeinbevölkerung berichtet (vgl. Mattejat et al., 2005). Es zeigten sich negative Zusammenhänge zur Psychopathologie und zur Anzahl der Diagnosen. Positive Zusammenhänge bestanden zu sozialen Fertigkeiten und Selbstwert der Kinder sowie zu familiären Faktoren, insbesondere zur Familienfunktionalität (Bastiaansen et al., 2005). Die gesundheitsbezogene Lebensqualität von Kindern psychisch kranker Eltern wurde bisher nur bei nigerianischen Jugendlichen mit Epilepsie (Adewuya, 2006) und in eigenen Arbeiten unserer Arbeitsgruppe (Pollak et al., 2008a; Jeske et al., 2009) untersucht.

Mit Blick auf das gesamte Familiensystem wurde in unserer Untersuchung (1) die familiäre Funktionalität in einer Stichprobe von Familien mit psychisch kranken Eltern erhoben und (2) zu wichtigen Merkmalen der elterlichen Erkrankung (Diagnose, Schweregrad und aktuelle Symptomatik) sowie (3) zu den elterlichen Bindungsmustern in Beziehung gesetzt. Außerdem wurde untersucht, wie (4) psychisch kranke Eltern die gesundheitsbezogene Lebensqualität ihrer Kinder beurteilen und wie die kindliche Lebensqualität (5) mit der elterlichen Erkrankung und (6) mit der Familienfunktionalität zusammenhängt.

Projekt

Methoden

Design
Die quantitative Querschnittstudie wurde im Rahmen des Projekts CHIMPs (Children of mentally ill parents) an der Klinik für Kinder- und Jugendpsychiatrie des Universitätsklinikums Hamburg-Eppendorf (UKE) in Kooperation mit der Klinik für Psychiatrie und dem Institut für Medizinische Psychologie durchgeführt. Sie zählt zum ersten Teil des Projekts, in dem in einer Pilotstudie die Lebenssituation von Familien mit psychisch kranken Eltern sowie Schutz- und Risikofaktoren für die Gesundheit und Lebensqualität der Kinder untersucht wurden. In einem neunmonatigen Erhebungszeitraum wurden alle an der Klinik und Poliklinik für Psychiatrie und Psychotherapie des UKE (teil-)stationär aufgenommenen Patienten mit minderjährigen Kindern und ihre Therapeuten (Ärzte oder Psychologen) befragt. Im zweiten Projektteil wird eine Familienintervention entwickelt und evaluiert (vgl. Wiegand-Grefe u. Pollak, 2006).

Instrumente

Die erkrankten Elternteile beurteilten die gesamtfamiliäre Funktionalität mit dem Allgemeinen Modul der Familienbögen (FB-A, Cierpka u. Frevert, 1994). Die 40 Items erfassen die Ressourcen und Probleme einer Familie in sieben inhaltlichen Dimensionen (z. B. Aufgabenfüllung, Kommunikation), die zu einem Gesamtindex zusammengefasst und zu T-Werten transformiert werden können. T < 50 indiziert eine Ressource, T > 60 einen Problembereich, T-Werte zwischen 50 und 60 einen Grenzbereich. Psychometrische Kennwerte finden sich bei Cierpka und Frevert (1994). Die Therapeuten der Eltern bewerteten die globale Funktionalität der Patientenfamilien mit der Global Assessment of Relational Functioning Scale (GARF, Group for the Advancement of Psychiatry, 1996). Die Skala von 0 bis 100 ist in fünf umschriebene Kategorien unterteilt (»gut funktionierendes« bis »schwerstgestörtes« Familiensystem).

Das Bindungsmuster des erkrankten Elternteils wurde mit dem Bielefelder Fragebogen zu Partnerschaftserwartungen (BFPE, Höger u. Buschkämper, 2002) erhoben. Die 31 Items erfassen das innere Arbeitsmodell von Bindung, wie es sich im Selbstkonzept des Befragten anhand der Erwartungen an eine Partnerbeziehung widerspiegelt. Der BFPE unterscheidet fünf Bindungsmuster: vermeidend-anklammernd, bedingt sicher, sicher, ambivalent-anklammernd, ambivalent-verschlossen.

Die erkrankten Elternteile bewerteten ihre aktuelle subjektive Symptomatik mit der Symptom Checkliste-14 (Harfst et al., 2002), einer Kurzform der SCL-90-R. Darin sind 14 psychiatrische Symptome auf einer fünfstufigen Skala einzuschätzen. Sie können zu einem Gesamtindex und Skalenwerten für »Depressivität«, »Somatisierung« und »Phobische Angst« zusammengefasst werden. Die Therapeuten gaben die ICD-10-Diagnosen der psychischen Erkrankungen an und beurteilten den Schweregrad (Hauptdiagnose) mit dem ersten Item der Clinical Global Impressions (CGI, National Institute of Mental Health, 1996).

Die gesundheitsbezogene Lebensqualität der Kinder wurde mit der Elternform des KINDL-R (Ravens-Sieberer u. Bullinger, 2000) erhoben. Die beiden altersspezifischen Versionen (4–7 und 8–16/18 Jahre) des umfassend validierten Instruments erfassen mit je 24 fünfstufigen Items die gesundheitsbezogene Lebensqualität der Kinder im Allgemeinen und in einzelnen Dimensionen (z. B. Familie, Schule). Die Skalenwerte werden auf eine prozentrangähnliche Skala von 0–100 transformiert.

Stichprobe

Die Stichprobe wurde über einen neunmonatigen Erhebungszeitraum konsekutiv aus der Inanspruchnahmepopulation der sechs Stationen und zwei Tageskliniken der Klinik für Psychiatrie und Psychotherapie des Erwachsenenalters (UKE) gewonnen. Einschlusskriterien dieser Arbeit waren: (1) ein mindestens dreitägiger psychiatrischer Aufenthalt zum Erhebungszeitpunkt, (2) Alter zwischen 18 und 60 Jahren (3) ein Kind im Alter von 4 bis inklusive 18 Jahren, (4) mindestens 14-tägiges Zusammentreffen mit dem Kind (Fragen 1–3) bzw. Zusammenleben mit dem Kind in einem Haushalt (Fragen 4–6) und (5) zur Studienteilnahme ausreichende Deutschkenntnisse. Ausschlusskriterium waren schwerste psychische und/oder kognitive Beeinträchtigungen. Aus Gründen der Zumutbarkeit bewerteten auch Elternteile mit mehreren Kindern die gesundheitsbezogene Lebensqualität nur eines Kindes (Zufallsauswahl nach Geburtsdatum).

Insgesamt gaben 86 Befragte die Fragebögen ausgefüllt zurück, 10 wurden wegen mangelnder Erfüllung der Einschlusskriterien nachträglich ausgeschlossen. Die Therapeutenstichprobe bestand aus 15 Ärzten und 9 Psychologen (zur näheren Beschreibung der Datenerhebung siehe Pollak et al., 2008a, 2008b).

Auswertung

Die Auswertung erfolgte deskriptiv und explorativ mit Hilfe des Statistikprogramms SPSS 13.0. Statistische Tests wurden zweiseitig bei einem Alphafehlerniveau von 5 % durchgeführt (je nach Skalenniveau parametrische oder parameterfreie Testverfahren). Als Effektgrößen wurden r (Korrelationen), d (Zwei-Gruppen-Vergleiche) und η^2 (Mehr-Gruppen-Vergleiche) verwendet. Nach Cohen (1988) wurden Effektgrößen von $|r| \geq .10$, $|d| \geq .20$ bzw. $|\eta^2| \geq .01$ als klein, $|r| \geq .30$, $|d| \geq .50$ bzw. $|\eta^2| \geq .06$ als mittel und $|r| \geq .50$, $|d| \geq .80$ bzw. $|\eta^2| \geq .10$ als groß bezeichnet. Mittels multipler linearer Regression wurde explorativ die Gesamtbedeutung der untersuchten Faktoren für die gesundheitsbezogene Lebensqualität der Kinder untersucht. Nur Variablen, die bivariat signifikant mit der gesundheitsbezogenen Lebensqualität der Kinder zusammenhingen, wurden einbezogen, um bei der gegebenen Stichprobengröße ein multivariates Verfahren anwenden zu können.

Ergebnisse

Stichprobenbeschreibung

Die 76 befragten Elternteile (Fragen 1–3) waren im Mittel 41,3 Jahre alt (s = 7,92), 54 % waren Frauen. 20 % hatten die Hauptschule, 30 % die Realschule abgeschlossen, 45 % hatten Abitur oder Fachhochschulreife. 57 % waren verheiratet, 21 % waren ledig, 20 % geschieden. 61 % lebten mit einem (Ehe-)Partner zusammen, 13 % lebten ohne Partner. Drei Viertel der Elternteile lebten mit ihren minderjährigen Kindern in einem Haushalt. Im Mittel hatte jeder 1,5 Kinder (s = 0,72) im Alter von durchschnittlich 10,3 Jahren (s = 4,98). Tabelle 1 zeigt die psychiatrischen Diagnosen und die Schweregrade der Erkrankung in Bezug auf die Hauptdiagnose (Therapeutenurteile).

Tabelle 1: Diagnosegruppen und Schweregrad der Erkrankung (N = 76)

Psychiatrische Hauptdiagnose (ICD-10-Diagnosegruppe)	%	N
F1 Störungen durch psychotrope Substanzen	22,4	17
F2 Schizophrenie, schizotype und wahnhafte Störungen	15,8	12
F3 Affektive Störungen	31,6	24
F4 Neurotische, Belastungs- und somatoforme Störungen	26,3	20
F6 Persönlichkeits- und Verhaltensstörungen	3,9	3
mehr als eine psychiatrische Diagnose (Anteil »ja«)	60,5	46
mindestens eine körperliche Erkrankung (Anteil »ja«)	19,7	15
CGI-Schweregrad der Krankheit (Hauptdiagnose)		
Grenzfall psychiatrischer Erkrankung / leicht krank	4,0	3
mäßig krank	17,1	13
deutlich krank	55,3	42
schwerkrank/extrem schwerkrank	19,8	15

Die subjektive Belastung durch die aktuelle Symptomatik wurde von den Elternteilen im Mittel als »ziemlich stark« eingeschätzt (SCL-14-Gesamtscore von 1,6, s = 0,76). Damit gab diese stationär-psychiatrische Stichprobe im Gesamten sowie in den Teilbereichen »Depressivität« (m = 2,2; s = 0,76), »Phobische Angst« (m = 1,0; s = 1,08) und »Somatisierung« (m = 1,3; s = 1,05) eine höhere Symptombelastung an als die SCL-14-Referenzstichprobe.

Familiäre Funktionalität

Die Eltern bewerteten die Funktionalität ihrer Familien insgesamt und in den einzelnen Dimensionen im Vergleich zur Referenzpopulation der Allgemeinbevölkerung als durchschnittlich. Die meisten Einschätzungen lagen im oberen Durchschnittsbereich, an der Grenze zum Wertbereich der Dys-

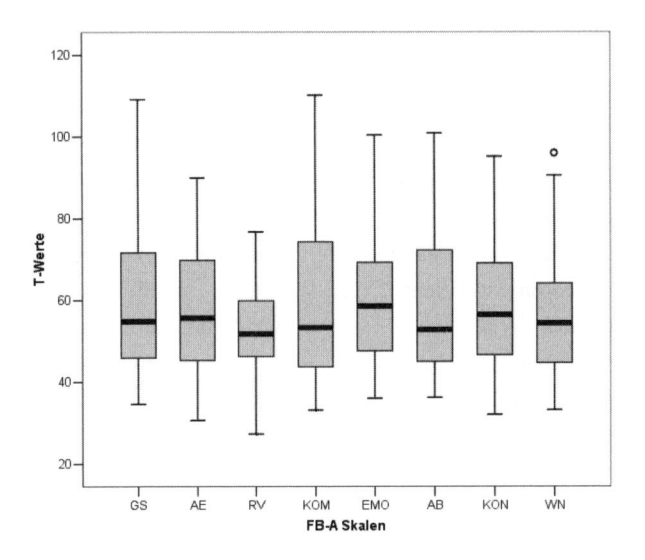

Abbildung 1: Familienfunktionalität im FB-A Elternurteil (N = 71) (aus: Pollak et al., 2008b) GS = Gesamtscore, AE = Aufgabenerfüllung, RV = Rollenverhalten, KOM = Kommunikation, EMO = Emotionalität, AB = Affektive Beziehungsaufnahme, KON = Kontrolle, WN = Werte und Normen, SE = Soziale Erwünschtheit, ABW = Abwehr Hohe T-Werte indizieren eine *geringe* Familienfunktionalität.

funktionalität (T > 60, s. Abb. 1). Am positivsten wurde das »Rollenverhalten« (T = 53,2; s = 10,96) beurteilt, als vergleichsweise eher problematisch wurde die »affektive Beziehungsaufnahme« (gegenseitige Fürsorge und Empathie) gesehen (T = 59,6; s = 18,47).

Die Therapeuten bewerteten die Familien ihrer Patienten im Mittel als »vorwiegend dysfunktional« (m = 47,0; s = 20,63). 31 % der Familiensysteme wurden als nicht voll befriedigend eingeschätzt, 29 % als dysfunktional, 25 % als schwer gestört und 15 % als schwerstgestört. Zur Patientensicht der Familienfunktionalität bestand ein mittlerer Zusammenhang (r der Gesamtscores = –0,37; p = 0,003).

Familiäre Funktionalität und elterliche Erkrankung

Die Familienfunktionalität war sowohl in der Eltern- als auch in der Therapeutensicht unabhängig von der psychiatrischen Diagnose des befragten Elternteils. Die aktuelle Symptomatik stand zur selbstbeurteilten Familienfunktionalität in einem mittleren Zusammenhang (r der Gesamtscores = 0,32; p = 0,006), zur fremdbeurteilten Familienfunktionalität war der Zusammenhang geringer und nicht signifikant ($r_{SCL-14-GS,\ GARF}$ = –0,21). Ein hoher Zusammenhang bestand zwischen den Therapeutenurteilen der Schwere der Erkrankung und der Familienfunktionalität (η^2 = 0,16, p = 0,004).

Familiäre Funktionalität und Bindung

Zu den drei Grundformen der Bindung, zusammengefasst nach Ainsworth (1978), wurden im BFPE 58 % der Stichprobe als ambivalent gebunden klassifiziert (32 % ambivalent-verschlossen, 26 % ambivalent-anklammernd), 21 % als vermeidend, 21 % als sicher (11 % sicher, 10 % bedingt-sicher). Im Vergleich zu der für die bundesdeutsche Bevölkerung repräsentativen BFPE-Stichprobe (Höger et al., 2008) findet sich in der vorliegenden psychiatrischen Stichprobe das ambivalente Bindungsmuster deutlich häufiger (58 % vs. 39 % in der Allgemeinbevölkerung) und das sichere Bindungsmuster wesentlich seltener (21 % vs. 41 % in der Allgemeinbevölkerung).

Wir fanden deutliche Unterschiede in der Beurteilung der Familienfunktionalität in Abhängigkeit vom Bindungsmuster (vgl. Abb. 2). Sicher gebundene Elternteile gaben bei allen Skalen die höchste Funktionalität an (T um 50). Die vermeidend Gebundenen berichteten niedrigere, aber noch im funktionalen Bereich liegende Werte, während sich die Skalenwerte der ambivalent Gebundenen deutlich davon abhoben und im dysfunktionalen Bereich von T > 60 lagen (Ausnahme »Rollenverhalten«).

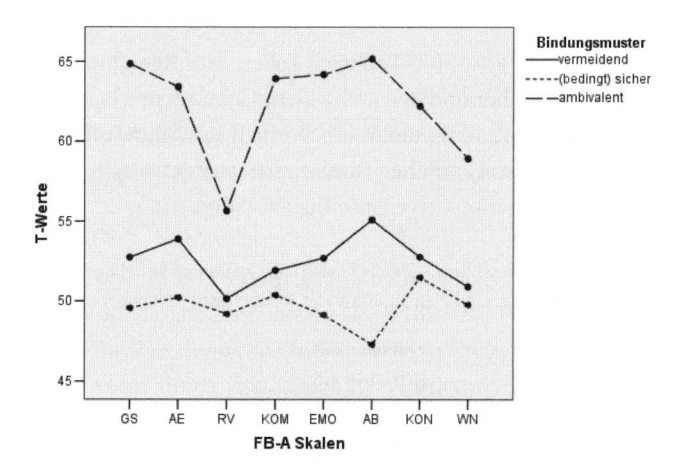

Abbildung 2: Familienfunktionalität (FB-A) der Bindungstypen (BFPE) im Elternurteil im Vergleich (N = 71) (aus: Pollak et al., 2008b) GS = Gesamtscore, AE = Aufgabenerfüllung, RV = Rollenverhalten, KOM = Kommunikation, EMO = Emotionalität, AB = Affektive Beziehungsaufnahme, KON = Kontrolle, WN = Werte und Normen Hohe T-Werte indizieren eine *geringe* Familienfunktionalität.

In der Gesamtfunktionalität ist von sehr hohen bindungsbezogenen Unterschieden zu sprechen ($\eta^2 = 0{,}16$, $p = 0{,}004$, $df = 70$). In den einzelnen Funktionalitätsbereichen waren die Differenzen mittelhoch bis hoch ($\eta^2 = 0{,}07$ bis $0{,}21$) und für drei der sieben Subskalen hochsignifikant (p zwischen 0,001 und 0,006). Abbil-

Tabelle 2: Gesundheitsbezogene Lebensqualität der Kinder (N = 51) im Vergleich zur Allgemeinbevölkerung. Zusammenhänge zur Familienfunktionalität (N = 48) (aus: Pollak et al., 2008a)

KINDL-R[1]			Differenz zur Allgemein-bevölkerung[2]		Pearson r mit FB-A Gesamtwert	
	M	SD	d[3]	p	r	p
Allgemeine Lebensqualität	72.1	13.03	.22	.222	–.47**	.001
Körperliches Wohlbefinden	72.1	18.39	.22	.163	–.31*	.033
Psychisches Wohlbefinden	72.2	18.97	.51	.011**	–.26	.075
Selbstwert	69.0	17.25	–.19	.218	–.33*	.026
Familie	67.6	19.31	.67	.000**	–.50**	.000
Freunde	75.1	13.92	.12	.410	–.31*	.041
Kindergarten/Schule	73.0	16.85	–.13	.396	–.35*	.020

[1] KINDL-R-Werte von 0–100; hohe Werte stehen für hohe Lebensqualität.

[2] Referenzwerte aus der Pilotphase des Kinder- und Jugendgesundheitssurveys (N = 1002 Eltern von 8- bis 16-jährigen Kindern, persönl. Mitteilung).

[3] Die Effektgröße d ist hier die an der Streuung der Referenzpopulation normierte Differenz der Mittelwerte. D. h., eine positive Effektgröße entspricht einer höheren Lebensqualität in der Referenzpopulation im Vergleich zur Stichprobe. Signifikanztest ist der t-Test für eine Stichprobe.

dung 2 entsprechend zeigte der Post-Hoc-Test nach Tukey, dass die signifikanten Unterschiede zwischen den sicher und den ambivalent Gebundenen lagen. Die Therapeutensicht der Familienfunktionalität ergab einen mittleren, nicht signifikanten Zusammenhang zum elterlichen Bindungsmuster (η^2 = 0,08).

Tabelle 3: Familiäre Funktionalität im Eltern- (N = 48) und Therapeutenurteil (N = 46). Zusammenhänge zur gesundheitsbezogenen Lebensqualität der Kinder (aus: Pollak et al., 2008a)

Elternurteil (FB-A)[1]			Pearson r mit KINDL-R GS	
	M	SD	r	p
Gesamtscore GS	58.7	18.98	–.47**	.001
Aufgabenerfüllung	57.0	15.67	–.47**	.001
Rollenverhalten	53.1	12.23	–.38**	.009
Kommunikation	60.0	20.43	–.27	.072
Emotionalität	57.4	15.52	–.46**	.001
Affektive Beziehungen	57.2	18.37	–.35*	.017
Kontrolle	58.5	16.90	–.37*	.012
Werte und Normen	55.4	15.48	–.49**	.001
Therapeutenurteil				
GARF-Wert[2]	48.4	21.85	.16	.294

[1] FB-A Ergebnisse in T-Werten, niedrige Werte stehen für hohe Funktionalität, T > 60 indiziert Dysfunktionalität.

[2] GARF-Werte von 0–100, hohe Werte stehen für hohe Funktionalität.

Familienfunktionalität und gesundheitsbezogene Lebensqualität der Kinder

Für die Betrachtung der Zusammenhänge zwischen Familienfunktionalität und Lebensqualität der Kinder (Fragestellungen 4–6) wurde die Stichprobe verkleinert und nur jene Elterngruppe eingeschlossen, die mit ihren Kindern in einem Haushalt lebten. Die 51 befragten Eltern waren im Mittel 40 (SD = 4.93) Jahre alt, 32 (63 %) von ihnen waren Mütter. Die beurteilten Kinder waren im Mittel 10 Jahre alt (SD = 4.74), 23 (45 %) waren Mädchen. Bei 67 % lebten beide leiblichen Eltern im gemeinsamen Haushalt, 29 % lebten mit einem allein erziehenden Elternteil, 4 % mit einem leiblichen und einem nichtleiblichen Elternteil. Drei Viertel der Kinder wurden hauptsächlich vom erkrankten Elternteil betreut. Zum Erhebungszeitpunkt oder früher befanden sich 14 % der Kinder in psychiatrischer oder psychologischer Behandlung.

Die befragten Eltern schätzten die allgemeine gesundheitsbezogene Lebensqualität (Gesamtscore) ihrer Kinder in vier der sechs Dimensionen tendenziell niedriger ein als Eltern einer repräsentativen Stichprobe der Allgemeinbevölkerung (Tab. 2). Mittlere und signifikante Unterschiede fanden sich in den Bereichen »Psychisches Wohlbefinden« und »Familie«.

Die Beurteilungen der allgemeinen gesundheitsbezogenen Lebensqualität der Kinder waren unabhängig vom Alter (r = –.16, p = .283) und Geschlecht des Kindes (d = .01, p = .984), vom Alter (r = –.06, p = .671) des Beurteilers und von der Hauptbetreuungsperson des Kindes (erkrankter vs. nicht erkrankter Elternteil: d = .19, p = .570).

Zwischen den elterlichen Bewertungen der Familienfunktionalität und der kindlichen Lebensqualität fanden sich mittlere bis hohe Zusammenhänge (Tab. 3): Eine hohe gesundheitsbezogenen Lebensqualität der Kinder war mit einer hohen Familienfunktionalität assoziiert, welche 22 % der Gesamtvarianz der gesundheitsbezogenen Lebensqualität der Kinder erklärte.

Elterliche Erkrankung und gesundheitsbezogene Lebensqualität

Zwischen der aktuellen elterlichen Symptomatik und der gesundheitsbezogenen Lebensqualität der Kinder bestand ein mittlerer, negativer Zusammenhang (r der Gesamtscores = –.27, p = .065), der am höchsten und signifikant im Bereich »Depressivität« war (r = –.36, p = .010). Eine höhere gesundheitsbezogene Lebensqualität der Kinder war demnach mit einer geringeren elterlichen Depressivität assoziiert. Die gesundheitsbezogene Lebensqualität korrelierte in den Dimensionen »Familie« und »Selbstwert« am höchsten mit der elterlichen Gesamtsymptomatik (r = –.36, p = .009 bzw. r = –.30, p = .038).

Zwischen den vier häufigsten elterlichen Diagnosegruppen (Hauptdiagnosen) zeigten sich signifikante Unterschiede in der Beurteilung der gesundheitsbezogenen Lebensqualität der Kinder (η^2 = .184, p = .029, df = 47). Eltern mit einer affektiven Störung schätzten die gesundheitsbezogene Lebensqualität ihrer Kinder am niedrigsten, Eltern mit einer substanzgebundenen Störung am höchsten ein (Post-Hoc-Test nach Tukey, p = .021). Die übrigen diagnosespezifischen Differenzen waren nicht signifikant.

Die Bewertungen der gesundheitsbezogenen Lebensqualität der Kinder waren unabhängig vom Schweregrad der elterlichen psychischen Störung (η^2 = .01, p = .903) und von der Zeitdauer, die das Kind die elterliche Erkrankung miterlebt hatte (Spearman ρ = .00, p = .999).

Gesamtbedeutung der untersuchten Faktoren für die gesundheitsbezogene Lebensqualität der Kinder

Den bivariaten Analyseergebnissen entsprechend wurden zur explorativen, multivariaten Vorhersage der kindlichen Lebensqualität die depressive Symptomatik des Elternteils (»Depressivität«), die elterliche substanzgebundene Störung (»F1-Diagnose«), die elterliche depressive Störung (»F3-Diagnose«) und die gesamtfamiliäre Funktionalität aus Elternsicht (»FB-A-Gesamtscore«) als Prädiktoren verwendet. Das sparsamste lineare Regressionsmodell konnte 27 % der Gesamtvarianz der gesundheitsbezogenen Lebensqualität der Kinder (R = .55, R^2 = .30, korrigiertes R^2 = .27, p = .000, df = 45) durch die beiden Faktoren »FB-A-Gesamtscore« (β = -.48) und »F3-Diagnose« (β = -.29) erklären. Die gesundheitsbezogene Lebensqualität der Kinder wurde demnach höher eingeschätzt, wenn auch die Familienfunktionalität besser bewertet wurde und wenn die beurteilenden Elternteile keine affektive Erkrankung hatten. 73 % der gesundheitsbezogene Lebensqualität der Kinder konnten durch die untersuchten Faktoren nicht erklärt werden.

Diskussion

In den darstellten Untersuchungen bewerteten die Elternteile ihre Familien in allen Dimensionen als mittelmäßig funktional. Die Therapeuten schätzten die Familien hingegen als vorwiegend dysfunktional ein. Die Funktionalitätsurteile waren unabhängig von soziodemographischen Faktoren und der psychiatrischen Diagnose. Ein mittlerer Zusammenhang fand sich zwischen der selbst beurteilten Familienfunktionalität und der aktuellen Symptomatik. Signifikante Unterschiede ergaben sich in Abhängigkeit vom elterlichen Bindungsmuster. Ambivalent gebundene Eltern schätzten ihre Familien am wenigsten funktional ein.

Während in dieser Untersuchung die psychisch kranken Eltern eine mittlere Familienfunktionalität angaben, wurde in angloamerikanischen Studien eine geringere Funktionalität als in der Allgemeinbevölkerung gefunden (Dickstein et al., 1998). Die Vergleichbarkeit der Untersuchungen ist jedoch aufgrund der methodischen Heterogenität und möglicher kultureller Unterschiede eingeschränkt. Ferner ist in unserer Stichprobe eine starke Tendenz zu sozial erwünschtem Antwortverhalten anzunehmen, da die schwer beeinträchtigten Elternteile zumeist unter Schuldgefühlen gegenüber Kindern und Familie sowie unter Ängsten vor dem Jugendamt leiden (Mattejat u. Lisofsky, 2001). Die Familienprobleme wurden daher vermutlich kaum in vollem Umfang angegeben.

Wie bei den meisten multiperspektivischen Untersuchungen zeigten sich auch in der vorliegenden Arbeit deutliche Unterschiede zwischen Selbsteinschätzung der Eltern und der Fremdeinschätzung der Therapeuten. Obwohl die Therapeuten zu einer Einschätzung der Familienfunktionalität auf Basis ihrer persönlichen Kontakte zur Patientenfamilie aufgefordert wurden, ist im Sinne eines Halo-Effekts nicht auszuschließen, dass Familiensysteme von schwerer Erkrankten allein aufgrund der Erkrankungsschwere als weniger funktional bewertet wurden. Anderen Studienergebnissen entsprechend (z. B. Dickstein et al., 1998), war die Familienfunktionalität auch in dieser Arbeit von der psychiatrischen Diagnosegruppe unabhängig. Zusammenhänge bestanden zu diagnoseunspezifischen Faktoren wie der selbstbeurteilten Schwere der Symptomatik. Zudem zeigte sich die offenbar große Bedeutung des elterlichen Bindungsmusters für die Funktionalität der Familie. Die größten Unterschiede fanden sich zwischen den ambivalent Gebundenen und den anderen Gruppen (vermeidend und sicher). Das Familienleben scheint somit besonders beeinträchtigt, wenn das elterliche Bindungsverhalten durch übersteigerte eigene Bedürftigkeit charakterisiert ist (= ambivalentes Bindungsmuster), während ein geringes emotionales Engagement (vermeidendes Bindungsmuster) die Alltagsfunktionalität der Familie weniger einzuschränken scheint. Die gefundenen Differenzen könnten jedoch auch Wahrnehmungs- und Bewertungsunterschiede zwischen den Bindungstypen darstellen. Vermeidend Gebundene neigen möglicherweise zu einer eher repressiven Wahrnehmung von (Familien-)Problemen und einer externen, variablen Ursachenattribution, während ambivalent Gebundene ihre Aufmerksamkeit stärker auf Probleme richten und die Ursachen dafür eher intern und stabil attribuieren.

Die gesundheitsbezogene Lebensqualität ihrer Kinder schätzten die psychisch kranken Eltern in unserer Studien in den Dimensionen »Familie« und »psychisches Wohlbefinden« niedriger ein als die Allgemeinbevölkerung. Wie unmittelbar plausibel ist, zeigten sich die größten Unterschiede zur Allgemeinbevölkerung in der Dimension »Familie«. Die gefundene Beeinträchtigung des psychischen Wohlbefindens stimmt mit den Studienergebnissen zur erhöhten Rate psychischer Auffälligkeiten bei Kindern psychisch kranker Eltern überein (z. B. Lenz, 2005; Meyer et al., 2001; Wiegand-Grefe et al., 2009). Eltern mit depressiver Symptomatik und/oder der Diagnose einer affektiven Störung hielten die gesundheitsbezogene Lebensqualität ihrer Kinder für geringer als Eltern mit einer substanzgebundenen Störung. Es zeigten sich deutliche Zusammenhänge zwischen den elterlichen Beurteilungen der gesundheitsbezogene Lebensqualität der Kinder und der Funktionalität der Familie. Diese Zusammenhänge erweitern die Befunde zur Bedeutung der Familienfunktionalität für psychische Gesundheit von Kindern psychisch kranker Eltern (Cummings et al., 2005; Hammen et al., 2004). Die Familienfunktionalität scheint somit nicht nur für den Zusammenhang zwischen elterlicher Erkrankung und Auffälligkeit der Kinder eine Rolle zu spielen, sondern darüber hinaus auch für die gesundheitsbezogene Lebensqualität von Kindern psychisch kranker Eltern. Dies betrifft auch familienfernere Lebensqualitätsdimensionen wie Kindergarten/Schule oder Freunde. Bisher nicht untersucht ist, wie sich die adaptiven Prozesse, die sich im Kontext einer Erkrankung in der Familie einstellen, auf die gesundheitsbezogene Lebensqualität der Kinder auswirken (De Civita et al., 2005). Sie könnten mitverantwortlich dafür sein, dass sich in vier der sechs Dimensionen keine größeren Lebensqualitätsunterschiede zwischen Kindern psychisch kranker Eltern und der Allgemeinbevölkerung zeigten.

Die signifikanten Unterschiede in der Bewertung der kindlichen Lebensqualität zwischen Eltern mit depressiver und Eltern mit substanzgebundener Störung sind mit anderen Studienergebnissen vergleichbar. Auch Hennigan et al. (2006) fanden, dass Mütter mit starker internalisierender Symptomatik ihre Kinder negativer und als verhaltensauffälliger bewerteten als Müttern mit Suchtstörungen, die ihre Kinder besonders positiv und unauffällig beurteilten. Die negative Sicht der Umwelt als ein Kernsymptom depressiver Erkrankungen ist empirisch gut gesichert (Beck, 1967). Demgegenüber sind Suchterkrankungen häufig mit Verleugnung und Bagatellisierung verbunden. Möglicherweise sind jedoch auch symptombedingte, tatsächliche Einschränkungen der Wahrnehmung kindlicher Probleme oder aber starke Scham- und Schuldgefühle für die positivere Beurteilung mitverantwortlich. Auch in einem Review von Richters (1992) und bei Youngstrom, Loeber und Stouthamer-Loeber (2000) kovariierte die elterliche Beurteilung des Problemverhaltens der Kinder systematisch mit der Schwere der depressiven Symptomatik (»depression-distortion hypothesis«). Dennoch wurde das Verhalten der Kinder auch aus anderer Perspektive (Lehrer, Selbsturteil) als auffällig bewertet (»impact hypothesis«). Was für die psychische Auffälligkeit von Kindern psychisch kranker Eltern gezeigt wurde, lässt sich möglicherweise auch auf die gesundheitsbezogene Lebensqualität der Kinder übertragen: Neben diagnosespezifischen systematischen Verzerrungen (Über- oder Unterbewertungen) in der Einschätzung der erkrankten Eltern könnte die gesundheitsbezogene Lebensqualität der Kinder auch in der Selbstbeurteilung des Kindes beeinträchtigt sein.

Das Leben der Familien mit einem psychisch kranken Elternteil wurde aus einer funktionalen Sicht der Familie betrachtet. Die funktionale Perspektive ist für die familientherapeutische Forschung zwar geeignet, es wird damit jedoch sicher nur ein Teilaspekt der Auswirkungen einer psychischen Erkrankung auf eine Familie untersucht.

Van Katwyk (2001) kritisiert die Annahme eines Familiensystems als grundsätzlich funktional oder dysfunktional. Die Funktionalität eines familiären Verhaltensmusters könne nur vor dem Hintergrund des jeweiligen Kontexts beurteilt werden. Eine Klassifizierung der Familien in »gesund« und »krank« werde durch das Konstrukt der Familienfunktionalität letztlich nicht vermieden, sondern nur verlagert, da Cut-off-Werte eine klare Grenze zwischen Funktionalität und Dysfunktionalität markieren (Cierpka, 2003).

Eine methodische Einschränkung der Studie ist, dass die gesundheitsbezogene Lebensqualität der Kinder nur aus Sicht der erkrankten Elternteile erhoben wurde. Dies ist bei der Interpretation der Zusammenhänge zu bedenken. Dieses Vorgehen wurde gewählt, um erste Daten zur gesundheitsbezogenen Lebensqualität dieser Hochrisiko-Gruppe zu gewinnen. Zwar wurden für die Familienfunktionalität ergänzend die Therapeutenbeurteilungen eingeholt, nicht aber die Funktionalitätseinschätzungen anderer Familienmitglieder (v. a. Partner, Kinder). Ferner stellt eine Stichprobe aus dem (teil-)stationären Bereich der Psychiatrie eine Auswahl an schwer erkrankten Elternteilen dar, die nicht für alle Familien mit psychisch kranken Eltern repräsentativ ist.

Konsequenzen für die Praxis

Die Zusammenhänge zwischen elterlichen Bindungsmustern und Familienfunktionalität sprechen für eine fokussierte Betrachtung der Bindungsmuster bei der therapeutischen Arbeit mit psychisch kranken Eltern und ihren Familien. Auch für die Prävention psychischer Störungen bei Kindern psychisch kranker Eltern sind demnach an den Bindungsmustern und an der Eltern-Kind-Bindungsbeziehung ansetzende Interventionen besonders sinnvoll (Ziegenhain, 2004). Sie können wohl diagnoseübergreifend konzipiert werden. Außerdem deuten die Ergebnisse der vorliegenden Studie auf eine Beeinträchtigung der Lebensqualität der Kinder in einigen Dimensionen hin und es zeichnen sich Zusammenhänge zur familiären Funktionalität ab. Aufgrund der Vergleichbarkeit der Befunde mit Studienergebnissen zu psychischen Auffälligkeiten von Kindern psychisch kranker Eltern kann schon jetzt auf die Bedeutung gesamtfamiliärer Interventionen bei dieser Hochrisiko-Gruppe hingewiesen werden.

Literatur

Adewuya, A. O. (2006). Parental psychopathology and self-rated quality of life in adolescents with epilepsy in Nigeria. Developmental Medicine and Child Neurology, 48, 600–603.
Ainsworth, M. D. S., Blehar, M. C., Waters, E., Wall, S. (1978). Patterns of attachment: Assessed in the strange situation and at home. Hillsdale, NJ: Lawrence Erlbaum Associates.
Bastiaansen, D., Koot, H. M., Ferdinand, R. F. (2005). Determinants of quality of life in children with psychiatric disorders. Quality of Life Research, 14, 1599–1612.
Beardslee, W. R., Versage, E. M., Gladstone, T. R. (1998). Children of affectively ill parents: A review of the past 10 years. Journal of American Academy of Child and Adolescent Psychiatry, 37, 1134–1141.
Beck, A. T. (1967). Depression: Clinical, theoretical and experimental aspects. New York: Harper & Row.
Bullinger, M. (1991). Quality of life – definition, conceptualization and implications – a methodologist's view. Theoretical Surgery, 6, 143–149.
Bullinger, M., Schmidt, S., Petersen, C., Ravens-Sieberer, U. (2006). Quality of life – evaluation criteria for children with chronic conditions in medical care. Journal of Public Health/ Zeitschrift für Gesundheitswissenschaften, 14, 343–355.
Cicchetti, D., Rogosch, F. A., Toth, S. L. (1998). Maternal depressive disorder and contextual risk: Contributions to the development of attachment insecurity and behavior problems in toddlerhood. Development and Psychopathology, 10, 283–300.
Cierpka, M. (Hrsg.) (2003). Handbuch der Familiendiagnostik. Berlin: Springer.
Cierpka, M., Frevert, G. (1994). Die Familienbögen. Ein Inventar zur Einschätzung von Familienfunktionen. Göttingen: Hogrefe.
Cohen, J. (1988). Statistical power analysis for the behavioral sciences. Hillsdale, NJ: Lawrence Erlbaum Associates.
Cummings, E. M., Keller, P. S., Davies, P. T. (2005). Towards a family process model of maternal and paternal depressive symptoms: exploring multiple relations with child and family functioning. Journal of Child Psychology and Psychiatry, 46, 479–489.
De Civita, M., Regier, D., Alamgir, A. H., Anis, A. H., Fitzgerald, M. J., Marra, C. A. (2005). Evaluating health-related quality-of-life studies in paediatric populations: Some conceptual, methodological and developmental considerations and recent applications. Pharmacoeconomics, 23, 659–685.
Dickstein, S., Seifer, R., Hayden, L. C., Schiller, M., Sameroff, A. J., Keitner, G., Miller, I., Rasmussen, S., Matzko, M., Magee, K. D. (1998). Levels of family assessment: II. Impact of maternal psychopathology on family functioning. Journal of Family Psychology, 12, 23–40.
Epstein, N. B., Baldwin, L. M., Bishop, D. S. (1983). The McMaster Family Assessment Device. Journal of Marital and Family Therapy, 9, 171–180.
Freyberger, H. (2009). Kinder psychisch kranker Eltern. Vortrag auf dem Hauptstadtsymposium der DGPPN, 2009. Unveröffentlichtes Manuskript.
Friedmann, M. S., McDermut, W. H., Solomon, D. A., Ryan, C. E., Keitner, G. I., Miller, I. W. (1997). Family functioning and mental illness: A comparison of psychiatric and nonclinical families. Family Process, 36, 357–367.
GARF – Group for the Advancement of Psychiatry – Committee on the Family (1996). Global Assessment of Relational Functioning Scale (GARF): 1. Background and Rationale. Family Process, 35, 155–172.
Goldbeck, L., Fegert, J. M. (2005). Lebensqualität chronisch kranker Kinder und Jugendlicher. Kind, Jugend und Gesellschaft, 3, 95–99.

Grossmann, K., Grossmann, K. E. (2004). Bindungen: Das Gefüge psychischer Sicherheit. Stuttgart: Klett-Cotta.
Hammen, C., Brennan, P. A., Shih, J. H. (2004). Family discord and stress predictors of depression and other disorders in adolescent children of depressed and nondepressed women. Journal of the American Academy of Child and Adolescent Psychiatry, 43, 994–1002.
Harfst, T., Koch, U., Kurtz von Aschoff, C., Nutzinger, D. O., Rüddel, H., Schulz, H. (2002). Entwicklung und Validierung einer Kurzform der Symptom Checklist–90-R. DRV-Schriften, 33, 71–73.
Hennigan, K. M., O'Keefe, M., Noether, C. D., Rinehart, D. J., Russell, L. A. (2006). Through a mother's eyes: Sources of bias when mothers with co-occurring disorders assess their children. The Journal of Behavioral Health Services & Research, 33, 87–104.
Höger, D., Buschkämper, S. (2002). Der Bielefelder Fragebogen zu Partnerschaftserwartungen. Zeitschrift für Differentielle und Diagnostische Psychologie, 23, 83–98.
Höger, D., Stöbel-Richter, Y., Brähler, E. (2008). Reanalyse des Bielefelder Fragenbogens zu Partnerschaftserwartungen (BFPE). Zeitschrift für Psychotherapie, Psychosomatik und Medizinische Psychologie, 58, 284–294.
Jeske, J., Bullinger, M., Plass, A., Petermann, F., Wiegand-Grefe, S. (2009). Risikofaktor Krankheitsverarbeitung. Zusammenhänge zwischen der Krankheitsverarbeitung einer elterlichen psychischen Erkrankung und der gesundheitsbezogenen Lebensqualität der Kinder. Zeitschrift für Psychiatrie, Psychologie und Psychotherapie, 57 (3), 207–213.
Kölch, M., Schielke, A., Becker, T. Fegert, J. M., Schmid, M. (2008). Belastung Minderjähriger aus Sicht der psychisch kranken Eltern. Ergebnisse einer Befragung stationär behandelter Patienten mit dem SDQ. Nervenheilkunde, 27, 527–532.
Laucht M., Esser G., Schmidt M. (1992). Psychisch auffällige Eltern – Risiken für die kindliche Entwicklung im Säuglings- und Kleinkindalter. Zeitschrift für Familienforschung, 4, 22–48.
Lenz, A. (2005): Kinder psychisch kranker Eltern. Göttingen: Hogrefe.
Mattejat, F., Lisofsky, B. (Hrsg.). (2001). Nicht von schlechten Eltern: Kinder psychisch Kranker. Bonn: Psychiatrie Verlag.
Mattejat, F., König, U., Barchewitz, C., Felbel, D., Herpertz-Dahlmann, B., Hoehne, D., Janthur, B., Jungmann, J., Katzenski, B., Kirchner, J., Naumann, A., Nölkel, P., Schaff, C., Schulz, E., Warnke, A., Wienand, F., Remschmidt, H. (2005). Zur Lebensqualität von psychisch kranken Kindern und ihren Eltern: Ergebnisse der ersten multizentrischen Studie mit der Elternversion des Inventars zur Erfassung der Lebensqualität bei Kindern und Jugendlichen (ILK). Kindheit und Entwicklung, 14, 39–47.
Mattejat, F., Wüthrich, C., Remschmidt, H. (2000). Kinder psychisch kranker Eltern. Forschungsperspektiven am Beispiel von Kindern depressiver Eltern. Nervenarzt, 71, 164–172.
Meyer, C., Mattejat, F., König, U., Wehmeier, P. M., Remschmidt, H. (2001). Psychische Erkrankungen unter mehrgenerationaler Perspektive. Praxis der Kinderpsychologie und Kinderpsychiatrie, 50, 525–536.
National Institute of Mental Health (1996). CGI Clinical Global Impressions. In J. W. S. Angus, M. Asberg, P. Bech (Hrsg.), Internationale Skalen für Psychiatrie (S. 147–148). Weinheim: Beltz.
Olin, S. C., Mednick, S. A. (1996). Risk factors of psychosis: identifying vulnerable populations premorbidly. Schizophrenia Bulletin, 22, 223–240.
Pollak, E., Bullinger, M., Jeske, J., Wiegand-Grefe, S. (2008a). Wie beurteilen psychisch kranke Eltern die Lebensqualität ihrer Kinder? Zusammenhänge zur elterlichen Erkrankung und zur Funktionalität der Familie. Praxis der Kinderpsychologie und Kinderpsychiatrie, 57, 301–314.

Pollak, E., Schmidt, S., Höger, D., Wiegand-Grefe, S. (2008b). Die Funktionalität von Familien mit einem psychisch kranken Elterteil. Zusammenhänge zum elterlichen Bindungsmuster und zur elterlichen Erkrankung. Familiendynamik, 33, 274–287.

Ravens-Sieberer, U., Bullinger, M. (2000). KINDL-R. Fragebogen zur Erfassung der gesundheitsbezogenen Lebensqualität bei Kindern und Jugendlichen. Revidierte Form. Hamburg: Universität, Abteilung für Medizinische Psychologie.

Ravens-Sieberer, U., Erhart, M., Wille, N., Wetzel, R., Nickel, J., Bullinger, M. (2006). Generic health-related quality-of-life assessment in children and adolescents: methodological considerations. Pharmacoeconomics, 24, 1199–1220.

Richters, J. E. (1992). Depressed mothers as informants about their children: a critical review of the evidence for distortion. Psychological Bulletin, 112, 485–499.

Van Ijzendoorn, M. H. (1995). Adult attachment representations, parental responsiveness, and infant attachment: A meta-analysis on the predictive validity of the Adult Attachment Interview. Psychological Bulletin, 117, 387–403.

Van Ijzendoorn, M. H., Bakermans-Kranenburg, J. (1996). Attachment representations in mothers, fathers, adolescents and clinical groups: A metaanalytic search for normative data. Journal of Consulting and Clinical Psychology, 64, 8–21.

Van Katwyk, P. L. (2001). Towards a Balanced Whole: The Well-Functioning Family. The Journal of Pastoral Care, 55, 239–246.

Wiegand-Grefe, S., Pollak, E. (2006). Kinder psychisch kranker Eltern. Risikofaktoren, präventive Interventionen und deren Evaluation. In J. Rieforth (Hrsg.), Triadisches Verstehen in sozialen Systemen (S. 159–176). Heidelberg: Carl-Auer.

Wiegand-Grefe, S., Geers, P., Plass, A., Petermann, F., Riedesser, P. (2009). Kinder psychisch kranker Eltern. Zusammenhänge zwischen subjektiver elterlicher Beeinträchtigung und psychischer Auffälligkeit der Kinder aus Elternsicht. Kindheit und Entwicklung, 18, 111–121.

Youngstrom, E., Loeber, R., Stouthamer-Loeber, M. (2000). Patterns and correlates of agreement between parent, teacher, and male adolescent ratings of externalizing and internalizing problems. Journal of Consulting and Clinical Psychology, 68, 1038–1050.

Ziegenhain, U. (2004). Beziehungsorientierte Prävention und Intervention in der frühen Kindheit. Psychotherapeut, 49, 243–251.

# Parentifizierung – Elternbefragung zur destruktiven Parentifizierung von Kindern psychisch erkrankter Eltern

Janna M. Ohntrup, Eva Pollak, Angela Plass, Silke Wiegand-Grefe

Vorbemerkungen

Der Begriff der Parentifizierung spielt in der klinischen Arbeit mit Familien mit einem psychisch kranken Elternteil eine wichtige Rolle. Er wurde von Boszormenyi-Nagy und Spark definiert als »subjektive Verzerrung einer Beziehung – so, als stelle der Ehepartner oder gar eines der Kinder einen Elternteil dar« (1981, S. 209). Parentifizierung beschreibt also nicht nur die Rollenumkehr zwischen Eltern und Kindern, sondern auch in Partnerschaften, in denen ein Partner die Elternrolle für den anderen übernimmt. Im starken Kontrast zur Bedeutung dieses Begriffs in der klinischen Praxis stehen die bisher geringen Forschungsaktivitäten in diesem Bereich. Bei diesem häufig diskutierten und beobachteten Phänomen, besonders im Bereich der Behandlung von Kindern psychisch oder körperlich erkrankter Eltern (Aldridge, Becker, Dearden, 2001; Romer u. Haagen, 2007), ist bislang nicht geklärt, welches Ausmaß von Parentifizierung mit einem pathologischen/destruktiven Einfluss einhergeht. Die Auswirkungen von Parentifizierung werden kontrovers diskutiert. Während zunächst der destruktive Anteil der Parentifizierung stärker im Fokus stand, verweisen aktuelle Studien darauf, dass eine kindliche Parentifizierung auch zu größerer Resilienz führen kann (DiCaccavo, 2006; Gladstone, Boydell, u. McKeever, 2006; Hooper, 2007).

Ursachen der Parentifizierung

Verschiedene Ursachen auf Seiten der Eltern und der Kinder können in einer Familie zur Parentifizierung beitragen. Auf der Seite der Eltern ist eine psychische Erkrankung nur eine der möglichen Ursachen, weitere sind z. B. der lebensgeschichtliche Hintergrund der Eltern mit den einhergehenden Bindungs- und Beziehungserfahrungen sowie Scheidung, Tod oder Trennung der Eltern oder eines Elternteils (Byng-Hall, 2008; Jurkovic, 1998). So kann es im Sinne der transgenerationalen Weitergabe aufgrund mangelnder Fürsorgeerfahrungen der Eltern in der eigenen Kindheit dazu kommen, dass Eltern aus Loyalitätsgründen den eigenen Eltern gegenüber eine vermehrte Fürsorge nicht von diesen, sondern von den eigenen Kinder einfordern (Graf u. Frank, 2001).

Auch Eigenschaften des Kindes spielen eine Rolle. So berichtet Byng-Hall (2008) von einer Familiendynamik, in der ein Kind beispielsweise durch sein altkluges Verhalten die Generationengrenze überschreitet. Es wird von den Familienmitgliedern wahrgenommen, als hätte es Fähigkeiten eines Erwachsenen, und wird in der Konsequenz wie ein Erwachsener behandelt. Daraus ergibt sich für das Kind die gefühlte Pflicht, den Aufgaben nach Fürsorge und Verantwortung für die Eltern oder für andere Familienmitglieder nachzukommen. Graf und Frank (2001) berichten, dass typischerweise dasjenige Kind für die Rollenumkehr »ausgewählt« wird, welches in der Familie (tatsächlich) am sensibelsten ist und die Bedürfnisse der Eltern in der Vergangenheit mit der größten Empathie wahrgenommen hat.

Eine weitere Einflussgröße auf Seiten des Kindes ist nach Ansicht dieser Autoren die kindliche Akzeptanz der Rolle als parentifiziertes Kind, die zu einer Stabilisierung der dysfunktionalen Familiendynamik beiträgt. Im Hinblick auf bindungstheoretische Aspekte weist die Studie von Main, Kaplan und Cassidy (1985) nach, dass unsicher/desorganisiert gebundene Kinder, die ihre Mütter bereits als Zweijährige umsorgten, dieses Verhalten auch mit sechs Jahren noch zeigten.

Ein Ergebnis der Arbeit von Lieberman, Doyle und Markiewicz (1999) war, dass ältere Kinder die physische und emotionale Nähe ihrer Eltern aufgrund der Entwicklung eigener Fähig- und Fertigkeiten bezüglich der Verrichtung alltäglicher Aufgaben weniger benötigen, das Gefühl der Verfügbarkeit der Eltern (z. B. Offenheit für Kommunikation, responsives Verhalten, wenn das Kind Hilfe braucht etc.) jedoch eine Konstante im Entwicklungsverlauf darstellt. Möglicherweise kann also das betroffene Kind durch die mehr oder weniger bewusste Akzeptanz der Parentifizierung die notwendige körperliche und emotionale Nähe und Verfügbarkeit zu den Eltern herstellen oder aufrechterhalten, die es sonst aufgrund der hohen eigenen Bedürftigkeit und Bindungsbesonderheiten der Eltern nicht erhalten würde. Davon ausgehend kann die Akzeptanz der eigenen Rolle auch als Copingversuch des Kindes verstanden werden (vgl. ausführlicher Graf u. Frank, 2001).

Formen der Parentifizierung: destruktive vs. adaptive Parentifizierung

Die Kriterien zur Abschätzung der Auswirkungen von Parentifizierung können folgendermaßen beschrieben werden (Boszormenyi-Nagy u. Spark, 1981): a) Solange die Parentifizierung die Entwicklungsmöglichkeiten des Kindes nicht einschränkt, liegt diese im Normbereich. Dies gilt besonders dann, wenn alle Beteiligten als mögliche Parentifizierungsobjekte füreinander zur Verfügung stehen. b) Folgt auf die Übernahme von Aufgaben durch das Kind eine Anerkennung durch die Eltern oder andere Familienangehörige, kann das parentifizierte Kind sogar gestärkt aus der Situation hervorgehen, indem es ein gesteigertes Selbstbewusstsein und eine gesteigerte Empathiefähigkeit aufweist. Diese *adaptive* Parentifizierung ist nach Graf und Frank (2001) gekennzeichnet durch die Berücksichtigung der kindlichen Bedürfnisse durch die Eltern, Unterstützung des Kindes in der Verrichtung seiner Aufgaben und die Anerkennung der kindlichen Bemühungen. *Destruktive* Parentifizierung hingegen beinhaltet die entwicklungsunangemessene und übermäßige Abgabe von Verantwortung und Fürsorge, sowohl in instrumenteller als auch in emotionaler Hinsicht (Jurkovic, 1997). Zwangsläufig destruktiv sei Parentifizierung dann, wenn die Reziprozität und die Fairness des Gebens und Nehmens gestört sei und das Kind beginne, seine Bedürfnisse denen der Eltern unterzuordnen und kindliche Bedürfnisse wie Spielen oder Kontakt zu Gleichaltrigen ignoriere (Boszormenyi-Nagy u. Spark, 1981; Jurkovic, 1997).

Im Versuch einer einheitlichen Beschreibung und Bewertung des Phänomens der Parentifizierung in Klinik und Forschung schlugen Jurkovic, Morrell und Thirkield (1999) folgende Kriterien zur Bestimmung des Ausmaßes an Parentifizierung vor:

1) *Art der Rollenzuweisung und Ausmaß der Unterstützung:* Es geht darum herauszufinden, in welchem Ausmaß das Kind die Fürsorge übernimmt und in welchem Maße es dabei von den Erwachsenen in der Familie unterstützt wird. Anhand der eingangs erwähnten Kriterien von Boszormenyi-Nagy und Spark (1981) kann so eine *adaptive* von einer *destruktiven* Parentifizierung unterschieden werden. Des Weiteren ist eine Unterteilung in *instrumentelle* und *emotionale* Parentifizierung möglich. Dabei beinhaltet die instrumentelle Parentifizierung Aufgaben im Haushalt oder in anderen funktionalen Bereichen. Die emotionale Parentifizierung beinhaltet dagegen, dass Eltern sich mit alters- und entwicklungsinadäquaten persönlichen Anliegen an das Kind wenden oder im Sinne eines Partnerersatzes in unangemessener Weise Liebe und Zuneigung vom Kind einfordern. Generell gilt, dass die letztgenannte Form die schädlichere ist. Sie ist weniger greifbar und beschreibbar und wird dadurch vermutlich häufiger übersehen. Zugleich ist sie inhaltlich belastender als

die instrumentelle Parentifizierung und stellt insofern eine größere Bedrohung für das Kind dar (Byng-Hall, 2008). Des Weiteren kann erfasst werden, ob der Parentifizierungsprozess gesellschaftlich und kulturell erwartet oder verurteilt wird, indem das Ausmaß der Fairness der Parentifizierung erfasst wird.

2) *Altersangemessenheit und Ausmaß der Verantwortungsübernahme:* In dieser Kategorie wird exploriert, wie stark die Kompetenzen und Fähigkeiten des Kindes durch die zu übernehmenden Aufgaben überschritten werden und ob es sich um eine dauerhafte oder um eine vorübergehende Übernahme von Aufgaben handelt. Zur Beurteilung dieses Punktes sind fundierte Kenntnisse aus dem Bereich der Entwicklungspsychologie unerlässlich.

3) *Fokus der Besorgnis und Ausmaß der Internalisierung:* Es wird erfragt, inwieweit die Bedürfnisse anderer über die eigenen Bedürfnisse des Kindes gestellt werden, inwieweit das Fürsorgeverhalten als Definition des kindlichen Selbst als Person dient und wie sehr aufgrund dessen andere Aspekte des Selbst Kompromissen unterworfen sind.

Negative Langzeitfolgen von Parentifizierung sind vielfältig und reichen von einem instabilen Selbstwertgefühl und Ablösungs-/Identitätsproblemen bis hin zu starken Depressionen oder suizidalem Verhalten (vgl. Graf u. Franke, 2001, S. 324 f., und Castro et al., 2004, S. 206 f.). Jacobvitz, Hazen, Curran und Hitchens (2004) konnten beispielsweise nachweisen, dass Grenzverletzungen in der Herkunftsfamilie bei Jungen die Ausbildung von ADHS-Symptomen begünstigten und bei Mädchen die Ausbildung von depressiven Symptomen. Weitere Folgen der Parentifizierung für die psychosoziale Entwicklung des Kindes bestehen in einem durch die Unterordnung der kindlichen Bedürfnisse bedingten Mangel an Fürsorge sowie in Defiziten der sozialen Kompetenz und beeinträchtigten akademischen Leistungen (Berman u. Sperling, 1991; DiCaccavo, 2006). Jurkovic (1997) vermutete, dass parentifizierte Kinder von der Unfähigkeit ihrer Eltern, für sie zu sorgen, enttäuscht sind und Enttäuschung und Abneigung gegenüber den Eltern zu Schuld- und Schamgefühlen der Kinder führen, welche wiederum die Tendenz zu ängstlichem und selbstabwertendem Verhalten verstärken. Die Auswirkungen von Parentifizierung auf den Selbstwert zeigen sich bei vielen Kindern auch im Erwachsenenalter noch in Form starker Selbstzweifel und dem Gefühl der Unzulänglichkeit. Eine Studie von Castro, Jones und Mirsalimi (2004) fand heraus, dass parentifizierte Kinder vielfach das Gefühl haben, »Hochstapler« zu sein, da der niedrige Selbstwert häufig gekennzeichnet ist durch ein überdauerndes Gefühl von Unzulänglichkeit und der Angst, andere könnten entdecken, dass die eigenen Fähig- und Fertigkeiten nicht an die anderer heranreichen könnten.

Die klinische Arbeit mit Parentifizierung

Der Begriff der Parentifizierung stammt aus einem psychodynamischen Verständnis, so dass die Arbeit mit Parentifizierung bisher lediglich in psychodynamischen Ansätzen näher beschrieben worden ist. Therapieschulenübergreifend gibt es im Rahmen neuerer schematherapeutischer und dialektisch-behavioraler Ansätze ebenfalls Ansatzpunkte für die Arbeit mit parentifizierten Patienten, es wurden jedoch keine expliziten Vorgehensweisen formuliert.

Arbeit mit Parentifizierung nach dem psychodynamischen Ansatz

In der tiefenpsychologisch orientierten Arbeit mit parentifizierten Patient gibt es laut Wells und Jones (1999) die Möglichkeit, einen sogenannten Deparentifizierungsprozess anzustoßen. In diesem Prozess werden auf der Grundlage einer sicheren Therapeut-Patient-Beziehung das Entdecken, Akzeptieren und Bearbeiten abgewehrter und verleugneter Anteile des Selbst und der Aufbau einer adäquaten Identität ermöglicht. DiCaccavo (2006) schlägt vor, einleitend eine Erfassung des Ausmaßes der Parentifizierung durch die drei oben aufgeführten Bewertungskriterien nach Jurkovic et al. (1999) vorzunehmen. Im Anschluss an die Erfassung der Parentifizierung sind im Deparentifizierungsprozess nach Wells und Jones (1999) folgende therapeutische Ziele und Interventionen relevant:

1) *Die Etablierung einer Arbeitsallianz:* Der Patient muss sich in der therapeutischen Beziehung sicher genug fühlen, um die eigenen Schuld- und Schamgefühle explorieren zu können, so dass ein erster Schritt die Herstellung einer tragenden Therapeut-Patienten-Beziehung darstellt. Durch diese sichere und haltgebende Beziehung kann der Patient eine korrigierende Beziehungserfahrung machen, indem der Therapeut eine teilweise fürsorgliche Haltung dem Patienten gegenüber einnimmt, die dieser in seiner Kindheit nicht erlebt hat.

2) *Die Exploration von Schuldgefühlen:* Aufgrund der Tatsache, dass parentifizierte Kinder ihre eigenen Bedürfnisse immer wieder zurücknehmen mussten, haben sie verinnerlicht, dass diese und folglich auch ihr Selbst nicht akzeptabel sind und verleugnet werden müssen. In der Konsequenz daraus erleben die Patienten Schuld- und Schamgefühle bezogen auf das eigene Ich und fühlen sich unzulänglich, da es ihnen nicht möglich war, die unerfüllten Bedürfnisse der Eltern ausreichend zu befriedigen. Aus diesem Grund ist die Arbeit mit einer wertschätzenden Grundhaltung besonders wichtig. So kann der Patient lernen, dass er akzeptiert wird, dass seine Be-

mühungen anerkannt werden und er um den Verlust seiner Kindheit trauern darf. In der Folge sollte es dem Patienten leichter gelingen, sein falsches Selbst aufzugeben.

3) *Die Notwendigkeit der Aufgabe von Abwehrmechanismen:* Parentifizierte Patienten zeigen häufig narzisstische und masochistische Formen von Abwehr (Jones u. Wells, 1996), die als Schutzmechanismus eine Überwältigung von starken Emotionen verhindert. Eine weitere Aufgabe in der Therapie ist somit das Identifizieren und Zulassen starker negativer Emotionen.

4) *Die Arbeit mit prototypischen projektiven Identifikationen:* Aufgrund der hohen Wahrscheinlichkeit, bekannte familiendynamische Muster in der Interaktion mit dem Therapeuten zu wiederholen, sollten die vorliegenden prototypischen projektiven Identifikationen transparent besprochen werden, so dass der Patient die abgewehrten Anteile des Selbst zu benennen und zu verstehen lernt.

Arbeit mit Parentifizierung nach einem therapieschulenübergreifenden Ansatz

Im Rahmen der Verhaltenstherapie wurden keine expliziten Konzepte zum Umgang mit parentifizierten Patienten formuliert, durch neuere Entwicklungen im Rahmen der Schematherapie (Young, Klosko, u. Wieshaar, 2005) ist es jedoch möglich, schulenübergreifend verhaltenstherapeutisch basierte und tiefenpsychologisch fundierte Verfahren im Umgang mit der Parentifizierung zu nutzen. Schemata sind nach Young et al. (2005) kognitiv-vorsprachliche Erlebensweisen von verinnerlichten Haltungen oder automatisierten Handlungsimpulsen. Maladaptive Schemata entstehen als Reaktion auf unbefriedigte Grundbedürfnisse (sichere Bindung, Autonomie und Kompetenz und Identitätsgefühl, realistische Grenzsetzung und Kontrollerleben, berechtigte Bedürfnisse und Emotionen ausdrücken dürfen, Spontaneität und Spiel) (vgl. auch Roediger, 2009). Parentifizierung könnte durch die primäre Frustration des Grundbedürfnisses nach Bindung, die die maladaptiven Schemata »emotionale Vernachlässigung«, »Verlassenheit/Instabilität«, »Isolation« und »Unzulänglichkeit/Scham« aktiviert, erklärbar sein. Zur Bearbeitung der Schemata kommt das *B-E-A-T-E-Prinzip* zum Einsatz (Roediger, 2009), indem maladaptive Schemata *benannt*, *erkannt* und *anerkannt* werden, um sich schließlich von alten Verhaltensweisen und -mustern zu *trennen* und neuere funktionalere Verhaltensweisen *einzubrennen*. Dieser Prozess geschieht unterstützt durch imaginative und kognitiv-behaviorale Elemente (z. B. durch Stühlearbeit oder Rollenspiele). Das geschilderte Vorgehen lässt somit einen Brückenschlag zum tiefenpsychologischen Vorgehen der Deparentifizierung nach Wells u. Jones

(1999) zu, beinhaltet gleichzeitig jedoch auch verhaltenstherapeutische Ansätze und Elemente aus humanistischen Ansätzen. Es stellt somit einen therapieschulenübergreifenden Ansatz dar, der zur therapeutischen Bearbeitung der Parentifizierung herangezogen werden kann.

Die Bearbeitung maladaptiver Schemata ist bislang fast ausschließlich mit Erwachsenen erfolgt (Stallard, 2007). Neueste Entwicklungen weisen jedoch darauf hin, dass schemageleitete Verhaltenstherapie auch in der Arbeit mit Kindern eingesetzt werden kann. So stellten Berbalk und Graaf (2009) unlängst ein Konzept der Modusarbeit anhand von Puppen, Tieren und anderen Symbolfiguren vor. Anhand dieses Konzepts besteht die Bearbeitung maladaptiver Schemata zunächst, ebenso wie bei Erwachsenen, darin, in der therapeutischen Beziehung eine begrenzte elterliche Fürsorge anzubieten und somit Zugang zum Modus des »verletzbaren Kindes« zu finden. Anschließend unterscheidet sich das Vorgehen von dem bei Erwachsenen, indem in der Phase der Modi-Identifikation Hand- und Fingerpuppen zum Einsatz kommen.

Der Prozess der schemageleiteten Verhaltenstherapie verläuft in folgenden Phasen: Am Beginn steht eine diagnostische und psychoedukative Phase, in der der Therapeut mit dem Kind anhand der Puppen (die die verschiedenen Schemamodi darstellen) erarbeitet, mit welchen Modi/Puppen sich das Kind identifizieren kann. Anschließend folgt eine Einbettung der Modi in die Biographie des Kindes. Darauf folgt die Phase des *Therapieansatzes A*, der das Erkennen und Verändern der maladaptiven Modi anhand der Modus-Puppen fokussiert. In der Phase des *Therapieansatzes B* bietet das freie Spiel mit den Moduspuppen und anderen Symbolfiguren die Möglichkeit, der Gewahrwerdung innerer Anteile und Bedürfnisse des Kindes. In der vorletzten Phase, im *Therapieansatz C*, werden vom Therapeuten begonnene und vom Kind vollendete Geschichten genutzt, um die Modi-Wechsel der gespielten Figuren zu kommentieren und die konstruktiven und maladaptiven Modi des Kindes weiter erkennbar, reflektierbar und durch das Erproben alternativer Verhaltensweisen im Spiel veränderbar zu machen. Als letzte Phase erfolgt der Transfer des Gelernten in den Alltag anhand verschiedener Medien (z. B. Fotos, Zeichnungen etc.).

Eine ausführliche Darstellung und erste Evaluation der schemageleiteten Verhaltenstherapie mit Kindern, Jugendlichen und Familien findet sich in der Arbeit von Haedke (2010, in Vorb.). Bezüglich der Parentifizierung liegt die Vermutung nahe, dass bei betroffenen Kindern der fürsorgliche Eltern-Modus überstark ausgeprägt ist und das therapeutische Vorgehen aus diesem Grund besonders am Erkennen und Bearbeiten dieses Modus ansetzen sollte.

Besonderheiten im familientherapeutischen Setting

Als Implikationen für die Arbeit mit Parentifizierung im Rahmen der Familientherapie wird angeführt (Byng-Hall, 2008), dass Parentifizierung häufig ein verstecktes Phänomen in Familien ist, da andere Probleme der Familie offenkundiger und präsenter sind. Der Therapeut sollte deshalb explizit alle Familienmitglieder zu den Sitzungen einladen, da aufgrund der möglichen Überangepasstheit des parentifizierten Kindes und dessen scheinbar nonexistenter Bedürftigkeit dieses möglicherweise nicht mitgenommen wird. Die Eltern sollten gebeten werden, ihre Kinder während der Sitzung engmaschig zu beaufsichtigen, da die Kinder so ausdrücklich in die Kinderrolle versetzt werden und somit besonders parentifizierte Kinder entspannter an der Sitzung teilnehmen können. Zur Exploration der Parentifizierung sollte mit den Kindern das direkte Gespräch gesucht werden. Ob dies im Beisein der Eltern oder aufgrund von Loyalitätskonflikten gegenüber den Eltern ohne diese geschieht, sollte von Fall zu Fall entschieden werden.

Im Bereich Kinder und Familien psychisch kranker Eltern ist es besonders wichtig zu bedenken, dass die Kinder zusätzlich zur Parentifizierung auch dem Umgang mit der Erkrankung der Eltern ausgesetzt sind. Eine Kooperation mit Spezialsprechstunden und -einrichtungen für Kinder psychisch kranker Eltern (siehe auch die Beiträge von Deneke; Schrappe; Staets; Wiegand-Grefe, Ohntrup, Plass; Reinisch, Heitmann, Griepenstroh in diesem Band) und/oder dem örtlichen allgemeinen sozialen Dienst oder der nächstgelegenen Erwachsenpsychiatrie ist hierbei umso wichtiger.

Nach Byng-Hall (2008) sollte betroffenen Eltern aufgezeigt werden, dass die Übernahme von Verantwortung bei Kindern auch förderliche Auswirkungen auf die Fähigkeit des Kindes zur Entwicklung eines angemessenen Verantwortlichkeitsgefühls und eines positiven Selbstwertes haben kann, wenn die elterlichen Aufgaben: a) für alle Familienmitglieder transparent von den Eltern delegiert werden, b) das Kind für die Übernahme der Aufgaben von den Eltern angemessen mit Anerkennung bedacht wird, c) das Kind in der Verrichtung der Aufgaben Unterstützung erhält und d) die Übernahme der Aufgaben auf einen bestimmten Zeitraum begrenzt ist. Diese Verhaltensweisen tragen dazu bei, die Generationengrenze zu wahren, so dass das Kind stolz auf das Geleistete sein kann und im Rahmen familiärer Wertschätzung einen positiven Selbstwert entwickeln kann.

Erfassung von Parentifizierung

Zur spezifischen Erfassung der Parentifizierung wurden bislang nur wenige Fragebogenverfahren entwickelt. Es existieren jedoch Fragebogen- und Interviewverfahren zur Erhebung anderer Konstrukte (z. B. Bindungsstil), die im Hinblick auf Parentifizierung interpretierbar sind, beispielsweise:
- Adult-Adolescent Parenting Inventory (Bavolek, 1984; 2005),
- Family Relationships Questionnaire (Jacobvitz u. Bush, 1996),
- Fragebogen zur Erhebung der Einstellung von Müttern mit Kindern im Kleinkindalter EMKK (Engfer, 1984),
- Classification of pathological attachment patterns in adults (West u. Sheldon, 1988),
- Attachment Styles among young adults (Bartholomew u. Horowitz, 1991),
- Parentification Questionnaire PQ (Sessions u. Jurkovic, 1986),
- Parentification Inventory (Hooper, 2009),
- Parentification Scale (Mika, Bergner u. Baum, 1987),
- Relationship with Parents Scale (Alexander, 2003),
- Filial Responsibility Scale FRS-A (Jurkovic u. Thirkield, 1998).

Einen ausführlicheren Überblick über die bestehenden Verfahren geben Graf und Frank (2001), allerdings liegen für viele keine standardisierten Daten vor. Die von Sessions und Jurkovic (1986) und von Jurkovic und Thirkield (1998) verwendete retrospektive Erfassung birgt die Gefahr einer systematischen Verzerrung. Erste Evaluationsergebnisse des PQ weisen jedoch gute Ergebnisse auf. Die multidimensionale Erfassung von Parentifizierung anhand der Dimensionen *instrumentelle Parentifizierung, emotionale Parentifizierung* und *Ausmaß der Fairness* (soziokultureller Aspekt) konnte faktorenanalytisch bestätigt werden. Zudem liegen die Reliabilitäten der drei Skalen mit Werten zwischen .81 und .88 in einem guten Bereich (Hooper u. Wallace, 2009). Ein deutschsprachiges Instrument zur Erfassung destruktiver Parentifizierung existiert bislang nicht. Walper (2005) hat in noch unveröffentlichten Arbeiten einen Übersetzungsversuch des PQ unternommen, welcher Parentifizierung aus der Perspektive der Kinder erfasst. Ein Instrument zur Erfassung der Parentifizierung aus der Elternperspektive liegt bislang ebenfalls noch nicht vor, so dass die vorliegende Untersuchung einen ersten Vorstoß in diese Richtung darstellt.

Projekt

Methodik

Am Universitätsklinikum Hamburg-Eppendorf wurde auf der Grundlage einer fundierten Bedarfsanalyse ein präventives Beratungs- und Unterstützungsangebot für Familien mit einem psychisch kranken Elternteil entwickelt, durchgeführt und evaluiert (CHIMPs – Children of mentally ill parents). Im ersten Teil des Gesamtprojekts wurden als explorative Pilotstudie in einer einrichtungsrepräsentativen Querschnitterhebung innerhalb eines neunmonatigen Zeitraums alle in der Klinik für Psychiatrie und Psychotherapie stationär und teilstationär aufgenommenen Patienten erfasst und diejenigen mit minderjährigen Kindern mittels standardisierter Fragebögen und ergänzender selbstentwickelter Items (Ad-hoc-Items) befragt. Für eine ausführlichere Beschreibung des Studiendesigns siehe den Beitrag von Silke Wiegand-Grefe, Janna M. Ohntrup und Angela Plass in diesem Band. In dieser Pilotstudie wurde in Anlehnung an vorhandene Arbeiten aus dem deutsch- und englischsprachigen Raum der Parentifizierungsbogen, eine Befragung zur destruktiven Parentifizierung, erstmals wissenschaftlich eingesetzt.

Messinstrumente

Eine Übersicht der erfassten Bereiche der Pilotstudie sowie der dafür eingesetzten standardisierten Messinstrumente gibt Tabelle 1. Die angeführten Messinstrumente genügen in mindestens ausreichendem Maße den psychometrischen Testgütekriterien. Zusätzlich kommen Ad-hoc-Items zum Einsatz, um einzelne Konstrukte so genau wie möglich zu erfassen.

Tabelle 1: Übersicht über die erfassten Bereiche und die eingesetzten Messinstrumente

Erfasster Bereich	Erhebungsinstrument
Soziodemographische Daten	Ad-hoc-Items
Psychische Erkrankung der Eltern	Diagnose (Arzturteil), SCL-14, CGI, Ad-hoc-Items
Psychische Gesundheit der Kinder	CBCL
Krankheitsbewältigung des Patienten	FKV, Ad-hoc-Items
Paar- und Familienbeziehungen und -funktionalität (einschl. Bindung) sowie Parentifizierung	FB-A, GARF, BFPE, Parentifizierungsbogen, Ad-hoc-Items
Soziale Unterstützung und professionelle Unterstützung	OSSQ, Ad-hoc-Items
Gesundheitsbezogene Lebensqualität von Eltern und Kindern	SF-12, KINDL-R

Die Fragebögen, auf die in den Ergebnissen genauer eingegangen wird, werden nun kurz beschrieben.

Der *Bielefelder Fragebogen zu Partnerschaftserwartungen (BFPE,* Höger u. Buschkämper, 2002) erfasst die partnerbezogenen Bindungsmuster Erwachsener auf drei Subskalen (Öffnungsbereitschaft, Zuwendungsbedürfnis, Akzeptanzprobleme). Die Skala »Zuwendungsbedürfnis« drückt das Bedürfnis aus, dass der Partner sich einem um seiner selbst willen zuwendet (Beispiel-Item: »Mich kann Kummer so sehr lähmen, dass mein Partner/meine Partnerin dann auf mich zugehen und mir weiterhelfen müsste«). Die Patienten wurden gebeten, den Fragebogen auf ihre aktuelle Partnerschaft bezogen auszufüllen. Diejenigen, die aktuell nicht in einer Partnerschaft lebten, sollten die Fragen so beantworten, wie es für sie in einer Partnerschaft am ehesten zutreffen würde.

Die *gesundheitsbezogene Lebensqualität der Kinder* wurde mit dem *KINDL-R* (Ravens-Sieberer u. Bullinger, 2000) erfasst, indem mit der Elternversion die Lebensqualität des Kindes aus Sicht des erkrankten Elternteils erhoben wurde. Die Lebensqualität wird in den Bereichen körperliches und seelisches Wohlbefinden, Selbstwert, Familie, Freunde, Vorschule/Kindergarten und Schule erfragt. Der KINDL-R ist ein gebräuchliches und gut validiertes Verfahren.

Die *psychische Gesundheit der Kinder* wurde anhand der *Child Behavior Checklist* (Achenbach, 1991; CBCL – Arbeitsgruppe Deutsche Child Behavior Checklist, 1998) erhoben. Die CBCL stellt ein Fremdbeurteilungsverfahren zur Einschätzung psychischer Auffälligkeiten für Kinder im Alter von 2 bis 3 und von 4 bis 18 Jahren dar. Die Einschätzung wurde durch den psychisch erkrankten Elternteil vorgenommen. Die CBCL verfügt über 100 Items für die jüngeren Kinder und 121 Items für Kinder von 4 bis 18 Jahren. Die Items lassen sich zu Unterskalen zusammenfassen, die sich wiederum Auffälligkeitsbereichen zuordnen lassen (internalisierend vs. externalisierend).

Bei der Konstruktion einer Befragung zur Parentifizierung ging es zunächst darum, sich explorativ an ein deutschsprachiges Instrument anzunähern, um das Konstrukt der destruktiven Parentifizierung bei psychisch kranken Eltern zu erfassen. Zu diesem Zweck wurden Fragen für die Erfassung der Parentifizierung aus der Elternperspektive entwickelt, in Anlehnung an die vorhandenen englischsprachigen Fragebögen und deren deutsche Übersetzung, welche die destruktive Parentifizierung retrospektiv oder prospektiv aus der Sicht der betroffenen Erwachsenen (Jurkovic u. Thirkield, 1998; Sessions u. Jurkovic, 1986) oder aus der Sicht der Kinder erfassen (Walper, 2005). Die Fragensammlung wurde in einem Expertenrating der Klinik für Kinder- und Jugendpsychiatrie am Universitätsklinikum Hamburg-Eppendorf Ärzten und Psychologen (N = 20) vorgelegt mit folgenden Informationen: a) Der Fragebogen soll die Tendenz zur »destruktiven Parentifizierung« psychisch kranker Eltern erfassen. b) Die Fragen sind für Eltern von Kindern im Alter von sechs bis 18 Jahren gedacht. c) Von den 49 angeführten Fragen sollen die 15 ausgewählt werden, die nach Meinung der Rater am ehesten das Konstrukt der destruktiven Parentifizierung erfassen. d) Es soll eine von mehreren Fragen zur Erfassung der sozialen Erwünschtheit ausgewählt werden. Als Ergebnis des Expertenratings wurden die 15 am häufigsten ausgewählten Fragen als Items eingesetzt (vgl. Abbildung). Im Anschluss an die Zusammenstellung der Fragen wurden diese der Patientenstichprobe (N = 89) zur Beantwortung auf einer vierstufigen Likert-Skala (»ja« – »eher ja« – »eher nein« – »nein«) vorgelegt. In einer weiteren Erhebung wurde die Befragung bei einer unselektierten Stichprobe (Kontrollgruppe, siehe Stichprobenbeschreibung) vorgenommen. Die Auswertung des Parentifizierungsbogens erfolgt anhand eines Summenwertes, der über 13 der 15 Fragen gebildet wird; die Eingangsfrage, die als »Eisbrecher« konzipiert ist, und die Antwort zur Kontrolle sozialer Erwünschtheit fließen dabei nicht in die Berechnung ein. Insgesamt gehen zustimmende Antworten auf die Fragen mit einer numerisch höheren Ausprägung einher und weisen somit auf eine höhere Ausprägung der Parentifizierung hin. Um eine einheitliche Auswertung zu ermöglichen, werden invers formulierte Fragen vor der Auswertung umgepolt. Normdaten zum Parentifizierungsbogen liegen aktuell noch nicht vor.

		nein	eher nein	eher ja	ja
1.	Es ist gut, wenn Kinder früh selbstständig sind.	☐	☐	☐	☐
2.	Es ist mir wichtig, dass mein Kind mich versteht.	☐	☐	☐	☐
3.	Ich spreche mit meinem Kind über meine Probleme.	☐	☐	☐	☐
4.	Ich möchte mich auf mein Kind verlassen können.	☐	☐	☐	☐
5.	Ich wünsche mir oft, dass mein Kind bei mir ist, wenn es mir nicht gut geht.	☐	☐	☐	☐
6.	Ich möchte auch meinem Kind gegenüber meine Intimsphäre bewahren.	☐	☐	☐	☐
7.	Ich lege Wert darauf, dass meinem Kind die Familie wichtig ist.	☐	☐	☐	☐
8.	In einem Gespräch lasse ich mein Kind stets ausreden und höre ihm aufmerksam zu.	☐	☐	☐	☐
9.	Mein Kind ist mir der nächste Mensch.	☐	☐	☐	☐
10.	Ich wünsche mir von meinem Kind mehr Mithilfe im Haushalt, wenn es mir schlecht geht.	☐	☐	☐	☐
11.	Manchmal ist mein Kind der einzige Mensch, an den ich mich wenden kann.	☐	☐	☐	☐
12.	Es hilft mir, meine Probleme mit meinem Kind zu teilen.	☐	☐	☐	☐
13.	Ich wünsche mir, dass mein Kind früh selbstständig ist.	☐	☐	☐	☐
14.	Ich möchte mich auf die Unterstützung meines Kindes verlassen können.	☐	☐	☐	☐
15.	Wenn Eltern krank sind, sollten die Kinder nicht noch zusätzlich Sorgen machen.	☐	☐	☐	☐

Abbildung 1: Fragen des Parentifizierungsbogens

Stichprobe

Die Patientenstichprobe ist identisch mit der Stichprobe des Beitrags über Familienforschung von Pollak, Bullinger und Wiegand-Grefe in diesem Band, auf den wir für eine detaillierte Beschreibung der Stichprobe verweisen.

Selektion, Datenerhebung und Charakteristika der Kontrollgruppe

Die Rekrutierung der Kontrollgruppe erfolgte in der Zeit von Juli bis Oktober 2009 mittels standardisierter Fragebögen im Rahmen einer Diplomarbeit (Borchert, 2010) nach dem »Schneeballprinzip« in Kindertagesstätten und Schulen in verschiedenen Hamburger Stadtteilen. Die Stichprobencharakteristika stellen sich wie folgt dar:
Das Geschlechterverhältnis lag bei 61 (65 %) Frauen zu 32 (34 %) Männern. Das Alter der Befragten lag zwischen 27 und 58 Jahren (Durchschnittsalter 41 Jahre, Standardabweichung [SD] = 6.3). Die durchschnittliche Anzahl der Kinder pro Familie lag bei durchschnittlich zwei Kindern pro Familie, die zum Erhebungszeitpunkt zwischen drei und 16 Jahren alt waren (Durchschnittsalter 11). Im Bildungsstand waren es 1 (1 %) Sonderschüler, 7 (7 %) Hauptschüler, 35 (37 %) Realschüler und 48 (51 %) Abiturienten/Fachhochschulreifeabsolventen. Ein (1 %) der Befragten hatte keinen Abschluss. Im Familienstand waren 67 (71 %) der Personen verheiratet, geschieden/getrennt waren 12 (13 %), verwitwet eine Person (1 %) und ledig 14 Befragte (15 %). Insgesamt lebten 78 (83 %) der Elternteile in einer Partnerschaft oder in einer Ehe. Sieben (7 %) von 94 Befragten befanden sich in psychiatrischer bzw. psychotherapeutischer Behandlung. In der Vergangenheit hatten insgesamt 34 Befragte (36 %) an einem ambulanten oder stationären psychotherapeutischen/-sozialen Angebot teilgenommen. Von den 79 Partnern befanden sich acht (10 %) in psychiatrischer oder psychotherapeutischer Behandlung.

Ergebnisse

Für alle wesentlichen Bereiche wurden Korrelationen mit dem Gesamtscore des Parentifizierungsbogens ermittelt (Tab. 1). Eine Übersicht der in der explorativen Datenanalyse berücksichtigten Bereiche befindet sich unter Angabe der statistischen Prüfverfahren und der signifikanten Ergebnisse in Tabelle 2. Die signifikanten Ergebnisse (in der Tabelle grau hinterlegte Felder) werden in den weiteren Abschnitten ausführlicher dargestellt.

Tabelle 2: Untersuchte Zusammenhänge zur Parentifizierung zwischen den Vergleichsgruppen und innerhalb der Patientengruppe

Parentifizierung: Untersuchte Zusammenhänge	Statistisches Prüfverfahren	Signifikante Ergebnisse
Soziodemographische Daten	Signifikanztests Gruppenvergleich	• Geschlecht Befragter (PG[1] : KG[2] = w < w; m > m) • Einkommensstatus (PG < KG) • Psychologisch/psychiatrische Behandlung Befragter (PG > KG) • Psychologisch/psychiatrische Behandlung Partner (PG > KG) • Anzahl Kinder im Haushalt (PG < KG)
Wohn- und Lebenssituation	Signifikanztests Gruppenvergleich	• In Partnerschaft/Ehe lebend (PG < KG) • Partnerschaft/Ehe als gut bezeichnet (PG < KG) • Partnerschaft/Ehe ist stabil/tragfähig (PG < KG) • Partnerschaft/Ehe gibt Halt und Sicherheit (PG < KG) • Zufriedenheit mit Lebenssituation (PG < KG) • Flexibilität der familiären Aufgabenverteilung im Krankheitsfalle des Befragten (PG < KG)
Psychische Erkrankung der Eltern	Korrelationen Patientengruppe	• Keine signifikanten Ergebnisse
Psychische Gesundheit der Kinder	Korrelationen Patientengruppe	• Skala Soziale Probleme • Skala Aufmerksamkeitsprobleme
Krankheitsbewältigung des Patienten	Korrelationen Patientengruppe	• Keine signifikanten Ergebnisse
Familien- und Paarbeziehungen	Korrelationen Patientengruppe	• Skala Zuwendungsbedürfnis
Soziale Unterstützung	Korrelationen Patientengruppe	• Keine signifikanten Ergebnisse
Lebensqualität Eltern und Kinder	Korrelationen Patientengruppe	• Lebensqualität Kinder: Skala Selbstwert • Lebensqualität Eltern: keine signifikanten Ergebnisse
Parentifizierungsbogen	Signifikanztests Gruppenvergleich	• Gesamtscore: kein signifikanter Unterschied • Unterschiede auf Itemebene: • Möchte mich auf Unterstützung meines Kindes verlassen können (im Mittel: PG < KG) • Manchmal ist Kind Einziger, an den ich mich wenden kann (im Mittel: PG > KG) • Möchte mich auf Kind verlassen können (PG > KG)

[1] PG: Patientenstichprobe
[2] KG: Kontrollgruppe

Parentifizierungsbogen und Gruppenvergleich

In einer explorativen Datenanalyse (Ohntrup, Pollak, Plass, u. Wiegand-Grefe, in Vorb.) zeigten sich im Parentifizierungsbogen folgende Ergebnisse: In einer ersten *Reliabilitätsanalyse* ergaben sich knapp befriedigende Ergebnisse für die Patientenstichprobe (Cronbachs α = .76) und für die Kontrollgruppenstichprobe (Cronbachs α = .72). Auch erste Zwischenberechnungen zur Trennschärfe der Fragen ergaben befriedigende Ergebnisse. Es zeigte sich anhand von Signifikanztests, entgegen der Erwartung, für den Gesamtscore kein signifikanter Unterschied zwischen der Patienten- (M = 34.1/SD = 4.8) und der Kontrollgruppenstichprobe (M = 33.7/SD = 4.3; insgesamt erreichbarer Wert = 52). Ein numerisch höherer Wert weist dabei auf eine höhere Ausprägung der

Parentifizierung hin als ein numerisch kleinerer Wert. In einzelnen Mittelwertvergleichen zeigten sich jedoch für drei der 15 Fragen signifikante Gruppenunterschiede.

- Die Frage: *Ich möchte mich auf mein Kind verlassen können*, beantworteten die Befragten der Kontrollgruppe im Mittel mit »ja« ($m = 3.78$; SD = 0.46), während die Patienten im Mittel mit »eher ja« ($m = 3.48$; SD = 0.75) antworteten. Die Effektstärke beträgt nach Cohen $d = .48$ (Cohen, 1988).
- Die Frage: *Manchmal ist mein Kind der einzige Mensch, an den ich mich wenden kann*, beantwortete die Kontrollgruppe im Mittel mit »nein« ($m = 1.45$; SD = 0.71), während die Patienten im Mittel mit »eher nein« ($m = 1.80$; SD = 0.97) antworteten. Die Effektstärke beträgt nach Cohen $d = .41$.
- Die Frage: *Ich möchte mich auf die Unterstützung meines Kindes verlassen können*, beantwortete die Kontrollgruppe im Mittel mit »eher ja« ($m = 2.82$; SD = 0.83), während die Patienten im Mittel mit »eher nein« ($m = 2.48$; SD = 1) antworteten. Die Effektstärke beträgt nach Cohen $d = .37$.

Korrelationen

Die Parentifizierungsvariablen wurden innerhalb der Patientenstichprobe mit den in Tabelle 2 genannten Konstrukten korreliert. Insgesamt ließen sich jedoch wenig signifikante Zusammenhänge finden, im Folgenden werden die wichtigsten signifikanten Korrelationen dargestellt.

Ehe und Partnerschaft: Im Bereich Ehe und Partnerschaft zeigte sich ein signifikanter Zusammenhang (positive Korrelation) zwischen dem BFPE (Skala »Zuwendungsbedürfnis«, $r = .31$; $p \leq .01$) und dem Summenscore des Parentifizierungsbogens.

Lebensqualität der Kinder: Mit der Skala »Selbstwert« zeigte sich eine signifikant positive Korrelation ($r = .24$; $p \leq .05$). Letztgenannte Skala erfasst anhand von vier Items auf einer fünfstufigen Ratingskala das Selbstwertgefühl der Kinder (Beispiel-Item: »In den letzten Wochen war mein Kind stolz auf sich«).

Psychische Gesundheit der Kinder: Im Bereich der externalisierenden Auffälligkeiten zeigten sich auf den Skalen »Soziale Probleme« ($r = -.27$; $p \leq .05$) und »Aufmerksamkeitsprobleme« ($r = -.23$; $p \leq .05$) negativ signifikante Zusammenhänge mit dem Summenwert des Parentifizierungsbogens.

Diskussion

Für den Parentifizierungsbogen ergab die explorative Reliabilitätsanalyse befriedigende bzw. grenzwertig befriedigende Werte in der Patienten- und in der Kontrollgruppenstichprobe. Laut Bortz (2005) gelten für die interne Konsistenz erst Werte ab α.08 als gute Werte. Für eine erste explorative Annäherung an die psychometrischen Eigenschaften des Parentifizierungsbogens können die erzielten Ergebnisse jedoch als zufriedenstellend gelten. Der Vergleich der Gesamtscores des Parentifizierungsbogens zwischen den Gruppen ergab keinen signifikanten Unterschied. Ob der vorliegende Parentifizierungsbogen das Konstrukt der Parentifizierung valide erfasst, muss in weiteren Untersuchungen und Berechnungen zur Psychometrie, insbesondere zur Validierung, geprüft werden, die sich aktuell in Vorbereitung befinden. Die Tatsache, dass die Mittelwerte beider Gruppen (rein numerisch) im überdurchschnittlichen Bereich liegen, d. h. die Gesamtantwort bezüglich der Parentifizierung in beiden Gruppen »eher ja« lautet, kann nur eingeschränkt interpretiert werden, da aufgrund der fehlenden Normdaten noch keine Aussage darüber möglich ist, ob die Antworten auf den Parentifizierungsbogen einer Normalverteilung entsprechen. Somit können auch numerisch überdurchschnittliche Werte noch nicht als pathologische Ausprägung interpretiert werden.

Ursächlich für die ähnlichen Werte in den Gruppen kann ebenso eine mangelnde Differenzierungsfähigkeit des Parentifizierungsbogens in den oberen Wertebereichen sein. Auch die Repräsentativität der Kontrollgruppe muss in Frage gestellt werden; systematische Verzerrungen in den Ergebnissen können nicht ausgeschlossen werden.

Weitere Begründungen für die ähnlich hohen Werte in beiden Gruppen können in den Einflüssen anderer, in dieser Untersuchung nicht erhobener Faktoren liegen; so können z. B. der lebensgeschichtliche Hintergrund der Eltern, Einflüsse elterlicher Bindungserfahrungen, Kognitionen und Verhaltensweisen der Eltern, aktuelle Stressoren, die entwicklungspsychologische Fähigkeit des Kindes zur Übernahme von Verantwortung und Pflege oder soziokulturelle Faktoren unabhängig von der psychischen Erkrankung eines Elternteils zur Parentifizierung beitragen (Jurkovic, 1998). Es liegen jedoch keine Vergleichsstudien zu diesen Themen vor.

In der Auswertung des Parentifizierungsbogens auf der Itemebene zeigten sich Effektstärken zwischen $d = .37$ bis $d = .48$, die entsprechend der Einteilung von Cohen (1988) im unteren bis knapp mittleren Effektstärkenbereich einzuordnen sind. Maier-Riehle und Zwingmann (2000, S. 190 f.) betonen jedoch, dass dies lediglich eine »konventionelle Vereinbarung darstelle, die mit einem Mangel an Relativität behaftet sei«. Da es auf dem Gebiet der Parentifizierung bisher kaum vergleichbare Daten gibt, ist somit nur eine begrenzte Interpretation der Effektstärken möglich, da ihre Höhe maßgeblich vom Forschungsgebiet und von den eingesetzten Methoden und Instrumenten abhängt. So können Werte von .37 in einem Forschungsbereich dann als hoch gelten, wenn andere Effektstärken in dem Bereich üblicherweise geringer sind (Maier-Riehle u. Zwingmann, 2000). Eine weitere Interpretation der signifikanten Unterschiede zwischen den Gruppen ist entsprechend den Konstrukten der instrumentellen und emotionalen Parentifizierung denkbar (vgl. Graf u. Frank, 2001). So zeigte sich, dass die Befragten der Kontrollgruppe in den Fragen, die auf instrumentelle Parentifizierung abzielen (*Ich möchte mich auf mein Kind verlassen können*; *Ich möchte mich auf die Unterstützung meines Kindes verlassen können*), höhere Werte und in der Frage, die auf emotionale Parentifizierung abzielt (*Manchmal ist mein Kind der einzige Mensch, an den ich mich wenden kann*), niedrigere Werte erzielten als die Befragten der Patientengruppe.

Aufgrund des explorativen Charakters der vorliegenden Untersuchung sind jedoch nur Spekulationen über die Zusammenhänge zwischen vermehrter instrumenteller Parentifizierung bei psychisch unauffälligen Eltern vs. vermehrter emotionaler Parentifizierung bei psychisch kranken Eltern möglich. Letztgenannte Vermutung könnte jedoch durch die Beobachtung gestützt werden, dass psychisch kranke Eltern aufgrund von Schuld- und Schamgefühlen in der Regel sehr isoliert leben (Ohntrup, Kreyling, Plass u. Wiegand-Grefe, 2009). Dadurch haben sie wenig Austausch mit außerfamiliären Personen, sind jedoch gleichzeitig aufgrund der Erkrankung emotional besonders bedürftig und könnten im Sinne eines Partner- oder Elternersatzes vermehrt zur emotionalen Parentifizierung ihrer Kinder neigen. Eine weitere Ursache für eine erhöhte emotionale Parentifizierung könnte sich aus dem beobachteten Zusammenhang ergeben, dass psychisch kranke Eltern die Bedürfnisse ihrer Kinder manchmal nicht adäquat wahrnehmen und interpretieren (siehe den Beitrag von Schmid, Grieb und Kölch in diesem Band), so dass es zu einer emotionalen Überforderung der Kinder kommen könnte.

Insgesamt lässt sich trotz der ähnlich hohen Gesamtwerte für Parentifizierung in den Vergleichsgruppen festhalten, dass die Folgen von Parentifizierung für Kinder psychisch kranker Eltern vermutlich belastender sind als für Kinder psychisch gesunder Eltern. Hervorzuheben ist dabei der von Boszormenyi-Nagy und Spark (1981) aufgezeigte Zusammenhang, dass ein wichtiger Faktor in der Minderung negativer Auswirkungen von Parentifizierung das Ausmaß der Anerkennung ist, das das Kind für die Übernahme von Aufgaben erhält. Ausgehend von der Annahme, dass es psychisch gesunden Eltern eher gelingt, ihre Kinder für die Übernahme von Aufgaben anzuerkennen als psychisch kranken Eltern, sind die Folgen für Kinder psychisch kranker Eltern auch bei einem gleich hohen Ausmaß an Parentifizierung somit vermutlich gravierender als für Kinder von psychisch unauffälligen Eltern. Diese Aussage bleibt jedoch spekulativ, da das Ausmaß der Anerkennung durch die Eltern nicht erhoben wurde.

Die Frage, ob Kinder psychisch kranker Eltern einer vermehrten emotionalen Parentifizierung ausgesetzt sind, muss trotz der klinischen Erfahrung wissenschaftlich gegenwärtig noch unbeantwortet bleiben, da repräsentative Vergleichsstudien fehlen. Unabhängig von der Frage, welche Gruppe parentifizierter Kinder stärker belastet ist, weisen DiCaccavo (2006) und Byng-Hall (2008) darauf hin, dass emotional parentifizierte Kinder vermutlich belasteter sind als Kinder, die einer instrumentellen Parentifizierung ausgesetzt sind. Emotionale Parentifizierung ist schwer zu erfassen und zu beschreiben und wird deshalb vermutlich häufiger übersehen, gleichzeitig ist sie inhaltlich belastender als die instrumentelle Parentifizierung und stellt damit eine größere Bedrohung für das Kind dar.

Die Ergebnisse zur *psychischen Gesundheit der Kinder* weisen darauf hin, dass Kinder von Eltern mit hoher Parentifizierungstendenz weniger soziale und Aufmerksamkeitsprobleme zeigen als Kinder von Eltern mit geringer Parentifizierungstendenz. Interessant ist, dass diese Ergebnisse denen anderer Studien widersprechen; so zeigten Berman und Sperling (1991), dass Parentifizierung zu einem Mangel an sozialen Kompetenzen führt und Jacobvitz et al. (2004) belegten bei Jungen aus Familien mit Grenzverletzungen ein erhöhtes Risiko zur Ausprägung von ADHS-Symptomen. Die Unterschiede können daher rühren, dass in erstgenannter Studie die Daten über Selbsturteile junger Erwachsener erhoben wurden, so dass es im Vergleich mit den Einschätzungen der Eltern zu ihren Kindern (vgl. hierzu u. a. Lenz, 2005) aufgrund von Wahrnehmungsverzerrungen zu abweichenden Ergebnisse kommt. Schmid, Grieb und Kölch (siehe den Beitrag in diesem Band) führen aufgrund der belegten Wahrnehmungsverzerrungen und Fehlinterpretationen psychisch kranker Eltern bezogen auf ihre Kinder an, dass hinsichtlich einer hohen Einschätzung der Eltern bezüglich des prosozialen Verhaltens ihrer Kinder »kritisch diskutiert werden [muss], ob die Angaben der Eltern nicht vielmehr ein pathologisches Korrelat einer Rollenumkehr und damit einer entwicklungspsychologisch altersinadäquaten Funktion darstellen« (siehe den Beitrag von Schmid, Grieb und Kölch in diesem Band).

Es kann vermutet werden, dass parentifizierte Kinder aufgrund der Übernahme von Aufgaben früher und in höherem Ausmaß soziale Kompetenzen und Problemlösefähigkeiten entwickeln als nicht parentifizierte Kinder. Wahrscheinlich werden sozial kompetente Kinder auch mit höherer Wahrscheinlichkeit von den Eltern für die Parentifizierung ausgewählt, da sie den Rollentausch vermutlich besser bewerkstelligen als sozial weniger kompetente Kinder. Diese Vermutung findet Unterstützung in der Arbeit von Graf und Frank (2001), die berichten, dass in der Regel das Kind mit der höchsten (tatsächlichen) Empathiefähigkeit von den Eltern für den Rollentausch »ausgewählt« wird. Des Weiteren liegt die Annahme nahe, dass Kinder mit Aufmerksamkeitsproblemen aufgrund ihrer Impulsivität und ihrer Unstrukturiertheit weniger »attraktiv« für eine Parentifizierung sind, da sie für die Eltern eine weniger zuverlässige Stütze darzustellen scheinen. Eine weitere Erklärung könnte sein, dass Kinder psychisch kranker Eltern zu überangepasstem Verhalten neigen und den Eltern wenig Sorgen bereiten wollen. Die wahrgenommenen geringeren sozialen Probleme können somit auch Ausdruck der Fähigkeit des Kindes sein, Sorgen von den Eltern fernzuhalten (Pretis u. Dimova, 2004). Dieses ist insbesondere nach Erreichen des Vorschulalters plausibel, da Kinder ab dieser Entwicklungsstufe die kognitive und soziale Reife besitzen, Sorgen von den Eltern fernzuhalten (Romer u. Haagen, 2007). In diesem Fall könnte das angepasste prosoziale Verhalten des Kindes auch als Anpassungsleistung betrachtet werden. Da es sich bei den Ergebnissen jedoch lediglich um Korrelationen handelt, ist an dieser Stelle keine finale Aussage über die kausalen Zusammenhänge möglich.

Im Bereich der *gesundheitsbezogenen Lebensqualität der Kinder* zeigt sich eine signifikant positive Korrelation mit dem Summenscore des Parentifizierungsbogens auf der Skala »Selbstwert«, so dass die Schlussfolgerung nahe liegt, dass Kinder, deren Elternteil eine hohe Parentifizierungstendenz hat, einen höheren Selbstwert haben als Kinder, deren Elternteil eine geringere Parentifizierungstendenz aufweist. Dieses Ergebnis kann als Hinweis auf die in der Literatur mehrfach beschriebene Annahme gelten, dass Parentifizierung per se kein krankheitswertiges Verhalten darstellt. Vielmehr kann es dazu führen, dass Kinder sich in der Familie als aktives Mitglied betrachten, sich ernst genommen fühlen und in dem Maße, wie sie für die Übernahme von Aufgaben mit Anerkennung bedacht werden, eine Befriedigung narzisstischer Bedürfnisse finden und weiterhin in ihrer Rolle wachsen und lernen Verantwortung zu übernehmen (Boszormenyi-Nagy u. Spark, 1981; Graf u. Frank, 2001; Hooper, Marotta, u. Lanthier, 2008). Aus der Literatur ist bekannt, dass die Langzeitfolgen von destruktiver Parentifizierung ausnahmslos negativ sind und somit eine in den Anfängen noch positive narzisstische Ausprägung des Selbstwertes als Langzeitfolge zu einer übermäßig narzisstischen und masochistischen Persönlichkeitsakzentuierung führen kann (Jones u. Wells, 1996).

Es kann jedoch auch vermutet werden, dass Eltern ihre parentifizierten Kinder in der Fremdbeurteilung selbstbewusst einschätzen, da das wahrgenommene Selbstbewusstsein eine Begleiterscheinung der übernommenen Aufgaben darstellt und die Einnahme der Fürsorgerolle i. d. R. mit einem gewissen Grad an selbstbewusstem Auftreten einhergeht. Die Vermutung liegt nahe, dass parentifizierte Kinder von ihren Eltern automatisch die Zuschreibung »selbstbewusst« erhalten, da diese Eigenschaft von einer Person in der Partner- oder Elternersatzrolle als gegeben vorausgesetzt wird. Daran anschließend wäre ebenfalls denkbar, dass ein wenig selbstbewusstes Kind von den Eltern als nicht »ausreichend attraktiv« für einen Rollentausch wahrgenommen wird und mit geringerer Wahrscheinlichkeit parentifiziert wird als Kinder mit einem höheren Selbstwert. Als weitere Erklärung für den Zusammenhang ist auch die von Graf und Frank (2001) ausführlich diskutierte Annahme denkbar, dass die Akzeptanz des Rollentausches durch das Kind als Coping betrachtet werden kann. Die Schlussfolgerung liegt nahe, dass auch der von den Eltern wahrgenommene Selbstwert des Kindes als eine Anpassungsleistung betrachtet werden kann und eine Form von Coping darstellt. Vorläufig unbeantwortet bleiben muss die Frage, ob psychisch kranke Eltern ihre Kinder selbstbewusster wahrnehmen als psychisch gesunde Eltern, da aufgrund der erhobenen Daten kein Gruppenvergleich möglich war. Wie bei Schmid, Grieb und Kölch (siehe den Beitrag in diesem Band) ausführlich diskutiert, weisen Studien darauf hin, dass psychisch kranke Eltern dazu neigen, ihre Kinder in der Fremdbeurteilung verzerrt wahrzunehmen, was sich beispielsweise in der Bagatellisierung oder der Pathologisierung kindlichen Verhaltens oder in störungsspezifisch bedingten Wahrnehmungsverzerrungen ausdrücken kann.

Im Bereich *Ehe und Partnerschaft* deutet die positiv signifikante Korrelation der Skala »Zuwendungsbedürfnis« des BFPE mit dem Summenscore des Parentifizierungsbogens darauf hin, dass Personen, die ein hohes Ausmaß an Parentifizierung gegenüber ihren Kindern zeigen, ein größeres Bedürfnis haben, vom Partner um der eigenen Person willen gemocht zu werden, als Personen die ein geringeres Ausmaß an Parentifizierung aufweisen. Diese Beobachtung könnte über eine durch Kindheitserfahrungen bedingte transgenerationale Weitergabe von frustrierten elterlichen Bindungsbedürfnissen und einem damit einhergehenden und in der Partnerschaft ebenfalls vorhandenen Mangel an Zuwendung erklärt werden. Unterstützt wird diese Annahme durch Graf und Frank (2001), die anführen, dass Eltern, die in ihrer Kindheit einem Mangel an Zuwendung ausgesetzt waren, dies aus Loyalitätsgründen nicht von den eigenen Eltern, sondern von den Kindern einfordern. Es kann somit spekuliert werden, dass die Befriedigung eines frustrierten Bindungsbedürfnisses im Eltern-Kind-Verhältnis für Menschen mit ungünstigen Bindungserfahrungen problem- und »gefahrloser« möglich ist. Dies könnte durch die einseitige Abhängigkeit der Kinder von den Eltern bedingt sein, aber auch durch die rein körperliche Unterlegenheit der Kinder.

Einschränkend ist anzumerken, dass die Daten der Patientenstichprobe ausschließlich über den erkrankten Elternteil erhoben wurden, andere Beurteilerperspektiven wären sinnvoll und notwendig. Zur ausführlichen Erläuterung dieser Problematik sei auf die Beiträge von Schmid, Grieb und Kölch sowie von Wiegand-Grefe, Geers, Petermann und Plass zur psychischen Gesundheit der Kinder in diesem Band verwiesen. Zur Erfassung von Parentifizierung weisen

Graf und Frank (2001) auf die Schwierigkeit hin, dass das Konstrukt nur dann erfassbar ist, wenn sich die befragten Personen dieses Prozesses bewusst sind und ihn auch einzugestehen bereit sind. Einschränkend kommt ebenfalls hinzu, dass sich in dem vorliegenden Parentifizierungsbogen von den drei faktorenanalytisch bestätigten Dimensionen des PQ von Jurkovic und Thirkield (1998) nur zwei wiederfinden. Eine Weiterentwicklung der vorliegenden Befragung befindet sich im Prozess (Ohntrup et al., in Vorb.).

Die Frage, ob entsprechend der klinischen Beobachtung Kinder psychisch kranker Eltern häufiger bzw. in höherem Ausmaß einer Parentifizierung ausgesetzt sind als Kinder psychisch unauffälliger Eltern, bleibt vorläufig wissenschaftlich ungeklärt. In der Literatur wird die psychische Erkrankung der Eltern jedoch als ein relevanter Risikofaktor aufgeführt (Byng-Hall, 2008; Jurkovic, 1998) und die vorliegende Untersuchung stellt einen ersten Versuch dar, die Zusammenhänge empirisch zu prüfen. Zu diesem Zweck wurde eine erste Annäherung an ein deutschsprachiges Instrument zur Erfassung destruktiver Parentifizierung aus Elternperspektive in Familien mit einem psychisch kranken Elternteil vorgenommen. Die Pilotergebnisse der explorativen Datenanalyse belegten dabei knapp befriedigende Werte zur internen Konsistenz. Eine Erweiterung des dargestellten Parentifizierungsbogens und der erfassten Dimensionen der instrumentellen und der emotionalen Parentifizierung um den Aspekt der Fairness, in Anlehnung an den PQ von Jurkovic und Thirkield (1998), ist geplant, ebenso sind Untersuchungen zur Validität der Befragung in Vorbereitung (vgl. Ohntrup et al., in Vorb.). Die Ergebnisse des Patientengruppen-Kontrollgruppen-Vergleichs ergaben anhand des vorliegenden Parentifizierungsbogens keine signifikanten Unterschiede für den Gesamtscore, jedoch für drei der 15 Fragen. Aufgrund der nach wie vor klinisch hohen Relevanz des Themas und der negativen Langzeitfolgen destruktiver Parentifizierung verdient das Thema »Parentifizierung bei Familien mit einem psychisch erkrankten Elternteil«, insbesondere im Hinblick auf die verhältnismäßig geringen Forschungsaktivitäten in diesem Bereich, auch weiterhin das Interesse der Forscher.

Implikationen für die Praxis

DiCaccavo (2006) und Byng-Hall (2008) vermuten, dass die Strategie des parentifizierten Kindes, sich um andere zu sorgen, um ihnen nahe zu sein, auch im Erwachsenenalter weiter relevant ist und somit einen wesentlichen Ansatzpunkt im therapeutischen Vorgehen darstellen sollte. Bezüglich der Parentifizierung in helfenden Berufen belegen verschiedene Studien, dass angehende Therapeuten und Psychologiestudenten u. a. signifikant weniger elterliche Fürsorge in ihrer Kindheit erlebt haben als Studierende oder Angehörige nichtpflegender/-

helfender Berufe (vgl. hierzu u. a. DiCaccavo, 2002). Das eingangs erwähnte Kindheitsmuster, die Bedürfnisse anderer zu antizipieren um den Eltern nahe zu sein, trägt möglicherweise bei vielen Angehörigen helfender/pflegender Berufe im Sinne einer Ausweitung ihrer kindlichen Parentifizierungserfahrungen maßgeblich zur Berufswahl bei. Die Konsequenz daraus sollte nach Byng-Hall (2002; 2008) sein, dass sich betroffene Therapeuten besonders intensiv und kritisch mit der eigenen Biographie auseinandersetzen, um auszuschließen, dass der Beruf der Erfüllung unbefriedigter kindlicher Bedürfnisse dient. Ist dem Therapeuten seine eigene Betroffenheit im therapeutischen Prozess bewusst, bietet die Erfahrung der Parentifizierung auch Chancen in der Arbeit mit betroffenen Patienten, da sich ein von der eigenen Parentifizierung ausreichend distanzierter Therapeut so empathisch wie kaum ein anderer in den Verlust der Kindheit des Patienten hineinversetzen kann (DiCaccavo, 2006).

Literatur

Achenbach, T. M. (1991). Manual for the Child Behavior Checklist / 4–18 and 1991 Profile. Burlington: University of Vermont, Department of Psychiatry.

Aldridge, J., Becker, S., Dearden, C. (2001). Children caring for family members with severe and enduring mental health problems. Loughborough: Loughborough University.

Alexander, P. C. (2003). Parent-child role reversal: Development of a measure and test of an attachment analysis. Journal of the Royal Statistical Society, 16, 296–298.

Bartholomew, K., Horowitz, L. M. (1991). Attachment styles among young adults: A test of a four-category model. Jounal of Personality and Social Psychology, 61 (2), 226–244.

Bavolek, S. J. (1984). Handbook for the adult-adolescent parenting inventory (AAPI).

Bavolek, S. J. (2005). Adult-Adolescent Parenting Inventory (AAPI–2). Zugriff am 15.08.2005 unter http://www.aapionline.com.

Berbalk, H., Graaf, P. (2009). Einführung: Schema-geleitete Verhaltenstherapie für Kinder, Jugendliche und Eltern. Fortbildung für das Ausbildungs-Institut München und den Verein zur Förderung der klinischen Verhaltenstherapie.

Berman, W. H., Sperling, M. B. (1991). Parental attachment and emotional distress in the transition to college. Journal of Youth and Adolescence, 20 (4), 427–440.

Borchert, M. (2010). Arbeitstitel: Der Einfluss der Familienfunktionalität auf die gesundheitsbezogene Lebensqualität von Kindern psychisch kranker Eltern, Universität Hamburg. Unveröffentlichtes Manuskript.

Bortz, J. (2005). Statistik: Für Human- und Sozialwissenschaftler (6. Aufl.). Heidelberg u. Berlin: Springer.

Boszormenyi-Nagy, I., Spark, G. M. (1981). Unsichtbare Bindungen. Die Dynamik familiärer Systeme. Stuttgart: Klett-Cotta.

Byng-Hall, J. (2002). Relieving parentified children's burdens in families with insecure attachment patterns. Family Process, 41 (3), 375–555.

Byng-Hall, J. (2008). The significance of children fulfilling parental roles: Implications for fammily therapy. Journal of Family Therapy, 30 (2), 147–162.

Castro, D. M., Jones, R. A., Mirsalimi, H. (2004). Parentification and the Impostor Phenomenon: An Emprircal Investigation. The American Journal of Family Therapy, 32, 205–206.

CBCL – Arbeitsgruppe Deutsche Child Behavior Checklist. (1998). CBCL/4–18. Elternfragebogen über das Verhalten von Kindern und Jugendlichen. Deutsche Bearbeitung der Child Behavior Checklist. Köln: Arbeitsgruppe Kinder-, Jugend- und Familiendiagnostik (KJFD).
Cohen, J. (1988). Statistical Power Analysis for the Behavior Science (2nd ed.). Hillsdale, NJ: Erlbaum.
DiCaccavo, A. (2002). Investigating individuals' motivations to become counselling psychologists: The influence of early caretaking roles within the family. The British Psychological Society, 75, 463–472.
DiCaccavo, A. (2006). Working with parentification: Implications for clients and counselling psychologists. The British Psychological Society, 79, 469–478.
Engfer, A. (1984). Fragebogen zur Erhebung der Einstellung von Müttern mit Kindern im Kleinkindalter.
Gladstone, B. M., Boydell, K. M., McKeever, P. (2006). Recasting research into children's experiences of parental mental illness: beyond risk and resilience. Social Science & Medicine, 62 (10), 2540–2550.
Graf, J., Frank, R. (2001). Parentifizierung: Die Last, als Kind die eigenen Eltern zu bemuttern. In S. Walper, R. Pekrun (Hrsg.), Familie und Entwicklung – Aktuelle Perspektiven der Familienpsychologie. Göttingen: Hogrefe.
Haedke, A. (in Vorb.). Modusarbeit mit Puppen, Tieren und anderen Symbolfiguren: Eine Pilotstudie zum Vergleich zwischen traditioneller Vorgehensweise und schema-geleiteter Verhaltenstherapie in der Arbeit mit Kindern und Eltern. Diplomarbeit in Vorb., Fakultät für Erziehungswissenschaft, Psychologie und Bewegungswissenschaft, Fachbereich Psychologie, Universität Hamburg.
Höger, D., Buschkämper, S. (2002). Der Bielefelder Fragebogen zu Partnerschaftserwartungen. Ein alternativer Vorschlag zur Operationalisierung von Bindungsmustern mittels Fragebögen. Zeitschrift für Differentielle und Diagnostische Psychologie, 23, 83–98.
Hooper, L. (2007). Expanding the discussion regarding parentification and its varied outcomes: Implications for mental health research and practice. Journal of Mental Health Counseling, 29 (4), 322–337.
Hooper, L. (2009). Parentification inventory. Available from L. M. Hooper, Department of Educational Studies in Psycholoy, Research Methodology, and Counseling, The University of Alabama, Tuscaloosa, AL 35487.
Hooper, L., Wallace, S. A. (2009). Evaluating the parentification questionnaire: Psychometric properties and psychopathology correlates. Contemporary Family Therapie, 32 (1), 52–68.
Hooper, L., Marotta, S. A., Lanthier, R. P. (2008). Predictors of growth and distress following childhood parentification: A retrospective exploratory study. Journal of Child and Family Studies, 17, 693–705.
Jacobvitz, D., Hazen, N., Curran, M., Hitchens, K. (2004). Observations of early triadic family interactions: Boundary disturbances in the family predict symptoms of depression, anxiety, and attention-deficit/hyperactivity disorder in middle childhood. Development and Psychopathology, 16, 577–592.
Jacobvitz, D. B., Bush, N. F. (1996). Reconstructions of family relationships: Parent-child alliances, personal distress and self esteem. Developmental Psychology, 32, 732–743.
Jones, R. A., Wells, M. (1996). An empirical study of parentification and personality. The American Journal of Family Therapy, 24 (2), 145–152.
Jurkovic, G. J. (Ed.) (1997). Lost childhoods. The plight of the parentified child. New York: Brunner & Mazel.

Jurkovic, G. J. (1998). Destructive parentification in families: causes and consequences. Family Psychopathology: The Relational Roots of Dysfunctional Behavior, 237–255.
Jurkovic, G. J., Morrell, R., Thirkield, A. (1999). Assessing childhood parentification. In N. D. Chase (Ed.), Burdened children – Theory, research, and treatment of parentification (pp. 92–113). Thousand Oaks: Sage.
Jurkovic, G. J., Thirkield, A. (1998). Filial Responsibility Scale – Adult (FSR-A).
Lenz, A. (2005). Kinder psychisch kranker Eltern. Göttingen: Hogrefe.
Lieberman, M., Doyle, A., Markiewicz, D. (1999). Developmental patterns in security of attachment to mother and father in late childhood and early adolescence: Associations with peer relations. Child Development, 70 (1), 202–213.
Maier-Riehle, B., Zwingmann, C. (2000). Effektstärkevarianten beim Eingruppen-Prä-Post-Design: Eine kritische Betrachtung. Rehabilitation, 39, 189–199.
Main, M., Kaplan, N. J., Cassidy, J. (1985). Security in infancy, childhood, and adulthood: A move to the level of representation. Child Development 50 (1–2), 66–104.
Mika, P., Bergner, R. M., Baum, M. C. (1987). The development of a scale for the assessment of parentification. Family Therapy, 14, 229–235.
Ohntrup, J. M., Kreyling, C., Plass, A., Wiegand-Grefe, S. (2009). Kinder und Familien psychisch kranker Eltern – Forschungs- und Präventionsprojekt »CHIMPs« an der Schnittstelle zwischen Erwachsenen- und Kinder-/Jugendlichenpsychiatrie. Paper presented at the DGPPN 2009.
Ohntrup, J. M., Pollak, E., Plass, A., Wiegand-Grefe, S. (in Vorb.). Erfassung des Konstruktes der destruktiven Parentifizierung bei Familien mit einem psychisch kranken Elternteil (Arbeitstitel).
Pretis, M., Dimova, A. (2004). Frühförderung mit Kindern psychisch kranker Eltern (Vol. 1). Basel: Ernst Reinhardt.
Ravens-Sieberer, U., Bullinger, M. (2000). KINDL-R. Fragebogen zur Erfassung der gesundheitsbezogenen Lebensqualität bei Kindern und Jugendlichen. Revidierte Form. Hamburg: Abteilung für Medizinische Psychologie.
Roediger, E. (2009). Praxis der Schematherapie. Stuttgart: Schattauer.
Romer, G., Haagen, M. (2007). Kinder körperlich kranker Eltern. Göttingen: Hogrefe.
Sessions, M. W., Jurkovic, G. J. (1986). Parentification Questionnaire – Adult (PQ-A).
Stallard, P. (2007). Early maladaptive schemas in children: Stability and differences between a community and a clinic referred sample. Clinical Psychology and Psychotherapie, 14, 10–18.
Walper, S. (2005). PQ Jurkovic Übersetzung Walper. LMU Institut für Pädagogik. Unveröffentlichtes Manuskript.
Wells, M., Jones, R. (1999). Object relations therapy for individuals with narcissistic and masochistic parentification styles. In N. D. Chase (Ed.), Burdened children – Theory, Research, and Treatment of Parentification (pp. 117–131). Thousand Oaks: Sage.
West, M., Sheldon, A. (1988). Classification of pathological attachment patterns in adults. Journal of Personality Disorder, 2, 153–159.
Young, J. E., Klosko, J. S., Wieshaar, M. E. (2005). Schematherapie: Ein praxisorientiertes Handbuch. Paderborn: Jungfermann.

Lebensqualität von Kindern psychisch kranker Eltern

Lebensqualität von Kindern und Jugendlichen im Kontext der Gesundheit ihrer Eltern   401
Monika Bullinger

Gesundheitsbezogene Lebensqualität von Kindern psychisch kranker Eltern – empirische Befunde   416
Jana Jeske, Eva Pollak, Monika Bullinger, Silke Wiegand-Grefe

Lebensqualität von Kindern und Jugendlichen im Kontext der Gesundheit ihrer Eltern

Monika Bullinger

In den letzten Jahren hat sich das Konzept »Lebensqualität« zur Beschreibung des Wohlbefindens und der Funktionsfähigkeit von Menschen mit oder ohne Einschränkungen ihrer Gesundheit etabliert. Unter Lebensqualität wird dabei die psychische, soziale und körperliche Komponente von Wohlbefinden und Funktionsfähigkeit aus dem Erleben der befragten Person verstanden. In neuester Zeit hat zunehmend Beachtung gefunden, wie Kinder und Jugendliche sich hinsichtlich ihrer Lebensqualität beschreiben und wie die Eltern die Lebensqualität ihrer Kinder einschätzen. Dabei standen sowohl gesunde als auch kranke Kinder im Vordergrund. Inzwischen liegen nun Ergebnisse für Kinder und Jugendliche aus epidemiologischen und klinischen Studien vor, wobei die Auswirkungen von Erkrankungen und von Therapien auf die Lebensqualität von besonderem Interesse sind.

Im Beitrag werden zunächst die konzeptuellen Grundlagen der Lebensqualitätsforschung einschließlich einer Definition vorgestellt. Es schließt sich ein Überblick über krankheitsübergreifende und krankheitsspezifische Methoden zur Erfassung der Lebensqualität an. Anschließend werden einige Ergebnisse zur Lebensqualität von jungen Menschen mit und ohne Gesundheitseinschränkungen dargestellt.

Eine besondere Beachtung kommt dabei der Frage zu, wie es Kindern psychisch kranker Eltern geht. In jüngerer Zeit finden sich hierzu eine Reihe von Arbeiten, die die psychische Gesundheit der Kinder oder ihre Anpassung an diese Situation beschreiben (Mattejat u. Remschmidt, 2008; Lenz, 2008; Ostmann, 2008; O'Connell, 2008)

Zum Kernthema dieses Beitrags, nämlich der Rolle der Eltern für die Lebensqualität der Kinder und umgekehrt, gibt es allerdings bisher nur wenige Studien. Die meisten Untersuchungen prüfen die Übereinstimmung zwischen der durch die Kinder selbstbeurteilten und der von den Eltern fremdbeurteilten Lebensqualität und finden nur einen mittelstarken Zusammenhang (Bullinger u. Ravens-Sieberer, 2006).

Nur wenige Studien widmen sich der Lebensqualität von Kindern, die ein Elternteil mit einer körperlichen oder psychischen Krankheit haben. Dies zu erforschen ist wichtig, denn durch Erkennen der kindlichen Belastung durch kranke Eltern können therapeutische Interventionen geplant werden, die die Lebensqualität der Kinder und Eltern verbessern.

Lebensqualität von Kindern und Jugendlichen – eine Standortbestimmung

Bei der Frage nach der Lebensqualität geht es um ein Thema mit philosophischem Hintergrund, humanistischem Imperativ, gesundheitspolitischer Brisanz und gesellschaftlicher Relevanz. Es geht um Erleben und Verhalten von Kindern aus ihrer Sicht und um eine Bewertung ihres Lebens aus ihrer eigenen Perspektive. Besonders ist, dass die subjektive Seite des Heranwachsens im Blickpunkt steht, dass dabei auf die Befindlichkeit und die Verhaltensweisen fokussiert wird und dass Wege zur Verbesserung der Lebensqualität beschritten werden können. Voraussetzung dafür ist die Betrachtung konzeptueller Ansätze aktueller Forschungsperspektiven und konkreter Umsetzungsmöglichkeiten der Lebensqualitätsforschung bei Kindern und Jugendlichen.

Was verbirgt sich nun hinter dem Begriff »Lebensqualität« und in welcher Beziehung steht er zu anderen Begrifflichkeiten? Wie lässt sich Lebensqualität erfassen, beschreiben und wovon hängt sie ab? Lässt sich die Lebensqualität verbessern, wie und wodurch?

Ausgehend von Begrifflichkeiten, Abgrenzungen und Ergebnissen aus der aktuellen Forschungslandschaft im Bereich Lebensqualität von Kindern und Jugendlichen, lassen sich vier inhaltliche Forschungsbereiche unterscheiden:
- Beschreibung der Lebensqualität von Kindern,
- Analyse von Determinanten der Lebensqualität,
- Diagnostik von Lebensqualitätseinbußen,
- Anwendung therapeutischer Strategien zur Verbesserung der Lebensqualität.

Des Weiteren lassen sich vier Forschungsperspektiven unterscheiden:
- die epidemiologische,
- die klinische,
- die versorgungsfokussierende,
- die gesundheitsökonomische.

Bei der epidemiologischen Perspektive geht es um die Beschreibung und Analyse der Lebensqualität auf der Ebene der Bevölkerung oder Patientengruppe, bei der klinischen um die Prüfungen von Unterschieden in der Wirkung von Interventionen, bei der versorgungsfokussierenden um die Qualitätsprüfung von Ergebnissen komplexer Versorgungsstrategien und bei der gesundheitsökonomischen um Kosten und Nutzen im Gesundheitsbereich.

Definitionen der Lebensqualität

Ein Blick in die Literatur zeigt eine Vielfalt von Begriffen wie »Wohlergehen«, »Lebensqualität«, »Lebenszufriedenheit«, »Glück«, »Stimmung«, »Emotion« und »Befindlichkeit«. Mit jedem Terminus verbinden sich verschiedene Definitionsversuche, sprachliche Konnotationen, philosophische Hintergründe, wissenschaftsgeschichtliche Ursprünge und Forschungsansätze (Andelman et al., 2004). Während Lebenszufriedenheit eine kognitive Bewertung und Bilanzierung der Zufriedenheit mit verschiedenen Lebensbereichen ausdrückt, ist die semantische Nähe des Begriffs »Wohlbefinden« zur Befindlichkeit einerseits und Lebensqualität andererseits am höchsten (Taillefer et al., 2003). Von besonderem Interesse ist die Beziehung zwischen Wohlbefinden, Lebensqualität, subjektiver Gesundheit und Lebenszufriedenheit (Bircher, 2005). Wohlbefinden, das per se nur subjektiv sein kann, repräsentiert die Erlebenskomponente; Lebenszufriedenheit die kognitive Komponente im Sinne einer Bilanzierung der Lebensbereiche auf dem Kontinuum zwischen Zufriedenheit und Unzufriedenheit (Sullivan, 2003).

Unter dem Aspekt der gesundheitsbezogenen Lebensqualität, die sich auf die Gesundheitsdefinition der WHO mit ihrer Berücksichtigung von körperlichem, psychisch-mentalem und sozialem Wohlbefinden bezieht, ist Wohlbefinden Teil der subjektiven Repräsentation von Gesundheit und ergänzt somit die Funktionsfähigkeit (WHO, 1948). In Analogie zur Definition der Psychologie als Wissenschaft von Erleben und Verhalten bezeichnet »Wohlbefinden« die Erlebenskomponente und »Funktionsfähigkeit« die Verhaltenskomponente der Gesundheitsdefinition (Bullinger u. Ravens-Sieberer, 1995).

Subjektive Gesundheit gilt als Synonym für gesundheitsbezogene Lebensqualität und ist als relevanter Parameter der Gesundheit inzwischen akzeptiert (WHOQOL Group, 1995). Die gesundheitsbezogene Lebensqualität repräsentiert die körperliche, psychische/mentale und soziale Dimension von Befindlichkeit und Funktionsfähigkeit in relevanten Lebensbereichen. Die allgemeine Lebensqualität beinhaltet Aspekte der gesundheitsbezogenen Lebensqualität, geht aber in der Berücksichtigung von Dimensionen wie politische Freiheit oder materielle Sicherheit darüber hinaus (Herdman et al., 2002; Ware, 2003). Qualitative Arbeiten zeigen, dass die Kerndimensionen der Lebensqualität auch für Kinder relevant sind, allerdings mit einer starken Altersabhängigkeit und deutlicher Repräsentation des sozialen Bereichs.

Lebensqualität junger Menschen aus Sicht von Psychologie und Medizin

In der Psychologie und Psychiatrie des Kinder- und Jugendalters stellt die Fokussierung auf Wohlbefinden eine kleine Revolution dar. Obwohl sich die Entwicklungspsychologie seit jeher mit der Entwicklung von Emotionen und der Beschreibung des Verhaltens über die Lebensspanne beschäftigt, hat Wohlbefinden als entwicklungspsychologisches Thema erst in den letzten Jahren Einzug gehalten.

Bisher wurde dieser Bereich eher im Rahmen der Beschreibung normaler und gestörter Entwicklungsverläufe thematisiert, über Symptombeschreibungen klassifiziert und als Beobachtungsmerkmal der kindlichen Entwicklung verstanden. Die subjektive Repräsentation des »in der Welt sein von Kindern«, ihr emotionales Befinden, ihre kognitive Weltsicht und das entwicklungsförderliche Wohlbefinden rückte erst in späterer Zeit in den Vordergrund (Eiser u. Morse, 2001c).

Im Rahmen dieses Paradigmenwechsels ist nicht nur die Beschreibung von kindlichem Verhalten von Bedeutung, sondern auch das Erleben des Kindes. Die eigene Sicht steht im Vordergrund: wie es Kindern und Jugendlichen geht, wie sie sich und ihre Umwelt sehen und wie geborgen sie sich in ihr fühlen. Mit dieser Perspektive schärfte sich auch der Blick für die Bedeutung des Lebensumfelds für das kindliche Wohlbefinden, und der Fokus auf die objektivierbare Beschreibung von Entwicklungsschritten erweiterte sich über das Meistern von Entwicklungsaufgaben hin zum Interesse an Wahrnehmung, Bewertung und Verhalten aus der Selbstsicht des Kindes (Warschburger, 2000). Das Elternurteil ist hierbei eine zusätzliche Informationsquelle, die den Selbstbericht der Kinder nicht ersetzt, sondern ergänzt (Theunissen et al., 1998; Redegeld, 2004; Eiser u. Morse, 2001b).

Diese neue Perspektive zeigt sich aktuell sowohl in der Entwicklungspsychologie mit ihrem Fokus auf die subjektive Repräsentation von Erleben und Verhalten als auch in der Medizin mit ihrem Fokus auf gesundheitsbezogene Lebensqualität. Wie im Erwachsenenbereich sind auch bei Kindern und Jugendlichen Befunde zur internen Regulation von Wohlbefinden, z. B. Coping, zu finden, wenngleich diese Literatur sich primär auf die Emotionsregulation generell und nicht speziell auf die Regulation von Lebensqualität bezieht.

Determinanten des Wohlbefindens, sowohl personenbezogen als auch umgebungsbezogen, rücken in der Forschung zunehmend in den Vordergrund und beziehen biologische, psychische und soziale Faktoren mit ein (Edwards et al., 2002; De Civita et al., 2005). Aus diesen Determinanten lassen sich Hinweise für Interventionen ableiten, die gezielt zur Verbesserung des Wohlbefindens von Kindern und Jugendlichen eingesetzt werden können.

Subjektive Repräsentation der Lebensqualität bei Kindern

Ansätze zur Messung der subjektiven Gesundheit von Kindern und Jugendlichen müssen sich einerseits mit der großen Altersspanne und entsprechend unterschiedlichen Entwicklungsaufgaben auseinandersetzen, andererseits mit prinzipiellen Fragen nach der Zuverlässigkeit kindlicher Urteilskraft und der Rolle von Elternbeurteilungen befassen.

Während die Dimensionalität der Lebensqualität in Untersuchungen an Erwachsenen in einer Reihe qualitativer und quantitativer Studien, sowohl im nationalen als auch im internationalen Bereich, erhärtet worden ist, ist unklar, inwieweit Kinder vergleichbare Dimensionen zur Beschreibung ihrer gesundheitsbezogenen Lebensqualität wählen würden (Ravens-Sieberer u. Bullinger, 1998). Literatur zum Begriff »Gesundheit« aus Sicht von Kindern, legt nahe, dass das Konstrukt Gesundheit anders als das von Erwachsenen wahrgenommen wird (Seiffge-Krenke, 1990). Im Kindesalter unterscheiden sich emotionale und kognitive Reaktionen auf Gesundheit und Krankheit in Natur und Verlauf von denen Erwachsener; Eltern bzw. Familie und Gleichaltrige spielen im Kindesalter eine wesentliche Rolle (Lohaus, 1990). Dennoch scheinen die grundlegenden Dimensionen des Wohlbefindens und der Funktionsfähigkeit im psychischen, körperlichen und sozialen Bereich – wenn auch mit anderen Inhalten bei Kindern – repräsentiert zu sein (Eiser, 1997).

Auch die Frage nach der Zuverlässigkeit kindlicher Urteilskraft hat lange Zeit eine Lebensqualitätsforschung aus kindlicher Perspektive behindert. Bei den häufig verwendeten Fremdbeurteilungsverfahren erfolgt die Beurteilung dabei entweder durch die Eltern, meistens durch die Mütter, als näherungsweise Antwortende (Proxys), oder durch Experten, in der Regel die behandelnden Ärzte. Durch die zunehmende Forderung nach der Einschätzung der Lebensqualität durch die Kinder selbst sind neuere Selbstberichtverfahren entwickelt worden. Schritt für Schritt wurden in der Lebensqualitätsforschung bei Kindern nun kindgerechte Verfahren entwickelt, die die altersentsprechende kognitive Leistungsfähigkeit der Kinder einbeziehen (Ravens-Sieberer u. Bullinger, 1998). Inzwischen liegen im internationalen Sprachraum nun einige theoretisch fundierte und entwicklungspsychologisch sinnvolle Instrumente vor, die spezifisch für Kinder konzipiert und validiert wurden (Landgraf et al., 1997).

Erfassung der Lebensqualität von Kindern und Jugendlichen

Es herrscht weitgehende Übereinstimmung darüber, dass eine Differenzierung von Instrumenten zur Erfassung des Wohlbefindens nach Altersstufen sinnvoll ist. Viele Arbeiten gehen davon aus, dass das kindliche Urteil ab einem

Alter von 7 Jahren reliabel erfasst werden kann. Instrumente im Fremdbericht für Eltern, Lehrer oder Ärzte können den Selbstbericht dann ergänzen. Entsprechend gibt es eine Vielfalt psychometrisch robuster Instrumente, die unter dem Aspekt der gesundheitsbezogenen Lebensqualität sowohl subjektives Wohlbefinden als auch Funktionsfähigkeit erfassen (Schor, 1998; Eiser u. Morse, 2001a; Bullinger, 2000; Ravens-Sieberer, 2000; Radoschewski, 2000; Rajmil et al., 2004; Varni et al., 2005). Diese lassen sich in krankheitsübergreifende (generic) und krankheitsspezifische (targeted) Verfahren unterteilen.

So gibt es inzwischen eine ganze Reihe nach psychometrischer Testtheorie entwickelter und erfolgreich psychometrisch auf Reliabilität, Validität und Sensitivität getestete Verfahren zur Erfassung der Lebensqualität von Kindern und Jugendlichen sowohl aus der krankheitsübergreifenden (generic) Perspektive als auch aus der krankheitsspezifischen (targeted) Perspektive. Die meisten Instrumente wie z. B. der Child Health Questionnaire (CHQ: Landgraf u. Abetz, 1997) und das Pedriatric Quality of Life Inventory (Pedsqol: Varni et al., 1999) stammen aus dem englischen Sprachraum, sind dann in andere Sprachen übersetzt und getestet worden (Bullinger u. Ravens-Sieberer, 1995; Ravens-Sieberer, 2000). Einige Verfahren jedoch sind in deutscher Sprache erstellt worden, so z. B. der KINDL-R-Fragebogen, ein in Deutschland entwickeltes Verfahren zur krankheitsübergreifenden Erfassung der Lebensqualität.

Zu den generischen Messinstrumenten sind in den letzten Jahren eine ganze Reihe krankheitsspezifischer Verfahren hinzugekommen, die die Lebensqualität von Kindern mit chronischen Gesundheitsstörungen wie z. B. Asthma, Diabetes, aber auch psychischen Störungen erfassen. Durch die intensive Entwicklungsarbeit an Messinstrumenten zur Erfassung der Lebensqualität von Kindern und Jugendlichen stehen national und auch international validierte Verfahren zur Verfügung, die für Kinder ab 7 Jahren (Selbstbericht) und ihre Eltern (Fremdbericht) einsetzbar sind. Auch für jüngere Kinder von 4 bis 7 Jahren gibt es bereits einfache Selbstbeurteilungsskalen, bei noch jüngeren Kindern muss allerdings auf ein Selbsturteil verzichtet werden (Wallander et al., 2001).

Parallel zur Entwicklung von Messinstrumenten für die Lebensqualität im Kinder- und Jugendbereich hat sich mit der Entwicklung der »International Classification of Functioning« (ICF) ein neuer Impuls ergeben. Die ICF konzentriert sich primär auf die Funktionsfähigkeit, wobei allerdings emotionale und mentale Funktionen ebenfalls Teil des Konzepts sind. Für Kinder und Jugendliche ist die ICF-CY (Children and Youth) entwickelt worden (WHO, 2007). Beides, ICF und ICF-CY, stellt eine Taxonomie dar, in der die Funktion im Vordergrund steht. Die subjektive Repräsentation von emotionalem und mentalem Erleben wird weniger berücksichtigt, die Vielfalt individuellen Erlebens ist damit unterrepräsentiert und nur in wenigen Kategorien kodierbar (Pless et al., 2009).

Der Lebensqualitätsfragebogen für Kinder (KINDL-Fragebogen) wurde Anfang der 1990er Jahre als generisches Instrument entwickelt, um die Lebensqualität von Kindern unabhängig von ihrem aktuellen Gesundheitszustand zu erfassen (Bullinger u. Ravens-Sieberer, 1995; Ravens-Sieberer u. Bullinger, 1998). Der Konstruktion lagen die von der WHO beschriebenen Anforderungen an ein Lebensqualitätsmessinstrument für Kinder zugrunde: Das Kind muss im Mittelpunkt stehen (child centred), der subjektive Selbstbericht hat Vorrang, das Instrument muss altersgerecht oder mindestens der Entwicklungsphase angemessen sein, die Ergebnisse müssen interkulturell vergleichbar sein, das Instrument sollte aus allgemeinen Kernmodulen (generic core) und spezifischen Modulen (specific modules) zusammengesetzt sein, die positiven Aspekte (health enhancing) von Lebensqualität sollten die negativen überwiegen und die verfügbaren Ressourcen der Kinder abbilden. Am KINDL wurden mehrere Modifikationen vorgenommen, bis dann die revidierte Form (KINDL-R) entstand mit Versionen für drei Altersgruppen, im Selbstbericht durch die Kinder und im Fremdbericht durch die Eltern, bestehend aus 24 Fragen, die zu sechs Dimensionen der Lebensqualität (Körper, Psyche, Selbstwert, Familie, Freunde und Schule) und einem Gesamtwert zusammengefasst werden können (vgl. auch Ravens-Sieberer et al., 2005c).

Der revidierte KINDL-R wurde auf psychometrische Gütekriterien der Reliabilität und Validität mit zufriedenstellenden Ergebnissen überprüft. Er liegt für verschiedene Altersgruppen vor: Kleinkinder (4–7 Jahre), Kinder (8–12 Jahre) und Jugendliche (13–16 Jahre) und ist jeweils auch in der Elternversion und in einer Kurzform verfügbar. Zusätzlich wurden Ergänzungsfragen im Sinne von Modulen für verschiedene Erkrankungen erarbeitet und eine Computerversion entwickelt (www.KINDL.org).

Insgesamt liegen zur Messung der gesundheitsbezogenen Lebensqualität von Kindern und Jugendlichen zahlreiche krankheitsübergreifende (generische) und krankheitsbezogene (spezifische) Verfahren vor, die psychometrisch geprüft wurden, häufig interkulturell adaptiert sind und zunehmend in einer Reihe von Studien eingesetzt werden (Grob et al., 1991; Ravens-Sieberer u. Bullinger, 1998; Varni et al., 1999). Besonders hinzuweisen ist auf die internationale Entwicklung von Messinstrumenten für epidemiologische Studien (KIDSCREEN, Ravens-Sieberer et al., 2005b) und für den klinischen Bereich (DISABKIDS, Bullinger et al., 2002a, 2002b). Die Nutzung dieser Instrumente reicht von epidemiologischen Surveys der Kindergesundheit über vergleichende Prüfungen von Interventionen (präventiver, rehabilitativer oder kurativer Art) bis hin zur Versorgungsforschung und der Gesundheitsökonomie unter dem Aspekt der Verbesserung der Lebensqualität.

Erfassung der Lebensqualität von psychisch gestörten jungen Menschen

Innerhalb der Kinder- und Jugendmedizin hat sich die Psychiatrie besonders um Erfassung der gesundheitsbezogenen Lebensqualität bemüht und langsam beginnt sich dieses Feld zu entwickeln. Während die Erhebung und Beschreibung von Symptomatik bisher in der Kinder- und Jugendpsychiatrie häufig gewählte Vorgehensweisen darstellen (z. B. mit der Child Behavior Checklist, CBCL, mit dem Youth Self Report und dem Teacher Report Form, Achenbach u. Edelbrock, 1983 – einem internationalen Standardinstrument zur Erhebung von Verhaltensauffälligkeiten im Kindes- und Jugendalter), gibt es zur Erfassung der gesundheitsbezogenen Lebensqualität für den Bereich der Kinder- und Jugendpsychiatrie inzwischen einige spezifische Verfahren.

Ein Instrument zur Erfassung der Lebensqualität in der Kinder- und Jugendpsychiatrie ist das Fragebogensystem *Lebensqualität Kinder und Jugendpsychiatrie (LKJ)* (Flechtner et al., 2000). Das Instrument ist so konstruiert, dass es kompatibel ist mit den gängigen Konzepten von Lebensqualität, gleichzeitig aber auch die spezifische Situation von Kindern und Jugendlichen mit psychischen Störungen berücksichtigt. Dies bedeutet, dass die objektiven Lebensbedingungen im familiären, schulischen, beruflichen und sozialen Umfeld in deutlich stärkerem Maße berücksichtigt werden und somit die krankheitsbezogene Lebenswirklichkeit repräsentiert wird. Das Fragebogenverfahren ist in drei Fassungen für Jugendliche (J-Version), für Kinder (K-Version) sowie eine Erfassung für die Eltern (E-Version) entwickelt worden. Die Skalen des LKJ sind in zwei Bereiche (Funktionsskalen und Symptomskalen) unterteilt, der Fragebogen enthält insgesamt 86 Items, wovon 10 Items Einzelfragen darstellen. Die restlichen Items bilden Subskalen zu den Bereichen »körperliche Funktion«, »Fatigue«, »Ängste«, »Depressivität«, »Gleichaltrigengruppe«, »Schulbereich«, »Glauben«, »Familie« und »allgemeine Lebensqualität«. Die 13 erzeugten Skalen zeigen gute bis sehr gute Reliabilitätskennwerte. Multitrait-Skalierungsanalysen belegen Itemkonvergenz- und Itemdiskriminanzvalidität sowie den Skalierungserfolg der Items. Der von den Kindern und Eltern einfach zu beantwortende Fragebogen stellt eine wichtige Ergänzung in der Beobachtung kinder- und jugendpsychiatrischer Patienten dar.

Ein weiteres *Inventar zur Erfassung der Lebensqualität bei Kindern und Jugendlichen (ILK)* (Mattejat et al., 1998) in der Kinder- und Jugendpsychiatrie liegt in einer Interviewform für Kinder vor, einer jugendlichen Version zum Selbst-Ausfüllen, einem Elternbogen und einem Therapeutenbogen. Die Versionen für Kinder- und Jugendliche erfassen mit einer fünfstufigen Antwortkategorie von »sehr gut« über »eher gut«, »teils/teils«, »eher schlecht« bis »sehr schlecht« die Lebensqualität in verschiedenen Bereichen (Gesundheit, Nerven/

Laune, generelle Lebensqualität, krankheitsspezifische Probleme, Untersuchung/Behandlung). Bei den Kindern wird jeder Bereich mit einem Item abgedeckt, die jugendliche Version besteht insgesamt aus 15 Items. In dem zusätzlichen und etwas erweiterten Therapeutenbogen werden das Funktionsniveau der schulischen oder beruflichen Leistung erfasst, die Qualität des familienbezogenen Verhaltens und der sozialen Kontakte zu Gleichaltrigen beurteilt sowie Umfang und Ausdauer des Spielens und der Freizeitgestaltung ermittelt. Zusätzlich wird die Behandlungsnotwendigkeit bezüglich der psychischen Störung des Kindes eingeschätzt. Der ILK hat sich nach der psychometrischen Überprüfung zu einem Standardinstrument entwickelt.

Für den speziellen Bereich der Kinder und Jugendpsychiatrie verstärken sich also die Bemühungen, die subjektiv wahrgenommene gesundheitsbezogene Lebensqualität von Kinder und Jugendlichen und ihren Familien zu erfassen und in den Behandlungs- und Therapieplan mit einzubeziehen. Besonders seit den späten 1990er Jahren existieren einige Ansätze zur Entwicklung von Messverfahren, um auch bei dieser Patientengruppe die Lebensqualität mit standardisierten Instrumenten zu erfassen und damit Aussagen darüber zu machen, wie sich Behandlungs- und Betreuungsmaßnahmen auf die von den Patienten selbsteingeschätzten Bereiche auswirken (Mattejat et al., 1998; Flechtner et al., 2000).

Eine besondere Schwierigkeit, mit der sich die Erfassung der Lebensqualität von Kindern und Jugendlichen mit psychischen Störungen bzw. der psychiatrischen Versorgung auseinandersetzen muss, besteht darin, dass die bei vielen Störungsbildern vorliegenden Merkmale der Psychopathologie schon direkt als solche in die Bewertung von Lebensqualitätsaspekten eingehen (Mattejat et al., 1998). Bei der Erhebung der Lebensqualität gerade in der Kinder- und Jugendpsychiatrie muss also berücksichtigt werden, dass subjektiv wahrgenommene Aspekte von Befindlichkeit möglichst trennscharf von psychopathologischen Phänomenen und psychiatrischen Symptomen abgegrenzt werden, so dass diesen eine eigene Stellung innerhalb der Bewertung von Therapiemaßnahmen zukommen kann (Flechtner et al., 2000).

Forschung zur Lebensqualität von Kindern und Jugendlichen

In der Forschung zur gesundheitsbezogenen Lebensqualität von Kindern und Jugendlichen lassen sich vier Richtungen differenzieren: Diese ist zum einen die epidemiologische Forschung mit dem Bestreben, das Wohlbefinden von Kindern in der Bevölkerung zu beschreiben und vor dem Hintergrund möglicher Einflussfaktoren zu erklären (Ravens-Sieberer et al., 2005a), im Weiteren die Interventionsforschung mit dem Bestreben, die Effekte unterschiedlicher

Interventionen oder Therapien auch hinsichtlich des Outcomes subjektiver Gesundheit zu prüfen (vgl. Clark u. Eiser, 2004), sowie die Qualitätssicherung und Gesundheitsökonomie, in denen Wohlbefinden als Qualitätskriterium und als Benefit von Versorgungsleistungen gesehen wird (Bullinger, 2000; Ravens-Sieberer et al., 2005c).

Während im Erwachsenenbereich die Lebensqualitätsforschung ab Mitte 1980 relativ schnell weit vorangeschritten war, beschäftigen sich zehn Jahre später immer noch weniger als 13 % aller Publikationen mit diesem Thema bei Kindern und Jugendlichen (Bullinger u. Ravens-Sieberer, 1995).

Diese Zurückhaltung ist vor dem Hintergrund der intensiven Auseinandersetzung mit Gesundheits- und Krankheitskonzepten von Kindern eigentlich erstaunlich (Lohaus, 1990); ein Grund dafür ist sicherlich das Problem, inwieweit und ab welchem Alter die kindliche Urteilsfähigkeit über das eigene Befinden, Leben und Verhalten so ausgeprägt ist, dass Konzepte zum eigenen Wohlbefinden im Selbstbericht erhoben werden könnten. Ein weiterer Grund bezieht sich auf die Frage, inwieweit das Konzept Lebensqualität für Kinder überhaupt relevant ist und wie es im kindlichen Bewusstsein repräsentiert ist. Ein Anlass zur Skepsis bezieht sich auf die Entwicklungsphasen, die ein Kind durchläuft, und die Notwendigkeit, diese Phasen auch in entsprechenden Messinstrumenten zu repräsentieren. Nicht zuletzt ist klärungsbedürftig, inwieweit die Selbstbeurteilung der Kinder von der Fremdbeurteilung der Eltern abweicht und was solche Unterschiede bedeuten (Bullinger u. Ravens-Sieberer, 1994; Landgraf u. Abetz, 1997).

In der jüngeren Zeit hat sich die Lebensqualitätsforschung sowohl im klinischen Bereich (Pädiatrie, auch in der Kinderpsychiatrie und Kinderpsychosomatik) als auch im Public-Health-Bereich (z. B. in Kinder- und Jugendgesundheitssurveys) etabliert (Bullinger et al., 2007). Die Arbeiten zeigen hier, dass viele Kinder und Jugendliche über eine beachtliche Adaptivität verfügen und so trotz schwieriger Lebensumstände eine hohe Lebensqualität berichten. Wenn auch z. B. bei eigener körperlicher Erkrankung die Lebensqualität im Vergleich zu einer unbelasteten Referenzpopulation beeinträchtigt ist, ist der Grad der Beeinträchtigung interindividuell verschieden.

Rolle der Gesundheit der Eltern für die Lebensqualität der Kinder

In vielen Arbeiten wurde die Elternperspektive zumeist parallel zur Perspektive der Kinder erfasst. Der KINDL-R wurde bei klinischen Populationen, aber auch bei gesunden Kindern und Jugendlichen eingesetzt (Bullinger et al., 1994; revidiert: Ravens-Sieberer u. Bullinger, 1998).

In diesen Studien an über 3000 gesunden und chronisch kranken Kindern und deren Eltern erwies sich der KINDL-R als ein praktikables und psychometrisch akzeptables Verfahren zur Erfassung der Lebensqualität von Kindern, das sowohl in einem Kernteil generische Aspekte der Lebensqualität von Kindern betrachtet als auch in Zusatzmodulen die spezifischen Belastungen von Erkrankungen im Kindesalter reflektiert.

Die Korrelation von Selbstbericht und Fremdbericht in der Lebensqualität lagen beim KINDL im mittleren Bereich und waren über die Studien hinweg nicht konsistent. Mit zunehmender Beobachtbarkeit von Verhalten (z. B. körperliche Subskala) stiegen die Korrelationen, bei Dimensionen des inneren Erlebens sanken sie. Die Divergenz war bei Jugendlichen größer als bei Kindern und bei Eltern gesunder Kinder höher als bei Eltern erkrankter Kinder (Ravens-Sieberer et al., 2005a).

Während diese Ergebnisse die Konkordanz im Lebensqualitätsurteil aus Elternsicht und Kindersicht reflektieren, sagen sie nichts über die Rolle der elterlichen Gesundheit für die kindliche Lebensqualität aus. Hierzu ist ein Design notwendig, das die psychische oder körperliche Gesundheit der Eltern erfasst und mit der Lebensqualitätsbeurteilung der Kinder in Zusammenhang stellt. Dies ist bisher nur in wenigen Studien untersucht worden – so z. B. in der COSMIN-Studie oder der COSIP-Studie bei Kindern körperlich erkrankter Eltern (Romer, 2007) und der CHIMPs-Studie bei Kindern psychisch erkrankter Eltern (Pollak et al., 2008).

Im Prinzip ist hierbei die elterliche Erkrankung eine Determinante der kindlichen Lebensqualität, wobei die Erkrankung als eine ordinale bzw. dichotome Variable aufgefasst wird und somit die Prüfung von Gruppenunterschieden im Vordergrund steht. Komplexere Fragen wie der Zusammenhang zwischen dem Schweregrad der Störung und der kindlichen Lebensqualität oder der Vergleich des Beitrags verschiedener Prädiktoren an der Varianzaufklärung der kindlichen Lebensqualität im Querschnitt oder sogar Längsschnitt fehlen noch. Auch aus epidemiologischen Studien ließen sich solche Ergebnisse ziehen – wenn parallel zur Lebensqualität der Kinder in einer bevölkerungsrepräsentativen Studie (wie z. B. dem KiGGS, Kinder- und Jugend-Gesundheitssurvey) auch Indikatoren der psychischen und körperlichen Gesundheit der Eltern erhoben werden.

Diskussion

Für die Beschäftigung mit der Lebensqualität von Kindern und Jugendlichen und der Rolle, die die Eltern – und besonders erkrankte Eltern – darin spielen, stellen sich für die Zukunft folgende Herausforderungen. Diese sind:

1. eine Präzisierung des Terminus »Lebensqualität« für Kinder und Jugendliche vor dem Hintergrund unterschiedlicher Alters- und Entwicklungskontexte,
2. eine verstärkte psychologische Theoriebildung über die Regulation von Wohlbefinden und Funktionsfähigkeit im Kinder- und Jugendbereich und entsprechende Forschungsarbeiten,
3. eine kritische Analyse der Instrumente zur Erfassung der gesundheitsbezogenen Lebensqualität von Kindern und Jugendlichen – auch hinsichtlich der Rolle von Selbst- und Fremdbeobachtung,
4. Forschung über die Beziehung von psychischen und sozialen Determinanten von Lebensqualität und deren Rolle für die Regulation der subjektiven Gesundheit, besonders der Determinante der psychischen und körperlichen Gesundheit der Eltern,
5. Modellbildung und Identifizierung von Maßnahmen, die zu einer Verbesserung der Lebensqualität bei Kindern, Eltern und in der Familie insgesamt beitragen,
6. Erarbeitung konkreter Interventionsansätze, sowohl auf Bevölkerungsebene, als auch auf individueller Ebene und speziell unter dem Aspekt der Prävention, mit dem Ziel, die Lebensqualität zu verbessern.

Die Hinwendung zum Verständnis kindlichen Erlebens deutet auch eine Wende in der Gesundheitsversorgung an. Lebensqualität wird so zum relevanten Kriterium für die Planung präventiver, kurativer und rehabilitativer Gesundheitsinterventionen, für die Beschreibung von Populationen, für die Diagnose junger Patienten und für die Beurteilung der Güte von Versorgungsleistungen insgesamt. Mit der Berücksichtigung von Wohlbefinden von Kindern und Jugendlichen in der Gesundheitsforschung erweitert sich damit die Perspektive zur ganzheitlichen Betrachtung des Kindes bzw. Jugendlichen und der assoziierten Risiko- und Schutzfaktoren (Bettge u. Ravens-Sieberer, 2003). Und für Kinder psychisch kranker Eltern wird nicht nur der Blick auf die Beschreibung ihrer Situation möglich, sondern auch deren Veränderung durch spezifische Interventionen (Nicholson et al., 2007).

Lebensqualität ist zwar ein komplexes Konstrukt, das aber, wie der vorliegende Beitrag zu zeigen versucht hat, auch für Kinder und Jugendliche relevant ist und das zum Verständnis der subjektiven Gesundheit von Kindern psychisch kranker Eltern beitragen kann.

Literatur

Achenbach, T. M., Edelbrock, C. S. (1983). Manual for Child Behavior Checklist and revised child behavior profile. Burlington V. T.: University of Vermont.

Andelman, R. B., Attkisson, C. C., Rosenblatt, A. B. (2004). Quality of life of children: Toward conceptual clarity. In M. E. Maruish (Ed.), The use of psychological testing for treatment planning and outcomes assessment. (Volume 2: Instruments for children and adolescents) (3rd. ed.) (pp. 477–510). Mahwah, N. J.: Lawrence Erlbaum Associates.

Bettge, S., Ravens-Sieberer, U. (2003). Schutzfaktoren für die psychische Gesundheit von Kindern und Jugendlichen – empirische Ergebnisse zur Validierung eines Konzepts. Gesundheitswesen, 65 (3), 167–172.

Bircher, J. (2005). Towards a dynamic definition of health and disease. Medicine, Health Care and Philosophy, 8 (3), 335–41.

Bullinger, M. (2000). Lebensqualität – Aktueller Stand und neuere Entwicklungen der internationalen Lebensqualitätsforschung. In U. Ravens-Sieberer, A. Cieza (Hrsg.), Lebensqualität und Gesundheitsökonomie in der Medizin. Konzepte – Methoden – Anwendungen (S. 13–24). Landsberg: Ecomed.

Bullinger, M., Ravens-Sieberer, U. (1995). Grundlagen, Methoden und Anwendungsgebiete der Lebensqualitätsforschung bei Kindern. Praxis der Kinderpsychologie und Kinderpsychiatrie, 44 (10), 391–399.

Bullinger, M., Ravens-Sieberer, U. (2006). Quality of life and chronic conditions: the perspective of children and adolescents in rehabilitation. Praxis der Kinderpsychologie und Kinderpsychiatrie, 55, 23–35.

Bullinger, M., Mackensen, S. Kirchberger, I. (1994). KINDL – ein Fragebogen zur Erfassung der Lebensqualität von Kindern. Zeitschrift für Gesundheitspsychologie, 2, 64–77.

Bullinger, M., Petersen, C., Schmidt, S. (2002a). European Pediatric Health-Related Quality of Life Assessment – The DISABKIDS Group. Quality of Life Newsletter, 29.

Bullinger, M., Schmidt, S., Petersen, C., The DISABKIDS Group (2002b). Assessing quality of life of children with chronic health conditions and disabilities: a European approach. Internat. J. Rehab. Research, 25, 197–206.

Bullinger, M., Schmidt, S., Petersen, C., Erhart, M., Ravens-Sieberer, U. (2007). Methodological challenges and potentials of health-related quality of life evaluation in children with chronic health conditions under medical health care. Medizinische Klinik, 102, 734–45.

Clark, S. A, Eiser, C. (2004). The measurement of health-related quality of life (QOL) in paediatric clinical trials: a systematic review. Health Qual Life Outcomes, 22 (2), 66.

De Civita, M., Regier, D., Alamgir, A.H., Anis A. H., Fitzgerald, M. J., Marra, C. A. (2005). Evaluating health-related quality-of-life studies in paediatric populations: some conceptual, methodological and developmental considerations and recent applications. PharmacoEconomics, 23, 659–85.

Edwards, T. C., Huebner, C. E., Conell, F. A., Patrick, D. L. (2002). Adolescents quality of life, Part I: conceptual and measurement model. J. Adolesc., 25, 275–86.

Eiser, C. (1997). Children's quality of life measures. Archives of Diseases in Childhood, 77, 350–354.

Eiser, C., Morse, R. (2001a). A review of measures of quality of life for children with chronic illness. Arch. Dis. Child, 84, 205–11.

Eiser, C., Morse, R. (2001b). Can parents rate their child's health-related quality of life? Results of a systematic review. Qual. Life Res., 10, 347–57.

Eiser, C., Morse, R. (2001c). The measurement of quality of life in children: past and future perspectives. Journal of Dev. Behav. Pediatr., 22, 248–256.

Flechtner, H., Hellmann-Mersch, B. Kranendonk, S., Luther, S., Möller, K., Lehmkuhl, G.

(2000). Zur Erfassung von Lebensqualität in der Kinder- und Jugendpsychiatrie. Jahrbuch Medizinische Psychologie. Göttingen: Hogrefe.

Grob, A., Luethi, R., Kaiser, F. G., Flammer, A., Mackinnon, A., Wearing, A. J. (1991). Berner Fragebogen zum Wohlbefinden Jugendlicher (BFW). Diagnostica, 37, 66–75.

Herdman, M., Rajmil, L., Ravens-Sieberer, U. et al. (2002). Expert consensus in the development of a European health-related quality of life measure for children and adolescents: a Delphi study. Acta Paediatr., 91, 1385–90.

Landgraf, I., Abetz, L., Ware, J. (1997). Child Health Questionnaire (CHQ): a users manual. The Boston: Health Institute Press.

Lenz, A. (2008). Kinder psychisch kranker Eltern. Praxis der Kinderpsychologie und Kinderpsychiatrie, 57, 733–734.

Lohaus, A. (1990). Gesundheit und Krankheit aus der Sicht von Kindern. Göttingen: Hogrefe.

Mattejat, F., Remschmidt, H. (2008). The children of mentally ill parents. Deutsches Ärzteblatt, 105, 413–418.

Mattejat, F., Jungmann, J., Meusers, M., Moik, C., Schaff, C., Schmidt, M.-H., Scholz, M., Remschmidt, H. (1998). Das Inventar zur Erfassung der Lebensqualität bei Kindern und Jugendlichen (ILK). Zeitschrift für Kinder- und Jugendpsychiatrie und Psychotherapie, 26, 174–182.

Nicholson, J., Hinden, B. R., Biebel, K., Henry, A. D., Katz-Leavy, J. (2007). A qualitative study of programs for parents with serious mental illness and their children: building practice-based evidence. J. Behav. Health Serv. Res., 34, 395–413.

O'Connell, K (2008). What can we learn? Adult outcomes in children of seriouslymentally ill mothers. J. Child Adolesc. Psychiatr. Nurs., 21 (2), 89–104.

Ostman, M. (2008). Interviews with children of persons with a severe mental illness investigating their everyday situation. Nord. J. Psychiatry, 62, 354–359.

Pless, M., Ibragimova, N., Adolfsson, M., Björck-Akesson, E., Granlund, M. (2009). Evaluation of in-service training in using the ICF and ICF version for children and youth. J. Rehabil. Med., 41, 451–458.

Pollak, E., Bullinger, M., Jeske, J., Wiegand-Grefe, S. (2008). How do mentally ill parents evaluate their children's quality of life? Associations with the parent's illness and family functioning. Prax Kinderpsychol. Kinderpsychiatr., 57, 301–314

Radoschewski, M. (2000). Gesundheitsbezogene Lebensqualität – Konzepte und Maße. Entwicklungen und Stand im Überblick. Bundesgesundheitsblatt – Gesundheitsforschung – Gesundheitsschutz, 43, 165–89.

Rajmil, L., Herdman, M., De Sanmamed, M. J. F., Detmar, S., Bruil, J., Ravens-Sieberer, U., Bullinger, M., Simeoni, M. C., Auquier, P., Kidscreen Group (2004). Generic Health-related Quality of Life Instruments in Children and Adolescents: A Qualitative Analysis of Content. J. Adol. Health, 34, 37–45.

Ravens-Sieberer, U. (2000). Verfahren zur Erfassung der gesundheitsbezogenen Lebensqualität bei Kindern und Jugendlichen – Ein Überblick. Bundesgesundheitsblatt – Gesundheitsforschung – Gesundheitsschutz, 43, 198–209.

Ravens-Sieberer, U., Bullinger, M. (1998). Assessing health related quality of life in chronically ill children with the German KINDL: first psychometric and content analytical results. Quality of Life Research, 7 (5), 399–407.

Ravens-Sieberer, U., Bettge, S., Barkmann, C., Schulte-Markwort, M. (2005a). Das seelische Wohlbefinden unserer Kinder – die Bella Studie. Public Health Forum, 13 (47), 24.

Ravens-Sieberer, U., Gosch, A., Rajmil, L., Erhart, M., Bruil, J., Duer, W., Auquier, P., Power, M., Abel, T., Czemy, L., Mazur, J., Czimbalmos, A., Tountas, Y., Hagquist, C., The European KIDSCREEN Group. (2005b). The KIDSCREEN-52 Quality of life measure for

children and adolescents: Development and first results from a European survey. Expert Review of Pharmacoeconomics, Outcome Research, 5 (3), 353–364.
Ravens-Sieberer, U., Redegeld, M., Bauer, C.-P., Mayer, H., Stachow, R., Kiosz, D., van Egmond-Fröhlich, B., Rempis, R., Kraft, D., Bullinger, M. (2005c). Lebensqualität chronisch kranker Kinder und Jugendlicher in der Rehabilitation. Zeitschrift für Medizinische Psychologie, 14, 5–12.
Redegeld, M. (2004). Lebensqualität chronisch kranker Kinder und Jugendlicher: Eltern- vs. Kinderperspektive. Hamburg: Dr. Kovac.
Romer, G. (2007). Children of somatically ill parents: psychological stressors, ways of coping and perspectives of mental health prevention. Prax. Kinderpsychol. Kinderpsychiatr., 56, 870–90.
Schor, E. L. (1998). Children's health and the assessment of health-related quality of life. In D. Drotar (Ed.), Measuring health-related quality of life in children and adolescents (pp. 25–39). New Jersey: Lawrence Hillbaum.
Seiffge-Krenke, I. (1990). Krankheitsverarbeitung bei Kindern und Jugendlichen. Jahrbuch der Medizinischen Psychologie. Heidelberg: Springer.
Sullivan, M. (2003). The new subjective medicine: taking the patient's point of view on health care and health. Social Science & Medicine, 56 (7), 1595–1604.
Taillefer, M., Dupuis, G., Roberge, M., Le May, S. (2003). Health-related quality of life models: Systematic review of the literature. Social Indicators Research, 64, 293–323.
Theunissen, N. C., Vogels, T. G., Koopman, H. M. et al. (1998). The proxy problem: child report versus parent report in health-related quality of life research. Qual. Life Res., 7, 387–97.
Varni, J. W., Burwinkle, T. N., Lane, M. M. (2005). Health-related quality of life measurement in pediatric clinical practice: An appraisal and precept for future research and application. Health Qual Life Outcomes, 16 (3) 34.
Varni, J. W., Seid, M., Rode, C.A. (1999). The PedsQLTM: Measurement Model for the Pediatric Quality of Life Inventory. Med Care, 37, 126–139.
Wallander, J. L., Schmitt, M., Koot, H. M. (2001). Quality of life measurement in children and adolescents: Issues, instruments, and applications. J. Clin. Psychol., 57 (4), 571–585.
Ware, J. E. (2003). Conceptualization and measurement of health-related quality of life: Comments on an evolving field. Archives of physical medicine and rehabilitation, 84 (2), 43–51.
Warschburger, P. (2000). Chronisch kranke Kinder und Jugendliche. Göttingen: Hogrefe.
WHO (1948). Constitution of the World Health Organization. Geneva: World Health Organization.
WHO (2007). International Classification of Functioning, Disability and Health – Children and Youth Version. Geneva: World Health Organization.
WHOQOL Group (1995). The World Health Organization Quality of Life Assessment (WHOQOL): Position paper from the World Health Organization. Social Science and Medicine, 41, 1403–1409.

Gesundheitsbezogene Lebensqualität von Kindern psychisch kranker Eltern – empirische Befunde

Jana Jeske, Eva Pollak, Monika Bullinger, Silke Wiegand-Grefe

Aus der wissenschaftlichen Literatur heraus lässt sich der Begriff der Lebensqualität wie folgt bestimmen: »Unter Lebensqualität ist ein psychologisches Konstrukt zu verstehen, das die körperlichen, psychischen, mentalen, sozialen und funktionalen Aspekte des Befindens und der Funktionsfähigkeit der Patienten aus ihrer Sicht beschreibt« (Bullinger u. Ravens-Sieberer, 1996). Die meisten Forschungsarbeiten zum Thema Lebensqualität stammen aus dem Bereich der Onkologie, anderen (chronischen) körperlichen Erkrankungen und der Psychiatrie. Nur ca. 13 % der Forschungsarbeiten beziehen sich auf die Erforschung der Lebensqualität bei Kindern und Jugendlichen (Bullinger u. Ravens-Sieberer, 1996). Dabei liegt der Fokus auf chronisch körperlich kranken Kindern und Jugendlichen. In neuerer Zeit liegen einige Ergebnisse zur Lebensqualität aus dem Bereich der Kinder- und Jugendpsychiatrie vor (Ravens-Sieberer et al., 2003). Besondere Aufmerksamkeit wird dabei der psychiatrischen Morbidität gewidmet. So weisen Studien zur Schizophrenie, zu Angststörungen und zur Depression auf niedrigere Werte in der gesundheitsbezogenen Lebensqualität hin (Ravens-Sieberer et al., 2003). Eine besondere Herausforderung der Erforschung von Lebensqualität bei Kindern und Jugendlichen liegt in der Art der Erhebung. So können Kinder und Jugendliche erst in höherem Lebensalter, in der Regel ab etwa zehn Jahren, selbst befragt werden, so dass teils nur Fremdbeurteilungen seitens der Eltern oder anderer Bezugspersonen vorliegen. Diese sind immer mit Einschränkungen zu betrachten (Ravens-Sieberer et al., 2003).

Kinder psychisch kranker Eltern sind als Hochrisiko-Gruppe in der Kinder- und Jugendpsychiatrie bekannt (Mattejat u. Remschmidt, 2008; Wiegand-Grefe, Romer u. Möller, 2008). Dabei werden sowohl Risiko- als auch Resilienzfaktoren hinsichtlich einer erhöhten psychischen Auffälligkeit als auch für Entwicklungsrisiken betrachtet (Noeker u. Petermann, 2008; Petermann, Petermann u. Damm, 2008; Wiegand-Grefe, Geers, Plass, Petermann u. Riedesser, 2009). Die psychische Gesundheit der Kinder und ihre gesundheitsbezogene Lebensqualität sind jedoch eng miteinander verknüpft (Jeske, 2006; Wiegand-Grefe, Jeske, Bullinger, Plass u. Petermann, 2010b). So überrascht es, dass bisher nur wenige Studien zur Lebensqualität von Kindern psychisch kranker Eltern vorliegen.

Die Betrachtung einzelner Einflussfaktoren für die psychische Gesundheit und die Lebensqualität der Kinder und Jugendliche basiert auf dem Rahmenmodell zu den psychosozialen Vermittlungsprozessen bei Kindern von Eltern mit psychischen Störungen (Mattejat, Wüthrich u. Remschmidt, 2000) und seinen Erweiterungen (Wiegand-Grefe, 2007). In diesem Modell werden zum einen eine mögliche genetisch-biologische Belastung für die Kinder durch die elterliche Erkrankung und ihre Auswirkungen auf das Kind dargestellt. Zum anderen sind Faktoren aufgeführt, die sich in Abhängigkeit von der Störung und den jeweiligen Bedingungen des erkrankten Elternteils und der Familie verändern könnten, wie vor allem die Krankheitsbewältigung und der Umfang und die Qualität der interpersonellen Beziehungen. Als »Outcome«-Variablen werden Faktoren der kindlichen Entwicklung bezeichnet, die sich in Abhängigkeit der Risiko- und Schutzfaktoren verändern. Dazu zählen vor allem das Bindungsverhalten, die sozialen Kompetenzen, die psychische Gesundheit und die Lebensqualität des Kindes. Dennoch stand die Lebensqualität bisher wenig im Zentrum empirischer Betrachtungen. Der Einbezug der Lebensqualität verändert die Sichtweise auf betroffene Kinder in eine vermehrt ressourcenorientierte Art und Weise.

Projekt

Methode

Das Forschungsprojekt »CHIMPs – Children of mentally ill parents« an der Kinder- und Jugendpsychiatrie des Universitätsklinikums Hamburg-Eppendorf beschäftigt sich mit den psychosozialen Risikofaktoren für Kinder aus Familien mit einem psychisch kranken Elternteil. Das langfristige Ziel der Forschungsgruppe ist die Entwicklung, Evaluierung und langfristige Implementierung eines präventiven Beratungsangebots für Familien mit mindestens einem psychisch erkrankten Elternteil.

Das Forschungsprojekt teilt sich in eine Pilot-/Vorstudie und eine Interventionsstudie. Im Rahmen der explorativen Pilot-/Vorstudie wurde vom 15. 8. 2005 bis 15. 5. 2006 eine einrichtungsrepräsentative Querschnitterhebung an allen in der Klinik für Psychiatrie des Universitätsklinikums Hamburg-Eppendorf aufgenommenen Patienten unter 60 Jahren durchgeführt (N = 964). Erhoben wurden mittels standardisierter Verfahren und ergänzender offener Fragen der spezifische Unterstützungsbedarf der Familien sowie die Einflüsse wesentlicher somatischer und psychosozialer Risikofaktoren auf die Lebensqualität und die psychische Gesundheit der Kinder. Dadurch liegen eine Reihe von Angaben zu den demographischen Variablen der Patienten, zur psychischen Störung, zur Krankheitsbewältigung, zur Wohn- und Lebenssituation, zur Qualität der inner- und außerfamiliären Beziehungen, zur Lebensqualität des erkrankten Elternteils sowie zur psychischen Gesundheit und Lebensqualität der Kinder aus Sicht des betroffenen Elternteils vor. Ergänzend sind mittels eines Fragebogens für den behandelnden Arzt wesentliche Faktoren der Störung und Behandlung sowie eine Einschätzung der Urteilsfähigkeit und Krankheitsbewältigung erhoben worden (Wiegand-Grefe u. Pollak, 2006).

Informationen zur Lebensqualität der betroffenen Kinder und Jugendlichen wurden mittels Fremdbeurteilung durch das betroffene Elternteil eingeholt.

Stichprobe

Einschlusskriterien für die Teilnahme an der Studie waren: Elternteil mindestens eines Kindes im Alter von 4 bis 18 Jahren, Alter des erkrankten Elternteils zwischen 18 und 60 Jahren, mindestens einwöchiger stationärer Aufenthalt in der Klinik für Psychiatrie des Universitätsklinikums Hamburg-Eppendorf im Untersuchungszeitraum sowie ein ausreichendes Verständnis der deutschen Sprache zur Beantwortung der Fragen und die Einwilligung in die Untersuchung. Ausschlusskriterien waren: eine frühere Teilnahme an der Untersuchung (bei wiederholter Aufnahme innerhalb des Erhebungszeitraums) und schwerste psychische und/oder kognitive Beeinträchtigung, so dass eine Befragung unzumutbar erschien (z. B. eine akut psychotische Phase).

Messinstrumente

Die relevanten Konstrukte wurden mit folgenden Instrumenten erhoben:

Elterliche Erkrankungsfaktoren: Die ICD-10-Diagnosen wurden durch den behandelnden Arzt der jeweiligen psychiatrischen Station des Universitätsklinikums Hamburg-Eppendorf vorgenommen (WHO, 2005).

Der *Schweregrad der elterlichen Erkrankung* wurde mittels des ersten Items der Clinical Global Impression, CGI (NIMH, 1996), durch den behandelnden Arzt festgestellt. Die CGI-Skalen werden weltweit in der klinischen Praxis verwendet. Das erste Item (»Severity of Illness«) der CGI umfasst eine achtstufige Skala, auf welcher der Schweregrad der psychischen Störung global beurteilt wird. Die Antwortkategorien erfolgen von (1) »nicht beurteilbar«, (2) »Patient ist überhaupt nicht krank«, (3) »Patient ist ein Grenzfall psychiatrischer Erkrankung«, (4) »Patient ist nur leicht krank«, (5) »Patient ist mäßig krank«,

(6) »Patient ist deutlich krank«, (7) »Patient ist schwer krank« bis (8) »Patient gehört zu den extrem schwer Kranken«.

Die *subjektive Beeinträchtigung* durch die psychische Störung wird mit der SCL-14, der Kurzform der deutschen Version der SCL-90 (Franke, 1995), ermittelt. Die Symptom-Checkliste SCL-14 enthält 14 Items zur Erfassung der subjektiven Beeinträchtigung durch körperliche und psychische Symptome innerhalb der vergangenen sieben Tage. Der Patient gibt diese auf einer fünfstufigen Skala mit den Antwortkategorien (0) »überhaupt nicht«, (1) »ein wenig«, (2) »ziemlich«, (3) »stark« und (4) »sehr stark« an. Bei Auswertung ergeben sich drei Subskalen: Depressivität, phobische Angst und Somatisierung. Als Gesamtwert wird der GSI-14, der Global Severity Index, berechnet. Dieser gibt die grundsätzliche psychische Belastung durch die Symptome an und ist ein guter Indikator für das aktuelle Ausmaß der psychischen Belastung.

Die *Art der elterlichen Krankheitsverarbeitung* wurde mit der Kurzform des Freiburger Fragebogens zur Krankheitsverarbeitung (FKV-LIS, Muthny, 1989) erhoben. Der FKV enthält 35 Items, die sowohl als Selbst- wie auch als Fremdeinschätzungsmodul (FKV-LIS-SE und -FE) bestehen. Ziel des Instruments ist die Erfassung unterschiedlicher Strategien der Krankheitsverarbeitung auf der kognitiven, der emotionalen und der verhaltensbezogenen Ebene. Der Patient beurteilt seine Reaktion auf die psychische Erkrankung auf einem fünfstufigen Antwortformat mit den Antwortkategorien (0) »gar nicht«, (1) »wenig«, (2) »mittelmäßig«, (3) »ziemlich«, (4) »sehr stark«. Daraus ergeben sich für die Beurteilung der Ergebnisse Werte zwischen 0 (»gar nicht«) und 4 (»sehr stark«). Faktorenanalysen ergeben dann die fünf Skalen »Depressive Verarbeitung«, »Aktives problemorientiertes Coping«, »Ablenkung und Selbstaufbau«, »Religiosität und Sinnsuche«, »Bagatellisierung und Wunschdenken«.

Außerdem wurde die *Angemessenheit der individuellen und familiären Krankheitsbewältigung* mittels einem Item aus der PANSS (Kay, Fiszbein u. Opler, 1987) als Arzturteil und einem direkten, ad hoc formulierten Item des Arztes sowie die familiäre Krankheitsbewältigung mittels Ad-hoc-Items aus Patientensicht erfragt, beispielsweise, ob in der Familie aus Sicht des Patienten über die Erkrankung gesprochen und dem Kind die Erkrankung erklärt wurde.

Der *elterliche Bindungsstil* wird mit dem Bielefelder Fragebogen zu Partnerschaftserwartungen (BFPE) erhoben (Höger u. Buschkämper, 2002). Ziel des Instruments ist die Erfassung des elterlichen Bindungsstils. Der Patient beurteilt seine aktuelle oder vergangene Partnerschaft auf 31 Items mit einem fünfstufigen Antwortformat von (0) »»trifft überhaupt nicht zu« bis (4) »trifft genau zu«. Aus einer spezifischen Konfiguration der Werte der drei Skalen (Zuwendungsbedürfnis, Akzeptanzprobleme und Öffnungsbereitschaft) ergeben sich fünf Bindungsmuster »vermeidend-anklammernd«, »bedingt sicher«, »sicher«, »ambivalent-anklammernd« und »ambivalent-verschlossen«.

Die *gesamtfamiliäre Funktionalität* wurde mit dem Allgemeinen Modul der Familienbögen (FB-A, Cierpka u. Frevert, 1994) erhoben. 40 Items in sieben Dimensionen wie Aufgabenfüllung, Rollenverhalten, Kommunikation, Emotionalität, Affektive Beziehungsaufnahme, Kontrolle, Werte und Normen, soziale Erwünschtheit und Abwehr sowie die Ressourcen und Probleme einer Familie im Allgemeinen. Die Ergebnisse werden zu T-Werten transformiert. Ein T-Wert unter 50 spricht dabei für eine Ressource, während ein T-Wert über 60 für den Problembereich steht.

Ergänzend zur Selbstbeurteilung der Familie aus Sicht des erkrankten Elternteils bewerten die Therapeuten die Funktionalität der Patientenfamilie mit der Global Assessment of Relational Functioning Scale (GARF, Group for the Advancement of Psychiatry, 1996). Die Skala von 0–100 ist in fünf Kategorien unterteilt (»gut funktionierendes« bis »sehr schwer gestörtes« Beziehungssystem).

Für die *psychische Gesundheit der Kinder* wurde die deutschsprachige Version der »Child Behavior Checklist« (CBCL/4-18) von Achenbach (1991) verwendet. Die Eltern beurteilen mit Hilfe von 120 Items Verhaltensauffälligkeiten, emotionale Auffälligkeiten und körperliche Beschwerden in den vergangenen sechs Monaten auf einer dreistufigen Skala mit den Antwortkategorien (0) »nicht zutreffend«, (1) »etwas oder manchmal zutreffend« und (2) »genau oder häufig zutreffend«. Daraus ergeben sich drei übergeordnete Skalen und acht Syndromskalen: Skala »Internalisierte Auffälligkeiten« mit den Syndromskalen »sozialer Rückzug«, »körperliche Beschwerden«, »Angst/Depression«. Skala »Externalisierte Auffälligkeiten« mit den Skalen »dissoziales Verhalten«, »aggressives Verhalten« und Skala »Gemischte Auffälligkeiten« mit den Skalen «soziale Probleme«, »schizoid/zwanghaft«, »Aufmerksamkeitsprobleme«.

Die *gesundheitsbezogene Lebensqualität* der Kinder wurde mit der Elternform des KINDL-R (Ravens-Sieberer u. Bullinger, 2000) erhoben. 24 Items erfassen auf einer Likert-Skala die kindliche Lebensqualität im Allgemeinen und in einzelnen Dimensionen: körperliches Wohlbefinden, psychisches Wohlbefinden, Selbstwert, Familie, Freunde und Funktionsfähigkeit im Alltag (Schule bzw. Vorschule/Kindergarten). Zur Auswertung des KINDL-R werden Scores zu den einzelnen Subskalen sowie der Total-Score berechnet. Die Items der sechs Dimensionen werden mit den Antwortkategorien (1) »immer«, (2) »meistens«, (3) »manchmal«, (4) »selten« und (5) »nie« beurteilt. Vor der Auswertung werden die Rohwerte der Skalen in Werte von 0–100 transformiert, wobei 0 die niedrigste und 100 die höchste Lebensqualität angibt.

Ergebnisse

Im Folgenden sollen Ergebnisse vorgestellt werden, die im Rahmen der Vorstudie des Forschungsprojekts CHIMPs über die möglichen Einflussvariablen für die Beurteilung der Lebensqualität der Kinder und Jugendlichen mit einem psychisch erkrankten Elternteil erste Erkenntnisse liefern können.

In diesem Kapitel werden Ergebnisse von folgenden Einflussfaktoren für die elterliche Beurteilung der kindlichen Lebensqualität in Bezug auf die gesundheitsbezogene Lebensqualität der Kinder vorgestellt:
- psychische Gesundheit der Kinder (aus Elternsicht),
- elterliche spezifische und unspezifische Erkrankungsfaktoren (Diagnose, Schweregrad, Komorbidität, subjektive Beeinträchtigung durch die Erkrankung),
- elterliche Krankheitsverarbeitung,
- elterlicher Bindungsstil,
- Familienfunktionalität.

Alle Befunde basieren auf deskriptiven und inferenzstatistischen Berechnungen aus der Vorstudie bei einem Alphafehlerniveau von 5 %. Fehlende Werte wurden in den standardisierten Fragebögen durch variablenspezifische Mittelwerte ersetzt (max. 20 % Missings pro Person bei einem Instrument).

Hinsichtlich der einzelnen zu überprüfenden Parameter und Einflussfaktoren liegen unterschiedliche Stichprobengrößen vor. Bei der Beschreibung der demographischen Variablen und der elterlichen Erkrankungsfaktoren liegen zumeist 86 vollständige Datensätze vor. Hinsichtlich spezifischere Aspekte wie u. a. Bindung, Krankheitsbewältigung oder der kindlichen Faktoren kann die Stichprobengröße geringer sein, da Elternteile die entsprechenden Bögen teils nicht oder nur unvollständig ausfüllten.

Stichprobenbeschreibung

Im Erhebungszeitraum wurden insgesamt 964 an der Klinik für Psychiatrie des Universitätsklinikums Hamburg-Eppendorf aufgenommen, von denen 167 Eltern von mindestens einem Kind unter 18 Jahren waren und die o. g. Einschlusskriterien erfüllten. 42 dieser Eltern verweigerten eine Teilnahme an der Studie und weitere 39 nahmen aus sonstigen Gründen nicht teil (Kind unter 4. Lebensjahr, kein Kontakt mehr zum Kind, Kind verstorben etc.). So ergibt sich eine Stichprobengröße von 86 Eltern (Jeske, 2006; Wiegand-Grefe et al. 2010b). Die erkrankten Elternteile waren zu gleichen Anteilen Frauen und Männer (jeweils 43). Sie waren im Mittel 41 Jahre alt (SD = 7.9).

Tabelle 1: Soziodemographische Beschreibung der Analysestichprobe (N = 86 Eltern) (aus: Jeske, 2006)

Merkmal		N (86)	%
Familienstand	ledig	19	22.1
	verheiratet	44	51.2
	geschieden	19	22.1
	verwitwet	1	1.2
	getrennt lebend	2	2.3
	Keine Angabe	1	1.2
Höchster Schulabschluss	Sonderschule	1	1.2
	Hauptschule	20	23.3
	Realschule	27	31.4
	Abitur/Fachhochschulreife	35	40,7
	ohne Abschluss	1	1.2
	Sonstiger Abschluss	2	2.3
Höchster Berufsabschluss	Noch in Ausbildung	3	3.5
	Lehre	34	39.5
	Meister/Fachschule	6	7
	Fachhochschule/Universität	21	24.4
	ohne Abschluss	13	15.1
	sonstiger Abschluss	6	7
	Keine Angabe	3	3.5
monatliches familiäres Nettoeinkommen	< 1000 €	24	28
	1000 – 2000 €	28	32.6
	2000 – 3000 €	19	22.1
	3000 – 4000 €	9	10.5
	> 4000 €	3	10.5
	keine Angabe	3	10.5
jetzige oder zuletzt ausgeübte Berufstätigkeit	Arbeiter	15	17.4
	Facharbeiter	3	3.5
	Einfach./mittl. Angestellter/Beamter	27	31.4

Die Tabelle 1 zeigt die wichtigsten demographischen Variablen zur Beschreibung der Stichprobe. 51.2 % der Eltern sind verheiratet, 22.1 % geschieden, 2.3 % leben getrennt von ihrem Ehepartner und 22.1 % sind ledig. Jeweils ein Elternteil ist verwitwet bzw. hat keine Angabe zum Familienstand gemacht. Bei 55 der befragten Eltern lebten die Kinder im gleichen Haushalt. Die verbleibenden 31 Kinder lebten zum größten Teil bei dem anderen Elternteil. Jeweils zwei Kinder lebten bei Verwandten oder einer Pflege- bzw. Adoptivfamilie und jeweils eins der Kinder waren fremd untergebracht bzw. in einer eigenen Wohnung.

Hinsichtlich der Diagnosegruppen litten die meisten Elternteile (27) unter einer affektiven Störung (ICD-10, F3), jeweils 21 wiesen Störungen durch psychotrope Substanzen (F1) oder neurotische, Belastungs- und somatoforme Störungen (F4) auf, 13 litten unter schizophrenen Störungen (F2) und vier unter Persönlichkeitsstörungen (F6). Über die Hälfte wies zudem mindestens eine weitere psychische Störung auf (59 %). 2005 gab Wittchen in einer Pressemitteilung im Rahmen des 1. Deutschen Präventionskongresses eine Auftrittsrate einer komorbiden Störung von 50 % in der europäischen Gesamtbevölkerung an (Jeske, 2006). Damit liegt die Komorbiditätsrate in der Analysestichprobe höher.

Hinsichtlich des Schweregrades der Erkrankung der Elternteile unterscheidet sich die Analysestichprobe signifikant von einer Vergleichsstichprobe (NIMH, 1996), die Analysestichprobe ist stärker beeinträchtigt (t = 68.726, df = 81, p = .000). Über die Hälfte der Elternteile ist deutlich krank (59.8 %), 18.3 % sind schwer krank und als mäßig erkrankt erweisen sich 17.1 %. Die Mehrheit der Elternteile ist also schwer beeinträchtigt (Jeske, 2006).

Hinsichtlich der subjektiven Beeinträchtigung liegen ähnliche Ergebnisse vor. Die Analysestichprobe unterscheidet sich signifikant von der Testvalidierungsstichprobe, die Harfst et al. (2002) angeben. Dies gilt für den Gesamtwert der Beeinträchtigung (t = 5.33, df = 85, p = .000) sowie für die Skalen »Depressivität« (t = 6.23, df = 85, p = .000) und »Phobische Angst« (t = 3.47, df = 85, p = .001).

Für die Krankheitsverarbeitung ist die Interpretation der Ergebnisse nicht eindeutig. Für den FKV liegen keine Vergleichsmittelwerte vor. Da der FKV häufig im Bereich schwerer chronischer Erkrankungen verwendet wird, liegen hier einige Ergebnisse/Vergleichswerte vor. Die Mittelwerte auf der Skala »Aktives problemorientiertes Coping« liegen über 2, die Mittelwerte der anderen Skalen über 1. Dies verdeutlicht, dass die Eltern der Analysestichprobe ihre psychischen Erkrankungen wenig bis gar nicht im Sinne der Bewältigungsstile des FKV verarbeiten.

Hinsichtlich der Verteilung der Bindungsstile der erkrankten Eltern weicht die Analysestichprobe signifikant von einer bevölkerungsrepräsentativen Stichprobe (N = 1406) ab (Chi: 11.003, df = 4, p = .027). Höger et al. (2008) legen Mittelwerte vor, nach denen u. a. 19.6 % der Populationsstichprobe einen sicheren Bindungsstil aufweisen gegenüber 9.8 % der Analysestichprobe, während ambivalente Bindungsstile in der Analysestichprobe überrepräsentiert waren (Jeske et al., 2009).

Die Ergebnisse der familiären Funktionalität liefern unterschiedliche Ergebnisse in den zwei verschiedenen Beurteilungsebenen. Während die Eltern selbst sich sowohl bezüglich der allgemeinen Funktionalität und der Mehrheit der Skalen mit einem Mittelwert von über 50 (Ausnahme sind die Skalen »Soziale Erwünschtheit«: MW = 42.24 und »Abwehr«: MW = 48.15), also dem Grenzbereich beurteilen, beurteilen die Therapeuten die Mehrheit der Familien im dysfunktionalen Bereich (MW = 44.51) (Jeske et al., 2010a).

Elterliche Einschätzungen der Lebensqualität der Kinder

Die Einschätzungen der erkrankten Elternteile zur Lebensqualität der Kinder liegen signifikant unter den Mittelwerten der Referenzstichprobe (Tab. 2).

Tabelle 2: Gesundheitsbezogene Lebensqualität der Kinder (KINDL-R) im Vergleich zur Bevölkerungsstichprobe (aus: Jeske et al., 2009)

KINDL-R	N	M	SD	T	df	P (2-seitig)
Total Quality of Life	61	70.82	12.98	-3.61	60	.001*
Körperliches Wohlbefinden	61	71.00	19.09	-1.40	60	.166
Psychisches Wohlbefinden	61	70.49	18.04	-5.46	60	.000*
Selbstwert	60	67.91	17.50	.547	59	.586
Familie	60	68.85	19.88	-6.05	59	.000*
Freunde	61	73.77	13.77	-2.45	60	.017*
Schule	54	70.60	18.83	-1.36	53	.178

Die signifikanten Ergebnisse gelten für die Gesamtskala des KINDL-R und die Subskalen »Psychisches Wohlbefinden«, »Familie«, »Freunde« und »Schule« (Ravens-Sieberer, Bettge u. Erhart, 2003).

Korrelationsberechnungen zwischen den beiden fremdbeurteilten Variablen »Lebensqualität« und »psychische Gesundheit der Kinder« ergaben signifikante Zusammenhänge. Die über alle Skalen des KINDL-R und der CBCL durchgeführten Korrelationen ergaben signifikante Zusammenhänge (Jeske, 2006; Wiegand-Grefe, Jeske, Bullinger, Plass u. Petermann, 2010b). Die Ergebnisse zur psychischen Gesundheit der Kinder werden in dem Beitrag »Elterliche Erkrankung und Gesundheit der Kinder« von Wiegand-Grefe, Geers, Petermann und Plass in diesem Band ausführlicher berichtet.

Elterliche Erkrankungsfaktoren und Lebensqualität der Kinder

In ihrem Einfluss der einzelnen Erkrankungsfaktoren auf die elterliche Einschätzung der Lebensqualität der Kinder zeigen sich folgende Ergebnisse. Die *Diagnosegruppen* unterscheiden sich nach Durchführung einer Varianzanalyse signifikant bei mindestens zwei Mittelwerten bezüglich des KINDL-R (F = 2.79, df = 4, p = .032). Nach Durchführung des Scheffé-Tests wird deutlich, dass sich die Diagnosegruppen F1 und F3 am deutlichsten voneinander unterscheiden, jedoch nicht signifikant (Jeske, 2006, Wiegand-Grefe et al., 2010b). Statistische Überprüfungen des Einflussfaktors der *Komorbidität* der psychischen Störung für die Lebensqualität der Kinder ergaben keine signifikanten Unterschiede zwischen den Mittelwerten des KINDL-R (Jeske, 2006, Wiegand-Grefe et al., 2010b).

Bei der Überprüfung der Wirkung des *Schweregrads* der elterlichen Erkrankung wurde von negativen Zusammenhängen ausgegangen. Dies wurde insofern bestätigt, als sich ein signifikanter Zusammenhang zwischen dem Item des CGI und der Subskala »Familie« des KINDL-R zeigte (Tab. 3). Demnach war der Schweregrad der Erkrankung mit einer negativeren Beurteilung der Lebensqualität der Kinder in der Skala »Familie« assoziiert (Jeske, 2006; Wiegand-Grefe et al., 2010b). Alle anderen Skalen wiesen jedoch keine Zusammenhänge zum Schweregrad auf.

Tabelle 3: Ergebnisse der Rangkorrelation nach Spearman Rho des »Severity of Illness«-Items des CGI und den Skalen des KINDL-R (aus: Wiegand-Grefe et al., 2010b)

CGI-Schweregrad der Störung	☐	p (1-seitig)	N
Total Quality of Life	-.088	.229	73
Körperliches Wohlbefinden	-.006	.481	76
Psychisches Wohlbefinden	-.062	.299	75
Selbstwert	.037	.381	71
Familie	-.209	.037*	74
Freunde	-.068	.286	72
Schule	.021	.433	67

Korrelationsberechnungen zwischen der *subjektiven Beeinträchtigung durch die Erkrankung* in der SCL-14 und dem KINDL-R ergaben eine Reihe von signifikanten Zusammenhängen (Tab. 4).

Ein geringerer Gesamtwert der SCL-14 war mit einer geringeren Beurtei-

Tabelle 4: Ergebnisse der Korrelationen der Variablen des SCL-14 (aus: Wiegand-Grefe et al., 2010b)

Mittelwert der Skalen der SCL-14		Total Quality of Life	Körperliches Wohlbefinden	Psychisches Wohlbefinden	Selbstwert	Familie	Freunde	Schule
Gesamtwert	r	−.274		−.189		−.267		−.253
	□		−.149		−.259		−.038	
	p	.008*	.094	.048*	.012*	.009*	.373	.017*
	N	77	80	79	75	78	76	70
Depressivität	r	−.288		−.216		−.289		−.305
	□		−.179		−.160		−.027	
	p	.006*	.059	.028*	.086	.005*	.408	.005*
	N	77	80	79	75	75	76	70
Somatisierung	r	−.261		−.157		−.248		−.207
	□		−.169		−.325		.049	
	p	.011*	.098	.084	.002*	.014*	.337	.043*
	N	77	80	79	75	75	76	70
Phobische Angst	r							
	□	−.081	.010	−.055	−.164	−.047	−.040	−.133
	p	.243	.465	.315	.080	.340	.365	.137
	N	77	80	79	75	78	76	70

lung der kindlichen Lebensqualität assoziiert. Der Gesamtwert des KINDL-R zeigte außerdem signifikante Zusammenhänge mit den SCL-14-Skalen »Depressivität« und »Somatisierung«, die im mittleren negativen Bereich liegen. Weitere signifikante Zusammenhänge lagen zwischen einzelnen Skalen vor (Jeske, 2006; Wiegand-Grefe et al., 2010b).

Hinsichtlich der SCL-14-Skala »Phobische Angst« lagen keine signifikanten Ergebnisse vor. Die subjektive Beeinträchtigung durch die psychische Erkrankung hat einen negativen Einfluss auf die Beurteilung der kindlichen Lebensqualität.

Zusammenfassend ist hinsichtlich der elterlichen Krankheitsfaktoren zu erwähnen, dass die Diagnose und andere »objektive« Erkrankungsfaktoren (Komorbidität, Schweregrad) keinen entscheidenden Einfluss auf die Beurteilung der Lebensqualität der Kinder zu haben scheinen, vielmehr spielen subjektive Aspekte des Erlebens der Beeinträchtigungen durch die Erkrankung eine bedeutsame Rolle.

Tabelle 5: Korrelationen nach Pearson zwischen den Skalen des FKV und den Skalen des KINDL-R (Elternsicht) (aus: Jeske et al., 2009)

Skalen des FKV		Total Quality of Life	Körperliches Wohlbefinden	Psychisches Wohlbefinden	Selbstwert	Familie	Freunde	Schule
Depressive Verarbeitung	r	−.309	−.164	−.359	−.266	−.203	−.044	−.262
	p	.015*	.206	.004*	.040*	.120	.736	−.059
	N	61	61	61	61	61	61	54
Aktives problemorientiertes Coping	r	.118	.161	.029	−.007	.067	.139	.167
	p	.364	.214	.821	.960	.612	.286	.229
	N	61	61	61	61	61	61	54
Ablenkung und Selbstaufbau	r	.071	−.073	−.049	.055	.164	.049	.173
	p	.586	.576	.708	.676	.211	.707	.212
	N	61	61	61	61	61	61	54
Religiosität und Sinnsuche	r	−.126	−.190	−.117	−.089	−.049	−.118	−.039
	p	.334	.143	.368	.497	.708	.367	.780
	N	61	61	61	61	61	61	54
Bagatellisierung und Wunschdenken	r	−.160	−.136	−.127	−.181	−.029	−.059	−.092
	p	.218	.294	.330	.166	.825	.649	.510
	N	61	61	61	61	61	61	54

Elterliche Krankheitsverarbeitung und Lebensqualität der Kinder

Die elterliche Krankheitsverarbeitung der Analysestichprobe war mit einer geringeren Beurteilung der kindlichen Lebensqualität assoziiert (Jeske et al., 2009). Dabei lagen allerdings lediglich signifikante Zusammenhänge zwischen der Skala »Depressive Verarbeitung« des FKV sowohl bezüglich der allgemeinen Lebensqualität der Kinder vor als auch bei den Dimensionen »Psychisches Wohlbefinden« und »Selbstwert« (Tab. 5).

Die Korrelationskoeffizienten liegen im mittleren negativen Bereich. Diese Ergebnisse werden durch Regressionsberechnungen von Muthny (1992) gestützt, nach denen bei körperlich Erkrankten ebenfalls ein depressiver Verarbeitungsstil mit einer geringeren Lebensqualität assoziiert war. Ein depressiver Verarbeitungsstil beinhaltet dysfunktionale Strategien wie u. a. Rückzug, Grübeln, Ungeduld oder Selbstmitleid, welche nicht förderlich sind für das Wohlbefinden von Kindern.

Elterlicher Bindungsstil und Lebensqualität der Kinder

Die Überprüfung der Zusammenhänge zwischen dem Bindungsstil des erkrankten Elternteils und deren Beurteilung der kindlichen Lebensqualität ergab ein unterschiedliches Bild (Tab. 6). Es lag kein Zusammenhang zwischen dem Bindungsmuster an sich und den Beurteilungen der Lebensqualität der Kinder vor. Der Bindungsstil wird durch eine spezifische Konfiguration gewonnen und bildet dann die o. g. fünf Cluster aus. Zwischen den einzelnen Skalen des BFPE und den Skalen des KINDL-R gab es jedoch einige signifikante Ergebnisse (Jeske et al., 2010b)

Tabelle 6: Korrelationen nach Pearson zwischen den Skalen des BFPE und den Skalen des KINDL-R (Elternsicht) (aus: Jeske et al., 2010b)

KINDL-R		Akzeptanzprobleme	Öffnungsbereitschaft	Zuwendungsbedürfnis	Bindungsstil
Total Quality of Life	r	−.366*	.250	−.056	−.198
	p	.004*	.052	.667	.125
	N	61	61	61	61
Körperliches Wohlbefinden	r	−.139	.085	−.052	−.114
	p	.285	.514	.693	.382
	N	61	61	61	61
Psychisches Wohlbefinden	r	−.348*	.137	−.085	−.187
	p	.006*	.292	.515	.148
	N	61	61	61	61
Selbstwert	r	−.158	.249	.292*	−.018
	p	.227	.055	.024*	.890
	N	60	60	60	60
Familie	r	−.218	.179	−.265*	−.141
	p	.094	.171	.040*	.282
	N	60	60	60	60
Freunde	r	−.393*	.264*	−.179	−.183
	p	.002*	.039*	.168	.159
	N	61	61	61	61
Schule	r	−.350*	.276*	.055	−.189
	p	.009*	.043*	.693	.172
	N	54	54	54	54

Zwischen der Skala »Akzeptanzprobleme« des BFPE und der allgemeinen kindlichen Lebensqualität und den Subskalen »Psychisches Wohlbefinden«, »Freunde« und »Schule« des KINDL-R lagen mittlere negative Zusammenhänge vor. Demnach war die Erwartung, von seinem Partner abgelehnt zu werden (Akzeptanzprobleme, vgl. Höger et al., 2008), mit einer negativen Beurteilung der Lebensqualität der Kinder assoziiert. Im Gegensatz dazu lagen mittlere positive Zusammenhänge zwischen der Skala »Öffnungsbereitschaft« des BFPE und den Skalen »Freunde« und »Schule« des KINDL-R vor. Demnach hing die Erwartung, sich seinem Partner leichter öffnen zu können, mit einer positiven Beurteilung der kindlichen Lebensqualität zusammen. Hinsichtlich der Skala »Zuwendungsbedürfnis«, also das Bedürfnis, die Aufmerksamkeit und Zuwendung des Partners zu erhalten (Höger et al., 2008), liegen uneinheitliche Ergebnisse vor. Mit der Skala »Selbstwert« liegt ein positiver Zusammenhang vor, wohingegen ein negativer Zusammenhang mit der Skala »Familie« vorliegt.

Familienfunktionalität und Lebensqualität der Kinder

Hinsichtlich der familiären Funktionalität lagen bedeutsame Zusammenhänge vor (Tab. 7).

Tabelle 7: Verteilung der T- Werte des FB-A und Korrelation mit GS des KINDL-R (aus: Jeske et al., 2010a)

Skalen des FB-A	N	MW (T-Werte)	SD	Pearson r mit KINDL-R Gesamt	
				r	p
Gesamt	72	59.09	16.86	−.447	.000*
Aufgabenerfüllung	72	58.39	14.67	−.467	.000*
Rollenverhalten	72	53.92	11.16	−.357	.003*
Kommunikation	72	58.57	18.24	−.256	.035
Emotionalität	72	58.11	14.62	−.459	.000*
Affektive Beziehungsaufnahme	72	59.18	18.19	−.378	.001*
Kontrolle	72	57.60	16.15	−.231	.056
Werte und Normen	72	55.76	13.59	−.428	.000*
Soziale Erwünschtheit	71	42.24	10.24	.468	.000*
Abwehr	72	48.15	9.27	.487	.000*

Jeske und Kollegen (2009) erweiterten die Stichprobengröße von Pollak et al. (2008) und vertieften deren Analysen. Beide Teilanalysen lieferten signifikante Zusammenhänge zwischen der Familienfunktionalität bei Familien mit einem psychisch erkranktem Elternteil und den elterlichen Beurteilungen der Lebensqualität der Kinder. Während es zwischen dem Therapeutenurteil, ermittelt durch den GARF, und den Skalen des KINDL-R keine signifikanten Zusammenhänge (r = .212, p = .168, N = 47) gibt, liegen einige signifikante Zusammenhänge mit den Skalen des FB-A vor (Jeske et al., 2010a). Hohe Werte der gesamtfamiliären Funktionalität sowie der Skalen »Aufgabenerfüllung«, »Rollenverhalten«, »Emotionalität«, »Affektive Beziehungsaufnahme« sowie »Werte und Normen« waren mit einer geringeren Beurteilung der Lebensqualität der Kinder assoziiert. Demnach führen dysfunktionale Muster in diesen genannten Bereichen zu einer geringeren Beurteilung der Lebensqualität der Kinder. Dem entgegen stehen positive Zusammenhänge zwischen der allgemeinen Lebensqualität der Kinder und den Skalen »Soziale Erwünschtheit« und »Abwehr« der FB-A. Entsprechend wären dann positive Beurteilungen der Lebensqualität durch Strategien der Abwehr und der sozialen Erwünschtheit beeinflusst. Die Durchführung einer Varianzanalyse stützt diese Ergebnisse.

Tabelle 8: Deskriptive Statistiken und Ergebnisse der Varianzanalyse (aus: Jeske et al., 2010a)

FB-A	KINDL-R			Varianzanalyse		
	N	MW	SD	df	F	p
Hohe Funktionalität (< 50)	23	75.84	11.66	2	6.373	.003*
Grenzbereich (50–59)	16	74.80	10.40			
Problembereich (> 60)	28	64.47	13.92			
Gesamt	67	70.84	13.37			

Deskriptive Ergebnisse der Mittelwerte des KINDL-R im Vergleich zum FB-A, eingeteilt in drei Gruppen analog zur inhaltlichen Kategorisierung der Variable, werden abschließend vorgestellt (Tab. 8). Demnach sind die Mittelwerte des KINDL-R signifikant niedriger bei einer geringeren Familienfunktionalität. Letztere ist mit einer geringeren Beurteilung der kindlichen Lebensqualität assoziiert (Jeske et al., 2010a).

Diskussion

Die Analysestichprobe ist beeinträchtigter als Vergleichsstichproben der einzelnen Instrumente. Bisher gibt es keine vergleichbaren Studien, die gezielt die einzelnen Erkrankungsfaktoren der Eltern erfassen und deren Einfluss auf die Lebensqualität derer Kinder erheben.

Obwohl die Mittelwerte der Einschätzung der psychisch erkrankten Eltern hinsichtlich der *Lebensqualität ihrer Kinder* auf den ersten Blick durchaus durchschnittlich gut erscheinen, unterscheiden sich die Mittelwerte der Gesamtskala sowie der Skalen »Psychisches Wohlbefinden« und »Familie« hochsignifikant von denen der Referenzstichprobe. Geschlechtsspezifische Unterschiede lagen sowohl auf Beurteilerebene als auch bei den Kindern nicht vor. Die Streuung ist teilweise sehr hoch, so dass deutlich wird, dass in der vorliegenden Analysestichprobe höchst unterschiedliche Beurteilungen der Lebensqualität der Kinder vorlagen (Jeske, 2006).

Bislang gibt es keine einheitlichen Befunde darüber, ob die *Diagnose* der Eltern an sich oder andere unspezifische Dimensionen der elterlichen Störung (Chronizität, Schweregrad der Erkrankung) sich als bedeutsamer für die Entwicklung von Auffälligkeiten der Kinder (Lenz, 2005, Wiegand-Grefe et al., 2010c) und deren Lebensqualität (Wiegand-Grefe et al. 2010b) erweisen. Der Scheffé-Test ergab in der Analysestichprobe keine signifikanten Ergebnisse. Dies könnte u. a. mit der Stichprobengröße zusammenhängen. Einzelne Diagnosegruppen sind nur gerade noch groß genug, um eine einfaktorielle Varianzanalyse durchzuführen (Jeske, 2006).

Für die Variable des *Schweregrads* wurde lediglich ein signifikanter negativer Zusammenhang zwischen dem Wert des CGI und der Skala »Familie« des KINDL-R ermittelt. Entsprechend kann keine grundsätzliche Schlussfolgerung über einen störungsübergreifenden Einfluss dieser Variable getroffen werden. Dies könnte auf verschiedene methodische Mängel zurückzuführen sein. Die Objektivität der Variable ist durch die große Anzahl verschiedener Beurteiler eingeschränkt. Es fehlen objektive Beurteilungskriterien. Außerdem liegen zum CGI keine Gütekriterien vor. Die Ergebnisse ermöglichen Hypothesen zum Einfluss des Schweregrads einer psychischen Erkrankung auf die Einschätzung der Lebensqualität der Kinder (Jeske, 2006).

Bezüglich der *subjektiven Beeinträchtigung* ergaben sich mit Hilfe von Korrelationen negative signifikante Zusammenhänge zwischen den Skalen »Gesamtwert GSI-14«, »Somatisierung« und »Depressivität« und dem Gesamtwert des KINDL-R. Je ausgeprägter die subjektive Beeinträchtigung durch die psychische Störung, als umso beeinträchtigter gab das erkrankte Elternteil die Lebensqualität des Kindes an. Die Korrelationen lagen im mittleren Bereich (Jeske, 2006; Wiegand-Grefe, 2010b).

Die *elterliche Krankheitsverarbeitung* erwies sich als bedeutsam (Jeske et al., 2009). Eltern mit einem depressiven Verarbeitungsstil beurteilten die kindliche Lebensqualität signifikant geringer. Untersuchungen mit körperlich erkrankten Patienten fanden ähnliche Ergebnisse (vgl. Dörner u. Muthny, 2008). In einer weiteren Studie wurde ein signifikanter Zusammenhang zwischen der depressiven Verarbeitung (FKV) einer elterlichen psychischen Erkrankung und der psychischen Auffälligkeit der Kinder aus Elternsicht mittels der internalisierenden Skala der Child Behavior Checklist (CBCL, Achenbach, 1991) nachgewiesen (Wiegand-Grefe et al., 2010a). Die internalisierende Skala der CBCL beschreibt Auffälligkeiten des Kindes, die eng an das psychische Wohlbefinden und die Lebensqualität assoziiert sind. Auch in einer Untersuchung zur Lebensqualität schizophren Erkrankter (Schmid, Neuner, Cording u. Spießl, 2006) erwies sich der depressive Verarbeitungsstil als Einflussfaktor auf die Lebensqualität des Erkrankten. Inhaltlich erscheinen die Ergebnisse plausibel, da ein depressiver Verarbeitungsstil bei der eigenen Erkrankung unmittelbar einen Einfluss auf die Sicht der kindlichen Lebensqualität hat.

Der *elterliche Bindungsstil* an sich hatte keinen signifikanten Einfluss auf die Beurteilung der kindlichen Lebensqualität. Jedoch lagen signifikante Ergebnisse zwischen einzelnen Skalen des BFPE und des KINDL-R vor. Die einzelnen Skalen des BFPE beschrieben dabei spezifische Strategien, welche mit dem Bindungsstil assoziiert sind (Jeske et al., 2010b). Akzeptanzprobleme waren mit einer negativeren Beurteilung der Lebensqualität assoziiert (Gesamtskala KINDL-R, »Psychisches Wohlbefinden«, »Freunde« und »Schule«). Die Öffnungsbereitschaft hingegen war mit einer positiven Beurteilung der Lebensqualität assoziiert auf den Dimensionen »Freunde« und »Schule« des KINDL-R. Die Skala »Zuwendungsbedürfnis« liefert uneinheitliche positive und negative Korrelationsergebnisse. Die Ergebnisse erscheinen, analog zu den Ergebnissen der Krankheitsverarbeitung, nachvollziehbar. Wenn Elternteile in ihren sozialen Interaktionsstrategien eher anhänglich, klammernd oder unsicher sind, kann dies auch die Beurteilung der kindlichen Lebensqualität nachhaltig beeinflussen – wie auch im Gegenteil konstruktive Umgangsformen eine konstruktivere Sicht auf die Lebensqualität mit sich bringen. Bisher liegen leider keiner vergleichbaren Studienergebnisse aus der Bindungsforschung vor.

Die Ergebnisse zur *familiären Funktionalität* unterstützen die Ergebnisse zur Krankheitsbewältigung und zur Bindung. Demnach lagen eine Reihe von signifikanten Ergebnissen zwischen der Familienfunktionalität und den elterlichen Einschätzungen der Lebensqualität der Kinder vor (Jeske et al., 2010a). Korrelationsberechnungen nach Pearson ergaben zwischen beinahe allen Skalen der FB-A signifikante Ergebnisse im oberen mittleren Bereich. Lediglich die Skalen »Kontrolle« und »Kommunikation« wiesen keine signifikanten Ergebnisse auf. Eine Varianzanalyse stützte diese Ergebnisse noch. Sie ergab, dass die Mittelwerte des KINDL-R signifikant geringer sind bei einer geringeren familiären Funktionalität. Die Ergebnisse stützen ebenso Ergebnisse zur psychischen Gesundheit u. a. nach Cummings und Kollegen (2005). dabei war die familiäre Funktionalität ebenso mit der kindlichen psychischen Gesundheit assoziiert.

Zu bedenken ist die methodische Einschränkung der Studie, dass nur Fremdbeurteilungen durch das erkrankte Elternteil vorlagen. Ergebnisse zu Verhaltensauffälligkeiten von 1057 Kindern und Jugendlichen ergaben, dass sowohl Selbst- als auch Fremdbeurteilungen wichtige Erkenntnisse liefern können, jedoch die Selbstbeurteilung ein wichtiger zu erhebender Faktor ist (Thiels u. Schmitz, 2008). Die Beurteilungen zu psychischen Gesundheit wurden dort mittels des Fragebogeninventars von Achenbach (1991) vorgenommen, von den Kindern und Jugendlichen selbst, von den Eltern und von einem Lehrer. Eine Reihe von Studien ergaben nur niedrige Zusammenhänge zwischen den einzelnen Beurteilungsversionen, Thiels und Schmitz (2008) konnten jedoch mittlere Zusammenhänge zwischen den Einschätzungen auf einigen Ebenen nachweisen. Fremd- und Selbstbeurteilungen sollten einbezogen werden, um daraus die klinischen Bedarfe der Kinder und ihrer Familien zu ermitteln und Therapie- und Beratungsansätze zu etablieren.

Konsequenzen für die klinische Praxis

In diesem Beitrag wurden die bisher untersuchten Risiko- und Einflussfaktoren auf die Lebensqualität der Kinder zusammengestellt und näher betrachtet. Die subjektiven Beeinträchtigungen durch die Erkrankung, ihre Krankheitsbewältigung, der Bindungsstil und die Familienfunktionalität wiesen Zusammenhänge zur Beurteilung der Lebensqualität der Kinder auf. Zukünftig könnten Berechnungen von Zusammenhängen zwischen den einzelnen elterlichen Erkrankungsparametern weiteren Aufschluss bringen und Fragestellungen zu Interaktionen zwischen beispielsweise der Krankheitsverarbeitung und der Familienfunktionalität oder des Bindungsstils weiteren Einblick in Ressourcen und Schwierigkeiten der betroffenen Familien liefern. Diese Ergebnisse stützen die internationale Literatur hinsichtlich der Bedeutsamkeit einer elterlichen psychischen Erkrankung für die Lebensqualität der Kinder. Bisherige Ergebnisse stützen in diesem Zusammenhang weitere Studien im Bereich Kinder psychisch kranker Eltern sowie den Unterstützungs- und Präventionsbedarf für die betroffenen Kinder.

Literatur

Achenbach, T. M. (1991). Manual for the Child Behavior Checklist / 4–18 and 1991 Profile. Burlington: University of Vermont, Department of Psychiatry.
Bullinger, M., Ravens-Sieberer, U. (1996). Stand der Forschung zur gesundheitsbezogenen Lebensqualität von Kindern. In F. Petermann (Hrsg.), Lebensqualität und chronische Krankheit (S. 29–71). München-Deisenhofen: Dustri.
Cierpka, M., Frevert, G. (1994). Die Familienbögen. Ein Inventar zur Einschätzung von Familienfunktionen. Göttingen: Hogrefe.
Cummings, E. M., Keller, P. S, Davies, P. T. (2005). Towards a family process model of maternal and paternal depressive symptoms: exploring multiple relations with child and family functioning. Journal of Child Psychology and Psychiatry, 46, 479–489.
Dörner, U., Muthny, F.A. (2008). Testgüte-Vergleich von zwei Instrumenten zur Krankheitsverarbeitung in der kardiologischen Rehabilitation – Trierer Skalen zur Krankheitsbewältigung (TSK) und Freiburger Fragebogen zu Krankheitsverarbeitung (FKV). Zeitschrift für Medizinische Psychologie 17, 125–132.
Franke, G. H. (1995). SCL–90-R. Die Symptom-Checkliste von Derogatis – Deutsche Version – Manual. Göttingen: Hogrefe.
GARF – Group for the Advancement of Psychiatry – Committee on the Family (1996). Global Assessment of Relational Functioning Scale (GARF). 1. Background and Rationale. Family Process, 35, 155–172.
Harfst, T., Koch, U., Kurtz von Aschoff, C., Nutzinger, D. O., Rüddel, H., Schulz, H. (2002). Entwicklung und Validierung einer Kurzform der Symptom Checklist-90-R. DRV-Schriften, 33, 71–73.
Höger, D., Buschkämper, S. (2002). Der Bielefelder Fragebogen zu Partnerschaftserwartungen (BFPE). Ein alternativer Vorschlag zur Operationalisierung von Bindungsmustern mittels Fragebogen. Zeitschrift für Differentielle und Diagnostische Psychologie, 23, 83–98.
Höger, D., Stöbel-Richter, Y., Brähler, E. (2008). Reanalayse des Bielefelder Fragebogens zur Partnerschaftserwartungen (BFPE). Reanalysis of the Bielefeld Partnership Expectations Questionnaire (BFPE). PpmP – Psychotherapie, Psychosomatik, Medizinische Psychologie, 58 (7), 284–294.
Jeske, J. (2006). Lebensqualität bei Kindern psychisch kranker Eltern. Unveröffentlichte Diplomarbeit, Studiengang Psychologie, Universität Hamburg.
Jeske, J., Bullinger, M., Plass, A., Petermann, F., Wiegand-Grefe, S. (2009). Risikofaktor Krankheitsverarbeitung. Zusammenhänge zwischen der Krankheitsverarbeitung einer elterlichen psychischen Erkrankung und der gesundheitsbezogenen Lebensqualität der Kinder. Zeitschrift für Psychiatrie, Psychologie und Psychotherapie, 57 (3), 207–213.
Jeske, J., Bullinger, M., Wiegand-Grefe, S. (2010a). Risikofaktor Familienfunktionalität – Zusammenhänge zwischen der Familienfunktionalität in Familien mit psychisch kranken Eltern und der gesundheitsbezogenen Lebensqualität der Kinder. Familiendynamik (im Druck).
Jeske, J., Bullinger, M., Wiegand-Grefe, S. (2010b). Associations between attachment patterns of mentally ill parents and the parental reports of health related quality of their children.
Kay, S. R., Fiszbein, A., Opler, L. A. (1987). The positive and negative syndrome scale (PANSS) for schizophrenia. Schizophrenia Bulletin, 13 (2), 261–276.
Lenz, A. (2005) Kinder psychisch kranker Eltern. Göttingen: Hogrefe.
Mattejat, F., Remschmidt, H. (2008). Kinder psychisch kranker Eltern. Deutsches Ärzteblatt, 23, 413–418.
Mattejat, F., Wüthrich, C., Remschmidt, H. (2000). Kinder psychisch kranker Eltern. Forschungsperspektiven am Beispiel von Kindern depressiver Eltern. Der Nervenarzt, 3, 164–172.

Muthny, F. A. (1989). Freiburger Fragebogen zur Krankheitsverarbeitung. Weinheim: Beltz.
Muthny, F. A. (1992). Krankheitsverarbeitung im Vergleich von Herzinfarkt-, Dialyse- und MS Patienten. Zeitschrift für Klinische Psychologie, 4, 372–391.
NIMH – National Institute of Mental Health. (1996). CGI. Clinical Global Impressions. Klinisches Globalurteil. In: Collegium Internationale Psychiatriae Scalarum (Hrsg.), Internationale Skalen für Psychiatrie (5. vollst. überarbeitet. u. erw. Aufl.) (S. 33–42). Weinheim: Beltz.
Noeker, M., Petermann, F. (2008). Resilienz: Funktionale Adaptation an widrige Umgebungsbedingungen. Zeitschrift für Psychiatrie, Psychologie und Psychotherapie, 56, 255–263.
Petermann, U., Petermann F., Damm, F. (2008). Entwicklungspsychopathologie der ersten Lebensjahre. Zeitschrift für Psychiatrie, Psychologie und Psychiatrie, 56, 243–253.
Ravens-Sieberer, U., Bettge, S., Erhart, M. (2003). Lebensqualität von Kindern und Jugendlichen – Ergebnisse aus der Pilotphase des Kinder- und Jugendgesundheitssurveys. Bundesgesundheitsblatt – Gesundheitsforschung – Gesundheitsschutz, 3, 340–345.
Pollak, E., Bullinger, M., Jeske, J., Wiegand-Grefe, S. (2008). Wie beurteilen psychisch kranke Eltern die gesundheitsbezogene Lebensqualität ihrer Kinder? Zusammenhänge zur elterlichen Erkrankung und zur Funktionalität der Familie. Praxis der Kinderpsychologie und Kinderpsychiatrie, 57, 301–314.
Ravens-Sieberer, U., Bullinger, M. (2000). KINDL-R. Fragebogen zur Erfassung der gesundheitsbezogenen Lebensqualität bei Kindern und Jugendlichen. Revidierte Form. Manual. (Online). Available: http://www.kindl.org/daten/pdf/ManGerman.pdf.
Ravens-Sieberer, U., Bullinger, M., Cieza, A., Pöppel, E. (Hrsg.) (2000). Lebensqualität und Gesundheitsökonomie in der Medizin: Konzepte, Methoden, Ansätze. Landsberg: Ecomed- Verlag.
Schmid, R., Neuner, T., Cording, C., Spießl, H. (2006). Lebensqualität schizophren Erkrankter und ihr Zusammenhang mit Krankheitsbewältigungsstrategien und Behandlungsaspekten. Psychiatrische Praxis, 33, 337–343.
Thiels, C., Schmitz, G. S. (2008). Selbst- und Fremdbeurteilung von Verhaltensauffälligkeiten bei Kindern und Jugendlichen: Zur Validität von Eltern- und Lehrerurteilen. Kindheit und Entwicklung, 17, 118–125.
WHO (2005). ICD–10-GM Version. Internationale statistische Klassifikation der Krankheiten und verwandter Gesundheitsprobleme (ICD)- German Modification. Band 1: Systematisches Verzeichnis. Kooperationsausgabe. Stuttgart: Kohlhammer.
Wiegand-Grefe, S. (2007). Kinder psychisch kranker Eltern. Eine psychoanalytisch familienorientierte Prävention für Familien mit psychisch kranken Eltern. In A. Springer, K. Münch, D. Munz (Hrsg.), Psychoanalyse heute?! (S. 439–459). Gießen: Psychosozial Verlag.
Wiegand-Grefe, S., Geers, P., Plass, A., Petermann, F., Riedesser, P. (2009). Kinder psychisch kranker Eltern. Zusammenhänge zwischen subjektiver elterlicher Beeinträchtigung und psychischer Auffälligkeit der Kinder aus Elternsicht. Kindheit und Entwicklung, 18, 111–121.
Wiegand-Grefe, S., Halverscheid, S., Geers, P., Petermann, F., Plass, A. (2010a). Kinder psychisch kranker Eltern. Zusammenhänge zwischen der Krankheitsbewältigung einer elterlichen psychischen Erkrankung und der Gesundheit der Kinder. Zeitschrift für Klinische Psychologie und Psychotherapie 39: 13–23.
Wiegand-Grefe, S., Jeske, J., Bullinger, M., Plass, A., Petermann, F. (2010b). Lebensqualität von Kindern psychisch kranker Eltern – Zusammenhänge zwischen Merkmalen der elterlichen Erkrankung und der gesundheitsbezogenen Lebensqualität der Kinder aus Elternsicht. Zeitschrift für Psychiatrie, Psychologie und Psychotherapie (eingereicht).
Wiegand-Grefe, S., Geers, P., Petermann, F., Plass, A. (2010c). Kinder psychisch kranker El-

tern: Merkmale der elterlichen psychiatrischen Erkrankung und Gesundheit der Kinder aus Elternsicht. Fortschritte der Neurologie und Psychiatrie (im Druck).

Wiegand-Grefe, S., Pollak, E. (2006). Kinder psychisch kranker Eltern Risikofaktoren, präventive Interventionen und deren Evaluation. In Rieforth, J. (Hrsg.), Triadisches Verstehen in sozialen Systemen. Gestaltung komplexer Wirklichkeiten. Heidelberg: Carl Auer Verlag.

Wiegand-Grefe, S., Romer, G., Möller, B. (2008). Kinder psychisch oder körperlich kranker Eltern – Forschungsstand und Perspektiven indizierter Prävention bei einer kinder- und jugendpsychiatrischen Risikobelastung. Zeitschrift für Kinder und Jugendmedizin, 8, 38–44.

Wirksamkeitsbefunde von Interventionen in Familien psychisch kranker Eltern

Grundlagen, Anforderungen und Design von Evaluationen am Beispiel
des Präventionsprojekts CHIMPs (Children of mentally ill parents)   439
Silke Wiegand-Grefe, Janna M. Ohntrup, Angela Plass

Wirksamkeitsbefunde von Interventionen bei Kindern und Familien
psychisch kranker Eltern – ein metaanalytisch fundierter Überblick   458
Hanna Christiansen, Fritz Mattejat, Bernd Röhrle

Grundlagen, Anforderungen und Design von Evaluationen am Beispiel des Präventionsprojekts CHIMPs (Children of mentally ill parents)

Silke Wiegand-Grefe, Janna M. Ohntrup, Angela Plass

In der Evaluationsforschung wird zwischen Effizienz- und Effektivitätsstudien unterschieden (z. B. Pinsof u. Wynne, 1995; Buchkremer u. Klingberg, 2001; Wiegand-Grefe et al., 2001, 2002). Effizienzstudien untersuchen die Wirksamkeit von Psychotherapie unter experimentell kontrollierten Bedingungen, z. B. mit randomisierten Kontroll- und/oder Vergleichsgruppen von Patienten mit nur einer diagnostizierten Störung, Standardisierung der Behandlung durch Therapiemanuale, genau operationalisierte Therapieziele, a priori festgelegte Sitzungszahl etc. Inwieweit die unter »Laborbedingungen« gefundenen Effekte auf den Praxisalltag übertragbar sind, wird jedoch in Frage gestellt (vgl. z. B. Seligman, 1996).

Effektivitätsstudien werden dagegen ohne »künstliche Forschungsbedingungen« durchgeführt. Sie bilden die Gegebenheiten ab, wie sie im klinischen Alltag normalerweise vorherrschen: Patienten kommen in der Regel mit multiplen Problemen, sie sind an der Verfahrens- und Therapeutenwahl mitbeteiligt, Psychotherapie hat unter klinischen Bedingungen keine festgelegte Dauer und wird nicht manualgetreu durchgeführt, gewöhnlich werden verschiedene Methoden miteinander kombiniert. Effektivitätsstudien untersuchen also die Praxistauglichkeit eines Behandlungsverfahrens. Ein zentrales Argument für die Durchführung von Effektivitätsstudien ist daher ihre »ökologische Validität« (vgl. z. B. Märtens u. Petzold, 1995; Seligman, 1996; Shadish et al., 1997; Weisz, Weiss u. Donenberg, 1992). Gegenüber Effizienzstudien besteht auch der Vorteil, dass Effektivitätsstudien weniger ethische (z. B. die zufällige Zuweisung zu den Behandlungsbedingungen) und ökonomische Probleme aufwerfen und wesentlich leichter durchführbar sind. Im Zuge dieser Entwicklung hat das National Institute of Mental Health (NIMH) Ende der 1990er Jahre die klinische Forschung um den Bereich »Versorgungsforschung« mit der Intention erweitert, das Schwergewicht von der Effizienz- auch auf die Effektivitätsforschung zu verlagern (vgl. Wiegand-Grefe et al., 2002, 2003; Wiegand-Grefe, 2003). In der Folge sind im letzten Jahrzehnt auch in Deutschland Versorgungsforschungszentren und -schwerpunkte entstanden.

Die Kontroverse zwischen den Vertretern der Effizienz- und der Effektivitätsforschung, also den Vertretern der »Laborforschung« mit randomisierten, kontrollierten Studien, dem sogenannten Goldstandard (Tab. 1, Stufe E I), und den Vertretern der klinischen Versorgungsforschung mit Studien mit naturalistischem Design, die eine Übertragbarkeit der Laborforschung unter kontrollierten Bedingungen auf die klinische Praxis in Frage stellten, hat mittlerweile einen integrativeren Ton angenommen. Heutzutage werden Studien aus beiden Richtungen gefordert, die sich ergänzen müssen. Die »Laborforschung« unter streng kontrollierten Bedingungen kann keine Hinweise auf eine Übertragbarkeit in die Praxis gewährleisten, während die klinische Praxisforschung nicht den methodisch einwandfreien Nachweis einer Wirkungsweise unter Kontrolle anderer Einflussfaktoren erbringen kann. Beide Forschungswege ergänzen sich und sind notwendig.

Für die Qualitätsbeurteilung der Evidenz einer therapeutischen Maßnahme werden folgende Stufen entsprechend der von Sackett entwickelten »Canadian Task Force on the Periodic Health Examination« angenommen (vgl. Rudolf u. Eich, 1999) (Tab. 1).

Tabelle 1: Stufen entsprechend der von Sackett entwickelten »Canadian Task Force on the Periodic Health Examination«

E I:	Evidenz aufgrund mindestens einer adäquat randomisierten kontrollierten Studie.
E II-1:	Evidenz aufgrund mindestens einer kontrollierten, nicht randomisierten Studie mit adäquatem Design.
E II-2:	Evidenz aufgrund von Kohortenstudien oder Fall-Kontrollstudie mit adäquatem Design, mit Wartelisten-Kontrollgruppe, ohne Randomisierung, einfachem Gruppenvergleich (Vorher/Nachher) oder Zeitreihen, nach Möglichkeit von mehreren Forschungszentren oder Forschungsgruppen durchgeführt.
E II-3:	Evidenz aufgrund von Vergleichstudien, die Populationen in verschiedenen Zeitabschnitten oder an verschiedenen Orten mit oder ohne Interventionen vergleichen.
E III:	Meinungen anerkannter Experten gemäß klinischer Erfahrung, deskriptiver Studien oder Stellungnahmen von Expertengremien.

Das Evaluationsdesign vieler klinischer Studien in der Versorgungspraxis, die eine Wartelisten-Kontrollgruppe realisieren können, aber keine Randomisierung, wie sich dies auch für Interventionsstudien für Kinder psychisch kranker Eltern im Versorgungsfeld anbietet und es im beispielhaft vorgestellten Präventionsprojekt CHIMPs (Children of mentally ill parents) realisiert wurde, wird in die Stufe E II-2 eingeordnet.

Eine Einbettung dieser Forschungsüberlegungen in ein Rahmengebäude komplexer Interventionen, das auch bei Interventionen für Kinder psychisch kranker Eltern gelten kann, bietet die Einordnung in ein vom Medical Research Council (MRC; 2000) vorgeschlagenes Modell, das die Entwicklung komplexer klinischer Interventionen vom ersten Konzept aus der Theorie bis zur endgültigen Implementierung beschreibt (Abb. 1).

Abbildung 1: Rahmengebäude für Studien zu komplexen Interventionen (Medical Research Council, 2000, verkürzt)

Theory	Modelling	Exploratory Trial	Definitive RCT	Long-term Implementation
Explore relevant theory to ensure best choice of intervention	Identify components of the intervention/ mechanisms by which they will influence outcomes/each other	Describe the components of a replicable intervention AND a feasible protocol for comparing it to an appropriate alternative	Compare a fully defined intervention to an appropriate alternative using a theoretically defensible, reproducible controlled protocol	Determine whether others can reliably replicate your intervention in uncontrolled settings over long term
Pre-clinical	Phase I	Phase II	Phase III	Phase IV

In diesem Rahmengebäude enthält das hier beispielhaft für familienorientierte Interventionen für Kinder psychisch kranker Eltern vorgestellte Projekt CHIMPs mit seinen Studien zunächst Teile der theoretischen Entwicklung und Konzeptualisierung (entsprechend der präklinischen und der Phase I) und Aspekte (z. B. eine Bedarfsanalyse) des in Phase II dargestellten explorativen Studiendesigns. Als kontrollierte Untersuchung enthält es auch Anteile entsprechend der Phase III des MRC-Theoriegebäudes. Eine methodisch kontrolliert-randomisierte Studie der CHIMPs-Intervention ist in Vorbereitung (Phase III). Gegenwärtig wird eine in Phase IV umschriebene Langzeitimplementierung der Intervention durchgeführt.

Klinische und methodische Anforderungen an Interventionen für Kinder psychisch kranker Eltern und deren Evaluation

Familien mit psychisch kranken Eltern und ihre Berater sind oftmals mit komplexen psychosozialen und medizinischen Problematiken als Ausgangslage konfrontiert (vgl. Abb. 2). So kann es im Zuge einer schweren psychischen Erkrankung zu Beziehungskonflikten bis hin zu Trennungs- und Scheidungskonflikten kommen. Bei schweren psychischen Erkrankungen, z. B. Persönlichkeitsstörungen oder frühen und schweren Verläufen von Schizophrenie, kommen häufig stabile Beziehungen gar nicht zustande und es kann es sein, dass der Erkrankte sich auf eine stabile Beziehung nicht einlassen kann. Es kann im Zuge psychiatrischer Erkrankungen in einigen Fäller zu häuslicher

Gewalt, Vernachlässigung des Kindes bis hin zu Kindesmisshandlung kommen. Durch häufige Ausfallzeiten im Berufsleben kann es zum Verlust des Arbeitsplatzes kommen oder – wenn eine schwere Erkrankung sehr früh einsetzt – zu Schwierigkeiten, überhaupt eine berufliche Qualifikation zu erwerben und eine Berufstätigkeit zu beginnen. Die beruflichen Schwierigkeiten gehen mit finanziellen Schwierigkeiten einher. Nach einer eigenen Studie lebte ein hoher Prozentsatz der Familien psychiatrisch Erkrankter unter der Armutsgrenze (Kreyling, 2009; Ohntrup et al., 2009; Wiegand-Grefe, 2010).

Unter einer medizinischen Perspektive sind in Familien mit psychisch kranken Eltern die Felder von Behandlung und Prävention oft nicht klar voneinander abgrenzbar, häufig gibt es Überschneidungen. Die gängige Unterscheidung zwischen Prävention und Behandlung besagt, dass Strategien und Maßnahmen der Prävention auf die Vermeidung eines schlechteren Zustands (Erkrankung) zielen, während Therapie, Kuration und Rehabilitation als Formen von Behandlung einen besseren Zustand zu erreichen suchen (Rosenbrock u. Kümpers, 2006). In der klassischen Präventionsliteratur werden drei Arten von Prävention beschrieben. In Abhängigkeit davon, wann die Intervention relativ zum Krankheitsverlauf einsetzt und welchen Schweregrad sowie welche Verlaufsform die Erkrankung annimmt, unterscheidet man Primär-, Sekundär-

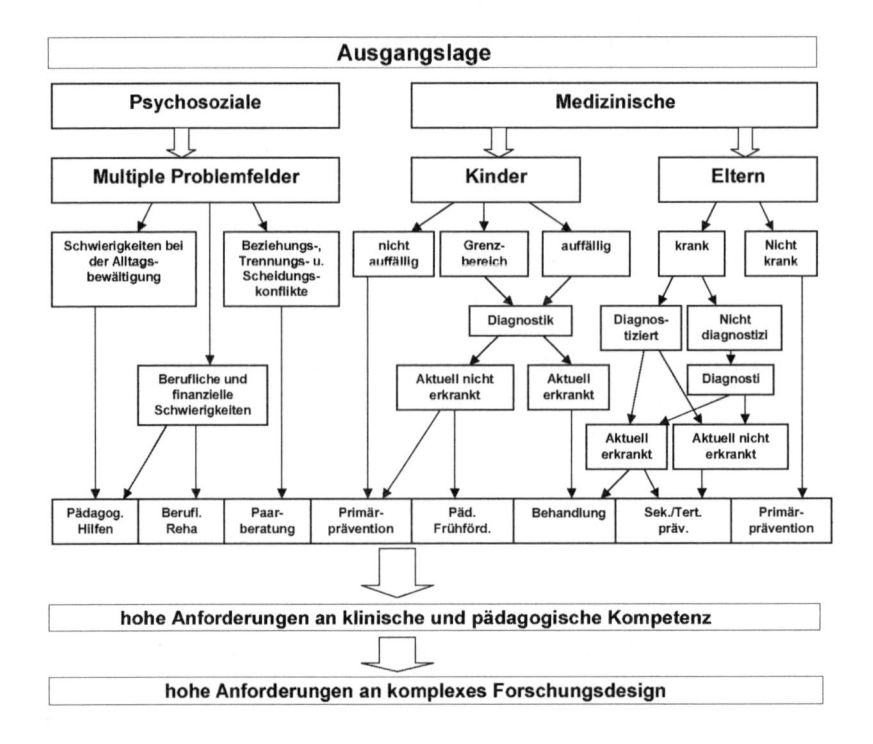

Abbildung 2: Ausgangslage und Anforderungen an Evaluationsdesign

und Tertiärprävention. Primärprävention bezeichnet die Verminderung von (Teil-)Ursachen bestimmter Erkrankungen oder von Krankheit überhaupt. Das Ziel ist die Senkung von Eintrittswahrscheinlichkeiten oder Inzidenzraten von Krankheiten. Sekundärprävention ist die Entdeckung von symptomlosen, aber biomedizinisch eindeutigen Frühstadien einer Erkrankung und die dadurch ermöglichte erfolgreiche Frühtherapie. Unter Sekundärprävention wird aber auch die Verhinderung des Wiedereintritts eines Krankheitsereignisses verstanden im Sinne einer Rezidivprophylaxe. Unter Tertiärprävention kann sowohl die wirksame Verhütung bzw. Verzögerung der Verschlimmerung einer manifesten Erkrankung als auch die Verhinderung bzw. die Milderung bleibender auch sozialer Funktionseinbußen infolge einer Erkrankung verstanden werden (Rosenbrock u. Kümpers, 2006).

Interventionsansätze für Kinder psychisch kranker Eltern, die auf der Familienebene angesiedelt sind und neben den Kindern auch die Einbeziehung der Eltern beinhalten, vereinen diese verschiedenen Arten der Prävention und sind mit möglichem Behandlungsbedarf konfrontiert. Das bedeutet (klinisch und wissenschaftlich), sie sind für die noch nicht auffälligen Kinder und die einbezogenen Partner der Erkrankten bzw. die anderen Elternteile Primärprävention. Nicht selten leiden beide Elternteile unter einer psychischen Erkrankung. Insgesamt etwa die Hälfte der Kinder, die von professionellen Helfern in psychosozialen Unterstützungs- und Versorgungsstrukturen in den betroffene Familien gesehen werden, sind bereits klinisch auffällig oder befinden sich im Grenzbereich zwischen Normbereich und psychischer Auffälligkeit. In Familien mit mehreren Kindern ist häufig eines der Kinder schon auffällig geworden. Für diese bereits auffällig gewordenen Kinder und die psychisch erkrankten Eltern haben die Interventionen gleichzeitig – je nach aktuellem Erkrankungsgrad, bisherigem Verlauf und Vorbehandlungen – sekundär- oder tertiärpräventiven Charakter. Bei akuter Erkrankung und Vorliegen einer aktuellen krankheitswertigen Symptomatik ist zunächst Behandlung indiziert. Häufig sind also in der klinischen Arbeit die auffälligen Kinder (und manchmal auch Elternteile) zunächst einmal genauer zu diagnostizieren, um sie im Fall klinisch relevanter Auffälligkeiten einer angemessenen Behandlung zuzuführen, bevor von Prävention überhaupt gesprochen werden kann und diese sinnvoll ist.

Diagnostik und Indikationsstellung für weitergehende Behandlungen erfordern eine klinische (ärztliche oder psychologisch-psychotherapeutische) Fachkompetenz. Diese klinische Kompetenz muss nicht zwangsläufig im Beratungsteam vorhanden, muss aber in kooperierenden Institutionen verfügbar sein und im Bedarfsfall niedrigschwellig angefragt werden können. Ein funktionales Netzwerk von verlässlichen und verbindlichen Kooperationen zwischen Behandlungs- und Versorgungsstrukturen, wie z. B. psychiatrische Klinik oder ambulante Fachkollegen und Einrichtungen der Jugendhilfe, sind bei der Beratung betroffener Familien angesichts der komplexen Problemfelder ohnehin unerlässlich. An professionelle Helfer, die mit betroffenen Familien arbeiten und an deren Interventionen für Kinder und Familien psychisch kranker Eltern sind daher komplexe klinische und pädagogische Anforderungen gestellt. Daraus folgt, dass auch die Forschungsdesigns für Studien mit Familien psychisch kranker Eltern vor komplexen wissenschaftlichen und methodischen Anforderungen stehen.

Evaluationsforschung bei Interventionen für Kinder psychisch kranker Eltern

Für die Wirksamkeitsforschung präventiver Interventionen wird üblicherweise das Design von Interventionsstudien aus der Psychotherapieforschung verwendet, d. h. ein Prä-post-Design mit einer Vorher-Nachher-Messung, um die Wirksamkeit der präventiven Intervention abschätzen zu können. Allerdings unterscheiden sich die primären und sekundären Zielparameter. In Studien aus der klassischen Psychotherapieforschung stehen eine Symptomreduktion und eine Verminderung der direkten Beeinträchtigung durch die Symptomatik und deren gesundheitsökonomische Folgen (Verminderung von Arztbesuchen, Arbeitsunfähigkeitszeiten, Anzahl stationärer und ambulanter Behandlungen etc.) im Vordergrund. Präventive Interventionen zielen dagegen eher auf die Verhinderung einer Erkrankung im Sinne einer Primärprävention ab (dies ist allerdings nur in aufwändigen Längsschnittstudien zu untersuchen). Häufig sind die Verbesserung der Bewältigung der elterlichen Erkrankung oder der gesundheitsbezogenen Lebensqualität zentrale Ergebnisparameter (primäre Outcome-Kriterien).

Das konkrete Evaluationsdesign wird auf den Inhalt und den Kontext der Interventionen abgestimmt. Handelt es sich um eine klinische Studie im Forschungskontext, so können die Anforderungen der Effizienzforschung umgesetzt und es kann zumindest eine kontrollierte, vielleicht sogar randomisierte Studie durchgeführt werden. In der Regel wird man sich dann auf bestimmte elterliche Störungsbilder konzentrieren, die Altersgruppen und/oder den Auffälligkeitsgrad der Kinder festlegen und weitere (mehr oder wenige enge oder weite) Ein- und Ausschlusskriterien definieren. Außerdem wird die Intervention standardisiert, also in Art und Inhalt, Dauer und Dosis (Anzahl Sitzungen) der Intervention weitgehend festgelegt sein. Soll jedoch eine im klinischen Feld bereits etablierte Intervention evaluiert oder eine klinische Intervention in die Versorgungspraxis eingeführt und gleichzeitig evaluiert werden, so wird man unterschiedliche Familienkonstellationen in die Beratung einbeziehen, mit vielen oder allen elterlichen Störungsgruppen diagnoseübergreifend arbeiten, die Intervention nicht standardisieren, die Dosis und Dauer der Beratung sowie die Interventionen selbst nicht festlegen, sondern individuell anpassen. In diesem Fall wird man vermutlich keine Kontrollgruppe zur Verfügung haben und nicht randomisieren. Die Evaluation wird den Charakter der klinischen Versorgungsforschung und *Effektivitätsforschung* haben, deren Aufgabe es ist, die Wirksamkeit der klinischen Arbeit, so wie sie im Praxisfeld durchgeführt wird, zu belegen.

Leider sind die aktuell in Deutschland durchgeführten klinischen Interventionsprojekte für Kinder psychisch kranker Eltern bislang nicht evaluiert, einige davon überblickt der Beitrag Reinisch, Heitmann und Griepenstroh in diesem Band. Eine Vorreiterposition in Deutschland nimmt das Projekt CHIMPs ein, dessen Evaluationsdesign beispielhaft in diesem Beitrag vorgestellt wird. Dieses Projekt wurde 2005 begonnen, in den letzten drei Jahren wurden etwa 70 Familien gesehen. Die Phase der Modellberatung für die wissenschaftliche Arbeit ist abgeschlossen und die Intervention wird gegenwärtig in die Praxis der Hamburger Versorgungslandschaft implementiert. Die Publikationen erster Evaluationsergebnisse sind aktuell in Vorbereitung. Das Projekt CHIMPs stellt einen Versuch dar, beide Traditionen zu verbinden und in einer vielfältigen klinischen Versorgungsrealität und -praxis diagnose- und altersgruppenübergreifend (für Kinder ab dem Kindergartenalter von drei Jahren) einen auf theoretischer Grundlage und Bedarfsanalyse entwickelten standardisierten Behandlungsansatz methodisch anspruchsvoll (kontrolliert) zu evaluieren und gegenwärtig im Versorgungsalltag zu implementieren.

Evaluation am Beispiel des Präventionsprojekts CHIMPs

Der im Universitätsklinikum Hamburg-Eppendorf (UKE) für Kinder psychisch kranker Eltern im Projekt CHIMPs entwickelte familienorientierte präventive Ansatz (vgl. Wiegand-Grefe, 2007; Wiegand-Grefe et al., 2008) basiert inhaltlich einerseits auf dem nach Mattejat et al. (2000) entwickelten Modell der psychosozialen Entwicklungsbedingungen und unseren Erweiterungen (Wiegand-Grefe, 2007). Das bedeutet inhaltlich, dass die Art und Angemessenheit der Krankheitsbewältigung und die Qualität der innerfamiliären und außerfamiliären Beziehungen im Mittelpunkt der präventiven Interventionen stehen. Im klinischen Setting orientiert sich die Prävention gleichzeitig am Familienberatungsansatz von Beardslee und seinen Mitarbeitern. William Beardslee vom Children's Hospital in Boston ist ein Pionier in der Präventionsarbeit mit Familien mit depressiven Eltern. Er arbeitet seit über 20 Jahren mit Familien, in denen ein Elternteil depressiv erkrankt ist (vgl. Beardslee, 2003, 2009; Beardslee et al., 2003, 2008). Entscheidend für Beardslees Ansatz war die

Hypothese, dass die vermittelten Informationen über die elterliche Depression mit den individuellen Lebensaspekten der Familie verknüpft werden müssen, damit sich die familiäre Situation langfristig verbessert. Es ging also nicht nur um Wissensvermittlung, sondern um die Diskussion wichtiger psychoedukativer Inhalte vor dem Hintergrund der spezifischen Familiensituation in Form von Elterngesprächen unter Einbeziehung der Kinder. Es wurde eine strukturierte, zeitlich begrenzte Intervention von sechs bis zehn Sitzungen durchgeführt. Die Familien wurden jährlich innerhalb von vier Jahren nach der Intervention befragt und einer Vergleichsgruppe von Familien, die zwei Vorträge über dieselben Themen gehört hatten, gegenübergestellt. Beide Angebote wurden als hilfreich empfunden und verbesserten das Wissen der Familienmitglieder über Depressionen. Verhaltensänderungen im Sinne einer verbesserten Kommunikation und veränderten Einstellungen gegenüber den anderen Familienmitgliedern waren aber in der Interventionsgruppe ausgeprägter. Bei den Kindern der Präventionsgruppen zeigten sich ähnliche Entwicklungen wie bei den Eltern, beide Gruppen verfügten über mehr Wissen über die Erkrankung, aber im Bereich des Verständnisses für die elterliche und familiäre Situation und in Verhaltensänderungen hatte die Interventionsgruppe größere Fortschritte gemacht. Aus diesen Arbeiten von Beardslee und Mitarbeitern folgt, dass präventive familienorientierte Interventionen für Familien mit depressiven Elternteilen sinnvoll sind. Der Ansatz von Beardslee und Mitarbeitern versteht sich rein kongnitiv verhaltensorientiert. Im Projekt CHIMPs haben wir diesen Ansatz auf andere Störungsbilder erweitert und um psychodynamische Komponenten vertieft.

Ziele und Grundsätze der klinischen Arbeit des Projekts

Das CHIMPs-Präventionsprojekt für Familien mit psychisch kranken Eltern verfolgt folgende Ziele (Wiegand-Grefe, 2007; Wiegand-Grefe et al., 2010):
- *Information und Aufklärung* aller Familienmitglieder über die Erkrankung, v. a. altersgerechte Information der Kinder und Verknüpfung dieser Informationen mit lebens- und familiengeschichtlichen Erfahrungen auf dem Hintergrund der Familiendynamik;
- Verbesserung der *Kommunikation*, vor allem über die Erkrankung und damit verbundene Probleme in der Familie;
- Stärkung der *Bewältigungsmöglichkeiten im Umgang mit der Erkrankung* in der Familie und im Umgang miteinander;
- Verbesserung der *Qualität der familiären und außerfamiliären Beziehungen* unter dem Fokus von kompensierenden Beziehungserfahrungen für das Kind;

- Überwindung der inneren *Isolation* innerhalb der Familie und der äußeren Isolation gegenüber anderen sozialen Beziehungen und Kontakten, dazu gehört auch mehr Offenheit gegenüber weitergehenden Hilfsangeboten, z. B. Psychotherapie;
- Einführung einer *psychodynamischen, mehrgenerationalen Perspektive* auf die Erkrankung.

Im Präventionsprojekt CHIMPs finden in sechs bis acht Sitzungen über ca. ein halbes Jahr bis etwa einem Jahr (in Ausnahmefällen auch länger, z. B. bei häufigen stationären Aufenthalten des Erkrankten) zunächst zwei Elterngespräche, dann Einzelsitzungen mit jedem Kind in der Familie und schließlich drei Familiengespräche statt. Zunächst werden mit den Eltern zwei Paargespräche geführt, um die Kommunikation und Information über die Erkrankung zunächst auf der Paarebene zu klären und die Erziehungskompetenzen der Eltern zu stärken. Anschließend wird ein Gespräch mit jedem Kind der Familie geführt. Außerdem finden diagnostische SKID- (Wittchen, et al. 1997) und KID-DIE-SADS-Interviews (Kaufmann et al., 1996) mit Eltern und Kindern statt, um die klinische Einschätzung einer aktuellen Behandlungsbedürftigkeit mit standardisierten diagnostischen Methoden zu ergänzen. Nach Abschluss der Elternsitzungen, der Diagnostiktermine und der Einzelgespräche mit den Kindern finden drei Familiengespräche statt, in denen die Themen und Inhalte der Einzelsitzungen im Familiengespräch zusammengeführt werden. Insgesamt enthält das präventive Angebot je nach Anzahl der Kinder jeweils ca. sechs bis acht Gesprächstermine (zwei Paargespräche, eine Sitzung mit jedem Kind und drei Familiengespräche) sowie die diagnostischen Interviews (Abb. 3).

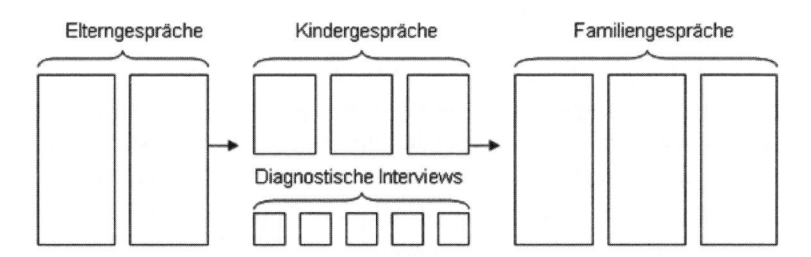

Abbildung 3: Der Beratungsverlauf gliedert sich in drei Phasen. Nach den Elterngesprächen (1) werden Kindergespräche und Diagnostische Interviews (2) durchgeführt, das Kernstück bilden die abschließenden Familiengespräche (3) (aus: Wiegand-Grefe, Halverscheid u. Plass, 2010)

Die Gespräche mit den Eltern, die Kindergespräche und die Familiengespräche bestehen aus jeweils vier Phasen: 1) Diagnostik, 2) Ziele der Beratung und Planung des weiteren Vorgehens, 3) Intervention und 4) Ausblick. In einer Diagnostik können das aktuelle Krankheitsbild des erkrankten Elternteils und des Partners sowie möglicherweise bestehende klinische Auffälligkeiten der Kinder erfragt werden, sofern diese klinische Kompetenz im Beratungsteam vorhanden ist. Andernfalls ist für eine parallele Diagnostik in einer kooperierenden Institution oder von niedergelassenen Fachkollegen Sorge zu tragen. In der Phase der Zielformulierung sollten die Ziele der Eltern, der Kinder oder der ganzen Familie in der Beratung besprochen werden. In der Interventionsphase sollten die angesprochenen Themen, mindestens die Krankheitsbewältigung und die familiären Beziehungen, behandelt und bearbeitet werden. In der letzten Phase mit Ausblick kann es darum gehen, welche nächsten Schritte in der Beratung anstehen, beispielsweise nach den Elterngesprächen die Kindergespräche, und damit eventuell verbundene Ängste können thematisiert werden. Am Ende der Familiengespräche steht außerdem der Abschied der Familie vom Beratungsprozess und den Therapeuten an. Im Ausblick können dann neben der Abschiedsthematik auch die möglicherweise anstehenden weitergehenden Unterstützungsangebote thematisiert werden. Es sollte besprochen werden, ob und welche therapeutischen Hilfen im Anschluss in Anspruch genommen werden. Schließlich wird jeder Familie angeboten, sich im Bedarfsfall wieder in der Beratung zu melden.

Die Eltern- und Familiengespräche werden von zwei Therapeuten (Paar- und Familientherapeutin und ärztliche oder Psychologische Psychotherapeutin) durchgeführt, die Einzelsitzungen mit den Kindern von einer Therapeutin (Kinderpsychiaterin oder -psychotherapeutin). Die Therapeuten sind psychotherapeutisch qualifiziert und erfahren (Ärzte mit Qualifikation in Psychotherapie und/oder Psychologische Psychotherapeuten) und mit der Methode vertraut, die als Modellberatung des Projekts CHIMPs entwickelt, erprobt und als Manual publiziert wird (Wiegand-Grefe, Halverscheid u. Plass, 2010). Die Gespräche mit den Eltern und Kindern sind semistrukturiert und folgen den im Modell und den Zielen beschriebenen Konstrukten, d. h., die Krankheitsbewältigung und die Qualität der Beziehungen stehen im Zentrum der Beratung. Sie sind in einem Leitfaden zur Orientierung festgehalten, der sich im Manual findet. Für weitergehende Ausführungen über die klinische Arbeit des Projekts verweisen wir auf unser Manual (Wiegand-Grefe, Halverscheid u. Plass, 2010).

Design und Methodik der Evaluation des Projekts

Der Beratungsprozess wird im Rahmen eines Forschungsprojekts evaluiert (vgl. Wiegand-Grefe u. Pollak, 2006). In den zentralen Fragestellungen und Hypothesen dieser Evaluation wird davon ausgegangen, dass die präventive Wirksamkeit des familienorientierten Ansatzes (im Vergleich zu einer Wartelisten-Kontrollgruppe) nachweisbar ist. Das bedeutet, dass sich die Parameter, auf die unsere Prävention abzielt, also die familiäre Krankheitsbewältigung, die Qualität der familiären und außerfamiliären Beziehungen, die Familienfunktionalität und in der Folge die gesundheitsbezogene Lebensqualität in den Interventionsfamilien, durch die Prävention verbessert haben.

Im Studiendesign werden quantitative und qualitative Mess- und Auswertungsmethoden kombiniert. Das Vorgehen bei der Evaluation trägt einer in der Ergebnisforschung geforderten multimodalen, multiperspektivischen und multimethodalen Erfolgsmessung Rechnung. Im quantitativen Design handelt es sich um eine prospektive, kontrollierte Evaluationsstudie im Prä-post-Design mit 1-Jahres-Katamnese. Die Messung des Therapieerfolges erfolgt mittels direkter (am Ende der Behandlung) und indirekter Veränderungsmessung (vor und nach der Intervention) und mit einer Katamnese nach einem Jahr.

Die Erfolgseinschätzung wird aus Perspektive des erkrankten Elternteils, des Partners (oder leiblichen anderen Elternteils) und aus der Perspektive der Kinder (ab 10 Jahren zusätzlich Selbstbeurteilung, vorher ausschließlich Fremdbeurteilung durch Eltern und Therapeuten) sowie aus Therapeutenperspektive vorgenommen. Die Versendung und der Rücklauf der Fragebögen erfolgt durch eine von der Behandlung unabhängige Mitarbeiterin (medizinische Dokumentationsassistentin, MDA) in der Studienzentrale der Klinik.

Die Eltern- und Kindergespräche werden im Ton und die Familiengespräche auf Video aufgezeichnet und zusätzlichen qualitativen Auswertungsanalysen zugrunde gelegt. Die qualitativen Analysen werden zu den inhaltlichen Kernkonstrukten der Prävention (Krankheitsbewältigung, Familienbeziehungen und Lebensqualität) durchgeführt und mit dem Beratungserfolg in Beziehung gesetzt.

Stichprobe

Im Verlauf der Modellberatung des Projekts CHIMPs ist eine »Sprechstunde für Kinder und Familien mit einem psychisch erkrankten Elternteil« etabliert worden. Die Sprechstunde wird von Familien aus der Erwachsenenpsychiatrie im Zuge der Entlassung und anderen ambulanten Familien frequentiert. Die Zugangswege zur Sprechstunde bestehen im Konsildienst zwischen der Kinder- und Jugendpsychiatrie und der Klinik für Psychiatrie und ambulanten Anmeldungen auf Empfehlung von Therapiezentren, niedergelassenen Fachkollegen oder Jugendämtern. In der Regel melden sich die Familien in der Sprechstunde an, wenn der erkrankte Elternteil eine chronifizierte Erkrankung mit mehreren Krankheitsepisoden und mindestens einem stationären psychiatrischen Aufenthalt erlebt hat. Von Patienten und ihren Familien nach einer Erstmanifestation oder weit zurückliegender Erkrankungsphase wird das Beratungsangebot selten in Anspruch genommen. Einschlusskriterien für die Aufnahme in das Projekt sind: Zustimmung der Familie zur Teilnahme am Projekt, Familie mit mindestens einem minderjährigem Kind im Alter von 3 bis 18 Jahren, ausreichende Kenntnisse der deutschen Sprache. Ausgeschlossen werden Familien mit schwerer akuter psychiatrischer und/oder kognitiver Beeinträchtigung. Diese werden zunächst an eine Behandlung vermittelt.

Als benötigte Stichprobengröße werden für die Evaluation für die Aufdeckung eines großen Effekts von 0.80 (großer Effekt nach Cohen, 1977, S. 25 ff.) bei einer Irrtumswahrscheinlichkeit von Alpha = 5 % mit Poweranalysen (Programm g-power) mittels Testplanungsstrategie 1b (vgl. Hager, 1987, S. 218, bei der für eine vorgegebene Irrtumswahrscheinlichkeit und einen gewünschtem Effekt die notwendige Stichprobengröße errechnet wird) eine benötigte Stichprobe von 40 Familien errechnet. Die Modellberatung wird deshalb zunächst mit 50 Familien durchgeführt. Gegenwärtig wird die Beratung im Hamburger Raum implementiert und es wurden bisher über 70 Familien gesehen.

Messinstrumente

Im Rahmen der quantitativen Evaluation werden folgende Messinstrumente verwendet:

Zur Erfassung der *psychosozialen Lebensumstände* füllen die Eltern vor der Beratung einen kurzen Fragenkatalog aus, der die wichtigsten soziodemographischen Daten erfragt (Basisdokumentation).

Die Symptomatik der *elterlichen Erkrankung* wird mit der SCL-90-R (Symptom-Checklist-90-R; Franke, 2002), der Schwergrad mit der CGI (Clinical Global Impression Scale; National Institute of Mental Health, 1996), die Beeinträchtigung mit der GAF (Global Assessment Functioning Scale; American Psychiatric Association, 2000) und dem SKID (Strukturiertes Klinisches Interview für DSM-IV; Wittchen et al., 1997) erhoben. Außerdem kommt der BSS (Beeinträchtigungs-Schwere-Score; Schepank, 1995) zur Anwendung. Zusätzlich werden aktuelle oder vergangene psychiatrische oder psychotherapeutische Erkrankungen und Behandlungen anhand selbstformulierter Items erfragt. Die SCL-90-R ist ein Selbstbeurteilungsfragebogen zur Messung der subjektiv empfundenen Beeinträchtigung durch körperliche und psychische Symptome anhand von 90 Items. Die CGI erfasst anhand einer kontinuierlichen Skala von 0–8 die globale Beurteilung des Schweregrads der psychischen Störung. Mit den drei Items der CGI soll der behandelnde Arzt/Therapeut den Schweregrad der psychischen Störung global beurteilen und eine Nutzen-Risiko-Bewertung der Behandlung vornehmen. Im Rahmen des Projekts wird jedoch lediglich das Schweregrad-Item verwendet. Anhand der GAF schätzt der Therapeut das individuelle Funktionsniveau des Patienten auf der Grundlage seiner psychischen, sozialen und beruflichen Funktionen auf einem hypothetischen Kontinuum von psychischer Gesundheit bis Krankheit ein. Der BSS ermöglicht eine Beurteilung der körperlichen, psychischen und sozial-kommunikativen Beeinträchtigung des Patienten durch seine psychogene Erkrankung und stellt ein theorieunabhängiges Experten-Ratingverfahren dar, das aus drei Items besteht. Beim SKID handelt es sich um ein strukturiertes Interview zur Erfassung psychischer Störungen bei Eltern und bei Jugendlichen ab dem 17. Lebensjahr. Das SKID besteht aus zwei Teilen, die sich an den ersten beiden Achsen des DSM-IV (American Psychiatric Association, 2000) orientieren. Im SKID-I werden demnach psychische Störungen erhoben, die auf Achse I kodiert werden. Dazu zählen affektive Störungen, psychotische Störungen, Störungen durch psychotrope Substanzen, Angststörungen, somatoforme Störungen, Essstörungen und Anpassungsstörungen. Anhand des SKID-II werden eventuell bestehende Persönlichkeitsstörungen erfasst. Für die Durchführung der letzten beiden Verfahren werden durchschnittlich 60 bis 90 Minuten benötigt.

Die *psychische Gesundheit der Kinder* wird anhand der CBCL (Child Behavior Checklist; Arbeitsgruppe Deutsche Child Behavior Checklist, 1998), des YSR (Youth Self Report; Arbeitsgruppe Deutsche Child Behavior Checklist, 1998), der SGKJ (Skala zur Gesamtbeurteilung von Kindern und Jugendlichen; Steinhausen, 1985), der CGI (Clinical Global Impression Scale; National Institute of Mental Health, 1996) und des KIDDIE-SADS-PL (Diagnostisches Interview KIDDIE-SADS Present u. Lifetime Version; Kaufman et al., 1996 [deutsche Übersetzung und Adaption: Delmo et al., 2001]) gemessen. Außerdem kommt der BSS-K (Beeinträchtigungs-Schwere-Score für Kinder; Schepank, 1995) zum Einsatz. Die CBCL stellt ein Fremdbeurteilungsverfahren zur Einschätzung psychischer Auffälligkeiten für Kinder im Alter von 2 bis 3 und von 4 vier 18 Jahren dar. Die Einschätzung wird durch die Eltern vorgenommen und erfolgt anhand eines Fragebogens mit 100 Items für die jüngeren Kinder und 121 Items für die Kinder von 4 bis 18 Jahren. Der YSR ist die Parallelform der CBCL für die Selbsteinschätzung der Kinder und Jugendlichen, er wird von 10 bis 18 Jahren verwendet und besteht aus 112 Items. Die SGKJ dient der Erfassung des am stärksten beeinträchtigten Funktionsniveaus auf einem hypothetischen Kontinuum von psychischer Gesundheit bis Krankheit und wird vom Therapeuten für den angegebenen Beurteilungszeitraum eingeschätzt. Das KIDDIE-SADS-PL erfasst als halbstrukturiertes diagnostisches Interview sowohl gegenwärtige als auch zurückliegende Episoden psychischer Störungen von Kindern und Jugendlichen. Die psychischen Symptome werden auf der Grundlage des DSM-IV geprüft, können jedoch auch anhand der ICD-10-Kriterien betrachtet werden. Ergeben sich in dem allgemeinen Screening-Teil Hinweise für psychische Störungen, werden Vertiefungsinterviews durchgeführt, die für die Bereiche der affektiven Störungen, psychotischen Störungen, Angststörungen, Verhaltensstörungen und des Substanzmissbrauchs vorliegen. Im Sinne einer multiaxialen Diagnostik bietet es sich an, neben medizinischen und psychosozialen Belastungsfaktoren im Rahmen des Interviews auch ein allgemeines Funktionsniveau zu erheben. Während die Durchführung mit Kindern und Jugendlichen bei ca. 45 Minuten liegt, sind für das Elterninterview meist 60 bis 90 Minuten erforderlich. Dies liegt zum einen an der Erhebung der Entwicklungsgeschichte, die jeweils von den Eltern eingeholt wird, zum anderen zeichnet sich häufig ein großes Bedürfnis der Eltern ab, Sorgen in Hinblick auf die psychische Entwicklung der Kinder detailliert zu besprechen.

Diese Fragebogenerfassung der aktuellen Symptomatik in Selbst- und Fremdeinschätzung von Eltern und Kindern (SCL-90-R, CGI, CBCL, YSR) und eine standardisierte Diagnostik werden durchgeführt, obgleich die Behandlung der Erkrankung der Eltern oder der Auffälligkeit der Kinder selbst nicht im Zentrum der Prävention steht, um die klinische Einschätzung einer aktuellen Erkrankung und damit die Notwendigkeit weiterführender psychotherapeutischer und/oder psychiatrischer Behandlungen für Eltern und Kinder fundierter einschätzen zu können.

Zur Erhebung der familiären *Krankheitsbewältigung* kommt der FKV (Freiburger Fragebogen zur Krankheitsverarbeitung; Muthny, 1989) zur Anwendung. Der FKV erfasst ein breites Spektrum an Krankheitsverarbeitungsmodi auf den Ebenen von Kognition, Emotion und Verhalten. Der Fragebogen liegt als Fremd- und Selbsteinschätzungsverfahren vor und enthält 102 Items. Im vorliegenden Projekt wird die 35 Items umfassende Kurzform des Selbstbeurteilungsbogens verwendet. Die familiäre Krankheitsbewältigung wird mit selbst formulierten Items erfragt.

Die Funktionalität der *Familienbeziehungen* wird anhand des IIP-D (Inventar zur Erfassung interpersonaler Probleme; Horowitz et al., 2000) und der GARF (Skala zur globalen Erfassung des Funktionsniveaus von Beziehungen; Saß, Wittchen u. Zaudig, 1996) gemessen. Zur Erhebung der *Familienfunktionalität und -dynamik* kommt der FB-A (Allgemeiner Familienbogen; Cierpka u. Frevert, 1994) zur Anwendung. Zur zusätzlichen Erfassung des elterlichen *Bindungsstils* (keine Evaluationsfragestellung) wird der BFPE (Bielefelder Fragebogen zu Partnerschaftserwartungen; Höger u. Buschkämper, 2002) eingesetzt. Das IIP erfasst subjektiv empfundene Probleme im Umgang mit anderen Menschen und erlaubt eine differenzierte Diagnostik interpersonaler Probleme primär im klinischen Kontext. Im vorliegenden Projekt wird die Kurzform mit 64 Items verwendet. Die FB sind als Selbstbeurteilungsinstrument konzipiert und basieren auf einem Prozessmodell für die Familie, das die Familiendynamik zu erklären versucht, wobei der familiäre Prozess in drei unterschiedlichen

Modulen aus der individuellen, der dyadischen und der gesamtfamiliären Perspektive bezüglich der Bereiche Aufgabenerfüllung, Rollenverhalten, Kommunikation, Emotionalität, affektive Beziehungsaufnahme, Kontrolle sowie Werte und Normen beschrieben wird. Im vorliegenden Projekt kommt zur Erhebung der gesamtfamiliären Perspektive der 40 Items umfassende FB-A zum Einsatz. Der BFPE ist ein Selbstbeurteilungsverfahren und dient der Erfassung des elterlichen Bindungsstils im Sinne eines inneren Arbeitsmodells (Bowlby, 1988). Er besteht aus 31 Items.

Zur Erhebung der *sozialen Unterstützung* als Indikator außerfamiliärer Beziehungen wird der OSSQ (Oslo Social Support Questionnaire; Dalgard, 1996) eingesetzt. Der Fragebogen misst die Qualität und Quantität der sozialen Unterstützung und besteht aus 3 Items.

Die *gesundheitsbezogene Lebensqualität* der Eltern wird mit dem SF-12 (Fragebogen zum Gesundheitszustand – Kurzform; Bullinger u. Kirchberger, 1998) und die der Kinder mit dem KINDL-R (Fragebogen zur Erfassung der gesundheitsbezogenen Lebensqualität bei Kindern und Jugendlichen – revidierte Form; Ravens-Sieberer u. Bullinger, 2000) erfasst. Der SF-12 erfasst körperliche und psychische Komponenten der gesundheitsbezogenen Lebensqualität aus Sicht des Betroffenen und stellt, mit nur 12 Items, die Kurzform des SF-36 dar, der ein Standardinstrument zur Bewertung der subjektiven Gesundheit darstellt. Der KINDL-R erfasst in der Fremdbeurteilungsversion die gesundheitsbezogene Lebensqualität des Kindes aus der Sicht des erkrankten Elternteils und wird im vorliegenden Projekt in den Versionen für 4- bis 7- und 8- bis 16-Jährige eingesetzt.

Zur Erfassung der *subjektiven Versorgungsqualität* wird der FBB (Fragebogen zur Beurteilung der Behandlung; Mattejat u. Remschmidt, 1999) verwendet. Der FBB stellt ein Standardinstrument in der Versorgungsforschung dar und liegt in drei Beurteilerformen vor (Therapeut, Patient und Eltern), die als Hauptaspekte jeweils die Ergebnisqualität (Behandlungserfolg) und die Prozessqualität (Behandlungsverlauf) erfassen. Im Rahmen unseres Forschungsprojekts wird der FBB nach Abschluss der Behandlung und zum Katamnesezeitpunkt von den Eltern, den Kindern ab 10 Jahren und den Therapeuten ausgefüllt.

Bezüglich der *Zielerreichung* wird vor der Beratung das wichtigste zu erreichende Ziel erfragt. Nach Abschluss der Behandlung wird das Ausmaß der Zielerreichung auf einer sechsstufigen Ratingskala angegeben.

Die *Zufriedenheit* der Beteiligten mit dem Beratungsangebot wird anhand eines selbst formulierten Items nach Ende der Intervention erfragt.

Die angeführten Messinstrumente genügen in mindestens ausreichendem Maße den psychometrischen Testgütekriterien. Zusätzlich zu den standardisierten Instrumenten kommen selbstentwickelte Items zum Einsatz, die die zentralen Konstrukte unserer Intervention, Krankheitsbewältigung und Beziehungen, möglichst genau erfassen sollen.

Die Evaluation unserer durchgeführten Intervention wird im Sinne der Qualitätssicherung und unseres Forschungsinteresses als wichtiger Aspekt unseres therapeutischen und wissenschaftlichen Arbeitens betrachtet. Eine standardisierte Evaluation in dieser Form stellt jedoch keine Voraussetzung für die klinische Anwendung der CHIMPs-Intervention dar (vgl. ausführlicher Wiegand-Grefe, Halverscheid u. Plass, 2010).

Fazit für die Praxis

Der bekannte Sozialpsychiater Asmus Finzen bezeichnete Kinder psychisch kranker Eltern einmal als »vergessene Risikogruppe«. Die Kinder psychisch kranker Eltern sind von den durch die elterliche Erkrankung verursachten Belastungen direkt betroffen und eine hochrelevante Risikopopulation für kinder- und jugendpsychiatrische Auffälligkeiten oder eine spätere eigene Erkrankung im Erwachsenenalter. In der Psychiatrie behandelte psychisch kranke Eltern sind jedoch aufgrund großer Ängste, Scham- und Schuldgefühle nicht immer bereit, ihr Einverständnis für klinisch präventive Angebote zu geben. Zur Verbesserung des Angebots für Kinder psychisch kranker Eltern und der Einrichtung präventiver Ansätze ist es notwendig, dass kranke Eltern in ihren elterlichen Funktionen wahrgenommen werden und zugleich eine entwicklungsbezogene Sichtweise eingenommen wird, die der kindlichen Erlebens- und Verarbeitungsweise Rechnung trägt. Wenngleich präventive Angebote für Kinder psychisch kranker Eltern von Fachleuten und Politikern heute für dringend notwendig gehalten werden, sind diese im Gesundheitssystem bislang jedoch nur vereinzelt implementiert. Aufgrund der Komplexität der Problematik sind an die Fachpersonen hohe Anforderungen gestellt, die sich auch in den Evaluationsdesigns abbilden. Evaluationen sind im Sinne der Qualitätssicherung notwendig und sinnvoll, sie werden im klinischen Feld die Charakteristika von Effektivitätsstudien erfüllen. In den letzten Jahren sind eine Reihe klinischer Präventionsinitiativen entstanden, so dass zu hoffen bleibt, dass die Kinder psychisch kranker Eltern nicht länger die »vergessenen Kinder« bleiben werden.

Literatur

American Psychiatric Association (2000). Skala zur Globalbeurteilung des Funktionsniveaus für DSM-IV [GAF] engl. Global assessment of relational functioning scale, DSM IV.

Arbeitsgruppe Deutsche Child Behavior Checklist (1998). CBCL/4–18. Elternfragebogen über das Verhalten von Kindern und Jugendlichen. Deutsche Bearbeitung der Child Behavior Checklist. Köln: Arbeitsgruppe Kinder-, Jugend- und Familiendiagnostik (KJFD).

Beardslee, W. R. (2003). When a parent is depressed: How do protect your children from the effects of depression in the family. New York: Little, Brown and Company.

Beardslee, W. R. (2009). Hoffnung, Sinn und Kontinuität: Ein Programm für Familien depressiv erkrankter Eltern. Tübingen: Dgvt-Verlag.

Beardslee, W. R., Gladstone, T. R. G., Wright, E. J., Cooper, A. B. (2003). A family-based approach to the prevention of depressive symptoms in children at risk: Evidence of parental and child change. Pediatrics 112 (2), 119–131.

Beardslee, W. R., Wright, E. J., Gladstone, T. R. G., Forbes, P. (2008). Long-term effects from a randomized trial of two public health preventive interventions for parental depression. J. Family Psychol., 21, 703–713.

Bowlby J. A. (1988). Secure base: Clinical applications of attachment theory. London: Tavistock/Routledge.

Buchkremer, G., Klingberg, S. (2001). Was ist wissenschaftlich fundierte Psychotherapie? Zur Diskussion um Leitlinien für die Psychotherapieforschung. Nervenarzt, 72, 20–30.

Bullinger, M., Kirchberger, I. (1998). SF-36. Fragebogen zum Gesundheitszustand. Göttingen, Hogrefe (enthält auch die Kurzform SF-12).

Cierpka, M., Frevert, G. (1994). Die Familienbögen. Ein Inventar zur Einschätzung von Familienfunktionen. Göttingen: Hogrefe.

Cohen, J. (1977). Statistical power analysis for the behavioural sciences (2nd ed.). New York: Academic Press.

Dalgard, O. (1996). Community Health Profile: a tool for psychiatric prevention. In D. R. Trent, C.A. Reed (Eds.), Promotion of mental health. Volume 5. Aldershot: Avebury Press.

Franke, G. H. (2002). Die Symptom-Checkliste von Derogatis – Deutsche Version (2., überarbeit. u. neu normierte Aufl.). Göttingen: Beltz-Test.

Hager, W. (1987). Grundlagen einer Versuchsplanung zur Prüfung empirischer Hypothesen der Psychologie. In Lüer, G. (Hrsg.), Allgemeine experimentelle Psychologie (S. 43–264). Stuttgart: Fischer Verlag.

Höger, D., Buschkämper, S. (2002). Der Bielefelder Fragebogen zu Partnerschaftserwartungen. Ein alternativer Vorschlag zur Operationalisierung von Bindungsmustern mittels Fragebögen. Zeitschrift für Differentielle und Diagnostische Psychologie 23 (1), 83–98.

Horowitz, L. M., Strauß, B., Kordy, H. (2000). Inventar zur Erfassung Interpersonaler Probleme – Deutsche Version (IIP-D) (2., überarb. u. neu normierte Aufl.). Göttingen: Beltz Test GmbH (enthält Kurzform IIP-C).

Kaufmann, J., Birmaher, B., Brent, D., Rao, U., Ryan, N. (1996). Kiddie-SADS-Present and Liefteime Version (K-SADS-PL), in der deutschen Übersetzung und Adaptation von Delmo, C., Weiffenbach, O., Gabriel, M., Stadler, C., Poustka, F. (2001) (5. Aufl.). Frankfurt a. M.: Klinik für Psychiatrie und Psychotherapie des Kindes- und Jugendalters.

Kreyling, C. (2009). Die soziale Situation von Familien mit psychisch kranken Eltern. Dissertation, Fachbereich Pädagogik, Universität Bamberg.

Märtens, M., Petzold, H. (1995). Psychotherapieforschung und kinderpsychotherapeutische Praxis. Praxis der Kinderpsychologie und Kinderpsychiatrie, 44, 302–321.

Mattejat, F., Remschmidt, F. (1999). FBB. Fragebogen zur Beurteilung der Behandlung. Göttingen: Hogrefe.

Mattejat, F., Wüthrich, C., Remschmidt, H. (2000): Kinder psychisch kranker Eltern. Forschungsperspektiven am Beispiel von Kindern depressiver Eltern. Nervenarzt 71, 164–172.

Medical Research Council (2000). A Framework for Development and Evaluation of RCTs for Complex Interventions to Improve Health. London: Medical Research Council.

Muthny, F. A. (1989). Freiburger Fragebogen zur Krankheitsverarbeitung. Weinheim: Beltz Test GmbH.

NIMH – National Institute of Mental Health (1996). CGI. Clinical Global Impressions. Klinischer Gesamteindruck. In Collegium Internationale Psychiatriae Scalarum (CIPS) (Hrsg), Internationale Skalen für Psychiatrie (4., überarb. u. erweit. Aufl.) (S. 147–149). Weinheim: Beltz.

Ohntrup, J. M., Plass, A., Wiegand-Grefe, S. (2009). Kinder psychisch kranker Eltern – das Präventionsprojekt CHIMPs an der Schnittstelle zwischen Erwachsenen- und Kinderpsychiatrie. Poster auf dem Kongress der Deutschen Gesellschaft für Psychiatrie, Psychotherapie und Nervenheilkunde (DGPPN) in Berlin.

Pinsof, W. M., Wynne, L. C. (1995). The efficacy of marital and family therapy – an empirical overview, conclusions and recommendations. Journal of Marital and Family Therapy 21, 4, 585–613.

Ravens-Sieberer, U., Bullinger, M. (2000). KINDL-R. Fragebogen zur Erfassung der gesundheitsbezogenen Lebensqualität bei Kindern und Jugendlichen. Revidierte Form. Hamburg: Abteilung für Medizinische Psychologie.

Rosenbrock, R., Kümpers, S. (2006). Zur Entwicklung von Konzepten und Methoden der Prävention. Psychotherapeut, 51 (6), 412–420.

Rudolf, G., Eich, W. (1999). Die Entwicklung wissenschaftlich begründeter Leitlinien. Psychotherapeut, 44, 124–126.

Saß, H., Wittchen, H.-U., Zaudig, M. (1996). Diagnostisches und statisches Manual psychischer Störungen (DSM-IV). Göttingen: Hogrefe. (enthält: Skala zur globalen Erfassung des Funktionsniveaus von Beziehungen [GARF]).

Schepank, H. (1995). Beeinträchtigungs-Schwere-Score (BSS). Ein Instrument zur Bestimmung der Schwere einer psychogenen Erkrankung. Göttingen: Hogrefe.

Seligman, M. E. P. (1996). Die Effektivität von Psychotherapie. Die Consumer-Report Studie. Integrative Therapie, 2–3, 264–287.

Shadish, W. R., Rangsdale, K., Glaser, R. R., Montgomery, L. M. (1997). Effektivität und Effizienz von Paar- und Familientherapie: Eine metaanalytische Perspektive. Familiendynamik, 22, 5–33.

Steinhausen, H.-C. (1985). SGKJ. Skala zur Gesamtbeurteilung von Kindern und Jugendlichen.

Weisz, J. R., Weiss, B., Donenberg, G. R. (1992). The lab versus the clinic: Effects of child and adolescent psychtherapy. American Journal of Psychology, 47, 1578–1585.

Wiegand-Grefe, S. (2002). Die präsentierten Probleme in der Familientherapie. Heidelberg u. Kröning: Asanger Verlag.

Wiegand Grefe, S. (2003). Effektivität von Paar- und Familientherapie – zur Ergebnisqualität therapeutischer Verfahren. In B. Vieten, B. Güntert (Hrsg.), Qualitätsmanagement im psychiatrischen Arbeitsalltag – vom Unterschied zwischen Etikett und Inhalt (S. 167–177). Schriftenreihe der Bundesdirektorenkonferenz, Regensburg: S. Roderer Verlag.

Wiegand-Grefe, S. (2007). Kinder psychisch kranker Eltern. Eine psychoanalytisch-familienorientierte Prävention für Familien mit psychisch kranken Eltern. In A. Springer, K.

Münch, D. Munz (Hrsg.), Psychoanalyse heute?! (S. 439–459). Gießen: Psychosozial Verlag.
Wiegand-Grefe, S. (2010). Kinder psychisch kranker Eltern. Armut, Arbeitslosigkeit, mangelnde soziale Unterstützung und Präventionsbedarf in betroffenen Familien. Der Neurologe und Psychiater (im Druck).
Wiegand-Grefe, S., Pollak, E. (2006). Kinder psychisch kranker Eltern. Risikofaktoren, präventive Interventionen und deren Evaluation. In J. Rieforth (Hrsg.), Triadisches Verstehen in sozialen Systemen (S. 159–176). Heidelberg: Carl Auer Verlag.
Wiegand-Grefe, S., Zander, B., Balck, F. (2001). Zur Effektivität systemischer Therapie. Kontext. Zeitschrift für Familientherapie, 32, 290–304.
Wiegand-Grefe, S., Zander, B., Cierpka, M. (2002). Paar- und Familientherapie – ein effektives Behandlungsverfahren? Familiendynamik, 27, 129–145.
Wiegand-Grefe, S., Zander, B., Balck, F., Wirsching, M., Cierpka, M. (2003). Die präsentierten Probleme in der Familientherapie: Spektrum im Familienzyklus, Klassifizierung und Effektivität ihrer Behandlung. Kontext. Zeitschrift für Familientherapie, 34 (4), 351–371.
Wiegand-Grefe, S., Romer, G., Möller, B. (2008). Kinder psychisch oder körperlich kranker Eltern. Forschungsstand und Perspektiven indizierter Prävention bei einer kinder- und jugendpsychiatrischen Risikobelastung. Kinder- und Jugendmedizin, 8, 38–44.
Wiegand-Grefe, S. Halverscheid, S., Plass, A. (2010). Kinder und ihre psychisch kranken Eltern. Familienorientierte Prävention – Der CHIMPs-Beratungsansatz. Göttingen: Hogrefe (im Druck).
Wittchen, H. U., Zaudig, M., Fydrich, T. (1997). Strukturiertes Klinisches Interview für DSM-IV, Achse I und II (SKID I und II). Göttingen: Beltz.

Wirksamkeitsbefunde von Interventionen bei Kindern und Familien psychisch kranker Eltern – ein metaanalytisch fundierter Überblick

Hanna Christiansen, Fritz Mattejat, Bernd Röhrle

Wie in den vorangegangenen Beiträgen dieses Buches beschrieben, stellt das Zusammenleben mit psychisch erkrankten Eltern ein quantitativ und qualitativ beachtliches Risikopotenzial für einen ungünstigen Entwicklungsverlauf dar und für die Wahrscheinlichkeit der Kinder, selbst psychisch zu erkranken (Röhrle u. Christiansen, 2009; Connell u. Goodman, 2002 sowie Beiträge in der Rubrik »Elterliche Erkrankung als Risikofaktor und psychische Gesundheit der Kinder« in diesem Band). Um diesen Risikopotenzialen zu begegnen, wurden zahlreiche und z. T. sehr unterschiedliche Interventionen entwickelt, welche sich zentrale Schutzfaktoren zunutze machen (Beardslee et al., in press.; Cuijpers, 2005; Deneke, Beckmann u. Dierks, 2008; Emshoff u. Price, 1999; Fraser, James, Anderson, Lloyd u. Judd, 2006; Goodman u. Tully, 2008; Göpfert, Webster u. Nelki, 2004; Hinden, Biebel, Nicholson, Henry u. Katz-Leavy, 2006; Lenz in diesem Band und 2007; Lenz u. Schulz, 2008; Mowbray u. Oyserman, 2003; Nicholson et al., 2008; Oyserman u. Mowbray, 2003; Oyserman, Mowbray u. Zemencuk, 1994). Formal lassen sich kind- oder elternzentrierte Programme sowie bifokal angelegte Programme unterscheiden. Gemeinsame Komponenten dieser präventiven Maßnahmen sind:
- *Screenings*, um das Risiko und die Versorgungssituation der Kinder abzuschätzen;
- *Edukation* über Ursachen und Erscheinungsbilder der jeweiligen elterlichen Erkrankung, aber auch über die Risiken für die Kinder und entsprechende Hilfsmöglichkeiten, um Gefühle der Hilflosigkeit abzubauen;
- *innerfamiliäre Entlastungen* durch Trainings in Stressbewältigung, Stärkung der Erziehungskompetenzen, Verbesserung des kommunikativen Milieus, Familienhilfen (siehe auch den Beitrag von Schrappe in diesem Band), Aufbau eines familienexternen Betreuungssystems (z. B. Patenschaften; siehe auch den Beitrag von Beckmann in diesem Band) und schulische Unterstützungen;
- Unterstützung beim *Umgang mit Gefühlen*, insbesondere beim Ausleben und Abbau von Ängsten und Schuldgefühlen, auch durch Aufbau positiven

Selbstwerterlebens (z. B. im Rahmen erlebnispädagogischer Maßnahmen);
- Intensivierung *familienexterner Kontakte und Aktivierung anderer Ressourcen*, um eine familiäre Dezentrierung und größere Autonomie der Kinder zu erreichen;
- *Therapie, Frühintervention und Rückfallprophylaxe* bei den Eltern, auch mit Einbezug der Kinder als Angehörigen;
- *strukturelle Maßnahmen* zur Stabilisierung der Situation der betroffenen Familien durch Aufnahme der Kinder in die Behandlungseinrichtungen, die von den Eltern genutzt werden, Qualifizierung behandelnder Teams im Umgang mit der familiären Problematik, Vernetzung aller beteiligten Einrichtungen (auch Schulen), bis hin zum Entzug des Sorgerechts und den damit einhergehenden notwendigen Hilfemaßnahmen.

Evidenzbasierte Interventionsprogramme

Die Mehrzahl der bestehenden Programme basiert allerdings nicht auf evidenzbasierten Forschungskriterien, zumindest nicht auf hochstehenden, d. h., Interventions- und Präventionsstrategien beruhen vielfach auf Erfahrungen im Kontext von Projektberichten, vergleichsweise selten auf kontrollierten Studien (Röhrle u. Christiansen, 2009; Fraser, James, Anderson, Lloyd u. Judd, 2006).

Eine systematische Übersicht zu den wenigen evidenzbasierten Interventionsprogrammen für Kinder psychisch kranker Eltern von Fraser und Kollegen (Fraser, James, Anderson, Lloyd u. Judd, 2006) aus dem Jahr 2006 ergibt, dass die Mehrzahl der publizierten Studien in den USA durchgeführt wurde. Deutschsprachige Studien lagen nach Angabe der Autoren nicht vor. Die Mehrzahl der Studien waren randomisierte oder Prä-post-Interventionen mit sehr unterschiedlichen Stichprobengrößen (n = 9 bis 472) und Zielgruppen (Programme nur für Mütter und Säuglinge, Familienprogramme, reine Kinderprogramme). Die elterliche Erkrankung wurde in der Regel nur sehr global beschrieben und die meisten Studien richteten sich an Kinder depressiv erkrankter Eltern. Am häufigsten wurden psychoedukative Programme durchgeführt, gefolgt von Interventionen zur Verbesserung elterlicher Erziehungsfertigkeiten und innerfamiliärer Interaktionen. Allerdings geschah dies in der Mehrzahl der Studien ohne vorherige Explikation der theoretischen Grundlagen. Unberücksichtigt blieben weitere relevante Variablen wie z. B. Folgen der Erkrankung (Armut, Stigmatisierung, Wohnverhältnisse) sowie die Integration von Hilfen beispielsweise auf Gemeindeebene oder in Zusammenarbeit mit Jugendhilfeeinrichtungen. Kosteneffektivität wurde in keiner der Studien gemessen. Nur ein Drittel der Studien wurde von den Autoren als methodisch hochstehend bewertet. Die zur Bewertung herangezogenen Qualitätskriterien waren: Selektionsverzerrung, Studiendesign, konfundierende Variablen, Verblindung, Datenerhebung und vorzeitige Beendigung der Studienteilnahme. Diese zweifellos wertvolle Übersicht leidet unter dem üblichen Mangel von Übersichtsarbeiten: selektive Verzerrungen durch eine nicht systematische Auswahl der Studien und fehlende statistische Integration der Befundlage. Dies ist nur durch Metaanalysen möglich.

Metaanalytische Ergebnisse

Um die Effektivität von Programmen zur Prävention bei Kindern psychisch kranker Eltern einschätzen zu können, wurde von Christiansen, Mattejat, Behner und Röhrle (in Vorbereitung) eine systematische Literaturrecherche und Metaanalyse zum Thema Kinder psychisch kranker Eltern durchgeführt. Folgende Datenbanken wurden bis zum Jahr 2008 mit Suchkombinationen zur Population, Störung und Intervention durchsucht: ERIC, MEDLINE, PSYCHINFO, Cochrane, Web of Science. Tabelle 1 gibt die Suchkriterien und -kombination für die Datenbanksuche wieder.

Diese Suche ergab 4995 Treffer. Studien mussten über die Art der Intervention/Prävention für Familien, Kinder oder Eltern berichten, die auf die Reduktion von Risikofaktoren oder die Verbesserung von Lebenskompetenzen zielten. Es wurden nur randomisierte kontrollierte Studien oder Prä-post-Studien mit psychometrischen Ergebnisvariablen weiter berücksichtigt. Nach Abstract-Screening hinsichtlich dieser Kriterien verblieben 176 Studien. Deren Durchsicht reduzierte die Anzahl auf 24 Studien mit ausreichenden statistischen Informationen zur Berechnung von Effektstärken. Die Datenextraktion erfolgte durch zwei unabhängige Beurteiler und die Daten wurden zur Berechnung von Effektstärken in das Programm Comprehensive Metaanalysis (CMA 2; Biostat©) eingegeben. Abbildung 1 gibt die Studiensuche sowie den Ein- bzw. Ausschlussprozess wieder.

Da das häufig verwendete Cohens-d zur Überschätzung der Effekte bei kleinen Stichproben tendiert, wurden die Effekte mit Hedges-g (Mittelwertunterschiede in Relation zur gemeinsamen Varianz) berechnet, das für Stichproben mit kleinem N (n < 40) korrigiert (Hedges u. Olkin, 1985). Eine Metaanalyse über alle 24 Studien und Messzeitpunkte hinweg ergab einen mittleren Effekt von $g = 0,459$. Aufgrund der qualitativen Unterschiede zwischen randomisierten kontrollierten Studien (RCTs) und nichtrandomisierten-Studien wurden anschließend getrennte Metaanalysen berechnet, da u. a. methodisch strenger angelegte Studien vergleichsweise geringere Effektstärken produzieren.

Tabelle 1: Suchkriterien und -kombination für die Datenbanksuche zu Studien Kinder psychisch kranker Eltern

Population	Störung	Intervention
Parent*	Parental illness	Intervention
Impaired parent*	Mental illness	Prevention
Child of impaired parent*	Mental disorder*	Study/studies
Maternal	Affective disorder*	Sample
Paternal	Depression	Child intervention*
Parental	Anxiety	Early intervention*
Parents in Psychotherapy	Bipolar	Parent intervention*
	Phobia	Parental intervention*
	Panic disorder*	Maternal intervention*
	Psychosis	Paternal intervention*
	Schizophrenia	Primary mental health
	Obsessive compulsive disorder* (OCD)	Intervention*/Prevention*
		Family intervention*
	Impulse control disorder*	Therapy
	Adjustment disorder*	Health Promotion
	Eating disorder*	Social Work
	Post traumatic stress disorder* (PTBS)	Case Management
	Attention deficit hyperactivity Disorder* (ADHD)	
	Personality disorder*	
	Borderline	
	Substance abuse	
	Sexual disorder*	
	Drug abuse	
	Alcohol	
	Illicit drug*	
	Somatoform Disorder*	
	Hypochondria	
	Psychososmatic disorder*	

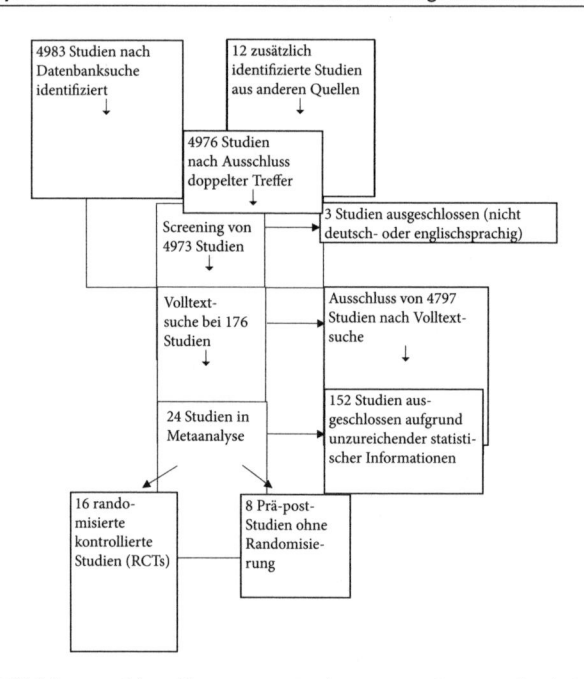

```
┌─────────────────┐    ┌─────────────────┐
│ 4983 Studien nach│    │ 12 zusätzlich   │
│ Datenbanksuche  │    │ identifizierte Studien │
│ identifiziert   │    │ aus anderen Quellen │
└────────┬────────┘    └────────┬────────┘
         │                      │
         └──────────┬───────────┘
                    ▼
         ┌─────────────────┐
         │ 4976 Studien    │
         │ nach Ausschluss │
         │ doppelter Treffer│
         └────────┬────────┘
                  ▼
         ┌─────────────────┐    ┌──────────────────────────┐
         │ Screening von   │───▶│ 3 Studien ausgeschlossen (nicht │
         │ 4973 Studien    │    │ deutsch- oder englischsprachig) │
         └────────┬────────┘    └──────────────────────────┘
                  ▼
         ┌─────────────────┐    ┌─────────────────┐
         │ Volltext-       │───▶│ Ausschluss von 4797 │
         │ suche bei 176   │    │ Studien nach Volltext-│
         │ Studien         │    │ suche           │
         └────────┬────────┘    └─────────────────┘
                  ▼                      
         ┌─────────────────┐    ┌─────────────────┐
         │ 24 Studien in   │    │ 152 Studien aus-│
         │ Metaanalyse     │    │ geschlossen aufgrund │
         │                 │    │ unzureichender statisti-│
         │                 │    │ scher Informationen │
         └────────┬────────┘    └─────────────────┘
              ┌───┴───┐
              ▼       ▼
    ┌──────────┐ ┌──────────┐
    │ 16 rando-│ │ 8 Prä-post-│
    │ misierte │ │ Studien ohne│
    │ kontrollierte│ │ Randomisie-│
    │ Studien (RCTs)│ │ rung     │
    └──────────┘ └──────────┘
```

Abbildung 1: Identifikation von Studien zu Kindern psychisch kranker Eltern, die in die Metaanalyse eingegangen sind

Metaanalytische Ergebnisse der randomisierten kontrollierten Studien (RCTs)

In einem ersten Schritt wurden Effektstärken für alle RCTs berechnet. In diese Analyse gingen 16 Studien ein (Christiansen, Mattejat, Behner u. Röhrle, 2009). Die Mehrzahl dieser Studien zeigte Ergebnisse zu mehreren Messzeitpunkten. Aus diesem Grund wurden zwei getrennte Metaanalysen gerechnet: eine über Prä-post-Werte und eine über Prä-Follow-up-Werte. Letztere variieren zwischen 1-, 3-, 6-, 12- und 24-Monaten-Follow-ups bis hin zu 5 und 20 Jahre Follow-up-Messungen. Im Prä-post-Vergleich zeigte sich unter der Annahme, dass die Studien aus einer heterogenen Population von Studien stammen, ein Effekt von $g = 0{,}72$. Dieser Effekt ist allerdings heterogen, d. h., die Ergebnisse sind nicht zuverlässig und werden wahrscheinlich durch Moderatoren beeinflusst. Im Prä-Follow-up-Vergleich verringerte sich der Effekt auf $g = 0{,}37$ (Tab. 2). Nachfolgende Moderatoranalysen zur Überprüfung der Heterogenitätsbefunde wurden zur Art der Population, Manualisierung und Studienqualität berechnet (Tab. 2).

Die Mehrzahl der RCTs-Interventionen (k = 8) wurde zu Kindern depressiv erkrankter Eltern und Eltern mit Substanzabhängigkeit (k = 5) und je eine Studie zu Essstörungen, Psychose und nicht näher spezifizierten psychischen

Erkrankungen durchgeführt. Eine Analyse mit Depression als Moderator im Prä-post-Vergleich trug zwar zu einer Erhöhung der Effektstärke, nicht aber zur Reduktion der Heterogenität bei. Im Prä-Follow-up-Vergleich erwiesen sich weder Depression noch Substanzmissbrauch als zuverlässige Moderatoren und nicht verschieden von den Gesamt-Follow-up-Werten (Tab. 2).

Hinsichtlich der Manualisierung lagen nur für den Prä-Follow-up-Vergleich ausreichend manualisierte Studien (k = 6) für eine Moderatoranalyse vor. Eine Manualisierung führte zu keinem höheren Effekt als im Gesamt-Follow-up-Studien-Vergleich (Tab. 2).

Eine Einteilung der Studien hinsichtlich ihrer Qualität (Bewertung Studiendesign, Messdurchführung, Datenerhebung, verwendete statistische Verfahren, Ergebnisinterpretation, Berücksichtigung konfundierender Variablen und Studienbeschränkungen) ergab sieben qualitativ sehr gute Studien, sieben von mittlerer Qualität und zwei von geringer Qualität. Unter der Annahme zufälliger Effekte unterschieden sich die Studien mit hoher Qualität von mittleren signifikant (Tab. 2).

Tabelle 2: Metaanalytische Ergebnisse zu den randomisierten kontrollierten Studien. Effektstärken sind als Hedges *g* angegeben. k gibt die Anzahl der Studien an, die in die Berechnung eingegangen sind.

	k	Prä-post	k	Prä-Follow-up
	10	$g = 0{,}72$	12	$g = 0{,}37$
Moderator				
Depression	7	$g = 0{,}979$	6	$g = 0{,}361$
Substanzmissbrauch			4	$g = 0{,}336$
Manualisierung			6	$g = 0{,}387$
Qualität hoch			3	$g = 0{,}233$
Qualität mittel			6	$g = 1{,}119$

Metaanalytische Ergebnisse der nichtrandomisierten Studien

Es konnten insgesamt acht nichtrandomisierte Studien mit ausreichenden statistischen Informationen zur Berechnung von Effektstärken identifiziert werden. Von diesen Studien berichteten sechs Prä-post-Werte und zwei Studien Prä-Follow-up-Werte. Wie bei den RCTs wurden für Prä-post- und Prä-Follow-up-Werte getrennte Metaanalysen berechnet. Im Prä-post-Vergleich zeigte sich ein Effekt von $g = 0{,}627$ ($k = 6$, mixed effects, $Q = 49{,}131$, $df(Q) = 5$, $p < 0{,}001$). Im Prä-Follow-up-Vergleich erhöhte sich dieser Wert auf $g = 0{,}922$ ($k = 2$, mixed effects, $Q = 0{,}151$, $df(Q) = 1$, $p = 0{,}698$), wenngleich dieser aufgrund der geringen Studienzahl nicht aussagekräftig ist.

Insgesamt wurden je zwei Studien zu Kindern depressiv erkrankter Eltern und Eltern mit Substanzmissbrauch, eine Studie zu Essstörungen und drei Studien zu nicht näher spezifizierten psychischen Störungen durchgeführt. Moderatoranalysen führten bei Substanzmissbrauch zu einer Erhöhung des Effekts und reduzierten die Heterogenität wie auch bei Studien zu depressiv erkrankten Eltern (Tab. 3).

Von den acht nichtrandomisierten Studien konnte nur für zwei sicher eine Manualisierung der Intervention festgestellt werden. Zwei Studien wiesen keine Manualisierung auf; bei den übrigen konnten keine hinreichenden Angaben dazu aus den Texten gewonnen werden. Eine Manualisierung führt zu einer Reduktion der Heterogenität und Erhöhung des Effekts, wenngleich weiterhin auf unzuverlässiger Basis aufgrund der zu kleinen Fallzahl (Tab. 3).

Zwei der Studien zeichneten sich durch hohe methodische Qualität aus, vier durch mittlere und zwei durch niedrige Qualität. Eine Moderatoranalyse zur Qualität ergab höhere Effekte für Studien mittlerer und niedriger Qualität und führte im Fall höherer Qualität zu einer Reduktion der Effekte. Tabelle 3 gibt die statistischen Kennwerte der durchgeführten Moderatoranalysen wieder.

Tabelle 3: Nichtrandomisierte Studien, Ergebnisse der Moderatoranalysen über alle Messzeitpunkte hinweg. Effektstärken sind als Hedges g angegeben; k gibt die Anzahl der Studien an, die in die Berechnungen eingegangen sind.

Moderator		k	Hedges *g*
Studienqualität	hoch	2	0,331
	mittel	4	0,782
	niedrig	2	0,673
Manualisierung	ja	2	0,869
	nein	2	0,519
	unklar	4	0,553
Störung	Depression	2	0,519
	nicht näher spezifiziert	3	0,472
	Substanzmissbrauch	2	0,932

Fazit zu den evidenzbasierten Studien

Es liegen vornehmlich englischsprachige Studien aus den USA, Australien und Großbritannien vor. Für die Anwendung in nichtenglischsprachigen Ländern stellt sich somit die Frage der kulturellen Übertragbarkeit, die bislang in keiner Studie untersucht wurde.

Insgesamt gibt es nur sehr wenige randomisierte kontrollierte Studien zur Prävention bei Kindern psychisch kranker Eltern mit hohen kurzfristigen Effekten und langfristiger Abnahme der Wirksamkeit. Die Ergebnisse sind insgesamt heterogen und basieren auf einer kleinen Studienzahl, so dass sichere Aussagen über Effekte bislang nicht möglich sind.

Somit können also noch keine abschließenden Bewertungen der untersuchten Interventionen vorgenommen werden. Erst durch weitere Studien kann deutlich werden, von welchen Moderatoren die Effektivität der Interventionen für Kinder psychisch kranker Eltern abhängt. Dabei bleibt zu wünschen, dass in der Zukunft auch Studien bereitgestellt werden, die insbesondere mehr über die Bedeutung unterschiedlicher Vorgehensweisen wie Intensität und auch von Teilkomponenten im Rahmen notwendiger Komponentenanalysen berichten. In Hinsicht auf die Breite der elterlichen Störungen muss die notwendige Datenbasis deutlich vergrößert werden. Wünschenswert ist auch im Sinne der Therapieforschung, dass der Einfluss von Prozessmerkmalen (z. B. Therapiemotivation), aber auch kontextuellen Merkmalen (z. B. Lebenssituation, Therapeut-Klient-Beziehung etc.) vermehrt in den Mittelpunkt des Interesses rücken. Vor allem aber gilt es, mehr methodisch hochwertige Studien zu produzieren.

Trotz der metaanalytischen Ergebnislage deutet sich an, dass einige der Vorgehensweisen zumindest im Sinne der Effizienz wirksam sind, da sie mehrheitlich auf randomisierten kontrollierten Studien beruhen. Dies gilt insbesondere bei Kindern von substanzabhängigen und depressiven Eltern. Aus diesem Grund soll im Folgenden eine kurze Übersicht zu den Programmen und Studien für diese Bereiche vorgestellt werden, die bis auf die beiden Programme »Family Focused Residential Program« und das »Learning Sobriety Together«-Programm alle in randomisierten Studien evaluiert wurden.

Prävention von Suchterkrankungen

Nach Angaben des »Jahrbuchs Sucht 2008« leben in der Bundesrepublik Deutschland zwei bis drei Millionen Kinder in suchtbelasteten Familien. Das Wiederholungsrisiko einer Alkoholsucht ist für diese Kinder drastisch erhöht, nach Schätzungen werden 50 bis 70 % der Kinder suchtkranker Eltern selbst abhängig (Jahrbuch Sucht 2008). Die Anzahl Kinder drogenabhängiger Eltern in Deutschland schwankt je nach Schätzung. Konservativ geschätzt sei in Deutschland von etwa 40.000 bis 50.000 Kindern drogenabhängiger Eltern auszugehen, ein Großteil davon im Vorschul- und Grundschulalter (Klein, 2001).

Substanzmissbrauchende Eltern weisen zudem häufig weitere psychiatrische Störungen auf, insbesondere Angststörungen und Depression (Luthar, Suchman u. Altomare, 2007). Hinzu kommen die in den vorangegangenen Beiträgen dieses Buches beschriebenen Risiken wie innerfamiliäre Gewalterfahrungen, Missbrauch und verringerte elterliche Erziehungsfähigkeiten (Nair, Schuler, Black, Kettinger u. Harrington, 2003).

Präventionsprogramme für Kinder substanzmissbrauchender Eltern sind in der Mehrzahl als individuelle Programme angelegt, wenngleich die vorhandenen Gruppenprogramme vielversprechende Erfolge erzielen, insbesondere bei frühzeitiger Intervention, d. h., wenn die Kinder der Familien noch nicht in der Pubertät sind. Im Folgenden werden sechs Programme vorgestellt.

Parents Under Pressure (PUP): Dieses Programm wird als aufsuchende Hilfe durchgeführt, d. h., die Therapeuten gehen zu den Familien nach Hause. Insgesamt werden zehn Module über zehn bis zwölf Wochen für jeweils ein bis zwei Stunden durchgeführt. Inhalte sind eine gemeinsame Zieldefinition, Aufklärung über störungsspezifisches Problemverhalten und Reduktion dessen, Förderung von Achtsamkeit bei den Eltern zur Affektregulation, Aufklärung über und störungsspezifische Faktoren und deren Förderung wie z. B. Ernährung, Kommunikationsfertigkeiten, finanzielle Haushaltsplanung. Dawe und Harnett (2007) evaluierten das Programm mit 64 Familien in Australien, in denen mindestens ein Elternteil an einer regelmäßigen Methadonbehandlung teilnahm. Die Kinder waren zwischen zwei und acht Jahren alt. Es zeigte sich eine signifikante Reduktion des elterlichen Missbrauchspotenzials, des rigiden Erziehungsstils und des kindlichen Problemverhaltens. Insbesondere die Verringerung rigider Erziehungspraktiken erwies sich als sensitives Maß für Erziehungseinstellungen und damit als relevant für die weitere Einschätzung potenziellen Missbrauchs.

Homebased Early Intervention: Bei diesem Programm finden über sechs Monate wöchentliche und anschließend für zwölf Monate zweiwöchentliche Hausbesuche statt. Während dieser wird die kindliche Entwicklung mit der Mutter besprochen, um ihre Fähigkeiten bei der Identifikation kindlicher Probleme/Schwierigkeiten zu verbessern. Zudem soll die Entwicklung des Kindes spielerisch und mit verschiedenen stimulierenden Aktivitäten gefördert werden. Diese Einheiten basieren auf dem Home Curriculum des »Hawaii Early Learning Program« (HELP), in welchem 650 Entwicklungsfertigkeiten von Kindern im Alter von 0 bis 36 Monaten gefördert werden. Die Mutter wird angeleitet, angemessen, aktivierend und stimulierend mit ihrem Kind zu spielen, um die Kommunikation zwischen Mutter und Kind zu fördern und zu stärken. Eine zweite Komponente des Programms sind psychoedukative Sitzungen zu Substanzmissbrauch und -behandlung. Nair, Schuler, Black, Kettinger und Harrington (2003) evaluierten dieses Programm an 161 substanzmissbrauchenden Müttern und ihren Kindern in Baltimore, USA, die kurz vor dem ersten Messzeitpunkt entbunden hatten. Untersucht wurden zehn Risikofaktoren (Depression, häusliche und außerhäusliche Gewalt, Familiengröße, Inhaftierungen, fehlende außerfamiliäre Bezugspersonen, negative Lebensereignisse, psychische Störungen, Obdachlosigkeit und Schwere des Substanzmissbrauchs). Insgesamt wirkte sich die Intervention positiv auf die kindliche Entwicklung aus. Die Anzahl vorhandener Risiken hatte keinen signifikanten Einfluss auf die kindliche Entwicklung, allerdings stiegen Erziehungsstress und das Missbrauchspotenzial für die Kinder mit der Anzahl der Risiken an. Die Intervention konnte die Anzahl der vorhandenen Risiken dabei nicht reduzieren.

Family Focused Residential Program: Dieses Programm ist ein stationäres Angebot für substanzmissbrauchende Mütter und ihre Kinder in Michigan, USA. Der Aufenthalt ist für zwölf Monate geplant, in denen Mütter und Kinder bis zum Alter von sieben Jahren von einem multiprofessionellen Team (psychologischer Familientherapeut, Sozialarbeiter, Sprachtherapeut, Physiotherapeut jeweils mit pädiatrischer Ausrichtung und ein Psychologe mit pädagogischer Spezialisierung) betreut werden. Es finden wöchentlich Familiensitzungen mit jeweils ein bis zwei Familien statt. In diesen wird zunächst ein gemeinsamer Drei-Monats-Plan entwickelt. Hinzu kommen individuelle und gruppentherapeutische Sitzungen, in denen über Entstehung, Aufrechterhaltung und Behandlung von Substanzmissbrauch aufgeklärt wird sowie Erziehungsfertigkeiten gefördert und eigener sexueller Missbrauch und Gewalterfahrungen besprochen werden. McComish, Greenberg, Ager, Essenmacher, Orgain und Bacik (2003) evaluierten dieses Programm in einer Längsschnittstudie an 39 Müttern, die während April 1996 und September 1998 stationär im Flint Odyssey House in Michigan behandelt wurden. Die Länge des vollstationären Aufenthaltes nahm mit der Intervention zu. Dies wurde von den Autoren positiv bewertet, da sich eine längere Aufenthaltsdauer als Prädiktor für eine positive Entwicklung von Müttern und Kindern erwies. Die Arbeit im mulitprofessionellen Team und die Vernetzung der Experten untereinander führten zur frühzeitigen Identifikation und Behandlung von Entwicklungsverzögerungen der Kinder, so dass am Ende der Maßnahme keines der Kinder Entwicklungsverzögerungen aufwies. Bei den Müttern verbesserten sich das psychosoziale Funktionsniveau und ihre Erziehungsfertigkeiten, hingegen ließen sich depressive Symptome und niedriger Selbstwert nicht signifikant verbessern.

Relational Psychotherapy Mothers' Group (RPMG): Dies ist eine supportive Elterngruppe für substanzmissbrauchende Mütter. Sie wird über sechs Monate in Ergänzung zu einer Methadonbehandlung von weiblichen Therapeuten (zum Schutz der Mütter, wenn es z. B. um eigene Missbrauchserfahrungen geht) durchgeführt. Die insgesamt 24 wöchentlichen Gruppensitzungen wirken auf drei Ebenen: Auf der individuellen Ebene werden das persönliche Stressausmaß, Umgang mit Schuldgefühlen und Scham besprochen und auf einer globalen Ebene das individuelle Funktionsniveau gefördert. Auf der Familienebene werden die Familiengeschichte mit eigenen Missbrauchs- und Gewalterfahrungen thematisiert und Risikofaktoren für die eigene Elternschaft identifiziert. In zwölf Sitzungen werden zudem Erziehungsfertigkeiten wie z. B. Alternativen zu physischer Bestrafung, altersangemessene Grenzen, Zuwendung und Wärme gegenüber dem Kind gefördert. Auf Gemeindeebene stehen Stigmatisierung und soziale Netze im Vordergrund. Durch das Gruppenformat werden die interpersonellen Fähigkeiten der Mütter gefördert, und die Universalität der Probleme verringert Schuldgefühle sowie Scham und fördert den Zusammenhalt der Gruppe (Yalom, 1985). Luthar, Suchman und Altomare (2007) evaluierten das Programm an 67 Müttern und ihren Kindern im Alter von 0 bis 16 Jahren im Großraum New Haven, USA. Im Vergleich zur Kontrollgruppe zeigte sich bei den Müttern, die die RPMG durchlaufen hatten, weniger Missbrauch der eigenen Kinder, eine Reduktion des Kokainkonsums und eine signifikante positive Entwicklung der emotionalen Anpassung der Kinder sowie eine Reduktion depressiver Symptome bei den Kindern. Im 6-Monats-Follow-up konnten diese Effekte zugunsten der RPMG allerdings nicht aufrechterhalten werden.

Learning Sobriety Togehter (LST): Dieses Programm richtet sich an Familien mit alkoholkranken Vätern. Das manualbasierte Programm ist eine Kombination aus verhaltenstherapeutischer Paartherapie und individueller Psychotherapie der Väter. In einer ersten vierwöchigen Programm-Orientierungsphase finden für die Väter wöchentliche individuelle Therapiesitzungen statt und es wird über den Ablauf des Programms informiert. In der anschließenden zwölfwöchigen LST-Phase finden wöchentlich Paartherapie und individuelle Psychotherapie der Väter statt. In der Paartherapie werden drei wesentliche Ziele behandelt: Abstinenz (Kontrakt zwischen den Partnern, Verstärkung), Kommunikation in der Partnerschaft (Kommunikationsfertigkeiten, aktives Zuhören, Ausdruck von Gefühlen) und Förderung positiver Partnerinteraktionen (gemeinsame angenehme Aktivitäten, Freizeit). Abschließend findet eine vierwöchige Phase mit individuellen Therapiesitzungen der Väter statt, die eng an dem Programm der Anonymen Alkoholiker orientiert ist und in der Entstehungsfaktoren, aufrechterhaltende Faktoren und Behandlungsmöglichkeiten einer Alkoholabhängigkeit besprochen werden. Kelley und Fals-Stewart (2007) evaluierten dieses Programm in einer quasiexperimentellen Studie an 131 Familien. Es zeigte sich insgesamt eine Verbesserung des psychosozialen

Funktionsniveaus der Paare und eine Reduktion internalisierender und externalisierender Störungen der Kinder, wenngleich dieser Effekt sehr viel größer für präadoleszente Kinder als für die älteren Geschwister war.

Strengthening Families Program (SFP): Das Programm richtet sich an Risikofamilien und umfasst je 14 Kindergruppen-, Elterngruppen- und Familiengruppensitzungen, die ein- bis zweimal pro Woche stattfinden. Darin werden den Familien soziale Fertigkeiten vermittelt, Kommunikations-, Problemlöse- und Bewältigungsfertigkeiten sowie Ressourcen gefördert. In den Elterngruppen wird zusätzlich über Entstehung, Aufrechterhaltung und Behandlung von Suchterkrankungen aufgeklärt sowie über die Auswirkungen von Substanzmissbrauch auf die Familie. Weiter werden den Eltern Erziehungsfertigkeiten wie z. B. das Setzen von Grenzen und die Verstärkung positiven Verhaltens vermittelt. Der Fokus der Familiensitzungen liegt auf gemeinsamen Eltern-Kind-Interaktionen, der Identifikation von Familienzielen, der innerfamiliären Kommunikation und Problemlösefähigkeit. DeWit, McKee, Nochajski, Safyer, Maguin und Macdonald (2003) evaluierten das Programm an 150 Familien aus Southern Ontario und der Buffalo Metropolitan Area, USA, in denen ein Elternteil Alkoholprobleme aufwies. Für Kinder in der Interventionsgruppe zeigte sich im Vergleich zur Kontrollgruppe eine signifikante Verbesserung der sozialen Fertigkeiten und Selbstkontrolle. Dieser Effekt verringerte sich differentiell für Kinder Alleinerziehender und für Familien aus niedrigeren sozialen Schichten.

Zusammenfassung

Insgesamt überwiegen bei den vorgestellten Programmen Maßnahmen zur Stärkung elterlicher Erziehungskompetenzen, psychoedukative Vorgehensweisen und interpersonelle sowie intrapersonelle Konfliktbewältigung z. B. auf der Paarebene. Nur das »Family Focused Residential Program« sieht als vollstationäres Programm eine Verknüpfung von Hilfen auf verschiedenen Ebenen vor, dies aber auch nur im Rahmen der Kernfamilie (vernetzte Behandlung von Müttern und Kindern durch ein multiprofessionelles Team). Strukturelle Maßnahmen, wie z. B. die Einbindung von Lehrern/Erziehern oder Einrichtungen der Jugendhilfe, kommen bislang nicht zur Anwendung. Die Mehrzahl der Studien wurde in randomisierten kontrollierten und somit methodisch qualitativ hochwertigen Designs überprüft. Unter der Berücksichtigung, dass hohe methodische Qualität eher zu niedrigeren Effekten führt, wie die referierten Ergebnisse der Metaanalyse zeigen, sind die vorgestellten Präventionsprogramme für Kinder substanzmissbrauchender und -abhängiger Eltern als vielversprechend einzuschätzen.

Prävention depressiver Erkrankungen

Depressive Störungen im Kindes- und Jugendalter sind häufig und langfristig mit einem schlechten Verlauf assoziiert (Bardone, Moffitt, Caspi u. Dickson, 1996; Bardone, Moffitt, Caspi, Dickson, Stanton, Silva, 1998; Lewinsohn, Pettit, Joiner u. Seeley, 2003; Rao, Ryan, Brimaher u. Dahl, 1995; Weissmann et al., 1999). 1-Jahres-Prävalenzen für schwere depressive Episoden liegen für Kinder bei 2 % und für Jugendliche zwischen 4 und 7 % (Costello et al., 2002). Die Lebenszeitprävalenz einer schweren depressiven Episode für Jugendliche zwischen 15 und 18 Jahren beträgt sogar 14 %, und man nimmt an, dass 20 % der Jugendlichen bis zum 18. Lebensjahr eine depressive Episode durchlaufen haben werden (Birmaher et al., 1996a; Birmaher et al., 1996b). Kinder depressiv erkrankter Eltern haben ein zwei- bis dreifach erhöhtes Risiko für die Entwicklung einer depressiven Störung (Garber et al., 2009). Aufgrund dieser hohen Prävalenzen und den langfristigen Kosten – individuellen wie volkswirtschaftlichen – rücken präventive Maßnahmen zunehmend in den Vordergrund (Mrazek u. Haggerty, 1994; Evans et al., 2005). Die Ergebnisse zweier Metaanalysen zeigen kleine bis mittlere Effekte bei der Prävention depressiver Störungen im Kindes- und Jugendalter, wobei sich selektive und indizierte Ansätze gegenüber universellen als überlegen erwiesen (Horowitz u. Garber, 2006; Merry, McDowell, Hetrick, Bir u. Muller, 2006). Universelle Präventionsprogramme beziehen ganze Populationen (Regionen) ein und Zielgruppen sind nicht oder allenfalls schwach risikobelastete Personen; die selektive Prävention befasst sich dagegen mit ausgesuchten, meist hochbelasteten Risikopopulationen (z. B. spezielle Gruppen für Kinder psychisch kranker Eltern oder Scheidungskinder, Vorschulprogramme für sozial benachteiligte Kinder). Liegen eng umschriebene Risikofaktoren oder auch erkannte Ursachen von Störungen vor, werden Maßnahmen zur indizierten Prävention durchgeführt (ausführlich dazu: Röhrle, 2007). Störungsspezifische präventive Programme fokussieren Risiken und Ressourcen, die für die jeweilige Störung eine besondere Bedeutung haben. Ehrgeizige Ziele vieler dieser Programme sind z. B. die gänzliche Vermeidung psychischer Störungen oder Kosteneinsparungen. Methodisch stehen sie dabei vor dem Problem geringer Grundraten psychischer Störungen und langer Entstehungszeiten, so dass die Wirkung einer präventiven Maßnahme an der Minderung der Inzidenzrate nur schwer abzulesen ist (Röhrle u. Christiansen, 2009). Die vorliegenden Programme zur Prävention psychischer Störungen bei Kindern depressiv erkrankter Eltern sind in der Regel selektiv oder indiziert angelegt und berücksichtigen störungsspezifische Faktoren. Die Effektivität der Programme wird in der Regel über die vorhandene Symptombelastung, das globale Funktionsniveau, aber auch direkte Programmvariablen wie z. B. Wissen über die elterliche Erkrankung gemessen.

In ihrem ausführlichen Übersichtsartikel fassen Gladstone und Beardslee (2009) Wirksamkeitsbefunde aktueller Präventionsprogramme zur Prävention depressiver Erkrankungen im Kindes- und Jugendalter bei Hochrisiko-Gruppen zusammen. In die Arbeit gingen die im Folgenden näher dargestellen Programme ein, die alle in randomisierten kontrollierten Studien überprüft wurden.

Penn Resiliency Program (PRP; Gilham, Reivich, Jaycox, Seligman und Silver, 1990): Die manualisierte Intervention basiert auf der kognitiven Verhaltenstherapie und wird von trainiertem Personal in Schulen durchgeführt. Sie umfasst insgesamt zwölf Sitzungen zu 90 bzw. 120 Minuten. Das Programm wurde über mehrere Jahre hinweg mit Kindern verschiedener Altersstufen und unterschiedlicher kultureller Herkunft sowohl in universellen als auch indizierten Präventionsstudien evaluiert. Global konnte eine positive Wirkung auf die Veränderung kognitiver Stile nachgewiesen werden. In einer Studie zur indizierten Prävention von Gilham, Hamilton, Freres, Patton und Gallop (2006) zeigte sich bei insgesamt 271 Kindern aus einer Hochrisiko-Population keine signifikante Reduktion bei der Anzahl der Diagnosen depressiver Störungen im Vergleich zur Kontrollgruppe.

Coping with Stress Course (CSW; Clarke, Hawkins, Murphy, Sheeber, Lewinsohn u. Seeley, 1995): Dieses manualbasierte psychoedukative Gruppenprogramm richtet sich an Jugendliche, die einem erhöhten Risiko für die Entwicklung depressiver Störungen ausgesetzt sind. Die Jugendlichen werden angeleitet, depressive Stimmungen, häusliche Konflikte und Konflikte mit Gleichaltrigen sowie negative kognitive Muster zu kontrollieren. Das Programm richtet sich an Jugendliche zwischen 13 und 17 Jahren und wird von professionellem Personal (Sozialarbeiter, Psychologen) im Gruppenformat durchgeführt. Clarke et al. (2001) evaluierten das Programm mit 94 Kindern depressiv erkrankter Eltern. Im Vergleich zu den Jugendlichen in der Standardbehandlung wiesen die Teilnehmer des CWS weniger depressive und suizidale Symptome und ein erhöhtes allgemeines Funktionsniveau auf. Diese Effekte konnten auch im Langzeit-Follow-up erhalten bleiben, wenngleich sich die Größe des Effekts verringerte. Garber et al. (2009) modifizierten das CWS mit acht wöchentlichen und sechs monatlichen Sitzungen und untersuchten 316 Jugendliche in einer randomisierten kontrollierten Studie. Im Vergleich zur Kontrollgruppe zeigte sich eine signifikante Reduktion selbstberichteter depressiver Symptome bei den Teilnehmern der Interventionsgruppe, wenngleich eine akute elterliche depressive Episode diesen Effekt moderierte. Jugendliche mit einem akut erkrankten Elternteil zeigten im Vergleich zur Kontrollgruppe keine signifikanten Unterschiede.

Interpersonal Psychotherapy-Adolescent Skills Training (IPT-AST; Mufson, Dorta, Moreau u. Weissman, 2004; Mufson, Dorta, Olfson, Weissman u. Hoagwood, 2004; Horowitz, Garber, Ciesla, Young u. Mufson, 2007; Young, Mufson u. Davies, 2006): Auch dieses schulbasierte Programm zielt auf die Prävention depressiver Störungen bei Jugendlichen aus Hochrisiko-Populationen. Der Fokus des Programms liegt auf der Psychoedukation hinsichtlich depressiver Erkrankungen, Prävention und der Förderung interpersoneller Fertigkeiten. Young, Mufson und Davies (2006) evaluierten das Programm mit 41 Jugendlichen hispanischer Herkunft, die erhöhte Depressionswerte aufwiesen. Die Jugendlichen wurden randomisiert entweder dem IPT-AST mit zwei individuellen und acht Gruppensitzungen zu je 90 Minuten oder schulischer Beratung zugewiesen. Die Teilnehmer der Interventionsgruppe zeigten signifikant weniger Depressionssymptome und ein verbessertes allgemeines Funktionsniveau im Vergleich zur Kontrollgruppe. Diese Effekte ließen sich im 36-Monats-Follow-up aufrechterhalten.

Problem Solving for Life (*PSFL*; Spence, Sheffield u. Donovan, 2003, 2005): Das Programm besteht aus acht 45- bis 50-minütigen wöchentlichen Sitzungen, die kognitive Umstrukturierung und Problemlösefähigkeiten ins Zentrum stellen. Teilnehmer werden angeleitet, Gedanken und Gefühle zu identifizieren; der Zusammenhang zwischen Denken, Fühlen, Handeln sowie kognitive Strategien zur Veränderung negativer Gedanken werden vermittelt. Das Programm wird von geschulten Lehrern durchgeführt. Spence, Sheffield und Donovan (2003, 2005) evaluierten das Programm im Rahmen einer universell angelegten Präventionsstudie mit 1500 12- bis 14-jährigen Schülern in Queensland, Australien. Teilnehmer der Interventionsgruppe wiesen im Vergleich zu den Schülern in der Kontrollgruppe weniger depressive Symptome auf. Schüler, die vor der Intervention der Hochrisiko-Gruppe angehörten, taten dies nach der Intervention nicht mehr. Diese positiven Effekte ließen sich allerdings nicht im Langzeit-Follow-up aufrechterhalten.

Preventive Intervention Project (Beardslee et al., 1994–2001): Dieses kognitiv-verhaltenstherapeutische Programm umfasst sechs bis acht 45- bis 90-minütige familienzentrierte und therapeutengeleitete Sitzungen. Es finden sowohl Einzelinterviews mit Eltern und Kindern sowie eine Familiensitzung statt. Das Programm verfolgt sieben zentrale Ziele: 1) Psychoedukation von Eltern und Kindern; 2) Förderung von Resilienzfaktoren; 3) Identifikation und Unterstützung der Bedürfnisse der Kinder; 4) Zukunftsplanung; 5) Förderung der familiären Kommunikation; 6) Förderung alternativer Verhaltensweisen; 7) Entwicklung neuer Bewältigungsstrategien zur Erhöhung von Resilienz und zur Verbesserung der Kommunikation. Zu dem Programm liegen mehrere Evaluationsstudien vor (zuletzt Beardslee, Wright, Gladstone und Forbes, 2008). Die Daten wurden insgesamt über fünf Jahre erhoben. Es zeigten sich für die Interventionsgruppen Einstellungsänderungen der Eltern bezüglich affektiver Störungen und der Auswirkungen von depressiven Erkrankungen auf die Familien. Insbesondere zeigten sich Änderungen in Verhaltensweisen, die kindliche Resilienz, Kommunikation und Verständnis innerhalb der Familie fördern, sowie bezüglich des Umgangs der Eltern mit kindlichen Risikofaktoren. Eltern, die an der therapeutengeleiteten Gruppe teilnahmen, berichteten über mehr Veränderungen als die Teilnehmer der rein psychoedukativen Gruppe. Diese Gruppenunterschiede blieben über alle Follow-up-Erhebungen bis zu vier Jahre hinweg erhalten (Beardslee et al., 1996). Das Programm konnte zudem erfolgreich in Finnland durchgeführt werden (Solantaus u. Toikka, 2005) und liegt außerdem in deutscher Übersetzung vor (Beardslee, Röhrle, Mattejat u. Christiansen, 2009).

New Beginnings Program (*NBP*; Tein, Sandler, MacKinnon u. Wolchik, 2004): Dieses Programm richtet sich an Kinder und Jugendliche aus Scheidungsfamilien. Es besteht aus zwei Komponenten: einer Mütter- und einer Mutter-Kind-Intervention. In einer Studie mit 240 Scheidungsfamilien wurden die Familien entweder der Müttergruppe, der Mutter-Kind-Gruppe oder einer Selbststudiumgruppe zugewiesen. Die Mütter-Intervention war erfolgreich in der Veränderung der Mutter-Kind-Beziehungen, Reduktion von Disziplinarmaßnahmen und Verbesserung der Vater-Kind-Beziehung. Sowohl die Mütter- als auch die Mutter-Kind-Intervention erwiesen sich als erfolgreich für die Prävention internalisierender und externalisierender Störungen. Im 6-Jahres-Follow-up weisen die Kinder der Interventionsgruppen im Vergleich zu der Kontrollgruppe (Selbststudium) weniger psychiatrische Diagnosen auf.

Family Bereavement Program (*FBP*; Sandler, Ayers u. Romer, 2002): Dieses Programm richtet sich an Kinder/Jugendliche zwischen acht und 16 Jahren, die ein Elternteil verloren haben. Der Fokus liegt auf der Förderung von Resilienzfaktoren, insbesondere der Qualität der Eltern-Kind-Beziehung, auf der Bedeutung von elterlichen Gesundheitsproblemen, kritischen Lebensereignissen und Erziehungsfertigkeiten. Das Programm besteht aus separaten Eltern- und Kindergruppen. Sandler, Wolchik, Ayers, Tein, Coxe und Chow (in press) evaluierten das Programm an 156 Familien, in denen ein Elternteil in den letzten vier bis 30 Monaten verstorben war. Familien wurden zufällig auf das FBP oder eine Selbststudiumgruppe aufgeteilt. Es zeigten sich Veränderungen zugunsten der Interventionsgruppe hinsichtlich der Reduktion von Risikofaktoren. Allerdings zeigten sich keine signifikanten Unterschiede zwischen Interventions- und Kontrollgruppe hinsichtlich psychischer Probleme bei den Kindern.

Zusammenfassung

Diese Programme basieren alle auf kognitiv-verhaltenstherapeutischen oder interpersonellen Interventionen, liegen in manualisierter Form vor und wurden in randomisierten kontrollierten Studien überprüft. Alle Programme trugen kurzfristig zu einer Reduktion depressiver Symptome bei, die überwiegend langfristig erhalten blieben, was sich u. a. in einer Verringerung der Diagnoseraten und einer Verbesserung des allgemeinen Funktionsniveaus zeigte. Zudem zeigten sich bedeutsame differentielle Effekte: So wurde das »Problem Solving for Life Program« von Lehrern durchgeführt und erzielte kurzfristig positive Effekte, die allerdings nicht langfristig erhalten blieben; das »Penn Resiliency Program« hingegen erzielte die besten Effekte, wenn die Intervention von Mitgliedern der Forscherteams durchgeführt wurde. In einer aktuellen Studie von Garber et al. (2009) verringerte eine akute elterliche depressive Episode die Effektivität eines kognitiv-verhaltenstherapeutischen Präventionsprogramms, bzw. Kinder von Eltern, die zwar in der Vergangenheit depressive Episoden durchlaufen hatten, aber nicht akut erkrankt waren, zeigten positivere Effekte. Sowohl im »Penn Resiliency Program« als auch im »Family Bereavement Program« profitierten Mädchen stärker von der Intervention (geschlechtsspezifische Effekte) und die Studien von Beardslee und Mitarbeitern zeigten, dass sich die Programme auf andere kulturelle Settings effektiv übertragen lassen. Unzureichend untersucht sind allerdings bislang Moderator- und Mediatoreffekte (Baron u. Kenny, 1986) für die Wirksamkeit dieser Präventionsprogramme. Gewalterfahrungen, materielle Not/Armut, niedriges Bildungsniveau, mangelnde oder belastende Sozialkontakte, belastende Lebensereignisse, Störungen der Eltern-Kind-Beziehung/negative Erziehungsstile (High Expressed Emotion, Emotional Overinvolvement), Partnerschaftsprobleme (konflikthafte Paarbeziehungen, Trennung, Scheidung) und Alkoholkonsum in der Schwangerschaft (fetales Alkoholsyndrom) stellen bei der Entstehung psychischer Erkrankungen von Kindern psychisch kranker Eltern Hauptrisikofaktoren dar (Röhrle u. Christiansen, 2009; siehe auch den Beitrag von Wiegand-Grefe, Geers und Petermann in diesem Band). Die Auswirkungen auf das Kind sind umso gravierender, je höher die Anzahl der Risikofaktoren ist. Hinzu kommt die zusätzliche Wirkung von Mediatoren wie »schwieriges« Temperament des Kindes, Geschlecht (mehr Jungen), Alter des Kindes zwischen 15 und 20 Jahren (Gladstone, Boydell u. McKeever, 2006; Goodman, 2007; Lenz u. Schulz, 2008) oder auch genetische Anlage, die das Erkrankungsrisiko indirekt mitbeeinflussen. So konnten z. B. Caspi und Mitarbeiter zeigen, dass das Risiko, an einer depressiven Störung zu erkranken, für Patienten im Alter von 18 bis 26 Jahren dann signifikant erhöht war, wenn sie als Kinder im Alter zwischen drei und elf Jahren Gewalterfahrungen gemacht hatten und einen spezifischen

Genotyp aufwiesen (ein oder zwei kurze Allele des Serotonin-Transporter-Gens).

Diese Mediatoren können wiederum in direktem Zusammenhang mit bedeutsamen Moderatoren wie z. B. materieller Not/Armut stehen und darüber zusätzlich wirken. Aber auch protektive Faktoren auf Seiten von Kindern und Eltern können über die Wirkung von Moderatoren und Mediatoren Studienergebnisse beeinflussen. Bislang ist diese protektive Wirkung, z. B. eines robusten, aktiven und kontaktfreudigen Temperaments, emotionaler Einfühlungs- und Ausdrucksfähigkeit, guter sozialer Problemlösefähigkeiten, hoher Intelligenz, hohen Selbstvertrauens, positiven Selbstwertgefühls und hoher Selbstwirksamkeit in diesem Zusammenhang unzureichend untersucht. Eine stärkere Fokussierung dieser protektiven Faktoren würde auch der Forderung, den Fokus von der Störungsintervention auf Prävention zu verschieben und generell Gesundheit zu fördern, Rechnung tragen. Zudem werden all diese Faktoren von der kindlichen Entwicklung im Verlauf der Zeit beeinflusst. So erweisen sich insbesondere Übergangsphasen, z. B. vom Kindergarten in die Schule und Pubertät (Broström u. Wagner, 2003; Broström, 2002; Beelmann, 2000), als kritische Lebensphasen, in denen widrige Lebensumstände u. U. eine andere Wirkung entfalten als in stabileren Lebensphasen. Zukünftige Studien sollten demnach Moderatoren und Mediatoren nach Möglichkeit miterfassen und bei der Auswertung der Effektivität berücksichtigen.

Fazit zu den bestehenden evidenzbasierten Programmen zur Prävention von Substanzmissbrauch und depressiver Störungen

Die Studien zu den Programmen zur Prävention von Substanzmissbrauch unterscheiden sich stark hinsichtlich ihrer Ausrichtung (vollstationäres Angebot, Hausbesuche, Gruppenprogramme für Väter/Mütter, Familienprogramme, Paarprogramme), der Anzahl der Sitzungen (14 Sitzungen bis zu zweimal wöchentliche Sitzungen über den Zeitraum eines Jahres), den Messzeitpunkten und der methodischen Qualität. Die Mehrzahl der Programme kann kurzfristige positive Effekte verzeichnen, jedoch lassen sich diese nicht immer im Langzeit-Follow-up aufrechterhalten. Um die Wirksamkeit der Programme einschätzen zu können, sind folglich Langzeit-Follow-up-Untersuchungen zwingend notwendig. Die Mehrzahl der Programme verzeichnet zudem differentielle Effekte. So erwiesen sich Maßnahmen bei Familien höherer sozialer Schichten und bei Nicht-Alleinerziehenden als wirksamer. Besonders erwähnenswert ist, dass im LST-Programm weder mit den Eltern noch mit den

Kindern Erziehungsfertigkeiten und Problembewältigung im Familienalltag besprochen wurden, sondern das Programm ausschließlich auf der Paar- und individuellen Problemebene durchgeführt wurde, dabei aber zu einer starken Verbesserung internalisierender und externalisierender Probleme bei den Kindern führte, insbesondere bei präadoleszenten Kindern.

Der große Vorzug der vorgestellten Programme zur Prävention depressiver Störungen liegt in der durchgehenden Manualisierung und Evaluation an großen Stichproben in randomisierten Designs. Damit ist die Datenlage für diese Programme der aktuelle »Goldstandard«. Aber auch bei diesen qualitativ hochwertigen Studien zeigt sich weiterer Forschungsbedarf. So konnten die positiven Effekte nicht in allen Studien im Langzeit-Follow-up erhalten bleiben, die Qualität der Umsetzung des Programms wirkte sich signifikant auf die Ergebnisse aus, wie auch der aktuelle Erkrankungsstatus eines Elternteils, mit besseren Effekten für Kinder, deren Eltern nicht akut erkrankt waren.

Zusammenfassung und Ausblick

Die Metaanalyse wie auch die vorgestellten Programme zeigen, dass präventive Interventionen für Kinder psychisch kranker Eltern wirksam sein können – wenn auch nicht insgesamt, so doch in Einzelfällen von Studien. Weitere Langzeitstudien über mehrere Messzeitpunkte und verschiedene Ergebnismaße (Störung, akademischer Verlauf, Ressourcen) können weiteren Aufschluss über die Art der Effekte liefern. Die Effekte sind umso vielversprechender, je besser die Störung untersucht ist, und bei methodisch hochstehenden Studien – sowohl hinsichtlich des Designs, aber auch der Güte der Interventionsform. Dabei fällt auf, dass außer zu den zwei großen Bereichen der affektiven und Suchterkrankungen methodisch hochstehende Interventionsprogramme zu anderen Störungen bislang fehlen. Hier ist in zukünftigen Studien eine größere Breite zu fordern. Trotz der insgesamt noch unsicheren Ergebnislage, aber auch wegen der Hinweise auf vielversprechende Vorgehensweisen der vorgestellten Interventionsbereiche für Kinder psychisch kranker Eltern, ließe sich bereits jetzt die Forderung stellen, dass im Einklang mit den allgemeinen Desideraten der Präventionsforschung präventive Maßnahmen möglichst frühzeitig einsetzten sollten, insbesondere vor einer möglichen Störungsentwicklung bei den Kindern. Da sich auch Variablen wie Geschlecht, sozioökonomischer Status und Partnerschaft als bedeutsame Moderatoren erwiesen, sollten diese in Verbindung mit Längsschnittstudien weiter untersucht werden, um ggf. bestehende Angebote anzupassen und zu optimieren.

Die Länge der Interventionen variierte in den vorgestellten Programmen stark und reichte von ambulanten bis hin zu vollstationären Angeboten, wobei letztere den kurzfristigen ambulanten Angeboten nicht überlegen zu sein scheinen. Auch die Inhalte der jeweiligen Interventionen unterschieden sich stark – von vornehmlich psychoedukativ angelegten Programmen bis hin zu umfassenden Interventionen innerhalb eines multiprofessionellen Teams. Im Zuge gesundheitspolitischer Kosteneinsparungen stellen zeitlich begrenzte, aber effektive und effiziente Interventionen wichtige zukünftige Maßnahmen dar, wobei zu prüfen ist, welche Interventionsformen sich anderen ggf. als überlegen erweisen.

Insgesamt bleibt nicht nur die Frage offen, wie effektiv die entwickelten Hilfen für Kinder psychisch kranker Eltern in einem umfassenden Sinne sind. Um diese Frage zu beantworten, sind nicht nur viele weitere gut kontrollierte Studien notwendig, welche die Bedeutung einzelner Vorgehensweisen bei verschiedenen Störungen und Personen überprüfen. Vielmehr gilt es auch, die Bedeutung der in der Praxis entwickelten Vorschläge genauer zu evaluieren. Dazu gehört insbesondere die Vernetzung der Dienste, die gemeindenahe Ausgestaltung der Angebote, die Integration in andere therapeutische und präventive Angebote. Nicht zuletzt gilt es auch zu überprüfen, welche Wege zur Implementation und Dissemination der Angebote beschritten werden sollten, so dass in Zukunft überzeugendere Berichte zur Effizienz und Efficacy der Interventionen für Kinder psychisch kranker Eltern geliefert werden können.

Literatur

Bardone, A. M., Moffitt, T., Caspi, A., Dickson, N. (1996). Adult mental health and social outcomes of adolescent girls with depression and conduct disorder. Development and Psychopathology, 8, 811–829.

Bardone, A. M., Moffitt, T. E., Caspi, A., Dickson, N., Stanton, W. R., Silva, P. A. (1998). Adult physical health outcomes of adolescent girls with conduct disorder, depression, and anxiety. Journal of the American Academy of Child & Adolescent Psychiatry, 37, 594–601.

Baron, R. M., Kenny, D. A. (1986). The moderator-mediator variable distinction in social psychological research: Conceptual, strategic, and statistical considerations. Journal of Personality and Social Psychology, 51, 1173–1182.

Beardslee, W. R., Gladstone, T. R. G. (2001). The prevention of depression in at-risk adolescents: Current and future directions. Biological Psychiatry, 49, 1101–1110.

Beardslee, W., Hosman, C., Solantaus, T., et al. (in press). Children of mentally ill parents: An opportunity for effective prevention all too often neglected. In C. Hosman, E. Jane-Llopis, S. Saxena, (Eds.), Prevention of mental disorders: Effective interventions and policy options. Oxford: Oxford University Press.

Beardslee, W. R., Keller, M. B., Seifer, R., Lavori, P. W., Staley, J., Podorefsky, D., Shera, D. (1996). Prediction of adolescent affective disorder: Effects of prior parental effective disorders and child psychopathology. Journal of the American Academy of Child and Adolescent Psychiatry, 35, 774–782.

Beardslee, W. R., Salt, P., Versage, E., Gladstone, T. R. G., Wright, E., Rothberg, P. C. (1997). Sustained change in parents receiving preventive interventions for families with depression. American Journal of Psychiatry, 154, 510–515.

Beardslee, W. R., Versage, E. M., Gladstone, T. R. G. (1998). Children of affectively ill parents: A review of the past ten years. Journal of the American Academy of Child and Adolescent Psychiatry, 37, 1134–1141.

Beardslee, W. R., Versage, E. M., Wright, E., Salt, P., Rothberg, P. C., Drezner, K., Gladstone T. R. G. (1997). Examination of preventive interventions for families with depression: Evidence of change. Development and Psychopathology, 9, 109–130.

Beardslee, W. R., Wheelock, I. (1994). Children of parents with affective disorders: Empirical findings and clinical implications. In W. M. Reynolds et al. (Eds.), Handbook of depression in children and adolescents (pp. 463–479). New York, N. Y.: Plenum Press.

Beardslee, W. R., Wright, E. J., Gladstone, T. R. G., Forbes, P. (2007). Long-term effects from a randomized trial of two public health preventive interventions for parental depression. Journal of Family Psychology, 21, 703–713.

Beardslee, W. R., Wright, E., Rothberg, P. C., Salt, P., Versage, E. (1996). Response of families to two preventive strategies: Long-term changes in behavior and attitude change. Journal of the American Academy of Child and Adolescent Psychiatry, 35, 774–782.

Beardslee, W. R., Wright, E., Salt, P., Gladstone, T. R. G., Versage, E., Rothberg, P. C. (1997). Examination of children's responses to two preventive intervention strategies over time. Journal of the American Academy of Child and Adolescent Psychiatry, 36, 196–204.

Beelmann, W. (2000). Entwicklungsrisiken und -chancen bei der Bewältigung normativer sozialer Übergänge im Kindesalter. In C. Leyendecker, T. Horstmann (Hrsg.). Große Pläne für kleine Leute (S. 71–77). München: Ernst Reinhardt.

Birmaher, B., Ryan, N. D., Williamson, D. E., Brent, D. A. (1996b). Childhood and adolescent depression: A review of the past 10 years, Part II. Journal of the American Academy of Child & Adolescent Psychiatry, 35, 1575–1583.

Birmaher, B., Ryan, N. D., Williamson, D. E., Brent, D. A., Kaufman, J., Dahl, R. E., Perel, J., Nelson, B. (1996a). Childhood and adolescent depression: A review of the past 10 years, Part I. Journal of the American Academy of Child & Adolescent Psychiatry, 35, 1427–1439.

Broström, S. (2002). Communication and continuity in the transition from kindergarten to school. In H. Fabian, A.-W. Dunlop (Eds.), Transitions in the early years. Debating continuity and progression for children in early education (pp. 52–63). London: Routledge Falmer.

Broström, S., Wagner, J. (2003). Transitions in context: Models, practicalities and problems. In S. Broström, J. Wagner (Eds.), Early childhood education in five Nordic countries. Perspectives on the transition from preschool to school (pp. 27–36). Aarhus DK: systime.

Christiansen, H., Mattejat, F., Behner, C., Röhrle, B. (2009). Interventionen zur Verbesserung von Erziehungsfertigkeiten und Lebenskompetenzen für Familien mit psychisch kranken Eltern. Zeitschrift für Klinische Psychologie un Psychotherapie, 38, 25.

Clarke, G. N., Hawkins, W., Murphy, M., Sheeber, L. B., et al. (1995). Targeted prevention of unipolar depressive disorder in an at-risk sample of high school adolescents: A randomized trial of group cognitive intervention. Journal of the American Academy of Child & Adolescent Psychiatry, 34, 312–321.

Clarke, G. N., Hornbrook, M., Lynch, F., Polen, M., Gale, J., Beardslee, W., O'Connor, E., Seeley, J. (2001). A randomized trial of a group cognitive intervention for preventing depression in adolescent offspring of depressed parents. Archives of general psychiatric, 58, 1127–1134.

Connell, A. M., Goodman, S. H. (2002). The association between psychopathology in fathers versus mothers and children's internalizing and externalizing behavior problems: A meta-analysis. Psychological Bulletin, 128, 746–773.

Costello, E. J., Pine, D. S., Hammen, C., March, J. S., Plotsky, P. M., Wissman, M. M., et al. (2002). Development and natural history of mood disorders. Biological Psychiatry, 52, 529–542.

Cuijpers, P. (2005). Prevention programs for children of problem drinkers: A review. Drugs: Education, Prevention and Policy, 12, 465–475.

Dawe, S., Harnett, P. (2007). Reducing potential for children abuse among methadone-maintained parents: results from a randomized controlled trial. Journal of Substance Abuse Treatment, 32, 381–390.

Deneke, C., Beckmann, O., Dierks, H. (2008). Präventive Gruppenarbeit mit Kindern psychisch kranker Eltern. In A. Lenz und J. Jungbauer (Hrsg.), Kinder und Partner psychisch kranker Menschen. Belastungen, Hilfebedarf, Interventionskonzepte (S. 63–79). Tübingen: Dgvt-Verlag.

DeWit, D., McKee, C., Nochajski, T. H., Safyer, A., Maguin, G., Macdonald, S. (2003). An outcome evaluation of a family skills-based intervention for children of parents struggling with alcohol problems. Alcoholism: Clinical and Experimental Research, 27, 72ff.

Emshoff, J. G., Price, A. W. (1999). Prevention and intervention strategies with children of alcoholics. Pediatrics, 103, 1112–1121.

Evans, D. L., Foa, E. B., Gur, R. E., Hendin, H., O'Brian, C. P. Seligman, M. E. P., et al. (2005). Treating and preventing adolescent mental health disorders: What we know and what we don't know. New York: Oxford University Press.

Fraser, C., James, E., Anderson, K., Lloyd, D., Judd, F. (2005). Intervention Programs for Children of Parents with a Mental Illness: A Critical Review. International Journal of Mental Health Promotion, 8, 9–20.

Garber, J., Clarke, G. N., Weersing, V. R., Beardslee, W. R. Brend, D. A., Gladstone, T. R. G., et al. (2009). Prevention of Depression in At-Risk Adolescents. A Randomized Controlled Trial. Journal of the American Medical Association, 301, 2215–2224.

Gilham, J., Reivich, K., Jaycox, L., Seligman, M., Silver, T. (1990). The Penn Resiliency Program. University of Pennsylvania. Unpublished manual.

Gilham, J. E., Hamilton, J., Freres, D. R., Patton, K., Gallop, R. (2006). Preventing depression among early adolescents in the primary care setting: A randomized controlled study of the Penn Resiliency Program. Journal of Abnormal Child Psychology, 34, 203–219.

Gladstone, B., Boydell, K. M., McKeever, P. (2006). Recasting research into children's experiences of parental mental illness: Beyond risk and resilience. Social Science & Medicine, 62, 2540–2550.

Gladstone, T. R. G., Beardslee, W. R. (2009). The prevention of depression in children and adolescents: A review. The Canadian Journal of Psychiatry/La Revue canadienne de psychiatrie, 54, 212–221.

Göpfert, M., Webster, J., Nelki, J. (2004). Formulation and assessment of parenting. In M. Göpfert, J. Webster, M. V. Seeman (Eds.), Parental psychiatric disorder. Distressed parents and their families (pp. 93–111). Cambridge: Cambridge University Press.

Goodman, S. H. (2007). Depression in mothers. Annual Review of Clinical Psychology, 3, 107–135.

Goodman, S. H., Tully, E. (2008). Children of depressed mothers: Implications for the etiology, treatment, and prevention of depression in children and adolescents. In J. R. Z. Abela, B. L. Hankin (Eds.), Handbook of depression in children and adolescents. (pp. 415–440). New York: Guilford Press.

Hedges, L., Olkin, I. (1985). Statistical methods for meta-analysis. New York: Academic Press.

Hinden, B. R., Biebel, K., Nicholson, J., Henry, A., Katz-Leavy, J. (2006). A survey of programs for parents with mental illness and their families: Identifying common elements to build the evidence base. Journal of behavioral health services & research, 33, 21–38.

Horowitz, J. L., Garber, J. (2006). The prevention of depressive symptoms in children and adolescents: A meta-analytic review. Journal of Consulting and Clinical Psychology, 74, 401–415.

Horowitz, J. L., Garber, J., Ciesla, J. A., Young, J. F., Mufson, L. (2007). Prevention of depressive symptoms in adolescents: A randomized trial of cognitive-behavioral and interpersonal prevention programs. Journal of Consulting and Clinical Psychology, 75, 693–706.

Kelley, M. L., Fals-Stewart, W. (2007). Treating paternal alcoholism with learning sobriety together: effects on adolescents versus preadolescents. Journal of Family Psychology, 21, 435–444.

Klein, M. (2001). Lebensqualität der Kinder von Opiatabhängigen: Fiktion, Tabu und Realität. In B. Westermann, C. Jellinek, G. U. Bellmann (Hrsg.). Substitution: Zwischen Leben und Sterben (S. 61–80). Weinheim: Deutscher Studien Verlag,

Lenz, A. (2007). Kinder psychisch kranker Eltern – ein Überblick über Forschungsstand und Präventionsprogramme. In B. Röhrle (Hrsg.), Prävention und Gesundheitsförderung. Bd. III: Kinder und Jugendliche (S. 519–556). Tübingen: Dgvt-Verlag.

Lenz, C., Schulz, S. (2008). Das Risikopotenzial elterlicher psychischer Störungen für die Kinder – Eine Meta-Analyse. Unveröffentlichte Diplomarbeit, Fachbereich Psychologie, Philipps-Universität Marburg.

Lewinsohn, P. M., Pettit, J. W., Joiner, T. E., Seeley, J. (2003). The symptomatic expression of major depressive dirsorder in adolescents and young adults. Journal of Abnormal Psychology, 112, 244–253.

Luthar, S. S., Suchman, N. F., Altomare, M. (2007). Relational Psychotherapy Mothers' Group: A randomized clinical trial for substance abusing mothers. Development and Psychopathology, 19, 243–261.

McComish, J. F., Greenberg, R., Ager, J., Essenmacher, L., Orgain, L. S., Bacik, W. J. (2003). Family-focused substance abuse treatment: A program evaluation. Journal of psychoactive drugs, 35, 321–331.

Merry, S. N., McDowell, H., Hetrick, S., Bir, J., Muller, N. (2006). Psychological and/or educational interventions for the prevention of depression in children and adolescents. The Cochrane Database of Systematic Reviews, 3, 1–107.

Mowbray, C. T., Oyserman, D. (2003). Families with parental mental illness, adolescence. In T. P. Gullotta, M. Bloom (Eds.), Encyclopedia of primary prevention and health promotion (pp. 471–479). New York: Kluwer.

Mrazek, P. J., Haggerty, R. J. (1994). Reducing risks for mental disorders: Frontiers for preventive intervention research. Washington, D. C.: National Academy Press.

Mufson, L. H., Dorta, K. P., Moreau, D., Weissman, M. M. (2004). Interpersonal psychotherapy for depressed adolescents (2nd ed.). New York: Guilford Press.

Mufson, L. H., Dorta, K. P., Olfson, M., Weissman, M. M., Hoagwood, K. (2004). Effectiveness Research: Transporting Interpersonal Psychotherapy for Depressed Adolescents (IPT-A) From the Lab to School-Based Health Clinics. Clinical Child and Family Psychology Review, 7, 251–261.

Nair, P., Schuler, M. E., Blacka, M. M., Kettinger, L., Harrington, D. (2003). Cumulative environmental risk in substance abusing women: early intervention, parenting stress, child abuse potential and child development. Child Abuse & Neglect, 27, 997–1017.

Nicholson, J., Cooper, J., Freed, R., Isaacs, M. R. (2008). Children of parents with mental illness. In T. P. Gullotta, G. M. Blau (Eds.), Family influences on childhood behavior and development (pp. 231–266). New York: Routledge.

Oyserman, D., Mowbray, C. T. (2003). Families with parental mental illness, adolescence. In T. P. Gullotta, M. Bloom (Eds.), Encyclopedia of primary prevention and health promotion (pp. 281–291). New York: Kluwer.

Oyserman, D., Mowbray, C. T., Zemencuk, J. K. (1994). Resources and supports for mothers with severe mental illness. Health & Social Work, 19 (2), 132–42.

Rao, U., Ryan, N. D., Brimaher, B., Dahl, R. E. (1995). Unipolar depression in adolescents: Clinical outcome in adulthood. Journal of the American Academy of Child and Adolescent Psychiatry, 34, 566–578.

Röhrle, B. (2007). Prävention psychischer Störungen und Gesundheitsförderung bei Kindern und Jugendlichen: Einführung und Überblick. In B. Röhrle (Hrsg.), Prävention und Gesundheitsförderung. Bd. 3: Kinder und Jugendliche (S. 13–102). Tübingen: Dgvt-Verlag.

Röhrle, B., Christiansen, H. (2009). Psychische Erkrankung eines Elternteils. In A. Lohaus, H. Domsch (Hrsg.), Psychologische Förder- und Interventionsprogramme für das Kindes- und Jugendalter (S. 259–269). Heidelberg: Springer.

Sandler, I. N., Ayers, T. S., Romer, A. L. (2002). Fostering Resilience in Families in which a Parent has died. Journal of Palliative Medicine, 5, 945–956.

Sandler, I. N., Wolchik, S. A., Ayers, T. S., Tein, J. Y., Coxe, S., Chow, W. (in press). Linking theory and intervention to promote resilience of children following parental bereavement. In M. Stroebe, M., Hanson, W. Stroebe, H. Schut (Eds.), Handbook of bereavement research: Consequence, coping and care. Washington, D. C.: American Psychological Association.

Solantaus, T., Toikka, S. (2005). The Effective Familiy Programme: Preventative services for the children of mentally ill parents in Finland. International Journal of Mental Health Promotion, 8, 37–43.

Spence, S. H., Sheffield, J. K., Donovan, C. L. (2003). Preventing adolescent depression: An evaluation of the Problem Solving For Life program. Journal of Consulting and Clinical Psychology, 71, 3–13.

Spence, S. H., Sheffield, J. K., Donovan, C. L. (2005). Long-Term Outcome of a School-Based, Universal Approach to Prevention of Depression in Adolescents. Journal of Consulting and Clinical Psychology, 73, 160–167.

Tein, J. Y., Sandler, I. N., MacKinnon, D. P., Wolchik, S. A. (2004). How Did It Work? Who Did It Work for? Mediation in the Context of a Moderated Prevention Effect for Children of Divorce. Journal of Consulting and Clinical Psychology, 72, 617–624.

The National Academies (2009). Preventing Mental, Emotional, and Behavioral Disorders Among Young People. Progress and Possibilities. National Academy of Sciences, March 2009, 1–6.

Weissmann, M. M., Wolk, S., Goldstein, R. B., Moreau, D., Adams, P., Greenwald, S., et al. (1999). Depressed adolescents grown up. Journal of the American Medical Association, 17, 7–13.

Yalom, I. (1985). The theory and practice of group psychotherapy. New York: Basic Books.

Young, J. F., Mufson, L., Davies, M. (2006). Efficacy of Interpersonal Psychotherapy-Adolescent Skills Training: An indicated preventive intervention for depression. Journal of Child Psychology and Psychiatry, 47, 1254–1262.

Die Autorinnen und Autoren

PhD Claudi Bockting, Associate Professor Klinische Psychologie, Klinische Psychologing (BIG), Psychotherapeutin (BIG), Supervisorin Verhaltenstherapie (VGCT), Rijks Universiteit Groningen.
C.L.H.Bockting@rug.nl

Prof. Dr. phil. Dr. med. habil. Monika Bullinger, stellvertretende Institutsdirektorin, Universitätsklinikum Hamburg-Eppendorf, Institut und Poliklinik für Medizinische Psychologie.
bullinger@uke.uni-hamburg.de

Dr. Hanna Christiansen, Kinder- und Jugendlichenpsychotherapeutin, Universität Marburg, Fachbereich Psychologie, Arbeitsgruppe Klinische Psychologie.
christih@staff.uni-marburg.de

Prof. Dr. med. Manfred Cierpka, Ärztlicher Direktor, Institut für Psychosomatische Kooperationsforschung und Familientherapie, Universitätsklinik Heidelberg.
Manfred_Cierpka@med.uni-heidelberg.de

Dr. med. Christiane Deneke, Fachärztin für Kinder- und Jugendpsychiatrie, Universitätsklinikum Hamburg-Eppendorf, Zentrum für Psychosoziale Medizin, Klinik für Kinder- und Jugendpsychiatrie.
christiane.deneke@gmx.de

Dr. Andreas Eickhorst, Dipl.-Psych., Projektleiter »Keiner fällt durchs Netz«, Universitätsklinikum Heidelberg, Institut für Psychosomatische Kooperationsforschung und Familientherapie.
andreas.eickhorst@med.uni-heidelberg.de

Peggy Geers, Dipl.-Psych., Gesprächspsychotherapeutin (i. A., GWG), Universität Bremen, Zentrum für Klinische Psychologie und Rehabilitation.
pgeers@uni-bremen.de

Melanie Gorspott, Dipl.-Sozialpäd., Systemische Familientherapeutin (i. A.), Leiterin der Beratungsstelle Auryn in Leipzig.
melanie.gorspott@web.de

Jasmin Grieb, Dipl.-Psych., Universitätsklinik für Kinder- und Jugendpsychiatrie/Psychotherapie Ulm.
jasmin.grieb@uniklinik-ulm.de

Die Autorinnen und Autoren

Julia Griepenstroh, Dipl.-Psych., Evangelisches Krankenhaus Bielefeld, Klinik für Psychiatrie und Psychotherapie Bethel, Abteilung für Forschung, Qualitätssicherung und Dokumentation.
julia.griepenstroh@evkb.de

Susanne Halverscheid, Dipl.-Psych., Universitätsklinikum Hamburg-Eppendorf, Zentrum für Psychosoziale Medizin, Klinik für Kinder- und Jugendpsychiatrie, Projekt CHIMPs (Children of mentally ill parents; Dr. S. Wiegand-Grefe).
s.halverscheid@uke.uni-hamburg.de

Dieter Heitmann, Dipl.-Gesundheitswiss., Universität Bielefeld, Fakultät für Gesundheitswissenschaften, Arbeitsgruppe 6: Versorgungsforschung/Pflegewissenschaft, Projekt »KANU – Gemeinsam weiterkommen«.
dieter.heitmann@uni-bielefeld.de

Jana Jeske, Dipl.-Psych., Universitätsklinikum Hamburg-Eppendorf, Zentrum für Psychosoziale Medizin, Klinik für Kinder- und Jugendpsychiatrie, Projekt CHIMPs (Children of mentally ill parents; Dr. S. Wiegand-Grefe).
jana.jeske@web.de

Prof. Dr. Johannes Jungbauer, Professor für Psychologie an der Katholischen Hochschule Nordrhein-Westfalen, Abteilung Aachen, Fachbereich Sozialwesen, Institut für Gesundheitsforschung und Soziale Psychiatrie (igsp).
j.jungbauer@katho-nrw.de

Philip Kaiser, Psychologe (BSc), Klinische und Entwicklungspsychologie (MSc), Rijks Universiteit Groningen. Praktikum und Masterarbeit im Projekt CHIMPS (Children of mentally ill parents; Dr. S. Wiegand-Grefe).
ph.kaiser@yahoo.de

PD Dr. med. Michael Kölch, Facharzt für Kinder- und Jugendpsychiatrie und Psychotherapie, Zusatzqualifikation Forensische Kinder- und Jugendpsychiatrie, Leitender Oberarzt (kommissarisch) der Klinik für Kinder- und Jugendpsychiatrie/ Psychotherapie, Universitätsklinik für Kinder- und Jugendpsychiatrie/Psychotherapie Ulm.
michael.koelch@uniklinik-ulm.de

Juliane Kuhn, Dipl.-Psych., Wissenschaftliche Mitarbeiterin im DFG-Forschungsprojekt »Schizophrenie und Elternschaft« an der Katholischen Hochschule Nordrhein-Westfalen, Abteilung Paderborn.
j.kuhn@katho-nrw.de

Prof. Dr. Albert Lenz, Professor für Klinische Psychologie und Sozialpsychologie an der Katholischen Hochschule Nordrhein-Westfalen, Abteilung Paderborn, Fachbereich Sozialwesen, Institut für Gesundheitsforschung und Soziale Psychiatrie (igsp).
a.lenz@katho-nrw.de

Prof. Dr. Fritz Mattejat, Dipl.-Psych., Vorstand und Ausbildungsleiter des Instituts für Verhaltenstherapie und Verhaltensmedizin, Universität Marburg e.V. (IVV), Leitender Psychologe der Klinik für Kinder- und Jugendpsychiatrie und Psychotherapie, Institut für Verhaltenstherapie und Verhaltensmedizin, Universität Marburg e. V.
www.ivv-marburg.de

Dr. phil. Birgit Möller, Dipl.-Psych., Universitätsklinikum Hamburg-Eppendorf, Zentrum für Psychosoziale Medizin, Klinik für Kinder- und Jugendpsychiatrie, Projekt CoSIP (Children of somatically ill parents).
bmoeller@uke.uni-hamburg.de

Janna M. Ohntrup, Dipl.-Psych., Universitätsklinikum Hamburg-Eppendorf, Zentrum für Psychosoziale Medizin, Klinik für Kinder- und Jugendpsychiatrie, Projekt CHIMPs (Children of mentally ill parents; Dr. S. Wiegand-Grefe).
j.ohntrup@uke.uni-hamburg.de

Prof. Dr. Franz Petermann, Direktor des Zentrums für Klinische Psychologie und Rehabilitation, Lehrstuhl für Klinische Psychologie und Diagnostik, Universität Bremen; Zentrum für Klinische Psychologie und Rehabilitation, Universität Bremen.
fpeterm@uni-bremen.de

Dr. med. Angela Plass, Fachärztin für Kinder- und Jugendpsychiatrie, Universitätsklinikum Hamburg-Eppendorf, Zentrum für Psychosoziale Medizin, Klinik für Kinder- und Jugendpsychiatrie, Projekt CHIMPs (Children of mentally ill parents; Dr. S. Wiegand-Grefe).
plass@uke.uni-hamburg.de

Dr. phil. Mag. Phil. Eva Pollak, Dipl.-Psych., Psychotherapeutin (i. A., VT), Universitätsklinikum Hamburg-Eppendorf, Zentrum für Psychosoziale Medizin, Klinik für Kinder- und Jugendpsychiatrie, Projekt CHIMPs (Children of mentally ill parents; Dr. S. Wiegand-Grefe).
epollak@uke.uni-hamburg.de

Dr. phil. Brigitte Ramsauer, Dipl.-Psych., Universitätsklinikum Hamburg-Eppendorf, Zentrum für Psychosoziale Medizin, Klinik für Kinder- und Jugendpsychiatrie.
b.ramsauer@uke.uni-hamburg.de

Dr. Anke Reinisch, Dipl.-Gesundheitswiss., Universität Bielefeld, Fakultät für Gesundheitswissenschaften, Arbeitsgruppe 6: Versorgungsforschung/Pflegewissenschaften, Projekt »KANU – Gemeinsam weiterkommen«.
anke.reinisch@uni-bielefeld.de

Dr. sc. hum. Rüdiger Retzlaff, Dipl.-Psych., Psychotherapeut und Kinder- und Jugendpsychotherapeut, Leiter der Ambulanz für Paar- und Familientherapie, Universitätsklinik Heidelberg, Institut für Psychosomatische Kooperationsforschung und Familientherapie.
Ruediger_Retzlaff@med.uni-heidelberg.de

Prof. Dr. Bernd Röhrle, Psychotherapeut und Supervisor des German Network of Mental Health, Universität Marburg, Fachbereich Psychologie, Arbeitsgruppe Klinische Psychologie.
heimburger-roehrle@t-online.de

PD Dr. med. Georg Romer, Universitätsklinikum Hamburg-Eppendorf, Zentrum für Psychosoziale Medizin, Klinik für Kinder- und Jugendpsychiatrie.
romer@uke.uni-hamburg.de

Prof. Dr. med. Susanne Schlüter-Müller, Fachärztin für Kinder- und Jugendpsychiatrie und Psychotherapie, (Vertretungs-)Professorin an der Leuphana-Universität Lüneburg, Institut für Sozialpädagogik – Schwerpunkt Psychiatriebezogene Sozialpädagogik; Ärztin für Kinder- und Jugendpsychiatrie und Psychotherapie in eigener Praxis in Frankfurt a. M.
schluetermueller@yahoo.de

Dr. biol. hum., Marc Schmid, Dipl.-Psych., Psychologischer Psychotherapeut, Systemischer Familientherapeut, Leitender Psychologe der Kinder- und Jugendpsychiatrischen Klinik der Universitären Psychiatrischen Kliniken Basel.
Marc.Schmid@upkbs.ch

Andreas Schrappe, Dipl.-Psych., Dipl.-Päd., Stellvertr. Leiter des Evangelischen Beratungszentrums, Projekt für Kinder psychisch kranker Eltern.
schrappe.ebz@diakonie-wuerzburg.de

Susanna Staets, Kinder- und Familientherapeutin, Initiatorin des Projekts KIPKEL, freiberuflich tätig.
susanna.staets@web.de

Dr. rer. nat. Silke Wiegand-Grefe, Dipl.-Psych., Universitätsklinikum Hamburg-Eppendorf, Zentrum für Psychosoziale Medizin, Klinik für Kinder- und Jugendpsychiatrie, Projekt CHIMPs (Children of mentally ill parents; Projektleitung).
swiegand-grefe@uke.uni-hamburg.de

Sachregister

Abhängigkeit 98, 146, 147, 151, 152, 156, 157, 158, 159, 160, 161, 176, 182, 218, 235, 282, 394, 462, 465, 466, 468, 469
Ablösung 67, 130, 282, 378
Adaptabilität 283, 340, 358
Adaption 207, 290, 370, 410
ADHS 28, 102, 145, 146, 153, 157, 158, 159, 162, 250, 378, 392
Adoleszenz 37, 57, 156, 174, 238, 263, 273
affektive Beziehungsaufnahme 255, 256, 257, 259, 261, 263, 264, 364, 420, 430, 453
affektive Kontrolle 147
Affektregulation 466
Aggression 28, 32, 37, 45, 58, 70, 91, 146, 150, 154, 172, 176, 182, 242, 244, 245, 247, 249, 285, 302, 303, 304, 305, 320, 337, 420
Akzeptanz 29, 91, 101, 136, 197, 264, 279, 282, 283, 285, 317, 337, 341, 376, 379, 385, 394, 403, 419, 429, 432
Albträume 57, 58
Alkoholbelastung 156
alkoholkrank 44, 45, 166, 468
Alleinerziehend 35, 69, 86, 123, 126, 185, 197, 301, 303, 306, 308, 310, 336, 340, 358, 469, 475
Allgemeiner Sozialer Dienst (ASD) 86, 87, 104, 113
Allparteilichkeit 93
Alter
    Kindes-/Jugend- 34, 66, 145, 146, 148, 151, 157, 159, 160, 165, 182, 236, 262, 273, 282, 289, 294, 304, 404, 405, 408, 411, 470
    Säuglings- und Kleinkind- 33, 64, 147, 150, 171, 181
Ambulanz 85, 91, 92, 195
    Spezial- 84
Anerkennung 141, 270, 377, 382, 391, 392, 393

Angststörungen 87, 145, 146, 148, 151, 153, 155, 156, 159, 160, 163, 164, 166, 171, 182, 209, 217, 228, 235, 250, 256, 263, 264, 303, 310, 416, 451, 452, 466
Ängstlichkeit 33, 124, 147, 150, 154, 155, 156, 162, 175, 176, 242, 243, 245, 247, 250, 282, 303, 378
Anpassung 37, 39, 47, 60, 176, 207, 210, 217, 225, 273, 274, 279, 281, 285, 291, 317, 326, 339, 340, 341, 342, 401, 445, 451, 468
Anpassungsleistung 32, 40, 54, 393, 394
Antistigma-Kampagne 88
Arbeitslosigkeit 18, 208, 272, 277, 334, 340, 348
Armut 18, 174, 183, 185, 224, 271, 277, 278, 337, 339, 347, 348, 442, 459, 474
Attribuierungsprozesse 115
Aufgabenübernahme 73
Aufklärung 29, 34, 61, 73, 74, 76, 78, 80, 97, 103, 105, 110, 115, 117, 119, 125, 131, 183, 198, 207, 288, 294, 311, 323, 446, 466
Aufmerksamkeitsspanne 28
Auryn-Gruppen 19, 66, 84, 85, 88, 89, 90, 122, 124, 125, 126, 127, 129, 130, 131, 132
Ausbildung 100, 123, 176, 240, 241, 272, 275, 277, 346, 359, 378
Ausgrenzung 108, 117, 300
Ausscheidungsstörung 145, 250
Autonomie 33, 90, 140, 255, 348, 380, 459
Autonomieanforderung 54
Autonomieentwicklung 28
Autonomieimpulse 33
Autonomieschritte 27
Baby 84, 85, 92, 93, 111, 345, 348, 349, 351
Babyblues 171
Babymassage 65, 67, 93
Bagatellisierung 186, 224, 271, 291, 306, 308, 309, 320, 370, 394, 419

B-E-A-T-E-Prinzip 380
Beeinträchtigung
  psychisch 213, 300, 309, 334, 362, 418, 451
  subjektiv 211, 212, 218, 222, 227, 323, 325, 419, 421, 423, 425, 426, 431, 433
Beeinträchtigungs-Schwere-Score (BSS) 450
Befinden 130, 188, 236, 271, 273, 283, 284, 286, 290, 291, 309, 344, 358, 367, 369, 385, 401, 403, 404, 405, 406, 409, 410, 412, 416, 420, 424, 427, 431, 432
Behandlung
  psychopharmakologisch 93
  psychotherapeutisch 16, 45, 67, 92, 190, 191, 287, 387, 452
  videogestützt 93
Behandlungsangebote 64
Behandlungsbedürftigkeit 29, 65, 116, 147, 153, 189, 191, 255, 447
Behandlungskonzept 64, 65, 84
Behandlungsmotivation 65, 326
Behinderung 75, 133, 276, 339, 340, 342, 405
Belastung 61, 110, 161, 183, 184, 185, 186, 188, 189, 193, 208, 222, 226, 228, 238, 279, 303, 316, 327, 339
  genetisch 46, 115, 417
  materiell 333
  posttraumatische Belastungsstörung 165, 217
  psychisch 73, 104, 117, 122, 185, 186, 188, 189, 193, 197, 199, 419
  psychosozial 60, 194, 235, 271, 333
  -speziell 310
Belastungsregulation 46
Belohnung 71
Benachteiligung 21, 118
Berufstätigkeit 21, 224, 442
Bestrafung 57, 71, 468
Bewältigung 12, 30, 31, 34, 37, 38, 40, 44, 52, 97, 104, 106, 126, 128, 135, 194, 274, 276, 281, 287, 290, 291, 303, 306, 307, 309, 315, 317, 319, 444
Bewältigungsmuster
  defensiv-vermeidend 60, 97
  proaktiv 97
Bewältigungsstrategie 38, 60, 110, 139, 181, 227, 230, 282, 289, 290, 291, 292, 293, 299, 315, 316, 317, 325, 472

  direkt 289, 304
  emotionsorientiert 289, 304
  palliativ 289, 304
  progressiv 250
Bewältigungsversuche 115
Beziehung
  außerfamiliär 12, 38, 72, 316, 418, 445, 446, 449, 453
  elterlich 31, 40, 64, 136, 199, 345, 351
  emotional 345, 347
Beziehungsqualität 38, 288, 293
Beziehungsstörung 111, 345
Bezugsperson 18, 37, 39, 91, 109, 126, 173, 187, 207, 256, 272, 278, 279, 281, 284, 285, 288, 294, 310, 312, 337, 338, 344, 416, 467
Bezugspersonenverlust 18, 272
Bielefelder Fragebogen zu Partnerschaftserwartungen (BFPE) 361, 365, 385, 389, 394, 419, 428, 429, 432, 452, 453
Bildung 336, 348, 387, 474
Bindung
  kompensierend 28, 35
Bindungsaufbau 91
Bindungsforschung 170, 173, 175, 176, 357, 359, 432
Bindungsperson 28, 35 173
Bindungsqualität 31, 64, 173, 174, 175, 336, 346
Bindungssicherheit 36, 174, 176, 208
Bindungsverhalten 37, 147, 175, 176, 337, 347, 369, 417
Biographie 27, 44, 47, 49, 52, 57, 100, 381, 396
Borderline-Persönlichkeitsstörung 35, 94, 96, 162, 209
Bulimie 57
Bundesarbeitsgemeinschaft Kinder psychisch kranker Eltern (BAG) 20, 88, 96
Bundesverband der Angehörigen psychisch Kranker (BApK e.V.) 76, 88
Chemotherapie 27
Child Behavior Checklist (CBCL) 146, 154, 156, 158, 160, 163, 213, 215, 218, 219, 220, 222, 227, 229, 238, 239, 241, 242, 245, 246, 256, 259, 262, 300, 303, 320, 322, 385, 408, 420, 424, 432, 451, 452
Child Health Questionnaire (CHQ) 406
Children of mentally ill parents (CHIMPs) 72, 85, 212, 229, 239, 257,

264, 294, 318, 360, 384, 411, 417, 421, 439, 440, 441, 445, 446, 447, 448, 449, 454
Chronizität 174, 176, 206, 207, 210, 211, 213, 221, 224, 226, 227, 230, 235, 323, 431
Clinical Global Impression-Scale (CGI) 213, 220, 361, 418, 425, 431, 450, 451, 452
Cochrane (Datenbank) 460
Cohens-d 389, 460
Coping 20, 36, 38, 182, 269, 289, 290, 291, 303, 305, 307, 309, 311, 320, 340, 394, 404, 471
- aktiv 304, 325, 419, 423
- internal 304
Coping with Stress Course (CSW) 471
Copingstrategie 119, 289, 291, 292, 299, 307, 311, 342
- instrumentell 304
- problemlösend 304
COSMIN-Studie 411
Delinquenz 276, 320
Deparentifizierung 379, 380
Depression 36, 44, 69, 87, 96, 146, 151, 153, 161, 171, 176, 187, 222, 237, 250, 256, 264, 287, 378, 416, 420, 446, 463, 466, 467, 472
chronisch 28, 47
kindlich 28
manisch 273
mütterlich 28, 60, 150, 153, 171, 172, 173, 176, 228, 254, 256, 358
postnatal 60, 130
postpartal 28, 172, 177, 181, 197
väterlich 60, 210, 254
Desiderate 190, 193, 199, 476
Desorientierung 54, 135, 300
kognitiv 34, 35
Dezentrierung
familiär 459
Diabetes 406
Diakonisches Werk 68, 86, 118, 120
DISABKIDS 407
Disharmonie 18, 270
Diskriminierung 16, 91, 272
Disposition 279
Dissemination 477
Dissoziation 165, 176
Disziplinarmaßnahmen 473

Drogen 70, 156, 157, 159, 161, 235, 336, 347, 466
DSM-IV 151, 154, 156, 159, 450, 451
Dyade 87, 357, 453
Dysfunktion 31, 36, 110, 150, 255, 259, 263, 274, 283, 293, 364, 365, 368, 371, 376, 424, 427, 430
effectiveness 29
Effektstärke 359, 389, 390, 391, 460, 463
efficacy 29, 477
Ehe 45, 52, 102, 338, 339, 387, 389, 394
Ein-Eltern-Familie 336
Einflussfaktoren 236, 269, 357, 409, 417, 421, 425, 432, 433, 440
Einzelgespräche 72, 74, 79, 125, 130, 311, 447
Einzelzuwendung 28
elterliche Kontrolle 256
elterlicher Affekt 256
Elternarbeit 29, 78, 97, 112, 119, 140, 195
Elternfunktion 29, 30, 31, 34, 40
Elterntraining 71, 192, 193, 198
Eltern-Kind-Beziehung 31, 40, 64, 129, 207, 270, 278, 283, 301, 316, 345, 348, 473, 474
Eltern-Kind-Dyade 93
Eltern-Kind-Interaktion 64, 67, 92, 186, 193, 194, 195, 199, 345, 469
Eltern-Kind-Spielanleitung 93
Eltern-Kind-Wohnen 110, 111, 112
Elternkompetenz 31
Elternkooperation 97
Elterntraining 71, 191, 192, 197
Eltern-Baby 84, 85, 87, 91, 92, 93
Emotionsbewältigung 304, 305
Emotionsregulation 176, 181, 182, 208, 304, 306, 404
Empathie 255, 280, 284, 285, 364, 376, 377, 393
endokrine Reaktion 337
Entlastung 68, 74, 78, 88, 93, 105, 112, 132, 138, 140, 197, 274, 306, 458
Enttabuisierung 74, 76, 88
Entwicklungsaufgabe 30, 36, 185, 274, 276, 404
Entwicklungsbedingungen 67, 72, 294, 445
Entwicklungschancen 18, 20, 39, 68, 344
Entwicklungsdefizit 172
Entwicklungseinbußen 105

Entwicklungsgeschichte 452
Entwicklungshemmnisse 31, 273
Entwicklungslinie 32, 100
Entwicklungspsychologie 40, 130, 180, 189, 254, 345, 348, 378, 390, 392, 404, 405
Entwicklungsrisiken 46, 145, 165, 207, 278, 358, 416
Entwicklungsstörungen 64, 235, 237, 272
Entwicklungsverlauf 67, 163, 176, 274, 286, 291, 293, 376, 404, 458
Entwicklungsverzögerung 157, 344, 467
Epidemiologie 145, 146, 181, 188, 236, 247, 248, 249, 262, 401, 402, 407, 409, 411
Erbfaktor 18
Erfolgsmessung 449
Ergebnisqualität 453
Ergotherapie 93
ERIC (Datenbank) 460
Erkrankung
  körperlich 14, 31, 34, 35, 37, 39, 69, 225, 336, 410, 416
  schizophren 47, 67, 171, 235, 291
Erkrankungsfaktor 323, 418, 421, 425, 426, 431
Erkrankungsgrad 443
Erkrankungsrisiko 357, 359, 474
Erkrankungsstatus 476
Erkrankungsmerkmale
  spezifisch 224
  unspezifisch 206, 315
Ernährung 65, 466
Erzieher 28, 107, 110, 119, 127, 131, 138, 175, 187, 284, 347, 469
Erziehungsberatung 70, 74, 86, 102, 104, 117, 119
Erziehungsdefizite 108, 278
Erziehungseinstellung 466
Erziehungsfähigkeit 96, 109, 128, 229, 270, 466
Erziehungspraktik 466
Erziehungsstil 71, 126, 337, 466, 474
Erziehungsstress 467
Eskalation 112, 279
Essstörung 145, 146, 156, 161, 237, 250, 303, 310, 336, 451, 462, 464
Evaluation 29, 85, 93, 119, 198, 239, 381, 441, 445, 448, 450, 454, 476
Expositionsdauer 211, 213, 222, 227, 323
Fachkompetenz 443
Familien in psychischer Notlage (FIPS) 73

Familienarbeit 29, 66, 107, 139
Familienberatung 66, 77, 78, 102, 117, 119, 311, 353, 445
Familiendynamik 39, 72, 376, 446, 452
Familienforschung 333, 358, 387, 396, 398
Familiengeschichte 37, 272, 277, 340, 468
Familiengespräch 65, 72, 79, 127, 137, 139, 447, 449
Familienklima 182, 286, 302, 334
Familienkonflikt 102, 277, 348
Familiensituation 115, 124, 125, 271, 287, 294, 310, 446
Familienstand 387, 423
Familienstruktur 283, 301, 334, 348
Familientherapie 73, 92, 337, 382
Familienziele 469
Familienbögen, Allgemeines Modul (FB-A) 361, 368, 420, 430, 432, 452
Familienfunktionalität 12, 254, 255, 256, 257, 259, 260, 263, 357, 358, 360, 364, 365, 366, 367, 368, 369, 370, 371, 421, 429, 430, 432, 433, 449, 452
  -problematisch 256, 260
  -unproblematisch 260
Family Bereavement Program (FBP) 473
Family Focused Residential Program 465, 467, 469
Feinfühligkeit 97, 348
Finanzierung 12, 21, 68, 80, 86, 87, 110, 120, 122, 142, 195
Fixierung 317
Fragebogen 184, 212, 300, 320, 361, 383, 385, 406, 407, 408, 418, 419, 433, 450, 451, 452, 453
Fragebogen zum Gesundheitszustand – Kurzform (SF-12/36) 453
Fragebogen zur Beurteilung der Behandlung (FBB) 453
Freiburger Fragebogen zur Krankheitsverarbeitung (FKV-LIS) 319, 320, 419
Freiheit 106, 139, 403
Freizeitgestaltung 73, 409
Fremdbeurteilung 228, 326, 359, 385, 393, 394, 405, 410, 416, 418, 433, 449, 451, 453
Fremdeinschätzung 319, 369, 419, 452
Fremdunterbringung 68, 74, 108, 111, 210, 215, 229
Früherkennung 44
Frühintervention 346, 459

Frühtherapie 443
Frustration 150, 380
Frustrationstoleranz 147
Funktionsniveau 151, 172, 185, 189, 207, 409, 451, 452, 467, 469, 470, 471, 472, 474
Fürsorge 35, 109, 135, 140, 172, 174, 175, 255, 256, 270, 281, 292, 335, 347, 364, 376, 377, 378, 381, 393, 395
Gefährdung 64, 93, 98, 103, 104, 108, 113, 163, 165, 166, 180, 206, 208, 209, 225, 272, 273, 276
Gehstruktur 101, 104, 351, 352
Gemeinde 69, 79, 275, 286, 459, 468, 477
Gender 34, 235, 236
Generationengrenzen 270, 283, 376, 382
Genetik 46, 115, 148, 174, 180, 190, 208, 235, 269, 294, 303, 333, 417, 474
Gesamtbevölkerung 17, 148, 230, 235, 247, 250, 255, 262, 263, 423
gesamtfamiliär 357, 358, 361, 368, 371, 420, 430, 453
Geschlecht 34, 146, 153, 184, 207, 213, 215, 229, 235, 236, 237, 238, 242, 243, 246, 248, 257, 291, 292, 367, 387, 431, 474, 476
gesetzliche Rahmenbedingungen 22
gesundheitsbezogene Lebensqualität 359, 360, 361, 362, 367, 368, 369, 370, 385, 403, 404, 405, 406, 407, 408, 409, 412, 416, 420, 421, 444, 449, 453
Gesundheitsökonomie 29, 402, 407, 410, 444
Gesundheitspolitik 21, 402, 477
Gesundheitsversorgung 21, 412
Gewalt 46, 54, 58, 70, 156, 278, 334, 337, 442, 466, 467, 468, 474
Global Severity Index (GSI-14) 218, 222, 419, 431
Glück 45, 46, 48, 52, 71, 91, 122, 310, 403
Grenzensetzen 97
Größenphantasie 33
Group for the Advancement of Psychiatry (GARF) 361, 364, 420, 430, 452
Grundbedürfnis 180, 380
Gruppentraining 68, 193
Halluzination 49
Halo-Effekt 369
Haltlosigkeit 28, 35
Hausbesuch 73, 89, 137, 277, 346, 347, 348, 349, 352, 466, 475

Haushaltsplanung 466
Hawaii Early Learning Program (HELP) 466
Hebamme 348, 349, 351, 352
Hedges-g 460
Heimerziehung 108, 109, 111
Heimkontext 110
Heimunterbringung 74, 108
Heppenheimer Modell 64
Heterogenität 80, 174, 284, 315, 369, 462, 464
Hilflosigkeit 54, 115, 128, 281, 282, 290, 312, 458
Hilfsangebot 15, 29, 40, 61, 73, 76, 98, 113, 184, 199, 229, 310, 313, 317, 349, 350, 352, 447
Hilfs-Ich 32
Hochrisiko 180, 237, 471, 472
Hochrisikofamilie 197, 198
Hochrisikogruppe 13, 44, 115, 148, 149, 153, 156, 235, 254, 277, 371, 416, 471, 472
Hochrisikokinder 147, 199
Holding function 32
Homebased early Intervention 466
Hort 106
Hyperkinetisches Syndrom 303, 310
Idealisierung 108
Identifikationsobjekt 55
Identität 79, 97, 341, 378, 379, 380
Impulsivität 393
Indikation 92
Individuation 89
Informationsgrad 327
inneres (internes) Arbeitsmodell 174, 359, 361, 453
Instabilität 37, 147, 291, 309, 334, 380
Integration 89, 182, 284, 286, 334, 339, 340, 459, 477
Intelligenz 28, 39, 172, 280, 285, 338, 475
Interaktion 36, 39, 64, 65, 67, 87, 92, 93, 106, 111, 173, 174, 186, 187, 193, 194, 195, 199, 207, 210, 227, 256, 269, 270, 274, 279, 284, 308, 311, 337, 338, 345, 347, 359, 380, 432, 433, 459, 468
Interessen 18, 22, 69, 76, 77, 278, 282
interkulturell 407
international 11, 15, 19, 57, 63, 156, 187, 190, 199, 206, 346, 405, 406, 407, 433
International Classification of Functioning (ICF) 406

Sachregister

Internet 20, 62, 63, 69, 77, 80, 86, 102
-basiert 69
Interpersonal Psychotherapy-Adolescent Skills Training (IPT-AST) 471
Intervention
evidenzbasiert 459
Intervision 352
Inventar zur Erfassung interpersonaler Probleme (IIP) 452
Isolation 36, 54, 72, 79, 97, 127, 129, 182, 208, 293, 300, 350, 380, 447
Jugendamt 69, 78, 93, 98, 100, 102, 104, 105, 108, 110, 112, 113, 116, 117, 120, 131, 132, 191, 199, 229, 369
Jugend- und Sozialhilfe 21, 87
Katamnese 449, 453
KIDDIE-SADS 447, 451
KIDSCREEN 407
Kinder-DIPS 300, 303, 310
Kindergarten 27, 28, 77, 90, 138, 255, 370, 385, 420, 445, 475
Kindertageseinrichtung 106, 107
Kinder- und Jugendhilfe 20, 80
Kinder- und Jugendhilfe-Gesetz 97, 101, 113, 118
Kindeswohlgefährdung 99, 103, 104, 113
KIPKEL 19, 66, 85, 90, 133, 136, 141, 142
KIP-Projekt 79
Kohärenzgefühl 39, 281, 285, 341, 342
Kohäsion 283, 284, 339, 340, 341, 343, 358
Kokain 157, 159, 468
KOLIBRI (Kindertagesstätte) 67
Kommstruktur 101, 103, 104, 195, 199
Kommunikation
familiär 74, 90, 136, 139, 141, 295, 472
Komorbidität 45, 146, 153, 156, 158, 160, 206, 207, 208, 209, 211, 212, 217, 219, 224, 225, 226, 230, 303, 323, 421, 423, 425, 426
Kompensation 333
De- 185
Kompetenz 36, 64, 103, 114, 128, 140, 146, 207, 276, 279, 287, 288, 318, 320, 350, 352, 378, 380
klinisch 443, 448
kognitiv 280, 338
mütterlich 64
soziale 39, 66, 124, 125, 128, 147, 194, 207, 256, 279, 312, 320, 345, 346, 392, 417

Konfliktbewältigung 75
interpersonell 469
intrapersonell 469
Konfliktlösefähigkeit 79
Konsistenz 335, 390, 395
Kontakt
-aufnahme 73, 124, 132, 137, 198, 256
-hunger 28
Kontinuität 90
Kontrolle 100, 113, 255, 256, 282, 286, 288, 289, 336, 350, 386, 420, 432, 440, 453
Kontrollüberzeugung 280, 285
intern 39
Konzeptualisierung 441
Kooperation
interinstitutionell 100, 312
intrainstitutionell 312
Kostenübernahme 101, 110
Krabbelalter 65
Krankheitsaufklärung 125, 288, 294, 311
Krankheitsbewältigung 12, 36, 72, 207, 212, 288, 315, 316, 317, 318, 319, 322, 323, 326, 327, 417, 418, 421, 432, 433, 445, 448, 449, 454
familiär 38, 315, 316, 317, 318, 319, 322, 326, 419, 449, 452
individuell 315, 316, 318, 319, 320, 325, 419
Krankheitseinsicht 97, 108, 117, 188, 190, 226, 317, 319, 321, 324, 325, 326, 327
Krankheitsepisode 270, 449
krankheitsspezifisch 401, 406, 409
krankheitsübergreifend 401, 406, 407
Krebs 27, 29, 41, 69
Krisen 38, 69, 71, 74, 79, 84, 87, 92, 97, 103, 110, 126, 131, 140, 195, 274, 284, 310, 312, 337, 339, 344
Krisenintervention 65, 66, 92, 126
Krisenplan 126, 312
Kultur 197, 207, 236, 271, 340, 369, 378, 383, 390, 407, 465, 471, 474
Kuration 442
Kurzzeitpflege 69, 111
Laborforschung 440
Langzeitfolgen 333, 334, 336, 338, 344, 378, 393, 395
Latenzphase 34
Learning Sobriety Together-Programm 465, 468
Lebensqualität 12, 28, 212, 236, 286, 357,

359, 360, 361, 362, 367, 368, 369, 370,
371, 385, 389, 393, 399, 401, 402, 403,
404, 405, 406, 407, 408, 409, 410, 411,
412, 416, 417, 418, 420, 424, 425, 426,
427, 429, 430, 431, 432, 433, 444, 449,
453
Lebensqualität Kinder- und Jugendpsychiatrie (LKJ) 408
Lebenssituation 74, 78, 90, 92, 193, 339, 343, 349, 360, 418, 465
Lebensumfeld 88, 404
Lebenszufriedenheit 156, 312, 336, 403
Lehrer 28, 77, 127, 131, 175, 187, 229, 238, 278, 279, 284, 306, 370, 406, 433, 469, 472, 474
Leistungsberechtigte 97
Loyalitätsbindung 89, 195
Loyalitätskonflikt 108, 127, 135, 382
maladaptiv 337, 380, 381
Masochismus 380, 393
Medizin 27, 28, 29, 35, 36, 65, 75, 97, 116, 190, 349, 359, 360, 404, 441, 442, 449, 452
MEDLINE (Datenbank) 460
Metaanalyse 37, 154, 193, 346, 359, 458, 460, 462, 463, 465, 469, 470, 476
Methadon 466, 468
Milieu 224, 273, 276, 278, 280, 334, 458
Missbrauch 157, 160, 161, 282, 334, 336, 466, 467, 468
  sexuell 18, 272, 334, 467
Misshandlung 18, 93, 106, 113, 172, 182, 272, 276, 300, 334, 336, 337, 347, 442
Moderatoren 462, 465, 475, 476
Morbidität 210, 235, 416
Musiktherapie 93
Mutter-Kind-Beziehung 64, 75, 115, 127, 172, 173, 174, 177, 473
Mutter-Kind-Interaktion 64, 345
Nägelkauen 57, 58
Netzwerk 75, 79, 127, 131, 140, 183, 207, 275, 286, 288, 312, 334, 349, 351, 352, 443
Netzwerk-Karten, Konferenzen, Zeichnungen 312
Not 102, 109, 111, 131, 307, 474, 475
Obdachlosigkeit 467
Objektrepräsentanz 28
Öffentlichkeitsarbeit 76, 78, 79, 86, 88
Öffnungsbereitschaft 385, 419, 429, 432

Onkologie 29, 41, 416
Optimismus 39, 337
Oslo Social Support Questionnaire (OSSQ) 453
Paar 39, 65, 66, 72, 78, 92, 93, 125, 126, 246, 270, 283, 285, 345, 447, 448, 468, 469, 474, 475
Pädiatrie 29, 87, 101, 277, 353, 410, 467
Panikstörung 151, 152, 155, 164, 208, 210, 217, 250
Paradigmenwechsel 404
Parentifizierung 34, 35, 52, 97, 135, 271, 283, 301, 309, 375, 376, 377, 378, 379, 380, 381, 383, 384, 385, 386, 389, 390, 391, 392, 393, 394, 395
  adaptiv 377
  destruktiv 183, 375, 377, 383, 385, 386, 393, 395
  emotional 377, 383, 391, 392, 395
  instrumentell 377, 383, 391, 392
Parents under Pressure (PUP) 466
Partner
  -dynamik 316
  -interaktion 468
Partnerschaft 174, 184, 240, 275, 283, 334, 343, 348, 361, 375, 385, 387, 389, 394, 419, 452, 468, 474, 476
Passivität 37, 281, 350
Patenschaft 68, 69, 80, 112, 310, 312, 458
pathogene Strukturen/Zustände 274, 276
Pediatric Quality of Life Program (Pedsqol) 406
Peers 278, 284, 345
Penn Resiliency Program (PRP) 471
perinatale Komplikationen 37, 277
Persönlichkeitsstörung 35, 44, 78, 94, 96, 108, 136, 147, 162, 163, 164, 165, 166, 188, 208, 209, 211, 218, 219, 225, 226, 230, 316, 336, 358, 423, 441, 451
Pflegeeltern 111, 112
Pflegefamilie 86, 99, 107, 109, 111, 112, 185, 240, 258, 301
Phantasie 33, 40, 47, 60, 138, 288
Phase
  ödipal 33
Phobie 151, 152
Physiotherapie 467
Potenzial 98, 118, 148, 163, 166, 208, 209, 276, 289, 333, 335, 338, 343, 458, 466, 467
Präadoleszenz 469, 476

Sachregister

Prädiktor 111, 147, 148, 185, 210, 286, 323, 324, 327, 345, 368, 411, 467
- Prä- und postnatal- 347

Prävalenz 145, 148, 151, 154, 163, 166, 171, 192, 236, 255, 262, 303, 358, 470

Präventionsangebot 20, 21, 22, 62, 63, 65, 67, 69, 71, 72, 73, 75, 77, 79, 80, 81, 83
  fallbezogen 63, 64, 77
  fallübergreifend 76, 77, 78, 119
  kombiniert 77, 79

Präventionsprojekt 19, 66, 76, 77, 79, 80, 85, 118, 133, 136, 212, 439, 440, 445, 446
  Sekundär- 443
  Tertiär- 443

Präventionsprogramm
  für Familien 294
  für Kinder 294, 466, 469

Praxistauglichkeit 439

Preventive Intervention Program 472

Primärprävention 64, 442, 443, 444

Problem Solving for Life Program (PSFL) 472

Problemlösefähigkeit 207, 280, 285, 392, 469, 472, 475

Problemlösung 128, 275, 283, 284, 292, 293

Problemmeidung 290, 304

Problemverleugnung 99

Programme
  bifokal angelegt 458
  elternzentriert 458

Prozessqualität 453

Psychiater 40, 46, 51, 103, 105, 109, 112, 191, 192, 273, 448, 454

PSYCHINFO (Datenbank) 16, 63, 460

Psychoanalyse 57

psychoanalytisch 32, 72, 93, 294

psychodynamisch 19, 51, 72, 294, 379, 446, 447

Psychoedukation 73, 89, 294, 295, 381, 446, 459, 467, 469, 471, 472, 473, 477

Psychometrie 187, 361, 384, 390, 406, 407, 409, 411, 453, 460

Psychoonkologie 41

Psychopathologie 36, 151, 162, 175, 176, 208, 210, 237, 277, 338, 359, 360, 409

Psychose 29, 44, 78, 133, 462
  -affektiv 15, 136
  -schizoaffektiv 15
  -schizophrene 15, 136, 171

psychosoziale Vermittlungsprozesse 38, 316, 417

psychotrop 153, 156, 157, 159, 423, 451

Pubertät 237, 238, 239, 249, 250, 466, 475

Qualifikation 104, 105, 113, 114, 442, 448

Qualifizierung 76, 77, 99, 100, 102, 107, 109, 111, 112, 118, 119, 459

Randomisierung 347, 439, 440, 441, 444, 459, 460, 462, 465, 469, 471, 472, 474, 476

Regression 54, 324, 327, 362, 368, 427

Regressionsanalyse 162, 323, 326

Rehabilitation 442

Relational Psychotherapy Mothers' Group (RPMG) 467, 468

Religiosität 275, 281, 320, 323, 324, 325, 326, 419

Remission 174

Resignation 156, 350

Resilienz 20, 44, 46, 60, 88, 113, 207, 235, 254, 267, 269, 273, 274, 278, 279, 282, 284, 286, 287, 293, 333, 337, 338, 340, 342, 343, 375, 416, 472, 473
  -familiär 274, 275, 338, 342, 343

Responsivität 37, 150
  affektiv 37

Retrospektive 109, 116, 161, 182, 299, 334, 383, 385

Reziprozität 275, 377

Risikogruppe 18, 21, 27, 40, 119, 148, 149, 152, 156, 160, 206, 224, 230, 269, 282, 315, 454

Rivalitätsphantasie 33

Robustheit 32, 34, 273

Rollenumkehr 60, 189, 271, 375, 376, 392

Rollenverhalten 255, 364, 365, 420, 430, 453

Rooming-in 64, 87

Rückfall 182, 193

Rückfallprophylaxe 317, 459

Rückfallrate 171, 174

Rückzug 37, 146, 238, 242, 243, 245, 247, 249, 290, 303, 304, 320, 334, 350, 420, 427

salutogenetisch 190, 294, 333

Säuglingsalter 64

Scham 54, 61, 138, 182, 224, 229, 271, 370, 378, 379, 380, 391, 454, 468

Scheffé-Test 425, 431

Scheidung 59, 102, 133, 134, 138, 172, 183, 270, 276, 277, 284, 286, 334, 336, 375, 441, 470, 473, 474
Schematherapie 380
schizoaffektiv 15, 147, 148, 218, 299
Schizophrenie 14, 15, 47, 63, 67, 69, 96, 136, 147, 148, 149, 163, 171, 183, 184, 187, 206, 218, 225, 226, 235, 238, 272, 289, 291, 299, 300, 303, 304, 309, 310, 313, 321, 416, 423, 432, 441
Schulphobie 28
Schuld 18, 30, 33, 35, 127, 135, 140, 183
Schuldgefühle 33, 54, 59, 60, 61, 68, 73, 74, 78, 88, 125, 130, 135, 139, 182, 224, 229, 271, 369, 370, 378, 379, 391, 454, 458, 468
Schuldphantasie 33
Schutzfaktor 18, 38, 39, 46, 66, 73, 174, 176, 255, 273, 274, 276, 277, 278, 279, 282, 285, 286, 287, 289, 293, 303, 316, 327, 333, 412, 417, 458
Schwangerschaft 45, 57, 102, 148, 150, 157, 158, 346, 347, 348, 349, 474
Schweregrad 189, 206, 207, 210, 212, 220, 224, 226, 227, 230, 235, 323, 360, 361, 363, 368, 411, 418, 421, 423, 425, 426, 431, 442, 450
SeelenNot 84, 85, 86, 87
Selbstaufbau 320, 419
Selbstbemächtigung 288
Selbstbeurteilung 212, 359, 370, 406, 410, 420, 433, 449, 450, 452
Selbstbild 38, 65, 341
Selbstdisziplin 71
Selbsteinschätzung 369, 451, 452
Selbsterkrankung 111, 115
Selbsthilfe 76, 77, 104, 119, 127, 278, 299
Selbstkontrolle 278, 469
Selbstkonzept 128, 278, 280, 282, 294, 338, 361
Selbstmitleid 427
Selbstmord 54
Selbstreflexion 88, 312
Selbsturteil 146, 187, 370, 392, 406
Selbstwert 32, 39, 54, 88, 97, 122, 127, 129, 150, 156, 207, 281, 285, 345, 360, 367, 378, 382, 385, 389, 393, 394, 407, 420, 427, 429, 459, 467, 475
Selbstwirksamkeit 39, 40, 127, 156, 193, 198, 281, 285, 288, 312, 338, 475
Selbstzweifel 378

Selektionsverzerrung 460
Sensibilisieren 29, 76, 77, 94, 103, 131, 136, 191, 345, 351, 352
Sicherheit/ Unsicherheit 38, 39, 45, 64, 67, 103, 107, 125, 128, 132, 138, 139, 140, 175, 255, 288, 294, 310, 312, 316, 338, 345, 403
Sinnsuche 320, 323, 324, 325, 326, 419
Situationskontrolle 291, 305, 307
Skala zur Gesamtbeurteilung von Kindern und Jugendlichen (SGKJ) 451
Sollbruchstelle 30, 31, 40
Somatisierung 222, 225, 227, 324, 361, 363, 419, 426, 431
Sorgerecht 99, 126, 191, 192, 194, 229, 459
Soziabilität 285, 338
soziale Erwünschtheit 386, 420, 424, 430
soziale Unterstützung 68, 105, 174, 185, 207, 279, 282, 284, 286, 290, 291, 292, 304, 305, 306, 307, 308, 311, 334, 338, 453
Sozialpädagogische Familienhilfe (SPFH) 104, 105
sozioökonomisch 271, 336, 340
sozioökonomischer Status 207, 224, 476
soziokulturell 271, 340, 383, 390
Spannung
  affektiv 32
  vegetativ 32
Spiegelbild 28, 117
Spieltherapie 65
Spontaneität 380
Sprache
Sprachentwicklung 347
Sprachtherapie 467
Stabilisierung 109, 111, 112, 131, 140, 376, 459
Stabilität/ Instabilität 28, 37, 147, 176, 207, 283, 291, 309, 334, 380
Stigmatisierung 16, 54, 61, 76, 77, 115, 123, 131, 136, 192, 293, 300, 459, 468
Stillbewegung 41
Still-Face-Paradigma 173
Störung
  affektiv 78, 148, 149, 151, 154, 156, 157, 161, 184, 217, 218, 225, 228, 235, 316, 368, 370, 423, 451, 452, 472
  bipolar 57, 58, 69, 96, 147, 149, 150, 152, 154, 164

depressiv 21, 35, 145, 147, 149, 150, 151, 152, 153, 156, 159, 164, 166, 171, 183, 206, 208, 209, 210, 211, 217, 228, 238, 358, 368, 470, 471, 472, 474, 475, 476
emotional 60, 78
externalisiert/externalisierend 145, 146, 159, 176, 228, 237, 247, 249, 255, 256, 259, 262, 303, 320, 469, 473
hyperkinetisch 28
intermittierend 237
internalisiert/internalisierend 228, 237, 247, 249, 250, 255, 256, 259, 262, 264, 280, 291, 303, 310, 320
kinderpsychatrisch 181, 273
klinisch 21
komorbid 45, 146, 153, 156, 208, 209, 211, 218, 219, 226, 230, 423
neurotisch 218, 321
phobisch 263, 264
psychotisch 35, 148, 226, 451, 452
somatoform 28, 217, 336, 423, 451
spezifisch 166, 394, 466, 470
unspezifisch 147, 206, 210, 227, 230, 303
Störungen durchSubstanzkonsum 145, 148, 149, 156, 166, 209, 217, 218
Strategien
  emotional 291
  kognitiv 472
Strength and Difficulties Questionnaire (SDQ) 247
Strengthening Families Program (SFP) 469
Stress and Difficulties Questionnaire (SDQ) 187, 188
Stressbewältigung 292, 299, 300, 309, 311, 340, 458
  familiär 36
Stressmanagement 66
Stressor 35, 36, 281, 284, 289, 299, 304, 340, 341, 342, 390
Streuung 225, 431
Strukturiertes klinisches Interview für DSM-IV (SKID) 447, 450, 451
subklinisch 239, 257, 258, 259, 260, 262, 263
Substanzmissbrauch 157, 452, 463, 464, 466, 467, 469, 475
Sucht 70, 104, 151, 163, 209, 465

Suizid 48, 58, 336
Supervision 79, 93, 123
Symptomatologie 174
Symptombelastung 224, 227, 248, 325, 358, 363, 470
Symptomcheckliste – Kurzform 14 (SCL-14) 212, 222, 324, 363, 364, 419, 425
Symptomcheckliste – Kurzform 90-R (SCL-90-R) 450, 452
Symptomcheckliste – Kurzform 90 (SCL-90) 419
Syndrom 157, 160, 217, 224, 229, 237, 239, 241, 242, 243, 244, 245, 247, 249, 257, 303, 310, 319, 320, 420, 474
Systemic Training for Effective Parenting (STEP) 71
Tabuisierung 61, 97, 123, 135, 317, 327
Tagesstruktur 67, 126
Tanztherapie 93
Temperament 39, 47, 207, 278, 279, 285, 338, 474, 475
Testung 28, 308
  projektiv 28
Testverfahren 187, 277, 311, 320, 362
Theoretical sampling 299
The positive and negative syndrome scale (PANSS) 226, 319, 325, 419
Tiefenpsychologie 65, 379, 380
Tod 30, 57, 59, 277, 375
transgenerationale Weitergabe 359, 376, 394
Trauma 37, 40, 51, 52, 162, 172, 174, 195, 207, 225, 340, 344
Trennung 18, 28, 36, 37, 64, 67, 75, 91, 97, 102, 106, 108, 109, 111, 112, 126, 133, 138, 145, 174, 175, 176, 183, 206, 210, 255, 277, 301, 309, 334, 375, 441, 474
Trennungsangst 145, 250
Überbewertung 317
Übergang 75, 110, 146, 341, 475
Überstimulierung 106
Übertragbarkeit 440, 465
Umfeldbedingung 18, 294
Umgebung 18, 38, 106, 116, 127, 129, 174, 207, 278, 291, 334, 404
Umstrukturierung 472
Umwelt 36, 46, 187, 207, 236, 269, 273, 274, 279, 280, 284, 370, 404
Umweltfaktor 18
unbewusst 44, 51, 52, 294

Unkontrollierbarkeit 280, 290, 291, 300, 304
Unterforderung 274, 317
Unterversorgung 76, 106, 113
Urteilsfähigkeit 226, 319, 321, 322, 324, 325, 326, 410, 418
Urvertrauen 32
Varianz 162, 218, 222, 324, 327, 358, 367, 368, 411, 425, 430, 431, 432, 460
Veränderungsmessung 449
Verantwortung 30, 34, 35, 55, 71, 73, 74, 78, 91, 125, 129, 133, 140, 183, 195, 271, 291, 301, 307, 309, 310, 376, 377, 382, 390, 393
Verantwortungsübernahme 39, 301, 309, 311, 378
Verarbeitung 36, 54, 96, 129, 147, 148, 182, 207, 236, 280, 290, 315, 319, 320, 325, 327, 419, 421, 423, 427, 432, 433, 452
Verblindung 460
Verdrängung 28, 317
Vererbung 18, 55
Verhaltensprobleme 187, 188, 213, 217, 228, 239, 254, 256, 257, 260, 264
Verhaltensstörung 153, 159, 162, 164, 228, 264, 452
   aggressiv 146, 154, 172, 182, 242, 244, 245, 247, 249, 303, 306, 320, 337, 420
   dissozial 146, 154, 238, 303, 420
   expansiv 303, 310
   externalisierend 172, 188, 217, 225, 239, 257, 280, 303
   hyperaktiv 172
   oppositionell 145, 150, 162, 172
Verletzlichkeit 18
Verleugnung 317, 326, 370
-Problem- 99
Verlust 35, 36, 55, 73, 136, 138, 140, 191, 199, 301, 334, 380, 396, 442
Verlustangst 35

Vermeidung 68, 76, 131, 199, 289, 291, 304, 307, 311, 337, 442, 470
Vermittlungsprozess 38, 235, 316, 417
Vernachlässigung 93, 173, 180, 272, 276, 300, 334, 336, 347, 380, 442
Vernetzung 20, 21, 74, 76, 77, 78, 84, 103, 132, 295, 317, 349, 353, 459, 467, 477
Verschlechterung 60, 112
   phasisch 110
Versorgungsforschung 407, 439, 445, 453
Verunsicherung 31, 40, 54, 300
Vorbeugung 44, 57
Vorschulalter 33, 147, 150, 173, 192, 236, 254, 255, 256, 344, 393
Vulnerabilität 44, 147, 174, 207, 208, 235, 236, 269, 277, 278, 280, 336, 344
Wahrnehmung 76, 87, 88, 89, 97, 100, 106, 111, 124, 147, 180, 182, 185, 186, 187, 190, 236, 281, 285, 291, 309, 340, 342, 360, 369, 370, 392, 404
Wahrscheinlichkeit 18, 92, 153, 172, 176, 237, 272, 273, 279, 286, 336, 380, 392, 394, 443, 450, 458
Wertschätzung 68, 382
Wirksamkeit 12, 21, 29, 39, 40, 62, 80, 127, 156, 193, 195, 198, 281, 285, 288, 303, 312, 338, 344, 437, 439, 444, 445, 448, 458, 465, 471, 474, 475
Wirkungsweise 440
Wohlfahrt 74, 101, 103
Wohneinrichtung 86, 87
Wohnprojekt 75, 90
Youth Self Report (YSR) 229, 238, 451, 452
Zersplitterung 301
Zieldefinition 466
Zufriedenheit 156, 283, 312, 336, 403, 453
Zukunftsorientierung 337
Zuwendung 93, 263, 278, 385, 389, 394, 419, 429, 432, 468
Zwangsstörung 155, 156, 171, 187, 217, 250